Schleicher
Jugend- und Familienrecht

Jugend- und Familienrecht

Ein Studienbuch

Begründet von

Professor Hans Schleicher, München

Bearbeitet von

Dieter Küppers, Rechtsanwalt München
Professor Dr. Annette Rabe, Rechtsanwältin und Mediatorin, Ludwigsburg
Professor Dr. Jürgen Winkler, Katholische Hochschule Freiburg
Dr. Sebastian Wußler, Direktor des Amtsgerichts Bühl

15. Auflage 2020

www.beck.de

ISBN 978 3 406 74579 9

Wilhelmstraße 9, 80801 München

Satz: Uhl + Massopust, Aalen
Druck: Nomos Verlagsgesellschaft
In den Lissen 12, 76547 Sinzheim
Umschlaggestaltung: Kunst oder Reklame, München

Gedruckt auf säurefreiem, alterungsbeständigem Papier
(hergestellt aus chlorfrei gebleichtem Zellstoff)

Vorwort zur 15. Auflage

Die 15. Auflage ist die erste, an der der im Jahr 2018 verstorbene Begründer des Werks Hans Schleicher nicht mehr mitwirken konnte. Seine Idee, die wichtigsten Themenbereiche des Jugendrechts, einschließlich des Jugendstrafrechts und des Familienrechts, in einem Werk zu vereinen, hat sich als erfolgreich und tragfähig erwiesen. Generationen von Studierenden aus den Bereichen Sozialarbeit und Sozialpädagogik haben mit diesem Buch gelernt und auch in der Praxis ist das Werk nach wie vor ein zuverlässiger Begleiter und Ratgeber. Die Autoren dieser Auflage führen das Werk im Sinne seines Begründers Hans Schleicher fort.

Als neue Autorin für die Bereiche Elterliche Sorge und Adoptionsrecht konnte Frau Professorin Dr. Annette Rabe gewonnen werden. Herr Dr. Sebastian Wußler betreut erstmalig die Kapitel Rechtliche Bedeutung der einzelnen Altersstufen, Aufsichtspflicht im privaten und beruflichen Alltag sowie Vormundschaft – Pflegschaft - Rechtliche Betreuung.

Mit dieser Neuauflage wurden sämtliche Kapitel überarbeitet und an die zwischenzeitlich ergangene Gesetzgebung und Rechtsprechung angepasst. Eingearbeitet wurden unter anderem

- das Gesetz zur Einführung des Rechts auf Eheschließung für Personen gleichen Geschlechts vom 20.7.2017
- das Gesetz zur Bekämpfung von Kinderehen vom 17.7.2017
- das Gesetz zur Einführung eines familiengerichtlichen Genehmigungsvorbehaltes für freiheitsentziehende Maßnahmen bei Kindern vom 17.7.2017
- das Gesetz zur Änderung der materiellen Zulässigkeitsvoraussetzungen von ärztlichen Zwangsmaßnahmen und zur Stärkung des Selbstbestimmungsrechts von Betreuten vom 17.7.2017
- das Gesetz zur Anpassung der Betreuer und Vormündervergütung vom 22.6.2019
- das Gesetz zur Stärkung des Rechts des Angeklagten auf Vertretung in der Berufungsverhandlung und über die Anerkennung von Abwesenheitsentscheidungen in der Rechtshilfe vom 17.7.2015
- das Gesetz zur Reform der strafrechtlichen Vermögensabschöpfung vom 13.4.2017
- Gesetz zur effektiveren und praxistauglicheren Ausgestaltung des Strafverfahrens vom 17.8.2017
- das Zweite Gesetz zur Stärkung der Verfahrensrechte von Beschuldigten im Strafverfahren und zur Änderung des Schöffenrechts vom 27.8.2017
- das Gesetz zur Stärkung der Rechts von Betroffenen bei Fixierungen im Rahmen von Freiheitsentziehungen vom 19.6.2019

Über Kritik, Anregungen und Verbesserungsvorschläge aus dem Leserkreis freuen wir uns und bitten diese per E-Mail an denjenigen zu richten, der für den jeweiligen Abschnitt zuständig ist (dieter.kueppers@beck.de; a.rabe@eh-ludwigsburg.de; juergen.winkler@kh-freiburg.de; sebastian.wussler@gmx.de).

München, Ludwigsburg, Freiburg, Bühl
im Januar 2020

Dieter Küppers
Annette Rabe
Jürgen Winkler
Sebastian Wußler

Vorwort zur ersten Auflage

In der sozialpädagogischen Arbeit ist die Kenntnis rechtlicher Bestimmungen unerlässlich geworden, da verschiedene Rechtsnormen auf die tägliche Praxis der Sozialpädagogen einwirken.

So stellt sich z. B. permanent die Frage, welche rechtlichen Anforderungen bei der in allen sozialpädagogischen Bereichen bestehenden Aufsichtspflicht erfüllt werden müssen.

Da in sozialpädagogischen Einrichtungen den einzelnen Erziehern Teile der elterlichen Fürsorge übertragen werden, ist es für sie auch von Bedeutung, die rechtliche Ausgestaltung, Übertragungsformen sowie Eingriffsmöglichkeiten in das Elternrecht zu kennen. Hieraus erklärt und ergibt sich nämlich der Rahmen der eigenen Tätigkeit und zugleich die Möglichkeiten der Hilfe für die anvertrauten Minderjährigen.

Bei der Auswahl der Gebiete aus der Gesamtmaterie dessen, was üblicherweise als „Jugend- und Familienrecht" bezeichnet wird, wurden weitgehend die Lehrpläne der Fachakademien bzw. Fachschulen für Sozialpädagogik berücksichtigt, aber auch die wesentlichen Teile des Lehrstoffes des Jugend- und Familienrechts für die Studenten der Sozialarbeit/Sozialpädagogik an Fachhochschulen behandelt.

Dabei wurden diejenigen Kapitel ausführlicher dargestellt, die entweder in der Praxis die größte Bedeutung haben oder erfahrungsgemäß den Studierenden bei der Erarbeitung die meisten Schwierigkeiten bereiten. Es wurden daher die in Betracht kommenden Gesetzesbestimmungen detailliert angegeben. Zum Verständnis und Nacharbeiten des Stoffes empfiehlt es sich, die zitierte Gesetzesstelle wirklich aufzuschlagen und nachzulesen, denn nur so kann die dem Laien oft fremde Diktion rechtlicher Normen erfasst und verstanden werden.

Das Studienbuch will sich aber nicht nur an die in der Ausbildung Stehenden richten, sondern auch an die bereits in der sozialpädagogischen Praxis Tätigen und ihnen eine Hilfe bei der Bewältigung ihrer verantwortungsvollen Aufgaben bieten.

München, Juni 1973 *Hans Schleicher*

Inhaltsübersicht

§§ ohne nähere Angaben entstammen dem BGB (im Kapitel „Jugendhilferecht" dem SGB VIII).

Inhaltsverzeichnis

Teil 2. Familienrecht

Verzeichnis der Übersichten und Prüfschemata

Abkürzungsverzeichnis

aA	anderer Ansicht
aaO	am angegebenen Ort
AdoptG	Adoptionsgesetz
AdVermiG	Adoptionsvermittlungsgesetz
AdWirkG	Adoptionswirkungsgesetz
ÄndG	Änderungsgesetz
aF	alte Fassung
AG	Amtsgericht
AGJ	Arbeitsgemeinschaft für Jugendhilfe
Akt. Lfg.	Aktualisierungslieferung
Alt.	Alternative
Anm	Anmerkung
AnO	Anordnung
Anspr.	Anspruch
ArbGG	Arbeitsgerichtsgesetz
arg.	Argument
Art.	Artikel
ASD	Allgemeiner Sozialdienst
AsylVerfG.	Asylverfahrensgesetz
AufenthG	Aufenthaltsgesetz
Aufl.	Auflage
AWO	Arbeiterwohlfahrt
Az.	Aktenzeichen
BAföG	Bundesausbildungsförderungsgesetz
BAG	Bundesarbeitsgericht (Band, Seite)
BayObLG	Bayerisches Oberstes Landesgericht
BBiG	Berufsbildungsgesetz
BDSG	Bundesdatenschutzgesetz
BeckOK	Beck'scher Online-Kommentar
BeckRS	Beck'sche Rechtssammlung
BEEG	Bundeselterngeld- und Elternzeitgesetz
BetrVerfG	Betriebsverfassungsgesetz
BeurkG	Beurkundungsgesetz
BGB	Bürgerliches Gesetzbuch
BGBl.	Bundesgesetzblatt
BGHSt	Bundesgerichtshof, E in Strafsachen (Band, Seite)
BGHZ	Bundesgerichtshof, E in Zivilsachen (Band, Seite)
BJagdG	Bundesjagdgesetz
BMJ	Bundesministerium der Justiz
BMFSFJ	Bundesministerium für Familie, Senioren, Frauen und Jugend
BNotO	Bundesnotarordnung
BR-Drs/BR-Drucks	Bundesratsdrucksache
BRD	Bundesrepublik Deutschland
BT-Drs/BT-Drucks.	Bundestagsdrucksache
BtG	Betreuungsgesetz
„Bufdis“	Bundesfreiwilligendienstleistende
BVerfG	Bundesverfassungsgericht
BVerfGE	Bundesverfassungsgericht (Band, Seite)
BVG	Bundesversorgungsgesetz
BW/BaWü	Baden-Württemberg

Abkürzungsverzeichnis

BWH	Bewährungshilfe/Helfer
bzgl.	bezüglich
BZRG	Gesetz über das Zentralregister und das Erziehungsregister
bzw.	beziehungsweise
DAVorm	Der Amtsvormund (Jahr, Seite)
DNotZ	Deutsche Notarzeitschrift
E	Entscheidung
EB	Erziehungsbeistand (-schaft)
EG	Einführungsgesetz (z. B.: zum BGB)
EGMR	Europäischer Gerichtshof für Menschenrechte
EheG	Ehegesetz
1. EheRG	Erstes Gesetz zur Reform des Ehe- und Familienrechts
einstw AnO	Einstweilige Anordnung
EJ	Zeitschrift Evangelische Jugendhilfe
EMRK	Europäische Menschenrechtskonvention
Erz.Ber.	Erziehungsberechtigte
eS	elterliche Sorge
ESchG	Embryonenschutzgesetz
EuGH	Gerichtshof der Europäischen Union
EuGHMR	Europäischer Gerichtshof für Menschenrechte
e.V.	eingetragener Verein
evtl.	eventuell
FA	Führungsaufsicht
FamFG	Gesetz über das Verfahren in Familiensachen und in den Angelegenheiten der freiwilligen Gerichtsbarkeit
FamG	Familiengericht
FamGKG	Gesetz über die Kosten in Familiensachen
FamRMaßnErlG	Gesetz zur Erleichterung familiengerichtlicher Maßnahmen bei Gefährdung des Kindeswohls
FamRZ	Zeitschrift für das gesamte Familienrecht (Jahr, Seite)
FEVS	Fürsorgerechtliche Entscheidungen der Verwaltungs- und Sozialgerichte
f.	folgend
ff.	folgende
FGG-Reformgesetz	Gesetz zur Reform des Verfahrens in Familiensachen und in den Angelegenheiten der freiwilligen Gerichtsbarkeit
FK-SGB VIII	Frankfurter Kommentar SGB VIII
Fn.	Fußnote
FPR	Zeitschrift Familie, Partnerschaft, Recht
FuR	Zeitschrift Familie und Recht
G	Gesetz
gA	gewöhnlicher Aufenthalt
gem.	gemäß
Ges.V.	gesetzliche Vertretung
GewSchG	Gewaltschutzgesetz
GG	Grundgesetz
ggflls./ggfs	gegebenenfalls
ggü	gegenüber
GK-SGB VIII	Gemeinschaftskommentar zum SGB VIII Fieseler/Schleicher/Busch/Wabnitz
g.V.	gesetzliche (r) Vertreter
GVG	Gerichtsverfassungsgesetz
HKÜ	Haager Kindesentführungsübereinkommen
hM	herrschende Meinung
HS	Halbsatz
HW	Heranwachsende(r)
HzE	Hilfe zur Erziehung
ICD-10	International Classification of Diseases, 10. Revision v. 1.1.2010

	(Internationale statistische Klassifikation der Krankheiten und verwandter Gesundheitsprobleme der Weltgesundheitsorganisation [WHO])
idF	in der Fassung
idR	in der Regel
idS	in diesem Sinn
iSd	im Sinne der/des
iVbm/i.V.m.	in Verbindung mit
iwS	im weiteren Sinne
JA	Jugendamt
JAmt	Zeitschrift Jugendamt (Jahr, Seite)
JArbSchG	Gesetz zum Schutz der arbeitenden Jugend
JAVollzO	Jugendarrestvollzugsordnung
JGH	Jugendgerichtshilfe
JGG	Jugendgerichtsgesetz
1. JGGÄndG	Änderungsgesetz 1990
JMStV	Jugendmedienschutz-Staatsvertrag
JStVollzG Bln	Jugendstrafvollzugsgesetz Berlin
Jur.	juristisch
JuSchG	Jugendschutzgesetz
Jugdl	Jugendliche(r)
JugSchöffGer	Jugendschöffengericht
JuHi	Jugendhilfe
Jur.	juristisch
Jura	Zeitschrift Juristische Ausbildung (Jahr, Seite)
JuRi	Jugendrichter
JuSchG	Jugendschutzgesetz
JuStr	Jugendstrafe
JVA	Jugendstrafvollzugsanstalt
JVEG	Justizvergütungs- und -entschädigungsgesetz
JWG	Jugendwohlfahrtsgesetz
KG	Kammergericht (= OLG Berlin)
Ki.	Kind
KICK	Kinder- und Jugendhilfeweiterentwicklungsgesetz
KiföG	Kinderförderungsgesetz
Kind-Prax	Kindschaftsrechtliche Praxis (Jahr, Seite)
KindRG	Kindschaftsrechtsreformgesetz
Kita	Kindertagesstätte
KJHG	Kinder- und Jugendhilfegesetz
KostO	Kostenordnung
Kripo	Kriminalpolizei
KSÜ	Haager Kinderschutzübereinkommen
Lbj.	Lebensjahr
LG	Landgericht
Lit	Literatur
LJA	Landesjugendamt
LPartG	Lebenspartnerschaftsgesetz
LPK-SGB VIII	Lehr- und Praxiskommentar zum SGB VIII
Mdj.	Minderjährige(r), minderjährig
MDR	Monatsschrift für Deutsches Recht (Jahr, Seite)
MHbeG	Minderjährigenhaftungsbeschränkungsgesetz
MRK	Menschenrechtskonvention
MSA	Haager Minderjährigenschutzabkommen
mtl.	monatlich
mwN	mit weiteren Nachweisen
MüKo/...	Münchener Kommentar zum BGB/Verfasser

Abkürzungsverzeichnis

NDV	Nachrichtendienst des Deutschen Vereins für öffentliche und private Fürsorge (Jahr, Seite)
ne Ki	nichteheliches Kind
nF	neue Fassung
NJW	Neue Juristische Wochenschrift (Jahr, Seite)
NStZ	Neue Zeitschrift für Strafrecht (Jahr, Seite)
o. a.	oben angegeben
o. ä./o. Ä.	oder ähnliche/oder Ähnliche (s)
o. g.	oben genannt
OLG	Oberlandesgericht
PS	Personensorge
PSB	Personensorgeberechtigte(r)
PStG	Personenstandsgesetz
PWV	Paritätischer Wohlfahrtsverband (Der Paritätische)
RDG	Rechtsdienstleistungsgesetz
RdJB	Zeitschrift Recht der Jugend und des Bildungswesens (Jahr, Seite)
RdNr	Randnummer
RegE	Regierungsentwurf
RelKErzG	Gesetz über die religiöse Kindererziehung
RLJGG	Richtlinien zum JGG
Rn.	Randnummer
Rspr.	Rechtsprechung
RVG	Rechtsanwaltsvergütungsgesetz
RWP	Rechts- und Wirtschafts-Praxis
Rz.	Randziffer
s.	siehe
S.	Satz; Seite
SA/SP	Sozialarbeiter(in)/Sozialpädagoge(in) / Sozialarbeit/Sozialpädagogik
SjE	Sammlung jugendrechtlicher Entscheidungen
SGB I	Sozialgesetzbuch, 1. Buch (Allgemeiner Teil)
SGB VII	Sozialgesetzbuch, 7. Buch (Gesetzliche Unfallversicherung)
SGB VIII	Sozialgesetzbuch, 8. Buch (Kinder- und Jugendhilfe)
SGB X	Sozialgesetzbuch, 10. Buch (Sozialverwaltung u. Datenschutz)
SGB XII	Sozialgesetzbuch, 12. Buch (Sozialhilfe)
SGG	Sozialgerichtsgesetz
s. o.	siehe oben
SorgeRG	Gesetz zur Neuregelung des Rechts der elterlichen Sorge
soz.-päd.	sozialpädagogisch
SPFH	Sozialpädagogische Familienhilfe
StAG	Staatsangehörigkeitsgesetz
StA	Staatsanwalt(schaft)
StGB	Strafgesetzbuch
StPO	Strafprozessordnung
st. Rspr.	ständige Rechtsprechung
StVZO	Straßenverkehrszulassungsordnung
s. u.	siehe unten
TAG	Tagesbetreuungsausbaugesetz
TB, TB-e	Tatbestand, Tatbestände
TuP	Theorie und Praxis der sozialen Arbeit (Jahr, Seite)
u. a.	unter anderem
u. Ä.	und Ähnliches
U-Haft	Untersuchungshaft
umstr.	umstritten
Un-KindK	UN-Konvention über die Rechte des Kindes
usw.	und so weiter
u. U.	unter Umständen

UVG/UhVG .... Unterhaltsvorschussgesetz
UVollzO .... Untersuchungshaftsvollzugsordnung
VA .... Verwaltungsakt
vAwg .... von Amts wegen
VBVG .... Vormünder- und Betreuervergütungsgesetz
VersAusglG .... Versorgungsausgleichsgesetz
VersR .... Versicherungsrecht, Zeitschrift (Jahr, Seite)
VG .... Verwaltungsgericht
VGH .... Verwaltungsgerichtshof
VO .... Verordnung
Vollj .... Volljährige(r)
Vorbem. .... Vorbemerkung
VormG .... Vormundschaftsgericht (ehemaliges)
VS .... Vermögenssorge
VwGO .... Verwaltungsgerichtsordnung
WehrpflG .... Wehrpflichtgesetz
WG............... Wohngemeinschaft
ZblJugR .... Zentralblatt für Jugendrecht und Jugendwohlfahrt (Jahr, Seite)
ZfJ .... Zentralblatt für Jugendrecht (Jahr, Seite)
ZfSH .... Zeitschrift für Sozialhilfe (Jahr, Seite)
ZKJ .... Zeitschrift für Kindschaftsrecht und Jugendhilfe (Jahr/Seite)
ZPO .... Zivilprozessordnung
ZRP .... Zeitschrift für Rechtspolitik (Jahr, Seite)
z.T................ zum Teil
zzt. .... zurzeit

Literaturhinweise

Nachfolgend wird vor allem auf weiterführende Literatur hingewiesen, die sozialwissenschaftlich orientiert ist und als ergänzende oder vertiefende Literatur in Betracht kommt.

I. Lehrbücher/Kommentare

Beck'scher Online-Kommentar BGB, 51. Edition, Stand: 1.5.2019
Brühl/Deichsel/Nothacker, Strafrecht für die Soziale Praxis, Stuttgart 2005
Dethloff, Familienrecht, 32. Aufl., München 2018
Eisenberg, Jugendgerichtsgesetz, 16. Aufl., München 2013
Fieseler/Herborth, Recht der Familie und Jugendhilfe, 7. Aufl., München 2010
Fieseler/Schleicher/Busch/Wabnitz (Hrsg.), Kinder- und Jugendhilferecht, Gemeinschaftskommentar zum SGB VIII, Aktualisierung 2019
Kaiser/Schnitzler/Friederici/Schilling, BGB, Band 4 Familienrecht, 3. Aufl. 2014
Kievel/Knösel/Marx/Sauer, Recht für soziale Berufe, 8. Aufl., München 2018
Kunkel/Pattar, Kinder- und Jugendhilferecht – Fälle und Lösungen, 6. Aufl., Baden-Baden 2018
Kunkel/Kepert/Pattar, Lehr- und Praxiskommentar zum SGB VIII (LPK-SGB VIII), 7. Aufl., Baden-Baden 2018
Kunkel, Jugendhilferecht, 9. Aufl., Baden-Baden 2018
Meier/Bannenberg/Höffler, Jugendstrafrecht, 4. Aufl., München 2019
Möller (Hrsg.), Praxiskommentar SGB VIII – Kinder- und Jugendhilfe, Köln 2017
Mrozynski, SGB VIII, Kinder- und Jugendhilfe, 5. Aufl., München 2009
Münchener Kommentar zum BGB, Band 9 Familienrecht I (2019); Band 10 Familienrecht II (2020)
Münder/Meysen/Trenczek (Hrsg.), Frankfurter Kommentar zum SGB VIII, 8. Aufl., Baden-Baden 2019
Münder/Ernst, Familienrecht, 6. Aufl., München 2009
Münder, Kinder und Jugendhilferecht, 6. Aufl., München 2007
Nothacker, Jugendstrafrecht, 3. Aufl., Baden-Baden 2001
Oberloskamp/Marx, Kindschaftsrechtliche Fälle für Studium und Praxis, 6. Aufl. Heidelberg 2006
Oberloskamp/Brosch/Brosey, Jugendhilferechtliche Fälle für Studium und Praxis, 12. Aufl., Heidelberg 2011
Palandt/Bearbeiter, Bürgerliches Gesetzbuch, 78. Aufl. 2019
Schwab, Familienrecht, 27. Aufl., München 2019
Wabnitz, Grundkurs Familienrecht für die Soziale Arbeit, 5. Aufl., München 2019
Wabnitz, Grundkurs Kinder- und Jugendhilferecht für die Soziale Arbeit, 5. Aufl., München 2019
Wiesner, SGB VIII – Kinder- und Jugendhilfe, 5. Aufl., München 2015

II. Sonstige Veröffentlichungen

Balloff, Familiengerichtshilfe als Aufgabe der Jugendämter, ZfJ 1991, S. 379 ff.
Balloff, Kindeswille, Grundbedürfnisse des Kindes und Kindeswohl in Umgangsrechtsfragen, FPR 2002, S. 240 ff.
Becker/Mörsberger, „Endlich die Missverständnisse in Sachen Garantenpflicht abbauen!“, JAmt 2018, 178 ff.
Bier-Fleiter/Weiß (Hrsg.), Familie und öffentliche Erziehung. Aufgaben, Abhängigkeiten und gegenseitige Ansprüche. 2001
Bringewat, „Sorgfaltsgerechte“ Fachlichkeit in der Kinder- und Jugendhilfearbeit?!, ZKJ 2018, 346
Bundesarbeitsgemeinschaft der Landesjugendämter, Empfehlungen zur Adotionsvermittlung, 6. Aufl., München 2009
Eisenberg/Singelnstein, Zum Referentenentwurf eines Jugendstrafvollzugsgesetzes vom 19.1.2007, ZKJ 2007, S. 184 ff.
Fricke, Anhörungen von Kindern im Familiengericht, Kind-Prax 1999, S. 191 ff.
Gerth, Scheidungsberatung: Kinder als Subjekte, Herausforderung für die Trennungs- und Scheidungsberatung, Kind-Prax 2003, S. 75 ff.
Goldstein/Freud/Solnit, Jenseits des Kindeswohls, Frankfurt 1974

Literaturhinweise

Hanft, Ausbildungsrelevante Besonderheiten in Strafverfahren gegen Jugendliche und Heranwachsende, Jura 2008, S. 368ff.

Heghmanns, Zur strafrechtlichen Verantwortung im Kinderschutz, JAmt 2018, 230ff.

ders., Sorgfaltspflichten und fachliche Standards in der Kinder- und Jugendarbeit, ZKJ 2018, 407ff.

Knödler, „Das hat noch keinem geschadet" – Vom Mythos der zulässigen elterlichen Gewalt gegenüber Kindern, ZKJ 2007, S. 58ff.

Kunkel, Datenschutz im Jugendamt, ZKJ 2018, 355ff.

Menne, Die Verwirkung von Unterhaltsansprüchen, Kind-Prax 2004, S. 136ff.

Rolfs/Giesen/Kreikebohm/Udsching (Hrsg.), Beck'scher Online-Kommentar Sozialrecht, Edition 18. Stand: 1.6.2010

Schleicher, Gemeinsame Sorgerechtsausübung durch geschiedene Eltern zum Kindeswohl? ZfSH 1983, S. 296ff.

Schleicher, Stolperstein Familiengerichtshilfe – Aufgaben und Selbstverständnis der Jugendhilfe bei der Mitwirkung in familiengerichtlichen Verfahren, Jugendhilfe 1999, S. 323ff.

Schleicher, Recht auf gewaltfreie Erziehung – Zur Bedeutung des gesetzlichen Gewaltverbots, Jugendhilfe 2001, S. 181ff.

Spindler, Zur Kooperation von Beratungsstelle und Familiengericht bei hochkonflikthafter Trennung und Scheidung, Kind-Prax 2003, S. 202ff.

Wabnitz, Mitwirkung in familiengerichtlichen Verfahren. Rechtsgrundlagen, Aufgaben, Selbstverständnis, ZfJ 2000, S. 336ff.

Willutzki, Familiengericht und Jugendamt – neue Formen der Zusammenarbeit, ZfJ 1994, S. 202ff.

Willutzki, Betreuter Umgang als Hilfestellung für ein faires Miteinander, Kind-Prax 2003, S. 49

Teil 1. Jugendrecht

Kapitel 1. Rechtliche Bedeutung der einzelnen Altersstufen

Rechtliche Bedeutung der einzelnen Altersstufen	
Voll-endung der Geburt	– Beginn der Rechtsfähigkeit (§ 1 BGB), – Beginn der Parteifähigkeit (§ 50 Abs. 1 ZPO), – Beginn der Staatsangehörigkeit (s. dazu §§ 3, 4 StAG)
Voll-endetes Lebens-jahr	
1	– Anspruch auf frühkindliche Förderung in einer Tageseinrichtung oder in Kindertagespflege (§ 24 Abs. 2 SGB VIII)
3	– Anspruch auf Förderung in Tageseinrichtungen/Kindertages-pflege (§ 24 Abs. 1 SGB VIII) – Mitwirkung bei Musik- und anderen Aufführungen, Werbever-anstaltungen, Rundfunk-, Fernseh-, Film-, Foto-, Tonbandauf-nahmen bis zu zwei Stunden täglich zwischen 8 und 17 Uhr (sowie an den erforderlichen Proben) ist mit Genehmigung der zuständigen Aufsichtsbehörde möglich (§ 6 Abs. 1 Nr. 2a JArbSchG)
5	Änderung des Familiennamens des Namensgebers des Kindes erstreckt sich auf dieses nur dann, wenn es sich der Namensände-rung „anschließt" (vgl. §§ 1617c Abs. 1 u. 2; 1618 S. 3; 1757 Abs. 2 S. 2).
6	– Beginn der Schulpflicht (Schulgesetze der Länder). – Mitwirkung bei Musik- und anderen Aufführungen, Werbever-anstaltungen, Rundfunk-, Fernseh-, Film-, Foto-, Tonbandauf-nahmen bis zu drei Stunden täglich zwischen 8 und 22 Uhr (sowie an den erforderlichen Proben) ist mit Genehmigung der Aufsichtsbehörde möglich (§ 6 Abs. 1 Nr. 2b JArb-SchG) – Besuch von für dieses Alter behördlich freigegebenen Filmen bis 20 Uhr; danach ist das nur in Begleitung personensorgeberech-tigter oder erziehungsbeauftragter Personen erlaubt (vgl. § 11 Abs. 2 u. 3 JuSchG)
7	– bedingt deliktsfähig – bei fahrlässig verursachten Unfällen mit Kfz., Schienen-/Schwebebahnen aber erst ab 10 Jahren – (§ 828 Abs. 1, 2 BGB) – beschränkt geschäftsfähig (§ 106 BGB) – partielle Prozessfähigkeit (§§ 51, 52 ZPO, § 62 Abs. 1 VwGO)
10	Recht auf Anhörung vor Religionswechsel (§§ 2 Abs. 3 S. 5, 3 Abs. 2 S. 5 RelKErzG)

12	– Besuch von für dieses Alter behördlich freigegebenen Filmen bis 20 Uhr; danach ist das nur in Begleitung personensorgeberechtigter oder erziehungsbeauftragter Personen erlaubt (§ 11 Abs. 2 u. 3 JuSchG) – Kind kann nicht gegen seinen Willen in anderem Bekenntnis erzogen werden (§ 5 S. 2 RelKErzG).
14	– Besuch von für dieses Alter behördlich freigegebenen Filmen bis 22 Uhr; danach ist das nur in Begleitung PS-Berechtigter od. Erz.-Beauftragter erlaubt (§ 11 Abs. 2 u. 3 JuSchG) – Gaststätten-Aufenthalte von 5–23 Uhr gestattet zur Einnahme eines Getränks oder einer Mahlzeit oder wenn sie sich „auf Reisen“ befinden oder in Begleitung PS-Berechtigter oder Erz.-Beauftragter oder bei Veranstaltungen anerkannter JuHi-Träger oder bei behördl. Ausnahmegenehmigung (§ 4 JuSchG) – Beschäftigungen bis 2 Std. tägl. von 8–18 Uhr (aber nicht vor od. während des Schulunterrichts), soweit sie leicht und für Kinder geeignet sind u. PS-Berechtigte einwilligen (vgl. § 5 Abs. 3 JArbSchG sowie § 2 Kinderarbeits-Schutz-VO) – Beschäftigung in der Landwirtschaft unter den vorgenannten Bedingungen bis 3 Std. tägl. (vgl.§ 5 Abs. 3 JArbSchG sowie § 2 Kinderarbeits-Schutz-VO) – Recht auf persönliche Anhörung der Mdj. in allen ihre Personen- und Vermögenssorge betr. Verfahren vor den FamG (§ 159 FamFG) – freie Religionswahl (§ 5 RelKErzG) – Beginn der strafrechtlichen Verantwortlichkeit [bedingte Strafmündigkeit] (§§ 1 Abs. 2, 3 JGG) – eigenes Rechtsmittelrecht im Jugendstrafverfahren ohne Mitwirkung ihrer g.V. (§ 55 Abs. 2 S. 2 JGG) – selbstständiges Rechtsmittelrecht beim FamG in allen ihre Person betreffenden Angelegenheiten ohne Mitwirkung ihrer g.V. (§ 60 FamFG) – Einwilligung zur Adoption können Minderjährige nur selbst erteilen (§ 1746 Abs. 1 S. 3 BGB) – Änderungen des Vornamens und des Familiennamens von adoptierten Kindern sowie des Familiennamens anderer Kinder sind nur mit deren Einwilligung möglich (§ 1757 Abs. 2 S. 2 bzw. §§ 1617c Abs. 1 S. 2, 1618 Abs. 6 BGB) – Antrag auf Aufhebung der Adoption wegen fehlender Einwilligung des Kindes kann nur vom Kind selbst gestellt werden (§ 1762 Abs. 1 BGB) – Möglichkeit, die Ablösung eines Amts- oder Vereinsvormundes (oder: -pflegers) durch eine geeignete Einzelperson sowie: die Bestellung eines anderen Vormundes oder Pflegers zu beantragen (§§ 1887 Abs. 2 S. 2, 1915 BGB) – gemeinsamem Vorschlag der Eltern über Sorgerechts-Ausübung bei Getrenntleben oder Scheidung wird bei Widerspruch des Kindes die Verbindlichkeit genommen (§ 1671 Abs. 1 S. 2 Nr. 1 BGB) u. damit ist dann allein das Kindeswohl maßgebend; Entspr. gilt, wenn beim FamG ein Elternteil eines ne. Ki. die Übertragung der gemeinsamen elterlichen Sorge oder der Vater die Alleinsorge beantragt und der andere Elternteil dem jeweils zustimmt (§ 1671 Abs. 1 S. 2 Nr. 1, Abs. 2 S. 2 Nr. 1 BGB) – Ende des strafrechtlichen Jugendschutzes [sexueller Missbrauch von Kindern] (vgl. im Einzelnen §§ 176, 176a StGB)

	– aktives und passives Wahlrecht für die Jugendvertretung im Betriebsrat (§ 61 BetrVerfG) – volle Verfahrensfähigkeit bei mit Freiheitsentzug verbundenen Unterbringungen (§§ 167 Abs. 3, 316 FamFG), d. h.: selbstständiges Antrags-/Rechtsmittelrecht, Anwaltsbeauftragung etc. ohne Mitwirkung (u. auch gegen den Willen) ihrer g.V.
15	– Antragsrecht auf Sozialleistungen (z. B. nach BAföG, SGB XII), das die g.V aber einschränken können (§ 36 SGB I) – Ende des generellen Beschäftigungsverbots (§ 5 Abs. 1 JArbSchG) – Mindestalter für Kfz. ohne erforderl. Fahrerlaubnis (§ 10 Abs. 3 FahrerlaubnisVO)

16	– Beschäftigung in den Schulferien pro Kalenderjahr für max. 4 Wochen (bis zu max. 8 Stunden täglich u. 40 Stunden wöchentl.) zulässig (§ 5 Abs. 4 JArbSchG)
	– Führerschein der Klassen A1, L, M, S, T möglich (§ 10 Abs. 1 FahrerlaubnisVO)
	– Eidesfähigkeit (§ 393 ZPO bzw. § 60 Nr. 1 StPO)
	– *Ende einiger Jugendschutzbestimmungen:*
	  – Besuch von für dieses Alter behördl. freigegebenen Filmen bis 24 Uhr; danach nur in Begleitung PS-Berechtigter oder Erz.-Beauftragter (§ 11 Abs. 2 u. 3 JuSchG)
	  – Aufenthalt in Gaststätten (aber nicht in Nacht-Bars/-Clubs o. Ä.) zwischen 5 u. 24 Uhr gestattet; außerhalb dieser Zeiten nur für Jugendl. „auf Reisen", in Begleitung PS-Berechtigter od. Erz.-Beauftragter oder bei Veranstaltungen anerkannter JuHi-Träger oder bei behördl. Ausnahmegenehmigung (vgl. § 4 JuSchG)
	  – Abgabe u. Genuss von *alkoholischen Getränken* in Gaststätten, Verkaufsstellen oder sonst in der Öffentlichkeit nur im Beisein von PS-Berechtigten gestattet (vgl. § 9 Abs. 1 JuSchG)
	  – Anwesenheit bei öffentlichen Tanzveranstaltungen erlaubt, ab 24 Uhr jedoch nur in Begleitung von PS-Berechtigten od. Erz.-Beauftragten [Ausnahmen: Veranstaltungen anerkannter freier JuHi-Träger, der Brauchtumspflege oder der künstlerischen Betätigung oder bei besonderer behördl. Genehmigung] (vgl. § 5 JuSchG)
	– Eigenes Antragsrecht und Prozessfähigkeit in Sozialversicherungsangelegenheiten, z. B. bei Unfällen (§ 71 SGG)
	– Anhörungsrecht vor Änderungen ihres Familiennamens (§ 2 Abs. 2 NamensÄndG)
	– FamG kann Heirat zulassen (vgl. § 1303 Abs. 2–4 BGB)
	– *Ende folgender strafrechtlicher Jugendschutzbestimmungen:*
	  – Verletzung der Fürsorge- oder Erziehungspflicht (§ 171 StGB),
	  – sexueller Missbrauch Schutzbefohlener (§ 174 Abs. 1 Nr. 1 StGB),
	  – Förderung sexueller Handlungen (§ 180 Abs. 1 StGB),
	  – sexueller Missbrauch Minderjähriger (§ 182 StGB).
	– Erwerb des Jugendjagdscheines möglich (§ 16 BJagdG)
	– Recht auf Einsicht/Auskunft aus Personenstandsregistern u. auf Erteilung von Geburts- u. anderen Urkunden (vgl. §§ 62, 63 PStG)

17	– Fahrerlaubnis für Klassen B u. BE in Begleitung einer Person ab 30 J. mit Fahrerlaubnis seit 5 J. (vgl. § 48a FahrerlaubnisVO) – freiwillige Verpflichtung bei Bundeswehr (§ 8 SoldatenlaufbahnVO)

18	– Volljährigkeit (§ 2 BGB)
	– volle Geschäftsfähigkeit (§ 106 BGB)
	– volle Prozessfähigkeit (§ 52 Abs. 1 ZPO)
	– volle zivilrechtliche Verantwortlichkeit – Deliktsfähigkeit – (§ 828 Abs. 2 BGB)
	– volle strafrechtliche Verantwortlichkeit – Strafmündigkeit – (§§ 1, 3 JGG) mit der Möglichkeit, auf noch nicht 21 Jahre alte Täter (Zeitpunkt: Begehung der Tat) evtl. noch das Jugendstrafrecht anzuwenden (§ 105 Abs. 1 JGG)
	– Ehemündigkeit (§ 1303 Abs. 1 BGB)
	– Führerschein der Klassen A bei stufenweisem Zugang, B, BE, C, C1, CE, C1E möglich (§ 10 Abs. 1 FahrerlaubnisVO)
	– Ende der elterlichen Sorge (§ 1626 Abs. 1 BGB)
	– Ende von Pflegschaften und Vormundschaften wegen Minderjährigkeit (§§ 1882; 1909, 1915 BGB)
	– Ende sämtlicher Jugendschutzbestimmungen (einschließlich des Rauchverbots in der Öffentlichkeit nach § 10 Abs. 1 JuSchG)
	– *Ende des strafrechtlichen Jugendschutzes (d. h. Strafbarkeit endet) bei:*
	  – sexuellen Handlungen mit leiblichen oder adoptierten Kindern (§ 174 Abs. 1 Nr. 3 StGB) [aber Strafbarkeit des Beischlafs mit leiblichen Abkömmlingen bleibt bestehen gem. § 173 StGB.]
	  – sexuellen Handlungen unter Missbrauch einer Abhängigkeit (§ 174 Abs. 1 Nr. 2 StGB)
	  – Förderung, Vermittlung oder Bestimmung zur Prostitution – sog. schwere Kuppelei – (§§ 180a Abs. 2 Nr. 1, 180 Abs. 2 u. 3 StGB)
	  – jugendgefährdender Ausübung der Prostitution (§ 184b Nr. 2 StGB)
	  – Verbreitung sog. einfacher Pornografie (§ 184 Abs. 1 Nr. 1, 2, 5, 8 StGB)
	  – Misshandlung von Schutzbefohlenen – sog. Kindsmisshandlung – (§ 225 StGB)
	  – Kindesraub (§ 235 StGB)
	  – Kinderhandel (§ 236 Abs. 2 StGB)
	– aktives u. passives Wahlrecht für Betriebsrats- bzw. Personalratswahlen (§§ 7, 8 BetrVerfG bzw. §§ 13, 14 Abs. 1 PersVertrG)
	– Bestellung als Pfleger oder Vormund möglich (§§ 1781 Nr. 1, 1915 BGB)
	– Eigene Strafantragsmöglichkeit (§ 77 Abs. 3 StGB)
	– Beginn der Wehrpflicht (§ 1 Abs. 1 WehrpflG)
	– allgemeines (aktives u. passives) Wahlrecht (Art. 38 Abs. 2 GG)

21	– Grundsätzlich Wegfall der Möglichkeit, HzE zu gewähren (§ 41 Abs. 1 S. 2 SGB VIII) – Wegfall der Möglichkeit, Jugendstrafrecht anzuwenden (§ 1 JGG) – Führerschein der Klassen D, D1, DE, D1 E möglich (§ 10 Abs. 1 FahrerlaubnisVO)

	– Wegfall diverser Vergünstigungen im Unterhaltsrecht: – die generell bestehende gesteigerte elterliche Unterhaltspflicht endet (vgl. § 1603 Abs. 2 BGB) – Vorrang gegenüber anderen Unterhaltsberechtigten entfällt (§ 1609 Abs. 1 Nr. 1 BGB

Kapitel 2. Aufsichtspflicht im privaten und beruflichen Alltag

Übersicht

A. Vorbemerkungen

Unsicherheit in der Praxis

Im familiären Bereich sowie in der gesamten sozialpädagogischen Arbeit können insbesondere bei Minderjährigen Aufsichtspflichtfragen und konkrete Haftungsfälle auftreten. Nicht selten ergeben sich hierbei für die Betroffenen vielfältige Probleme. Es werden dann unterschiedliche eigene Überlegungen angestellt, (evtl. gegensätzliche) Ratschläge eingeholt, und am Ende verbleibt doch überwiegend große Unsicherheit, wie man sich als Aufsichtspflichtiger denn nun wirklich richtig verhalten soll.

Gründe Gesetz regelt nur Rechtsfolgen

Woran liegt es, dass zuweilen sogar erfahrene Erzieher bei den dann allein oder gemeinsam angestellten Überlegungen plötzlich unsicher werden, wenn es um die eigentlich doch ganz alltägliche berufsspezifische Frage geht, wie Aufsichtspflicht richtig – d.h. auch juristisch „unangreifbar" – ausgeübt werden soll? Das hat wohl *mehrere Gründe*:

Allgemeine gesetzliche Regelung/ differenzierte Rechtsprechung

Zum einen trägt sicherlich die gesetzliche Regelung mit dazu bei, die Materie undurchschaubar erscheinen zu lassen. § 832 betrifft zwar ausdrücklich die Haftung des Aufsichtspflichtigen.[1] Die Norm regelt aber nicht Grundlage und Umfang von Aufsichtspflichten. Diesbezüglich hat sich vielmehr eine umfassende Rechtsprechung entwickelt. Einzelheiten zu Aufsichtspflichten können daher nicht im Gesetz nachgelesen werden, sondern müssen einzelnen Gerichtsentscheidungen entnommen werden.

Verunsicherung durch Aushänge/Schilder

Zum anderen sind solche gerichtlichen Leitsätze (ähnlich wie evtl. vorhandene Dienstanweisungen oder Richtlinien zur Aufsichtspflicht der Träger der betreffenden sozialpädagogischen Einrichtungen) infolge ihrer Abstraktheit der Aussage sowie nicht zuletzt durch ihre juristische Diktion nicht immer dazu angetan, den konkreten Fall zu erhellen oder gar Hinweise für die eigene Aufsichtspflicht zu geben.

---

[1] § 832 Haftung des Aufsichtspflichtigen:
(1) [1]Wer kraft Gesetzes zur Führung der Aufsicht über eine Person verpflichtet ist, die wegen Minderjährigkeit oder wegen ihres geistigen oder körperlichen Zustands der Beaufsichtigung bedarf, ist zum Ersatz des Schadens verpflichtet, den diese Person einem Dritten widerrechtlich zufügt. [2]Die Ersatzpflicht tritt nicht ein, wenn er seiner Aufsichtspflicht genügt oder wenn der Schaden auch bei gehöriger Aufsichtsführung entstanden sein würde.
(2) Die gleiche Verantwortlichkeit trifft denjenigen, welcher die Führung der Aufsicht durch Vertrag übernimmt.

Vielfach anzutreffende Aushänge und Schilder mit dem (in dieser Generalität übrigens absolut *falschen*) Text: *„Eltern haften für ihre Kinder"* tragen außerdem zur Verunsicherung bei.

Vielfalt der Praxis

Der wirkliche Grund dafür, dass man Aufsichtspflichtfragen und -probleme theoretisch relativ leicht abhandeln kann, diese in der Praxis dann aber doch immer wieder problematisch werden, liegt allerdings am Ort des Geschehens – also an der Praxis selbst. Denn diese ist so verschiedenartig und befindet sich in einem permanenten Entwicklungs- und Wandlungsprozess in ihrem ständigen Bemühen, die jeweils neuesten Erkenntnisse der Erziehungswissenschaften mit einzubringen oder aber diese selbst mit voranzutreiben. So wird die Praxis ganz zwangsläufig immer wieder aufs Neue mit veränderten Situationen im Aufsichtsbereich konfrontiert, die es täglich zum Wohl der anvertrauten Kinder oder Jugendlichen zu bewältigen gilt.

„Rezepte" gibt es nicht

Im Folgenden sollen daher Begriff und rechtlicher Inhalt der Aufsichtspflicht aufgezeigt und die sich daraus ergebenden Konsequenzen für die Erziehungs-Praxis dargestellt werden, ohne dass etwa überall gültige „Rezepte" gegeben werden können, aber hoffentlich einige Hilfen für die alltägliche Ausübung der Aufsicht über Minderjährige.

B. Begriff und Entstehen der Aufsichtspflicht

Personenkreis/Begriff

Personen, denen *Minderjährige* oder wegen ihres geistigen oder körperlichen Zustandes *aufsichtsbedürftige Volljährige* zur Erziehung, Pflege, Betreuung, Behandlung, Begutachtung anvertraut worden sind, haben für diese Personen die Verantwortung. Dazu gehört insbesondere, die zu Betreuenden davor zu bewahren, dass diese durch eigenes Verhalten oder das Verhalten Dritter selbst Schäden erleiden oder andere Personen schädigen (vgl. dazu unten Kapitel C. I.). Diese doppelte Verpflichtung heißt Aufsichtspflicht.

Doppelte Verpflichtung

Entstehung

Da diese Verpflichtung entweder kraft gesetzlicher Bestimmungen oder durch vertragliche Abmachungen besteht, spricht man auch von: *gesetzlicher* und *vertraglicher* Aufsichtspflicht (vgl. § 832 Abs. 1 u. 2).

Inhalt und Umfang der Verpflichtungen, die sich hierdurch für die Aufsichtspersonen ergeben, sind unabhängig vom Entstehungsgrund der Aufsichtspflicht. Sonderheiten bestehen allerdings bei der Haftung für Aufsichtspflichtverletzungen.

I. Gesetzliche Aufsichtspflicht

Personenkreis

Sie liegt dann vor, wenn diese Verpflichtung einer Person aufgrund eines Gesetzes obliegt, ohne dass es auf deren Einverständnis ankommt. Diese gesetzliche Aufsichtspflicht besteht für:

- Eltern, sofern sie Personensorge besitzen (§ 1631 Abs. 1),
  Vormund (§§ 1793, 1800, 1631), Pfleger (§§ 1909, 1915, 1631),
- Ausbilder gegenüber minderjährigen Auszubildenden (§§ 6, 9 BBiG),
- Heil- und Pflegeanstalten (nach Landesrecht) für Minderjährige und andere Pflegebedürftige,[2]
- Lehrer für minderjährige Schüler (nach Landesrecht).

[2] Vgl. auch OLG Celle, NJW 1966, 223.

Keine gesetzliche Aufsichtspflicht besteht für: Beistände iSd § 1712, Gegenvormünder (§ 1792), Betreuer iSd § 1897, Eltern volljähriger Kinder.

II. Vertragliche Aufsichtspflicht

Formfreie Willenserklärung genügt

Sie liegt dann vor, wenn mit einer anderen Person die Übernahme der Aufsicht vertraglich vereinbart worden ist oder wenn von einer Person, die kraft Gesetzes oder Vertrages aufsichtspflichtig ist, die Verpflichtung zur Aufsicht auf eine andere Person durch entsprechende Vereinbarung übertragen worden ist. Dies kann ausdrücklich oder auch stillschweigend geschehen, sich aber auch einfach „aus der Natur der Sache" ergeben (wenn z. B. eine Erzieherin, Betreuerin, Pflegerin für einen Minderjährigen angestellt wird). Es muss lediglich der Wille zur Übertragung der Aufsichtspflicht einerseits sowie der Wille zur Übernahme derselben andererseits erkennbar sein. Formvorschriften bestehen also nicht. Auch ist es grundsätzlich unerheblich, ob die Aufsichtspflicht entgeltlich oder unentgeltlich übernommen wird. (Zu Besonderheiten bei Gefälligkeitsaufsichten vgl. unten S. 10.)

Definition der Gerichte

Von der *Rechtsprechung* wird eine vertragliche Übernahme der Aufsichtspflicht regelmäßig dann angenommen, wenn es sich um eine „weit reichende Obhut von längerer Dauer und/oder weit gehender Einwirkungsmöglichkeit (auf die zu Beaufsichtigenden) gehandelt hat"[3].

Typische Beispiele: Erziehungspersonal von Kinderkrippen, Kitas, anderen Vorschuleinrichtungen, Hort, Heimen (iwS), Jugendreisen und sonstigen Jugenderholungsmaßnahmen; Pflegeeltern; Kinderpflegerinnen, sog. Kindermädchen, Kinder- bzw. Babysitter, Tagesmütter.

Berechtigung zum Vertragsabschluss

Wichtig ist bei der *vertraglichen Übernahme* der Aufsichtspflicht allerdings, dass der Vertrag zwischen den jeweils hierzu Berechtigten geschlossen worden ist. Auf der Seite des zu Beaufsichtigenden muss der Vertrag also *entweder* von ihm selbst mit Zustimmung seiner gesetzlichen Vertreter *oder* von jenen abgeschlossen werden. Auf der anderen Seite muss eine natürliche Person für sich selbst oder mit Zustimmung ihrer gesetzlichen Vertreter (berechtigterweise) für die oben als Beispiele genannten Institutionen tätig geworden sein. – Letzteres bereitet keine Schwierigkeiten, solange der Träger die Rechtsform einer *juristischen Person* des öffentlichen oder des privaten Rechts hat. Denn hier treten die Rechtswirkungen beim Träger ein (vgl. § 164 Abs. 1), so dass in einem Schadensersatzfall dessen Ersatzpflicht unzweifelhaft ist. Anders sieht es jedoch z. B. bei Jugendgruppen aus, die weder die Untergliederung einer juristischen Person noch nichtrechtsfähiger Verein sind. Hier kann der Vertrag nur mit dem jeweiligen Leiter der Jugendgruppe geschlossen werden (oder mit einem von ihm bestellten Vertreter, vgl. § 167). Die *Rechtsfolgen* (= hier: Haftung gemäß § 832) *treffen* dann gemäß § 164 Abs. 1 *den Leiter* der Jugendgruppe. Sind mehrere gleichberechtigt als Gruppenerzieher/-leiter tätig, so haftet derjenige, der den „Vertragsabschluss" (= Aufnahme in die Gruppe) konkret vorgenommen hat, dem Geschädigten unmittelbar (siehe dazu S. 25).

Jugendgruppen

Minderjährige als Aufsichtspersonen

Ist die Person, die im Rahmen eines Ausbildungs- oder Arbeitsverhältnisses oder aus sonstigen Gründen die Ausübung von Aufsicht über Dritte

[3] BGH NJW 1985, 678.

übernehmen will, selbst noch *minderjährig*, so bedarf sie zur rechtswirksamen Übernahme der Aufsicht (wegen der daraus für sie entstehenden Verpflichtungen) der (vorherigen oder nachträglichen) Einwilligung ihrer gesetzlichen Vertreter (vgl. dazu §§ 107, 108 Abs. 1), die sich z. B. aus deren Genehmigung der Ausbildung ergeben kann.

Liegt vertragliche Aufsichtspflicht vor, so wird diese zwar gemäß § 832 Abs. 2 der gesetzlichen Aufsichtspflicht gleich erachtet. Unterschiede bestehen jedoch bezüglich der Haftung (siehe dazu unten die Kapitel D. III. und IV.).

III. Gefälligkeitsaufsicht

Problemlage

Fraglich ist, ob man bei jeder tatsächlichen Übernahme der Aufsicht davon ausgehen kann, dass hier volle Verantwortung übernommen wurde. Diese Problematik ergibt sich vor allem dann, wenn Verwandte, Freunde, Nachbarn oder sonstige Bekannte aus Gefälligkeit für einige Stunden tagsüber oder abends auf die Kinder „aufpassen".

Rechtsprechung des BGH

Der *Bundesgerichtshof* (BGH) hat zu diesem Problem klargestellt, dass man nicht bei jeder tatsächlichen Übernahme der Aufsicht von einer vertraglich verpflichtenden Aufsichtspflicht ausgehen könne[4]. Nach dem BGH liegt keine vertraglich übernommene Aufsichtspflicht vor, „wenn es sich um Einzelfälle auf kürzere Zeit handelt, mit denen die Aufwendung von Kosten nicht verbunden ist" (so z. B. wenn eine Mutter ihr Kind während ihrer Besorgungen bei der Großmutter oder bei Freunden „abgibt"); hierbei handele es sich vielmehr um eine *„reine Gefälligkeit"* (zur diesbezüglichen Haftungserleichterung siehe S. 28).

Gefällige Nachbarn

Dem vom BGH entschiedenen Fall lag folgender Sachverhalt zu Grunde: Zwei Elternpaare (Nachbarn) ließen ihre 4- bzw. 6-jährigen Jungen abwechselnd in ihren jeweiligen Wohnungen spielen. Beaufsichtigt wurden die Kinder teils von den betreffenden Müttern, teils von einer Hausgehilfin. Als Letztere mit dem „eigenen" 4-jährigen Kind zur Toilette ging, warf das Nachbarskind ein Fernglasteil aus dem Fenster, von dem eine Fußgängerin erheblich am Kopf verletzt wurde.

Vertragliche Aufsichtspflicht oder: reine Gefälligkeit?

Der BGH führte dazu aus, dass es für die Beurteilung der Frage, ob die Vereinbarung der beiden Elternpaare zugleich eine vertragliche Übernahme der Aufsichtspflicht bedeutet habe oder nur eine „reine, außerhalb der rechtsgeschäftlichen Sphäre liegende Gefälligkeit" gewesen sei, darauf ankomme, ob der Wille zu einer vertragsrechtlichen Bindung vorlag. Denn eine einem Dritten erwiesene Gefälligkeit habe nur dann rechtsgeschäftlichen Charakter, wenn der Leistende (= hier: die Nachbarn) den Willen hat, dass seinem Handeln rechtliche Geltung zukommen soll, d. h., wenn er eine Rechtsbindung herbeiführen will und der Empfänger der Leistung die Gefälligkeit in diesem Sinn gedeutet und angenommen hat. Der BGH hat betont, dass „Gefälligkeiten des täglichen Lebens" ebenso wie solche, die „im gesellschaftlichen Verkehr wurzeln", sich regelmäßig *außerhalb* des rechtsgeschäftlichen Bereichs halten. Daher lasse auch die gegenseitige Gestattung der Kinderbesuche keinen Schluss auf einen Willen zur vertragsrechtlichen Bindung zu. Man könne einen solchen Willen der Parteien auch nicht deshalb unterstellen, weil diese Fiktion ein als an-

---

[4] BGH NJW 1968, 1874; ebenso OLG Hamm, MDR 1999, 677.

gemessen angesehenes Ergebnis begründen würde. – Dem ist sicher zuzustimmen.

BGH: „lebensnah" betrachten

Der BGH hat dabei auf seine Entscheidung aus dem Jahre 1964 verwiesen, in der er das Vorliegen eines stillschweigenden Vertrages auf Übernahme der Aufsichtspflicht durch die Eltern eines 9-jährigen Jungen gegenüber dessen 11-jährigem Freund *verneint* hatte, der zwei- bis dreimal wöchentlich zum Spielen auf den Hof gekommen war. Man würde nämlich bei einer extensiven Auslegung von § 832 Abs. 2 BGB die Gegebenheiten des Alltags verkennen und damit zu wenig lebensnahen Ergebnissen gelangen. Entscheidend komme es daher darauf an, wie sich dem objektiven Betrachter die Gefälligkeit darstellt. Das müsse zu einer Verneinung des Willens zu einer vertragsrechtlichen Bindung führen.

Ergebnis:

Haftet denn niemand?

Die *gefälligen Nachbarn* mussten in dem oben geschilderten Fall also nicht den Schaden ersetzen (d. h. jedoch nicht, dass sich aus einer Gefälligkeitsaufsicht niemals Verpflichtungen ergeben können; siehe dazu S. 28).

Die *Eltern* des Kindes, das den Schaden verursacht hatte, waren auch nicht haftbar zu machen, da sie ihre Aufsichtspflicht nicht verletzt hatten. Denn nur dann haften die Eltern (s. dazu S. 17 ff.) – was „gerne" anders dargestellt wird.

Da das 6-jährige Kind deliktsunfähig (siehe dazu § 828 Abs. 1) war und hier *keine Billigkeitshaftung* in Betracht kam (siehe dazu § 829), blieb die geschädigte alte Dame auf ihrem Schaden sitzen. Denn (etwa vorhandene) *Haftpflichtversicherungen* hätten *auch nicht* zahlen müssen, weil diese (was „gerne" übersehen wird) nur dann einspringen, wenn ihre Versicherten zahlen müssten (s. dazu S. 37 ff.). Es wäre hier also *allein* die Chance für die Geschädigte geblieben, der *Hausgehilfin* eine Pflichtverletzung nachzuweisen und dann von ihr Schadensersatz gemäß §§ 823, 276 zu verlangen.

Reformbedürfnis

Auch dieser Fall zeigt, wie unbefriedigend unser (vor mehr als 100 Jahren konzipiertes) Schadensersatzrecht ist. Hier kann nur eine Reform helfen, die das starre Verschuldensprinzip abschaffen und eine Versicherungspflicht für Deliktsunfähige einführen müsste.[5]

C. Inhalt und Umfang der Aufsichtspflicht

I. Inhalt

Aufsichtspflichtige Personen haben eine doppelte Verpflichtung zu erfüllen, nämlich:

Schadensabwehr

1. die ihnen zur Aufsicht Anvertrauten vor *Schäden jeder Art* (d. h. vor körperlichen, gesundheitlichen, seelischen, sittlichen, geistigen sowie Sachschäden) zu bewahren, die ihnen andere Personen oder sie sich selbst zufügen könnten;
2. zu verhindern, dass andere Personen („Dritte") durch die zu Beaufsichtigenden zu Schaden kommen.

Vom Fragenkreis der Aufsichtspflicht können nicht jene Fälle trennscharf abgegrenzt werden, in denen Aufsichtspflichtige die zu beaufsichti-

[5] Siehe dazu auch *von Hippel*, VersR 1998, 26.

genden Personen bewusst schädigen. Derartige Fälle wurden in jüngerer Vergangenheit unter dem Oberbegriff „Missbrauchsfälle" öffentlich diskutiert. Gemeint sind insbesondere Fälle von sexuellen Übergriffen oder Körperverletzungshandlungen zum Nachteil der zu beaufsichtigenden Personen. Derartige Verhaltensweise von Aufsichtspflichtigen sind zumeist strafbewehrt und begründen Schadensersatz- und Schmerzensgeldansprüche der Geschädigten nach allgemeinen deliktischen Schadensersatzvorschriften. Allerdings stellt sich oft auch die Frage, ob z.B. Vorgesetzten der Täter eine Aufsichtspflichtverletzung etwa wegen mangelhafter Auswahl oder Überwachung vorgeworfen werden kann.[6]

Keine gesetzliche Regelung

Das BGB hat die oben genannte doppelte Verpflichtung nicht ausdrücklich festgelegt, sondern in § 832 Abs. 1 S. 1 nur bestimmt, dass Aufsichtspflichtige haften, wenn zu beaufsichtigende Personen anderen widerrechtlich (d.h. ohne gesetzlichen Rechtfertigungsgrund wie z.B. Notwehr) Schäden zufügen, es sei denn, die Aufsichtspflichtigen können sich entlasten (siehe dazu S. 21–24). Das BGB regelt jedoch weder Inhalt noch Umfang der Aufsichtspflicht.

Primäre Pflicht: Kindesschutz

Wenn auch in gerichtlichen Entscheidungen immer wieder besonders betont wird, dass es „der vornehmlichste Inhalt der Aufsichtspflicht sei, eine Schädigung Dritter durch die zu Beaufsichtigenden zu verhindern"[7], so gebührt vom Erziehungsauftrag und von der Schutzwürdigkeit her bei richtiger Betrachtungsweise der Verpflichtung, die zu beaufsichtigenden Kinder vor Schäden jeder Art zu bewahren, besondere Aufmerksamkeit. Diese verantwortungsvolle sozialpädagogische Aufgabe und Pflicht ist vom BGB nicht ausdrücklich geregelt worden, sondern muss aus dem allgemeinen Haftungsgrundsatz des § 823 „herausgelesen" werden. Nach dieser Norm ist derjenige, der vorsätzlich oder fahrlässig das Leben, den Körper, die Gesundheit, die Freiheit, das Eigentum oder ein sonstiges Recht (z.B. das allgemeine Persönlichkeits-, Namens-, Besitzrecht) *eines anderen* widerrechtlich verletzt, dem anderen zum Ersatz des daraus entstehenden Schadens verpflichtet. Nur wenn eines dieser Rechtsgüter durch Aufsichtspflichtverletzung beeinträchtigt wurde, besteht also Schadensersatzpflicht!

Bei Verletzung: Schadensersatz gemäß § 823

II. Umfang

Keine gesetzliche Festlegung

Nähere konkrete inhaltliche Hinweise oder Forderungen, wie die kraft gesetzlicher oder vertraglicher Verpflichtung obliegende Aufsichtspflicht auszuführen ist und somit erfüllt werden kann, gibt das Gesetz nicht. Das ist auch kaum möglich bei der Vielfalt der denkbaren Erziehungs- und Betreuungssituationen, mit denen private oder berufliche Erzieher tagtäglich konfrontiert werden. Aber selbst wenn es möglich sein sollte, sämtliche Vorkommnisse der pädagogischen Praxis zu erfassen und dann zu reglementieren, so wäre dies keinesfalls wünschenswert, denn ihre Weiterentwicklung würde erschwert werden, wenn nicht ganz stagnieren. Eigeninitiativen würden damit weit gehend unterbunden und es bliebe dann kaum noch Raum für selbstständige, eigenverantwortliche Erzie-

---

[6] Vgl. hierzu z.B. Heghmanns, Zur strafrechtlichen Verantwortung im Kinderschutz, JAmt 2018, 230-234.

[7] Vgl. z.B. BGH FamRZ 1964 84ff.

hungsarbeit, weil alles vorgeschrieben und die sozialpädagogische Arbeit damit von juristischer Betrachtungsweise abhängig würde.

Konkretisierung durch Pädagogik

Es ist daher gut, dass der Gesetzgeber den konkreten Inhalt der Aufsichtspflicht den erziehungswissenschaftlichen Erkenntnissen überlässt. Im Falle eines Rechtsstreites (Prozess) sind allerdings die Gerichte gezwungen, Leitlinien über die Erfüllung der Aufsichtspflicht aufzustellen und diese auf den im Streit stehenden konkreten Einzelfall zu übertragen. Die Gerichte gehen dabei stets von dem Grundsatz aus, dass es das oberste Gebot der Erziehung sein müsse, die Kinder vor eigenen Schäden jeder Art sowie davor zu bewahren, dass sie Dritten Schäden zufügen und sich damit selbst unter Umständen wiederum materielle Schäden bereiten, weil sie eventuell schon selbst als schadensersatzpflichtig gelten (vgl. dazu die §§ 828, 829, 840).

Unvermeidbare Schadensfälle

Die leibliche, geistige und seelische Förderung Minderjähriger muss daher erreicht werden, ohne dass sie überfordert oder gar gefährdet werden. Damit kann selbstverständlich von niemandem ausgeschlossen werden, dass dennoch Schadensereignisse vorkommen können (z. B. ein Kleidungsstück beim Spiel zerrissen, der Fuß verstaucht oder gar gebrochen wird). So etwas wird sich immer wieder ereignen, ohne dass deswegen den zuständigen Aufsichtspflichtigen schon eine Aufsichtspflichtverletzung unterlaufen zu sein braucht. Allerdings wird dann überprüft, was getan wurde, um Schadensfälle dieser Art nach Möglichkeit zu vermeiden. Dabei wird auf die konkrete Situation (Gruppe – Umgebung – Spielart) abgestellt und dann in etwa gefragt:

Überprüfung des Einzelfalls

„Wurde alles getan, was zum Schutze des betreffenden Kindes erforderlich und den Umständen nach den Erziehern zumutbar war?"

Wie erfullt man Aufsichtspflicht

Was nun im Einzelnen dazu gehört, um seine Aufsichtspflicht so zu erfullen, dass sie auch einer solchen juristischen Überprüfung standzuhalten vermag, ergibt sich aus den nachfolgenden Kapiteln 1.–4.

1. Die Informationspflicht der Erzieher

Genaue eigene Information

Erzieher (im weitesten Sinne) müssen sich über jedes ihnen kraft Gesetzes oder Vertrages anvertraute Kind so genau wie irgend möglich informieren. (Dies gilt insbesondere für berufliche Erzieher.)

Beispiele: Über Alter, Krankheiten, Allergien, geistige und evtl. auch körperliche Entwicklung bzw. Behinderungen der einzelnen Gruppenmitglieder. (Dazu gehört auch, sich zu erkundigen, wem das Kind „herausgegeben" werden darf. Ist niemand genannt, kommen nur die Erziehungsberechtigten in Betracht, die die Anmeldung vornahmen!)

Diese sowie nähere Kenntnisse über individuelle Eigenart und Veranlagung der Kinder erleichtern immer die Arbeit von Erziehern oder machen sie überhaupt erst möglich. Hier kommt noch hinzu, dass man Kinder nur dann wirksam fördern und vor Schäden schützen kann, wenn man sich zuvor eingehend mit ihnen beschäftigt hat. Dann wird man auch eher merken, wenn eine Veränderung im Verhalten des Kindes auftritt und kann den Ursachen nachgehen. Dass dann ein intensiveres Beobachten notwendig und die Teilnahme an anstrengenden Unternehmungen gewissenhaft abzuwägen ist, versteht sich für verantwortungsvolle Erzieher von selbst.

Weiter gehört dazu, dass sich berufliche Erzieher über sämtliche in ihrem Arbeitsbereich liegenden örtlichen Verhältnisse und die dort bestehenden gesetzlichen Schutzbestimmungen (z. B. gesundheits- und baurechtliche Bestimmungen sowie die Jugendschutzgesetze) unterrichten.

Informationen für die Kinder

Hierüber sind dann die zu betreuenden Kinder ihrem Alter entsprechend ebenfalls zu informieren. Denn nur bei eigenem Verständnis und rechtzeitigem Erkennen vorhandener Gefahrenquellen kann wirksame Schadensverhütung erreicht werden.

Weitergabe an andere Personen

Aus der Informationspflicht ergibt sich auch, sämtliche Kenntnisse an die Kollegen (insbesondere an die Leitung der Einrichtung) und unter Umständen auch an die Eltern (sofern das nötig erscheint und möglich ist) weiterzugeben.

Anleitung der Kinder

Wichtig ist aber auch, die Kinder über Wirkungsweise und zu beachtende Vorsichtsmaßnahmen beim Gebrauch von Werkzeugen (wie Scheren, Messer, Hammer, Sägen) und „gefährlichem Spielzeug" (z. B. Pfeil und Bogen, Wurfpfeile[8]), Rollern, Kett-Cars, Fahrrädern, Skiern eingehend zu unterweisen, wobei Vorführungen, nicht nur Erklärungen notwendig sind. Danach ist das jeweilige Vorhaben dem überprüften Können der Kinder anzupassen. Schließlich sind die Kinder auf mögliche Gefahren hinzuweisen und vor Fehlverhalten zu warnen.

Beispiele: Nicht erhitzt oder mit vollem Magen ins Wasser gehen; hintereinander radeln; keine Wettfahrten auf der Fahrbahn; bei Wanderungen außerhalb von Ortschaften links gehen; bei Pfeil und Bogen (o. ä. „Schießgeräten") nur in eine Richtung schießen etc.

2. Die konkrete Beaufsichtigung

Situationsbedingt Aufsicht führen

Wichtig ist es, die Aufsicht *flexibel* zu gestalten, jeweils ausgerichtet an der Gruppe, und zwar an ihrem Alter, der Zusammensetzung, den Sonderheiten und dem einzelnen konkreten Vorhaben angepasst. Dabei sind – dem Erziehungsziel des § 1626 Abs. 2 S. 1 entsprechend – auch „die wachsende Fähigkeit sowie das wachsende Bedürfnis zu selbstständigem verantwortungsbewusstem Handeln" zu berücksichtigen.

Anwesenheit ist nicht immer nötig

Wenn die unter dem Punkt *Informationspflicht* angesprochenen Vorkehrungen getroffen wurden, kann es durchaus möglich sein, sich selbst aus der Gruppe und ihrem Spiel zurückzuziehen. Es muss dabei allerdings gewährleistet sein, sich ständig weiterhin davon überzeugen zu können, dass die konkreten Anweisungen, Ermahnungen, Belehrungen (oder wie immer man sie auch nennen mag) tatsächlich eingehalten werden. Man

Gewisse Kontrolle ist aber erforderlich

kommt dabei also nicht umhin, die Kinder (zumindest gelegentlich) zu kontrollieren. Hierzu gehört auch eine eingehende Besprechung, wenn die vorgegebenen Verhaltensregeln nicht eingehalten werden. Das gilt insbesondere bei gefährlichen Spielzeugen.[9] Dann wird es sich unter Um-

Sanktionen als letztes Mittel

ständen auch nicht vermeiden lassen, Verbote auszusprechen und Verstöße hiergegen mit Ausschluss vom Spiel oder Ähnlichem zu „bestrafen".

---

8 OLG Düsseldorf, FamRZ 1998 234, hält z. B. eindringliche Warnung 6-Jähriger vor Gefahren von Spielzeugpistolen (mit Saugnapf-Pfeilen) nötig, falls dabei Stöcke oder andere Gegenstände verwendet werden.

9 Vgl. OLG Düsseldorf (siehe vorherige Fußnote).

Zweifellos darf jede Aufsicht die Kinder nicht so einengen, dass die Entfaltung von Eigeninitiativen unterdrückt wird. Ständiges Bevormunden (Gebieten, Verbieten, „over-protective"-Haltung) ist sowieso keine sichere Methode, Unfälle zu vermeiden. Ein derartiges Verhalten würde überdies nicht nur jede Selbstständigkeit im Keime ersticken, sondern auch dazu herausfordern, die vorgegebenen Normen zu durchbrechen. Es wird weder eine Aufsicht „auf Schritt und Tritt" verlangt[10] noch erwartet, dass Kinder auf alle nur denkbaren Gefahren-Situationen des Lebens hingewiesen und dafür Verhaltensregeln besprochen oder gar vorgegeben werden[11].

Freiräume erhalten

Es liegt also am pädagogischen Geschick der Erzieher, für die jeweilige Gruppe oder für das jeweilige Kind die richtige Methode anzuwenden, damit die obliegende Aufsicht sinnvoll erfüllt wird. – Mehr verlangt auch die *Rechtsprechung* nicht. Sie erwartet eine „verständige und zumutbare" Aufsichtsführung, die sich an dem orientiert, was vernünftige Eltern und andere Erzieher in derartigen Situationen tun;[12] sie ist also zunehmend „pädagogischer" geworden.

„Pädagogische" Rechtsprechung

3. Delegation der Aufsichtspflicht

Dass die Aufsichtspflicht übertragen (delegiert) werden kann und dann bei demjenigen, der sie rechtswirksam übernommen hat, dieselbe Verantwortlichkeit hervorruft, ergibt sich aus § 832 Abs. 2. Daraus folgt zweifelsfrei, dass die Aufsichtspflichtigen die ihnen obliegende Aufsicht nicht immer in eigener Person auszuüben brauchen. Damit ist jedoch noch nicht geklärt, ob man die Aufsichtspflicht stets delegieren darf. § 832 Abs. 2 sagt auch nichts darüber aus, ob man durch die Übertragung der Aufsicht an dritte Personen selbst von der eigenen Verpflichtung frei geworden ist. Diese beiden Probleme sollen im Folgenden behandelt werden:

Gesetzlich zwar ausdrücklich vorgesehen

Zulässigkeit der Delegation

Aus der generellen Formulierung des § 832 Abs. 2 kann nicht geschlossen werden, dass man die Aufsichtspflicht jederzeit und ohne Vorbehalte stets *„weitergeben"* kann. Das ergibt sich aus der verantwortungsvollen Aufgabe, die dieser gesetzlich normierten Verpflichtung zu Grunde liegt. Das gilt also auch dann, wenn dies nicht ausdrücklich in dem die Aufsichtspflicht begründenden Vertrag geregelt worden ist. Denn in Fällen „privater" Aufsicht ist immer davon auszugehen, dass diejenigen, die einer bestimmten Einzelperson die Aufsicht für ihre Kinder übertragen haben, nicht damit einverstanden sind, dass diese Verantwortung weitergegeben wird.

Aber: nicht stets zulässig

Bei auf Einzelvertrag beruhender Aufsichtspflicht ergibt sich die *persönliche* Verpflichtung (von wirklichen Ausnahmesituationen abgesehen) somit „aus der Natur der Sache"; Delegation ist dort also grundsätzlich unzulässig.

Im privaten Bereich Ausnahmefall

Anders ist dies selbstverständlich in sozialpädagogischen Einrichtungen *(Institutionen)*. Dort liegt es nämlich weitgehend „in der Natur der

Im soz.-päd. Bereich Normalfall

---

[10] BGH, NJW 1997, 2047, im Falle einer „Milieu-Schädigung".

[11] BGH FamRZ 1990, 1214, bzgl. des Verbots für 7-Jährige, beim Spiel mit dem Feuer anderer Kinder diesen Beistand zu leisten.

[12] So der BGH in ständiger Rechtsprechung (Nachweise z. B. in NJW 1993, 1003).

Sache", dass Aufsicht delegiert wird und damit auch die daraus resultierenden Verpflichtungen. So wird der die Aufsichtspflicht ergebende Vertrag zwar mit dem Träger der betreffenden Einrichtungen bzw. mit dessen hierzu berechtigten Vertreter geschlossen, die Ausübung oder Ausgestaltung der Aufsicht jedoch vom Träger der Leitung der betreffenden Institution übertragen. Diese wird häufig die Ausübung der Aufsicht global an einen oder mehrere Erzieher/-innen delegieren. Und selbst hier ist es nicht selten, dass diese wiederum die konkrete Einzelaufsicht durch eine weitere Person wahrnehmen lassen.

Beispiel: Die Gruppenleiterin beauftragt eine andere Erzieherin oder Kinderpflegerin und diese dann eine Praktikantin, mit den Kindern im Garten zu spielen.

Delegation kann Pflichtverletzung darstellen

Wenn die Aufsichtspflicht vom eigentlich Verpflichteten auf eine dritte Person übertragen wird, ist jedoch immer zu prüfen, ob nicht gerade in der „Weitergabe" der Aufsicht eine Verletzung der Aufsichtspflicht liegt. Dass sich jeder Aufsichtspflichtige diese Frage vor der Delegation seiner Verpflichtung stellen muss, bedarf keiner weiteren Erörterung. Er hat dabei vor allem die Person, die er mit der Aufsicht betrauen will, sorgfältig auszuwählen und sie umfassend zu informieren (siehe S. 11).[13] Bei der Auswahl dessen, auf den die Aufsichtspflicht übertragen werden soll, ist zu beachten, dass diese Person geeignet sein muss, die Aufsichtspflicht auszuüben. Bei Vorstrafen wegen Jugendschutzdelikten oder Beschäftigungs- und Aufsichtsverboten nach dem JArbSchG liegt eine solche Ungeeignetheit beispielsweise auf der Hand. Eine Pflicht zur Information dessen, auf den die Aufsicht übertagen werden soll, kann sich im Einzelfall erübrigen, weil die betreffende Person das Kind (oder die Kinder) aus eigener Arbeit in bzw. mit der Gruppe kennt. Anderenfalls ist besondere Sorgfalt geboten.

Sorgfältige Vorbereitung

Es ist in solchen Fällen außerordentlich wichtig, den Schutzzweck der Aufsichtspflichtbestimmungen zu bedenken. Daher hängt eine „ordnungsgemäße" Übertragung der Aufsicht nicht zuletzt davon ab, was dann während der eigenen Abwesenheit mit den Kindern unternommen werden soll. Das muss entweder konkret besprochen werden oder sich eindeutig aus der Übertragung ergeben. Wenn das der übertragenden Person nicht bekannt sein kann (z. B. der Träger eines Heimes weist diesem mehrere „neue" Kinder zu), muss sie sich besonders sicher sein können, dass die Personen, die nunmehr die Aufsicht wahrnehmen sollen, aufgrund ihrer Kenntnisse und Zuverlässigkeit keiner weiteren Informationen und Anweisungen bedürfen.

Problematisch ist es, die Aufsichtspflicht an nicht ausgebildete Personen zu delegieren.

Beispiele: „Bufdis", Studenten, hilfsbereite andere Eltern, ehrenamtliche Mitglieder der Organisation etc. (wie dies nicht nur bei Ferienerholungsmaßnahmen der freien Verbände immer wieder geschieht).

Delegation an „Berufsfremde"

Diese Personen bringen allenfalls einen guten Willen, meist jedoch weder theoretische Kenntnisse noch praktische Erfahrungen in der Betreuung von Aufsichtsbedürftigen (vor allem nicht von Gruppen) mit. Die Übertragung der Aufsichtspflicht auf die genannten Personen bedarf daher

---

[13] BGH NJW 1996, 1146.

besonders sorgfältiger Vorbereitung und Anleitung, aber auch der konkreten Überwachung. Das erfordert schon die Schutzbedürftigkeit der ihnen Anvertrauten.

Delegation an Praktikanten

Entsprechendes gilt für den Einsatz von Praktikanten oder anderen Auszubildenden, jedoch mit der Besonderheit, dass diese Personen es ja unbedingt erlernen und auch erfahren müssen, wie man in der Praxis sinnvoll Aufsichtspflicht ausübt.

Praktikanten können auch Aufsicht führen

Es ist daher nicht nur falsch, sondern auch bedenklich, wenn von den Trägern sozialpädagogischer Einrichtungen häufig zu hören ist: „Praktikanten können noch keine Aufsichtspflicht haben." Allerdings erfordert ihr Einsatz besonders sorgfältige *Anleitung und Supervision.*

Dass dies „in der Praxis" eine Illusion sei, kann und darf nicht als Entschuldigung dienen, wenn auch die dort bestehenden Schwierigkeiten nicht geleugnet werden können noch sollen. Hier wird die unzulängliche personelle Ausstattung sozialpädagogischer Einrichtungen vielleicht am deutlichsten sichtbar, denn es fehlt überall an Praxisanleitern, die wirklich Zeit haben, ihre Anleitungspflicht genügend zu erfüllen.

Die Aufsicht kann also in Institutionen *grundsätzlich* delegiert werden, wenn die Person, die zur Aufsicht herangezogen werden soll, hierfür geeignet ist. Bei Überforderung der zur Aufsicht ausgewählten Person stellt die Delegation allerdings eine Aufsichtspflichtverletzung dar. – Eine Überforderung kann sich daraus ergeben, dass die zur Aufsicht herangezogene Person die zu stellenden Anforderungen *noch nicht* erfüllen kann (z. B. *eine Praktikantin*) oder *nicht mehr* erfüllen kann (z. B.: *Betreuung einer weiteren Gruppe für eine erkrankte Kollegin*). Auch hier kommt es aber auf den konkreten Einzelfall an, insbesondere auf die Gruppe (Zahl, Alter, Eigenart der Kinder) und auf die „Unternehmungen" sowie (nicht zuletzt) natürlich auch auf die Person, an die die Aufsichtspflicht delegiert wird.

Überfordern ist Pflichtverletzung

Delegation befreit nicht völlig

Aber selbst wenn die Aufsicht weitergegeben werden durfte und dies an eine hierzu geeignete Person geschah, wird der Übertragende dadurch von seiner Pflicht zur Aufsicht *nicht völlig* frei. Das hat der *Bundesgerichtshof* wiederholt zum Ausdruck gebracht[14] und dabei darauf hingewiesen, dass der Delegierende ohne Rücksicht auf die zulässige Übertragung weiterhin die Maßnahmen zu treffen hat, die auch sonst gefordert werden. Das wird im Bereich *sozialpädagogischer Einrichtungen* vielleicht am besten verständlich. Wenn z. B. die Heimleitung einer erfahrenen Erzieherin eine bestimmte Gruppe zuweist, ist sie selbst damit keineswegs aller Pflichten für diese Kinder entbunden. So hat sie unter anderem der Erzieherin alle Informationen zu geben, die diese benötigt, um z. B. die Besonderheiten einzelner Kinder und somit eventuell entstehende Probleme in ihre Arbeit einbeziehen zu können. Sie hat weiter für die Sicherheit in und außerhalb der Gebäude Sorge zu tragen (um nur einige Aspekte anzudeuten).

In soz.-päd. Einrichtungen

Im familiären Bereich

Auch im *familiären Bereich* wird durch eine Übertragung der Aufsicht an Dritte die Pflicht der Eltern nicht etwa aufgehoben, sich über das zu informieren, was die Kinder unternommen und wie sie sich sowie die Aufsichtsperson mit der neuen Situation zurechtgefunden haben.

Gewisse Kontrolle weiterhin nötig

In jedem Fall ist also weiterhin eine gewisse *„Überwachung"* der Person *erforderlich*, an die die Aufsicht übertragen wurde.

---

[14] Vgl. z. B. die in der NJW 1968, 1672, abgedruckte Entscheidung.

4. Erfüllung und Grenzen der Aufsichtspflicht

Bei der Darstellung der juristischen Betrachtungsweise der Aufsichtspflichtfragen wird zweierlei aufgefallen sein:

„Binsenweisheiten"

Zum einen werden Grundsätze entwickelt, die auf der allgemeinen Erfahrung des täglichen Lebens sowie auf der beruflichen Erfahrung der Sozialpädagogen beruhen. Man kann diese in den einzelnen Urteilen regelmäßig wiederkehrenden Ausführungen getrost als „Binsenweisheiten" bezeichnen. Dies führt in der Praxis (also bei den Aufsichtspflichtigen) erfahrungsgemäß meist dazu, dass sie von solchen gerichtlichen Sätzen enttäuscht sind. Besser wäre, diese Passagen würden die Betroffenen insoweit beruhigen. Denn aus ihnen ergibt sich doch, dass auch die Gerichte nicht mehr verlangen, als eben vernünftigerweise *nötig* und *möglich* ist. Entsprechende Sorgfalt darf man von verantwortungsbewussten Erziehern erwarten.

„Lebensfremde"

Zum anderen hören sich aber manche Ausführungen der Gerichte so an, als ob doch überspitzte, lebensfremde Anforderungen an die Aufsichtspflichtigen gestellt werden würden, wenn man z.B. liest:

„... hätte die Aufsichtspflichtige alles tun müssen, was den eingetretenen Schaden hätte vermeiden können."

Nun ist nicht zu leugnen, dass derartige „Leitsätze" eines Gerichts ohne Kenntnis des konkreten Sachverhaltes (insbesondere im Hinblick auf den genauen Geschehensablauf) für sich allein genommen geeignet sind, Verunsicherung der „betroffenen" Erzieher hervorzurufen. Denn das hört sich beim flüchtigen Lesen so an, als ob allein der Schadenseintritt bereits beweise, dass die Aufsichtsperson ihn hätte verhindern müssen und können. So ist das jedoch nicht zu interpretieren. Zwar wird durchaus genau überprüft, warum es zu einem Schadensfall gekommen ist, vor allem dann natürlich, wenn die Folgen sehr schwer wiegend sind. Diese Verpflichtung ist zum Schutz der Kinder zu bejahen. Das bedeutet aber nicht etwa, dass nun jedes Spiel, bei dem theoretisch eine *Selbst-* oder *Fremdgefährdung* nicht auszuschließen ist, untersagt werden müsse. Sonst dürften Kinder ja keine Ball-, Kletter-, Geländespiele und Ähnliches mehr treiben; auch nicht schaukeln, Roller, Rad oder Ski fahren, nicht zum Baden gehen, Wanderungen in den Bergen unternehmen oder alleine zum Kindergarten oder zur Schule und wieder nach Hause gehen. Denn hierbei sind eigene oder fremde Verletzungen zweifellos nicht auszuschließen.

Schaden allein „beweist" gar nichts

Spiel und Sport muss möglich bleiben

Keine überspitzten Anforderungen, aber gute Vorbereitung

Bei den verschiedenen Spiel- oder Sportarten ist andererseits aber bekannt und daher von den Aufsichtspflichtigen immer zu bedenken, dass sie gut *vorbereitet*, unter Umständen zunächst unter genauer Anleitung *vorgeführt*, *erlernt* und nur allmählich selbst ausprobiert werden. Außerdem sind die Vorkehrungen zu treffen, die in Anbetracht des „schwächsten Gliedes der Kette" nötig sind.

Beispiel: So ist es z.B. selbstverständlich, sich bei Ausflügen, Wanderungen nach den Schwächsten zu orientieren, wenn man die Gruppe nicht teilen kann.

Beschäftigen die Kinder sich mit Spielen, die sie aus eigener Erfahrung kennen, auf deren Besonderheiten und eventuelle Gefährdungen sie in pädagogisch sinnvoller Weise hingewiesen wurden (z.B. Ballspiele auf dem Heimgelände), so braucht man die Kinder nicht ständig „im Auge zu haben" (wie es so eigenartig heißt). Stetes „Gängeln" und „Kommandieren" ist nämlich mit Sicherheit keine sinnvolle Ausübung der Aufsicht.

Man kann dadurch auch keine Erziehung zur Freiheit, Selbstständigkeit und Selbstverantwortlichkeit erzielen. Eine solche Art von Aufsicht stellt auch nicht etwa die sicherste Unfallverhütung dar. Denn gerade Kinder, die unaufhörlich mit genauen Geboten und Verboten (also mit ständiger Bevormundung) bei Spiel und Arbeit bedacht werden, nehmen erfahrungsgemäß jede sich nur irgendwie bietende Gelegenheit wahr, um aus den aufgezwungenen Normen auszubrechen, wenn sie sich für einen Augenblick unbeobachtet glauben. Das behutsame Heranführen zur Selbstständigkeit (das in § 1626 Abs. 2 S. 1 für die gesamte Erziehung postuliert wird) ist daher das Hauptproblem der Aufsichtspflicht.

Erziehung zur Selbstständigkeit

aber: behutsam vorgehen

Zusammenfassung

- Aufsichtspflicht kann durch Gesetz oder Vereinbarung bestehen.
- Die Erfüllung der Aufsichtspflicht ist stets unter pädagogischen Aspekten jeweils abgestellt auf den konkreten Einzelfall zu betrachten.
- Delegation der Aufsichtspflicht ist zwar grundsätzlich möglich, aber nicht stets zulässig und befreit auch nicht völlig von der eigenen Verpflichtung.
- Aufsichtspflichtige haften nur, wenn sie sich nicht entlasten können. Hinweise oder Schilder wie: „Eltern haften für ihre Kinder" sind in dieser Generalität einfach falsch.

D. Die Rechtsfolgen bei Verletzung der Aufsichtspflicht

I. Vorbemerkung

Wenn eine Aufsichtspflichtverletzung vorliegt, ergeben sich daraus für die Betreffenden unterschiedliche rechtliche Konsequenzen. Art und Ausmaß der Rechtsfolgen hängen auch hier vom Einzelfall und zwar verständlicherweise vor allem davon ab, ob und gegebenenfalls welche Schäden durch die Verletzung der Aufsichtspflicht entstanden sind. Eine Rolle spielt dabei auch die Frage, ob den zu Beaufsichtigenden selbst ein Verschulden an dem eingetretenen Schaden vorgeworfen werden kann oder nicht. Weiter ist von Bedeutung, ob die zu Beaufsichtigenden selbst oder ein Dritter durch sie zu Schaden gekommen sind. – Auch ergeben sich für berufliche Erzieher noch Probleme mit dem Dienstherrn bzw. Arbeitgeber, die bei den Eltern oder bei einem Vormund naturgemäß entfallen. – Aufsichtspflichtverletzungen können unter Umständen auch ein Strafverfahren nach sich ziehen, das sich gegen die einzelnen Aufsichtführenden und/oder die Leitung der betreffenden Institution richten kann.

Einzelfall entscheidet

Mehrere Rechtsfolgen denkbar

Für jede Person, die kraft Gesetzes oder Vertrages zur Führung der Aufsicht über Minderjährige oder sonstige der Aufsicht bedürftige Personen (vgl. § 832 Abs. 1 S. 1) verpflichtet ist, erhebt sich daher die Frage, mit welchen Konsequenzen der oben angedeuteten Art man rechnen muss und inwieweit man sich gegen die einzelnen Rechtsfolgen durch entsprechende Versicherungen schützen kann.

Denn es lässt sich bei realistischer Betrachtung nicht ausschließen, dass Erzieher/-innen (und damit zugleich ausnahmslos: Aufsichtspflichtige) Fehler machen, die Aufsichtspflichtverletzungen darstellen können.

In den Kapiteln II. bis VII. werden daher folgende Konsequenzen von Aufsichtspflichtverletzungen behandelt:

- Schadensersatzpflicht (s. S. 20ff.),
- Haftungsumfang (s. S. 24ff.),
- Regressansprüche sozialpädagogischer Träger (s. S. 28ff.),
- arbeits- und dienstrechtliche Folgen (s. S. 35),
- strafrechtliche Folgen (s. S. 35ff.),
- Versicherungsschutz (s. S. 34/35).

II. Schadensersatzpflicht

1. Allgemeine Grundsätze

Wenn Minderjährige einen Schaden erlitten oder einen solchen hervorgerufen haben, erhebt sich immer die Frage, wer für diese Schäden aufzukommen hat. Dieselbe Problematik ergibt sich auch bei wegen ihres geistigen oder körperlichen Zustandes Aufsichtsbedürftigen.

Minderjährige generell aufsichtsbedürftig, andere Personen nicht

Bei Minderjährigen geht die herrschende Meinung[15] aus einem weiter reichenden Schutzgedanken heraus von einer generellen Aufsichtsbedürftigkeit aus und berücksichtigt die individuelle Entwicklung der betreffenden Minderjährigen erst bei der Frage, welches Maß und welcher Umfang der Aufsicht im Einzelfall nötig ist. Bei den anderen Personen muss dagegen eine „Einzel-Bedürftigkeit" vorliegen, die sich nicht generell auf eine bestimmte Personengruppe erstreckt. So werden gemäß § 1896 zu betreuende Personen – zu Recht – nicht schlechthin für aufsichtsbedürftig gehalten. Das gilt selbst für Geisteskranke. Diese bedürfen natürlich zu ihrem eigenen Schutz sowie zum Schutz der Allgemeinheit oftmals auch einer gewissen Aufsicht, die vom konkreten Einzelfall und der jeweiligen Situation abhängt.

Voraussetzungen der Haftung

Für eine *Haftung* ist bei Aufsichtspflicht-Fällen unerheblich, ob die Aufsichtsbedürftigen selbst zivilrechtlich verantwortlich (s. dazu §§ 827, 828) waren und auch schuldhaft gehandelt haben oder nicht. Ihre schädigende Handlung muss lediglich *widerrechtlich* (d.h., gesetzlich nicht zu rechtfertigen [z.B. durch Notwehr]) gewesen sein und den geltend gemachten Schaden verursacht haben; außerdem muss eine Aufsichtspflichtverletzung vorliegen (vgl. § 832 Abs. 1).

Gesamtschuldner?

Ist der aufsichtsbedürftige „Täter" aufgrund der §§ 828, 823, 276 selbst zivilrechtlich verantwortlich, so haften „Täter" und Aufsichtspflichtiger *gesamtschuldnerisch* (vgl. §§ 830 Abs. 1, 840 Abs. 1). Das bedeutet, dass der Geschädigte (= Gläubiger) nach seinem Belieben von einem der (beiden) Schuldner die Leistung (= Ersatz des Schadens) ganz oder zu einem Teil fordern kann, da jeder für sich die ganze Leistung (= Schadensersatz) schuldet (vgl. § 421). Derjenige, der zahlen musste, hat zwar nach § 426 gegenüber seinem „Mit"-Schuldner einen Ausgleichsanspruch (d.h. auf anteilige Erstattung des geleisteten Schadensersatzes).

Regress bei den zu Beaufsichtigenden möglich

Bei Aufsichtspflichtfällen gilt jedoch die *Sonderheit*, dass der Aufsichtspflichtige den vollen Betrag beim „Täter" zurückfordern kann (vgl. § 840 Abs. 2). Wenn der aufsichtsbedürftige „Täter" aber nur aus Billigkeitsgründen haftet (siehe dazu

---

[15] Vgl. BGH, NJW 1976, 1145 sowie *Palandt/Sprau*, 78. Aufl., § 832 Rn. 10.

§ 829), so ist *allein* der Aufsichtspflichtige zum Schadensersatz verpflichtet (vgl. § 840 Abs. 2).

2. Schädigungen Dritter durch Aufsichtsbedürftige

Haftung für vermutetes Verschulden

Während bei Schadensfällen sonst immer der Geschädigte nachweisen muss, dass der Schädiger (hier also: der Aufsichtspflichtige) den angerichteten Schaden verschuldete, hat das BGB hinsichtlich der Verletzung der Aufsichtspflicht (das wäre ja hier das Verschulden) in § 832 eine Haftung für *vermutetes Verschulden* geschaffen, wenn ein Dritter hierdurch Schäden erlitten hat.

Gesetzliche doppelte Vermutung

Es handelt sich dabei um eine „doppelte Vermutung":

Verschulden und Ursächlichkeit

a) dass eine Verletzung der Aufsichtspflicht vorliegt und
b) dass diese ursächlich für den eingetretenen Schaden war.

Gegenteiliger Nachweis möglich und nötig (sog. Entlastungsbeweis)

Diese Vermutung ist zwar *widerlegbar,* wie § 832 Abs. 1 S. 2 zeigt. Diese Gesetzeslage zwingt aber die Aufsichtspflichtigen im Gegensatz zu anderen angeblichen Schädigern dazu, nun selbst aktiv zu werden, das heißt: sie müssen versuchen, sich zu *entlasten.* Sie können also nicht abwarten, ob man ihnen ein schuldhaftes Verhalten nachweisen kann. Geschädigte brauchen nämlich nur vorzutragen, dass ihnen von einem gemäß § 832 Aufsichtsbedürftigen ein Schaden in Höhe von Euro … rechtswidrig zugefügt wurde und dass „XYZ" kraft Gesetzes oder Vertrages aufsichtspflichtig war.

Beweislastumkehr belastet und verunsichert

Diese so genannte *Umkehr der Beweislast* trägt sicher wesentlich dazu bei, dass die Aufsichtspflichtigen (insbesondere im sozialpädagogischen Bereich) sich in ihrer Erziehungsarbeit behindert fühlen und zum Teil auch mehr oder weniger stark verunsichert sind. Die gesetzliche Regelung ist dennoch kein Anlass zur Sorge, wenn die betroffenen Erzieher und damit Aufsichtspflichtigen das getan haben, was man von ihnen zum Schutze der ihnen anvertrauten Kinder und anderer Personen (sog. „Dritter") erwarten und verlangen konnte. Die Erwartung ergibt sich aus den pädagogischen Erkenntnissen aus den Situationen, die konkret zum Schadensereignis führten. Was man hier von den Aufsichtspflichtigen verlangen konnte, folgt aus ihren gesamten persönlichen Verhältnissen. Dabei spielen vor allem ihre Belastungen (z. B. Größe der Gruppe) und die konkrete „Unternehmung" (Basteln, Ballspiel, Ausflüge, Wandern, Schwimmen, Radfahren, Inline-Skating, Rutschen, Schaukeln, Turnen, Klettern etc.) eine maßgebende Rolle.

Nachweis der Pflichterfüllung erforderlich

Wegen der *Umkehr der Beweislast* haben in Schadensfällen die Aufsichtspflichtigen somit nachzuweisen, dass sie die ihnen obliegende Aufsichtspflicht erfüllt haben. Dabei ist es unerheblich, ob die betreffende Person „sonst immer" sehr sorgfältig ihren Pflichten nachgekommen ist. Allein entscheidend für die Beurteilung der Aufsichtspflichtverletzung ist der konkrete Einzelfall, der zum Schadensfall führte.

Keine überspitzten Anforderungen

Zum Schutz unbekannter Dritter, die durch Aufsichtsbedürftige zu Schaden kommen können – vor allem aber zum Schutz der Aufsichtsbedürftigen selbst (da sie u. U. schon verantwortlich und damit schadensersatzpflichtig sind[16] und gegen sie ergehende Gerichtsentscheide gemäß

---

[16] Vgl. §§ 830, 840 sowie dazu S. 20.

§ 197 Abs. 1 Nr. 3 erst nach 30 Jahren verjähren würden) – werden an den Entlastungsbeweis grundsätzlich strenge Anforderungen gestellt. Darauf hat der *Bundesgerichtshof* mehrfach hingewiesen.[17] Diese Auffassung ist zu billigen, weil der *BGH* in seinen Entscheidungen zugleich zum Ausdruck gebracht hat, dass keine überspitzten Anforderungen an die Aufsichtspflicht zu stellen seien. Es müsse allerdings gefragt werden, *„was verständige Erzieher nach vernünftigen Anforderungen unternehmen müssen, um Schädigungen durch Kinder zu verhindern"*[18]. Das Maß der gebotenen Aufsicht bestimme sich nach: *„Alter, Eigenart, Charakter, der gesamten Entwicklung des Kindes"* sowie danach, *„was den Aufsichtspflichtigen in ihren jeweiligen Verhältnissen zugemutet werden konnte. Der Überwachung der Kinder und ihres dabei gezeigten Verhaltens seien aber natürliche Grenzen gesetzt"*[19].

Keine starren Regeln

In einem weiteren Urteil hat der *BGH*[20] betont, dass sich hinsichtlich der Gefahren, die fast jedes Spiel in der Öffentlichkeit mit sich bringen kann, starre Regeln über die an die Aufsichtspflichtigen zu stellenden Anforderungen nicht aufstellen lassen, insbesondere nicht eine ständige Beobachtung der Kinder verlangt werden könne. Solange die Straße bzw. der Bürgersteig als Spielraum nicht zu entbehren sei, lasse sich nur auf einen erträglichen Ausgleich der Interessen der Kinder und der Allgemeinheit hinwirken. Die Aufsichtspflichtigen hätten jedoch dafür Sorge zu tragen, die Gefahren „auf das geringe Maß herabzumindern, das jedermann in der Nähe spielender Kinder Verständigerweise in Rechnung stellen muss". Außerdem sei das Spielen auf Gehwegen einer Straße in einem reinen Wohnviertel mit geringem durchgehenden Fußgängerverkehr üblich, auch mit Kinderfahrzeugen wie Dreirädern und Rollern.

Spielmöglichkeit ist zu erhalten

In einem anderen Urteil hat unser oberstes Zivilgericht darüber hinaus betont, dass die Möglichkeit zum Spielen „im Freien" Kindern erhalten bleiben müsse, „solange das mit den Verkehrsverhältnissen nur irgendwie vereinbar sei"[21].

Trotz Verletzung der Aufsichtspflicht keine Haftung

Unabwendbare Schadensfälle

Der *Entlastungsbeweis* kann aber auch bei Aufsichtspflichtverletzung dann haftungsbefreiend geführt werden, wenn Aufsichtspflichtige nachweisen können, dass der eingetretene Schaden auch bei gehöriger Aufsichtsführung entstanden sein würde (vgl. § 832 Abs. 1 S. 2).

Pflichtverletzung insoweit unerheblich

Das bedeutet Folgendes: Die Aufsichtsperson will und kann gar nicht bestreiten, dass sie sich nicht in der erforderlichen Weise verhalten hat. Sie kann aber nachweisen, dass der Schaden in keinem Falle hätte vermieden werden können.

Beispiel: In einem Erholungsheim lässt die zuständige Erzieherin die von ihr zu betreuenden Kinder nachts für mehrere Stunden allein. Nachdem die 8- bis 10-jährigen Kinder eingeschlafen sind, geht sie zum Tanzen. Bei ihrer Rückkehr stellt sich heraus, dass ein 8-jähriger Junge so unglücklich aus seinem Bett gefallen ist, dass er sich hierbei den Arm gebrochen hat.

---

[17] Vgl. z.B. BGH in RdJB 1969, 58.
[18] BGH in NJW 1993, 1003.
[19] BGH in FamRZ 1962, S. 424 und FamRZ 1964, 84.
[20] BGH in NJW 1993, 1003.
[21] BGH FamRZ 1957, 206.

Obwohl man Kinder nachts nicht allein in einem Heim sich selbst überlassen darf, hätte sich dieses Schadensereignis auch bei Anwesenheit der Aufsichtsperson nicht vermeiden lassen. Denn man kann von einer Erzieherin nicht verlangen, dass sie sich nachts im Schlafsaal der Kinder aufhält. Abgesehen davon, ist selbst dann nicht auszuschließen, dass sich derartige Unfälle ereignen.

Ausnahme Folgeschäden: Wenn allerdings durch die Abwesenheit der zuständigen Aufsichtsperson ein zusätzlicher Schaden eintritt (z. B. infolge der hierdurch verspäteten ärztlichen Versorgung), kann sie natürlich insoweit zur Haftung herangezogen werden.

Konkreter Fall entscheidet

In diesen Fällen genügt jedoch *nicht die bloße Möglichkeit*, dass der Schaden auch bei Erfüllung der Aufsichtspflicht hätte entstehen können. Es ist vielmehr erforderlich, dass das konkrete Schadensereignis auch bei gehöriger Aufsicht eingetreten wäre.

Strenge Anforderungen

Es versteht sich von selbst, dass an diese Alternative des Entlastungsbeweises von den Gerichten strenge Anforderungen gestellt werden.

Andere Konsequenzen

Dass eine solche Verletzung der Aufsichtspflicht natürlich nicht ohne Konsequenzen für die betreffende Erzieherin bleibt, lässt sich denken, da der zuständige Arbeitgeber (= Träger) ein derartiges Verhalten wahrscheinlich nicht hinnehmen wird. – Ähnlich verhält es sich, wenn trotz Aufsichtspflichtverletzung gar kein Schaden entstanden ist (siehe dazu S. 35, Kapitel V.).

3. Schädigung der Aufsichtsbedürftigen

Wie auf Seite 9 ausgeführt, sind Aufsichtspflichtige kraft Gesetz oder Vertrag vornehmlich verpflichtet, dafür Sorge zu tragen, dass die ihnen anvertrauten Aufsichtsbedürftigen selbst nicht geschädigt werden; in Schadensfällen richtet sich ihre Haftung nach § 823.

Beweislast

Umfang der Nachweise

Im Schuldrecht gilt zwar der Grundsatz, dass derjenige, der behauptet, gegenüber einem anderen (= Schuldner) einen Anspruch zu haben, dies auch beweisen muss. Das gilt auch für deliktische Ansprüche nach § 823. Der dem Geschädigten obliegende Beweis erstreckt sich auf die schädigende Handlung (= Ereignis = hier Aufsichtspflichtverletzung) sowie auf das Verschulden (= Vorsatz oder Fahrlässigkeit).

Anerkannte Beweisregel: Beweis des ersten Anscheins

Von der Rechtsprechung wird seit langem dem Umstand Rechnung getragen, dass es einem Geschädigten oftmals schwerfällt, diesen Nachweis zu erbringen. Vielfach wird daher dem Geschädigten die Beweisführung durch die von den Gerichten entwickelten Grundsätze über den *Beweis des ersten Anscheins* (prima-facie-Beweis) erleichtert. Dieser beinhaltet Folgendes: Steht ein Sachverhalt fest, der nach der Lebenserfahrung auf einen bestimmten Geschehensablauf hinweist, so ist dieser regelmäßige Verlauf im Wege des *Anscheinsbeweises* als bewiesen anzusehen, wenn der Fall „das Gepräge des Üblichen und Typischen trägt“[22].

Geschehensablauf „typisch“?

Der Anscheinsbeweis gilt also nur für *typische* Geschehensabläufe. Nur bei diesen darf der Regelablauf ohne Ausschluss anderer denkbarer Möglichkeiten *prima facie* vermutet werden.

---

[22] BGH NJW 1982, 2488; 1987, 2876; 2004, 3623; *Palandt/Grüneberg*, 78. Aufl., Vorbem. 131 zu § 249.

Beispiele: Anscheinsbeweis für Verschulden bei Auffahren auf vorausfahrendes Kfz; bei schleuderndem Kfz; bei Zusammenstoß hinsichtlich des Wartepflichtigen; bei Unfall auf dem „Zebrastreifen"; bei Nichtbeachtung bestehender oder gebotener Schutzvorkehrungen (Unfall- oder Feuerverhütungsvorschriften, Streupflicht etc.); Kind fällt vom Balkon oder ertrinkt im Baggersee.

Schaden spricht für Pflichtverletzung

Wenn eine aufsichtsbedürftige Person selbst einen Schaden erleidet oder einer anderen Person zufügt, so wird also *prima facie* (siehe dazu oben) vermutet, dass dies mangels gehöriger Aufsicht geschah. Denn es wird als typisch und somit der Lebenserfahrung entsprechend angesehen, dass durch ausreichende Aufsichtsführung Schäden von den zu Beaufsichtigenden oder von Dritten abgewendet werden können. Treten dennoch Schäden auf, muss daher der Anschein der Verletzung der Aufsichtspflicht von den zuständigen Erziehern, Pflegern, Eltern oder Vormund etc. durch entsprechenden Beweis entkräftet werden.

Entlastungsbeweis aber möglich

Ergebnis:

Bei Aufsichtspflichtfällen stets Umkehr der Beweislast

Bei Aufsichtspflichtfällen gilt also immer die Umkehr der Beweislast, d. h., unabhängig davon, ob

- die zu Beaufsichtigenden selbst einen Schaden erlitten oder
- einem Dritten einen solchen zugefügt haben.

Somit haben Aufsichtspflichtige stets nachzuweisen, dass sie ihren Verpflichtungen nachgekommen sind.

Zusammenfassung

- Bei Schadensfällen im Aufsichtsbereich müssen Geschädigte nicht nachweisen, dass die Aufsichtspflicht verletzt wurde, sondern die Aufsichtspflichtigen, dass sie ihre Aufsicht gehörig erfüllt haben oder der Schadensfall unvermeidbar war (sog. Entlastungsbeweis).
- Dieser Entlastungsbeweis ist auch zu führen, wenn Aufsichtsbedürftige selbst zu Schaden kommen.
- An den Entlastungsbeweis werden keine überspitzten Anforderungen gestellt.
- Aufsichtspflichtige haften nur dann, wenn ihnen kein Entlastungsbeweis gelingt. (Das gilt auch für Eltern von mdj. Kindern.)
- Neben einer Schadensersatzpflicht der Aufsichtspflichtigen kommt u. U. eine eigene Haftung der Aufsichtsbedürftigen nach den §§ 827, 828, 829 in Betracht. Wird sie bejaht, haften Aufsichtspflichtige und Aufsichtsbedürftige als Gesamtschuldner (§§ 830, 840 Abs. 1), d. h.:
  - die Geschädigten haben die freie Wahl, an wen sie sich wenden (§ 421),
  - haben Aufsichtspflichtige Schadensersatz leisten müssen, können sie diesen von den Aufsichtsbedürftigen zurückfordern! Nur bei der Billigkeitshaftung (vgl. dazu § 829) ist es umgekehrt der Fall (§ 840 Abs. 2).

III. Ersatzpflichtige und Haftungsumfang

1. Vormund und Pfleger

Haftung für jedes Verschulden

Sie haften – sofern sie die Personensorge (und damit die Aufsichtspflicht) besitzen – bei Aufsichtspflichtverletzungen unmittelbar für jede Art des Verschuldens (also auch bei „leichtester" Fahrlässigkeit) ihrem Mündel oder Dritten gegenüber (vgl. dazu §§ 1631, 1793, 1833, 1915, 832, 823, 276).

2. Inhaber elterlicher Sorge

Gegenüber Dritten

Kommen andere Personen (= „Dritte") zu Schaden, so haften die Eltern, sofern sie die Personensorge besitzen (vgl. § 1631 Abs. 1) oder die Aufsicht durch Vereinbarung übernommen haben (wie das z. B. beim sog. *Besuchsrecht* getrenntlebender Eltern der Fall ist), *Dritten gegenüber* ebenfalls für jede Art des Verschuldens.

Gegenüber dem Kind

Wenn ihren Kindern jedoch selbst ein Schaden durch die Aufsichtspflichtverletzung entstanden ist, haben personensorgeberechtigte Eltern nur für die Sorgfalt einzustehen, die sie in eigenen Angelegenheiten anzuwenden pflegen (§ 1664 Abs. 1 iVbm § 277)[23], d. h. aber in jedem Fall ab grober Fahrlässigkeit.

Gesamtschuldner

Sind für einen Schaden infolge einer Aufsichtspflichtverletzung beide Elternteile verantwortlich, so haften sie als Gesamtschuldner (§§ 1664 Abs. 2, 830 Abs. 1, 840).

3. Aufsichtspflichtige in sozialpädagogischen Einrichtungen

Es gilt zwar der Grundsatz, dass immer der „Täter" für unerlaubte Handlungen und Vertragsverletzungen selbst haftet, also auch bei Aufsichtspflichtverletzungen. *Sonderheiten* gelten jedoch in sozialpädagogischen Einrichtungen (siehe nachfolgend).

a) Juristische Personen

Haftung für „Mitglieder"

Träger soz.-päd. Einrichtungen mit der Rechtsform einer juristischen Person (des privaten und des öffentlichen Rechts) haften bei jedem schuldhaften Handeln ihrer satzungsmäßigen *Vertreter* (§§ 30, 31, 89).

Beispiele: Vorstandsmitglieder und alle sonstigen durch die Satzung (z. B. des e.V.) für besondere Aufgaben bestellte Personen (freie Träger haben überwiegend diese Rechtsform).

Haftung wie für eigenes Tun

Diese Träger soz.-päd. Einrichtungen haften für Aufsichtspflichtverletzungen dann so, als wenn sie diese selbst begangen hätten.

Organhaftung Organisationsmängel

Darüber hinaus haftet der Träger auch dann, wenn kein konkretes Verschulden seiner Vertreter (= „Organe") feststellbar oder nachweislich ist, sofern der Schaden auf mangelnder Organisation, unzureichender Überwachung oder Überforderung seiner Vertreter oder auf Verletzung der Verkehrssicherungspflicht beruht.

Definition: Verkehrssicherungspflicht

Darunter wird die Pflicht verstanden, alle zumutbaren Vorkehrungen zur gefahrlosen Benutzung der Einrichtung zu treffen.

Beispiele: Sicherung/Überwachung von elektrischen Anlagen, Spielgeräten, Fenstern, Türen, Treppen, Kellerschächten etc.; Räum- und Streupflicht.

Haftung für Erfüllungs- und Verrichtungsgehilfen

Jede *juristische Person* haftet aber nicht nur für die in den §§ 30 und 31 BGB genannten Personen (siehe dazu oben), sondern darüber hinaus auch

[23] Ständige Rechtsprechung des BGH (vgl. z.B. BGHZ 103, 345 sowie vom 15.6.2004 – VI ZR 60/03).

für zum Schadensersatz verpflichtende Handlungen sämtlicher Personen, deren sie sich zur Erfüllung ihrer vertraglichen Verpflichtungen (die Erfüllung der Aufsichtspflicht) bedient (a) oder die sie zu sonstigen Verrichtungen (b) bestellt hat (vgl. §§ 278 bzw. 831).

Beispiele:
(a) Heimleiter, Erzieher, Therapeuten etc.
(b) Hausmeister, Köche, Reinigungskräfte etc.

Haftung bei privatrechtl. Handeln

Für die juristischen Personen des *öffentlichen Rechts* gelten diese haftungsrechtlichen Grundsätze jedoch nur, soweit diese oder ihre Vertreter (im weitesten Sinne des Wortes) privatrechtlich tätig wurden.

Beispiele: Bei allen sich aus Kaufverträgen ergebenden Verpflichtungen; wenn der Hausmeister eines städt. Heimes jemanden beim Abladen von Gegenständen verletzt.

Haftung bei hoheitlichem Handeln

Handelt die juristische Person des öffentlichen Rechts aber *hoheitlich* (was naturgemäß überwiegend der Fall ist), so haftet der öffentliche Träger gemäß § 839 BGB in Verbindung mit Art. 34 GG. Das ist immer dann der Fall, wenn jemand in Ausübung eines ihm anvertrauten öffentlichen Amtes die ihm Dritten gegenüber obliegenden *Amtspflichten* verletzt. Das gilt namentlich *im Bereich der öffentlichen Erziehung* (z.B. im Rahmen des SGB VIII) und der damit verbundenen Aufsichtspflicht.

Schutzzweck

Dass die juristische Person für den Schaden aufkommen muss und nicht die Aufsichtsperson, dient (wegen der Leistungsfähigkeit) dem Schutz der Geschädigten. Die Folge ist, dass in solchen Fällen die Ansprüche *nur* an den Träger (= jur. Person) gestellt werden können und müssen.

b) Nichtrechtsfähige Vereine

Sonderheiten gegenüber dem e.V.

Wenn der Träger der sozialpädagogischen Einrichtung, in deren Bereich eine Aufsichtspflichtverletzung zu Schadensersatzforderungen führt, keine juristische Person ist, sondern ein nichtrechtsfähiger (= nicht eingetragener) Verein (z.B.: Elternkreise/-initiativen/-vereinigungen), so gelten nach der in der *Rechtslehre* herrschenden Meinung[24] grundsätzlich dieselben Rechtsvorschriften wie für den e.V. (s. dazu S. 25), jedoch mit folgenden Sonderheiten:

Schäden der zu Beaufsichtigenden

Bei einem Vorgehen des geschädigten Aufsichtsbedürftigen aus Vertragsverletzung (= Verletzung der vertraglich übernommenen Aufsichtspflicht) beschränkt sich die Haftung auf das Vereinsvermögen, auch wenn sich dies nicht aus der Satzung ergibt[25]. Daneben haftet derjenige, der den Aufnahmevertrag für den zu Beaufsichtigenden abgeschlossen hat, nach § 54 S 2 persönlich.

Schäden Dritter

Entlastung möglich

Wurden Dritte durch den Aufsichtsbedürftigen infolge der Aufsichtsverletzung geschädigt und machen nun Ansprüche gegen den nicht rechtsfähigen Verein nach § 832 geltend, kann die in § 831 Abs. 1 S. 2 vorgesehene *Entlastungsmöglichkeit* den Träger von der Schadensersatzpflicht befreien. Er müsste nach dieser Vorschrift nachweisen können, dass er sowohl bei Auswahl und Einsatz der Aufsichtsperson als auch bei deren

---

[24] Nachweise z.B. bei *Palandt/Ellenberger*, 78. Aufl., § 54 Rn. 1.

[25] Aus Gründen der Rechtssicherheit empfiehlt sich aber eine Aufnahme einer solchen Regelung in die Satzung des nicht eingetragenen Vereins.

Einweisung und Überwachung die erforderliche Sorgfalt beachtet hat oder dass der eingetretene Schaden auch bei Anwendung dieser Sorgfalt entstanden wäre[26]. – Bestehen jedoch zum Dritten Vertragsbeziehungen, entfiele aber diese Entlastungsmöglichkeit (vgl. § 278).

c) Sonstige private Träger

Aufsichtspflichtverletzungen und damit Schadensersatzprobleme können aber auch bei von Privatpersonen betriebenen sozialpädagogischen Einrichtungen (meist: Säuglingsheime, Krippen, Kitas, Kindergärten, Erholungs-, Erziehungsheime) oder bei zu einem bestimmten Zweck entstandenen Jugend- oder Freizeitgruppen (insbesondere bei gemeinsamen Fahrten) entstehen.

Haftung von Privatpersonen

Betreibt eine *Einzelperson* diese Einrichtung, haftet sie für eigenes Verschulden und hat für ihre Angestellten bei Vertragsbeziehungen zum Geschädigten gem. § 278 und sonst nur gem. § 831 einzustehen (s. o.).

Haftung von Elterninitiativen

Besteht der „*Träger*" aus einer *Elterninitiative*, die ohne Satzung oder sonstige verbindliche Regeln/Bestimmungen einem bestimmten Zweck dient (nämlich der Betreuung ihrer Kinder), so finden die Vorschriften über die sog. „BGB-Gesellschaft" Anwendung (= §§ 705 ff.). Hier haften die einzelnen Mitglieder (= „Gesellschafter") nur „wie in eigenen Angelegenheiten" (§§ 708, 277), also erst ab grob fahrlässigem oder vorsätzlichem Fehlverhalten.

4. Sonstige Personengruppen

„Sporadische" Gruppen

Bei *zufällig* und nur *kurzzeitig* entstehenden Gruppen/Gemeinschaften, die einmalig oder sporadisch etwas gemeinsam „unternehmen", kann man nur von einer Haftungsverpflichtung sprechen, wenn durch die Gemeinsamkeit des Gruppenzweckes ein oder mehrere Mitglieder gegenüber den anderen eine Art *Garantenstellung* erlangt haben. Das könnte dann vorliegen, wenn man von einem(r) Leiter(in) dieser Jugendgruppe sprechen kann. Haftungsvoraussetzung wäre aber, dass diesen überhaupt eine Verletzung der Aufsicht (das hieße hier: Nichtbeachtung besonderer Vorkehrungen, Sorgfaltsmaßnahmen, die die betreffende Unternehmung erforderten) vorzuwerfen ist (d. h.: ihnen kein Entlastungsbeweis gelingt).

Haftung nur bei Garantenstellung

§ 277 als Maßstab

Gruppenmitglieder, die eine solche Garantenstellung anderen Mitgliedern gegenüber einnehmen, haben grundsätzlich nur für vorsätzlich oder grob fahrlässig begangene Aufsichtspflichtverletzungen einzustehen (Sorgfalt wie in eigenen Angelegenheiten, § 277).

Bei allen tatsächlichen Lebensgemeinschaften

Wohngemeinschaften jeder Art, seien es eine sog. „WG" oder das Zusammenleben zweier Partner mit ihren jeweiligen (also nicht gemeinsamen) Kindern oder sog. „Stiefeltern", Vater mit nichtehelichem Kind, Verwandte, Freunde in derselben Wohnung etc.

entstehen insbesondere dann solche Garantenstellungen gegenüber den genannten Kindern, wenn es gilt, Gefahren von ihnen abzuwenden, die sich entweder aus dem eigenen „vorhergegangenen Tun" ergeben haben

---

[26] Letzteres entspricht § 832 Abs. 1 S. 2 BGB (vgl. hierzu S. 22)

Beispiel: eine solche Person geht mit dem Kind zum Baden an einen See

oder die aus allgemeinen Umständen herrühren.

Beispiel: das gemeinsam benutzte Zelt oder Auto fängt Feuer

Umfang der Verantwortlichkeit

Bei besonders enger Lebensgemeinschaft oder Vertrauensstellung erscheint es gerechtfertigt, für das „normale" Verschulden (also mit Ausnahme der leichten Fahrlässigkeit) einstehen zu müssen; desgleichen bei „vorausgegangenem eigenem Tun" (siehe oben).

Bei allen anderen Garantenstellungen ist nur für Vorsatz und grobe Fahrlässigkeit einzustehen.

Haftung bei Gefälligkeit

Aber auch bei der sog. *„Gefälligkeitsaufsicht"* kann man nicht davon ausgehen, dass in keinem Fall gehaftet würde, wenn „etwas passiert". Das erfordert schon der Schutz der zu Beaufsichtigenden, aber auch die Bereitschaft, sich zur Aufsicht zur Verfügung zu stellen. Wenn dies auch nicht in rechtsgeschäftlichem Sinn „mit Bindungswillen" geschehen sein mag (vgl. Seite 8), so bedeutet es doch im täglichen Leben, dass man „eine gewisse" Verantwortung zu übernehmen bereit war.

Aus diesem Grund hat jemand, der aus Gefälligkeit eine zu beaufsichtigende Person vorübergehend „in Betreuung" (im weitesten Sinn) genommen hat, *immer für: vorsätzliches und grob fahrlässiges Handeln* einzustehen.

Wenn die Zuordnung zu dem Betreffenden für das Kind eine neue Situation schafft (z.B. Nachbarin nimmt Kind im Pkw mit), ist darüber hinaus auch für die in eigenen Angelegenheiten angewandte *Sorgfalt* gemäß § 277 zu haften.

Hat die „gefällige" Person mit dem Kind etwas unternommen, was spezifische Sorgfalt notwendig macht (z.B. Schwimmen, Bergwandern, Radeln usw.), so hat sie auch die *gewöhnliche* Fahrlässigkeit zu vertreten.

Falls bei „Gefälligkeitsaufsichten" im konkreten Schadensfall nicht die Person selbst zugegen war, sondern diese die Kinder von jemandem, der zu seinem Haushalt, Betrieb etc. gehört, betreuen ließ, ist unter denselben Gesichtspunkten entsprechend zu prüfen, ob gemäß § 831 für diese Personen einzustehen ist.

IV. Regressansprüche der Träger sozialpädagogischer Einrichtungen

Begriff

Als Regress (= Rückgriff) bezeichnet man das Zurückgreifen eines Ersatzpflichtigen auf denjenigen, für den er Schadensersatz leisten musste.

Voraussetzung

Voraussetzung für Regressansprüche eines Trägers sozialpädagogischer Einrichtungen gegenüber demjenigen, der im in Betracht kommenden Fall die Aufsichtspflicht verletzte, ist somit, dass der Träger einem Geschädigten/Verletzten deswegen Schadensersatz leisten musste. Das ist jedoch

Selten erfüllt

nur noch selten der Fall (siehe dazu nachfolgende Kapitel 1.–3.).

1. Allgemeine Haftpflichtversicherungen

Die Träger sind inzwischen fast ausnahmslos für die sie treffenden Haftungsrisiken versichert, soweit es sich um öffentliche und freie Träger handelt. Das gilt aber auch für die Mehrzahl der privaten sozialpädagogischen Einrichtungen.

Wenn eine Versicherung den Schadensersatz übernehmen muss, der Träger selbst also gar nichts zu leisten braucht, kann er auch nicht die Aufsichtsperson in Regress nehmen, die den Schaden verursacht hatte, da keine „Ersatzleistung" vorliegt.

Kein Regress, wenn Versicherung zahlt

2. Gesetzlicher Unfallversicherungsschutz in sozialpädagogischen Einrichtungen

Erlaubnispflichtige Tageseinrichtungen

Nach § 2 Abs. 1 Nr. 8a SGB VII besteht gesetzlicher Unfallversicherungsschutz für Kinder in Tageseinrichtungen, deren Träger für den Betrieb der Einrichtung eine Erlaubnis nach § 45 SGB VIII oder aufgrund entsprechender landesrechtlicher Regelungen benötigen. Von § 22 Abs. 1 S. 1 SGB VIII werden Tageseinrichtungen definiert als Einrichtungen, in denen sich Kinder für einen Teil des Tages oder ganztags aufhalten und in Gruppen iSd § 22 Abs. 2 Nr. 1 und Abs. 3 gefördert werden. **Tageseinrichtungen** stellen eine auf gewisse Dauer angelegte Verbindung von Personen und Sachen, die mit einer Baulichkeit verbunden sind, unter Verantwortung eines Trägers dar[27]. Der organisatorische Rahmen muss weitgehend vom Träger vorgegeben sein und darf kaum Elemente der Selbstorganisation aufweisen. Die Tätigkeit der Einrichtung muss regelmäßig (d. h.: fortlaufend wiederkehrend) erfolgen; einmalige Unterbringung und Betreuung genügt daher nicht. Sind diese Voraussetzungen erfüllt, besteht gesetzlicher Unfallversicherungsschutz in folgenden sozialpädagogischen Einrichtungen:

Weitere Kriterien

Erfasste Einrichtungen

Krabbelstuben, Kinderkrippen, Kitas, Kindergärten und andere Vorschuleinrichtungen, Horte etc.

Die altersmäßige Zusammensetzung und die Größe der Einrichtung der Kindergruppen spielt dabei keine Rolle. Vom gesetzlichen Unfallversicherungsschutz erfasst werden daher auch Kleinsteinrichtungen.

Nicht einbezogen sind aber alle Jugendfreizeit-/Bildungseinrichtungen

Vom gesetzlichen Unfallversicherungsschutz des § 2 Abs. 1 Nr. 8a SGB VII *nicht erfasst* werden – unverständlicherweise – jedoch:

Jugendfreizeiteinrichtungen, d. h., alle Einrichtungen, die der Freizeitgestaltung von Kindern und Jugendlichen dienen (z. B. Jugendfreizeitheime, Jugendherbergen, Kinder- und Jugend-Clubs, pädagogisch betreute Kinder-/Jugend-Spielplätze, Jugend-Bastel-/Werkräume),

Jugendbildungseinrichtungen, d. h., alle Einrichtungen, die der außerschulischen Bildung von Kindern und Jugendlichen dienen (z. B. Schullandheime).

Kinder in Tagespflege sind seit 1.10.2005 auch gesetzlich unfallversichert

Beschränkt auf vom JA vermittelte Fälle

Durch das KICK wurde der gesetzliche Unfallversicherungsschutz seit 1.10.2005 erweitert auf Kinder, die durch geeignete Tagespflegepersonen iSd § 23 Abs. 3 SGB VIII betreut werden (§ 2 Abs. 1 Nr. 8a SGB VII). Da dies nur das zuständige JA verbindlich feststellen kann, erstreckt sich der gesetzliche Unfallversicherungsschutz nur auf vom JA vermittelte Tagespflege-Fälle (meist *Tagesmütter* genannt). Erfasst werden dann gemäß § 2 Abs. 1 Nr. 9 iVm § 8 Abs. 2 SGB VII alle Unfälle der Kinder

– während des Aufenthalts bei Tagespflegepersonen,
– auf dem Hin- und Heimweg zu Tagespflegepersonen,

[27] BT-Drs. 11/5948, S. 82.

- bei Ausflügen (Spielplatz, Kindertheater, Spazierengehen, Baden etc.) mit Tagespflegepersonen,
- wenn Tagespflegepersonen die Betreuung der Kinder im Haushalt ihrer Personensorgeberechtigten übernehmen.

Weitere nicht versicherte Kinder

Nicht gesetzlich unfallversichert sind daher Kinder in selbst organisierter Kindertagespflege (Eltern-Kind-Gruppen o.ä.), Früh-/Förderstellen, sozialpädiatrischen Abteilungen/Zentren in Kliniken, in Kinder- und Wohnheimen sowie die eigenen Kinder der Tagespflegepersonen.

Tagespflegepersonen selbst sind versichert

Die Tagespflegepersonen selbst sind in allen oben genannten Fällen gesetzlich unfallversichert (§ 2 Abs. 1 Nr. 9 iVbm § 8 Abs. 2 SGB VII).

Die gesetzliche Unfallversicherung beinhaltet Folgendes:

Übernahme der Haftung

Aufgabe der gesetzlichen Unfallversicherung ist es, nach Eintritt von Unfällen (s. dazu unten a)), die die Kinder während des Besuches der (oben genannten) Einrichtungen erleiden, die Gesundheit und die Leistungsfähigkeit der gesetzlich Versicherten mit allen geeigneten Mitteln wiederherzustellen und sie oder ihre Hinterbliebenen durch Geldleistungen zu entschädigen (§ 1 Nr. 2 i.V.m. § 7 Abs. 1 SGB VII). Somit können die dort Aufsichtspflichtigen von ihren Trägern allenfalls dann in Regress genommen werden, wenn infolge einer Aufsichtspflichtverletzung nicht die zu Beaufsichtigenden, sondern andere Personen zu Schaden gekommen sind.

Verbleibende Haftungsfälle

Beispiele: Die Kinder beschädigen geparkte oder vorbeifahrende Autos mit Steinen. Das Mobiliar wird durch zündelnde Kindergartenkinder beschädigt.

Regressmöglichkeiten

Allerdings kann der Träger der gesetzlichen Unfallversicherung die konkret Verantwortlichen (= die die Aufsichtspflicht verletzten) in Regress nehmen, wenn diese grob fahrlässig oder vorsätzlich handelten (vgl. § 110 SGB VII).

a) Unfälle im Sinne des SGB VII

Schutz bei allen Veranstaltungen

Unfälle iSd SGB VII sind alle von außen auf den Körper einwirkenden Ereignisse, die während des Besuchs einer vom SGB VII erfassten Einrichtung (siehe dazu oben unter 2.) zu einem Gesundheitsschaden oder zum Tod führen – und zwar unabhängig von der zugrundeliegenden Ursache und Verschulden (vgl. § 8 Abs. 1 S. 2 SGB VII). Damit werden alle mit dem Besuch der betreffenden Einrichtung bzw. mit der Betreuung durch die o.a. Tagespflegepersonen sich ergebenden Unternehmungen erfasst.

Beispiele: Kinderfeste außerhalb der ‚normalen' Kindergartenzeit, Darbietungen auf Elternabenden oder sonstigen Feiern, Wanderungen o.ä.

Hin- und Rückweg mitversichert

Keine strengen Maßstäbe

Darüber hinaus ist auch der Hin- und Rückweg mitversichert (§ 8 Abs. 2 Nr. 1–4 SGB VII), selbst wenn nicht der kürzeste Weg eingehalten oder er zeitlich unterbrochen wird. Das gilt aber nur, wenn das Kind allein unterwegs ist, denn Kinder können nicht mit denselben Maßstäben gemessen werden wie Erwachsene. Insbesondere an „Kindergartenkinder" sowie an Kinder unter 14 Jahren können schon wegen des in diesen Altersstufen vorhandenen besonders ausgeprägten Spieltriebes und der damit verbundenen „Unberechenbarkeiten" keine strengen Anforderungen gestellt werden. So gehört es z.B. zum natürlichen Verhalten dieser Kinder, dass sie sich mit den anderen balgen. Somit sind daraus entstehende Verletzungen auch Unfälle infolge einer versicherten Tätigkeit iSd § 8 Abs. 1 S. 1 SGB VII, zumal „verbotswidriges Handeln" einen Versicherungsfall nicht ausschließt (§ 7 Abs. 2 SGB VII).

b) Einschränkungen des gesetzlichen Unfallversicherungsschutzes

Kein Ersatz von Sach-, Drittschäden und Schmerzensgeld

Nach den Bestimmungen der §§ 26 ff. SGB VII umfasst der gesetzliche Unfallversicherungsschutz *nicht*:

Schmerzensgeldansprüche[28], Sachschäden sowie Schäden, die die Kinder Dritten (z. B. Erziehern, anderen Angestellten der Einrichtung, Besuchern, Lieferanten, Passanten) zufügen.

Andere Kinder der betreffenden sozialpädagogischen Einrichtungen gelten jedoch nicht als „Dritte", sondern für sie besteht ebenfalls nach dem SGB VII gesetzlicher Unfallversicherungsschutz, wenn z. B. ein Kindergartenkind ein anderes verletzt.

Haftung der Träger

Damit der vom gesetzlichen Unfallversicherungsschutz erfasste Personenkreis aber nicht schlechter gestellt ist als andere Unfallopfer, haftet der Unternehmer (= hier: der Träger der sozialpädagogischen Einrichtung) bei Unfällen, die den Kindern vom Träger oder seinen Angestellten vorsätzlich oder auf deren Hin- Heimweg „herbeigeführt" wurden (vgl. § 104 Abs. 1 S. 1 SGB VII).

Vorsätzliche Unfälle

Vorsätzlich herbeigeführt ist ein Unfall nicht nur bei direktem Vorsatz, also wenn der Schadensfall vom Träger oder seinen Beschäftigten beabsichtigt wurde (was kaum vorkommt), sondern auch bei *bedingtem* Vorsatz, d. h., wenn der Schaden als mögliche Folge einer Handlung billigend in Kauf genommen wurde.

Beispiel: Ein Erzieher gibt einem Kind eine sog. „Ohrfeige" und verletzt es dabei.

Schuldhafte Wegeunfälle

Wegeunfälle sind dann schuldhaft herbeigeführt, wenn sie anlässlich des Besuches einer vom Versicherungsschutz erfassten Einrichtung (vgl. S. 26/27) vom Träger (oder von seinen Beschäftigten) oder von einer Kindertagespflegeperson schuldhaft (d. h.: fahrlässig oder gar vorsätzlich) verursacht wurden.

Beispiele: Ein Kind wird von einer sog. Tagesmutter nach Hause gefahren und dann bei einem von ihr schuldhaft verursachten Unfall verletzt. – Das obenstehende Beispiel.

Ergebnis:

- Bei vom Träger oder seinen Angestellten vorsätzlich oder auf dem Hin- oder Heimweg herbeigeführten Unfällen tritt die gesetzliche Unfallversicherung mit ihren Leistungen nicht ein, sondern dann ist der Träger (bei Verschulden in seinem Bereich) den Kindern zum Schadensersatz einschließlich der Zahlung von Schmerzensgeld und Ersatz von Sachschäden verpflichtet.
- Bei allen nicht hierunter fallenden Schadensfällen bestehen also nur die eingeschränkten Ersatzansprüche (s. o.) im Rahmen des § 110 SGB VII gegenüber den Trägern der gesetzlichen Unfallversicherung.

---

[28] Das BVerfG hält das mit dem GG für vereinbar (BVerfGE 34, 118).

c) Vorzüge der gesetzlichen Unfallversicherung

Kein Prozessrisiko für Geschädigte

Mit dieser – wenn auch etwas eingeschränkten – Haftung hat der Gesetzgeber dem gesicherten Rechtsanspruch auf die gesetzlichen Leistungen der Unfallversicherung Vorrang gegeben gegenüber etwaigen weitergehenden Ansprüchen (Sachschäden und Schmerzensgeld) wegen Aufsichtspflichtverletzungen. Dafür ersparen sich die verletzten Kinder (bzw. deren gesetzliche Vertreter) aber langwierige Prozesse mit unsicherem Ausgang und erheblichem Kostenrisiko.

Regressansprüche kaum noch möglich

Zugleich sind die in Kindergärten (und in den anderen vom gesetzlichen Unfallversicherungsschutz erfassten soz.-päd. Einrichtungen[29]) Tätigen hierdurch von Regressansprüchen der Träger freigestellt worden, also auch die Aufsichtspflichtigen. Sie müssen nur noch bei vorsätzlichen Aufsichtspflichtverletzungen mit Regressansprüchen ihrer Träger und (ab grob fahrlässigem Verhalten) mit Regress des Trägers der Unfall- oder (bei der sicher seltenen Mitnahme von Kindern im Pkw) der Kfz-Haftpflichtversicherung rechnen (§ 110 SGB VII).

3. Verbleibende Regressansprüche

Regressansprüche der Träger sozialpädagogischer Einrichtungen kommen daher nur noch in den nicht in die gesetzliche Unfallversicherung einbezogenen Institutionen (siehe S. 29) sowie dann in Betracht, wenn die zu beaufsichtigenden Kinder andere Personen (z.B. Hausmeister, Reinigungskräfte, Lieferanten, Besucher, Passanten) geschädigt haben und der Träger deswegen Schadensersatz leisten musste.

„Öffentliche“ Träger

Aber auch in diesen Fällen muss nicht stets mit Regress gerechnet werden. Denn soweit es sich um „öffentliche“ Träger

Beispiele: Bund, Länder, Bezirke oder Landschaftsverbände, Landkreise, Gemeinden oder sonstige juristische Personen des öffentlichen Rechts (z.B. in Bayern: Bayer. Jugendring, Bayer. Rotes Kreuz)

Haftungsprivileg

handelt, ist ein Regress gemäß § 839 BGB in Verbindung mit Art. 34 GG nur möglich, wenn die Aufsichtspflichtverletzung als vorsätzlich oder grob fahrlässig bezeichnet werden muss. Das bedeutet, dass für die in Einrichtungen öffentlicher Träger Tätigen ein Haftungsprivileg besteht, denn sie müssen bei leichter und „normaler“ Fahrlässigkeit – im Gegensatz zu bei freien Trägern Beschäftigten (siehe dazu nachstehend) – nicht mit Regressansprüchen rechnen.

Andere Träger

Bei anderen Trägern (d.h., sog. „freie“ Träger[30] oder Privatpersonen) besteht dieses Haftungsprivileg gesetzlich zwar nicht. Rechtsprechung und Lehre haben aber zunehmend anerkannt, dass es unbillig wäre, das Betriebsrisiko der Arbeitgeber durch Regressmöglichkeiten auf ihre Arbeitnehmer abzuwälzen. Inzwischen werden daher auch hier Regressbeschränkungen anerkannt. Sie haben zu einer Reduzierung des Haftungsrisikos beruflich Aufsichtspflichtiger geführt. Daraus ergibt sich Folgendes:

Begrenzte Regressmöglichkeiten

Regressmöglichkeiten anderer Träger (und damit eine Haftung der dort Aufsichtspflichtigen)

---

[29] Siehe dazu S. 29.

[30] Vgl. § 74 SGB VIII.

Leichte Fahrlässigkeit
Normale Fahrlässigkeit
Grobe Fahrlässigkeit
Vorsatz

– entfallen bei leichter Fahrlässigkeit völlig[31],
– bestehen bei normaler Fahrlässigkeit nur anteilig, d. h., entstandene Schäden werden unter abwägender Berücksichtigung der Gesamtumstände (Schadensanlass, -folgen, Verschulden, Betriebsrisiko) nach Billigkeits- und Zumutbarkeitsgesichtspunkten aufgeteilt
– bestehen bei grober Fahrlässigkeit grundsätzlich uneingeschränkt[32],
– bestehen bei Vorsatz in vollem Umfang.

Haftungsbeschränkung von Vereins- und Stiftungsvorständen

Vereins- und Stiftungsvorstände, die für ihre Tätigkeit nicht mehr als EUR 720 pro Jahr erhalten, können seit 2009 selbst nur noch bei Vorliegen von grober Fahrlässigkeit oder Vorsatz in Regress genommen werden, wenn sie einen Schaden (z. B. durch Organisationsmängel) verursacht haben (vgl. §§ 31a Abs. 1, 86 S. 1). Werden sie in diesem Zusammenhang von einem Dritten auf Schadensersatz in Anspruch genommen, haben sie, wenn sie nicht vorsätzlich oder grob fahrlässig gehandelt haben, gegen den Verein einen Freistellungsanspruch (§§ 31a Abs. 2, 86 S. 1). Dieser wandelt sich in einen Ersatzanspruch gegen den Verein (oder Stiftung) um, wenn sie bereits an Geschädigte Schadensersatz geleistet haben sollten.[33]

---

[31] BGH, NJW 1991, 1685; BAG, NJW 1995, 211.
[32] Nach BAG, NJW 1990, 470 und BGH, NJW 1996, 1532 sind jedoch im Einzelfall bei besonderem Missverhältnis von Verdienst und Schadensrisiko Haftungsbeschränkungen möglich.
[33] *Palandt/Ellenberger*, 78. Aufl., § 31a, Rn. 5.

<table>
<tr><th colspan="5">Haftung bei Aufsichtspflichtverletzungen</th></tr>
<tr><th>Träger der soz.-päd. Einrichtung</th><th>Aufsichts-pflichtige</th><th>Geschä-digte</th><th>Ersatzpflichtige, Umfang der Ersatzpflicht</th><th>Regress* möglich</th></tr>
<tr><td rowspan="2">jur. Pers. des öffentl. Rechts
Beispiele: Gemeinden, Landkreise, Bezirke, Länder, Landschaftsverbände</td><td rowspan="8">Berufliche Erzieher im weitesten Sinn aber auch: anderes Erziehungs- und Aufsichtspersonal</td><td>a) Aufsichts-bedürftige selbst</td><td>Träger haftet bei jedem Verschulden seiner Mitarbeiter (Beamte, Angest. Arbeiter, Aushilfen, Praktikanten) gem. § 839, Art. 34 GG</td><td rowspan="2">Nur bei: Vorsatz und grober Fahr-lässigkeit</td></tr>
<tr><td>b) Dritte</td><td>desgl., jedoch mit Entlastgsmöglkt. gemäß § 831</td></tr>
<tr><td rowspan="2">jur. Pers. des priv. Rechts
(z.B.: e.V.)
Beispiele: freie Verbände (Diak. Werk, PWV, Caritas, AWO etc.)</td><td>a) s.o.</td><td>Träger haftet bei jedem Verschulden seiner Mitarbeiter (§§ 30, 31; 278)</td><td rowspan="6">bei: Vorsatz + grober F.: uneinge-schränkt
bei: „normaler“ Fahrlkt.: quotenmäßige Verteilung
bei: leichter Fahrlkt. (nach hM) kein Regress</td></tr>
<tr><td>b) s.o.</td><td>Haftung gem. §§ 30, 31, jedoch mit Entlastgsmöglkt. gemäß § 831</td></tr>
<tr><td rowspan="2">nichtrechts-fähige Vereine
Beispiele: Bürger-initiativen, Eltern-vereinigungen</td><td>a) s.o.</td><td>Träger haftet nach hM wie ein e.V. (s.o.), jedoch nur mit seinem Vereinsvermögen und (daneben!) das vertragsschließende Mitglied</td></tr>
<tr><td>b) s.o.</td><td>Träger haftet wie bei a), jedoch mit Entlastgsmöglkt. gem. § 831</td></tr>
<tr><td rowspan="2">Privat-Personen
Beispiele: Pflegeeltern priv. Heime/Kitas</td><td>a) s.o.</td><td>Privat-Pers. haftet für jedes eigene Verschulden und für das ihrer Mitarb. gem. §§ 823, 278</td></tr>
<tr><td>b) s.o.</td><td>desgl. für Mitarb., jedoch mit Entlastgs.-möglkt. gemäß § 831</td></tr>
<tr><td rowspan="2">sporadische Gruppen, Wohn-, Eltern-gemeinschaften ohne jede Satzung o.Ä.</td><td rowspan="2">Mitglied der Gemeinschaft bzw. Gruppe</td><td>a) s.o.</td><td>Nur der konkret Aufsichtführende haftet, jedoch nur wie bei eigenen Kindern (§ 1664 i.V.m. § 277)</td><td rowspan="2">entfällt</td></tr>
<tr><td>b) s.o.</td><td>Nur der konkret Aufsichtführende haftet bei jedem Verschulden</td></tr>
<tr><td rowspan="5">entfällt</td><td rowspan="2">Eltern</td><td>a) s.o.</td><td>haften nur wie in eigenen Angelegenheiten (§ 1664 iVbm § 277)</td><td rowspan="2">entfällt</td></tr>
<tr><td>b) s.o.</td><td>haften bei jedem Verschulden</td></tr>
<tr><td>Lebenspartner von Aufsichts-pflichtigen</td><td>a) und b)</td><td>Die betreffende Person haftet nur wie in eigenen Angelegenheiten (gem. §§ 823, 277)</td><td>entfällt</td></tr>
<tr><td>Pfleger, Vormund</td><td>a) und b)</td><td>Sie haften bei jedem Verschulden</td><td>entfällt</td></tr>
<tr><td>Gefällige Verwandte, Freunde etc.</td><td>a) und b)</td><td>Die betreffende Person haftet nur wie in eigenen Angelegenheiten (gem. §§ 823, 277)</td><td>entfällt</td></tr>
<tr><td colspan="5">* Er entfällt, wenn gesetzliche oder private Unfall-Versicherung eintreten musste.</td></tr>
</table>

V. Arbeits- und dienstrechtliche Folgen

Verletzung der Dienstpflichten

Jede Verletzung der Aufsichtspflicht stellt zugleich eine Verletzung der sich aus dem Dienst- bzw. Arbeitsverhältnis ergebenden Verpflichtungen dar. Der Dienstherr bzw. Arbeitgeber kann solche Vorkommnisse zum Anlass für eine Abmahnung, verstärkte Überwachung, Kontrollen, die Zurückstellung von einer anstehenden Beförderung, den Entzug von Leitungsfunktionen, Versetzung oder sogar als Anlass zur Kündigung nehmen.

Schadenseintritt ist zweitrangig

Hierbei ist es grundsätzlich unerheblich, ob der Arbeitgeber/Dienstherr durch die Aufsichtspflichtverletzung zum Schadensersatz herangezogen wurde oder nicht. Das wird besonders dann deutlich, wenn nur infolge „glücklicher Umstände" kein Schaden entstanden oder dieser sehr gering geblieben ist. – Selbst wenn die betreffende Aufsichtsperson im konkreten Fall nachweisen kann, dass der Schadensfall auch bei Erfüllung der Pflichten entstanden wäre (vgl. den Fall von S. 22/23), kann dem Arbeitgeber/Dienstherrn nicht zugemutet werden, unzuverlässige Mitarbeiter in ihren bisherigen Funktionen zu belassen.

Unzuverlässig?

Wahrung der Verhältnismäßigkeit

Art und Schwere der begangenen Aufsichtspflichtverletzung müssen allerdings in einem angemessenen Verhältnis zum beabsichtigten Vorgehen des Arbeitgebers/Dienstherrn stehen. Man kann jedoch nicht von ihm verlangen, dass er angeblich „einmalige" Verfehlungen bei entsprechenden Beteuerungen gänzlich übergeht, zumal ihm selbst daraus ein erheblicher Vorwurf gemacht werden kann, wenn später wirklich „etwas passiert". (Das gilt nicht zuletzt schon deshalb, weil darin eine Verletzung der Aufsichtspflicht des Arbeitgebers/Dienstherrn gesehen werden kann und sich dann auch für ihn zivilrechtliche und u. U. auch strafrechtliche Folgen ergeben könnten.)

Kündigung

Bevor eine *Kündigung* in Betracht kommt, ist stets zu prüfen, ob nicht eine Abmahnung genügt und/oder eine andere Beschäftigung im Bereich des Arbeitgebers/Dienstherrn möglich und zumutbar ist (z. B. in der Verwaltung). Dies ergibt sich aus den Bestimmungen des Kündigungsschutzgesetzes, die allerdings nach dessen §§ 1, 23 während der ersten sechs Monate sowie bei Arbeitgebern mit nicht mehr als fünf (bei Arbeitsverträgen ab 2004: zehn) Arbeitnehmern nicht anwendbar sind. In diesen Fällen kann nämlich ohne jede Begründung gekündigt werden.

VI. Strafrechtliche Folgen

Aufsichtspflichtverletzungen können auch Strafverfahren nach sich ziehen, wenn darin zugleich eine Verwirklichung eines Straftatbestandes liegt.

1. Verletzung der Fürsorge- oder Erziehungspflicht

Strafbarkeitsvoraussetzungen

Noch nicht 16 Jahre alte Personen

Mit Freiheitsstrafe bis zu drei Jahren oder mit Geldstrafe bis zu einem Netto-Jahresverdienst kann bestraft werden, wer „seine Fürsorge- oder Erziehungspflicht gegenüber einer Person unter 16 Jahren gröblich verletzt und dadurch die Schutzbefohlenen in die Gefahr bringt, in ihrer körperlichen oder psychischen Entwicklung erheblich geschädigt zu werden oder einen kriminellen Lebenswandel zu führen oder der Prostitution nachzugehen" (vgl. § 171 iVm § 40 StGB).

Objektive Gefährdung genügt

Die objektive Gefährdung der „Schutzbefohlenen" genügt. Die im § 171 StGB genannten Folgen müssen daher noch nicht eingetreten, aber bei normaler Weiterentwicklung wahrscheinlich sein.

Gröbliche Verletzung

Eine „gröbliche" Verletzung liegt dann vor, wenn sie subjektiv und objektiv als besonders schwerwiegend anzusehen ist.

Bedingter Vorsatz genügt

Vorsatz ist erforderlich, wobei es genügt, dass Pflichtverletzung und Gefährdung billigend in Kauf genommen wurden (= bedingter Vorsatz).

2. Körperverletzungen infolge Aufsichtspflichtverletzungen

Werden infolge einer Aufsichtspflichtverletzung Aufsichtspflichtige oder Dritte (d. h. andere Personen) körperlich oder an ihrer Gesundheit geschädigt, so kann eine Bestrafung wegen Körperverletzung in Betracht kommen. Dabei ist zwischen vorsätzlicher und fahrlässiger Körperverletzung zu unterscheiden:

Vorsatz

Vorsatz liegt nicht nur dann vor, wenn die Aufsichtspflichtverletzung begangen wurde, um eine Körperverletzung Aufsichtsbedürftiger oder Dritter herbeizuführen (was wohl selten vorkommen wird), sondern auch dann, wenn eine – vorhersehbare – Körperverletzung billigend „in Kauf genommen" wurde (wovon z. B. bei körperlichen Züchtigungen Minderjähriger stets auszugehen ist) – sog. bedingter Vorsatz (s. o.).

Seit 2.11.2000 ist zudem jede körperliche Bestrafung Minderjähriger (ausnahmslos) unzulässig (vgl. § 1631 Abs. 2 S. 2 BGB)[34].

Fahrlässigkeit

Fahrlässigkeit liegt vor, wenn infolge mangelnder Aufsicht Aufsichtsbedürftige (oder Dritte) unbeabsichtigt verletzt wurden, d. h.: wenn nicht bedacht wurde, dass hierdurch jemand verletzt werden konnte.

Strafmaß

Bei vorsätzlicher Körperverletzung kommt nach § 223 StGB entweder eine Bestrafung zu einer Geldstrafe bis zu einem Netto-Jahresverdienst (vgl. dazu § 40 StGB) oder Freiheitsstrafe bis zu fünf Jahren in Betracht. – Bei fahrlässiger Körperverletzung kommt gemäß § 229 StGB ebenfalls eine Geldstrafe oder Freiheitsstrafe bis zu drei Jahren in Betracht.

3. Misshandlung von Schutzbefohlenen

Geschützte Personen: alle Minderjährigen, Kranke, Gebrechliche

Wer Personen unter 18 Jahren *oder* wegen Gebrechlichkeit oder Krankheit *Wehrlose*, die seiner Fürsorge oder Obhut unterstehen oder seinem Hausstand angehören *oder* die von dem Fürsorgepflichtigen seiner Gewalt überlassen worden oder durch ein Dienst- oder Arbeitsverhältnis von ihm abhängig sind, *quält* oder *roh misshandelt*, wird gemäß § 225 Abs. 1 StGB mit Freiheitsstrafe von sechs Monaten bis zu zehn Jahren (in minder schweren Fällen gem. § 225 Abs. 4 StGB bis zu fünf Jahren) bestraft. Dieselbe Strafe droht demjenigen, der durch böswillige Vernachlässigung seiner Pflicht, für diese Personen zu sorgen, sie an der Gesundheit schädigt. Bei Gefahr erheblicher gesundheitlicher, körperlicher oder seelischer Schädigungen oder bei Todesgefahr droht Freiheitsstrafe von einem bis zu zehn Jahren (§ 225 Abs. 3 StGB).

---

[34] Siehe dazu S. 282ff.

4. Fahrlässige Tötung

Wer durch Fahrlässigkeit den Tod eines Menschen verursacht, wird mit Geldstrafe bis zu einem Netto-Jahresverdienst oder mit Freiheitsstrafe bis zu fünf Jahren bestraft (§ 222 iVm § 40 StGB).

Das Maß der Sorgfalt richtet sich *objektiv* nach den Umständen (Unternehmungen) und *subjektiv* nach den persönlichen Kenntnissen und Fähigkeiten. Diese Sorgfaltspflicht wird, wie der *BGH* betont hat, insbesondere durch den ausgeübten Beruf begründet. Daher darf man nichts mit den zu Beaufsichtigenden unternehmen, von dem man sich sagen muss, dass man der damit verbundenen Aufgabe (= Aufsicht) nicht gewachsen ist[35] oder, dass Gefahr besteht. Das gilt z.B. bei Touren mit einer Gruppe im Gebirge (insbesondere im Winter), beim Baden in unbekannten Gewässern oder ohne ausreichende Abkühlung der Kinder nach einer Wanderung.

5. Die Strafverfolgung

Auf Antrag oder von Amts wegen?

Sie tritt bei allen durch Fahrlässigkeit verursachten Körperverletzungen sowie bei vorsätzlich begangenen sog. leichten Körperverletzungen (= § 223 StGB) *nur auf Antrag* ein, es sei denn, dass die Strafverfolgungsbehörde wegen des „besonderen öffentlichen Interesses" an der Strafverfolgung ein Einschreiten *von Amts wegen* für geboten erachtet (§ 230 Abs. 1 StGB). Das wird meist angenommen, wenn der Vorfall sich in soz.-päd. Einrichtungen ereignet.

Antragsberechtigte

Antragsberechtigt ist für Verletzte, die geschäftsunfähig oder beschränkt geschäftsfähig sind, der gesetzliche Vertreter in den persönlichen Angelegenheiten sowie der Personensorgeberechtigte (§ 77 Abs. 3 StGB).

Der Strafantrag kann von den Antragsberechtigten bis zur Verkündung des Urteils zurückgenommen (aber dann nicht noch einmal gestellt) werden (§ 77d Abs. 1 StGB).

Verfolgung von Amts wegen

Wenn die Körperverletzung durch einen kraft seines Berufes Aufsichtspflichtigen begangen wurde, bejaht die Staatsanwaltschaft grundsätzlich das öffentliche Interesse an der Strafverfolgung.

(Bei allen anderen oben unter 1., 3. und 4. behandelten Straftaten tritt die Strafverfolgung von Amts wegen ein!)

VII. Versicherungsschutz

Haftpflichtversicherungen

Rechtsschutzversicherung

Dreifacher Schutz bei Berufsverbänden

Gegen das Risiko von Schadensersatzzahlungen aufgrund von Aufsichtspflichtverletzungen können sich Aufsichtspflichtige durch Abschluss einer Privat- oder Berufshaftpflichtversicherung absichern (arbeits- und strafrechtliche Folgen sind aber nicht versicherbar). Außerdem kann eine Rechtsschutzversicherung abgeschlossen werden, die zusätzlich die Kosten der zivil-/arbeits-/dienst- und strafrechtlichen Verfahren übernimmt. Für berufsbedingt Aufsichtspflichtige bieten Berufsverbände und Gewerkschaften einen guten Schutz, denn ihre Mitglieder sind automatisch haftpflicht- und rechtsschutzversichert. Dieser Versicherungsschutz beinhaltet Folgendes:

---

35 BGHSt 10, 143.

Abwehr + Übernahme von Schadensersatz

a) die (auch gerichtliche) Abwehr von Schadensersatzansprüchen der Verletzten oder von Regressansprüchen ihrer Krankenkasse, sonstiger Versicherungsträger, Arbeitgeber/Dienstherrn bzw. gegebenenfalls die Erstattung der sich hieraus ergebenden Zahlungsverpflichtungen,

Vertretung bei zivilrechtlichen Verfahren

b) die Vertretung bei arbeits- oder dienstrechtlichen Auseinandersetzungen mit dem Arbeitgeber/Dienstherrn, falls dieser wegen des Vorfalls rechtliche Schritte (siehe dazu S. 35) gegen den Aufsichtspflichtigen unternimmt,

Vertretung bei strafrechtlichen Verfahren

c) die Vertretung in einem sich aus einer Aufsichtspflichtverletzung eventuell ergebenden Strafprozess (z. B. wegen fahrlässiger Körperverletzung infolge einer Verletzung der Aufsichtspflicht).

Gerichts- und Anwaltskosten

Wenn der Versicherungsfall ordnungsgemäß gemeldet wurde,[36] umfasst der Versicherungsschutz auch die anfallenden Gerichts-[37] und Anwaltskosten. Bevor man sich jedoch an einen Rechtsanwalt wendet, muss dies mit dem Versicherungsträger oder Berufsverband vereinbart werden. Das gilt auch dann, wenn in dem abgeschlossenen Versicherungsvertrag „freie Anwaltswahl" zugesichert wird, da der Versicherungsträger sich in den „allgemeinen Bedingungen" verständlicherweise vorbehalten haben wird, dass er zunächst prüft, ob

a) überhaupt ein „Versicherungsfall" vorliegt,
b) eine Regulierung ohne Anwalt möglich ist.

Versicherungsbedingungen vorher lesen!

Vor *Abschluss* einer privaten Haftpflichtversicherung empfiehlt es sich, die Leistungen derselben genauestens anzuschauen und nicht allein den Beitrag. So kann man leicht Reklame machen, dass die eigenen minderjährigen Kinder ohne Aufpreis mitversichert sind. Da diese selten haftbar gemacht werden können (vgl. §§ 827, 829), muss auch die Versicherung kaum einmal eintreten. – Wichtig sind die Haftungssummen! Ungünstig ist eine Unterteilung in Personen- und in Sachschäden (besser ist ein „Pauschalsystem").

Ausschluss

Zu beachten ist auch, dass die Versicherungsträger grundsätzlich bei *vorsätzlichem Handeln* (= auch bei bedingtem Vorsatz[38]) den *Ausschluss* der Versicherungsleistungen vorsehen und sich zumeist bei grob fahrlässigem Verhalten den Regress bei ihren Versicherten vorbehalten.

---

[36] Hierzu genau die Versicherungsbedingungen lesen.

[37] Bußgelder, Auflagen (Zahlungen an gemeinnützige Vereine), Geldstrafen fallen natürlich nicht hierunter.

[38] Siehe dazu oben S. 36.

Konsequenzen von Aufsichtspflichtverletzungen

Schadensersatz – arbeits-/dienstrechtliche Folgen – Strafverfolgung.
- Private Haftpflichtversicherungen der Träger soz.-päd. Einrichtungen sowie der dort häufig bestehende gesetzliche Unfallversicherungsschutz nach dem SGB VII verringern das Haftungsrisiko Aufsichtspflichtiger. Die verbleibenden Regressmöglichkeiten der Träger beschränkt die Rechtsprechung auf vorsätzliches und grob fahrlässiges Fehlverhalten.

Versicherungen der Aufsichtspersonen:
- Privat- oder Berufshaftpflichtversicherungen schützen vor einem Schadensersatz-Risiko. Arbeits- und strafrechtliche Folgen sind aber nicht versicherbar. Die Kosten gerichtlicher Verfahren (in allen Bereichen) können durch eine Rechtsschutzversicherung abgedeckt werden; Berufsverbände/Gewerkschaften bieten ihren Mitgliedern diesen kompletten Schutz kostenlos.

Arbeitsrechtliche Folgen können sein:
- Abmahnung, Kontrollen, verstärkte Überwachung, Nichtbeförderung, Entzug von Leitungsfunktionen, Versetzung oder auch Kündigung.

Strafrechtliche Folgen können sein:
- Geld- oder Freiheitsstrafen wegen: Verletzung der Fürsorge- oder Erziehungspflicht (§ 171 StGB), Körperverletzungen (§§ 223, 229, 230 StGB), Misshandlung von Schutzbefohlenen (§ 225 StGB), fahrlässiger Tötung (§ 222 StGB).

Unabhängigkeit der einzelnen Gerichtsverfahren

Abschließend sei noch darauf hingewiesen, dass die oben genannten drei Gerichtsverfahren, die aus einer behaupteten oder tatsächlich begangenen Aufsichtspflichtverletzung entstehen *können*, unabhängig voneinander eingeleitet werden *können* und dann auch durchgeführt werden würden und daher auch verschiedene Entscheidungen ergeben *können*.

Beispiele: Ein Strafverfahren wird von Amts wegen eingeleitet, obwohl weder vom Geschädigten Ansprüche geltend gemacht noch vom Träger arbeits- oder dienstrechtliche Schritte unternommen wurden.

Auch wenn man wegen einer Körperverletzung (begangen durch Aufsichtspflichtverletzung) in einem Zivilprozess für schadensersatzpflichtig erklärt wurde, stellt das noch nicht unbedingt einen Grund für eine Kündigung oder für eine strafrechtliche Verurteilung dar.

Kapitel 3. Kinder- und Jugendhilferecht[1]

Übersicht

A. Allgemeines

I. Rechtsgrundlagen des Kinder- und Jugendhilferechts

1. SGB VIII

Das Kinder- und Jugendhilferecht wird vor allem im SGB VIII geregelt. Dieses trat am 3.10.1990 in den neuen und am 1.1.1991 in den alten Bundesländern in Kraft. Seitdem wurde es oftmals geändert, zuletzt durch das Zweite Datenaustauschverbesserungsgesetz vom 4.8.2019[2].

Geltungsbereich

Beim Geltungsbereich des SGB VIII unterscheidet § 6 zwischen Leistungen und anderen Aufgaben.[3]

Geltungsbereich bei Leistungen

Leistungen nach dem SGB VIII erhalten grundsätzlich Personen, die den tatsächliche Aufenthalt in der Bundesrepublik Deutschland haben (§ 6 Abs. 1 S. 1).

Tatsächlicher Aufenthalt bedeutet, dass eine Person sich physisch in der Bundesrepublik Deutschland aufhält.

Ausländer

Bei Ausländern ist zusätzlich erforderlich, dass sie sich rechtmäßig oder geduldet in der Bundesrepublik Deutschland aufhalten und in dieser ihren gewöhnlichen Aufenthalt haben (§ 6 Abs. 2).

Ausländer sind Personen, die die deutsche Staatsangehörigkeit nicht besitzen (vgl. § 2 Abs. 1 AufenthG), also Personen mit ausschließlich ausländischer Staatsangehörigkeit und Heimatlose. Spätaussiedler sind dagegen keine Ausländer.

Rechtmäßig ist der Aufenthalt bei Personen, die ein Visum (§ 6 AufenthG), eine Aufenthaltserlaubnis (§§ 7 f., 16 ff. AufenthG), eine Niederlassungserlaubnis (§ 9 AufenthG), einen Daueraufenthalt-EU (§§ 9a ff. AufenthG) oder eine Aufenthaltsgestattung (§ 55 AsylG) besitzen, bei denen die Fiktion des § 81 Abs. 3, 4 AufenthG gilt, die vom Erfordernis eines der genannten Titel befreit sind (s. hierzu insbesondere die AufenthaltsV), die nach dem FeizügG/EU freizügigkeitsberechtigt sind (Unionsbürger, Angehörige eines EWR-Staates oder Schweizer) sowie nach dem ARB 1/80 aufenthaltsberechtigte Türken.

Eine *Duldung* wird nach § 60a AufenthG unter anderem erteilt aus völkerrechtlichen oder humanitären Gründen, bei tatsächlichen oder rechtlichen Gründen oder zur Durchführung einer Ausbildung.

---

[1] Paragrafen dieses Kapitels ohne Zusatz bezeichnen das SGB VIII.
[2] BGBl. 2019 I 1131.
[3] Näher zu dieser Unterscheidung S. 45.

Den *gewöhnlichen Aufenthalt* in der Bundesrepublik Deutschland hat nach dem mangels abweichender Regelung im SGB VIII anzuwendenden (§ 37 S. 1 SGB I) § 30 Abs. 3 S. 2 SGB I eine Person „dort, wo sie sich unter Umständen aufhält, die erkennen lassen, dass [er; Einfügung durch den Verf.] an diesem Ort oder in diesem Gebiet nicht nur vorübergehend verweilt“. Hierzu muss sie sich nach der Rspr. in der Bundesrepublik Deutschland tatsächlich aufhalten und während des Zeitraumes, während dem die Kinder- und Jugendhilfe geleistet wird, nicht ins Ausland umziehen wollen.[4]

Rechtsfolge von § 6 Abs. 2

Sind die Voraussetzungen des § 6 Abs. 2 erfüllt, hat dies zur Folge, dass die Vorschriften des SGB VIII bei Ausländern anzuwenden sind. Ob sie die Leistung erhalten, steht damit noch nicht fest. Diese erhalten sie, wenn deren Voraussetzungen erfüllt sind.

Ausländerrechtliche Konsequenzen

Anders als bis zum Jahr 2015 berechtigt der Bezug von stationärer HzE durch Minderjährige nicht mehr zur Ermessensabschiebung. Seit Änderung der Vorschriften zur Abschiebung in den §§ 53 ff. AufenthG ab dem 1.1.2016 haben Kinder und Jugendliche mit Aufenthaltserlaubnis ein schwerwiegendes Bleibeinteresse (§ 55 Abs. 2 Nr. 5 AufenthG). Infolgedessen wird in der Lit. bezweifelt, ob wegen ausländerrechtlicher Irrelevanz das Ausländeramt über den Bezug von HzE oder von Eingliederungshilfe für seelisch behinderte Kinder und Jugendliche informiert werden muss.[5]

Geltungsbereich bei anderen Aufgaben

Die anderen Aufgaben sind – auch gegenüber Ausländern – wahrzunehmen, wenn sie sich tatsächlich in der Bundesrepublik Deutschland aufhalten (§ 6 Abs. 1 S. 2).

So ist ein sich in der Bundesrepublik Deutschland tatsächlich aufhaltendes Kind bei einer dringenden Gefahr nach § 42 in Obhut zu nehmen, auch wenn es sich nicht rechtmäßig oder geduldet oder nur vorübergehend in dieser aufhält.

Leistungen an Deutsche im Ausland

Leistungen der Kinder- und Jugendhilfe können (Ermessen) an Deutsche, die sich im Ausland aufhalten, exportiert werden, soweit sie keine bedarfsdeckenden Leistungen im Aufenthaltsstaat erhalten (§ 6 Abs. 3). Um eine Auslandsleistung handelt es sich nach der Rspr. des BVerwG allerdings nur, wenn sich die leistungsberechtigte Person bei der Antragstellung und während der Leistungserbringung im Ausland aufhält.[6]

2. Internationale Abkommen

Vorrang internationaler Abkommen

Regelungen des über- und zwischenstaatlichen Rechts bleiben nach § 6 Abs. 4 unberührt, dh sind zu beachten, wenn sie gegenüber dem nationalen Recht Vorrang genießen (vgl. Art. 25 GG). Es handelt sich dabei um folgende Abkommen:

EFA

- *EFA – das Europäische Fürsorgeabkommen* v. 11.12.1953 (EFA), dem die BRD 1956 beigetreten ist,
  Hiernach sind die dem EFA beigetretenen Staaten (Belgien, Dänemark, Frankreich, Griechenland, Großbritannien, Irland, Island, Italien, Luxemburg, Malta, Niederlande, Norwegen, Schweden, Spanien, Türkei) verpflichtet, in ihrem Gebiet sich rechtmäßig (s. oben) aufhaltenden Angehörigen der anderen Mit-

---

[4] Vgl. BeckOK-SGB/*Winkler*, § 6, Rn. 15.

[5] Vgl. Möller SGB VIII/*Möller*, § 6, Rn. 25; zu den ausländerrechtlichen Auswirkungen des Bezugs von Leistungen nach dem SGB VIII s. *Treichel*, ZKJ 2018, 4 ff.

[6] Vgl. BVerwG NVwZ-RR 2019, 44.

gliedstaaten genauso öffentliche Fürsorge – und somit ua Jugendhilfe – zu gewähren wie eigenen Staatsangehörigen. Es beschränkt zugleich die Ausweisung.

KSÜ

– das *Haager Kinderschutzübereinkommen (KSÜ)* v. 19.10.1996, in der Bundesrepublik Deutschland am 1.1.2011 in Kraft getreten,[7]
Das KSÜ gilt für Minderjährige, die sich in einem EU-Mitgliedstaat außer Dänemark aufhalten. Nach dem KSÜ ist der gewöhnliche Aufenthalt zumindest dann begründet, wenn die betreffende Person sich seit mindestens 6 Monaten in der Bundesrepublik Deutschland aufhält.[8] Nach Art. 5 KSÜ ist bei Kindern der gewöhnliche Aufenthalt in der Bundesrepublik Deutschland ausreichend; Rechtmäßigkeit des Aufenthalts ist nicht erforderlich. Da nach § 6 Abs. 2 S. 1 ein geduldeter Aufenthalt ausreichend ist, ergibt sich aus Art. 5 KSÜ keine Ausweitung des Anwendungsbereiches des SGB VIII. Bei „Flüchtlingskindern und Kindern, die infolge von Unruhen in ein anderes Land gelangt sind" ist für Leistungen der tatsächliche Aufenthalt in der Bundesrepublik Deutschland ausreichend (Art. 6 KSÜ). Was unter einem Flüchtlingskind zu verstehen ist, lässt das KSÜ allerdings offen. Art. 6, also Gewährung von Leistungen bei tatsächlichem Aufenthalt gilt auch in anderen dringenden Fällen (Art. 11 KSÜ).[9]

Haager Übereinkommen über Kindesentführung

– das *Haager Übereinkommen über die zivilrechtlichen Aspekte internationaler Kindesentführung* v. 25.10.1980, dem die BRD erst am 1.12.1990 beigetreten ist,

Brüssel IIa-Verordnung

– die *Brüssel IIa-Verordnung* v. 27.11.2003
Die Verordnung regelt (insoweit wie das KSÜ) Schutzmaßnahmen für Minderjährige, die ihren gewöhnlichen Aufenthalt in einem der Mitgliedstaaten der Europäischen Union haben; sie ergänzt zudem das HKÜ.

Unbegleitete minderjährige Ausländer

– die *Verordnung 2003/9/EG* des Rates zur Festlegung von Mindestnormen für die Aufnahme von Asylbewerbern in den Mitgliedstaaten v. 27.1.2003
Die Richtlinie enthält ua Bestimmungen über die sicherzustellenden Lebensbedingungen von Asylbewerbern und berücksichtigt dabei auch zusätzliche Belastungen, etwa von unbegleiteten minderjährigen Flüchtlingen.

UN-Konvention

– *UN-Konvention über die Rechte des Kindes* v. 20.11.1989, die am 2.9.1990 in Kraft getreten, aber von der BRD erst am 17.2.1992 ratifiziert worden ist,
In ihrer Präambel wird zunächst die Anerkennung der Rechte aller Menschen ohne Unterscheidung nach Rasse, ..., nationaler Herkunft etc. in Übereinstimmung der allgemeinen Menschenrechtskonvention bekräftigt; und Art. 2 verpflichtet dann die einzelnen Beitrittsstaaten zur Achtung und Gewährleistung dieser Rechte ohne jeden – auch nationalen – Unterschied und sichert in Art. 3 allen Minderjährigen Schutz und Fürsorge in ihrem Hoheitsgebiet sowie in Art. 4 alle geeigneten Maßnahmen zur Verwirklichung der in der Charta anerkannten Kindesrechte zu. Die Bundesrepublik hat im Jahre 2010 die zunächst erklärten Vorbehalte zurückgenommen.[10]

---

[7] BGBl. 2010 II 1527.

[8] S. hierzu BVerwG NVwZ 2000, 325; diese zum Haager Minderjährigenschutzabkommen ergangene Entscheidung gilt für das KSÜ entsprechend (vgl. LPK-SGB VIII/Kepert, § 6, Rn. 22).

[9] Näher zum KSÜ Schwarz, JAmt 2011, 438 ff.

[10] BGBl. 2011 II 600.

Flüchtlingskonvention

– die *Genfer Flüchtlingskonvention* v. 28.7.1951
  Sie verpflichtet ua, Flüchtlinge und Angehörige der Aufnahmestaaten auf dem Gebiet der öffentlichen Fürsorge gleich zu behandeln.

Österreich

– Abkommen mit *Österreich* über „Fürsorge und Jugendwohlfahrtspflege" v. 17.1.1966
  Es verpflichtet die Vertragsstaaten, Angehörige des jeweils anderen Staates in Angelegenheiten der Fürsorge und der Jugendwohlfahrt wie eigene Staatsangehörige zu behandeln.

3. Sonstige Bücher des SGB, VwGO

SGB I und SGB X

Soweit das SGB VIII keine abweichenden Regelungen enthält, sind in kinder- und jugendhilferechtlichen Fällen außerdem grundsätzlich das SGB I und das SGB X zu beachten (§ 37 S. 1 SGB I).

SGB IX

In der Eingliederungshilfe für Kinder und Jugendliche mit seelischer Behinderung sind die §§ 28ff. und 109ff. SGB IX anzuwenden. Dort werden vor allem die Leistungen für Menschen mit Behinderungen festgelegt.

VwGO

Das Widerspruchs- und Klageverfahren und das Verfahren des einstweiligen Rechtsschutzes werden in der VwGO geregelt.

4. KostenbeitragsVO

KostenbeitragsVO

Die KostenbeitragsVO bestimmt pauschalierte Kostenbeiträge für die Heranziehung der Eltern, Ehegatten und Lebenspartner zu den Kosten der Kinder und Jugendhilfe.

II. Begriff „Jugendhilfe", Zielsetzungen

Begriff „Jugendhilfe"

Der Begriff „Jugendhilfe" ist sehr komplex. Er hat sich weniger systematisch als pragmatisch gebildet. Das SGB VIII verwendet den Begriff „Jugendhilfe", ohne ihn zu definieren, setzt dessen Inhalt also als bekannt voraus.

Ziele der Jugendhilfe

Die Ziele der Jugendhilfe werden zunächst in § 1 Abs. 1 umschrieben. Danach soll die Jugendhilfe die Entwicklung und Erziehung junger Menschen „zu einer eigenverantwortlichen und gemeinschaftsfähigen Persönlichkeit" fördern.

Konkretisierungen

Diese allgemeinen Ziele werden in § 1 Abs. 3 konkretisiert. *Grundziele* der Jugendhilfe sind danach:

1. junge Menschen in ihrer individuellen und sozialen Entwicklung zu fördern und dazu beizutragen, Benachteiligungen zu vermeiden oder abzubauen,
2. Eltern und andere Erziehungsberechtigte bei der Erziehung zu beraten und zu unterstützen,
3. Kinder und Jugendliche vor Gefahren für ihr Wohl zu schützen,
4. dazu beizutragen, positive Lebensbedingungen für junge Menschen und ihre Familien sowie eine kinder- und familienfreundliche Umwelt zu erhalten oder zu schaffen.

Aufgabenstellung

Jugendhilfe muss zunehmend als ein Glied innerhalb der Dienstleistungsangebote unseres modernen Sozialstaates verstanden werden, das einen wichtigen Beitrag zum Grundrechtsschutz zu leisten hat. Das bedeutet, Jugendhilfe hat jungen Menschen (vgl. dazu § 7 Abs. 1 Nr. 4) bei der individuellen und sozialen Entfaltung ihrer Persönlichkeit Hilfestellungen anzubieten, dabei ihre Menschenwürde zu achten, die Chancengleichheit, insbesondere die Gleichberechtigung (vgl. dazu § 1 SGB I u. § 9 Nr. 3), zu wahren und ihre Emanzipation zu fördern. Dabei ist immer das gesamte Umfeld der jungen Menschen (Familie, Freunde, Arbeits-, Ausbildungsstätte, Kommune) in alle Jugendhilfe-Aktivitäten einzubeziehen. Verkürzt ausgedrückt ist Jugendhilfe also eine umfassende Sozialisationshilfe. Sie muss sich daher in erster Linie an den konkreten Bedürfnissen und Problemen der jungen Menschen ausrichten und dabei alltags- und lebensweltorientiert sein.

III. Aufgaben

Leistungen und andere Aufgaben

Das SGB VIII unterteilt in § 2 die Aufgaben der Jugendhilfe in „Leistungen" (§§ 11–41) und „andere Aufgaben" (§§ 42–60). Beides sind Pflichtaufgaben des JA (§ 3 Abs. 2 S. 2).[11]

Bedeutung der Unterscheidung

Die Unterscheidung von „Leistung" und „anderer Aufgabe" ist für die Anwendung einzelner Vorschriften von Bedeutung, zB für die Umschreibung der originären Aufgaben der Träger der freien Jugendhilfe (§ 3), die örtliche Zuständigkeit der Träger der öffentlichen Jugendhilfe (§§ 86 ff.), den Datenschutz (§§ 61 ff.) und die Kostenbeteiligung (§§ 90 ff.).

Aufgaben der Jugendhilfe (§ 2)	
Leistungen der Jugendhilfe	**Andere Aufgaben der Jugendhilfe**
– Jugendarbeit (§§ 11, 12) – Jugendsozialarbeit (§ 13) – Erzieherischer Kinder- und Jugendschutz (§ 14) – Förderung der Erziehung in der Familie (§§ 16–21) – Förderung von Kindern in Kindertagespflege u. Tageseinrichtungen (§§ 22–25) – Hilfe zur Erziehung und ergänzende Leistungen (§§ 27–35, 39–40) – Eingliederungshilfe für seelisch behinderte Minderjährige und ergänzende Leistungen (§§ 35a, 39, 40) – Hilfe für junge Volljährige und Nachbetreuung (§ 41)	– Inobhutnahme Minderjähriger (§ 42) – Pflegekinderschutz (§§ 43, 44) – Heimaufsicht (§§ 45–49) – FamG-Arbeit (§ 50) – Adoptionsvermittlung (§ 51) – Jugendgerichts-Hilfe (§ 52) – Beratung und Unterstützung von Müttern bei Vaterschaftsfeststellung u. Geltendmachung von Unterhaltsansprüchen (§ 52a) – Beratung und Unterstützung von Pflegern und Vormündern (§ 53) – Erlaubnis für Vereinsvormundschaften (§ 54) – Beistandschaften, Amtspflegschaften, Amtsvormundschaften (§§ 55–58) – Auskunft über Nichtabgabe u. Nichtersetzung von Sorgeerklärungen (§ 58a) – Beurkundungen, Beglaubigungen (§ 59) – Aufnahme vollstreckbarer Urkunden (§ 60)

[11] Hier ist – irreführend – die Bezeichnung „Hilfe" üblich (s. dazu S. 121).

Weitere Aufgaben der Träger der öffentlichen Jugendhilfe

Die Aufzählung der Aufgaben der Träger der Jugendhilfe in § 2 ist nicht abschließend. Das SGB VIII enthält weitere Annex-Aufgaben:

- die Befassung des Jugendhilfeausschusses mit allen Angelegenheiten der Jugendhilfe (§ 71),
- die Förderung der freien Träger der Jugendhilfe (§ 74),
- die Anerkennung der Träger der freien Jugendhilfe (§ 75),
- die Jugendhilfeplanung (§ 80),
- die Geltendmachung von Kostenerstattung (§§ 89 bis 89h),
- die Erhebung von Teilnahme- und Kostenbeiträgen (§§ 90 bis 94),
- die Überleitung von Ansprüchen (§ 95),
- die Geltendmachung von Ansprüchen (§ 97) sowie
- statistische Erhebungen (§§ 98ff.).

Zudem werden den Trägern der öffentlichen Jugendhilfe außerhalb des SGB VIII zugewiesen:

- die Adoptionsvermittlung (AdVermiG),
- die Gewährung von Unterhaltsvorschuss (UhVG),
- die Wahl der Jugendschöffen (JGG),
- die Stellungnahmen nach dem Namensänderungsgesetz, nach dem BauGB zur Bauleitplanung (§ 4 Abs. 1 BauGB) sowie nach dem StrafvollzugsG bei Mutter-Kind-Unterbringung (§ 80 StrafVollzugsG)
- und Anordnungen nach dem JugendschutzG (§ 9 JuSchG).

„Leistungen" Kennzeichen: freiwillig

Die „Leistungen" der Jugendhilfe sind Sozialleistungen, die daher ausnahmslos Angebotscharakter haben. Ihre Inanspruchnahme ist also stets freiwillig und geprägt von der Mitwirkung der Leistungsberechtigten (vgl. §§ 8, 36 Abs. 1) sowie von ihrem Wunsch- und Wahlrecht (§§ 5, 36). Letzteres steht in engem Zusammenhang mit dem gesetzlich anerkannten (vgl. § 3 Abs. 1) autonomen Betätigungsrecht der Träger der freien Jugendhilfe, die die „Leistungen" der Jugendhilfe zusammen (dh unter Wahrung ihres gem. § 4 Abs. 1–3 bestehenden Vorranges[12]) mit den Trägern der öffentlichen Jugendhilfe erbringen (§ 3 Abs. 2 S. 1).

„Andere Aufgaben": überwiegend hoheitlich

Bei den „anderen Aufgaben" handelt es sich vor allem um hoheitlich ausgestaltete Tätigkeiten, die im Wesentlichen aufgrund des staatlichen Wächteramtes[13] zu erfüllen sind, also nicht zur Disposition der Betroffenen stehen (vgl. zB §§ 42–45). Sie obliegen daher grundsätzlich den Trägern der öffentlichen Jugendhilfe, sofern sie diese (soweit möglich) nicht auf Träger der freien Jugendhilfe übertragen haben (vgl. §§ 3 Abs. 3, 76).

B. Grundsätze der Kinder- und Jugendhilfe

I. Nachrang gegenüber dem Elternrecht

Jugendhilfe schränkt Elternrecht nicht ein

Bei der Ausgestaltung der „Leistungen" wie bei der Erfüllung der „anderen Aufgaben" der Kinder- und Jugendhilfe ist wegen des in Art. 6 Abs. 2 GG als Grundrecht geschützten Erziehungsvorranges die von den Eltern

---

[12] S. dazu S. 48f.

[13] S. dazu S. 267/268.

(oder anderen Personensorgeberechtigten) bestimmte Grundrichtung der Erziehung zu beachten (§§ 1 Abs. 2, 9 Nr. 1). Denn durch die Inanspruchnahme von Kinder- und Jugendhilfe tritt keine Beschränkung des elterlichen Erziehungsrechts ein. Nach Ansicht des SGB VIII-Gesetzgebers ergeben sich daher für die Kinder- und Jugendhilfe auch keine eigenständigen Befugnisse, Angelegenheiten der elterlichen Sorge für Kinder und Jugendliche wahrzunehmen.[14] Die im Rahmen von Jugendhilfeleistungen tätig werdenden Personen (zB Pflegeeltern, Erzieher in Heimen o.ä. Einrichtungen) besitzen zwar die sog. „Alltagssorge"[15] (vgl. § 1688 Abs. 1 u. 2 BGB). Diese kann aber jederzeit durch einen Inhaber der elterlichen Sorge außer Kraft gesetzt werden (vgl. § 1688 Abs. 3 S. 1 BGB). Allerdings besteht auch in diesem Fall (ähnlich wie im Schulbereich) eine faktische Einschränkung der elterlichen Sorge.

II. Träger der Jugendhilfe

1. Träger der freien und der öffentlichen Jugendhilfe

Trägerschaft entscheidend

Die Unterscheidung richtet sich danach, wer Träger der einzelnen Jugendhilfemaßnahmen ist. Werden sie von den durch Landesrecht bestimmten (§ 69 Abs. 1) Trägern der öffentlichen Jugendhilfe erbracht, so spricht das SGB VIII von *„Trägern der öffentlichen Jugendhilfe"* (zB in: §§ 3, 61, 69, 72, 79, 80) oder von *„öffentlicher Jugendhilfe"* (zB in: §§ 4, 8).

Träger der freien Jugendhilfe

Träger der freien Jugendhilfe sind nicht nur alle Jugendverbände, Jugendwohlfahrtsverbände, Kirchen und sonstige Religionsgemeinschaften, sondern auch Jugendgemeinschaften, Bürgerinitiativen, sonstige Selbsthilfeorganisationen etc. (sog. sonstige Träger der freien Jugendhilfe), und zwar unabhängig von ihrer Rechtsform und ihrer Anerkennung[16], die nach dem SGB VIII zwar nicht mehr Förderungsvoraussetzung ist (vgl. im Einzelnen § 74 Abs. 1 S. 2 u. Abs. 6), aber andere Privilegierungen zur Folge hat.

Träger der öffentlichen Jugendhilfe

Die Träger der öffentlichen Jugendhilfe werden durch die Bundesländer für ihren Bereich festgelegt (§ 69 Abs. 1). Diese unterscheiden weiterhin wie früher das SGB VIII zwischen örtlichen und überörtlichen Trägern.[17] Örtliche Träger der Jugendhilfe sind die Landkreise und kreisfreien Städte.[18] Zusätzlich können nach den landesrechtlichen Bestimmungen kreisangehörige Gemeinden zu Trägern der öffentlichen Jugendhilfe bestimmt bzw. zu den Aufgaben der Jugendhilfe herangezogen werden. Soweit Landesrecht nichts Abweichendes regelt, errichten die öffentlichen

---

[14] BT-Drs. 11/5948, S. 52; aA: *Münder*, Soz.Arbeit 1990, 211; *Rummel*, ZfJ 1990, 294.

[15] S. S. 222f.

[16] S. dazu § 75.

[17] Vgl. §§ 1, 3 LKJHG Baden-Württemberg, Art. 15, 24 AGSG Bayern, § 33 AG-KJHG Berlin, §§ 1, 8 AGKJHG Brandenburg, § 1 Abs. 1, 2 AGKJHG Bremen, § 1 AGKJHG Hamburg, §§ 5, 7 Abs. 2 Hessisches KJGB, §§ 1, 8 AGKJHG Mecklenburg-Vorpommern, §§ 1, 9 AGKJHG Niedersachsen, §§ 2, 7 AGKJHG Rheinland-Pfalz, §§ 1, 12 AGKJHG Saarland, §§ 1, 9 LJHG Sachsen, §§ 1, 8 KJHG Sachsen-Anhalt, §§ 47, 49 JuFöG Schleswig-Holstein, §§ 1, 6 KJHAG Thüringen.

[18] S. die in Fn. 17 zitierten Vorschriften.

Organisation Träger je ein aus Verwaltung und Jugendhilfe- bzw. Landesjugendhilfe-Ausschuss bestehendes JA bzw. LJA (vgl. dazu §§ 70, 71).

Begriffe der Praxis In der Jugendhilfepraxis sind auch die Begriffe: *„freie und öffentliche Träger" oder „freie und öffentliche Jugendhilfeträger"* sehr gebräuchlich. Im SGB VIII wurden sie jedoch entgegen der Empfehlung der Fachverbände nicht übernommen.

Verflechtung Die Tätigkeiten der freien und öffentlichen Jugendhilfe stehen nicht beziehungslos nebeneinander, sondern sind traditionell zT eng miteinander verflochten. Das *BVerfG* spricht insoweit von der „gemeinsamen Bemühung von Staat und freien Jugend- und Wohlfahrtsorganisationen".[19]

Zusammenarbeit Die partnerschaftliche Zusammenarbeit der freien und öffentlichen Jugendhilfe (vgl. dazu § 4 Abs. 1 S. 1) findet überwiegend im Jugendhilfeausschuss (§ 71) statt. Sie schafft die Basis für ein plurales Jugendhilfeangebot iSd § 3 Abs. 1 und damit die Voraussetzung für die Ausübung des in § 5 garantierten individuellen Wunsch- und Wahlrechts der Leistungsberechtigten (s. dazu S. 49 ff.).

Bei JuHi-Leistungen überwiegen freie Träger In der Jugendhilfepraxis erbringen die Träger der freien Jugendhilfe den größeren – in weiten Teilbereichen den ganz überwiegenden – Anteil der Jugendhilfeleistungen, insbesondere bei Kindergärten, Heimen sowie im Bereich der Jugendarbeit. Das drückt sich auch in der Zahl der insgesamt in der Jugendhilfe tätigen Personen aus, von denen fast zwei Drittel bei Trägern der freien Jugendhilfe beschäftigt sind[20]. Für das Gebiet der sog. „neuen" Bundesländer gilt das noch in verstärktem Maße.

Bei „anderen Aufgaben" überwiegen öffentliche Träger Ein gewisser Dualismus zwischen freier und öffentlicher Jugendhilfe besteht allerdings nur für den Bereich der sog. „Jugendhilfeleistungen" (vgl. dazu §§ 2 Abs. 2, 3 Abs. 2 S. 1). Denn die sog. „anderen Aufgaben" der Jugendhilfe[21] werden zunächst nur von den öffentlichen Trägern wahrgenommen, es sei denn, diese haben im Rahmen des nach § 76 Abs. 1 möglichen Umfangs die Durchführung dieser Aufgaben an die Träger der freien Jugendhilfe übertragen.

Verpflichtungen treffen nur die öffentl. Träger Leistungsverpflichtungen des SGB VIII richten sich nur an die Träger der öffentlichen Jugendhilfe (vgl. § 3 Abs. 2 S. 2). Die Träger der freien Jugendhilfe können also nie zur Übernahme von Jugendhilfeleistungen gezwungen werden. Das erscheint angesichts der öffentlichen Subventionen und des Subsidiaritätsprinzips problematisch.

2. Subsidiaritätsprinzip

Hintergrund Der – auf die katholische Soziallehre zurückgehende – Subsidiaritätsgrundsatz gebietet das Zurücktreten größerer hinter kleinere Gemeinschaften und einzelne Personen („passive Subsidiarität") sowie deren Unterstützung („aktive Subsidiarität"). **Zweifacher Nachrang** Das Subsidiaritätsprinzip hat im SGB VIII zweifachen Niederschlag gefunden, nämlich in § 1 Abs. 2 (der Art. 6 Abs. 2 GG wörtlich wiedergibt) bezüglich des Vorranges elterlicher Erziehungsverantwortung[22] und in den §§ 4, 74 hinsichtlich des Nachran-

Vorrang elterlicher Erziehung

---

[19] BVerfGE 22, 180 (200).
[20] BT-Drs. 11/5948, S. 48
[21] S. dazu § 2 Abs. 3 sowie die S. 45 f. und 108 ff.
[22] S. dazu S. 46 f. und 267 f.

ges gegenüber freier Jugendhilfe. Letzterer bedeutet für das Jugendhilferecht Folgendes:

Der Träger der öffentlichen Jugendhilfe muss nach Feststellung eines bestimmten Jugendhilfebedarfes zunächst prüfen, ob in seinem Bereich genügend Veranstaltungen, Dienste und Einrichtungen zur Verfügung stehen (§§ 79 Abs. 1, 2, 80 Abs. 1). Müssen diese ausgebaut oder neu geschaffen werden, so hat der Träger der öffentlichen Jugendhilfe deren Ausbau oder Schaffung unter Trägerschaft der freien Jugendhilfe anzuregen und zu fördern (dh vor allem auch finanziell) und von eigenen diesbezüglichen Aktivitäten abzusehen (vgl. §§ 4 Abs. 2, 3, 74 Abs. 1). Wenn jedoch die Anregung nebst Förderungsbereitschaft nicht zum Ziel führen, dann kann und muss der Träger der öffentlichen Jugendhilfe die erforderlichen Jugendhilfeangebote selbst rechtzeitig und ausreichend zur Verfügung stellen. Das ist auch dann der Fall, wenn die freien Träger keine angemessenen Eigenleistungen (dh nicht nur finanzielle, sondern auch personelle, räumliche wie sachliche) erbringen können oder wollen (vgl. dazu § 74 Abs. 1 Nr. 4 u. Abs. 3 S. 2).

Gesamtverantwortung der öffentlichen Jugendhilfe

Wenn geeignete Kinder- und Jugendhilfeangebote der Träger der freien und/oder öffentlichen Jugendhilfe vorhanden sind, besteht jedoch keine Förderungspflicht des JA für weitere Angebote freier Träger. Entsprechendes gilt, wenn der Ausbau öffentlicher Dienste und Einrichtungen erheblich kostengünstiger wäre als der Aufwand für die Förderung neuer Projekte der Träger der freien Jugendhilfe. Noch weniger kann vom Träger der öffentlichen Jugendhilfe verlangt werden, bereits bestehende eigene Angebote zugunsten der Neuschaffung entsprechender Angebote durch Träger der freien Jugendhilfe aufzugeben. Denn das Subsidiaritätsprinzip stellt nicht etwa eine Funktionssperre[23] für das JA dar, sondern ist einerseits Ausdruck der Verpflichtung des Staates, „für eine gerechtere Sozialordnung" zu sorgen, und soll zugleich eine „vernünftige Aufgabenverteilung und eine möglichst wirtschaftliche Verwendung der zur Verfügung stehenden öffentlichen Mittel sicherstellen"[24]. Die Heranziehung der Träger der freien Jugendhilfe zur Erledigung von Jugendhilfeaufgaben liegt also im pflichtgemäßen Ermessen der Träger der öffentlichen Jugendhilfe.

Grenzen der Förderung der freien Jugendhilfe

Keine Funktionssperre für die öffentl. JuHi

Über die Jugendhilfeplanungen (§ 80) sowie über die Förderungen der Träger der freien Jugendhilfe entscheidet der Jugendhilfeausschuss. Es handelt sich selbst bei geringen Summen nie um Aufgaben der laufenden Verwaltung des JA (vgl. § 71 Abs. 2 Nr. 2).

Entscheidend ist der Jugendhilfeausschuss

III. Wunsch- und Wahlrecht

Rechtsgrundlagen

Die Leistungsberechtigten haben grundsätzlich das Recht, zwischen Einrichtungen und Diensten zu wählen (Wahlrecht) und hinsichtlich der Gestaltung der konkreten Jugendhilfe Wünsche zu äußern (Wunschrecht) (§ 5 Abs. 1 S. 1). Für die stationären und teilstationären Hilfeformen der HzE, der Eingliederungshilfe für seelisch behinderte Kinder und Jugendliche und der Hilfe für junge Volljährige außerhalb der eigenen Familie wird das Wunsch- und Wahlrecht in § 36 Abs. 1 S. 3–5 geregelt.

---

[23] *Fieseler/Herborth,* S. 210.

[24] BVerfGE 22, 180 (200).

Generelles Recht der Jugendhilfe-Adressaten

Leistungsberechtigte sind die nach dem SGB VIII Anspruchsberechtigten, die nicht immer identisch sind mit den Leistungsempfängern, wie das insbesondere bei der HzE der Fall ist (denn dort sind gemäß § 27 Abs. 1 Leistungsberechtigte die Personensorgeinhaber[25]).

Wer Leistungsberechtigter ist, ergibt sich aus den einzelnen Normen des SGB VIII. Das Wunsch- und Wahlrecht nach § 36 Abs. 1 steht auch den Kindern und Jugendlichen zu. Beim Wunsch- und Wahlrecht nach § 5 steht ihnen ein Beteiligungsrecht nach § 8 zu.

Hinweispflicht des JA

Das JA muss die Leistungsberechtigten auf ihr Wunsch- und Wahlrecht hinweisen (§§ 5 Abs. 1 S. 2, 36 Abs. 1 S. 3), was die Subjektrolle der Leistungsberechtigten unterstreicht.

Der bloße Hinweis auf das Wunsch- und Wahlrecht ist nicht ausreichend.[26] Der Träger der öffentlichen Jugendhilfe muss umfassend und verständlich über die Leistungsangebote aller Träger und die Inhalte, Methoden und Arbeitsformen informieren. Daneben gelten die allgemeinen Aufklärungs-, Beratungs- und Auskunftspflichten nach den §§ 13–15 SGB I.

Plurales Angebot

Das Wunsch- und Wahlrecht konkretisiert das Individualisierungsprinzip der Kinder- und Jugendhilfe. Hierzu werden die Träger der öffentlichen Jugendhilfe verpflichtet, ein plurales Angebotsspektrum in der Kinder- und Jugendhilfe zu verwirklichen (vgl. § 3 Abs. 1).

Problematik

Richtig verstanden müsste jedes Angebot der Kinder- und Jugendhilfe sowohl von Trägern der freien wie auch der öffentlichen Jugendhilfe erfolgen, was letztere gemäß ihrer Planungs- und Gesamtverantwortung (vgl. §§ 79, 80) zu gewährleisten hätten. Jedoch gerät das Wunsch- und Wahlrecht *zum Subsidiaritätsprinzip* des § 4 Abs. 2 in ein gewisses Spannungsverhältnis mit der Folge, dass es in der Praxis vielfach nur unter dem Gesichtspunkt, ob insgesamt ausreichende Angebote vorhanden sind, und nicht unter dem der *Angebots- und Trägervielfalt* gesehen wird. Die Konsequenz ist dann meist, dass die in den §§ 5 Abs. 1 S. 2, 36 Abs. 1 S. 3 zwingend vorgesehene Verpflichtung, die Leistungsberechtigten auf ihr Wunsch- und Wahlrecht hinzuweisen, fälschlicherweise auch im zuvor genannten Sinn interpretiert wird. Damit die gesetzliche Zielsetzung nicht ins Leere läuft, muss die öffentliche Jugendhilfe aufgrund ihrer Gesamtverantwortung für ein plurales örtliches Angebot sorgen (§ 79).

§§ 5, 36 betrifft nicht Auswahl der Leistung

Das Wunsch- und Wahlrecht der §§ 5, 36 bezieht sich nicht etwa darauf, ob Jugendhilfe zu gewähren ist oder nicht und auf die Auswahl geeigneter Jugendhilfeleistungen. Diese Entscheidungen obliegen vielmehr dem JA. Bei Aufstellung des Hilfeplans sind aber diesbezügliche Vorstellungen der Leistungsberechtigten zu berücksichtigen. § 36a beschränkt daher die Kostentragungspflicht auf vom JA eingeleitete HzE und Eingliederungshilfe, damit das JA nicht als bloße „Zahlstelle“ fungiert. Aus dem Wunsch- und Wahlrecht folgt ferner nicht, dass neue Einrichtungen geschaffen werden müssen.

Mehrkosten als Sperre

Dem Wunsch- und Wahlrecht soll (§ 5 Abs. 2 S. 1) bzw. muss (§ 36 Abs. 1 S. 4) nur entsprochen werden, wenn es nicht „mit *unverhältnismäßigen* Mehrkosten verbunden ist“. Die größte Bedeutung hat die Vorschrift

---

25 S. dazu S. 83.

26 Vgl. LPK-SGB VIII/*Schindler/Elmauer*, § 5, Rn. 7.

bei stationären Jugendhilfeleistungen, insbesondere bei Unterbringungen in Pflegefamilien und Heimen, denn dort können geäußerte Wünsche, die die Auswahl dieser Unterbringungsmöglichkeiten betreffen, kaum aus Kostengründen abgelehnt werden, da sämtliche anderen Einrichtungen erheblich preisgünstiger sind als Heime; bei letzteren könnten allerdings gerade in Ballungsgebieten die näheren erheblich teurer sein als weit entfernt und abseits „auf dem flachen Land" gelegene.

Erfolgsprognose jedoch vorrangig

Bei der Entscheidung darf fiskalischem Denken nicht Vorrang eingeräumt werden. Entscheidend ist der Erfolg der Leistung. Denn bei einer nicht gewollten oder gar aufgezwungenen Jugendhilfeleistung ist deren Erfolglosigkeit meist vorprogrammiert und kostet daher mehr als eine gewünschte, die zunächst vielleicht teurer, dafür aber effektiv ist, somit meist kürzer und im Endeffekt daher billiger ausfallen kann.

Einschränkungen bei Unterbringung in Einrichtungen

Eine weitere Einschränkung des Wunsch- und Wahlrechts enthalten die §§ 5 Abs. 2 S. 2, 36 Abs. 1 S. 4: Wird die Erbringung einer der in § 78a genannten stationären oder teilstationären Jugendhilfeleistung in einer Einrichtung gewählt, mit deren Träger vorab keine Leistungs-, Entgelt- und Qualitätsentwicklungsvereinbarung nach § 78b geschlossen wurde, so soll der Wahl nur entsprochen werden, wenn die Erbringung der Leistung in dieser Einrichtung im Einzelfall oder nach Maßgabe des Hilfeplanes geboten ist (§ 36 Abs. 1 S. 4). Anderenfalls beschränkt sich das Wahlrecht auf Einrichtungen, mit denen Vereinbarungen nach § 78b bestehen.

IV. Beteiligungsrechte Minderjähriger

1. Überwiegend kein Leistungsrecht der Kinder und Jugendlichen

Die Rechtsstellung der Minderjährigen ist im SGB VIII eher als „stark verkümmert" zu bezeichnen. Denn Leistungsberechtigte sind fast ausnahmslos nur deren Personensorgeinhaber (= Eltern, Vormund oder Pfleger) und nicht die Minderjährigen selbst, wie sich zB aus § 27 Abs. 1 für die HzE ergibt. Echte Ausnahmen stellen nur die §§ 18 Abs. 3 S. 1, 24 Abs. 2 S. 1, Abs. 3 S. 1, 35a Abs. 1 S. 1, 42 Abs. 1 S. 1 Nr. 1 dar.

2. Einbeziehung der Minderjährigen; Hinweis auf Verfahrensrecht

Partizipation

Allerdings sind Minderjährige bei allen sie betreffenden Entscheidungsprozessen – ihrem Entwicklungsstand entsprechend – einzubeziehen und in geeigneter Weise auf ihre Rechte im Verwaltungsverfahren sowie in Verfahren vor den Familien- und Verwaltungsgerichten hinzuweisen (§ 8 Abs. 1). Damit wird den in Art. 2 Abs. 1 GG sowie die in den §§ 1 Abs. 1 S. 2 SGB I, § 1626 Abs. 2 BGB, §§ 60, 159 und 164 FamFG enthaltenen Garantien zur Wahrung ihrer freien Persönlichkeitsentfaltung und ihrem Bedürfnis nach Selbstständigkeit und der Berücksichtigung ihrer Bindungen, Neigungen, Eignungen und ihres Willens (ohne altersmäßige Untergrenze) Rechnung getragen. Dabei kommt der Jugendhilfe nicht nur die Aufgabe der Beachtung dieser Rechte und Aufklärung hierüber zu. Vielmehr hat sie die Minderjährigen auch zu befähigen, von diesen ihnen ge-

Aufgabenstellung

setzlich eingeräumten Rechten sinnvoll Gebrauch zu machen und damit zu einer selbstständigen, eigenverantwortlichen und gemeinschaftsfähigen Persönlichkeit heranreifen zu können.

3. Recht, sich an das JA zu wenden

Recht auf Anhörung und Beratung

Minderjährige haben nach § 8 Abs. 2 ausdrücklich das Recht (es war auch zuvor schon ohne gesetzliche Regelung anerkannt), sich in allen Angelegenheiten „der Erziehung und Entwicklung" (diese Formulierung umfasst alle Belange Minderjähriger, stellt also keine Einschränkung dar) an das JA zu wenden.

An freie Träger können sie sich natürlich auch wenden, jedoch sind diese nicht wie das JA gemäß § 3 Abs. 2 S. 2 zu Jugendhilfeleistungen verpflichtet.[27]

Hier wird zum einen die *Subjektstellung Minderjähriger* deutlich und zugleich durch die erhaltenen Informationen die Möglichkeit des JA erweitert, den Minderjährigen und ihren Familien evtl. rechtzeitig geeignete Jugendhilfeangebote machen und damit besser *präventiv wirken* zu können.

So kann das gemäß Art. 6 Abs. 2 GG bestehende staatliche Wächteramt[28] auch besser ausgeübt werden.

Das Recht Minderjähriger auf Anhörung und Beratung läuft allerdings ins Leere, wenn beim JA nicht entsprechende Ressourcen vorhanden sind, wie zB die Diskussionen um Kinder-Büros, Kinder-Beauftragte oder einen Anwalt/Ombudsmann des Kindes zeigen.

Handlungsbefugnisse der Träger der öffentlichen Jugendhilfe lassen sich aus § 8 Abs. 2 nicht ableiten. Die Gewährung der Jugendhilfeleistungen beurteilt sich nach den §§ 11 ff., Tätigwerden zum oder die Inobhutnahme nach den §§ 8a, 42.

Beratung ohne Kenntnis der Personensorgeberechtigten

In Konsequenz ihres Rechts auf Anhörung und Beratung kann eine Beratung Minderjähriger auch ohne Kenntnis ihrer Personensorgeinhaber erfolgen, wenn sie aufgrund einer Konflikt- und Notlage erforderlich ist.

Dies liegt im pflichtgemäßen Ermessen Träger der freien wie öffentlichen Jugendhilfe.

Diskretionsproblematik

und die Information der Personensorgeinhaber den Beratungszweck vereiteln würde (vgl. § 8 Abs. 3). Damit soll dem Umstand Rechnung getragen werden, dass Minderjährige sich meist nur dann einer Beratungsstelle anvertrauen, wenn absolute Vertraulichkeit garantiert ist, sie also sicher sein können, dass ihre Beratungsgespräche niemandem (insbesondere nicht: Schule, Ausbildern, Arbeitgebern, Polizei, aber oftmals auch nicht ihren Eltern oder ihrem Vormund) bekannt werden, ohne dass sie damit ausdrücklich einverstanden sind.

Konflikt- u. Notlagen

In Betracht kommen nicht nur durch elterliches Verhalten bedingte Situationen (zB Aufzwingen einer unerwünschten Ausbildung, rigide Kontaktverbote, Gewalttätigkeiten, sexueller Missbrauch). Es genügt, dass die konkrete Lage (zB drohendes Scheitern der Ausbildung, Alkohol-

---

[27] S. dazu auch S. 48.
[28] S. dazu S. 269.

oder Drogenabhängigkeit, Schwangerschaft) die „geheime" Beratung erforderlich macht.

Beratungsdauer

§ 8 Abs. 3 ermöglicht eine kurzfristige (aber uU auch eine längerfristige) Konfliktberatung, bei der zunächst einmal ohne Konfrontationen mit den meist involvierten Personen oder Stellen (s. oben) nach Lösungen gesucht werden kann, wenn (und solange) durch die Einbeziehung der Personensorgeberechtigten der Beratungszweck vereitelt würde. Dadurch lassen sich in vielen Fällen zumindest Zuspitzungen und damit einhergehende weitere Gefährdungen oder gar Schädigungen evtl. vermeiden.

Sonstige Beteiligungsrechte

Beteiligungsrechte sieht ferner § 36 Abs. 1 vor. In einigen Bundesländern sieht das Kommunalverfassungsrecht politische Beteiligungsrechte vor, zB in Baden-Württemberg in § 41a Gemeindeordnung.

V. Kinderschutz

1. Verpflichtung zu Kinder- und Jugendschutz

Bereits § 1 Abs. 3 Nr. 3 verdeutlicht, dass mit dem Kinder- und Jugendhilferecht der Kinder- und Jugendschutz sichergestellt werden soll. Hiermit wird das staatliche Wächteramt (Art. 6 Abs. 3 GG) – also die Verpflichtung des Staates, darüber zu wachen, dass die Eltern ihr verfassungsrechtlich garantiertes Erziehungsrecht zum Wohl des Kindes/Jugendlichen ausüben – umgesetzt.[29] Der Schutzauftrag wird durch § 8a konkretisiert.

1. Kinderschutz durch das JA

a) Gefährdungseinschätzung und Informationsgewinnung durch das JA

Gewichtige Anhaltspunkte

Werden dem Jugendamt gewichtige Anhaltspunkte für eine Kindeswohlgefährdung bekannt, muss es das Gefährdungspotential abschätzen (§ 8a Abs. 1 S. 1).

Die Anhaltspunkte müssen auf Tatsachen beruhen. Bloße Vermutungen und Wertungen sind nicht ausreichend.

Gewichtig sind die Anhaltspunkte, wenn nicht ausgeschlossen werden kann, dass das Wohl des Kindes gefährdet ist.[30] Feststehen muss die Gefährdung nicht.

Unerheblich ist, welcher Stelle oder welcher Person innerhalb des JA die Anhaltspunkte bekannt werden. Dass die Information unverzüglich an die zuständige Stelle gelangt, muss das Jugendamt durch organisatorische Maßnahmen sicherstellen. Unerheblich ist weiter, in welcher Form (schriftlich, mündlich, telefonisch, elektronisch) die Anhaltspunkte bekannt werden oder ob diese von außen an das JA herangetragen werden oder sich aus der Bearbeitung eines Vorgangs ergeben. Aktiv muss das Jugendamt nicht nach den Anhaltspunkten suchen. Die Anhaltspunkte müssen bei den Dienstgeschäften wahrgenommen werden. Private Wahrnehmungen der Bediensteten des JA sind nicht ausreichend.[31]

Hinweis auf eine Gefährdung des Wohles des Kindes/ Jugendlichen

Die gewichtigen Anhaltspunkte müssen darauf hindeuten, dass eine gegenwärtige oder zumindest unmittelbar bevorstehende Gefahr für die Entwicklung eines Kindes besteht, die, wenn sie fortdauert, mit hoher Wahrscheinlichkeit eine erheb-

---

[29] Vgl. LPK-SGB VIII/*Bringewat*, § 8a, Rn. 13f.
[30] Vgl. LPK-SGB VIII/ *Bringewat*, § 8a, Rn. 41.
[31] Vgl. Möller SGB VIII/*Radewagen*, § 8a, Rn. 7.

liche Schädigung des körperlichen, geistigen oder seelischen Wohls des Kindes zur Folge haben wird, zB sexueller Missbrauch, körperliche Misshandlung und Vernachlässigung.[32]

Gefährdungsabschätzung im Team

Wenn gewichtige Anhaltspunkte vorliegen, müssen mindestens zwei Fachkräfte (§ 8a Abs. 1 S. 1: „mehrerer Fachkräfte") das Gefährdungspotential abschätzen. Wer Fachkraft ist, ergibt sich aus § 72. Welche Fachkräfte hinzugezogen werden, richtet sich nach dem Einzelfall. Erforderlichenfalls können weitere Experten hinzugezogen werden (zB Ärztin, Psychologe). Gehören die Fachkräfte nicht der verantwortlichen Stelle an, müssen die Daten anonymisiert bzw. pseudonymisiert werden (§ 64 Abs. 2), soweit hierdurch die Aufgabenerfüllung nicht beeinträchtigt wird.

Informationsrecht und -pflicht

Liegen keine ausreichenden Informationen vor, muss das JA den Sachverhalt weiter aufklären. Aus datenschutzrechtlichen Gründen dürfen nur erforderliche Informationen erhoben werden. Hierzu gehört auch, ob die Erziehungsberechtigten bereit sind, Hilfen zur Abwendung des Gefährdungsrisikos anzunehmen.

Zunächst Befragung des Betroffenen

Wegen des datenschutzrechtlichen Ersterhebungsgrundsatzes müssen die Informationen grundsätzlich bei den Personensorge-/Erziehungsberechtigten, dem Kind – in kindgerechter Form –, den Jugendlichen) selbst erfolgen (§ 62 Abs. 2 S. 1). Ohne oder gegen deren Willen dürfen Informationen bei Dritten (Nachbarn, Kindergarten, Schule, etc.) erhoben werden, soweit dies zur Erfüllung des Schutzauftrags nach § 8a erforderlich ist (zB weil die Eltern bei der Aufklärung des Sachverhalts nicht mitwirken) oder wenn die Hilfe durch die Datenerhebung gefährdet würde (zB wegen des Verdachts sexuellen Missbrauchs).

Persönlicher Eindruck von Kind und Umgebung

Soweit dies nach fachlicher Einschätzung erforderlich ist, muss sich das JA einen Eindruck von Kind und Umgebung verschaffen (§ 8a Abs. 1 S. 2 Hs. 2). Im Übrigen stehen dem JA die in § 21 SGB X aufgezählten Beweismittel zur Verfügung.

Mitwirkungspflicht der Erziehungsberechtigten

Bei der Aufklärung des Sachverhalts müssen die Erziehungsberechtigten mitwirken, zB den Mitarbeitern des JA das Kind zeigen, wenn dies erforderlich ist. Das Jugendamt hat keine Zwangsmittel, um die Mitwirkung durchzusetzen. Der Gesetzgeber hat bewusst hierauf verzichtet. Ggf. muss das JA aber das FamG einschalten (§ 8a Abs. 2 S. 1). Hierauf sollten die Erziehungsberechtigten hingewiesen werden.

b) Weiteres Vorgehen des JA

Verfahrenseinstellung

Führt die Informationsgewinnung zu dem Ergebnis, dass das Wohl des Kindes nicht gefährdet ist, darf das JA keine weiteren Informationen sammeln.[33]

Hilfeangebot bei Bestätigung der Gefährdung

Wurde die Gefährdung des Kindes-/Jugendlichenwohls bestätigt, müssen wiederum mehrere Fachkräfte über das weitere Vorgehen beraten (§ 8a Abs. 1 S. 1). Das JA muss den Erziehungsberechtigten Hilfe anbieten, soweit sie geeignet und notwendig ist, diese Gefährdung abzuwenden (§ 8a Abs. 1 S. 3). Der Begriff Hilfen in § 8a Abs. 1 S. 3 ist in einem weiten Sinne zu verstehen, der alle Leistungen nach dem SGB VIII umfasst.

---

32 Vgl. Wiesner SGB VIII/*Wiesner*, § 8a, 13a.

33 Vgl. LPK-SGB VIII/*Bringewat*, § 8a, Rn. 28.

Besondere Bedeutung haben in der Praxis vor allem die HzE und die Eingliederungshilfe für Kinder und Jugendliche mit seelischer Behinderung. In das Erziehungsrecht muss und darf nur eingegriffen werden, wenn Hilfen nicht angenommen werden oder nicht erfolgversprechend sind.

Eingriffe in das Erziehungsrecht

Anrufung des FamG

Ist ein Tätigwerden des FamG erforderlich, muss dieses angerufen werden. Das JA hat bei der Entscheidung hierüber einen gerichtlich nur beschränkt überprüfbaren Beurteilungsspielraum.[34] Erforderlich ist das Tätigwerden des FamG, wenn die Erziehungsberechtigten nicht bereit oder in der Lage sind, die Kindes-/Jugendwohlgefährdung abzuwenden oder hieran mitzuwirken. Hält das JA einen Eingriff in das Erziehungsrecht für erforderlich, zB eine Beschränkung des Sorgerechts, so muss es das FamG anrufen. Dies muss es ausreichend begründen. Angerufen werden muss das FamG auch dann, wenn die Erziehungsberechtigten bei der Informationsgewinnung nicht mitwirken (§ 8a Abs. 2 S. 1 Hs. 2).

Datenübermittlung an das FamG

Daten dürfen an das FamG übermittelt werden, wenn ein rechtfertigender Notstand vorliegt (§ 34 StGB), die Voraussetzungen von § 65 vorliegen oder eine sonstige Übermittlungsbefugnis besteht. Wurden die Daten nicht den Mitarbeitern des JAs von den Betroffenen anvertraut, sondern haben sie anderweitig, zB von Dritten diese erfahren, dürfen sie nach § 69 SGB X weitergegeben werden.

Entscheidung des FamG

Das FamG entscheidet nach den §§ 1666, 1666a BGB über sorgerechtliche Maßnahmen (s. dazu S. 321 ff.). Gegenstand der Entscheidung des FamG können außerdem umgangsrechtliche Regelungen sein. Das FamG ist nicht befugt, gegenüber dem JA verbindliche Anordnungen zu treffen (zB zur Gewährung von HzE). Anzustreben ist deshalb eine vorherige Abstimmung der Maßnahmen mit den JA.

Keine Verpflichtung des JA

Beschwerderecht des JA

Bei aus Sicht des JA unzureichender Berücksichtigung des Kindes-/Jugendlichenwohls durch das FamG, kann es Beschwerde einlegen (§ 162 Abs. 3 S. 2 FamFG).

Beispiel: Das FamG ordnet die Herausgabe eines in Obhut genommenen Kindes an, obwohl es nach Auffassung des JA im Haushalt der Eltern einer schwerwiegenden Gefährdung ausgesetzt ist.

Inobhutnahme des Kindes/Jugendlichen

Ist zur Abwendung einer dringenden Gefahr eine Inobhutnahme erforderlich (s. S. 108 ff.) und kann die Entscheidung des FamG nicht abgewartet werden, muss das JA das Kind/den Jugendlichen in Obhut nehmen (§ 8a Abs. 2 S. 2). Da es sich bei dem Verweis auf § 42 um eine Rechtsgrundverweisung handelt, ist die Inobhutnahme nur zulässig, wenn die Voraussetzungen von § 42 Abs. 1 S. 1 erfüllt sind.

Einschaltung anderer Stellen

Ist zur Abwendung der Gefahr das Handeln einer anderen Stelle erforderlich (zB. eine ärztliche Behandlung), muss das JA die Eltern auf die Inanspruchnahme anderer Einrichtungen und Dienste hinweisen (§ 8a Abs. 3). Ggf. muss es diese selbst oder die Polizei einschalten, zB bei einer Inobhutnahme gegen den Willen der Eltern.

2. Kinderschutz durch Träger der freien Jugendhilfe

Vereinbarungen mit freien Trägern

Wegen verfassungsrechtlicher Bedenken hat der Gesetzgeber die Träger der freien Jugendhilfe nicht unmittelbar in den Anwendungsbereich

---

[34] Vgl. FK-SGB VIII/*Meysen*, § 8a, Rn. 37.

von § 8a Abs. 1-3 einbezogen. Das JA muss bei ihnen den Kinder- und Jugendschutz durch Vereinbarungen sicherstellen (§ 8a Abs. 4 S. 1). Diese Begrenzung der Autonomie der Träger der freien Jugendhilfe verstößt nicht gegen das GG. Eine Ablehnung entsprechender Vereinbarungen wird für rechtswidrig gehalten. Bei der Vereinbarung handelt es sich um einen öffentlich-rechtlichen Vertrag.

Mindestinhalt der Vereinbarung

Nach § 8 Abs. 4 S. 1 muss die Vereinbarung zumindest enthalten, dass bei Bekanntwerden gewichtiger Anhaltspunkte für eine Kindes-/Jugendwohlgefährdung die Fachkräfte der Einrichtung bzw. des Dienstes mit einer insoweit erfahrenen Fachkraft – diese muss nicht zwingend der Einrichtung/dem Dienst angehören – die Gefährdung abschätzen; hieran müssen das Kind/der Jugendliche und die Erziehungsberechtigten beteiligt werden. Nach § 8a Abs. 4 S. 2 muss außerdem vereinbart werden, dass die Erziehungsberechtigten motiviert werden, Hilfe in Anspruch zu nehmen und wenn die Gefahr nicht anders abgewendet werden kann, das JA zu informieren (§ 8a Abs. 4 S. 2).

Hinweis auf Hilfen

Information des JA

Zuständiges JA

Welches JA zuständig ist, wird gesetzlich nicht bestimmt. Aufgrund der vergleichbaren Interessenlage ist die Zuständigkeit deshalb nach § 78e zu bestimmen. Zuständig ist damit das JA, in dessen Bereich die Einrichtung ihren Sitz hat bzw. der Dienst seine Aufgaben wahrnimmt.

Gegenseitige Information der Jugendämter

Um zu verhindern, dass ein effektiver Kindesschutz durch Zuständigkeitsregeln behindert wird, verpflichtet § 8a Abs. 5 die Träger der öffentlichen Jugendhilfe, den zuständigen Träger über bekanntgewordene gewichtige Anhaltspunkte für eine Kindeswohlgefährdung zu informieren.

3. Folgen eines Verstoßes gegen den Kinderschutz

Strafrechtliche Konsequenzen

Vereinzelt wurden Bedienstete des JAs bei Verstoß gegen § 8a nach dem StGB bestraft.

Ua verurteilte das AG Medenbach eine Sozialpädagogin zu sechs Monaten Freiheitsstrafe auf Bewährung, weil sie nicht das Erforderliche unternommen hatte, um den Tod eines Kindes und eine schwere Gesundheitsschäden eines weiteren Kindes durch unzureichende Ernährung verhindert hatte.[35]

Zivilrechtliche Konsequenzen

Ferner kommen bei unzureichender Wahrnehmung des Schutzauftrags Schadensersatzansprüche aus Amtspflichtverletzung oder den §§ 823 ff. BGB in Betracht.

4. Weitere Maßnahmen zum Kinderschutz

Hintergrund

Der Kinderschutz nach § 8a kann nur greifen, wenn dem JA oder einem Träger der freien Jugendhilfe Anhaltspunkte für eine Kindeswohlgefährdung bekannt werden. Bleibt die Gefährdung im Verborgenen, greift der Schutz nicht. Um diese Lücken zu schließen, wurden in Landesgesetzen und im Gesetz zur Kooperation und Information im Kinderschutz (KKG) vom 22. Dezember 2011[36] weitere Maßnahmen vorgesehen.

---

[35] AG Medenbach BeckRS 2017, 101665. Zu den strafrechtlichen Konsequenzen s. *Becker/Mörsberger*, JAmt 2018, 178 ff.; *Heghmanns*, JAmt 2018, 230 ff., *Bringewat*, ZKJ 2018, 346 und *Heghmanns*, ZKJ 2018, 407 ff.

[36] BGBl. 2011 I 2975.

Zusätzliche Vorsorgeuntersuchungen

Um frühzeitig Fälle von Kindeswohlgefährdungen im elterlichen Haushalt aufdecken zu können, wurden in den meisten Bundesländern weitere Vorsorgeuntersuchungen der Kinder eingeführt.

Kinderschutz nach dem KKG

In § 1 Abs. 4 KKG sind „Frühe Hilfen" für Eltern vorgesehen (§ 1 Abs. 4 KKG). Die Eltern sollen darüber informiert werden, welche Unterstützungsangebote in ihrem örtlichen Einzugsbereich bestehen. Außerdem soll ihnen ein persönliches Gespräch – wenn sie dies wünschen, in ihrer Wohnung – angeboten werden (§ 2 KKG). In den Ländern werden Netzwerkstrukturen zum Kinderschutz geschaffen (§ 3 KKG). Besondere Bedeutung kommt dabei den Familienhebammen zu (§ 3 Abs. 4 KKG). Schließlich werden in § 4 Abs. 1 KKG aufgezählte Personen (ua Ärzte und Ärztinnen, staatlich anerkannte Sozialarbeiterinnen und Sozialarbeiter und staatlich anerkannte Sozialpädagoginnen und Sozialpädagogen und Lehrerinnen und Lehrer) in den Kinderschutz einbezogen (§ 4 Abs. 1 KKG). Werden ihnen gewichtige Anhaltspunkte für eine Kindeswohlgefährdung bekannt, sollen sie – also müssen im Regelfall – mit den Eltern und dem Kind bzw. der/dem Jugendlichen sprechen und auf die Inanspruchnahme von Hilfe hinwirken. Ist die Abwendung der Gefahr nicht möglich bzw. ist Hilfe erfolglos oder nicht erfolgversprechend, sind sie berechtigt, sich an das JA zu wenden. Sie dürfen insoweit die erforderlichen personenbezogenen Daten übermitteln (§ 4 Abs. 3 KKG).

5. Beschwerdemanagement in Einrichtungen

Ebenfalls dem Kinderschutz dient das Beschwerdemanagement in Einrichtungen der Jugendhilfe (§ 8b Abs. 1). Die Träger dieser Einrichtungen haben gegen den Träger der überörtlichen Jugendhilfe einen Anspruch auf Beratung bei der Entwicklung und Anwendung entsprechender Handlungsleitlinien (§ 8b Abs. 2). Die Träger der Einrichtungen der Jugendhilfe müssen Beschwerden in persönlichen Angelegenheiten ermöglichen (§ 45 Abs. 2 S. 1 Nr. 3).

VI. Achtung der Grundrichtung der Erziehung, Achtung der Selbständigkeit junger Menschen, Gender Mainstreaming

Grundrichtung der Erziehung, Religion

Bei den Leistungen und Aufgaben müssen die von den Eltern vorgegebene Grundrichtung der Erziehung geachtet werden. Hiervon darf nur abgewichen werden, wenn die Grenzen des Erziehungsrechts überschritten werden, zB eine lebensnotwendige Bluttransfusion ablehnen (§ 9 Nr. 1 HS 1). Weiter muss das Recht der Eltern zur religiösen Erziehung geachtet werden (§ 9 Nr. 1 HS 2). Näheres zu diesem regelt das Gesetz über die religiöse Erziehung.

Achtung der Eigenverantwortung

Die Kinder- und Jugendhilfe muss stets die wachsende Fähigkeit und das Bedürfnis der Minderjährigen zu selbstständigem, verantwortungsbewusstem Handeln berücksichtigen (§ 9 Nr. 2 HS 1). Mit der Verpflichtung, die jeweiligen sozialen und kulturellen Interessen und Eigenarten junger Menschen und ihrer Familien zu beachten (§ 9 Nr. 2 HS 2) wird der *Grundsatz der Individualisierung der Kinder- und Jugendhilfe* konkretisiert. Hierbei soll die besondere Situation ausländischer Minderjähriger angemessen berücksichtigt werden.

Gleichberechtigung von Mädchen und Jungen

Ferner muss die Jugendhilfe die unterschiedliche Lebenslage von Mädchen und Jungen beachten, Benachteiligungen abbauen und die *Gleichberechtigung fördern* (§ 9 Nr. 3). Dabei reicht es nicht aus, Mädchen und Jungen den gleichen Zugang zu den einzelnen Jugendhilfeangeboten zu eröffnen. Vielmehr müssen stärker als bisher üblich mädchenspezifische Ansätze in die Jugendhilfearbeit einbezogen werden.

VII. Verhältnis zu anderen Leistungen und Verpflichtungen

Nachranggrundsatz

§ 10 regelt das Verhältnis von Jugendhilfeleistungen zu den Leistungen und Verpflichtungen „Anderer" (dh von Privatpersonen oder anderen öffentlichen Trägern).

1. Vorrang anderer Sozialleistungen

Nach § 10 Abs. 1 S. 1 sind andere Sozialleistungen überwiegend vorrangig. Nachrangig sind grundsätzlich die Leistungen der Grundsicherung für Arbeitsuchende (§ 10 Abs. 3) sowie der Eingliederungshilfe nach dem SGB IX und der Sozialhilfe in § 10 Abs. 4.

Vorrangig sind demgemäß die Leistungen der Kranken-, Pflege-, Unfall- und Rentenversicherung, der Arbeitsförderung, der sozialen Entschädigung (Impfopferentschädigung, Kriminalopferentschädigung) und der sozialen Förderung (Ausbildungsförderung, Kindergeld, Elterngeld, Unterhaltsvorschuss, Wohngeld).

Keine Ablehnung wegen SGB VIII-Leistungen

§ 10 Abs. 1 S. 2 stellt klar, dass auf Rechtsvorschriften beruhende Leistungen „Anderer" nicht deshalb versagt werden dürfen, weil nach dem SGB VIII entsprechende Leistungen vorgesehen sind.

Verhältnis zur Grundsicherung nach dem SGB II

Gegenüber Leistungen nach dem SGB II sind die Leistungen der Kinder- und Jugendhilfe dagegen grundsätzlich vorrangig (§ 10 Abs. 3 S. 1). § 10 Abs. 3 S. 2 schränkt diesen Grundsatz aber bei Leistungen zur Eingliederung junger Menschen in den Arbeitsmarkt (§§ 3 Abs. 2, 14–16 SGB II) stark ein. Die Leistungen der beruflichen Integration junger Menschen, die nach dem SGB II leistungsberechtigt sind, werden nach dem SGB II erbracht, soweit diese mit jenen nach dem SGB VIII kongruent sind. Voraussetzung ist, dass eine Leistungsberechtigung nach dem SGB II besteht. Dies sind erwerbsfähige hilfebedürftige junge Menschen zwischen 15 und 25 Jahren. Nicht leistungsberechtigt sind sie, wenn sie in einer stationären Einrichtung, die für ihren Tagesablauf Verantwortung übernimmt,[37] oder zum Vollzug richterlich angeordneter freiheitsentziehender Maßnahmen untergebracht sind; zu Ausnahmen s. § 7 Abs. 4 S. 3 SGB II. Die genannten Personen können nach dem SGB II Leistungen zur Eingliederung in Arbeit und Ausbildung, psychosoziale Betreuung, Vermittlung in Arbeit und Ausbildung oder in eine Arbeitsgelegenheit erhalten. Leistungskonkurrenzen ergeben sich zunächst zu den arbeitsweltbezogenen Leistungen der Jugendsozialarbeit nach § 13 und zu den sozialpädagogischen Hilfen zur beruflichen Ausbildung und Eingliederung in die Arbeitswelt. Vorrang haben sie insbesondere gegenüber sozialpädagogisch begleiteten Ausbildungs- und Beschäftigungsmaßnahmen (§ 13

---

[37] BSGE 116, 112.

Abs. 1 und 2). Für die Leistungen für eine Unterkunft in sozialpädagogisch betreuten Wohnformen (§ 13 Abs. 3) haben dagegen jene der Kinder- und Jugendhilfe Vorrang. Dies gilt auch für die Schulsozialarbeit und die Hilfen zur schulischen Ausbildung.[38] Leistungen nach dem SGB VIII sind ferner bei jungen Menschen, die das 25. Lebensjahr vollendet haben, und bei ausländischen jungen Menschen, die keine Arbeitserlaubnis haben und diese auch nicht erhalten können, ferner bei jungen Menschen, die nicht erwerbsfähig oder stationär untergebracht sind, zu erbringen.

Verhältnis gegenüber Eingliederungshilfe/ Sozialhilfe

Gegenüber den Leistungen Eingliederungshilfe nach dem SGB IX und der Sozialhilfe nach dem SGB XII sind die Leistungen der Kinder- und Jugendhilfe grundsätzlich vorrangig (§ 10 Abs. 4 S. 1).

Bei körperl. oder geistig Behinderung vorrangig SGB IX-Maßnahmen

Für Minderjährige und junge Volljährige mit körperlicher oder geistiger Behinderung (oder einer drohenden solchen Behinderung) gilt jedoch Folgendes: Für sie kommen vorrangig Eingliederungshilfe des SGB IX und Jugendhilfeleistungen nur ergänzend in Betracht (vgl. § 10 Abs. 4 S. 2 SGB VIII), dh: nur wenn entweder Eingliederungshilfe des SGB IX nicht ausreicht oder konkreter Erziehungsbedarf iSd § 27 (s. dazu S. 84) vorliegt.

Bei seelischer Behinderung vorrangig SGB VIII-Leistungen

Kinder und Jugendliche mit einer seelischen Behinderung haben dagegen einen Anspruch auf Eingliederungshilfe nach dem SGB VIII (§ 35a)[39]. Mit Erlass dieser Vorschrift wurde die äußerst schwierige Abgrenzung von „seelischer Behinderung" und „Gefährdung der seelischen Entwicklung" endlich überwunden. Die *Abgrenzungsprobleme* von „seelischer" und „geistiger" Behinderung bleiben jedoch bestehen (da der Gesetzgeber den Anregungen der Praxis nicht gefolgt ist, alle Leistungen für junge Menschen mit Behinderung der Jugendhilfe zuzuordnen), und nach wie vor ist nicht geregelt, welcher Leistungsträger bei Lern- und Mehrfachbehinderungen zuständig ist. Nach der Rspr. des BVerwG sind die Sozialhilfeträger zuständig, wenn zumindest auch eine körperliche und/oder eine geistige Behinderung vorliegt. Diese Hilfen kommen gemäß § 41 auch für „junge" Volljährige (dh nach § 7 Abs. 1 Nr. 3 noch nicht 27 J. alt) in Betracht.[40]

Frühförderung nach LandesR

Da die Unterscheidung zwischen den einzelnen Behinderungen in der Kleinkindphase besonders schwierig ist, kann Landesrecht Maßnahmen der Frühförderung für Kinder *unabhängig von der Art ihrer Behinderung* anderen Leistungsträgern als denen der Jugendhilfe zuordnen (vgl. § 10 Abs. 2 S. 3). Geschieht das jedoch nicht, so muss hier in jedem Einzelfall die Zuordnung nach der Art der Behinderung erfolgen.

2. Vorrang der Verpflichtungen der Schulen

Vorrang haben ferner die Pflichten der Schulen (§ 10 Abs. 1 S. 1).

Das Verhältnis der Jugendhilfe gegenüber den Schulen war in der jüngeren Vergangenheit insbesondere bei der Frage umstritten, wer für die Kosten eines Integrationshelfers aufkommen muss. Da die Stellung eines solchen in den Schulgesetzen nicht vorgesehen ist, sind diese bei Kindern und Jugendlichen mit seelischer Behinderung über die Jugendhilfe zu finanzieren.

---

[38] Vgl. *Meysen* in: Handbuch KJHR Kap. 2.2 Rn. 39.

[39] Näher unten S. 105 ff.

[40] Näher unten S. 107 f.

3. Vorrang von Unterhaltspflichten

Vorrang von Unterhaltspflichten

§ 10 Abs. 2 regelt die Heranziehung Unterhaltspflichtiger zu den Kosten für Leistungen und vorläufige Maßnahmen des SGB VIII. Einzelheiten bestimmen insoweit die §§ 90–97b.

Zusammenfassung

> Verhaltensauffällige und seelisch behinderte Mdje erhalten stets JuHi, körperlich u. geistig Behinderte vorrangig Sozialhilfe u. nur ergänzend JuHi.
>
> Zuordnungs-Probleme bestehen bei Lern- u. Mehrfach-Behinderungen, Abgrenzungs-Probleme bei Kleinkindern u. zwischen seelischer u. geistiger Behinderung.
>
> In Zweifelsfällen ist wegen des Nachrangs des SGB XII stets JuHi zu leisten.

C. Jugendhilfeleistungen

I. Jugendarbeit

Definitionen

Bei der Jugendarbeit handelt es sich um ein Sozialisationsfeld für junge Menschen, in dem grundsätzlich die Gesamtheit ihrer Lebensbezüge angesprochen wird. Das SGB VIII definiert (wohl deshalb) den Begriff Jugendarbeit nicht, nennt aber in § 11 Abs. 3 ihre Schwerpunkte:

Gesetzliche Schwerpunkte

1. außerschulische Jugendbildung mit allgemeiner, politischer, sozialer, gesundheitlicher, kultureller, naturkundlicher und technischer Bildung,
2. Jugendarbeit in Sport, Spiel und Geselligkeit,
   Die Jugendarbeit soll soziale Umgangsformen vermitteln.[41] Aus der Nennung des Sports in § 11 Abs. 3 Nr. 2 folgt kein genereller Förderanspruch der Sportvereine.[42] Zur Jugendarbeit in Spiel gehört vor allem die Bereitstellung von Spielplätzen[43], zB Abenteuerspielplätze. Einzelheiten werden in den Baugesetzen der Länder geregelt. Geselligkeit meint nicht Maßnahmen, die ausschließlich der Unterhaltung und Entspannung dienen. Auch bei diesen müssen soziale Zielsetzungen verfolgt werden.
3. arbeitswelt-, schul- und familienbezogene Jugendarbeit,
   Die arbeitsweltbezogenen Angebote der Jugendarbeit dienen vor allem der Unterstützung der Berufsfindung und der Berufsausbildung.[44] Arbeitsweltbezogene Angebote gibt es ferner von den Agenturen für Arbeit (zB Berufsorientierung und Berufsorientierungsmaßnahmen). Die schulbezogene Jugendarbeit soll die Lebensräume Schule, Familie und Freizeit miteinander verbinden.[45]
4. internationale Jugendarbeit,
   Die Maßnahmen der internationalen Jugendarbeit sollen das Verständnis der Kinder und Jugendlichen für andere Nationen und Kulturen fördern. Sie umfassen einerseits die Herstellung von Kontakten mit ausländischen Kindern und Jugendlichen durch grenzüberschreitende Austauschprogramme, andererseits mit ausländischen Kindern und Jugendlichen in Deutschland.

---

[41] Vgl. LPK-SGB VIII/*Kunkel/Kepert*, § 11, Rn 17.
[42] Vgl. BayVGH, BayVBl. 1993, 112 (114).
[43] Vgl. Wiesner, SGB VIII/*Struck*, § 11, Rn. 21.
[44] Vgl. jurisPK-SGB VIII/*Schruth*, § 11, Rn. 61.
[45] Vgl. Möller, SGB VIII/*Schürmann*, § 11, Rn. 57.

5. Kinder- und Jugenderholung,
   Mit den Maßnahmen der Kinder- und Jugenderholung sind insbesondere Ferienlager sowie Feriennaherholungsheime gemeint. Mit diesen Maßnahmen soll ermöglicht werden, dass junge Menschen über längere Zeit in einer Gruppe zusammenleben können. Nicht gemeint sind Aufenthalte aus gesundheitlichen Gründen. Leistungsträger für diese Maßnahmen sind die Krankenkassen, die Eingliederungshilfeträger nach dem SGB IX und sonstige Träger der medizinischen Rehabilitation.[46] Auch bloße billige Urlaubsangebote sind keine Maßnahmen iSv Nr. 5.[47]
6. Jugendberatung.
   Die Jugendberatung wurde zunächst durch Jugendberatungsstellen angeboten. In den letzten Jahren wurde verstärkt die ambulante Jugendarbeit praktiziert (Streetwork). Die Jugendberatung wendet sich insbesondere an Kinder und Jugendliche in spezifischen Gefahrensituationen wie Alkohol- oder Drogengefährdung, Kriminalität, berufliche Perspektivlosigkeit.[48]

Keine abschließende Regelung

Diese Aufzählung stellt weder eine abschließende Regelung dar, noch ist damit eine inhaltliche Fixierung oder Vorstrukturierung der Praxis erfolgt. Im Hinblick auf die Vielgestaltigkeit der Jugendarbeit, angesichts des autonomen Betätigungsrechts der hier ganz überwiegend agierenden Träger der freien Jugendhilfe wie auch wegen der weiteren Ausgestaltungsmöglichkeiten durch Landesrecht (vgl. § 15) wäre dies auch gar nicht möglich. Hinzu kommt, dass gerade die Jugendarbeit durch die Vielzahl von Trägern unterschiedlicher Wertorientierungen und die Vielfalt von Inhalten, Methoden und Arbeitsformen geprägt ist (wie dies § 3 Abs. 1 für die Kinder- und Jugendhilfe statuiert), weil sie nur dadurch die Jugend erreichen und damit wirken kann. Das berücksichtigt auch § 11 Abs. 2 S. 1. Er benennt abschließend die Träger der Jugendarbeit, nämlich die Jugendverbände, -gruppen und -initiativen sowie die „anderen" (dh: freien) und die öffentlichen Jugendhilfeträger.

Vielfalt von Trägern, Inhalten, Methoden und Arbeitsformen

Adressatenkreis

Jugendarbeit umfasst die sog. *offene Jugendarbeit* (die sich allgemein an junge Menschen iSd § 7 Abs. 1 Nr. 4 wendet) ebenso wie die *gemeinwesenorientierten* und die nur für Mitglieder der einzelnen Jugendverbände und -gruppen gedachten Angebote (*Verbandsjugendarbeit*) (§ 11 Abs. 2 S. 2). Dabei stellt § 11 Abs. 4 ausdrücklich sicher, dass in alle Angebote auch Personen über 27 Jahre in angemessenem Umfang einbezogen werden können (wie das schon immer Praxis war). Dies ist vor allem bei bildungs-, erholungs-, familienbezogenen, kulturellen und politischen Angeboten sowie bei internationalen Begegnungen bedeutsam. Angemessen meint, dass die über 27jährigen in der Minderzahl bleiben müssen.[49]

Offene Jugendarbeit

Freizeiteinrichtungen

Problematik

Da die offene Jugendarbeit ein wichtiges und zugleich schwieriges Arbeitsfeld darstellt, soll sie exemplarisch näher angesprochen werden. Hier findet Jugendarbeit vor allem im Rahmen von diversen Freizeitangeboten (insbesondere Wochenend- und Ferienfreizeiten) und Freizeiteinrichtungen (Freizeitheimen, Jugendhäusern, Häusern der offenen Tür, Jugendzentren) statt. Letzterer Bereich gehört mit zu den schwierigsten Feldern

---

[46] Vgl. *Wiesner*, SGB VIII/*Struck*, § 11, Rn. 24.
[47] Vgl. LPK-SGB VIII/*Kunkel*/Kepert § 11 Rn. 20.
[48] Vgl. *Wiesner*, SGB VIII/*Struck*, § 11, Rn. 24.
[49] Vgl. *Wabnitz*, Recht der Finanzierung der Jugendarbeit und Jugendsozialarbeit, 2003, Rn. 52.

der Jugendarbeit, weil es infolge der Reizüberflutung durch die Medien (Zeitschriften, TV, Film, Video, PC, Internet etc.) einerseits sowie der kommerziellen Konkurrenz (Discos, Bars, Cafés etc.) andererseits nicht einfach ist, attraktive Angebote seitens der Jugendhilfe zu schaffen. Hinzu kommt, dass hier Mitgestaltung und Mitbestimmung infolge der meist sehr unterschiedlichen Altersstruktur, der dadurch bedingten gegensätzlichen Interessenlage sowie der ständigen Fluktuation des Klientel (aber auch durch den oft bestehenden Interessengegensatz zu den Zielsetzungen der in diesem Bereich Tätigen) fast permanente und nur schwer lösbare Probleme schaffen, deren Bewältigung dann nicht selten alle anderen Aktivitäten überlagert und somit mehr oder minder lähmt. Hauptkonfliktstoffe sind dabei immer wieder die Öffnungszeiten, Alkohol und Gewalt gegen Sachen wie Personen.

Zielsetzung **Prävention**

Ziel der gesamten Jugendarbeit ist, die zur Förderung der Entwicklung junger Menschen erforderlichen Angebote zur Verfügung zu stellen, die ihren Interessen entsprechen. Sie sollen von ihnen mitbestimmt und mitgestaltet werden (Partizipation), um sie zur Selbstbestimmung zu befähigen sowie zu gesellschaftlicher Mitverantwortung und zu sozialem Engagement anzuregen und hinzuführen (§ 11 Abs. 1 S. 2). Angebote, die dies besser gewährleisten, sind daher bevorzugt zu fördern. Diese vom SGB VIII – zu Recht – für die Jugendarbeit als wesentlich herausgestellten Merkmale und Förderungskriterien verdeutlichen deren Funktion als geeignetes Feld sozialen Lernens und gesellschaftlicher wie auch politischer Partizipation. Bedingung hierfür ist eine gute personelle und materielle Ausstattung. Nur dann kann die Jugendarbeit ihre Funktion als eminent wichtiges Präventions-Instrument erfüllen.

Erhebung von Kosten- u. Teilnahmebeiträgen

Für die Inanspruchnahme von Angeboten der Jugendarbeit können Kosten- und Teilnahmebeiträge erhoben werden (§ 90 Abs. 1 S. 1 Nr. 1). Die Teilnahme- oder Kostenbeiträge können auf Antrag ganz oder teilweise erlassen oder vom Träger der öffentlichen Jugendhilfe übernommen werden, wenn die Belastung den Minderjährigen und ihren Eltern oder den jungen Volljährigen nicht zuzumuten ist und die Förderung für die Entwicklung der jungen Menschen erforderlich ist (§ 90 Abs. 2 S. 1, Abs. 4).

II. Förderung der Jugendverbände

Verpflichtungen der öffentlichen Jugendhilfeträger **Förderungsvoraussetzungen** **Zielsetzungen**

Jugendhilfe und ihre Wirksamkeit sind abhängig von ihren Ressourcen. Das gilt in ganz besonderem Maße auch für die Jugendarbeit. Das SGB VIII verpflichtet daher die Träger der öffentlichen Jugendhilfe (dies sind in der Regel die Landkreise und kreisfreien Städte), für die Jugendarbeit einen angemessenen Anteil vom gesamten Jugendhilfeetat zu verwenden (§ 79 Abs. 2 S. 2) sowie die eigenverantwortliche Tätigkeit der Jugendverbände und Jugendgruppen unter Wahrung ihres satzungsmäßigen Eigenlebens und Stärkung ihrer Selbsthilfemöglichkeiten zu fördern, sofern diese die an die Angebote der Jugendarbeit im Einzelfall zu stellenden fachlichen Voraussetzungen erfüllen, die Gewähr für eine zweckentsprechende und wirtschaftliche Verwendung der Mittel bieten, gemeinnützige Ziele verfolgen, angemessene Eigenleistungen erbringen sowie die Gewähr für eine den Zielen des Grundgesetzes förderliche Arbeit bieten (vgl. §§ 4 Abs. 3, 12 Abs. 1, 74 Abs. 1 S. 1). Dabei dürfen jedoch die

Förderungsbedingungen nicht die Autonomie der freien Träger beschneiden (vgl. den Verweis auf § 4 Abs. 1 in § 74 Abs. 2 S. 2). Ein Rechtsanspruch der Kinder/Jugendlichen wird dagegen von der herrschenden Meinung verneint.[50]

Anerkennung der Jugendhilfeträger

Auf Dauer angelegte Förderung setzt außerdem in der Regel die Anerkennung als Träger der freien Jugendhilfe voraus (§ 74 Abs. 1 S. 2). Davon kann bei Jugendgruppen/-initiativen bei Vorliegen der sonstigen, o.a. Förderungsvoraussetzungen abgesehen werden, damit kein Zwang zum Anschluss an einen Verband oder zu vereinsmäßigen Förmlichkeiten entsteht, die der Spontaneität derartiger Gruppierungen, zT aber auch ihrer Lebensfähigkeit abträglich sein könnten.

Überregionale Aktivität

Bei überregionaler Bedeutung (wie internationalen Begegnungen) ist auch die Förderung seitens des Bundes vorgesehen (§ 83 Abs. 1).

Jugendpläne

Im Einzelnen erfolgt die Förderung im Rahmen der *kommunalen und Landesjugendpläne* sowie durch den *Bundesjugendplan* (vgl. dazu §§ 79, 80, 82, 83).

III. Jugendsozialarbeit

1. Sozialpädagogische Hilfen

Zielsetzungen

Jugendsozialarbeit hat zum Ziel, für junge Menschen (dh gemäß § 7 Abs. 1 Nr. 4: für noch nicht 27 Jahre alte Personen), sozialpädagogische Hilfen anzubieten, die ihre schulische und berufliche Ausbildung, ihre Eingliederung in die Arbeitswelt und ihre soziale Integration fördern, sofern diese Personen zum Ausgleich sozialer Benachteiligungen oder zur Überwindung individueller Beeinträchtigungen in erhöhtem Maße auf Unterstützung angewiesen sind (§ 13 Abs. 1).

Soziale Benachteiligungen

Soziale Benachteiligungen liegen vor, wenn diese für bestimmte gesellschaftliche Gruppen oder Gruppen junger Menschen typisch sind.[51] Sie bestehen, wenn eine altersgemäße soziale Integration nicht wenigstens durchschnittlich gelungen ist.[52]

Beispiele: Zum Adressatenkreis der Jugendsozialarbeit zählen ua[53] Jugendliche und junge Menschen ohne Ausbildung bzw. ohne Arbeitsstelle, Schulverweigerer, Jugendliche ohne Schulabschluss, junge Menschen mit Lernproblemen, Abbrecher von Maßnahmen der Arbeitsverwaltung, Ausbildungsabbrecher, Langzeitarbeitslose, Jugendliche mit Sprachproblemen, junge Menschen aus sozialen Brennpunkten, junge Menschen mit Schwierigkeiten bei der Wohnraumbeschaffung und -erhaltung, junge Menschen aus Spätaussiedler- und Ausländerfamilien, besonders benachteiligte Mädchen und Frauen[54].

---

[50] Vgl. LPK-SGB VIII/*Nonninger*, § 11, Rn. 19.

[51] Vgl. FK-SGB VIII/*Schäfer/Weitzmann*, § 13, Rn. 13.

[52] Vgl. *Wabnitz,* Recht der Finanzierung der Jugendarbeit und der Jugendsozialarbeit, 2003, Rn. 90.

[53] Vgl. *Wabnitz*: Recht der Finanzierung der Jugendarbeit und der Jugendsozialarbeit. 2003. Rn. 90.

[54] Vgl. *Münder/Struth* ZfJ 2002, S. 125 (129); aA *Nonninger* in LPK-SGB VIII, § 13, Rn. 14.

Individuelle Beeinträchtigungen

Individuelle Beeinträchtigungen sind alle physischen, psychischen und sonstigen Beeinträchtigungen, die die Entwicklung und Teilhabe von Kindern und Jugendlichen in der Gesellschaft erschweren.[55]

Beispiele: Drogen- und Medikamentenabhängigkeit, Überschuldung, Delinquenz, Behinderung, erhebliche wirtschaftliche Benachteiligung, besondere Lern- und Leistungsschwächen, Verhaltensauffälligkeiten.

In erhöhtem Maße angewiesen

Junge Menschen sind in erhöhtem Maße auf Maßnahmen der Jugendsozialarbeit angewiesen, wenn schulische, ausbildungsbezogene, berufliche oder allgemeine soziale Schwierigkeiten vorliegen, die eine durchschnittliche schulische oder berufliche Qualifikation, die Einmündung in das Arbeitsleben oder die soziale Integration gefährden.[56]

Nachrangigkeit

Die sozialpädagogischen Hilfen nach § 13 Abs. 1 sind gegenüber den Leistungen der meisten anderen Sozialleistungsträger – vor allem der Agenturen für Arbeit – und den Verpflichtungen der Schulen nachrangig (näher hierzu oben S. 58ff.).

2. Ausbildungs- und Beschäftigungsmaßnahmen

Ausbildungs-/ Berufshilfen

Den jungen Menschen können geeignete sozialpädagogisch begleitete Ausbildungs- und Beschäftigungsmaßnahmen, die den Fähigkeiten und dem Entwicklungsstand der jungen Menschen Rechnung tragen, angeboten werden (§ 13 Abs. 2). Voraussetzung ist, dass ihre Ausbildung nicht durch Maßnahmen und Programme anderer Träger und Organisationen (insbesondere der Schul- und Arbeitsverwaltung, aber auch der betrieblichen und außerbetrieblichen Träger) sichergestellt wird (§ 13 Abs. 2). Wegen des Vorrangs der Eingliederungsmaßnahmen nach dem SGB II kann die Jugendhilfe nur denjenigen eigene Ausbildungs- und Beschäftigungsmaßnahmen anbieten, die keinen betrieblichen Ausbildungs- oder Beschäftigungsplatz finden. Denn primäre Aufgabe der Jugendhilfe ist es, sozialpädagogische Hilfen anzubieten (§ 13 Abs. 1).

Vernetzung

Angebote

Daher kommt hier vor allem eine Zusammenarbeit der Jugendhilfe mit den anderen Trägern von Ausbildungs- und Beschäftigungsprogrammen (oder eine Begleitung derselben) in Betracht, mit denen ohnehin die Angebote der Jugendsozialarbeit vorher abgestimmt werden sollen (§ 13 Abs. 4).

3. Sozialpädagogisch begleitete Wohnformen

Gewährung von Unterkunft

Während der Teilnahme an schulischen oder beruflichen Bildungsmaßnahmen oder bei Berufseingliederungshilfen der Jugendhilfe kann den jungen Menschen auch Unterkunft in sozialpädagogisch begleiteten Wohnformen angeboten werden (§ 13 Abs. 3 S. 1). Vorrang haben zB die Leistungen nach den §§ 62 Abs. 3, 63 SGB III (§ 10 Abs. 1 S. 1). Die Leistung nach § 22 SGB II ist dagegen nachrangig (§ 10 Abs. 3 S. 1).

Unterhalt Krankenhilfe

In diesen Fällen sollen auch der notwendige Unterhalt sichergestellt sowie Krankenhilfe nach Maßgabe des § 40 geleistet werden (§ 13 Abs. 3 S. 2), wenn keine Leistungen aus der gesetzlichen Krankenversicherung beansprucht werden können, was aber die Regel ist.

---

55 Vgl. jurisPK-SGB VIII/*Schruth*, § 11, Rn. 51.

56 Vgl. LPK-SGB VIII/*Nonninger*, § 13, Rn. 16.

§ 13 Abs. 3 ist die Rechtsgrundlage für die Förderung von Jugendwohnheimen sowie von Wohn-, Ausbildungs- und Beschäftigungs-Projekten der Jugendhilfe. S. zur Förderung der Jugendwohnheime auch § 80a SGB III. **Wohnheime Projekte**

4. Abgrenzung zu anderen Formen der Kinder- und Jugendhilfe

Abgrenzungsprobleme können zur Jugendarbeit (vgl. § 11 Abs. 2 Nr. 3) sowie zur HzE (vgl. § 27 Abs. 3 S. 2) entstehen. Ersteres spielt für die Träger der Jugendhilfe nur intern eine Rolle. Der Unterschied zur HzE besteht darin, dass die Jugendsozialarbeit auch allgemeine Angebote vorsieht, während eine HzE ausschließlich einzelfallbezogen und nur dann in Betracht kommt, wenn wegen eines konkreten Erziehungsbedarfs die HzE erforderlich ist (vgl. § 27 Abs. 1 sowie S. 84).

5. Zuständigkeit

Zuständigkeit des LJA

Im Bereich der Jugendsozialarbeit ist auch das LJA für die Anregung und Förderung von überregionalen Einrichtungen, die eine Schul- oder Berufsausbildung anbieten, zuständig (vgl. § 85 Abs. 2 Nr. 3 HS 2).

6. Kostenbeiträge

Kostenbeträge nur bei § 13 Abs. 3

Die Jugendsozialarbeit nach § 13 ist grundsätzlich kostenfrei. Ausnahme: Bei Unterbringungen gemäß § 13 Abs. 3 haben die jungen Volljährigen selbst und bei Minderjährigen diese nebst ihren Eltern aufgrund entsprechender Leistungsbescheide der Jugendämter zu den Kosten beizutragen (vgl. §§ 91 Abs. 1 Nr. 1, 92 Abs. 1 Nr. 1, Abs. 2). Die Höhe des Kostenbeitrags ergibt sich aus den §§ 93, 94. Von einem Kostenbeitrag der Eltern ist immer abzusehen, wenn Minderjährige schwanger sind *oder* ein leibliches Kind unter sechs Jahren betreuen (§ 93 Abs. 4 S. 2). Von einem Kostenbeitrag soll im Einzelfall teilweise oder ganz abgesehen werden, wenn sonst Ziel und Zweck der Leistung gefährdet würden oder sich eine besondere Härte ergäbe oder anzunehmen ist, der damit verbundene Verwaltungsaufwand stehe in keinem angemessenen Verhältnis zum Kostenbeitrag (§ 92 Abs. 6). **Ausnahmen**

IV. Erzieherischer Kinder- und Jugendschutz

Aufgabenhintergrund

Junge Menschen sind vielfältigen Gefahren ausgesetzt:

exzessivem Medienkonsum, Spielsucht an Automaten, Cliquen-Bildung mit Gewaltausübung, häufig wechselnden sexuellen Kontakte, übermäßigem Alkoholgenuss, Konsum von Drogen aller Art.

Zielsetzungen

Die hiervon ausgehenden Gefährdungen stellen für die gesamte Kinder- und Jugendhilfe eine Herausforderung dar, der sie nicht nur repressiv durch die Kontrolle der gesetzlichen Jugendschutzbestimmungen (s. dazu unten), sondern vor allem offensiv begegnen muss durch entsprechende präventive, erzieherische Angebote, die über eine Aufklärung und Beratung hinausgehen. Hier sind im Sinne der *Einmischungsstrategie* der Jugendhilfe ua alternative Angebote für die Jugend zu entwickeln (dh: Ausbau der Jugendarbeit) sowie auf die Konzessionsvergabepraxis der Kommunen an kommerzielle Betreiber problematischer Freizeitangebote Einfluss zu neh-

Vernetzung

men. Des Weiteren ist vor allem Aufklärungs- und Zusammenarbeit mit allen anzustreben, die „mit der Jugend zu tun haben", dh mit Vereinen, Ausbildern, Arbeitgebern, Industrie- und Handwerkskammern, Schulen, Gast- wie Vergnügungsstätten aller Art sowie mit anderen Behörden (von Gewerbeaufsichtsämtern über Polizei bis hin zur Staatsanwaltschaft). Denn nur durch eine solche Vernetzung kann Jugendschutz wirksam werden.

Spezieller Jugendschutz des SGB VIII

Weitere Jugendschutzaufgaben nach anderen Gesetzen

Durch die Bezeichnung „erzieherisch" in § 14 soll zum Ausdruck kommen, dass dieser Bereich der Jugendhilfe nicht identisch ist mit den anderen Jugendschutzaufgaben nach dem Jugendschutzgesetz, dem Staatsvertrag über den Schutz der Menschenwürde und den Jugendschutz in Rundfunk und Telemedien (Jugendmedienschutz-Staatsvertrag – JMStV), dem Jugendarbeitsschutzgesetz und der Jugendarbeitsschutzverordnung. Diese sind oben im Kapitel „Rechtliche Bedeutung der Altersstufen" zusammengestellt (s. S. 1).

V. Förderung der Erziehung in der Familie

1. Allgemeine Förderung

Adressatenkreis

Zielsetzung

Leistungen zur allgemeinen Förderung der Erziehung in der Familie wenden sich gleichermaßen an Eltern und andere Erziehungsberechtigte (Vormund, Pfleger) wie an die jungen Menschen selbst (§ 16 Abs. 1 S. 1) und sollen dazu beitragen, dass die Familie ihre Erziehungsverantwortung besser wahrnehmen und Konfliktsituationen gewaltfrei lösen kann (§ 16 Abs. 1 S. 2). Die Träger der öffentlichen Jugendhilfe sind verpflichtet, entsprechende Angebote zur Verfügung zu stellen. Hieraus ergibt sich nach hM aber kein Rechtsanspruch.

Kein Rechtsanspruch
Kein abschließender Katalog

Dazu nennt § 16 Abs. 2 in einem nicht abschließenden („insbesondere") Katalog für diesen Bereich besonders wichtig erscheinende Jugendhilfeangebote:

1. Familienbildung, die zur Aktivierung der Mitarbeit in Kindergärten, Horten, Pflegestellen, Mütterzentren sowie anderen Selbst- und Nachbarschaftshilfen besser befähigt sowie junge Menschen auf Partnerschaft, Ehe und das Zusammenleben mit Kindern vorbereitet,
   Die Angebote der Familienbildung sollen die Erziehenden zur Erziehung befähigen, eine Professionalisierung wird nicht angestrebt. Zu den Angeboten der Familienbildung zählen ua Seminare (zB Kommunikationstraining), Gesprächskreise (Eltern-Kind-Gruppen), Kurse (Kochen, Nähen, Säuglingskurse) und Elternbriefe.

2. Beratung in allgemeinen Fragen der Erziehung und Entwicklung junger Menschen,
   Die Familienberatung nach § 16 Abs. 2 Nr. 2 setzt im Gegensatz zur Beratung nach § 28 keinen Erziehungsbedarf voraus und ist nicht auf den Einzelfall ausgerichtet („allgemeinen").[57] Die Familienberatung erfolgt bei einem konkreten Anlass. Beraten werden die in § 16 Abs. 1 S. 1 genannten Personen.

3. Familienfreizeit und -erholung, insbesondere in belastenden Familiensituationen, die bei Bedarf die erzieherische Betreuung der Kinder einschließen.

---

[57] Vgl. FK-SGB VIII/*Tammen*, § 16, Rn. 9.

Die Angebote der Familienfreizeit und Familienerholung (§ 16 Abs. 2 Nr. 3) sollen den Erziehungsberechtigten dabei helfen, außerhalb des familiären Konfliktfeldes unter professioneller Hilfestellung nach Lösungsmöglichkeiten zu suchen. „Belastende Familiensituationen" iSd Vorschrift sind zB Trennung, Scheidung, Situationen Alleinerziehender, Leben in Arbeitslosigkeit, Obdachlosigkeit"[58]. Belastende Situationen können ferner in kinderreichen Familien, Familien aus sozialen Brennpunkten und Familien mit kranken oder behinderten Kindern vorliegen.[59] Das Vorliegen einer belastenden Situation ist aber nicht zwingend erforderlich („insbesondere"). Zu den Leistungen nach § 16 Abs. 2 Nr. 3 SGB VIII gehören ua kostengünstige Angebote für Urlaub und Wochenendfreizeiten. Die Leistung nach § 16 Abs. 2 Nr. 3 SGB VIII beinhaltet auch die Kinderbetreuung. Die Betreuung Jugendlicher ist gesetzlich nicht vorgesehen, aber möglich und sinnvoll.[60]

Zuständigkeit

Zuständig für die Leistung ist das JA (§ 85 Abs. 1), in dessen Bereich die Eltern ihren gewöhnlichen Aufenthalt haben (§ 86 Abs. 1; zu abweichender örtlicher Zuständigkeit s. § 86 Abs. 2-5).

Leistungserbringer

Aber Pflichtaufgabe der öffentlichen Jugendhilfe-Träger

Die Träger der öffentlichen Jugendhilfe sind verpflichtet, ein bedarfsgerechtes Angebot zu gewährleisten (sog. Gewährleistungspflicht; § 79 Abs. 2). Erbracht werden die Familienhilfen weitgehend von den Trägern der freien Jugendhilfe. Den kommunalen Jugendhilfeträgern kommt hier infolge des Subsidiaritätsprinzips (s. dazu S. 48ff.) vor allem die Förderungs- und Finanzierungspflicht gegenüber den freien Trägern zu; die Letztverantwortung liegt bei den Kommunen (§§ 4, 74, 79).

Regelung von Inhalt und Umfang durch Landesrecht

Um den unterschiedlichen Finanzierungsmöglichkeiten der einzelnen Bundesländer Rechnung zu tragen, kann das Landesrecht das Nähere über Inhalt und Umfang dieser Jugendhilfeaufgaben regeln (§ 16 Abs. 3).

Kostenbeteiligung

Die allgemeinen Beratungsangebote nach § 16 Abs. 2 Nr. 2 sind *kostenfrei*; ansonsten können (unter Berücksichtigung der unterschiedlichen Leistungsfähigkeit) abgestufte Teilnahme- oder Kostenbeiträge festgesetzt werden (vgl. § 90 Abs. 1 S. 1 Nr. 2). Diese können auf Antrag teilweise oder ganz erlassen (oder vom Träger der öffentlichen Jugendhilfe übernommen) werden, wenn die Belastung den Minderjährigen und ihren Eltern oder den jungen Menschen (§ 7 Nr. 4) nicht zumutbar ist (soweit nicht das jeweilige Landesrecht eine andere Regelung trifft, richtet sich das nach den §§ 82–85, 87, 88 SGB XII) und die Förderung für die Entwicklung der Minderjährigen oder der jungen Menschen erforderlich ist (vgl. § 90 Abs. 2).

2. Partnerschafts-, Trennungs- und Scheidungsberatung

Adressatenkreis

§ 17 Abs. 1 S. 1 gibt Müttern und Vätern mit Sorgerecht oder die tatsächlich für ein Kind sorgen, einen Anspruch auf Beratung in Fragen der Partnerschaft, Trennung und Scheidung. Hiermit sollen nachteilige Auswirkungen von Partnerschaftskonflikten auf Kinder begrenzt werden. § 17 Abs. 1 S. 1 nennt als Leistungsberechtigte nur Mütter und Väter (und zwar unabhängig von ihrer Sorgeberechtigung) und gewährt ihnen einen (einklagbaren) Rechtsanspruch auf Beratung. Diese Jugendhilfeleistung

---

[58] Vgl. *Münder/Trenczek*, Familien- und Jugendhilferecht, Rn. 281.

[59] Vgl. *Wiesner*, SGBVIII/*Struck*, § 16, Rn. 23.

[60] Vgl. LPK-SGB VIII/ *Kunkel/Pattar*, § 16, Rn. 24 gehen davon aus, dass der Wortlaut die Betreuung Jugendlicher erfasst.

umfasst jedoch auch die Beratung junger Menschen, die Probleme oder Konflikte beim Zusammenleben mit ihren Eltern (oder deren Partnern) haben oder die selbst zu einem partnerschaftlichen Zusammenleben finden wollen (vielleicht unter Ablösung von ihren Eltern).

Beratungsanspruch

Die Berechtigten haben einen Anspruch auf die Beratung. Diesen können sie Leistungsklage geltend machen, was aber aufgrund der Dauer dieser Verfahren in der Praxis keine Bedeutung hat. Beratung bedeutet, dass mit den Ratsuchenden die Situation erörtert wird. Die Beratung umfasst auch rechtliche Inhalte, soweit das RDG dies zulässt.

Zielsetzungen

Zunächst sollen diese Beratungsangebote bei den Eltern die Bereitschaft wecken bzw. ggfs. stärken, ein partnerschaftliches Zusammenleben in der Familie aufzubauen, evtl. bestehende Konflikte und Krisen zu bewältigen und ihre Partnerschaft und/oder Lebensgemeinschaft fortzuführen (vgl. § 17 Abs. 1 S. 2 Nr. 1 und 2). Falls dies nicht möglich ist, soll die Jugendhilfe versuchen, dann wenigstens für den Trennungs- oder Scheidungsfall Bedingungen dafür zu schaffen, dass die Eltern sich weiterhin für ihre Kinder verantwortlich fühlen und ihre elterlichen Aufgaben erfüllen (§ 17 Abs. 1 S. 2 Nr. 3).

Gemeinsames Sorgekonzept

Dafür bietet ein gemeinsam erarbeitetes, einvernehmliches Konzept, das dann auch als Grundlage für eine Entscheidung des FamG dienen kann, noch am ehesten günstige Voraussetzungen. Deshalb wird das JA in § 17 Abs. 2 verpflichtet, die Eltern bei der Entwicklung eines solchen Sorgekonzepts zu unterstützen. Hierzu muss zunächst das Interesse der Eltern (wie auch das ihrer Anwälte) an der Entwicklung eines solchen Konzepts geweckt und dann auch hierbei fachliche Hilfestellung durch die Jugendhilfe geleistet werden, damit bei der Einigung der Erwachsenen das Kindeswohl nicht „verloren geht".

Kindeswohl beachten

Gerichtliche Regelung der elterlichen Sorge nur noch auf Antrag

Über das Sorgerecht entscheidet das FamG im Scheidungsverfahren nur auf Antrag eines Elternteils (§ 1671 BGB). Ansonsten bleibt es bei der vor der Scheidung bestehenden Sorgerechtslage – also häufig beim gemeinsamen Sorgerecht. Der Gesetzgeber wollte die Autonomie der Eltern durch Abbau von staatlichen Reglementierungen stärken[61] sowie dem Umstand besser Rechnung tragen, dass trotz Auflösung der Ehe die Elternverantwortung bestehen bleibt. Denn es wird ja nur die Partnerschaft, nicht jedoch die Elternschaft beendet (s. dazu auch S. 226 f.).

Partnerschaft endet, Elternschaft aber nicht

FamG muss dem JA Scheidungsverfahren melden

Um sicherzustellen, dass die Betroffenen mit der Entscheidung über die künftige Wahrnehmung der elterlichen Verantwortung nicht „allein gelassen" werden, sondern ihren Anspruch auf Beratung möglichst frühzeitig geltend machen können, muss das FamG das JA von Scheidungsverfahren benachrichtigen, wenn gemeinschaftliche minderjährige Kinder vorhanden sind (§ 17 Abs. 3), damit die Betroffenen rechtzeitig über das Leistungsangebot der Jugendhilfe zur Entwicklung eines einvernehmlichen Konzeptes zur Wahrnehmung der elterlichen Sorge informiert werden.[62]

Problematik

Die Autonomie der Eltern derart zu bekräftigen bedeutet, darauf zu setzen, dass bei ihnen generell ausreichendes Verantwortungsbewusstsein vorhanden und keine Hilfe von außen nötig ist. Davon kann jedoch – quer durch alle sozialen Schichten – nicht bei allen Eltern ausgegangen

---

[61] Vgl. BT-Drs. 13/4899, S. 63.

[62] BT-Drs. 13/8511, S. 66.

werden. Viele sind vielmehr mit der Regelung der Ausübung der elterlichen Sorge nach ihrer Scheidung enorm belastet oder auch überfordert, so dass die Belange der Kinder allzu leicht ins Hintertreffen geraten. Dies gilt besonders dann, wenn die Eltern sehr in ihre eigene Auseinandersetzung verstrickt sind. In diesen Konstellationen ist daher zu befürchten, dass die Eltern gerade dann fachliche Besprechung und Beratung scheuen, daher weder JA noch FamG von bestehenden Problemen Kenntnis erlangen und somit trotz vorhandenem Bedarf keine Hilfe erfolgt. Dieser Reformbereich war heftig umstritten.[63]

Beteiligung des Kindes

In alle Beratungen sind die Kinder entsprechend ihrem Entwicklungsstand einzubeziehen (vgl. §§ 8 Abs. 1 S. 1, 17 Abs. 2).

Zuständigkeit

Zuständig für die Leistung nach § 17 ist das JA (§ 85 Abs. 1), in dessen Bereich die Eltern ihren gewöhnlichen Aufenthalt haben (§ 86 Abs. 1 S. 1; zu abweichender örtlicher Zuständigkeit s. § 86 Abs. 2-5).

Abgrenzung

Überschneidungen scheinen sich mit der Erziehungsberatung gemäß § 28 S. 1 HS 2 zu ergeben. Der Unterschied liegt jedoch darin, dass bei der Erziehungsberatung die Voraussetzungen des § 27 Abs. 1 (s. dazu S. 85 f.) erfüllt sein müssen, insbesondere muss ein Erziehungsbedarf bestehen.[64]

Leistungserbringung

Die Träger der öffentlichen Jugendhilfe sind verpflichtet, ein bedarfsgerechtes Angebot zu gewährleisten (sog. Gewährleistungspflicht; § 79 Abs. 2). Erbracht werden die Partnerschafts- und Trennungsberatung weitgehend von den Trägern der freien Jugendhilfe. Den Trägern der öffentlichen kommt infolge des Subsidiaritätsprinzips (s. dazu S. 48 f.) vor allem die Förderungs- und Finanzierungspflicht gegenüber den Trägern der freien Jugendhilfe zu; die Letztverantwortung liegt jedoch bei den Trägern der öffentlichen Jugendhilfe (§§ 4, 74, 79).

Aber Pflichtaufgabe der öffentlichen Jugendhilfe-Träger

Kostenfreiheit

Die Leistung nach § 17 ist *kostenlos* (vgl. §§ 90, 91).

Folgen von Beratungsfehlern

Bei unterbliebener oder fehlerhafter Beratung kommt bei den Trägern der öffentlichen Jugendhilfe ein Amtshaftungsanspruch (§ 839 BGB iVm Art. 34 GG) in Betracht.

3. Beratung und Unterstützung Alleinerziehender und Umgangsberechtigter

a) Beratung und Unterstützung bei der Personensorge und bei Unterhalt

Anspruchsberechtigte

Anspruchsberechtigte der Beratung und Unterstützung nach § 18 Abs. 1 Nr. 1 sind Mütter und Väter, die allein für ein Kind oder einen Jugendlichen sorgen oder zu sorgen haben.

Rechtsanspruch

Auf die Beratung nach § 18 Abs. 1 Nr. 1 besteht ein Rechtsanspruch. Dieser kann bei Ablehnung mit Klage verfolgt werden. Dies hat wegen der langen Verfahrensdauer in der Praxis indessen keine Bedeutung.

Leistungsinhalt

Gegenstände der Beratung und Unterstützung nach § 18 Abs. 1 Nr. 1 sind sämtliche Angelegenheiten der Personensorge, also vor allem Er-

[63] S. dazu GK-SGB VIII/*Schleicher*, § 17, Rn. 16.

[64] Zu Überschneidungen von Ehe- und Familienberatungsstellen, die auch Partnerschafts-, Ehe-, Trennungs- und Scheidungsberatungen anbieten: GK-SGB VIII/*Schleicher*, § 17, Rn. 30.

ziehungsfragen, Aufenthaltsbestimmung etc., außerdem die Geltendmachung von bürgerlich-rechtlichen Unterhaltsansprüchen und Unterhaltsersatzansprüchen des Kindes oder Jugendlichen. Sie umfassen fast alle Formen der tatsächlichen wie rechtlichen Beratung und Unterstützung[65], also nicht nur Information und Aufklärung über bestehende Ansprüche, sondern auch Motivierung oder Bestärkung, diese geltend zu machen, Hinweise auf Möglichkeiten kostenloser Rechtsberatung, Hilfe bei der Abfassung von entsprechenden Schreiben (zB Zahlungsaufforderungen) und Anträgen (zB auf Verfahrenskostenhilfe) bis hin zur Hilfe beim Erstellen einer Klageschrift.

Keine Vertretung

Diese Jugendhilfe-Leistungen beinhalten aber keine gesetzliche Vertretung[66] (das ist nur der Fall, wenn das JA Unterhalts-Beistand oder Unterhalts-Pfleger ist) oder gar die gerichtliche Durchsetzung dieser Ansprüche durch das JA.[67] Denn das wäre keine außergerichtliche Rechtsdienstleistung mehr, die von Behörden im Rahmen ihrer Zuständigkeit ausgeübt wird", wie das nach § 8 Abs. 1 Nr. 2 RDG erforderlich wäre. Außerdem ist nach unserem Prozessrecht nur die Bevollmächtigung natürlicher Personen, aber nicht die von Behörden möglich (§ 52 ZPO).

Keine finanzielle Hilfe

Die Leistung umfasst keine finanziellen Hilfen, insbesondere keine Erstattung von Kosten und Auslagen, Verfahrenskostenvorschüsse oder gar Unterhaltsersatzleistungen (s. dazu oben).

Folgen fehlerhafter Beratung

Bei unterbliebener oder fehlerhafter Beratung oder Unterstützung kommt bei öffentlichen Trägern der Jugendhilfe ein Anspruch aus Amtshaftung in Betracht (§ 839 BGB i.V.m. Art. 34 GG).

b) Für mit dem Vater des Kindes nicht verheiratete Mütter

Beratung, Unterstützung bei Unterh.-Ansprüchen gegen den Vater

besteht nach § 18 Abs. 1 Nr. 2 ein *einklagbares Recht* auf Beratung und Unterstützung bei der Geltendmachung der ihnen gegenüber dem Vater des Kindes zustehenden Ansprüche. Es handelt sich dabei um folgende Ansprüche:

Entbindungskosten

– den Ersatz der ihr *eventuell* entstandenen *Entbindungskosten* sowie weiterer ihr dadurch erwachsenen Aufwendungen nach § 1615l Abs. 1 Satz 2 BGB (diese Kosten werden allerdings bei den meisten Müttern nach den §§ 24c ff. SGB V von den Krankenkassen getragen),

Unterhaltsansprüche

– Unterhaltsansprüche nach § 1615l Abs. 1 S. 1 BGB für sechs Wochen *vor* und acht Wochen *nach* der Geburt in der sog. gesetzlichen Mutterschutz-Zeit (vgl. §§ 3 Abs. 2, 6 Abs. 1 *Mutterschutzgesetz*),
– Unterhaltsansprüche bei schwangerschaftsbedingtem Ausfall in der Erwerbstätigkeit frühestens vier Monate vor und – im Regelfall – längstens drei Jahre nach der Entbindung – bei grober Unbilligkeit (insbesondere im Hinblick auf die Kindesbelange, wie zB schwere Erkrankung oder Behinderung) jedoch auch zeitlich unbegrenzt darüber hinaus (vgl. § 1615l Abs. 2 S. 1 und 3 BGB),

Unterhaltsansprüche

– Unterhaltsansprüche, wenn wegen Pflege oder Erziehung des Kindes keine Erwerbstätigkeit erwartet werden kann – zur Anspruchsdauer

---

[65] Zur Auslegung des Begriffs GK-SGB VIII/*Schleicher*, § 18, Rn. 30 und § 50, Rn. 44.

[66] Ebenso *Wiesner*, SGB VIII/*Struck*, § 18, Rn. 8.

[67] DIV-Gutachten, DAVorm. 1992, 51; *Oberloskamp*, DAVorm. 1997, 65 ff.

gelten vorstehende Ausführungen entsprechend (vgl. § 1615l Abs. 2 S. 2 und 3 BGB).

Vaterschaftsfeststellung erforderlich

Sämtliche vorgenannten Ansprüche sind zwar davon abhängig, dass die Vaterschaft festgestellt wurde. Zuvor können jedoch schon Vorbereitungen für die Geltendmachung dieser Ansprüche getroffen werden, wenn die Mutter bereit ist, an der Vaterschaftsfeststellung mitzuwirken.

Inhalt

Beratung und Unterstützung beinhaltet, die Mütter über Ansprüche nach § 1615l BGB und deren Umfang zu informieren, sie bei deren Geltendmachung zu bestärken sowie ihr bei entsprechenden Schriftsätzen behilflich zu sein oder diese auch zu entwerfen. Dazu gehört jedoch nicht die gerichtliche Durchsetzung dieser Ansprüche (s. dazu S. 70). Die Vorschrift gewährt keine finanziellen Hilfen, insbesondere keine Erstattung von Kosten und Auslagen, Verfahrenskostenvorschüsse oder gar Unterhaltsersatzleistungen.

Keine Vertretung und keine finanzielle Hilfe

Vätern steht der Anspruch zu, wenn sie nach § 1615l Abs. 4 BGB unterhaltsberechtigt sind.

c) Beratung über die Abgabe einer Sorgeerklärung

§ 18 Abs. 2 räumt Müttern und Vätern, die mit dem anderen Elternteil nicht verheiratet sind, einen Anspruch auf Beratung über die Abgabe der Sorgeerklärung und der Möglichkeit der gerichtlichen Übertragung der gemeinsamen Sorge ein.

Beratung und Unterstützung der Mütter

Außerdem ist das JA gemäß § 52a Abs. 1 verpflichtet, sobald es von der Geburt eines Kindes nicht verheirateter Eltern durch das Standesamt informiert wurde oder anderweitig davon Kenntnis erlangt hat, der Mutter unverzüglich vor allem bei der Vaterschafts-Feststellung und der Geltendmachung von Unterhalts-Ansprüchen des Kindes Beratung und Unterstützung anzubieten. Hierbei hat das JA hinzuweisen auf:

- die Bedeutung der Vaterschaftsfeststellung, **Vaterschaftsfeststellung**
- die Möglichkeiten, wie die Vaterschaft festgestellt werden kann, insbesondere bei welchen Stellen die Vaterschaft anerkannt werden kann,
- die Möglichkeit, die Verpflichtung zur Erfüllung von Unterhaltsansprüchen gegenüber einem Kind nach § 59 Abs. 1 S. 1 Nr. 3 beurkunden zu lassen, **Unterhalt für das Kind**
- die Möglichkeit, eine Beistandschaft zu beantragen (was auch pränatal in Betracht kommt, vgl. §§ 1713 Abs. 1 S. 1, 1714 S. 2), sowie auf die Rechtsfolgen einer solchen Beistandschaft hinzuweisen (s. dazu S. 299 ff.), **Beistandschaft**
- die Möglichkeit der gemeinsamen elterlichen Sorge durch Abgabe einer gemeinsamen Sorgeerklärung oder durch gerichtliche Entscheidung (s. dazu S. 304 ff.). **Sorgeerklärung/ gerichtliche Anordnung gemeins. Sorge**

Persönliches Gespräch ist vom JA anzubieten

Das JA hat der Mutter in diesem Zusammenhang ein persönliches Gespräch anzubieten, das in der Regel in ihrer persönlichen Umgebung stattfinden soll, wenn sie dies wünscht (§ 52a Abs. 1 S. 3 u. 4).

Auch pränatal möglich

Das Angebot nach § 52a Abs. 1 kann auch schon vor der Geburt des Kindes erfolgen, wenn anzunehmen ist, dass seine Eltern bei der Geburt nicht miteinander verheiratet sein werden (§ 52a Abs. 2).

Zusammenfassung

Mütter von Kindern, die mit dem Vater nicht verheiratet sind, haben Anspruch auf kostenlose Beratung und Unterstützung durch das JA bei der

- Vaterschaftsfeststellung (§ 52a),
- Geltendmachung von Unterhaltsansprüchen für ihr Kind (§ 52a) sowie von eigenen Unterhaltsansprüchen nach § 1615 l BGB (§ 18 Abs. 1 Nr. 2),
- Ausübung der Personensorge inkl. der Geltendmachung von Unterhalts- oder Unterhaltsersatzansprüchen (§ 18 Abs. 1 Nr. 1),
- Ausübung des Umgangsrechts (§ 18 Abs. 3 S. 3).

Weiter besteht gem. § 52a Abs. 1 S. 2 die Hinweis-Pflicht des JA auf die Möglichkeit
- einer kostenlosen Beistandschaft gem. §§ 1712 ff. BGB,
- der gemeinsamen elterlichen Sorge gem. §§ 1626a–e BGB. (Hier besteht gem. § 18 Abs. 2 ein Rechtsanspruch auf Beratung.)

d) Beratung und Unterstützung bei Ausübung des Umgangsrechts

Besonders relevante Konstellationen

Die Beratung und Unterstützung im Zusammenhang mit dem Umgangsrecht nach § 18 Abs. 3 ist insbesondere relevant bei:

- Trennung oder Scheidung verheirateter Eltern,
- getrennt lebenden, nicht miteinander verheirateten Eltern,
- Trennung der Eltern von Partnern,
- Beschränkung oder Entzug der elterlichen Sorge.

Anspruch auf Beratung und Unterstützung

§ 18 Abs. 3 S. 1 räumt Kindern und Jugendlichen einen Anspruch auf Beratung und Unterstützung beim Umgang mit ihren Eltern nach § 1684 BGB ein.

Umgang zum Wohl des Kindes

Der Träger der öffentlichen Jugendhilfe soll darauf hinwirken, dass die umgangsberechtigten Eltern, Großeltern und sonstigen Personen (§§ 1684, 1685, 1686a BGB) das Umgangsrecht zum Wohl der Kinder/Jugendlichen ausüben (§ 18 Abs. 3 S. 2). Dieses hat Vorrang gegenüber den Wünschen der Erwachsenen.

Beratung Umgangsberechtigter

Weiter haben Eltern, andere Umgangsberechtigte und Personen, in deren Obhut sich Kinder oder Jugendliche befinden, Anspruch auf Beratung und Unterstützung bezüglich des Umgangsrechts (§ 18 Abs. 3 S. 3).

Besuchskontakte, Ausführung von Umgangsregelungen

Bei Herstellung von Besuchskontakten soll vermittelt und in geeigneten Fällen Hilfestellung geleistet werden, und zwar unabhängig davon, ob eine (vereinbarte oder gerichtliche) Umgangsregelung vorliegt oder nicht (§ 18 Abs. 3 S. 4). Die Regelung ist vor allem für die Ausführung des sog. beschützten Umgang von Bedeutung. Ein Anspruch gegen das JA auf Finanzierung auf Ersatz der durch die Wahrnehmung des Umgangsrechts entstehende Fahrkosten ergibt sich nicht aus § 18 Abs. 3 S. 4.[68] Gegebenenfalls kommt ein Anspruch aus § 21 Abs. 6 SGB II gegen das Jobcenter in Betracht. Auch hier ist sorgsam auf das Kindeswohl zu achten (s. o. sowie S. 334 f.).

[68] Vgl. OVG Bln-Bbg BeckRS 2015, 44269.

e) Beratung und Unterstützung junger Volljähriger bei der Geltendmachung von Unterhalts- und Unterhaltsersatzansprüchen

Junge Volljährige, die das 21. Lebensjahr noch nicht vollendet haben, haben gegen das JA Anspruch auf Beratung und Unterstützung bei der Geltendmachung ihrer Unterhalts- und Unterhaltsersatzansprüche (§ 18 Abs. 4). § 18 Abs. 4 wird durch § 59 Nr. 1 ergänzt, der das JA berechtigt, Unterhaltsansprüche zu beurkunden.

f) Kostenbeteiligung

Alle vorgenannten Jugendhilfeleistungen sind kostenlos (vgl. §§ 90, 91).

g) Zuständigkeit

Für die Beratung und Unterstützung nach § 18 ist das JA zuständig, in dessen Bereich die Eltern ihren gewöhnlichen Aufenthalt haben (§ 86 Abs. 1). Haben sie dies nicht, richtet sich die Zuständigkeit nach § 86 Abs. 2-5.

4. Mutter-/Vater-Kind-Einrichtungen

Für allein Erziehende mit Kindern unter sechs Jahren

Eltern, die allein für ein Kind, das bei Antragstellung[69] noch nicht sechs Jahre alt ist, zu sorgen haben oder tatsächlich sorgen, soll von der Jugendhilfe Betreuung und Unterkunft gemeinsam mit ihrem Kind in einer geeigneten Wohnform angeboten werden, wenn (und solange) sie aufgrund ihrer Persönlichkeitsentwicklung dieser Form zur Unterstützung bei der Pflege und Erziehung ihres Kindes bedürfen (§ 19 Abs. 1 S. 1). Um eine – für alle Familienmitglieder äußerst problematische – anderweitige Unterbringung älterer Geschwister zu vermeiden, schließt § 19 Abs. 1 S. 2 deren Aufnahme und Betreuung in den oben genannten Wohnformen (ohne jede Altersbegrenzung nach oben) ein, sofern ihr betroffener Elternteil für sie allein zu sorgen hat (dh: erzieherisch und/oder pflegerisch).

Einbezug älterer Kinder

Schwangere

In den oben genannten Wohnformen können auch Schwangere betreut werden (§ 19 Abs. 1 S. 3). Dadurch wurde die Präventivwirkung dieser Jugendhilfeleistungen noch verstärkt.

Rechtsanspruch

Auf die Leistung nach § 19 besteht ein Rechtsanspruch.[70]

Abgrenzungen zu anderen Sozialleistungen

Mit § 19 wollte der Gesetzgeber nur eine gesetzliche Absicherung der etablierten stationären Mutter-/Vater-Kind-Einrichtungen, aber keine neue Rechtsgrundlage für andere Formen familialer Hilfen in Wohn-Einrichtungen schaffen. Es ist daher auf folgende *Abgrenzungen* zu anderen Sozialleistungen hinzuweisen:

Hilfen nach den §§ 18, 31, 41

Zusätzlich zu den stationären Hilfen nach § 19 kommen ambulante Jugendhilfeleistungen wie Beratung nach §§ 18, 41 oder sozialpädagogische Familienhilfe gemäß § 31 in Betracht.

Frauenhäuser

Frauenhäuser werden von § 19 grundsätzlich *nicht* erfasst, da dort die Zuflucht für Frauen vor Übergriffen ihrer Partner im Vordergrund steht und somit generell Leistungen nach dem SGB II, insbesondere Arbeitslosengeld II, und Sozialhilfeleistungen nach § 68 SGB XII in Betracht kom-

[69] Vgl. VGH München BeckRS 2013, 50877.
[70] Vgl. LPK-SGB VIII/*Kunkel/Kepert*, § 19, Rn. 7.

men. Wenn allerdings die Bedrängnis, Drangsalierung oder Unterjochung durch deren Partner bei den Schwangeren oder Müttern zu Unselbstständigkeit und/oder Persönlichkeitsstörungen geführt haben, kommen wegen der Vorrang-Regelung des § 10 Abs. 4 S. 1 (s. dazu S. 58ff.) evtl. doch Hilfen nach § 19 (s. dazu oben) und damit die Finanzierung durch die öffentlichen Jugendhilfeträger in Betracht.

Während des Strafvollzugs

Die Unterbringung von Müttern und Kindern in Mutter-Kind-Einrichtungen nach §§ 80, 142 *Strafvollzugsgesetz*, vor der das JA zwar anzuhören, aber nicht entscheidungsbefugt ist, kann grundsätzlich nur über das SGB XII und *nicht über § 19 SGB VIII* finanziert werden, es sei denn, inhaftierte Mütter benötigen infolge ihrer Persönlichkeitsentwicklung bei der Pflege und Erziehung noch nicht 6 Jahre alter Kinder Unterstützung.

Zielsetzungen

In erster Linie sollte § 19 das bereits bestehende Angebot an Mutter-Kind-Einrichtungen und ähnlichen Wohnformen (wie Außenwohngruppen) gesetzlich absichern. Dabei soll durch betreute Unterbringung zusammen mit anderen Müttern allein Stehenden geholfen werden, die durch die Geburt eines Kindes für sie entstehenden Schwierigkeiten zu bewältigen. Das gilt vor allem, wenn sie sich in einer Schul- oder Berufsausbildung befinden, nun nicht mehr in ihrer Familie wohnen können oder wollen oder wenn sie wegen körperlicher, seelischer oder geistiger Behinderung die Betreuung des Kindes nicht ohne fremde Hilfe bewältigen

Außenwohngruppen

können. Dabei haben sich vielfach die sog. Außenwohngruppen gegenüber traditionellen Mutter-Kind-Heimen deshalb als vorteilhaft erwiesen, weil sie unter realitätsnäheren Alltagsbedingungen besser die Verselbstständigung der Mütter zu fördern vermögen als Heime (insbesondere solche mit Vollversorgung); auf sie kann jedoch nicht etwa verzichtet werden.

Berufliche Perspektiven verbessern

Viele Mütter, die sich typischerweise in Mutter-Kind-Einrichtungen befinden, sind sehr jung und/oder haben keinen Ausbildungsabschluss und somit kaum eine echte berufliche Perspektive. Da sie aber auf eine Berufstätigkeit angewiesen sind, wenn sie das Leben eines Tages wieder außerhalb von Einrichtungen meistern wollen, erschien es dem Gesetzgeber zu wenig, ihnen nur anzubieten, eine Ausbildung oder Berufstätigkeit fortzuführen oder aufzunehmen. Vielmehr soll während der Zeit ihrer Unterbringung in oa Einrichtungen darauf hingewirkt werden, dass die Mütter eine schulische oder berufliche Ausbildung beginnen oder fortführen oder eine Berufstätigkeit aufnehmen (§ 19 Abs. 2).

Sicherstellung der Betreuung der Kinder

Die angemessene Betreuung des Kindes muss dann natürlich durch andere Mütter, Tagespflege, Krippenplätze oä gesichert sein, was auch wieder Aufgabe der Jugendhilfe ist. Verweigern sich die Mütter, darf deswegen nicht die Hilfe eingestellt werden.

Einbezug der Väter

Da auch allein erziehende Väter mit ähnlichen Problemlagen konfrontiert sein können, wurde § 19 im Hinblick auf Art. 3 Abs. 2 GG auf Väter ausgedehnt.

Unterhalt

Krankenhilfe

Diese Jugendhilfeleistungen umfassen auch den notwendigen Unterhalt der betreuten Personen (Pflegegeld, Taschengeld, ggfs. einmalige Leistungen) sowie die Krankenhilfe nach Maßgabe des § 40 (§ 19 Abs. 3).[71] Bei-

[71] Auch diese „Soll-Vorschrift" hat „Muss-Charakter", so dass nur in begründeten Ausnahmefällen (die hier nicht denkbar sind, da finanzielle Argumente unzulässig wären) davon abgewichen werden könnte.

des ist somit allen Kindern (unabhängig von ihrem Alter) sowie deren Elternteilen zu gewähren. Damit ist die Verweisung der Betroffenen an verschiedene Stellen (mal JA – mal Sozialamt), wie das zuvor nötig war, entbehrlich geworden und der ungute „Drehtür-Effekt" entfallen.

Weitere Sozialleistungen für Schwangere

Während es bei den Jugendhilfeleistungen nach § 19 vorrangig um Hilfen zur Erziehung sowie zur Persönlichkeitsentwicklung und Lebensbewältigung geht, beinhalten die Leistungen bei Schwangerschaft und Mutterschaft nach den §§ 24c ff. SGB V und die Hilfe für Schwangere und Mütter nach § 50 SGB XII ärztliche Betreuung und Hilfe sowie Hebammenhilfe, Versorgung mit Heil-, Verbands- und Arzneimitteln, Anstalts- und Heimpflege, Finanzierung von häuslicher Wartung und Pflege, insbesondere durch nahe stehende Personen und Nachbarn.

Kostenbeteiligung

Bezüglich der Kostenbeteiligung gilt Folgendes:

Zu den Kosten zählen die für Betreuung und Unterkunft, der gewährte notwendige Lebensunterhalt sowie etwaige Krankenhilfe (§ 91 Abs. 3).

Nach § 92 Abs. 1 Nr. 3–5 werden zu den Betreuungs- und Unterkunftskosten

- der mdj. Kinder — diese selbst und ihre Eltern
- des Elternteils — dieser selbst und sein Ehegatte*
- der Schwangeren — diese selbst und ihr Ehegatte*

herangezogen – die *Eltern* der Schwangeren bzw. der Mutter (oder des Vaters) noch nicht 6 Jahre alter Kinder *dagegen nicht* (vgl. § 92 Abs. 4 S. 2).

* oder Lebenspartner iSd Lebenspartnerschaftsgesetzes

Vorleistungspflicht des JA

Bei der Gewährung dürfen keine Kostenüberlegungen mit einfließen oder diese von der Prüfung des Kostenbeitrages abhängig gemacht werden. Vielmehr besteht für das JA gemäß § 91 Abs. 5 Vorleistungspflicht und es darf erst danach prüfen, in welchem Umfang (vgl. dazu §§ 92 Abs. 1 und 93, 94) die Verpflichteten zu den Kosten heranzuziehen sind (dies geschieht gemäß § 92 Abs. 2 durch späteren separaten Leistungsbescheid).

Absehen von Kostenbeteiligung

Von einer Kostenheranziehung soll gemäß § 92 Abs. 5 im Einzelfall teilweise oder ganz abgesehen werden, wenn sonst Ziel und Zweck der Jugendhilfe (dh, Förderung der Selbstständigkeit, Stärkung ihrer Erziehungsfähigkeit, persönliche Betreuung ihres Kindes) gefährdet würden (zB weil sie es dann lieber abwechselnd bei Verwandten oder Bekannten unterbringen) oder sich aus der Heranziehung eine besondere Härte ergäbe.

Zuständigkeit

Für die Leistung nach § 19 ist das JA zuständig, in dessen Bereich die Eltern ihren gewöhnlichen Aufenthalt haben (§ 86 Abs. 1). Haben sie dies nicht, richtet sich die Zuständigkeit nach § 86 Abs. 2-5.

5. Notwendige Betreuung und Versorgung des Kindes in Notsituationen

Zielsetzungen

§ 20 soll verhindern helfen, dass bei Ausfall des betreuenden Elternteils (Abs. 1) oder beider Elternteile oder des alleinerziehenden Elternteils (Abs. 2) eine familiale Notsituation entsteht, bei der sonst nämlich nur äußerst problematische Lösungen bestehen: *Entweder* sind die Kinder dann tagsüber weitgehend unbetreut auf sich allein angewiesen *oder* sie werden ohne eigentlichen erzieherischen Anlass in Heimen untergebracht (weil für vorübergehende Unterbringungen Pflegefamilien mangels Bereitschaft meist nicht zur Verfügung stehen) *oder* der andere Elternteil muss unter Hinnahme eines erheblichen finanziellen und sozialen Abstieges seine Erwerbstätigkeit erheblich einschränken oder ganz aufgeben (was meist zum Verlust seines Arbeitsplatzes mit der Folge drohender Dauerarbeitslosigkeit und Sozialleistungsbezuges führt). All diese „Lösungen" gehen letztlich zu Lasten der Kinder. Zielsetzung der Vorschrift ist es daher, in derartigen Situationen durch entsprechende Jugendhilfeleistungen dem Kind den familialen Lebensraum zu erhalten und die mit der Trennung von Eltern und eventuellen Geschwistern sowie die mit dem Milieuwechsel verbundenen Probleme oder gar Schädigungen zu vermeiden. Denn die Hilfe nach § 70 SGB XII steht nur Bedürftigen zu, und die Bezahlung einer Haushalts- und Erziehungshilfe übersteigt selbst die finanziellen Möglichkeiten gehobener Einkommensgruppen. § 20 sieht daher Folgendes vor:

Fremdunterbringung vermeiden

Voraussetzung: ein Elternteil fällt aus

Wenn der Elternteil, der bisher im gemeinschaftlichen Haushalt ein gemeinsames Kind, dh, es ist *unter 14 Jahre alt* (vgl. § 7 Abs. 1 Nr. 1), überwiegend betreut hatte, für die Wahrnehmung dieser Aufgaben entweder aus gesundheitlichen Gründen,

Beispiele: Entbindung, Krankheit (einschließlich Entzug wegen Drogen, Tabletten, Alkoholabhängigkeit), Unfall, Kur,

oder aus anderen zwingenden Gründen ausfällt,

Beispiele: Auslandsaufenthalt, Trennung der Eltern[72], Inhaftierung, Tod; str. ist, ob elterliche Ausbildungs- und Arbeitswünsche zwingende Gründe sind.[73]

so soll nach § 20 Abs. 1 *der andere Elternteil* bei der Betreuung und Versorgung im elterlichen Haushalt lebender Kinder unterstützt werden, wenn:

Weitere Voraussetzungen

1. der andere Elternteil wegen berufsbedingter Abwesenheit zur Wahrnehmung dieser Aufgaben nicht in der Lage ist und
2. die Hilfe erforderlich ist, um das Kindeswohl zu gewährleisten, sowie
   Nicht erforderlich ist die Hilfe, wenn der andere Elternteil Urlaub nehmen oder sich von der Arbeit freistellen lassen kann, eine andere im Haushalt lebende Person das Kind versorgen und betreuen kann oder ein anderer Sozialleistungsträger vorrangige Leistungen erbringt (§ 10 Abs. 1), zB die Haushaltshilfe nach § 38 SGB V.
3. keine ausreichenden Tagesbetreuungsangebote vorhanden sind.

Beispiele: Krippen, Krabbelstuben, Tages-Pflegestellen, Kindergärten, Kinderhäuser/-zentren, Nachbarschaftshilfen.

Rechtsanspruch

Sind sämtliche Voraussetzungen erfüllt, so muss diese Jugendhilfeleistung im Regelfall auch gewährt werden[74].

„Totaler" Betreuungsausfall

Fällt ein allein erziehender Elternteil oder fallen beide Eltern für die Betreuung gemeinsamer Kinder (s. oben) aus gesundheitlichen (s. oben) oder anderen zwingenden Gründen (s. oben) aus, so sollen bei Fehlen ausreichender Tagesbetreuungsangebote (s. oben) die Kinder durch die

---

[72] Einschränkend LPK-SGB VIII/*Kunkel/Kepert*, § 20, Rn. 4; unklar *Mrozynski*, § 20, Rn. 1 („zumindest bis zur Regelung… nach den §§ 1671, 1672…").

[73] Vgl. FK-SGB VIII/*Struck*, § 20, Rn. 6 (weil hierfür die §§ 22–25 vorgesehen seien) a.A.: *Mrozynski,* § 20, Rn. 1; einschränkend: LPK-SGB VIII/*Kunkel*/Kepert, § 20, Rn. 7 (aber nur, wenn Abwesenheit nicht abgewendet werden kann).

[74] Vgl. auch Gesetzesbegründung (BT-Drs. 11/6002, S. 4).

Jugendhilfe im elterlichen Haushalt versorgt und betreut werden, wenn (und solange) es für das Kindeswohl erforderlich ist (§ 20 Abs. 2). Da in diesen Fällen kein anderer Elternteil zur Verfügung steht, sind hier die Betreuung und Versorgung des Kindes besonders wichtig.

Wiederherstellung der Erziehungsfähigkeit in absehbarer Zeit

Fraglich ist, ob die Leistung nach § 20 Abs. 2 davon abhängig ist, dass die elterliche Betreuung und Versorgung in absehbarer Zeit wieder aufgenommen werden kann und damit eine Haushaltsfortführung sinnvoll ist. In dieser Allgemeinheit sind solche Aussagen weder falsch noch richtig. Zweifellos ergibt es wenig Sinn, bei Krankenhausaufenthalten auf unbestimmt lange Zeit mit geringer Rückkehrwahrscheinlichkeit oder bei Tod dem Kind einen „verwaisten" Familienhaushalt unbegrenzt erhalten zu wollen.[75] Vielmehr ist hier nach anderen, perspektivereicheren Lösungen (zB Pflegefamilie) zu suchen. Andererseits muss insbesondere bei mehreren Kindern auch bei vielleicht geringfügigeren Rückkehrchancen überlegt werden, ob die Finanzierung einer Betreuungsperson in der Familienwohnung für die Entwicklungsmöglichkeiten des Kindes nicht erheblich besser und kostengünstiger ist als ihr Herausreißen aus sämtlichen sozialen Bezügen durch anderweitige Unterbringung, da hier wohl meist nur die für die Kinder ungünstigere (und zugleich die für die Jugendhilfe teuerste) Alternative Heim in Betracht kommen wird. Ähnlich ist es bei Ausbildungs- und Berufswünschen oder Strafhaft der Eltern, die zu langer Abwesenheit führen.

Abwägungen

Stief- und Pflegeeltern

Fraglich ist, ob die Vorschrift auch für Stief- und Pflegeeltern Anwendung finden kann. In der „Definitionsnorm" des § 7 ist der Begriff „Eltern" nicht enthalten, und familienrechtlich betrachtet würde sie nur leibliche und Adoptiveltern einschließen. Geht man aber vom sehr viel weiteren Familienbegriff des SGB VIII bei den Jugendhilfeleistungen zur Förderung der Erziehung in der Familie aus (der dort die „ganze Bandbreite familiärer Situationen" erfassen will)[76] sowie vom Sinn und Zweck der Regelung, Kindern „problematische Situationen" (vor allem einen Milieuwechsel) zu ersparen, so erscheint die Vorschrift auch für Stief- und Pflegeeltern anwendbar[77].

Kindeswohl ist oberste Zielsetzung

Wenn die Jugendhilfe das Kindeswohl als oberste Zielsetzung beachten und nach der Intention des SGB VIII den Eltern bei ihrer Erziehungsverantwortung Hilfe leisten soll, dann hat sie hier über § 20 „einzuspringen" und nicht nach Abwehrargumenten zu suchen. – Es erweist sich dabei die Gesetzesüberschrift „in Notsituationen" auch als zumindest problematisch. Klar muss jedenfalls sein, dass hierbei die „Not" des Kindes gemeint ist und nicht die des bisher überwiegend betreuenden Elternteils.

Notsituation für Kind ist entscheidend

Arten der Hilfeleistung

Welche Hilfe im Einzelnen zu gewähren ist, bleibt dem pflichtgemäßen Ermessen der Jugendhilfe anhand der konkreten Situation überlassen, die nach Möglichkeit vor allem eine Fremdunterbringung vermeiden helfen soll. Es kommen insbesondere beratende sowie betreuende ambulante Jugendhilfeleistungen, aber auch finanzielle Unterstützung, zB die Bezahlung einer gelegentlichen oder ständigen (= stundenweise, halbtags oder bei Fällen von § 20 Abs. 2 auch ganztags, evtl. sogar „rund um

---

[75] S. insoweit auch OVG Münster BeckRS 2013, 52472.

[76] S. BT-Drs. 11/6748, S. 81 bzw. BT-Drs. 11/5948, S. 59 sowie S. 61.

[77] Ebenso FK-SGB VIII/*Struck* § 20 Rn. 2.

die Uhr") Erziehungs- und/oder Haushaltshilfe, in Betracht. Die Kosten einer Fremdunterbringung können dagegen nicht nach § 20 übernommen werden.[78]

Verwandte, Nachbarn

Der *Gesetzentwurf* zu § 20 hatte in einem Absatz 3 vorgesehen, dass die Leistungen von der Familie nahe stehenden oder von ehrenamtlichen Personen mit Anspruch auf angemessene Entschädigung oder im Bedarfsfall auch von Fachkräften übernommen werden sollten. Auf Intervention des *Bundesrates* hin, der eine Kommerzialisierung allgemein üblicher Verwandten- und Nachbarschaftshilfen, Missbrauch sowie nicht einschätzbare Kostenbelastungen befürchtete, und den Jugendhilfeträgern bei der Festlegung von Art und Umfang der Hilfen möglichst Freiheit lassen wollte, ist diese Vorschrift zwar nicht Gesetz geworden. Das heißt jedoch nicht, dass im Einzelfall nicht entsprechend verfahren werden kann bzw. zum Wohle des Kindes sogar werden muss. *Missbrauch* kann durch Heranziehung der Eltern zu Kostenbeiträgen (s. dazu §§ 91 Abs. 1 Nr. 3, 92 Abs. 1 Nr. 5, Abs. 2) vorgebeugt werden.

Verhältnis zu anderen Sozialleistungen

Die Leistung nach § 20 ist gegenüber den Haushaltshilfen der gesetzlichen Kranken-, Renten- und Unfallversicherung sowie der Bundesagentur für Arbeit (vgl. § 38 SGB V, § 42 SGB VII, § 54 SGB IX, § 26d Bundesversorgungsgesetz) *nachrangig* (§ 10 Abs. 1 S. 1), dh, diese sind zunächst auszuschöpfen.

Zur Haushaltshilfe nach § 70 SGB XII besteht kein Rangproblem, da dort keine Kinderbetreuung (vor allem keine Erziehungsleistungen und Entwicklungsförderung) vorgesehen ist. Diese Aufgaben obliegen vielmehr allein der Jugendhilfe.

Zur sozialpädagogischen Familienhilfe nach § 31 besteht keine Überschneidung. Die Hilfen nach § 20 setzen zwar auch ein erzieherisches Bedürfnis voraus (vgl. Abs. 1 Nr. 2), jedoch nicht im Sinne eines Erziehungsbedarfs im Sinne von § 27 Abs. 1 (vgl. S. 84).

Kostenbeteiligung

Die Eltern werden zu den Kosten der Betreuung und Versorgung herangezogen (§ 91 Abs. 1 Nr. 3). Zur Vorleistungspflicht des JA und zum Absehen von der Heranziehung zu den Kosten s. §§ 91 Abs. 5, 92 Abs. 5.

Zuständigkeit

Für die Leistung nach § 20 ist das JA zuständig, in dessen Bereich die Eltern ihren gewöhnlichen Aufenthalt haben (§ 86 Abs. 1). Haben sie dies nicht, richtet sich die Zuständigkeit nach § 86 Abs. 2-5.

6. Leistungen bei notwendiger Unterbringung zur Erfüllung der Schulpflicht

Zielsetzung

Mit der Leistung nach § 21 soll die Erfüllung der Schulpflicht sichergestellt wird, wenn dies wegen ständigem beruflich bedingten Ortswechsels der Eltern erforderlich ist (zB bei Artisten oder Schaustellern). Anderweitige Unterbringung ist vor allem die Aufnahme des Kindes in einem Internat. Die Leistung beinhaltet vor allem die Information über geeignete Einrichtungen und organisatorische Hilfe (§ 21 S. 1). Die Kosten der Unterbringung können nur in geeigneten Fällen übernommen werden (§ 21 S. 2).

Kostenbeteiligung

Das Kind/der Jugendliche und die Eltern müssen sich nach den §§ 91 ff. an den Kosten beteiligen.

---

[78] Vgl. OVG Bautzen BeckRS 2013, 53965.

Zuständigkeit

Für die Leistung nach § 21 ist das JA zuständig, in dessen Bereich die Eltern ihren gewöhnlichen Aufenthalt haben (§ 86 Abs. 1). Haben sie dies nicht, richtet sich die Zuständigkeit nach § 86 Abs. 2–5.

VI. Förderung von Kindern in Tageseinrichtungen und in Kindertagespflege

Vereinbarkeit von Familie und Beruf

Eines der zentralen politischen über die Parteigrenzen hinweggehendes Anliegen ist, Strukturen für die Betreuung von Kleinkindern zu schaffen, die es beiden Elternteilen ermöglichen, möglichst rasch nach der Geburt ihres Kindes ihrem Beruf weiter nachgehen zu können, sofern sie dies wünschen. Hiermit soll insbesondere beruflichen Nachteilen entgegengewirkt werden, die Frauen mit Kind drohen.

Veränderte Familien- und Gesellschaftsstrukturen

Zugleich haben sich die Familien- und Gesellschaftsstrukturen gewandelt, die sich nicht zuletzt auf die Erziehung und Entwicklung der Kinder auswirken. So wächst fast jedes fünfte Kind in einer Ein-Eltern-Familie und jedes zweite Kind als Einzelkind auf.

Großer Betreuungsbedarf

Da zugleich die Betreuungsmöglichkeiten durch Großeltern, Verwandte oder Bekannte sich zunehmend verringern, besteht somit ein großer Betreuungsbedarf von Kleinkindern.

Leistungen des SGB VIII

Mit den §§ 22 ff. soll dem großen Betreuungsbedarf entsprochen werden. Diese Leistungen wurden in mehreren Etappen – jeweils nach heftigen kontroversen politischen Auseinandersetzungen –, zuletzt durch die Einräumung eines Anspruches auf Betreuung von Kindern zwischen 1 und 3 Jahren in Tageseinrichtungen und in Kindertagespflege zur Verfügung gestellt.

Eltern-Wünsche

Die Betreuung von Kindern zwischen 1 und 3 Jahren in einer Tageseinrichtung oder in Kindertagespflege stehen *gleichberechtigt* nebeneinander. Ein Anspruch auf einen Platz in einer bestimmten Einrichtung besteht nicht. Sind nicht genügend Plätze in Tageseinrichtungen vorhanden, beschränkt sich der Anspruch auf die Betreuung in Kindertagespflege.

Gesetzl. Definition des Förderauftrags

Die Förderung umfasst nach § 22 Abs. 3 Erziehung, Bildung und Betreuung des Kindes und bezieht sich auf seine soziale, emotionale, körperliche und geistige Entwicklung. Sie schließt die Vermittlung orientierender Werte und Regeln ein. Sie soll sich am Alter und Entwicklungsstand, den sprachlichen und sonstigen Fähigkeiten, an der Lebenssituation sowie an den Interessen und Bedürfnissen des einzelnen Kindes orientieren und seine ethnische Herkunft berücksichtigen.

Rechtsanspruch auf Betreuung

§ 24 differenziert beim Rechtsanspruch auf Betreuung in einer Tageseinrichtung oder in Kindertagespflege nach dem Alter des Kindes.

Bedarfsgerechtes Angebot für Kinder unter einem Jahr

§ 24 Abs. 1 S. 1 verpflichtet die Träger der öffentlichen Jugendhilfe, Kinder im Alter unter einem Jahr in einer Tageseinrichtung oder in Kindertagespflege zu fördern, wenn

- dies für die Entwicklung des Kindes zu einer eigenverantwortlichen und gemeinschaftsfähigen Persönlichkeit geboten ist oder
- die Erziehungsberechtigten einer Erwerbstätigkeit nachgehen, eine Erwerbstätigkeit aufnehmen, oder Arbeit suchend sind, sich in einer beruflichen Bildungsmaßnahme, in der Schulausbildung oder Hochschulausbildung befinden oder Leistungen zur Eingliederung in Arbeit nach den §§ 16 ff. SGB II erhalten.

Hierbei handelt es sich lediglich um eine objektive Rechtspflicht des Jugendhilfeträgers. Dem Kind bzw. den Eltern wird kein Rechtsanspruch eingeräumt.

Betreuungsanspruch ab einem Jahr

Kinder zwischen einem Jahr und drei Jahren haben einen erforderlichenfalls einklagbaren Rechtsanspruch auf „frühkindliche Förderung in einer Tageseinrichtung oder in Kindertagespflege (§ 24 Abs. 2 S. 1).

Betreuungsanspruch ab drei Jahren

Kinder, die das dritte Lebensjahr vollendet haben, haben einen Anspruch auf Betreuung in einer Tageseinrichtung (§ 24 Abs. 3 S. 1).

Bedarfsgerechtes Angebot für Kinder im Schulalter

Für Kinder im schulpflichtigen Alter ist ein „bedarfsgerechtes Angebot in Tageseinrichtungen vorzuhalten". Hierbei handelt es sich nur um eine objektive Rechtspflicht des Jugendhilfeträgers. Das Kind bzw. seine Eltern haben keinen subjektiven Rechtsanspruch auf die Betreuung.

Keine gesetzl. Vorgaben zur tägl. Betreuungszeit

Der Umfang der täglichen Betreuungszeit wurde gesetzlich nicht vorgegeben, sondern hat sich im Hinblick auf die in § 24 Abs. 3 S. 1 genannten Kriterien (s. dazu vorstehend) nach dem jeweiligen individuellen Bedarf zu richten (vgl. § 24 Abs. 3 S. 2).

Folgen des Nichterfüllens des Anspruchs

Weist der Träger der öffentlichen Jugendhilfe entgegen § 24 Abs. 2, Abs. 3 einen Platz nicht nach, muss der Träger der öffentlichen Jugendhilfe die Aufwendungen ersetzen, die den Eltern infolgedessen entstehen (§ 36a Abs. 3 analog). Zu ersetzen sind vor allem die Vergütung für eine selbst organisierte Kinderbetreuung. Außerdem hat ein Elternteil, der eine Berufstätigkeit zurückstellen muss, Anspruch auf Verdienstausfall.[79]

Information der Eltern über bestehende Angebote

Das JA oder die von ihm beauftragte Stelle sind verpflichtet, Eltern über das Platzangebot in Kindertagespflege und Tageseinrichtungen im örtlichen Einzugsbereich sowie über deren pädagogische Konzeptionen zu informieren sowie sie bei der Auswahl derselben zu beraten (§ 24 Abs. 5 S. 1). – Um den Trägern der öffentlichen Jugendhilfe ihre Planung zu erleichtern und nachfragenden Eltern eine Sicherheit hinsichtlich des Betreuungsbeginns für ihre Kinder zu ermöglichen, kann das jeweilige Landesrecht bestimmen, dass Eltern innerhalb einer bestimmten Frist *vor* einer beabsichtigten Inanspruchnahme von Kindertagespflege oder Tageseinrichtungen das JA (oder die beauftragte Stelle) zu informieren haben (§ 24 Abs. 5 S. 2).

1. Kindertagespflege

Betreuung in fremder oder in eigener Familie möglich

Die Kindertagespflege beinhaltet die Betreuung des Kindes durch eine fremde Pflegeperson im Haushalt dieser Person oder der Eltern (§ 22 Abs. 1 S. 2). Mit der Einbeziehung des Haushalts der Eltern trägt das SGB VIII dem Umstand Rechnung, dass die Betreuung von Kindern in ihrer eigenen Familie idR unproblematischer ist als die in einer fremden, zumal der zweimalige „Transport" pro Tag meist weitere Probleme mit sich bringt.

Gesetzliche Zielsetzungen

Kindertagespflege soll nach § 22 Abs. 2

- die Persönlichkeitsentwicklung des Kindes fördern,
- die familiäre Erziehung und Bildung unterstützen und ergänzen,
- den Eltern dabei helfen, Erwerbstätigkeit und Kindererziehung besser miteinander vereinbaren zu können.

---

[79] Vgl. BGH BeckRS 2016, 19372;

Eignungskriterien für Tagespflegepersonen

Die Kindertagespflege muss durch eine geeignete Tagespflegeperson erbracht werden. Geeignet sind nach §§ 23 Abs. 3, 43 Abs. 2 nur Personen, die sich durch ihre Persönlichkeit, Sachkompetenz und Kooperationsbereitschaft mit Erziehungsberechtigten und anderen Pflegepersonen auszeichnen sowie über kindgerechte Räumlichkeiten und über vertiefte Kenntnisse hinsichtlich der Anforderungen der Kindertagespflege verfügen, die sie in qualifizierten Lehrgängen erworben oder in anderer Weise nachgewiesen haben.

Erlaubnis bei entgeltlicher Kindertagespflege erforderlich

Die entgeltliche Kindertagespflege außerhalb des Haushalts der Eltern, die wöchentlich mehr als 15 Stunden erfolgt und länger als drei Monate dauert, bedarf der Erlaubnis des zuständigen Trägers der öffentlichen Jugendhilfe (§ 43 Abs. 1). § 43 Abs. 2 wiederholt die Anforderungen an die Qualifikation der Kindertagespflegeperson des § 23 Abs. 3. Wird die Kindertagespflege ohne die erforderliche Erlaubnis ausgeübt, liegt eine Ordnungswidrigkeit vor, die mit einer Geldbuße geahndet werden kann (§ 104).

Förderungsumfang

Die Förderung in Kindertagespflege umfasst gem. § 23 Abs. 1 die Vermittlung des Kindes zu einer geeigneten Tagespflegeperson, deren fachliche Beratung, Begleitung und weitere Qualifizierung sowie die Zahlung einer laufenden Geldleistung an die Tagespflegeperson.

Vermittlung zu einer geeigneten Person

Für öffentliche Jugendhilfeträger besteht kein Vermittlungsmonopol, denn die Tätigkeit anderer wird durch § 23 nicht berührt. Es können also auch privat-gemeinnützige sowie privat-gewerbliche Anbieter Tagespflegepersonen vermitteln.

Laufende Geldleistungen

Die laufende Geldleistung umfasst
- die Erstattung des angemessenen Sachaufwands (Verpflegungs-, Spielzeug-, Material-, Fahrt- sowie (anteilig) Heizungskosten, Strom, Wasser, Müllkosten etc.),
- einen angemessenen Beitrag zur Anerkennung ihrer Förderleistung,
- die Erstattung von Aufwendungen für Beiträge zu einer Unfallversicherung sowie die hälftige Erstattung von Aufwendungen für eine angemessene Alterssicherung der Tagespflegeperson (jeweils gegen entsprechenden Nachweis).

Höhe der Geldleistungen

Soweit Landesrecht nicht etwas anderes bestimmt, wird die Höhe der laufenden Geldleistungen vom öffentlichen Jugendhilfeträger festgelegt (§ 23 Abs. 2a S. 1). Der *Deutsche Verein für öffentliche und private Fürsorge* empfiehlt, auf der Basis von 60 % der jährlich fortzuschreibenden Sätze für die Vollzeitpflege (s. dazu S. 100 f.) nach dem Kindesalter und dem zeitlichen Betreuungsumfang zu differenzieren.

Anspruchsberechtigte Steuerpflicht

Anspruchsberechtigt sind die Tagespflegepersonen – nicht etwa die Eltern der Kinder. Die *laufenden Geldleistungen* sind – anders als früher – zu versteuern, soweit es sich nicht lediglich um einen 450,– EUR Job handelt.

Weitere Verpflichtungen des JA

§ 23 Abs. 4 ergänzt den gesetzlichen Förderauftrag noch um folgende Verpflichtungen des JA:

Beratung

Erziehungsberechtigte und Tagespflegepersonen haben Anspruch auf Beratung in allen Fragen der Kindertagespflege durch das JA. Zusammenschlüsse von Tagespflegepersonen sollen außerdem unterstützt und gefördert werden.

Unterstützung und Förderung Betreuung sicherstellen

Für Ausfallzeiten einer Tagespflegeperson ist rechtzeitig eine andere Betreuungsmöglichkeit für das Kind sicherzustellen.

Kooperation

Eine gute Zusammenarbeit zwischen den Eltern (oder anderen Personensorgeberechtigten) und der Tagespflegeperson ist im Interesse des Kindeswohls und auch für die *Kontinuität des Erziehungsprozesses* anzustreben. Daher fordert § 23 Abs. 3 S. 1 die Bereitschaft der Tagespflegeperson zur Kooperation mit den Eltern und räumt beiden Seiten einen *Rechtsanspruch auf fachliche Beratung* ein. Dies ist besonders wichtig, da in aller Regel die Betreuungspersonen keine Fachkräfte sind und so mögliche Konflikte gelöst oder gar vermieden werden können. Die Beratungsangebote der Jugendämter haben daher die Aufgabe, die Kindertagespflege (auf beiden Seiten) gut vorzubereiten und sie dann kontinuierlich zu begleiten. Da dies zeitaufwendig ist, kann dies nur bei einer Verbesserung der bisherigen Arbeitsbedingungen (kleinere „Fallzahlen", flexible Arbeitszeitgestaltung für Hausbesuche, Ausweitung der Sprechstunden etc.) geleistet werden. Andernfalls verläuft der gute gesetzgeberische Ansatz im Sande.

Beratungsanspruch

Problematik „Fallzahlen"

Zusammenschlüsse von Pflegepersonen

Da Pflegepersonen bei ihrer verantwortungsvollen Tätigkeit auf sich allein gestellt sind, schließen sie sich zunehmend *zum Erfahrungsaustausch* wie zur gegenseitigen Unterstützung zusammen. § 23 Abs. 4 S. 3 erklärt im Interesse der Qualifizierung der Kindertagespflege die Beratung, Förderung und Unterstützung solcher Zusammenschlüsse zur Aufgabe des JA. Zu dieser gehören außer der Fachberatung auch Supervisionsangebote sowie das Bereitstellen erforderlicher Räume sowie von Sach- und Geldmitteln. Ähnliches gilt für Formen selbst organisierter Betreuung von Kindern, die schon deshalb stärkerer Mitverantwortung der Eltern bedürfen und daher eher geeignet sind, Schwierigkeiten abzubauen oder zu vermeiden, die durch die Teilung der Sozialisation (in familiale und in die der Tagespflege) entstehen können. § 25 sieht daher hier ebenfalls die Beratung (s. oben) und Unterstützung (s. oben) vor.

Selbsthilfegruppen

Kostenregelung

Für die Kindertagespflege können *Teilnahme- oder Kostenbeiträge* festgesetzt werden (vgl. § 90 Abs. 1). Die Kostenbeiträge sind zu staffeln (§ 90 Abs. 1 S. 2). Auf Antrag sollen diese teilweise oder ganz erlassen oder vom öffentlichen Jugendhilfeträger übernommen werden, wenn die Belastung nicht zuzumuten ist (§ 90 Abs. 3 S. 1). Soweit nicht das Landesrecht eine andere Regelung trifft, gelten für diese Feststellung die §§ 82–85, 87, 88 des SGB XII (§ 90 Abs. 4 S. 1).

Unfallversicherungsschutz für Kinder

Kinder, die durch geeignete Tagespflegepersonen betreut werden, sind in die gesetzliche Unfallversicherung einbezogen (§ 2 Abs. 1 Nr. 8a SGB VII; s. dazu S. 29 f.).

2. Tageseinrichtungen

Gesetzliche Definition

Tageseinrichtungen werden in § 22 Abs. 1 S. 1 definiert als Einrichtungen, in denen sich Kinder (dh: gem. § 7 Abs. 1 Nr. 1: *unter 14 Jahren*) entweder für einen Teil des Tages (meist vormittags oder nachmittags) oder ganztags (also nicht über Nacht) aufhalten und in Gruppen gefördert werden. Typische Beispiele werden (im Gegensatz zu früher) gesetzlich nicht mehr aufgeführt. In Betracht kommen insbesondere

Beispiele: Krippen, Krabbelstuben, Kinderhäuser, Kindergärten, Horte u. Ä.,

sofern diese eine gewisse Mindestplatzzahl und eine Organisationsstruktur aufweisen. (Dies folgt aus der Wortwahl „Einrichtung".) Anderenfalls handelt es sich um „Kindertagespflege" (s. dazu S. 80 ff.). Einzelheiten der

Abgrenzung der Tageseinrichtung gegenüber der Kindertagespflege regelt das Landesrecht (§ 22 Abs. 1 S. 3).

Zielsetzungen, Förderauftrag

Zielsetzungen und Förderauftrag der Tageseinrichtungen für Kinder sind dieselben wie bei der Kindertagespflege (vgl. § 22 Abs. 2 u. 3 sowie S. 80 f.). Zur Sicherstellung der Qualität der Förderung der Kinder verpflichtet § 22a Abs. 1 die öffentlichen Jugendhilfeträger, die Qualität der Förderung in ihren Einrichtungen durch Einsatz von pädagogischen Konzeptionen und Verfahren zur Evaluation der geleisteten Arbeit sicherzustellen und weiterzuentwickeln. Dabei ist zu beachten, dass

Verpflichtungen zur Qualitätssicherung für öffentl. JuHi-Träger

- das Angebot sich pädagogisch und organisatorisch an den Bedürfnissen der Kinder und ihrer Familien orientiert (§ 22a Abs. 3 S. 1),
- durch entsprechende Zusammenarbeit mit den Sozialhilfeträgern bei der Planung, konzeptionellen Ausgestaltung und Finanzierung des Angebots Kinder mit und ohne Behinderung gemeinsam gefördert werden, sofern der Hilfebedarf dies zulässt (§ 22a Abs. 4),
- bei Schließung von Einrichtungen in Ferienzeiten für Kinder, die nicht von ihren Erziehungsberechtigten betreut werden können, eine anderweitige Betreuungsmöglichkeit sichergestellt ist (§ 22a Abs. 3 S. 2),
- die Realisierung des Förderungsauftrags nach Maßgabe von § 22a Abs. 1–4 auch in den Einrichtungen anderer Träger sichergestellt ist (§ 22a Abs. 5).

Kostenregelung

Die Kostenregelung für Tageseinrichtungen ist dieselbe wie die für die Kindertagespflege (vgl. § 90 Abs. 3 S. 1; s. dazu S. 80).

VII. Hilfe zur Erziehung

Im vierten Abschnitt der „Leistungen" der Jugendhilfe (= §§ 27–40) ist ua die „Hilfe zur Erziehung" geregelt.

1. Voraussetzungen für die Gewährung

Gelten für alle HzE

§ 27 Abs. 1 legt die Voraussetzungen der HzE für alle Hilfeformen nach den §§ 28–35 fest.

Voraussetzung 1: Personensorgeberechtigter

Anspruchsberechtigter der HzE ist der Personenberechtigte, nicht das Kind/der Jugendliche.

Personenberechtigte sind nach § 7 Abs. 1 Nr. 5 die natürlichen Eltern, Adoptiveltern, Vormund und Ergänzungspfleger. Ist der Personenberechtigte mit der Hilfe nicht einverstanden, scheidet HzE in der Regel aus. Ist aber ohne die HzE das Wohl des Kindes/Jugendlichen gefährdet und ist der Personenberechtigte nicht in der Lage oder bereit, die Gefährdung abzuwenden, muss das JA das FamG einschalten (§ 8a Abs. 2), das über den teilweisen oder völligen Entzug des Sorgerechts entscheiden muss (§ 1666 BGB).

Die Festlegung der Anspruchsberechtigung des Personensorgeberechtigten ist ein bedauerlicher Rückschritt gegenüber dem JWG, da hiernach die öffentliche Jugendhilfe das Recht des Kindes auf Erziehung zu gewährleisten hatte (vgl. § 6 JWG u. § 8 SGB I aF).

Kinder nur Erziehungsobjekte?

Noch bedauerlicher (als die Gesetzesverschlechterung ohnehin schon) war jedoch die amtliche Begründung hierzu, die diesbezüglich sowohl ein eigenständiges Erziehungsrecht der Jugendhilfe abstritt und auf die Forderung des Bundesrates, die Minderjährigen ebenfalls als Anspruchsinhaber in das SGB VIII aufzunehmen, sich dazu verstieg, zu behaupten, der Anspruch auf HzE könne deshalb nicht gleichzeitig Eltern und Kindern zustehen, weil die Eltern „Erziehungssubjekt" und Kinder nur „Erziehungsobjekt" seien (!).[80]

Partizipation

Allerdings sind Minderjährige gemäß § 8 Abs. 1 (s. dazu S. 51 ff.) und bei Aufstellung des Hilfeplanes (vgl. dazu § 36 sowie unten) sowie bei Gewährung sämtlicher Formen der HzE zu beteiligen.

Voraussetzung 2: Erziehungsbedarf

Das Vorliegen eines konkreten Erziehungsbedarfs ist einheitliche Voraussetzung für die Gewährung sämtlicher Hilfearten der HzE und vor Auswahl der jeweiligen Hilfeart stets zu überprüfen. Voraussetzung ist danach, dass eine dem Wohl der Minderjährigen entsprechende Erziehung durch die Personensorgeberechtigten nicht gewährleistet ist. Vorwerfbares Verhalten der Personensorgeberechtigten ist nicht erforderlich. Nicht erforderlich ist, dass die Voraussetzungen der §§ 1666, 1666a BGB erfüllt sind (s. dazu S. 321). Mit der HzE soll dies gerade vermieden werden. Bei der Feststellung des Erziehungsbedarfs hat das Jugendamt einen gerichtlich nur eingeschränkt überprüfbaren Entscheidungsspielraum.[81]

Voraussetzung 3: Geeignetheit der HzE

Weiter muss die beabsichtigte Hilfeart geeignet sein, den Erziehungsbedarf zu beseitigen.

Dies ist sie, wenn der Personensorgeberechtigte bereit ist, mitzuwirken, und wenn mit der angestrebten Hilfeart der im Einzelfall festgestellte Bedarf gedeckt werden kann.

Voraussetzung 4: Notwendigkeit der HzE

Schließlich muss die beabsichtigte Hilfeart notwendig sein.

Dies ist sie, wenn sie geeignet ist, den erzieherischen Bedarf zu decken, und der erzieherische Bedarf weder mit Mitteln der Eltern, anderen Hilfen nach dem SGB VIII, anderen Sozialleistungen und Leistungen der Schule gedeckt werden kann.

Maßnahmen im Ausland

Soll die Maßnahme im Ausland durchgeführt werden, muss im Hilfeplan festgestellt werden, dass dies erforderlich ist (§ 27 Abs. 2 S. 3).

2. Inhalt der Hilfe zur Erziehung

Rechtsanspruch

Auf die HzE besteht ein Rechtsanspruch, wenn die obigen Voraussetzungen erfüllt sind. Verweigert das JA sie, obwohl deren Voraussetzungen vorliegen, kann nach erfolglosem Widerspruch vor dem Verwaltungsgericht geklagt werden. Die Verwendung des Begriffes „soll" in den §§ 28 ff. steht dem nicht entgegen.

Gesetzlicher Katalog ist nicht abschließend

Gleichrang der HzE

Auswahlkriterien

§ 27 Abs. 2 legt fest, dass Art und Umfang der *HzE* nach dem jeweiligen Erziehungsbedarf im Einzelfall richten und das soziale Umfeld der Minderjährigen einbeziehen soll. Dabei wird nur beispielhaft auf die Hilfearten der §§ 28–35 verwiesen (vgl.: *„insbesondere")*, so dass Raum für die Entwicklung weiterer dem Einzelfall gerecht werdender Lösungen bleibt. Zugleich wird damit die *Gleichrangigkeit der ambulanten und teilstationären HzE neben den klassischen Formen der Fremdunterbringung* (insbesondere der Heimerziehung) manifestiert und somit deren Auswahl allein von pädagogischen Gesichtspunkten entsprechend dem Einzelbedarf abhängig gemacht.

---

[80] Vgl. BT-Drs. 1/5948, S. 68 und BT-Drs. 11/6002, S. 5.
[81] Vgl. BayVGH 2015, 44734.

Die gesetzliche Reihenfolge der Hilfearten stellt nur zum Teil eine Abstufung nach Gewicht des Anlasses oder Intensität der HzE dar (vgl. §§ 31 u. 32 sowie 34 u. 35). Insbesondere müssen nicht etwa die ersteren vor den später aufgeführten HzE ausprobiert worden sein. So kann zB Heimerziehung ohne vorherige Erziehungsbeistandschaft gewährt werden. Auch ist ein Nebeneinander denkbar (zB § 32 zusammen mit § 28 oder § 30).

Nur zT Abstufung

Nebeneinander möglich

Ein Anspruch auf HzE entfällt nicht dadurch, dass eine andere unterhaltspflichtige Person bereit und geeignet ist, diese Aufgabe in Zusammenarbeit mit dem JA zu übernehmen (§ 27 Abs. 2a). Hiermit wird bewusst Vollzeitpflege für Großeltern offen gelassen.

§ 27 Abs. 3 stellt – auf Anregung des Bundesrates – klar, dass HzE insbesondere die Gewährung pädagogischer und damit verbundener therapeutischer Leistungen umfasst und bei Bedarf auch Ausbildungs- und Beschäftigungsmaßnahmen iSd § 13 Abs. 2 (s. dazu S. 64) einschließt.

Therapeutische Hilfen, Ausbildungs- und Beschäftigungsmaßnahmen

Gesetzlicher Katalog der HzE

- § 27 Abs. 3 Pädagogisch-therapeutische Leistungen
- §§ 27 Abs. 3/13 Abs. 2 Ausbildungs- u. Beschäftigungsmaßnahmen
- § 27 Abs. 4 Unterstützung mdj. Mütter, die sich in einer Einrichtung oder Pflegefamilie befinden, bei Pflege u. Erziehung ihrer Kinder
- § 28 Erziehungsberatung
- § 29 Soziale Gruppenarbeit
- § 30 Erziehungsbeistand, Betreuungshelfer
- § 31 Sozialpädagogische Familienhilfe
- § 32 Erziehung in einer Tagesgruppe
- § 33 Vollzeitpflege
- § 34 Heimerziehung, sonstige betreute Wohnform
- § 35 Intensive sozialpädagogische Einzelbetreuung

a) Erziehungsberatung

Die Beratung in Erziehungsfragen wird im SGB VIII an verschiedenen Stellen als Jugendhilfe-Aufgabe genannt.

(vgl. §§ 1 Abs. 3 Nr. 2, 16 Abs. 2 Nr. 2, 17, 18 Abs. 1, 28, 36 Abs. 1 S. 1, 37 Abs. 1 u. 2, 51 Abs. 2, 53 Abs. 2–4).

Meist wird unterschieden zwischen „funktioneller" und „institutioneller" Erziehungsberatung. Von Ersterer wird dann gesprochen, wenn Personen in ihrer Funktion (zB Erzieher, Lehrer, Sozialarbeiter/Sozialpädagogen) bei Erziehungsproblemen um Rat gebeten werden oder diesen von sich aus geben. Wenn jedoch diese Hilfe bei größeren Erziehungsschwierigkeiten nicht ausreicht, sondern die kontinuierliche Unterstützung durch Dienste (= „Institutionen"), die mit besonderen wissenschaftlichen Erkenntnissen und Methoden arbeiten, nötig ist, spricht man von „institutioneller" Erziehungsberatung bzw. von Erziehungsberatungsstellen. Nur auf Letztere bezieht sich das Folgende. § 28 bildet die Rechtsgrundlage für die „institutionelle" Erziehungsberatung freier wie öffentlicher Jugendhilfe-Träger.

„Funktionelle" EB

„Institutionelle" EB

Voraussetzung Voraussetzung für die Gewährung dieser HzE ist auch hier die Erfüllung der in § 27 Abs. 1 festgelegten Bedingungen (s. dazu S. 83f.). Die **Bezeichnungen** Aufgaben der Beratungsdienste und Einrichtungen, die traditionell „Erziehungsberatungsstelle" oder auch als „Beratungsstellen für Kinder, Jugendliche und Eltern", „Jugend- und Erziehungsberatung" oder als „Familienberatung" bezeichnet werden, beschreibt § 28 S. 1. Danach sollen **Zielsetzung** sie Kinder, Jugendliche, Eltern und andere Erziehungsberechtigte bei der Klärung und Bewältigung individueller und familienbezogener Probleme und der zugrunde liegenden Faktoren, bei der Lösung von Erziehungsfragen sowie bei Trennung und Scheidung unterstützen. Dabei sollen **Verschiedene Fachkräfte** Fachkräfte verschiedener Fachrichtungen, die mit unterschiedlichen methodischen Ansätzen vertraut sind, zusammenwirken (§ 28 S. 2), denn diese multidisziplinäre Besetzung gewährleistet am besten, dass ein differenzierter Zugang zur Situation der Klienten ermöglicht wird, dass unterschiedliche Sichtweisen einbezogen werden und die Auswahl der Behandlungs- und Therapieangebote flexibel erfolgt.

Datenschutz wichtig Der hier besonders wichtige Datenschutz, den die §§ 61ff. (s. dazu S. 123ff.) sowie § 203 StGB (s. dazu S. 132) gewährleisten, ist eine wesentliche Voraussetzung für die Inanspruchnahme dieser Angebote.

Kostenfreiheit Die Erziehungsberatung ist kostenfrei (vgl. §§ 90, 91).

Überschneidungen und Abgrenzungen zur Beratung nach § 17 Überschneidungen ergeben sich zu den Beratungsangeboten nach § 17. Der Unterschied liegt zwar darin, dass bei jenen die Voraussetzungen des § 27 Abs. 1 (s. dazu S. 83f.) nicht erfüllt sein müssen und dort nicht die Minderjährigen, sondern die Erwachsenen Anlass der Beratung sind. So betrachtet, würde § 17 bei Trennung und Scheidung der Eltern sozusagen die „Einstiegsnorm" für die Beratung sein, und Erziehungsberatung nach § 28 wäre nur dann zu leisten, wenn sich herausstellt, dass auch erzieherische Probleme, Schwierigkeiten oder Defizite vorhanden sind. Diese – theoretisch zweifellos vorgegebene – Zuordnung bereitet jedoch *Schwierigkeiten in der Praxis*. Diese wirken sich zumindest dann negativ auf die Klienten aus, wenn hierfür verschiedene Dienste (vielleicht auch noch von unterschiedlichen Trägern) vorhanden sind und somit die Beratung weitergegeben werden muss, weil dadurch kaum eine notwendig einheitliche, am Kindeswohl orientierte Jugendhilfe gewährleistet werden kann. Daher ist von Folgendem auszugehen: Wenn im Einzelfall nicht gravie**Personeller Wechsel ist problematisch** rende Gründe für einen Wechsel der Beratungsstelle vorliegen, hat der zuerst konsultierte Beratungsdienst grundsätzlich die gesamte Beratung durchzuführen. Denn jeder personelle Wechsel in der Beratung stellt für die betroffene Familie eine zusätzliche Belastung dar, weil dann ihre ganze „Geschichte" nochmals aufgerollt werden muss. Zudem widerspricht dies auch dem schützenswerten Interesse der Familien, nicht mehr Personen als nötig Einblick in ihre Verhältnisse zu geben (Bild vom *„umstellten Klienten"*). Außerdem führt ein derartiges „Weiterreichen" der Klienten meist zu deren Verunsicherung und somit zur Ineffizienz der Jugendhilfe (*„Drehtür-Hilfe"*).[82]

---

[82] Vgl. GK-SGB VIII/*Schleicher*, § 17, Rn. 29.

b) Soziale Gruppenarbeit

Ursprung im JGG

Diese HzE ist nach modellhaften Erprobungen mit Jugendlichen in der Jugendhilfe sowie im Rahmen von Weisungen nach dem JGG entstanden. In der Praxis sind dafür unterschiedliche Bezeichnungen gebräuchlich *(Erziehungs-, Übungs-, Erfahrungskurse, soziale Trainingskurse).* Gemeinsam ist ihnen, dass in diesen Kursen mit unterschiedlichen Arbeitsmethoden versucht wird, soziales Lernen von Jugendlichen und älteren Kindern zu fördern. Dabei dominieren drei methodische Schwerpunkte:

Methoden

- der handlungs- und erlebnisorientierte Ansatz (Freizeitpädagogik),
- der themenorientierte Ansatz (verbale Methoden),
- eine Mischung aus beiden Ansätzen.

Adressaten

Intentionen

Bei Vorliegen der Voraussetzungen des § 27 Abs. 1 (s. dazu S. 83f.) ist die soziale Gruppenarbeit für ältere Kinder (ab ca. 12 J.) sowie für Jugendliche als Hilfe bei der Überwindung von Entwicklungsschwierigkeiten und Verhaltensproblemen gedacht (§ 29 S. 1). Weitere Zielsetzung ist, durch ein gruppenpädagogisches Konzept die Entwicklung Minderjähriger unter Erhalt des Lebensbezuges zu ihrer Familie und unter Einbeziehung des gesamten Umfeldes durch soziales Lernen in der Gruppe zu fördern (§ 29 S. 2). Leitender Gedanke ist, bei den Adressaten positive Verhaltens-Änderungen zu bewirken und dadurch ihren Verbleib in der eigenen Familie zu ermöglichen. Soziale Gruppenarbeit ist damit in der *Schnittstelle* zwischen offenen sozialpädagogischen Angeboten der Jugendarbeit, Beratungshilfen und der Erziehung außerhalb der eigenen Familie angesiedelt.

Kostenfreiheit

Die soziale Gruppenarbeit ist kostenfrei (vgl. §§ 90, 91).

c) Erziehungsbeistand und Betreuungshelfer

Formlos möglich

Die aus der „Schutzaufsicht" entwickelte und ursprünglich ehrenamtlich angelegte Erziehungsbeistandschaft war *im JWG* die einzige ausdrücklich geregelte ambulante erzieherische Hilfe. Sie hat sich längst zu einer pädagogisch fundierten HzE entwickelt, die fast ausschließlich von Fachkräften freier und öffentlicher Träger geleistet wird. Das SGB VIII hat diese bewährte ambulante Hilfeart übernommen, jedoch von den bisherigen Förmlichkeiten der Bestellung eines Erziehungsbeistands sowie ihres zwangsweisen Einsatzes durch Gerichte abgesehen, weil sich beides in der Praxis als sehr hinderlich erwiesen und zT zur Umgehung dieser Hilfemöglichkeit geführt hatte. § 30 legt daher nur noch fest, dass der Erziehungsbeistand Minderjährige bei der Bewältigung von Entwicklungsproblemen möglichst unter Einbeziehung ihres sozialen Umfeldes unterstützen und unter Erhaltung des Lebensbezuges zur Familie ihre Verselbstständigung fördern soll. Die Vorschrift besagt nicht, wer die Erziehungsbeistandschaft übernimmt. In der Praxis stellt sie in der Regel eine kontinuierliche (meist ein bis drei Jahre) Einzelbetreuung durch hauptamtliche sozialpädagogische Fachkräfte freier oder öffentlicher Träger dar, die nicht selten eine Fremdunterbringung auf Dauer vermeiden hilft.

Zielsetzungen

Durchführung

Obwohl Adressatenkreis des § 30 nur die Minderjährigen sind, sind deren Personensorge-Inhaber Leistungsberechtigte (vgl. § 27 sowie S. 83 f.). Bei der Aufstellung des Hilfeplanes (und dessen kontinuierlicher Überprüfung) sind beide einzubeziehen (§ 36 Abs. 2 S. 2). Aufbau einer Vertrauensbasis und Akzeptanz sowie fachliche Distanz zeichnen die Arbeit der Erziehungsbeistände aus. Sie beinhaltet neben pädagogischer Beeinflussung die Beratung und Unterstützung in lebenspraktischen Angelegenheiten (familiale und andere soziale Beziehungen, Ausbildung, Beruf). Sie findet in Einzel- und Gruppengesprächen statt und erfordert neben spezieller erzieherischer und therapeutischer auch besondere rechtliche Kompetenz. – Erziehungsbeistände besitzen keine Kontroll- oder gar Eingriffsbefugnisse und auch kein Zugangs- oder Auskunftsrecht.

Betreuungshelfer

Im Hinblick darauf, dass die Betreuungs-Weisung bei der gleichzeitig erfolgten Novellierung des JGG ausdrücklich in das Gesetz aufgenommen wurde und von der Jugendhilfe zu leisten ist, hat das SGB VIII in § 30 Erziehungsbeistand und Betreuungshelfer ohne unterschiedliche Aufgabenstellung oder Handlungsanweisung nebeneinander gestellt und wollte es von den Erfahrungen in der Praxis abhängig machen, ob beide Rechtsinstitute verschmelzen sollen.[83] Das ist jedoch sehr *problematisch*, da die Intentionen und Methoden der Jugendhilfe und des Jugendstrafrechts grundverschieden sind, wenn auch Erziehung gemeinsame Zielsetzung ist. Denn während im Jugendstrafrecht die Verbindlichkeit dominiert, stehen für die Jugendhilfe der Aufbau einer vertrauensvollen Beziehung und der pädagogische Aushandlungsprozess sowie die Akzeptanz der Maßnahmen im Vordergrund. Das zeigt sich auch hier:

Diskrepanz von SGB VIII und JGG

Jede Anordnungs-Möglichkeit, die Aufnahme in das Erziehungs-Register (und Auskunft hieraus), zeitliche Begrenzung, Kontrolle und Sanktionsdruck ist der HzE fremd, im Jugendstrafrecht bei der Betreuungs-Weisung dagegen vorhanden (vgl. §§ 10 Abs. 1 S. 3 Nr. 5, 11 Abs. 1 u. 3, 38 Abs. 2 JGG, 60 Abs. 1 Nr. 2, 61 BZRG). Hinzu kommt folgende Problematik:

Problematik

Durch die Jugendgerichte können nur die Minderjährigen verpflichtet werden, nicht jedoch der Träger der öffentlichen Jugendhilfe. Das JA kann (und muss) daher in diesen Fällen dann selbstständig prüfen, ob die Leistungsvoraussetzungen des § 27 Abs. 1 erfüllt sind, dh, ob ein Betreuungshelfer die geeignete und notwendige Hilfeart ist. Das ergibt sich schon aus dem Prinzip der Gewaltenteilung, so dass es unerheblich ist, dass bei der Betreuungs-Weisung nicht ausdrücklich auf das SGB VIII verwiesen wird (vgl. § 10 JGG).[84]

AnO durch Jugendgericht problematisch

Noch problematischer erscheint es, wenn ein Jugendgericht gemäß § 12 Nr. 1 JGG Delinquenten auferlegt, unter den im SGB VIII genannten Voraussetzungen HzE als Erziehungsbeistandschaft in Anspruch zu nehmen. Denn außer den vorstehend genannten Bedenken kommt hier noch hinzu, dass diese HzE (wie alle anderen HzE auch) nur möglich ist, wenn die Personensorge-Berechtigten der Minderjährigen damit einverstanden sind, da Erstere ja gemäß § 27 Abs. 1 Anspruchsinhaber der HzE sind (s. dazu S. 83f.).

Allerdings hat die Jugendhilfe weitgehende Einflussmöglichkeiten auf die jugendrichterlichen Maßnahmen, denn sowohl die JGH als auch das JA wirken in den Verfahren vor den Jugendgerichten mit:

---

83 Vgl. BT-Drs. 11/5948, S. 70.

84 Im Ergebnis ebenso: *Mrozynski*, § 30, Anm. 3b.

Einflussnahme der Jugendhilfe

Hier hat die JGH sich zu den zu ergreifenden jugendrichterlichen Maßnahmen zu äußern (§ 38 Abs. 2 S. 2 JGG), und das JA hat frühzeitig zu prüfen, ob für Jugendliche und Heranwachsende Jugendhilfeleistungen in Betracht kommen, und diese gegebenenfalls bereits einzuleiten (§ 52 Abs. 2). Somit kann die Jugendhilfe Einfluss nehmen, um unerwünscht erscheinende Weisungen nach den §§ 10 Abs. 1 S. 3 Nr. 5, 12 JGG zu vermeiden.

Zusammenfassung

Erziehungsbeistandschaft ist eine längerfristig angelegte (meist ein bis drei Jahre) ambulante HzE. Anlässe sind: persönliche, familiale, schulische, soziale Schwierigkeiten bis hin zu Straftaten.

Zielsetzungen dieser auch formlos möglichen HzE sind gemäß § 30:

- die Bewältigung von Entwicklungs-Problemen durch kontinuierliche Beratung u. Unterstützung durch eine feste Bezugsperson,
- Förderung der Verselbstständigung unter Erhaltung des Lebensbezugs zur Familie.

Adressat dieser ambulanten HzE sind die Minderjährigen selbst (§ 30). Personensorge-Inhaber sind aber gem. § 27 Abs. 1 die Leistungsberechtigten.

Erziehungsbeistände besitzen keinerlei Befugnisse; alles basiert auf Freiwilligkeit.

Diese HzE wird fast nur von hauptamtlichen Fachkräften freier und öffentlicher Träger geleistet und ist kostenfrei.

Jugendgerichte können Minderjährigen auferlegen, einen Erziehungsbeistand in Anspruch zu nehmen (vgl. § 12 JGG), was diese verpflichtet, nicht jedoch das JA; außerdem müssen die Sorge-Inhaber zustimmen.

Betreuungshelfer haben nach § 30 SGB VIII zwar dieselben Aufgaben wie Erziehungsbeistände, sind im JGG aber mit zeitlicher Begrenzung, Kontrolle und Sanktionsdruck vorgesehen, was der HzE widerspricht.

Kostenfreiheit

Der Erziehungsbeistand und der Betreuungshelfer sind kostenfrei (vgl. §§ 90, 91).

d) Intensive sozialpädagogische Einzelbetreuung

Zielsetzungen

Die intensive sozialpädagogische Einzelbetreuung soll Jugendlichen (vgl. § 7 Abs. 1 Nr. 2), die zur sozialen Integration und zur eigenverantwortlichen Lebensführung einer intensiven Unterstützung bedürfen und die sich allen anderen ambulanten Hilfsangeboten entziehen sowie aufgrund ihrer aktuellen Lebenssituation besonders gefährdet sind, helfen (§ 35).

Adressatenkreis

Gedacht ist vor allem an Jugendliche und junge Volljährige (s. § 41 Abs. 3) aus dem Punker-, Drogen-, Prostituierten- und Nichtsesshaften-Milieu, die am Rand der Gesellschaft leben, weil sie sich den gewöhnlichen Sozialisationsinstanzen (Familie, Schule, Arbeitswelt) weitgehend entzogen haben. Wenn die Gesellschaft sie nicht völlig aufgeben will, muss versucht werden, ihnen durch intensive Einzelbetreuung zu helfen. Dies geschieht überwiegend außerhalb der Familie durch Dienste, die *Jugendberater, Aufsichts- oder Schutzhelfer, flexible Betreuung oä genannt* werden. Dabei ist mitunter eine Ansprechbereitschaft oder auch Präsenz „rund um die Uhr" erforderlich, zumindest aber ein Sich-Einlassen auf ihr Milieu mit all seinen

Schattenseiten unter Hintanstellung von bürgerlichen Perspektiven. Denn es gilt, meist mehr oder weniger konkret, eine geschlossene Unterbringung (in Heimen, Psychiatrie oder Strafanstalten) mit dem vorgezeichneten „ewigen Kreislauf der Wiederkehr" zu verhindern oder diese durch intensive Einzelbetreuung zu überwinden. Hierzu können auch zT erlebnispädagogische Aufenthalte unter Herausreißen aus dem gesamten Umfeld in Betracht kommen, wie es auf Schiffen, Erlebnis-Camps oä unter realistischen Survival-Bedingungen erprobt wird. Im Ausland ist dies aber nur „bei besonderem Bedarf" zulässig (§ 27 Abs. 2 S. 3) und zuvor soll „zum Ausschluss einer seelischen Störung mit Krankheitswert" die Stellungnahme von Fachspezialisten iSd § 35a Abs. 1a S. 1 eingeholt werden (§ 36 Abs. 3 S. 1).

Vermeidung geschlossener Unterbringung

Erlebnispädagogische Aufenthalte

Einschränkungen bei Auslandsprojekten

Kosten in der Kritik

Intensive Einzelbetreuung bedeutet stets, dass eine sozialpädagogische Fachkraft nur für wenige (evtl. sogar nur eine) Person zuständig ist, was in Zeiten knapper Kassen immer wieder auf zT vehemente Kritik stößt. Dabei wird übersehen, dass die sonst in Betracht kommende (und meist auch geforderte) Alternative die Heim-Unterbringung darstellt, die oft noch kostenträchtiger ist und bei der die notwendige intensive Einzelbetreuung nur selten gewährleistet werden kann. Hinzu kommt, dass sich immer wieder zeigt, dass sich der betroffene Personenkreis selbst in geschlossenen Einrichtungen kaum festhalten lässt und die „Karriere" damit vorgezeichnet ist.

Für Volljährige möglich

Die intensive Einzelbetreuung kommt auch für noch nicht 27 Jahre alte Volljährige in Betracht (vgl. § 41 Abs. 1 u. 2, § 7 Nr. 3). Über die Vollendung des 21. Lebensjahres soll sie aber nur in begründeten Einzelfällen für einen begrenzten weiteren Zeitraum fortgesetzt werden (§ 41 Abs. 1 S. 2).

Abgrenzungen

Von der Erziehungsbeistandschaft (§ 30) unterscheidet sich die intensive sozialpädagogische Einzelbetreuung vor allem durch ihre stärkere Intensität sowie dadurch, dass meist der Lebensmittelpunkt der Adressaten nicht mehr deren Familie und somit die HzE selten familienbezogen ist.

Der Unterschied zur sozialpädagogischen Familienhilfe nach § 31 besteht darin, dass hier die Hilfe außerhalb der Familie ansetzt, weil es sich meist um junge Menschen handelt, die sich schon aus ihrer Familie gelöst haben.

Überschneidungen

Bei erlebnispädagogischen Angeboten scheinen sich Überschneidungen zur sozialen Gruppenarbeit nach § 29 zu ergeben. Diese grenzen sich jedoch von jenen durch die dort fehlende intensive Einzelbetreuung ab.

Zur sonstigen betreuten Wohnform des § 34 können sich Überschneidungen ergeben, da häufig der Aufbau angemessenen selbstständigen Wohnens Teil des Betreuungskonzepts ist.

Kostenregelung

Die ambulante intensive sozialpädagogische Einzelbetreuung ist *grundsätzlich kostenfrei*, bei der stationären (vgl. zB betreutes Wohnen) besteht jedoch für die Betroffenen Kostenpflicht (vgl. § 91 Abs. 1 Nr. 5c). Zur Kostenheranziehung s. im Einzelnen §§ 92 Abs. 1 Nr. 1, 4, 5 und 94 Abs. 1 iVm § 93 sowie die KostenbeitragsVO, die nach Einkommensgruppen gestaffelte Pauschalbeträge für Eltern, Ehegatten und Lebenspartner enthält.

e) Sozialpädagogische Familienhilfe

Gratwanderung von Hilfe und Kontrolle

Der SPFH des § 31 kommt innerhalb der HzE besondere Bedeutung zu, weil sie als einzige Hilfeart zum größten Teil direkt in der häuslichen Umgebung der Familie geleistet wird. Damit ist sie auf dem schmalen Grat zwischen effektiver Befähigung zur Selbsthilfe, sozialer Kontrolle der Familie und dem häufig letzten Ausweg zur Vermeidung von Fremdunterbringung angesiedelt.

Die SPFH zielt darauf ab, dass die Selbsthilfekräfte einer Familie mit vielschichtigen Schwierigkeiten innerhalb eines mittelfristigen Zeitraumes soweit aktiviert werden können, dass die Familienmitglieder Erziehungsschwierigkeiten, Alltagsprobleme, Krisen und Konflikte sowie Kontakte mit Ämtern und Institutionen selbstständig bewältigen oder gelernt haben, sich rechtzeitig geeignete Unterstützung zu holen. Das Familiensystem soll nach Möglichkeit weiter bestehen können und die Fremdunterbringung von Kindern oder Jugendlichen nicht erforderlich werden.

Voraussetzungen für die SPFH sind nach den §§ 27 Abs. 1, 31:
- eine dem Kindeswohl entsprechende Erziehung ist nicht gewährleistet,
- diese Jugendhilfe ist geeignet und notwendig,
- die Familie ist zur Annahme der Hilfe (besser: zur Mitarbeit) bereit.

Zielsetzungen der SPFH sind:
Stärkung, Wiederherstellung, Sicherung der Erziehungsfähigkeit der Familie, indem die Ressourcen der Familie geweckt und gestärkt werden, um Benachteiligungen von Minderjährigen und deren Eltern zu vermeiden bzw. vorhandene abzubauen. Das gilt vor allem dann, wenn Familien sich in schwierigen Lebenslagen, insbesondere in konkreten Krisensituationen befinden. Die SPFH zielt dann darauf ab, das Selbsthilfepotenzial der Familie innerhalb eines mittelfristigen Zeitraumes so weit zu aktivieren bzw. zu stärken, dass die bestehenden Schwierigkeiten behoben werden können. Dabei soll das Familiensystem nach Möglichkeit erhalten und die Fremdunterbringung von Kindern und Jugendlichen vermieden werden. Hier ist *Hilfe zur Selbsthilfe* zu leisten. Die SPFH wird zunehmend auch präventiv eingesetzt.

Innere Krisen

Die SPFH kommt sowohl bei Krisen innerhalb der Familie

Beispiele: Geburt oder Rückkehr eines Kindes in die Familie; Erziehungsschwierigkeiten; Überforderung der Eltern bei der Kinderbetreuung, Haushaltsführung, Alltagsbewältigung; organische oder psychische Erkrankungen oder Alkohol-, Medikamenten-, Drogen-Missbrauch; Beziehungsstörungen; Partnerverlust durch Trennung, Scheidung oder Tod etc.

Äußere Krisen

als auch bei Krisen außerhalb der Familie

Beispiele: schlechte Wohnsituation, soziale Isolation; häufiges Schulversagen; Arbeitslosigkeit; hohe Verschuldung, Armut etc.

in Betracht.

Durchführung

Erreicht werden sollen die Zielsetzungen der SPFH durch eine intensive Begleitung, Betreuung und Unterstützung der Familie

- bei ihren Erziehungsaufgaben,
- bei der Bewältigung von Alltagsproblemen,

– bei der Lösung von Konflikten und Krisen (innerhalb und außerhalb der Familie),
– beim Kontakt mit Ämtern und anderen Institutionen.

Praktische Lebenshilfe Dabei ist zT ganz praktische Lebenshilfe zu geben. Intention ist aber auch hier, *Hilfe zur Selbsthilfe* zu leisten. Das setzt eine häufige (zeitweilig auch ständige) Anwesenheit in der Familie (meist 5–20 Wochenstunden) für einen längeren Zeitraum (in der Praxis überwiegend ein bis zwei Jahre) voraus. Damit ist die SPFH die intensivste ambulante Hilfeart, da sie am weitesten in den Innenraum Familie hineinreicht und ihr viel abverlangt. Sie erfordert daher eine erhebliche Motivation der Familienmitglieder sowie das Aushandeln akzeptabler Kompromisse zwischen Familie und Familienhelfern.

SPFH ist intensivste Form ambulanter HzE

Die SPFH wird in der Praxis meist vom JA bzw. ASD initiiert und koordiniert und von freien Trägern durchgeführt. Dem Hilfeplan (§ 36) und dem Wunsch- und Wahlrecht der Betroffenen (§ 5) kommt auch hier besondere Bedeutung zu.

Kostenfreiheit Die SPFH ist für die betroffenen Familien kostenfrei (vgl. §§ 90, 91).

Finanzierung Die Finanzierung durch die Träger der öffentlichen Jugendhilfe erfolgt entweder einzeln oder pauschal, zum Teil auch nach einem kombinierten System.

Abgrenzungen Von der Leistung nach § 20 unterscheidet sich die SPFH dadurch, dass Erstere rein betreuende und pflegerische Funktion hat, während hier erzieherische Hilfen infolge eines Erziehungsbedarfs ausgeglichen werden müssen.

Von der HzE nach § 30 unterscheidet sich die SPFH dadurch, dass sie nicht – wie jene – einen einzelnen (meist schon älteren) Minderjährigen betrifft und weit gehend dessen Beratung und die Förderung seines Selbstständigwerdens beinhaltet, sondern auf die Familie als Ganzes abzielt, im Gegensatz zu jener fast ausschließlich innerhalb der Familie stattfindet und neben der Beratung und Unterstützung auch ganz lebenspraktische Hilfen umfasst.

f) Erziehung in einer Tagesgruppe

Konzeption Hier handelt es sich um eine HzE, die an der Schnittstelle zwischen ambulanter und stationärer Hilfe angesiedelt ist und dabei die Grenzen zwischen den einzelnen Hilfeformen dadurch überwindet, dass sie die personellen und fachlichen Ressourcen einer Einrichtung nutzt, ohne dass die Minderjährigen aus ihrer Familie und ihren sonstigen sozialen Bezügen herausgerissen werden. Denn die Tagesgruppe ist entweder in eigenen Einrichtungen (zB heilpädagogischen Tagesstätten) oder in einer (meist heilpädagogischen) Pflegestelle angesiedelt oder einer Heimeinrichtung angegliedert (vgl. § 32 S. 2). Dort soll die Entwicklung der Minderjährigen durch soziales Lernen in der Gruppe, Begleitung schulischer Förderung sowie Elternarbeit unterstützt und dadurch der Verbleib der Minderjährigen in ihrer Familie gesichert werden (§ 32 S. 1).

Drei Komponenten Die Erziehung in Tagesgruppen besteht also aus drei Komponenten:

– soziales Lernen in der Gruppe
– Begleitung der schulischen Förderung
– Elternarbeit.

Fehlt eines dieser Elemente, so handelt es sich nicht um HzE iSd § 32 (zB bei reiner Hausaufgabenbetreuung).

Obwohl gesetzlich vorgesehen ist, dass diese Hilfe auch in geeigneten Formen der Familienpflege geleistet werden kann (§ 32 S. 2), erscheint es jedoch fraglich, ob hier soziales Lernen in der Gruppe und Elternarbeit stattfinden kann.

Kostenregelung

Die Kostenregelung entspricht der für die intensive sozialpädagogische Einzelbetreuung (s. dazu § 91 Abs. 2 Nr. 2 sowie S. 90).

Abgrenzung zur Kindertagespflege zur Erziehung in Tageseinrichtungen

Von der Förderung in Kindertagespflege nach § 23 und in Tageseinrichtungen nach §§ 22, 22a und 24 unterscheidet sich die HzE nach § 32 durch die Altersstruktur der Kinder sowie dadurch, dass sie – im Gegensatz zu jener – einen Erziehungsbedarf iSd § 27 (s. dazu S. 84) voraussetzt. Letzteres unterscheidet sie auch von der Betreuung im Hort. Außerdem bestehen unterschiedliche Kostenregelungen.

Abgrenzung zur sozialen Gruppenarbeit

Gegenüber der sozialen Gruppenarbeit nach § 29 ist diese HzE durch größere Kontinuität sowie (in der Regel) intensivere Arbeitsformen (s. die vorstehend genannten Aufgaben). Außerdem bestehen Unterschiede bei der Kostenbeteiligung (bei Letzterer werden gemäß § 91 Abs. 2 Nr. 2 Kostenbeiträge erhoben – *Erstere* ist dagegen gemäß §§ 90, 91 *kostenfrei*).

g) Vollzeitpflege

Unterschiedliche Terminologie im SGB VIII und in der Praxis

Im Zusammenhang mit Pflegeverhältnissen Minderjähriger besteht keine einheitliche Terminologie. Vielmehr sind sehr unterschiedliche Bezeichnungen gebräuchlich. Das SGB VIII verwendet die Begriffe „Kindertagespflege" und „Tagespflegeperson" (vgl. §§ 22, 22a, 23, 43), „andere Familie" und „Vollzeitpflege" (vgl. § 33), „Pflegeperson" (vgl. §§ 37, 44) sowie „Pflegestelle" und „Familienpflege" (vgl. §§ 33, 44). In der Jugendhilfe-Praxis werden folgende Begriffe verwendet:

Terminologie der Praxis

Adoptions-, Bereitschafts-, Familien-, Kurzzeit-, Vollzeit-, Tages-, Teilzeit-, Übergangs-, Verwandten-, Wochen-Pflege sowie Pflegefamilie, Pflegenester, Pflegeperson, Pflegestelle, Sonderpflegestelle, Tagesmütter/-väter.

Pflegeverhältnisse und HzE

Schon im Hinblick auf die verschiedenen Voraussetzungen und Kostenfolgen sind Pflegeverhältnisse im Rahmen einer HzE sowie andere Pflegeverhältnisse voneinander zu trennen. Erstere werden nur aufgrund einer Entscheidung des JA gewährt. Bei Letzteren ist das zwar nicht nötig, obwohl auch diese meistens auf Vermittlung des JA und seltener direkt durch Vereinbarung zwischen den Personensorge-Inhabern und den Pflegepersonen zustande kommen.

Jugendhilferechtlich ergeben sich folgende Zuordnungen:

Ehepaare, Lebenspartner, Einzelpersonen

– Ehepaare, eingetragene Lebenspartner oder Einzelpersonen. Auch Verwandte des Kindes wie Tante/Onkel, Großeltern) können eine Pflegeperson/Pflegestelle sein, oder eine Pflegefamilie kann „andere Familie" iSd § 33 sein, so dass bei entsprechender Eignung auch bei ihnen HzE als Vollzeitpflege durchgeführt werden kann und somit von der Jugendhilfe die Erziehungs- und Unterhaltskosten sowie die Krankenhilfe zu übernehmen sind, da diese ja „außerhalb des Elternhauses" anfallen (vgl. §§ 39 Abs. 1, 40 Satz 1).[85]

---

[85] Ebenso *Kunkel*/Kepert in LPK-SGB VIII § 33, Rn. 4.

Tagespflege
- Tages- oder Teilzeitpflege sowie Tagesmütter/-väter sind den §§ 22ff. zuzuordnen. Bei Familien-, Kurzzeit-, Übergangs-, Vollzeitpflege sowie bei Pflegenestern kann die Zuordnung nicht generell, sondern muss nach dem jeweiligen Einzelfall erfolgen.

Bereitschaftspflege
- Bereitschaftspflege ist ein Hilfeangebot für Minderjährige, die sich in einer akuten Not- bzw. Krisensituation befinden und daher vom JA gemäß § 42 in Obhut genommen werden müssen. Sie stellt eine vorläufige Schutzmaßnahme und keine HzE iSd § 33 dar.

Sonderpflegestellen
- Sonderpflegestellen sind gemäß § 33 S. 2 für besonders in ihrer Entwicklung beeinträchtigte (insbesondere für schwer verhaltensgestörte) Minderjährige vorgesehen, die professioneller Erziehung und/oder therapeutischer Betreuung durch Fachkräfte bedürfen. Sie werden in der Praxis zT auch „sozialpädagogische Pflegestelle", „heilpädagogische Pflegestelle", „Erziehungsfamilie" oder „Erziehungsstelle" genannt.

Adoptionspflege
- Die Adoptionspflege (s. dazu S. 357f.) stellt eine eigene Pflegeart dar. Sie ist keine Vollzeitpflege iSd § 33, denn sie soll nicht einen Erziehungsbedarf ausgleichen (wenn dies auch der Hintergrund dieser Unterbringung ist), sondern sie dient dazu, ein neues Eltern-Kind-Verhältnis „für immer" aufbauen zu helfen.

Das SGB VIII definiert die Vollzeitpflege nicht, sondern setzt den Begriff als bekannt voraus (vgl. § 33). Im Kontext der §§ 22, 23 und 32 einerseits sowie dem Wortlaut des § 33 andererseits ergibt sich jedoch eindeutig folgende Definition:

Definition Vollzeitpflege

Vollzeitpflege ist eine zeitlich befristete oder auf Dauer angelegte Erziehung von Minderjährigen in einer anderen (dh: verwandten, bekannten oder fremden) Familie, wobei zT von „Dauerpflege" und (bei Heimkehr in die eigene Familie am Wochenende) von „Wochenpflege" gesprochen wird.

Förderungsvoraussetzungen

Die Vollzeitpflege nach § 33 setzt als HzE stets voraus, dass eine dem Kindeswohl entsprechende Erziehung des Minderjährigen in seiner Herkunftsfamilie nicht gewährleistet und daher eine (zeitweilige oder langfristige) Unterbringung in einer anderen (s. oben) Familie für seine Entwicklung geeignet und notwendig ist (vgl. § 27 Abs. 1). Dies ist bedauerlich, weil das Feststellenmüssen eines Erziehungsbedarfs sicherlich

Problematik

eher geeignet ist, die Betroffenen von der Inanspruchnahme der Vollzeitpflege abzuhalten, als zu ihr anzuregen (s. dazu auch S. 84). Zugleich hat das für die Minderjährigen einen äußerst prekären Stigmatisierungseffekt, der sich trotz Datenschutzes (s. dazu §§ 61–64 – jeweils Abs. 1 – sowie S. 123ff.) langfristig negativ auf sie auswirken kann. Aber abgesehen da-

Kritik

von ist auch der Denkansatz verfehlt. Denn es ist nicht einzusehen, wenn zB bei einem alleinerziehenden Elternteil, der am selben Ort berufstätig ist und daher sein Kind nach der Arbeit aus einer Tagespflegestelle abholen kann, ohne die Feststellung eines Erziehungsbedarfs Jugendhilfe nach § 23 gewährt werden kann, jedoch bei Eltern, die zB Pendler oder zeitweilig auswärtig berufstätig sind, ein Erziehungsbedarf bestehen muss. Noch krasser wird die Diskrepanz der unterschiedlichen Voraussetzungen bei Tages- und Vollzeitpflegestellen, wenn das Kind nur deshalb nicht täglich aus der Pflegestelle in seine Familie zurückkehren kann, weil im näheren, täglich erreichbaren Umkreis kein Tages-Pflegeplatz vermittelt werden konnte.

Pflegekindperspektiven

Die Unterbringung in Vollzeitpflege soll für Minderjährige, deren Erziehung und Entwicklung in der eigenen Familie nicht gewährleistet ist, eine zeitlich befristete Erziehungshilfe oder eine auf Dauer angelegte Lebensform bieten (§ 33 S. 1). Beide Formen stellt die Vorschrift zwar gleichberechtigt nebeneinander und macht die Auswahl von den Umständen des Einzelfalles abhängig, wobei sowohl das Alter und die konkrete Entwicklung der Minderjährigen als auch ihre Bindungen sowie die Möglichkeiten der Verbesserung der Erziehungsbedingungen in ihrer Herkunftsfamilie (das ist also nicht zwingend die leibliche) maßgebend sind. Dabei hat die Prognose des JA aus der Perspektive der Minderjährigen zu erfolgen und danach erst eine dementsprechende Auswahl der passenden Pflegefamilie.

Zielsetzung des SGB VIII

Rückkehrchancen

Das SGB VIII propagiert bei Pflegekindern grundsätzlich die Rückkehr in die Herkunftsfamilie. Daher ist das JA primär verpflichtet, durch entsprechende Beratung und Unterstützung die Beziehungen der Minderjährigen zu ihrer Familie zu fördern und deren Erziehungsmöglichkeiten so zu verbessern, dass sie wieder zu Hause erzogen werden können, sofern dies innerhalb eines im Hinblick auf die Entwicklung vertretbaren Zeitraums möglich ist (vgl. § 37 Abs. 1 S. 2 u. 3). Ist das jedoch nicht der Fall, so soll mit allen Beteiligten (dh mit Herkunfts-, Pflegefamilie und Kind) eine dem Kindeswohl förderliche und auf Dauer angelegte andere Lebensperspektive gemeinsam erarbeitet werden (§ 37 Abs. 1 S. 4). Denn aus tatsächlichen wie rechtlichen Gründen können sich für Minderjährige hieraus gravierende Folgen ergeben. Bei weiterem kontinuierlich gutem Verlauf in der Pflegefamilie erwächst daraus nämlich fast unweigerlich die Konsequenz der mehr oder weniger endgültigen Ablösung von deren Herkunftsfamilie, weil die Rspr. wegen der dann immer stärker werdenden Einbettung in die Pflegefamilie bei länger als zwei Jahre dauernden Pflegeverhältnissen entsprechende Herausnahmeverlangen der leiblichen Eltern nach § 1632 Abs. 4 meist ablehnt.[86]

Beratungspflicht des JA

Damit dem JA die Entscheidung nicht allein überlassen wird, ob auf eine Rückkehr des Kindes in die leibliche Familie hingearbeitet oder dessen Verbleib in der Pflegefamilie (mit den sich hieraus ergebenden oa Konsequenzen) gefördert wird, ist die vorherige Beratung der Eltern, ihre Einbeziehung in den Hilfeplan und die weitere Zusammenarbeit mit ihnen (dazu S. 102f.) besonders wichtig.

Dilemma der Pflegekinder

Diese Vorschrift zeigt besonders deutlich, dass die Situation von Pflegekindern immer dadurch gekennzeichnet ist, dass sie sich im Spannungsfeld von zwei Familien befinden und die leiblichen Eltern bei auf Dauer angelegten Pflegeverhältnissen es riskieren, ihr Kind nicht wieder zurückzuerhalten. Dies schafft für alle Beteiligten (Kind, Pflege- und leibliche Eltern) große Probleme, die eine sorgsame Beratung aller Seiten vor und während der Inpflegenahme erfordert – eine wahrlich schwer zu lösende verantwortungsvolle Aufgabe der Jugendhilfe. Bei guter Kooperation zwischen Pflege- und leiblicher Familie können diesbezügliche Konflikte und (meist dramatisch verlaufende) Entscheidungssituationen jedoch häufig vermieden werden. Das JA ist daher verpflichtet (vgl. dazu § 37 Abs. 2 S. 2), auf

[86] *Lakies* unter Hinweis auf eine (von ihm durchgeführte) Untersuchung (ZfJ 1990, 552), s. dazu auch S. 292f.

eine Zusammenarbeit der Eltern und Pflegepersonen hinzuwirken und hat Letztere zu beraten und zu unterstützen; das gilt auch für Zusammenschlüsse von Pflegepersonen (vgl. § 37 Abs. 1 u. Abs. 2). Dabei ist jedoch stets das Kindeswohl zu wahren und nicht die (subjektiv betrachtet) evtl. noch so berechtigten Interessen der Eltern oder der Pflegepersonen!

Kindeswohl beachten

Kostenregelung

Die Kostenregelung entspricht gem. § 91 Abs. 1 der intensiven sozialpädagogischen Einzelbetreuung (s. dazu S. 90).

Ausübung der Personensorge durch Pflegepersonen

Ausübung elterlicher Sorge durch Pflegeeltern

Kraft Gesetzes (vgl. § 1688 Abs. 1 BGB) können Pflegeeltern, bei denen das Kind für längere Zeit in Familienpflege lebt, für ihr Pflegekind selbstständig entscheiden und die Sorgerechts-Inhaber insoweit vertreten

Befugnisse

- in Angelegenheiten des täglichen Lebens (s. dazu unten),
- bei der Verwaltung des Arbeitsverdienstes des Kindes,
- bei der Geltendmachung und Verwaltung von Unterhalts-, Versicherungs-, Versorgungs- und sonstigen Sozialleistungen für das Kind,
- bei Gefahr im Verzug (hier besteht das sog. *Notvertretungsrecht*, vgl. dazu § 1629 Abs. 1 S. 4 sowie S. 297 f.).

Sorgerechtsinhaber können allerdings Pflegeeltern (in jederzeit widerruflicher Weise) darüber hinausgehende Ermächtigungen erteilen.[87]

Beschränkungen durch Eltern oder FamG

Die Ermächtigung zur Ausübung der oa Bereiche der elterlichen Sorge gilt jedoch nur, wenn all diese Befugnisse nicht ausdrücklich von den Personensorge-Inhabern oder vom FamG eingeschränkt oder ausgeschlossen wurden (vgl. § 1688 Abs. 3 S. 1 u. 2 BGB).

Wenn dies aber dazu führt, dass dies eine dem Pflegekind förderliche Erziehung nicht mehr ermöglicht, sind die Pflegeltern berechtigt wie verpflichtet, das JA zur Vermittlung anzurufen (vgl. § 38).[88] Bringt dies keine dem Wohl des Pflegekindes gerecht werdende Lösung, muss das JA prüfen, ob es gemäß § 8a Abs. 2 das FamG hiervon informiert.

Sog. „Alltagssorge" durch Pflegepersonen

Zu den Angelegenheiten des täglichen Lebens gehören:
- Organisation des täglichen Lebens inkl. Freizeitgestaltung und Hausaufgaben,
- Kauf von Spielzeug (inkl. Audio-, Video-, PC-Zubehör), Kleidung,
- Teilnahme an freiwilligen Schulveranstaltungen (Ausflüge, Feste, Reisen etc.),
- Planung und Finanzierung von Ausflügen und Urlaubsreisen,
- Teilnahme an sportlichen, musischen, kulturellen Veranstaltungen,
- Arztbesuche (mit Ausnahme von Zahnregulierungen, Operationen).

Darüber Hinausgehendes bleibt Eltern vorbehalten

Nicht dazu gehören Entscheidungen über:
- die generelle Veränderung des Aufenthaltes,
- An-/Abmeldung in Kindergärten und anderen Tageseinrichtungen,
- Ein-, Umschulungen, Schulwechsel,
- Ausbildungs- und Berufswahl,
- Nachhilfeunterricht,
- Unterbringung in Heimen, Internaten, Kranken-, Heil-, Pflege-Anstalten,

[87] Ebenso *Schwab*, Rn. 856.

[88] Das ist auch bei Kompetenzstreit von PS-Inhabern u. Pflegeeltern vorgesehen.

- Fragen der religiösen Erziehung,
- Beitritt in Vereine,
- Kreditaufnahmen.

Die vorgenannten Entscheidungen gehören also *nicht* zur sog. „Alltagssorge", sondern bleiben vielmehr den Eltern (oder sonstigen PS-Inhabern) vorbehalten, sofern sie dieselben nicht ausdrücklich an die Pflegepersonen delegiert haben.

h) Heimerziehung, betreute Wohnformen

Die Erziehung in Heimen und ähnlichen Einrichtungen stellt eine weitere klassische Jugendhilfeleistung dar.

Pflegefamilie oder Heim?

Das Verhältnis von Familien- und Heimerziehung ist nach wie vor kontrovers. Man kann – verkürzt dargestellt – Folgendes festhalten:

Heute wird wegen ihrer positiven Bindungswirkungen bei Kleinkindern von einem absoluten Vorrang der Pflegefamilien ausgegangen. Bei älteren Kindern (ab 10–12 Jahren) sowie bei Jugendlichen, bei denen eine Ablösung von der eigenen Familie fast schon eher eine altersmäßige Entwicklung sein kann, wird dagegen die Erziehung in Heimen und ähnlichen Einrichtungen mit ihren vielfältigeren Differenzierungsformen, und die daher eher eine Verselbstständigung als pädagogisches Ziel ermöglichen, durchaus als die evtl. bessere Alternative angesehen, zumal es für diese Altersgruppe meist zu wenige (bereite wie geeignete) Pflegefamilien/-stellen gibt.

Probleme von Fremdunterbringungen

Jede Fremdunterbringung ist für Kinder wie Eltern ein gravierender Eingriff, der alle sehr belastet. Er ist mit dem Abbruch vertrauter Verhältnisse und gewachsener Beziehungen sowie mit dem Risiko des Gelingens eines Neuanfanges verbunden. Fremdunterbringung will daher wohl überlegt sein. Das darf andererseits aber auch nicht dazu führen, dass so lange mit einer Herausnahme aus der eigenen Familie gewartet wird, bis jede sinnvolle HzE zu spät kommt und dieses „Versagen" der Erziehung dann wieder der Fremdunterbringung angelastet wird. In diesem Spannungsverhältnis steht jede Fremdplatzierung.

Angebotscharakter

Da auch Heimunterbringungen Angebotscharakter haben, sind sie von der Einwilligung der Personensorge-Inhaber abhängig.

Anders ist es nur bei nach § 42 erfolgten (s. dazu die S. 108 ff.) oder vom FamG nach §§ 1666, 1666a BGB angeordneten (s. dazu S. 326 ff.) Heimunterbringungen.

§ 27 Abs. 1 erfüllt?

Auch hier sind die Bedingungen des § 27 Abs. 1 (s. dazu S. 84 f.) zu erfüllen.

Gesetzliche Zielsetzungen

Die Heimerziehung soll Minderjährige durch eine Verbindung von Alltagserleben und pädagogischen und therapeutischen Angeboten in ihrer Entwicklung fördern. Dabei soll je nach Alter und Entwicklungsstand der Minderjährigen sowie den Möglichkeiten der Verbesserung der Erziehungsbedingungen in der Herkunftsfamilie primär versucht werden, ihre Rückkehr in ihre Familie zu erreichen. Ist dies nicht möglich oder nicht sinnvoll, so soll die Erziehung in einer anderen Familie vorbereitet werden oder eine auf längere Zeit angelegte Lebensform geboten und auf ein selbstständiges Leben vorbereitet werden. Dabei kommen neben den bewährten Heimen (dh: von eingruppigen Klein-Heimen über größere dezentralisierte Einrichtungen mit familienähnlichen Wohngruppen bis hin

Rückkehr möglich?

Heime Alternativen

zu Kinder- und Jugend-Dörfern) je nach Alter, Entwicklung und sonstigen Umständen vor allem auch betreute, selbstständige Jugend-Wohngemeinschaften sowie betreutes Einzelwohnen in Betracht. Die beiden Letzteren haben sich in der Praxis als Übergangshilfe zwischen Heimerziehung und selbstständiger Lebensführung ebenso bewährt wie als eigenständige Hilfeform.

Weitere Zielsetzungen für Jugendliche

Bei Jugendlichen kommt stets als Zielsetzung hinzu, sie in allen Fragen der Ausbildung, Beschäftigung sowie Lebensführung zu beraten und zu unterstützen (zB auf Maßnahmen im Rahmen der Jugendsozialarbeit hinzuweisen) und sie auf ein selbstständiges Leben vorzubereiten (§ 34 S. 3). Dabei sind die Eltern der Minderjährigen stets in die Beratungen einzubeziehen und sie über die Konsequenzen im Einzelnen aufzuklären (vgl. § 36 Abs. 1 S. 1).

Hilfeplan, Beratung, Zusammenarbeit

Dabei ist auch hier besonders auf die Bedeutung der Aufstellung eines Hilfeplanes sowie der Beratung und Zusammenarbeit mit den Eltern gemäß §§ 36, 37 hinzuweisen (s. dazu auch S. 102 f.).

Über Volljährigkeit hinaus möglich

Nach Erreichen der Volljährigkeit können sich hier u. U. Jugendhilfeleistungen nach § 41 anschließen (s. dazu S. 107 f.).

Ausübung elterl. Sorge durch Erzieher/Betreuer

Während der Unterbringung in Heimen oder anderen Einrichtungen oder Wohnformen werden die Eltern (oder sonstigen PS-Inhaber) zwar nicht in ihrer elterlichen Sorge beschränkt. Jedoch gilt für die dort verantwortlichen Erzieherinnen und Erzieher dasselbe Vertretungsrecht, das Pflegepersonen zusteht (vgl. § 1688 Abs. 2 BGB), sofern diese keine Einschränkungen vorgenommen haben (§ 1688 Abs. 3 BGB).[89]

Geschlossene Unterbringung genehmigungspflichtig

Zu betonen ist, dass die Unterbringung in einem Heim- oder einer ähnlichen Einrichtung keinesfalls die Befugnis zur sog. „geschlossenen Unterbringung“ einschließt. Dafür ist vielmehr gemäß § 1631b BGB stets die vorherige Genehmigung des FamG nötig (s. dazu S. 288 f.). Zu bedauern ist jedoch auch hier, dass diese Genehmigung die Personensorge-Berechtigten einholen müssen und nicht auch die entsprechende Einrichtung (zu den Konsequenzen s. S. 90). Besser wäre es, wenn hier eine diesbezügliche Verpflichtung vorgesehen wäre.

Kostenregelung

Die Kostenregelung entspricht der intensiven sozialpädagogischen Einzelbetreuung (vgl. § 91 Abs. 1 Nr. 5b sowie S. 96).

[89] S. im Einzelnen dazu S. 96 f. Zum Einsatz körperlichen Zwangs *Häbel* ZJK 2016, 167 ff., 204 ff.

Pflegeverhältnisse, Heimerziehung, sonstige betreute Wohnformen:

Angesichts divergierender Voraussetzungen und Kosten sind allgemeine Pflegeverhältnisse von der HzE nach § 33 zu trennen.

Heimerziehung und betreute Wohnformen können nur durch das JA gewährt werden. Sie kommen nur bei Vorliegen der Voraussetzungen des § 27 in Betracht.

Bei Pflegeverhältnissen ist das nicht zwingend der Fall. Sie können daher mit und ohne Mitwirkung des JA begründet werden.

Für Tages-/Teilzeitpflege, Tagesmütter/-väter kommen die §§ 22 ff. und nicht § 33 zur Anwendung; bei Familien-, Kurzzeit-, Übergangs-, Vollzeitpflege und Pflegenestern hängt dies vom konkreten Einzelfall ab.

In *Sonderpflegestellen* (§ 33 S. 2) wird HzE für besonders in ihrer Entwicklung beeinträchtigte Minderjährige gewährt, die Betreuung durch Fachkräfte benötigen.

Bereitschaftspflege stellt keine HzE iSd § 33, sondern eine vorläufige Schutzmaßnahme gem. § 42 dar.

Adoptionspflege gem. § 1744 BGB ist keine HzE iSd § 33, da sie keinen Erziehungsbedarf ausgleichen, sondern ein neues Eltern-Kind-Verhältnis „für immer" aufbauen soll.

Findet HzE in „Einrichtungen" statt und ist diese mit Unterbringung über Tag und Nacht verbunden, so spricht man von Heimerziehung oder Erziehung in betreuten Wohnformen. Sie richtet sich nach §§ 27 u. 34.

Zusammenfasssung

3. Unterhalt, Krankenhilfe

Vorbemerkungen

Voraussetzungen

Die §§ 39 und 40 regeln Annexleistungen zur HzE. Sie können nur beansprucht werden, wenn HzE nach den §§ 32–35, also Erziehung in einer Tagesgruppe, Vollzeitpflege, Erziehung in einem Heim oder einer sonstigen betreuten Wohnform oder intensive sozialpädagogische Einzelbetreuung erbracht wird. Unterhalt und Krankenhilfe sind ferner zu leisten, wenn eine „innovative" Hilfeart erbracht wird, die den genannten Hilfearten entspricht. Bedürftigkeit ist nicht Voraussetzung des Unterhalts oder der Krankenhilfe.

Sonst: Arbeitslosengeld II, Sozialgeld, Sozialhilfe

Finanzielle Hilfen zum Lebensunterhalt ohne jegliche „Jugendhilfebeteiligung" können also (weiterhin) nur vom Träger der Grundsicherung für Arbeitsuchende (also Jobcenter), sonst vom Sozialhilfeträger übernommen werden. Unterhaltsverpflichtungen (dh gemäß § 1601 BGB: von Eltern und Großeltern) bleiben von der Gewährung „wirtschaftlicher Jugendhilfe" unberührt (vgl. § 10 Abs. 1 sowie auch S. 58 f.), dh: sie bleiben weiter bestehen.

Leistungen zum Unterhalt Minderjähriger (§ 39)

§ 39 bestimmt zunächst, dass zur Gewährung von HzE gemäß den §§ 32–35 auch gehört, neben den Erziehungskosten den notwendigen Lebensunterhalt des Minderjährigen außerhalb seines Elternhauses sicherzustellen (vgl. § 39 Abs. 1 S. 1: „... auch"). Das bedeutet Folgendes:

Erziehungs- und Unterbringungskosten

Unterhalt Es ist außer den Erziehungskosten auch der notwendige Unterhalt der Minderjährigen sicherzustellen (vgl. § 39 Abs. 1 u. 2 S. 1).

Unterhalt von Neugeborenen Bekommt eine minderjährige Mutter in einer Einrichtung oder Pflegefamilie ein Kind, so ist auch dessen Unterhalt sicherzustellen (§ 39 Abs. 7).

Taschengeld Zusätzlich ist den Minderjährigen ein angemessener Barbetrag (Taschengeld) zur persönlichen Verfügung zu stellen, dessen Höhe (nach Altersgruppen gestaffelt) von der nach Landesrecht zuständigen Behörde festgesetzt wird (§ 39 Abs. 2 S. 2 u. 3).

Pflegegeld Für die Vollzeitpflege sehen die Absätze 3–6 des § 39 Sonderregelungen vor. Sie betreffen das sog. Pflegegeld, für dessen Berechnung bundeseinheitliche Grundsätze (im Detail bestehen jedoch ländermäßige Unterschiede) vorhanden sind. Es setzt sich gemäß § 39 Abs. 3 zusammen aus:

– den laufenden Leistungen sowie einmaligen Beihilfen oder Zuschüssen.

Berechnung der laufenden Leistungen Dabei sollen die laufenden Leistungen auf der Grundlage der tatsächlichen Kosten (dh: die Kosten des gesamten Lebensbedarfs sowie die der Erziehung), soweit sie einen angemessenen Umfang nicht übersteigen,

Pauschale nicht rechnerisch, sondern durch monatliche Pauschalbeträge gewährt werden; dabei sind die Verhältnisse am Ort der Pflegestelle maßgeblich (§ 39 Abs. 4 S. 5). So kann zB auch ein höherer Aufwand in heilpädagogischen Pflegestellen berücksichtigt werden. Die monatlichen Pauschal-

Landesrecht maßgeblich beträge sollen die zuständigen Landesbehörden nach Altersgruppen gestaffelt festsetzen (vgl. § 39 Abs. 5). Der Deutsche Verein für Öffentliche und Private Fürsorge (Berlin) gibt hierzu kontinuierlich Empfehlungen heraus, die bei Vollzeitpflege für den Sachaufwand seit 1.1.2020 Folgendes vorsehen:[90]

Altersstaffelung vorgeschrieben

– für Kinder bis 6 Jahren 568,– EUR
– für Kinder von 6–12 Jahren 653,– EUR
– für Kinder und Jugendliche von 12–18 Jahren 718,– EUR

(wobei der Anteil der Unterkunftskosten [dh: Miete inkl. Nebenkosten] jeweils 120,39 EUR beträgt).

Hinzu kommt für die Erziehung für alle Altersstufen ein einheitlicher Betrag von 248,– EUR.

Erhält die Pflegeperson für ein Pflegekind Steuerermäßigung oder Kindergeld, so wird das Pflegegeld um 1/4 des gesetzlichen Erstkindergeldes (derzeit: 204,– EUR) gekürzt; wenn es das einzige oder das älteste (leibliche oder Pflege-) Kind in der Pflegefamilie ist, wird es um 1/2 gekürzt (vgl. § 39 Abs. 6). Die Leistung für den Sachaufwand nach § 39 Abs. 4 S. 2 kann angemessen gekürzt werden, wenn die Pflegeperson mit dem Pflegekind in gerader Linie verwandt ist und in der Lage ist, Unterhalt zu gewähren.[91]

Beihilfen, Zuschüsse *Zusätzlich* zum Pflegegeld können einmalige Beihilfen und Zuschüsse gewährt werden (§ 39 Abs. 3).

Beispiele: Erstausstattung einer Pflegestelle, Urlaubs- u. Ferienreisen, Weihnachten, Geburtstag, Firmung, Konfirmation etc.

---

[90] NDV 2019, 447.
[91] Vgl. BVerwG NJW 2016, 3607.

Krankenhilfe (§ 40)
Sie kommt (mit Ausnahme der Eingliederungshilfe in Tages- oder anderen teilstationären Einrichtungen) in denselben Fällen wie die Unterhaltsleistungen nach § 39 in Betracht. Zum Umfang vgl. § 40 S. 1 iVm §§ 47–52 SGB XII sowie § 40 S. 2–4.)

4. Kostenbeteiligung

Zum Teil Kostenfreiheit

Kostenfrei (vgl. § 91 Abs. 1 u. 2) werden gewährt:
Pädagogisch-therapeutische Leistungen (§ 27 Abs. 3), Ausbildungs-/Beschäftigungs-Maßnahmen (§§ 27 Abs. 3 iVm § 13 Abs. 2), Erziehungsberatung (§ 28), Soziale Gruppenarbeit (§ 29), Erziehungsbeistand/Betreuungshelfer (§ 30), Sozialpädagogische Familienhilfe (§ 31).

Kostenpflicht

Kostenpflichtig (vgl. § 91 Abs. 1 Nr. 5 u. 6, Abs. 2 Nr. 2 u. 3) sind:
Erziehung in einer Tagesgruppe (§ 32), Vollzeitpflege (§ 33), Heimerziehung/sonstige betreute Wohnform (§ 34), Intensive sozialpädagogische Einzelbetreuung (§ 35), Eingliederungshilfe für seelisch behinderte Kinder und Jugendliche (§ 35a).

In Fällen der Kostenheranziehung haben zunächst stets die öffentlichen Jugendhilfeträger die gesamten Kosten zu übernehmen. Dann errechnen sie den jeweiligen Kostenbeitrag und erlassen entsprechende Leistungsbescheide (vgl. §§ 91 Abs. 5, 92 Abs. 2). Dabei gilt Folgendes:

Einheitlich für HzE- u. Eingliederungshilfe

Weil die Eingliederungshilfe für seelisch behinderte Minderjährige der Jugendhilfe zugeordnet ist, gilt für diese und die HzE in § 94 eine einheitliche Regelung bzgl. der Kostenheranziehung, die von der abweicht, die für die anderen Jugendhilfeleistungen vorgesehen ist (§ 94 Abs. 1). Daraus folgt:

Pauschalierte Kostenbeiträge

Zu voll- wie teilstationären Leistungen werden nach Einkommen gestaffelte pauschale Kostenbeiträge erhoben, die sich aus einer (alle zwei Jahre anzupassenden) *Rechtsverordnung des Bundes* ergeben (§§ 91 Abs. 1, 92 Abs. 1, 94 Abs. 5).

Kostenbeteiligung junger Menschen

Junge Menschen iSd § 7 Abs. 1 Nr. 4 müssen aber ihr Einkommen (nach den Abzügen gem. § 93 Abs. 2 u. 3) voll einsetzen (§ 94 Abs. 6 S. 1), also über die Pauschalsätze hinaus.

Rangfolge bei der Heranziehung

Bei der Heranziehung zu den Kosten besteht nach § 94 Abs. 1 S. 3 u. 4 folgende Rangfolge:

- zunächst die Minderjährigen und jungen Menschen selbst,
- danach eventuelle Ehegatten oder Lebenspartner,
- zuletzt die Eltern.

Berücksichtigung von Einkommen und Unterhaltspflichten

Nach § 94 Abs. 3 ist bzgl. der Höhe der Kostenbeiträge bei Eltern, Ehegatten oder Lebenspartnern deren jeweiliges Einkommen iSd § 93 maßgebend sowie angemessen zu berücksichtigen, wie viele Personen mindestens im gleichen Rang wie der im Rahmen der Jugendhilfe untergebrachte junge Mensch ihnen gegenüber außerdem noch unterhaltsberechtigt sind (s. dazu § 1584 bzw. § 1609 BGB).

Kindergeldeinsatz

Werden Leistungen über Tag und Nacht erbracht und erhält ein Elternteil Kindergeld, so besteht mindestens in dieser Höhe Kostenbeitragspflicht; wird diese nicht erfüllt, kann das Kindergeld direkt bei der gewährenden Stelle eingezogen werden (vgl. § 94 Abs. 3).

Anrechnung von Betreuungsleistungen der Eltern

Halten sich junge Menschen iSd § 7 Abs. 1 Nr. 4 nicht nur im Rahmen von Umgangskontakten bei Kostenbeitragspflichtigen auf, so wird –

zur Vermeidung von Doppelbelastungen – deren tatsächliche Betreuungsleistung über Tag und Nacht auf den Kostenbeitrag angerechnet (§ 94 Abs. 4). Dies gilt auch für das Kindergeld.[92]

5. Verfahren

Beratungspflicht des JA

Um die in Betracht kommende HzE richtig auswählen und vorbereiten, aber auch eine bessere Akzeptanz bei der betroffenen Familie (insbesondere den Minderjährigen) und damit bessere Effizienz erzielen zu können, ist das JA gemäß § 36 Abs. 1 S. 1 verpflichtet, die Personensorgeinhaber und die Minderjährigen eingehend zu beraten.

Dabei ist mit ihnen zu besprechen,
- ob sie Jugendhilfe in Anspruch nehmen wollen,
- welche HzE aus Sicht des JA in Betracht kommt,
- welche *tatsächlichen* und *rechtlichen* Folgen der zu gewährenden HzE zu bedenken sind

vor allem die entwicklungs-, bindungs-, schul- u. ausbildungsmäßigen Folgen, aber auch die rechtlichen Konsequenzen einer HzE, dh von den Auswirkungen auf das Sorgerecht (Hinweis auf §§ 1688[93], 1632 Abs. 4[94]) bis hin zu evtl. sich ergebenden finanziellen Belastungen gemäß den §§ 91–94.

Wünsche der Betroffenen

Denn nur so kann erreicht werden, dass sich Eltern und Kind nicht als „Opfer" einer Maßnahme des JA, sondern als Entscheidungsbeteiligte verstehen, deren Beitrag wesentlich für den angestrebten Erfolg der jeweiligen HzE ist. Dies gilt daher auch bei Änderungen von Umfang oder Art der HzE (§ 36 Abs. 1 S. 1) sowie in besonderem Maße bei Fremdunterbringung, bei der die Personensorge-Berechtigten und die Minderjährigen daher auch bei der Auswahl der Pflegestelle oder der Einrichtung beteiligt werden müssen (§ 36 Abs. 1 S. 3), damit sie ihr Wunsch- und Wahlrecht (s. dazu S. 49 ff.) ausüben können.

Klarstellung

Dieses bezieht sich jedoch nicht auf die Gewährung und Auswahl der HzE, so dass bei diesbezüglicher Uneinigkeit evtl. keine HzE geleistet werden kann. Denn trotz Rechtsanspruchs der Personensorgeberechtigten (s. oben) liegt die fachliche wie rechtliche Verantwortung für die Auswahl und Gewährung der richtigen HzE immer beim JA.

Adoption sinnvoll?

Bei einer voraussichtlich langfristigen Fremdunterbringung muss zu alledem vom JA geprüft werden, ob eine Adoption in Betracht kommt (§ 36 Abs. 1 S. 2). Das darf auch in Anbetracht der großen Zahl von (vergeblichen) Adoptionsbewerbern aber keinesfalls missverstanden werden als eine Aufforderung, leibliche Eltern stets dahingehend zu motivieren, es sei denn, die Rückführung des Kindes zu ihnen erscheint tatsächlich von vornherein aussichtslos.

Aufstellung eines Hilfeplanes

Gemeinsame Aufstellung

Angesichts der weitreichenden Auswirkungen der einzelnen HzE auf die Entwicklung der Minderjährigen bedarf es in der Praxis erheblicher Anstrengungen zur Qualifizierung der Entscheidungs- und Hilfeprozesse.

---

[92] Vgl. BVerwG BeckRS 2018, 19414.

[93] S. dazu S. 96 f.

[94] S. dazu S. 292 f.

§ 36 Abs. 2 sieht daher bei einer voraussichtlich auf längere Zeit angelegten HzE die Aufstellung eines Hilfeplanes vor, den mehrere Fachkräfte zusammen mit den Personensorge-Berechtigten und dem Minderjährigen (soweit dies alters- und entwicklungsmäßig angezeigt ist) erstellen und – ggfs. – dabei die Pflege-Eltern oder Mitarbeiter der Einrichtungen bzw. Dienste miteinbeziehen sollen (§ 36 Abs. 2 S. 2). Der Hilfeplan soll außer den Feststellungen über den individuellen erzieherischen Bedarf die am besten zu gewährende konkrete HzE festlegen und dann später regelmäßig die weitere Geeignetheit und Notwendigkeit der ausgewählten HzE überprüfen (§ 36 Abs. 2 S. 2). Hier haben sich in der Praxis verschiedene Modelle entwickelt („Erziehungsplanungen", „Erziehungskonferenzen", „Arbeitskreise") und bewährt, die allerdings noch nicht immer die Betroffenen angemessen einbeziehen. Es gilt, diese Modelle auszubauen bzw. Ähnliches einzuführen, damit überall akzeptable Standards von Fachlichkeit und Rechtsstaatlichkeit erzielt werden.

Praxismodelle ausbauen

Ist Eingliederungshilfe nach § 35a (s. dazu S. 105 ff.) erforderlich, so ist § 36 Abs. 3 zu beachten, dh: bei der Aufstellung und Änderung des Hilfeplanes sowie bei der Durchführung der Hilfe muss ein Arzt, der über besondere Erfahrungen in der Hilfe für Menschen mit Behinderungen verfügt, beteiligt werden.

Beteiligung eines Arztes

Erscheinen berufliche Eingliederungsmaßnahmen erforderlich, so sollen auch die Stellen der Bundesagentur für Arbeit beteiligt werden.

Bundesagentur für Arbeit

Insgesamt dient der Hilfeplan außer einer qualifizierteren Entscheidungsfindung vor allem der Erarbeitung langfristiger Perspektiven. Er darf jedoch nicht verwechselt werden mit dem konkreten Erziehungs- und/oder Behandlungskonzept, das im Falle einer Fremdunterbringung die betreffende Einrichtung für die bei ihr durchzuführende HzE selbst aufstellt (deren Konzeption ist aber in die Entscheidung über die Auswahl der Einrichtung einzubeziehen), sondern stellt die Vorbereitung und Begleitung der HzE durch die Jugendhilfe in Zusammenarbeit mit allen Betroffenen dar.

Qualifizierungsansatz und Perspektiventwicklung

Verwechslungsgefahr

Entscheidung durch Verwaltungsakt

Über die HzE wird durch Verwaltungsakt entschieden.[95]

[95] Näher dazu *Kepert* SRa 2016, 52 ff.

Entwicklung der Entscheidung zur Gewährung von HzE

Partizipation der Betroffenen
(§ 36 Abs. 1)

- Beratung der Personensorge-Inhaber und der Minderjährigen
- ihre Beteiligung bei Auswahl von Pflegestelle oder Einrichtung
- Berücksichtigung ihres diesbezgl. Wunsch- und Wahlrechts

Hilfe-Plan
(§ 36 Abs. 2)

- Zusammenwirken mehrerer Fachkräfte bei Entscheidungen über die im Einzelfall angezeigte Hilfeart, wenn voraussichtlich für längere Zeit HzE zu leisten ist
- Erstellung eines Hilfeplans mit Personensorge-Inhabern und Minderjährigen
- Einbeziehung der Hilfe leistenden Personen, Dienste/Einrichtungen bei Erstellung und Überprüfung des Hilfeplans
- Auswahl der geeignet und notwendig erscheinenden konkreten HzE
- kontinuierliche Überprüfung der Effizienz der ausgewählten HzE

Kooperation mit allen Beteiligten bei HzE außerhalb der eigenen Familie
(§ 37)

- Zusammenarbeit von Personensorge-Inhabern und Erziehungs-/Pflege-Personen
- Beratung und Unterstützung der Herkunftsfamilie zur Verbesserung der Erziehungs-Bedingungen (wegen Rückkehr-Option)
- Entscheidung über Fremd-Unterbringung auf Zeit oder Dauer
- Berücksichtigung der Entwicklungsbedingungen der Minderjährigen (inkl. Zeit-Faktor)
- Erarbeitung einer auf Dauer angelegten Lebens-Perspektive (inkl. Prüfung, ob Adoption möglich ist), wenn Rückkehr in Herkunftsfamilie mangels Verbesserung der Erziehungs-Situation nicht in Betracht kommt

6. Ende der HzE

Da die HzE nur Angebotscharakter hat, also auf der Freiwilligkeit der Personensorge-Inhaber basiert, sind Zwangsmaßnahmen jetzt nur noch über §§ 1666, 1666a BGB, §§ 8a, 42 SGB VIII, § 12 JGG (s. zu Letzterem S. 146 f.) möglich. Daher muss jede HzE aufgehoben werden, wenn die Personensorgeberechtigten dies beantragen. In diesen Fällen muss das JA jedoch prüfen, ob es gemäß § 8a Abs. 2 das FamG anrufen muss. Ansonsten endet die HzE, wenn ihre Zielsetzungen erfüllt sind. Das FamG kann aber keine HzE anordnen[96].

[96] S. dazu mit eingehender Begründung GK-SGB VIII/*Häbel*, § 27, Rn. 82.

VIII. Eingliederungshilfe für seelisch behinderte Kinder und Jugendliche

Ziele der Eingliederungshilfe

Die Eingliederungshilfe für seelisch behinderte Kinder und Jugendliche (§ 35a) soll einerseits die Behinderung verhindern, beseitigen oder mildern. Andererseits sollen Kinder und Jugendliche mit seelischer Behinderung in die Gesellschaft eingegliedert werden, dh es sollen die behinderungsspezifischen Nachteile ausgeglichen werden. Zur Eingliederung in die Gesellschaft sollen Maßnahmen durchgeführt werden, die Minderjährige mit seelischer Behinderung in die Gemeinschaft (Familie, soziales Umfeld, Schule) integriert und die Teilnahme am kulturellen und öffentlichen Leben erleichtert. Weiter soll die Ausübung eines angemessenen Berufs oder einer angemessenen Tätigkeit ermöglicht werden. Schließlich soll Pflegebedürftigkeit beseitigt werden.

Abgrenzung zur Eingliederungshilfe nach dem SGB IX

Eingliederungshilfe nach § 35a erhalten nur Kinder und Jugendliche mit seelischer Behinderungen oder einer drohenden solchen Behinderung. Kinder und Jugendlichen mit körperlicher oder geistiger Behinderung erhalten demgegenüber Eingliederungshilfe nach dem SGB IX, soweit die Voraussetzungen der §§ 99 ff. SGB IX (bis 31.12.2019 von § 53 Abs. 1 SGB XII)[97] erfüllt sind. Dies macht eine präzise Abgrenzung der körperlichen und insbesondere der geistigen Behinderung gegenüber der seelischen Behinderung erforderlich, was in der Praxis aber mit erheblichen Problemen verbunden sein kann. Bei vielen Betroffenen sind Mehrfachbehinderungen anzutreffen oder die Gesundheitsbeeinträchtigung kann unterschiedliche Auswirkungen haben, zB kann bei einem autistischen Kind eine geistige Behinderung, es kann aber auch nur eine Entwicklungsverzögerung vorliegen. Liegt eine Mehrfachbehinderung vor, kommt es nicht auf den Schwerpunkt der Behinderung an; liegt zumindest auch eine körperliche und/oder eine geistige Behinderung vor, ist der Träger der Eingliederungshilfe nach dem SGB IX für die Eingliederungshilfe (bis 31.12.2019 der Sozialhilfeträger zuständig) (§ 10 Abs. 4 S. 2).

Abgrenzung zur HzE

Abgrenzungsprobleme bestehen ferner gegenüber der HzE nach den §§ 27 ff. Denn auch bei der HzE liegt eine drohende Persönlichkeitsstörung vor und auch diese beinhaltet therapeutische Angebote. Bei der Abgrenzung ist darauf abzustellen, ob der Schwerpunkt der Hilfe bei den pädagogischen Leistungen oder bei den therapeutischen Angeboten liegt. Nur im ersten Fall sind die Leistungen nach den §§ 27 ff. zu erbringen.

Frühförderung

Die Bundesländer können für die Frühförderung besondere Zuständigkeitsregelungen treffen (vgl. § 10 Abs. 2 S. 3). Zur Frühförderung s. § 46 SGB IX.

Anspruchsinhaber: Kinder und Jugendliche

Anspruch auf Eingliederungshilfe nach § 35a haben nur Kinder oder Jugendliche. Junge Volljährige erhalten Eingliederungshilfe nach § 41. Sonstige Erwachsene mit seelischer Behinderung erhalten keine Leistungen nach dem SGB VIII. Bei diesen kommen Leistungen der Eingliederungshilfe nach dem SGB IX (bis zum 31.12.2019 nach den §§ 53 ff. SGB XII) in Betracht, soweit die weiteren Voraussetzungen dieser Vorschriften vorliegen.

---

[97] Zu den Auswirkungen des Bundesteilhabegesetzes auf die Eingliederungshilfe nach § 35a SGB VIII s. *Kunpkel*, ZfF 2018, 25 und *Grünenwald*, ZKJ 2018, 208 ff., 252 ff.

Seelische Behinderung

Voraussetzungen des Anspruches auf Eingliederungshilfe nach § 35a Abs. 1 S. 1 sind:

1. ein Abweichen der seelischen Gesundheit vom lebensaltertypischen Zustand für wahrscheinlich länger als 6 Monate
   Ob eine solche Beeinträchtigung vorliegt, ist durch einen/e Gutachter/in mit einer spezifischen Qualifikation auf der Grundlage der ICD-10 zu klären (§ 35 Abs. 1a).
2. die Beeinträchtigung der Teilhabe am Leben in der Gesellschaft
   Zwischen diesen beiden Tatbestandsmerkmalen muss eine kausale Beziehung bestehen.

Anspruch

Sind diese Voraussetzungen erfüllt, besteht ein Rechtsanspruch auf die Eingliederungshilfe („haben Anspruch").

Anspruchsberechtigte

Anspruchsberechtigt ist – anders als bei der HzE – das Kind oder der Jugendliche selbst. Geltend zu machen ist der Anspruch indessen durch den gesetzlichen Vertreter, idR also durch die Eltern (vgl. § 1629 BGB).

Leistungsarten

Die Eingliederungshilfe kann nach § 35a Abs. 2 in ambulant (zB durch psychosoziale Dienste, in Beratungsstellen sowie in psychologischen oder in ärztlichen Praxen oder in Frühförderstellen), in Tageseinrichtungen für Kinder und andere teilstationären Einrichtungen, bei geeigneten Pflegepersonen und in Einrichtungen über Tag und Nacht und in sonstigen Wohnformen erbracht werden.

Leistungsinhalt

Bezüglich der Leistungen der Eingliederungshilfe für Kinder und Jugendliche mit seelischer Behinderung verweist § 35a Abs. 3 auf die §§ 109 ff. SGB IX. Die Eingliederungshilfe beinhaltet damit Leistungen der medizinischen Rehabilitation, zur Teilhabe am Arbeitsleben, zur Teilhabe an Bildung und zur Sozialen Teilhabe. Es kommt die Gewährung der Leistungen als persönliches Budget in Betracht (§ 35a Abs. 3 iVm § 105 Abs. 4 SGB IX).

Unterhalt/ Krankenhilfe

Weiter besteht ein Anspruch auf Unterhalt und Krankenhilfe nach den §§ 39, 40.[98]

Kombination mit HzE

§ 35a Abs. 4 S. 1 ermöglicht, die Eingliederungshilfe mit der HzE (§§ 27 ff.) zu kombinieren.

Beispiel: gleichzeitige Therapie wegen der seelischen Behinderung und erzieherische Hilfe wegen eines bestehenden Erziehungsbedarfs.

Voraussetzung der Kombination ist, dass die Voraussetzungen beider Leistungen erfüllt sind.

Zuständigkeit und Verfahren

Sachlich zuständig für die Eingliederungshilfe für seelisch behinderte Kinder/Jugendliche ist der örtliche Träger der Jugendhilfe, da keine abweichende Zuständigkeit bestimmt ist (§ 85 Abs. 1). Örtlich zuständig ist grundsätzlich der örtliche Träger, in dessen Bereich die Eltern ihren gewöhnlichen Aufenthalt haben (§ 86 Abs. 1 SGB VIII). Zur hiervon abweichenden örtlichen Zuständigkeit s. die weiteren Absätze des § 86.

Bei der Eingliederungshilfe für Kinder und Jugendliche mit seelischer Behinderung gelten die §§ 36, 36a SGB VIII. Die Ausführungen auf S. 102 f. gelten entsprechend.

Kostenbeteiligung

Bei den ambulanten Hilfen erfolgt keine Kostenbeteiligung. Demgegenüber werden bei teilstationären und stationären Hilfen das Kind/der

---

[98] Insoweit gelten die Ausführungen auf S. 99 f. entsprechend.

Jugendliche und die Eltern zu den Kosten der Eingliederungshilfe herangezogen (vgl. §§ 91 Abs. 1 Nr. 6, Abs. 2, 92 Abs. 1 Nr. 1 und 5). Die Ausführungen auf S. 101 f. gelten entsprechend.

IX. Hilfe für junge Volljährige

Voraussetzungen

Mit der Volljährigkeit enden zwar die HzE und die Eingliederungshilfe nach § 35a, nicht jedoch die Kinder- und Jugendhilfe generell (vgl. §§ 11–14, 16 ff. sowie § 41). Gemäß letzterer Vorschrift soll jungen Volljährigen unter folgenden – an die Stelle jener der §§ 27 Abs. 1, 35a Abs. 1 S. 1 tretenden – Voraussetzungen Hilfe für junge Volljährige gewährt werden:

- Sie dürfen noch nicht 27 Jahre alt sein (§ 41 Abs. 1 S. 1 iVm § 7 Abs. 1 Nr. 3).
- Die Hilfe muss aufgrund ihrer individuellen Situation für ihre Persönlichkeitsentwicklung und eigenverantwortliche Lebensführung notwendig sein (§ 41 Abs. 1 S. 1). Migrationstypische Schwierigkeiten bei der Integrations sind hierfür nicht ausreichend.[99]

Bei jungen Volljährigen, die noch nicht 21 Jahre alt sind, ist nicht erforderlich, dass sie bereits vor ihrem 18. Geburtstag Hilfe erhalten haben. Ab dem 21. Geburtstag wird die Hilfe dagegen nur geleistet, wenn sie bereits vor diesem Zeitpunkt erbracht wurde. Außerdem muss ein begründeter Einzelfall vorliegen (§ 41 Abs. 1 S. 2).

Mögliche Hilfen

Außer der sozialpädagogischen Familienhilfe (§ 31) und der Erziehung in einer Tagesgruppe (§ 32) können für junge Volljährige alle HzE gewährt werden, einschließlich pädagogischer und therapeutischer Leistungen, Ausbildungs- und Beschäftigungsmaßnahmen, Eingliederungshilfe gemäß § 35a SGB sowie Unterhalt (s. dazu S. 99 f.) gemäß § 39 (vgl. § 41 Abs. 2).

Von den HzE kommen für junge Volljährige vor allem in Betracht:

Mögliche HzE

- soziale Gruppenarbeit (§ 29), Erziehungsbeistand/Betreuungshelfer (§ 30), Wohnen in betreuten Wohnformen oder in Heimeinrichtungen (§ 34) und die intensive sozialpädagogische Einzelbetreuung (§ 35) sowie Unterhalt und Krankenhilfe (§ 39).

Zeitraum

Die individuell notwendig erscheinende HzE wird in der Regel nur bis zur Vollendung des 21. Lebensjahres gewährt, soll jedoch in begründeten Einzelfällen für einen begrenzten Zeitraum darüber hinaus fortgesetzt werden (§ 41 Abs. 1 S. 2). Davon ist vor allem dann auszugehen, wenn Ausbildungs-/Beschäftigungsmaßnahmen noch nicht beendet sind *oder* anderenfalls ein akutes Abgleiten in das Drogenmilieu oder in die Kriminalität zu befürchten ist.

Nachbetreuung

Nach Beendigung der Hilfe kommt eventuell noch eine Nachbetreuung zur Hilfe bei seiner Verselbstständigung in Betracht (§ 41 Abs. 3), dh Beratung sowie tatsächliche, aber auch finanzielle Unterstützung (zB durch weiteres Wohnenlassen in einer betreuten Wohnform zu ermäßigtem Kostenbeitrag).

---

[99] Vgl. OVG Bremen BeckRS 2018, 138937.

Vorrang vor § 67 SGB XII Die Jugendhilfeleistungen für junge Volljährige gehen der Hilfe zur Überwindung besonderer sozialer Schwierigkeiten nach den §§ 67 ff. SGB XII vor (§ 10 Abs. 4 S. 1).

Kostenbeteiligung Die jungen Volljährigen werden gemäß § 92 Abs. 1 Nr. 2 iVm § 91 Abs. 1 Nr. 1, 4 u. 8 an den Kosten der teilstationären und stationären Hilfe beteiligt. Das JA ist aber vorleistungspflichtig (§ 92 Abs. 3) und erhebt dann den nach den §§ 93, 94 sich zu errechnenden Kostenbeitrag durch Leistungsbescheid (§ 93 Abs. 2). – Von einer Kostenbeteiligung soll aber gemäß § 92 Abs. 5 im Einzelfall teilweise oder ganz abgesehen werden, wenn sonst Ziel und Zweck der Jugendhilfe gefährdet würden (weil zB der Volljährige dann lieber darauf verzichtet und dadurch eine erhebliche Gefährdung für seine Entwicklung zu befürchten ist), sich aus der Kostenbeteiligung für ihn eine besondere Härte ergäbe oder der damit verbundene Verwaltungsaufwand unverhältnismäßig wäre.

Überleitung von Unterhaltsansprüchen Bezüglich der Eltern und Ehegatten (bzw. eingetragener Lebenspartner) findet gemäß § 95 Abs. 1 u. 2 die Überleitung evtl. bestehender Unterhaltsansprüche auf den öffentlichen Jugendhilfeträger statt, dh, er kann diese dann gegen jene geltend machen.

D. „Andere" Aufgaben der Jugendhilfe

Sonderheiten Im Gegensatz zu den Leistungen der Jugendhilfe (vgl. dazu § 2 Abs. 2) gelten für diese in § 2 Abs. 3 (abschließend) aufgeführten Jugendhilfeaufgaben (vgl. zu beiden S. 45 f.) weder das Prinzip der Freiwilligkeit noch dass Wunsch- und Wahlrecht oder ihre Mitwirkungsrechte, da diese Jugendhilfebereiche hoheitlich ausgestaltet und daher in erster Linie den öffentlichen Trägern vorbehalten sind; diese können die freien Jugendhilfeträger aber an einigen dieser Aufgaben beteiligen oder ihnen die Durchführung übertragen (vgl. §§ 3 Abs. 3 S. 2, 76 Abs. 1). Die Letztverantwortlichkeit bleibt jedoch stets beim öffentlichen Jugendhilfeträger (§ 76 Abs. 2).

I. Inobhutnahme von Minderjährigen

Recht und Pflicht zur Inobhutnahme § 42 berechtigt und verpflichtet das JA zur Inobhutnahme von Kindern und Jugendlichen.

Beispiele: Ein misshandeltes Kind spricht beim JA vor und bittet um seine Inobhutnahme. Ein Kind wird nachts betrunken im Stadtpark aufgegriffen.

Begriff der Inobhutnahme „Inobhutnahme" ist eine zeitlich befristete Intervention zum Schutz der Kinder und Jugendlichen in Krisen- und Notsituationen.[100]

Inhalt der Inobhutnahme Sie beinhaltet die vorläufige Unterbringung über Tag und Nacht bei einer geeigneten Person oder in einer geeigneten Einrichtung und Sorge für das physische und psychische Wohl, die Beratung in seiner gegenwärtigen Lage und das Aufzeigen von Möglichkeiten[101] der Hilfe und Unterstützung.

---

[100] Vgl. *Wiesner*, SGB VIII/*Wiesner*, § 42, Rn. 1.
[101] Vgl. VGH Mannheim NVwZ-RR 2002, 846.

1. Voraussetzungen der Inobhutnahme

Kind oder Jugendlicher

§ 42 ist nur bei Minderjährigen anwendbar (§ 42 Abs. 1 S. 1: „ein Kind oder ein Jugendlicher").[102] Junge Volljährige können nicht nach § 42 in Obhut genommen werden.

Vorliegen eines Grundes für die Inobhutnahme – Bitte des Kindes/Jugendlichen

Das JA ist zur Inobhutnahme berechtigt und verpflichtet, wenn Kinder oder Jugendliche darum bitten (sog. Selbstmelder; § 42 Abs. 1 S. 1 Nr. 1).

Eine bestimmte Form ist für die Bitte nicht vorgeschrieben. Eine Begründung ist nicht erforderlich.[103] Ein subjektives Schutzbedürfnis des Kindes/Jugendlichen ist ausreichend,[104] zB wenn es sich weigert, wieder nach Hause zurückzukehren, oder wenn die Eltern sich weigern, das Kind/den Jugendlichen wieder aufzunehmen. Die Inobhutnahme kann nicht von der Angabe des Namens des Kindes/Jugendlichen abhängig gemacht werden.[105] Der Personensorgeberechtigte muss der Inobhutnahme nicht zustimmen. Das Erziehungsrecht der Eltern (Art. 6 Abs. 2 GG) wird durch die Inobhutnahme nicht verletzt. Ihm wird durch das weitere Verfahren hinreichend Rechnung getragen.[106]

– Dringende Gefahr für das Wohl des Kindes/Jugendlichen

Das JA ist ferner zur Inobhutnahme eines Kindes oder eines Jugendlichen verpflichtet, wenn eine dringende Gefahr für dessen Wohl besteht (§ 42 Abs. 1 S. 1 Nr. 2). Die Vorschrift kommt insbesondere in Fällen zur Anwendung, in denen das Kind oder der Jugendliche durch einen Dritten (Polizei, Lehrer, Verwandte, Nachbarn) dem JA zugeführt werden. Dies kann auch gegen den Willen des Kindes oder Jugendlichen erfolgen.

Eine dringende Gefahr besteht, wenn bei „ungehindertem Verlauf des zu erwartenden Geschehens der Eintritt eines Schadens hinreichend wahrscheinlich ist."[107] Eine Verletzung oder Schädigung muss nicht unmittelbar bevorstehen. Je höher der mögliche Schaden sein kann, umso geringer muss die Wahrscheinlichkeit des Schadenseintritts sein.[108] Ob eine Kindeswohlgefährdung vorliegt, ist im Einzelfall unter Berücksichtigung aller Umstände zu prüfen.[109] Eine dringende Gefahr liegt zB vor, wenn das Kind oder der Jugendliche sich an einem sein Wohl gefährdenden Ort aufhält (Prostitutions- oder Drogenmilieu), aber auch, wenn ein Kind unterversorgt ist (zB nach einem Verkehrsunfall der Eltern).

Die Inobhutnahme nach § 42 Abs. 1 S. 1 Nr. 2 setzt voraus, dass die Personensorgeberechtigten nicht widersprechen. Anders als bei Nr. 1 ist die Information der Personensorgeberechtigten Tatbestandsvoraussetzung. Damit wird der unterschiedlichen Interessenlage Rechnung getragen.

Widersprechen die Personensorgeberechtigten, darf das JA das Kind/den Jugendlichen nur in Obhut nehmen, wenn und solange eine Entscheidung des FamG nicht rechtzeitig eingeholt werden kann. Gemeint ist damit, dass trotz unverzüglicher Anrufung des FamG bis zu dessen Entscheidung bereits Maßnahmen der Abwendung einer Gefährdung getroffen werden müssen. Dieses muss das JA auch dann anrufen, wenn die Personensorgeberechtigten sich unterschiedlich äußern.[110]

---

102 S. zu diesen Begriffen § 7 Abs. 1.
103 Vgl. *Wiesner*, SGB VIII/*Wiesner*, § 42, Rn. 7.
104 Vgl. OLG Zweibrücken FamRZ 1996, 1026 (1027); MüKoBGB/*Tillmanns*, SGB VIII § 42 Rn. 14.
105 Vgl. FK-SGB VIII/*Trenczek* § 42, Rn. 35.
106 Vgl. Wiesner, SGB VIII/*Wiesner*, § 42, Rn. 7.
107 Vgl. *Wiesner*, SGB VIII/*Wiesner*, § 42, Rn. 11.
108 Vgl. BVerwGE 47, 31 (40).
109 Vgl. *Czerner*, ZfJ 2000, 379.
110 Vgl. LPK-SGB VIII/*Kepert*, § 42, Rn. 33.

– Unbegleitet einreisende Minderjährige

Das JA hat unbegleitet nach Deutschland einreisende ausländische Kinder und Jugendliche, deren Erziehungs- oder Personensorgeberechtigten sich nicht in Deutschland aufhalten (unbegleitet minderjährige Ausländer/innen, abgekürzt UMA), in Obhut zu nehmen, (§ 42 Abs. 1 S. 1 Nr. 3). Nicht anzuwenden ist die Vorschrift bei Ferienaufenthalten des Kindes oder des Jugendlichen. Da die §§ 42, 42a ff. eine speziellere Regelung enthalten, verdrängen sie die Vorschriften des AufenthG und des AsylG zur Unterbringung und Verteilung von Ausländern.[111] Sie unterliegen damit nicht der Wohnpflicht in einer Erstaufnahmeeinrichtung.

Vorläufige Inobhutnahme

Unbegleitet minderjährige Ausländer/innen – hierbei muss es sich nicht zwingend um Geflüchtete handeln[112] – müssen vom JA, in dessen Bereich sie sich tatsächlich aufhalten (§ 88 Abs. 1), vorläufig in Obhut genommen werden, sobald die Einreise bekannt wird (§ 42a Abs. 1 S. 1). Danach wird in einem Erstscreening eingeschätzt, ob das Kindeswohl durch die Verteilung an ein anderes JA gefährdet würde, verwandte Personen sich im Inland oder Ausland aufhalten, die gemeinsame Inobhutnahme mit des Geschwistern oder anderen Kindern und Jugendlichen (vor allem aus Fluchtgemeinschaften) erforderlich ist und der Gesundheitszustand daraufhin zu überprüfen ist, ob er der Verteilung innerhalb von 14 Tagen entgegensteht (§ 42a Abs. 2 S. 1). Außerdem muss das Alter festgestellt werden (§ 42f). Hierbei müssen zunächst die mitgeführten Ausweispapiere eingesehen werden (§ 42f Abs. 1 S. 1). Bestehen an deren Richtigkeit oder Echtheit Zweifel, muss von mindestens zwei Fachkräften (sog Vier-Augen-Prinzip) eine qualifizierte Inaugenscheinnahme durchgeführt werden. Hierbei wird anhand körperlicher Merkmale, Verhalten, Schilderung des Lebenslaufes und des bisherigen Werdeganges festgestellt,[113] wie alt die/der UMA ist. Das Ergebnis der qualifizierten Inaugenscheinnahme muss nachvollziehbar und überprüfbar dokumentiert werden.[114] Ist das Alter danach weiterhin zweifelhaft oder wird dies von der/dem UMA beantragt, wird eine ärztliche Altersfeststellung durchgeführt (§ 42f Abs. 2). Bei dieser wird der Stand der Weisheitszähne erhoben sowie Schlüsselbein und Handwurzelknochen begutachtet. In die ärztliche Altersfeststellung muss die/der UMA einwilligen. Diese Einwilligung ist nur wirksam, wenn zuvor umfassend über die Untersuchungsmethode, die Folgen der Altersbestimmung und die Folgen der Weigerung der Untersuchung belehrt wurde.[115] Ungenauigkeiten bei der Altersfeststellung begegnet die Rspr. durch einen Sicherheitsabschlag von zwei bis drei Jahren.[116] Bei danach weiter bestehenden Zweifeln am Alter wird von Minderjährigkeit ausgegangen.[117] Das Verteilungsverfahren wird in den §§ 42a Abs. 4-6, 42b-42e geregelt.

(Randvermerke: **Erstscreening** · **Altersfeststellung** · **Verteilung**)

Sicherstellung der Erstversorgung, Asylantrag

Das JA hat eine Erstversorgung des eingereisten Minderjährigen sicherzustellen. Möglichst schnell nach der Einreise ist ein Vormund oder ein Pfleger zu bestellen (§ 42 Abs. 3 S. 4 SGB VIII). Außerdem muss es einen

---

111 Vgl. Möller, SGB VIII/*Möller*, Vorbemerkung §§ 42 ff., Rn. 6.

112 Vgl. OVG Bremen BeckRS 2018, 129923.

113 Vgl. OVG Bremen BeckRS 2018, 129923.

114 Vgl. OVG Bremen BeckRS 2016, 52525.

115 Vgl. OVG Bremen BeckRS 2018, 16955.

116 Vgl. BayVGH NVwZ-RR 2017, 238.

117 Vgl. BayVGH BeckRS 2016, 49246.

Asylantrag stellen, wenn das Kind bzw. der Jugendliche internationalen Schutz nach § 1 Abs. 1 Nr. 2 AsylG benötigt.

Unmittelbare Rückführung des Kindes/Jugendlichen nicht möglich

Ist eine unmittelbare Rückführung des Kindes oder des Jugendlichen möglich, kommt eine Inobhutnahme nach § 42 nicht in Betracht. Ein Kind/Jugendlicher ist insbesondere dann in Obhut zu nehmen, wenn das Kind/der Jugendliche die Adresse bzw. die Telefonnr. der Eltern nicht angeben will oder kann (zB wegen Drogenkonsums) oder wenn die Eltern nicht erreichbar sind.

2. Inhalt der Inobhutnahme

Zweck der Inobhutnahme

Die Inobhutnahme bezweckt, Kindern und Jugendlichen in akuten Krisen- bzw. Gefahrensituationen sozialpädagogische Schutzmaßnahmen bereitzustellen.

Unterbringung des Kindes/Jugendlichen

Aus der Befugnis zur Unterbringung in § 42 Abs. 1 S. 2 folgt das Recht zur Bestimmung des Aufenthalts der minderjährigen Person. Eine Befugnis zu freiheitsentziehenden Maßnahmen enthält die Vorschrift nicht. Die Voraussetzungen für diese ergeben sich aus § 42 Abs. 5.

Die in Obhut genommenen Kinder und Jugendlichen werden bei einer geeigneten Person, in einer geeigneten Einrichtung oder einer sonstigen betreuten Wohnform untergebracht. Die Einrichtung bzw. die Betreuungsperson müssen über die erforderliche fachliche Kompetenz und Ausstattung verfügen. Einrichtungen idS sind zB Kinder- und Jugendnotdienst, Jugendschutzstellen, Jugendschutzzentren und Mädchen(Frauen)häuser sowie im Einzelfall geeignete Einrichtungen der Kinder- und Jugendpsychiatrie. Geeignete Einrichtungen sind auch die Stellen der sog. familiären Bereitschaftsbetreuung sowie für unbegleitet eingereiste ausländische Kinder/Jugendliche eingerichtete Clearinghäuser. Geeignete Personen und Einrichtungen sind nur solche, die eine ausreichende Betreuung des Kindes/Jugendlichen gewährleisten. Die Unterbringung in Polizeigewahrsam oder in einem Hotel oder einer Pension ohne pädagogische Betreuung ist nicht ausreichend.[118]

Gewährleistungspflicht des JA

Das JA muss ein bedarfsgerechtes Angebot sicherstellen (§ 79). Dabei muss es insbesondere gewährleisten, dass den zielgruppenspezifischen, insbesondere den geschlechtsspezifischen Anforderungen Rechnung getragen wird.[119] Die Angebote müssen leicht und rund um die Uhr erreichbar sein.[120] Eine ausdrückliche Verpflichtung zur Schaffung solcher Einrichtungen fehlt dem SGB VIII. Sie findet sich aber vereinzelt in den Ländern, zB in § 27 Abs. 2 JuFöG Schleswig-Holstein.

Übertragung an die freien Träger

Die Aufgaben im Zusammenhang mit der Inobhutnahme sind grundsätzlich vom JA wahrzunehmen. Das JA kann allerdings anerkannte Träger der freien Jugendhilfe (§ 75) an der Durchführung der Inobhutnahme beteiligen. Es bleibt aber auch dann für die Erfüllung der Aufgabe verantwortlich (§ 76 Abs. 2). Durch die Übertragung der Aufgabe an einen anerkannten Träger der freien Jugendhilfe wird ein öffentlich-rechtliches Auftragsverhältnis begründet, das zu Aufwendungsersatzansprüchen der freien Träger nach § 670 BGB analog führt.

---

[118] Vgl. VGH Mannheim ZfJ 2004, 153.

[119] Vgl. FK-SGB VIII/*Trenczek*, § 42, Rn. 68.

[120] Vgl. *Wiesner*, SGB VIII/*Wiesner*, § 42, Rn. 28.

Wegnahme des Kindes § 42 Abs. 1 S. 2 Hs. 2 berechtigt das JA zur Wegnahme des Kindes oder des Jugendlichen von anderen Personen. Seit Inkrafttreten von § 42 nF ist der Begriff der „anderen Personen“ in einem weiten Sinne zu verstehen. Die Wegnahme ist damit auch beim Personensorgeberechtigten zulässig.

Voraussetzungen Die Wegnahme setzt eine dringende Gefahr für das Wohl des Kindes oder des Jugendlichen voraus. Nicht erforderlich ist, dass die Gefahr von der anderen Person ausgeht. Ausreichend ist, dass die andere Person nicht bereit ist, die Gefahr abzuwenden. Hohe Anforderungen sind an die Inobhutnahme eines Neugeborenen zu stellen. Ein Säugling darf unmittelbar nach seiner Geburt gegen den Willen der Mutter nur aus deren Obhut genommen werden, wenn außergewöhnlich zwingende Gründe vorliegen.[121]

Kein unmittelbarer Zwang § 42 Abs. 1 S. 2 Hs. 2 berechtigt das JA nicht zur Anwendung unmittelbaren Zwangs. Es darf weder die Wohnung aufbrechen noch darf es die Gegenwehr der Personensorgeberechtigten oder sonstiger Personen mit Gewalt überwinden. Die Anwendung unmittelbaren Zwangs, also von körperlicher Gewalt wird durch § 42 Abs. 6 ausdrücklich ausgeschlossen.

Hinzuziehung der Polizei Ist der Einsatz von Gewalt erforderlich, muss das JA den Polizeivollzugsdienst hinzuziehen. Bedienstete des JA selbst dürfen nur bei einer gegenwärtigen, nicht anders abwendbaren Gefahr für Leib oder Leben des Kindes oder anderer Personen Gewalt einsetzen, wenn eine Abwägung der widerstreitenden Interessen ergibt, dass durch die Gewaltanwendung das hierdurch geschützte Interesse wesentlich überwiegt (§ 34 StGB). In diesem Fall ist die Gewaltanwendung gerechtfertigt, so dass eine strafrechtliche Ahndung und Schadenersatzansprüche ausscheiden. Dasselbe gilt, wenn sie selbst angegriffen werden.

Erziehung, Beaufsichtigung und Betreuung Bei den Hilfen und Unterstützungsmöglichkeiten hat das JA nicht nur geeignete Angebote nach dem SGB VIII zu prüfen, sondern auch zu klären, ob eine Überweisung oder Vermittlung an andere Stellen in Betracht kommt, zB an Drogenberatungsstellen, Kinder- und Jugendpsychiatrie, Jugendsozialarbeit oder Schuldnerberatung.

Ausübung der Erziehungsrechte Während der Inobhutnahme übt das JA Erziehungsrechte aus. Die Inobhutnahme führt indessen nicht zum Verlust des Sorgerechts der Personensorgeberechtigten.[122] Dies zeigt sich allein schon daran, dass das JA den mutmaßlichen Willen des Personensorge- bzw. Erziehungsberechtigten zu berücksichtigen hat (§ 42 Abs. 2 S. 4 Hs. 2). Umstritten ist, in welchem Verhältnis die Befugnisse des JA zur elterlichen Sorge stehen.[123]

Vornahme von Rechtshandlungen Das JA ist berechtigt, alle zum Wohl des Kindes oder Jugendlichen notwendigen Rechtshandlungen vorzunehmen. Mit der Inobhutnahme erhält das JA kraft öffentlichen Rechts eine Rechtsposition, die das elterliche Sorgerecht für die Dauer der Inobhutnahme überlagert.[124] Ua hat das JA die Befugnis zur Vertretung des Kindes/Jugendlichen. So darf es zB einen ärztlichen Behandlungsvertrag abschließen. Bei der Ausübung des Sorgerechts hat das JA den mutmaßlichen Willen des Personensorgeberechtigten zu berücksichtigen (§ 42 Abs. 2 S. 4 Hs. 2). Insoweit steht dem JA

---

[121] Vgl. EuGHMR FamRZ 2005, 585.
[122] H.M., vgl. MüKoBGB/*Tillmanns*, § 42 SGB VIII, Rn. 15.
[123] Vgl. LPK-SGB VIII/*Kepert*, § 42, Rn. 61 ff.
[124] Vgl. *Ollmann* FamRZ 2000, 261 (262); *Trenczek* in FK-SGB VIII § 42, Rn. 35.

kein Entscheidungsspielraum zu. In der Praxis ist die Feststellung des mutmaßlichen Willens nicht immer einfach.

Sorgfältige Auswahl der Stelle

Aus der Rechtsstellung des JA ergibt sich insbesondere dessen Verpflichtung bei der Aufnahme des Kindes/Jugendlichen in Bereitschaftspflege, die Pflegeperson sorgfältig auszuwählen und zu kontrollieren. Eigene unmittelbare Aufsichtspflichten hat es dagegen nicht.[125] Verletzt das JA seine Pflichten, kommen Schadensersatzansprüche aus Amtspflichtverletzung (§ 839 BGB iVm Art. 34 GG) in Betracht.

Unterhalt und Krankenhilfe

Während der Inobhutnahme hat das JA Unterhalt zu gewähren (§ 42 Abs. 2 S. 3). Dies geschieht durch die Zahlung entweder von Leistungsentgelten oder von mit den Bereitschaftsstellen vereinbarten Pauschalbeträgen. Ferner hat es Krankenhilfe zu leisten, soweit das Kind/der Jugendliche nicht anderweitig gegen Krankheit abgesichert ist (vgl. § 10 Abs. 1 S. 1).

Freiheitsentziehende Maßnahmen

Unter den Voraussetzungen des § 42 Abs. 5 ist das JA zu freiheitsentziehenden Maßnahmen berechtigt. Die Regelung gilt sowohl für Selbstmelder als auch bei dringender Gefahr als auch bei unbegleitet eingereisten Minderjährigen.

Begriff: Freiheitsentziehende Maßnahmen

Freiheitsentziehende Maßnahmen liegen dann vor, wenn das Kind auf einem beschränkten Raum festgehalten, ständig überwacht und die Aufnahme von Kontakten mit Personen außerhalb des Raums verhindert wird. Bloße Freiheitsbeschränkungen sind dagegen zB die Sicherung von Kleinkindern, begrenzte Ausgehzeiten oder der Abschluss eines Hauses oder eines Gebäudetraktes während der Nachtstunden.[126]

Gründe

Für die Freiheitsentziehung ist eine bloße dringende Gefahr für das Wohl des Kindes oder des Jugendlichen nicht ausreichend. Gründe einer freiheitsentziehenden Maßnahme können sein:

- Lebensgefahr
  Lebensgefahr besteht sowohl bei einer Gefahr der Tötung eines anderen Menschen als auch bei einer Selbsttötung.
- Leibesgefahr
  Leibesgefahr ist nicht jede drohende einfache Körperverletzung, sondern nur schwere Körperverletzungen einschließlich drohender schwerer Erkrankungen.

Geeignetheit und Erforderlichkeit

Die Freiheitsentziehung muss geeignet und erforderlich sein, die bezeichneten Gefahren abzuwenden. Hierbei ist insbesondere zu prüfen, ob die Gefahr mit milderen Mitteln abgewendet werden kann.

Entscheidung des FamG

Die Freiheitsentziehung darf nur für den Tag der Freiheitsentziehung und den darauf folgenden Tag ohne gerichtliche Entscheidung erfolgen (§ 42 Abs. 5 S. 2). Soll die Maßnahme darüber hinaus aufrechterhalten werden, ist eine Entscheidung des FamG erforderlich. Das JA ist verpflichtet, das FamG zumindest in den Fällen, in denen absehbar ist, dass die Gefahr für Leben oder Leib nicht bis zum Ablauf des zweiten Tages behoben sein wird, unverzüglich anzurufen, damit dessen Entscheidung rechtzeitig vorliegt.

---

125 Vgl. OLG Stuttgart JAmt 2005, 474.

126 Vgl. *Wiesner*, SGB VIII/*Wiesner* § 42 Rn. 56.

Str. ist, wie zu verfahren ist, wenn die Gefahr nach Ablauf des zweiten Tages vorliegt, aber eine Anrufung des Gerichts unterblieben ist oder dessen Entscheidung noch nicht vorliegt. Teilweise wird im Schrifttum die Auffassung vertreten, dass in diesem Fall die Freiheitsentziehung aufrechterhalten werden kann, weil die Gefährdung von Leib und Leben das Freiheitsinteresse des Kindes oder Jugendlichen überwiegt und damit der Rechtfertigungsgrund des § 34 StGB erfüllt ist.

Für die freiheitsentziehende Maßnahme bedarf es eines gesonderten Verwaltungsakts.

3. Verfahren der Inobhutnahme

Zuständigkeit

Für die Inobhutnahme eines Kindes oder Jugendlichen ist der örtliche Träger der öffentlichen Jugendhilfe sachlich zuständig (§ 85 Abs. 1). Die örtliche Zuständigkeit richtet sich nach dem tatsächlichen Aufenthaltsort des Kindes/Jugendlichen (§ 87).

Kostenerstattung durch zuständiges JA

Das JA, das die Inobhutnahme vorgenommen hat, hat einen Anspruch auf Erstattung der Kosten gegen das JA, in dem das Kind/der Jugendliche seinen gewöhnlichen Aufenthalt hat.

Verwaltungsakt

Die Entscheidung über die Inobhutnahme eines Kindes/eines Jugendlichen ist ein Verwaltungsakt. Dieser kann schriftlich, mündlich oder konkludent mit der Unterbringung des Kindes oder des Jugendlichen erlassen werden (vgl. § 33 SGB X). Adressat des Verwaltungsakts ist das Kind/der Jugendliche unabhängig von seinem Alter. In dem Verwaltungsakt werden die vorläufige Ausübung der elterlichen Sorge, der Aufenthalt des Kindes oder des Jugendlichen sowie die zu gewährende pädagogischen Hilfen bestimmt. Das JA ist berechtigt, die sofortige Vollziehbarkeit des Verwaltungsakts anzuordnen.

§ 36 SGB I ist nicht anzuwenden, da es sich bei einer Inobhutnahme nicht um eine Sozialleistung, sondern um eine andere Aufgabe handelt. Eine andere Interpretation würde zu einer nicht vertretbaren Kürzung des Rechtsschutzes von Kindern und Jugendlichen unter 15 Jahren führen.

Kontakt zu Vertrauensperson

Wer Vertrauensperson iSv § 42 ist, bestimmt das Kind/der Jugendliche. Eine Verpflichtung zur Benennung einer solchen Person besteht nicht. Vertrauenspersonen müssen nicht zwingend die Eltern, sondern können auch andere Personen (Geschwister, Freunde, Priester) sein. Vor allem bei Konflikten mit den Eltern wird sich das Kind oder der Jugendliche häufig an andere Personen wenden.

Das JA muss den Kontakt auch dann ermöglichen, wenn es die genannte Person nicht für vertrauenswürdig hält. Nur wenn Tatsachen vorliegen, aus denen sich eine Gefahr für das Wohl des Kindes oder des Jugendlichen (§ 1666 BGB) ergibt, muss es den Kontakt unterbinden. In diesem Fall muss es die Benachrichtigung einer anderen Vertrauensperson ermöglichen.[127]

Benachrichtigung der Eltern

Das JA hat die Eltern unverzüglich über die Inobhutnahme nach § 42 Abs. 1 S. 1 Nr. 1 (Selbstmelder) oder Nr. 2 (dringende Gefahr) zu benachrichtigen.[128] Die Information beschränkt sich nicht auf die bloße Mittei-

---

127 Str.; vgl. *Wiesner*, SGB VIII/*Wiesner*, § 42, Rn. 29.

128 Zu den Problemen der Information der Eltern nach Abs. 1 S. 1 Nr. 2 s. Wiesner, SGB VIII/*Wiesner*, § 42, Rn. 35.

lung der Inobhutnahme, sondern umfasst aufgrund des Schutzzwecks der Norm auch die Pflicht des JA, zwischen Eltern und Kind bzw. Jugendlichen zu vermitteln.[129]

Unverzüglich

Unverzüglich ist die Information der Eltern, wenn sie ohne schuldhaftes Zögern des JA erfolgt. Nicht schuldhaft ist das Zögern, wenn das JA zunächst abklärt, ob eine Rückführung des Kindes/des Jugendlichen in die Familie oder eine Anrufung des FamG bei Widerspruch sinnvoll ist. Insoweit wird von einer unverzüglichen Information im Schrifttum auch dann ausgegangen, wenn sie im Einzelfall erst nach ein bis zwei Tagen erfolgt.[130] Ob dies ausreichend ist, hängt nicht nur von den Möglichkeiten der Erreichbarkeit (Tages- bzw. Nachtzeit, Entfernung, Telefonanschluss, etc.), sondern auch vom Alter ab. So ist bei Kindern unbedingt noch am selben Tag ein telefonischer Kontakt oder eventuell auch ein Fax, E-Mail oder Telegramm erforderlich, während bei älteren Minderjährigen eine Benachrichtigung auch noch am nächsten Tag eventuell auch postalisch) geschehen kann. Hier kommt es vor allem auf die voraussichtlichen „Ängste und Sorgen" der Personensorge-Berechtigten an, sowie darauf, ob bisher überhaupt Kontakte bestanden, ob sie Kenntnis vom „Entweichen" „Herumtreiben" etc. haben oder nicht

Keine Zensur zulässig

Der Umfang der Benachrichtigung ist (in beiden Fällen) nicht geregelt und steht somit im pflichtgemäßen Ermessen des JA. So kann es schädlich sein, den Eltern brieflich oder auch telefonisch bereits den gesamten Hintergrund für die Inobhutnahme mitzuteilen; vielmehr ist dies besser der persönlichen gemeinsamen Beratung vorzubehalten. Auf keinen Fall erscheint jedoch eine Telefon- oder Briefzensur der Minderjährigen zulässig, auch nicht aus Sicherheitsgründen. Dann ist schon eher der beabsichtigte oder tatsächliche Unterbringungsort vor den Minderjährigen zu verbergen.

Abschätzung des Gefährungsrisikos

Mit dem Personensorge- oder Erziehungsberechtigten muss das Gefährdungsrisiko abgeschätzt werden (§ 42 Abs. 3 S. 1). Ggfs. erfolgt diese Risikoabschätzung bereits in dem Verfahren nach § 8a Abs. 1 S. 2.

Hilfeplanverfahren

Widersprechen die Personensorgeberechtigten der Inobhutnahme nicht, ist ein Hilfeplanverfahren nach § 36 SGB VIII einzuleiten. Die Inobhutnahme endet erst mit der Entscheidung über die Gewährung einer Anschlusshilfe (§ 42 Abs. 4 Nr. 2). Mit dieser Regelung stellt der Gesetzgeber sicher, dass eine Lücke in der sozialpädagogischen Unterstützung geschlossen wird.[131]

Übergabe des Kindes

Widersprechen die Personensorge- oder Erziehungsberechtigten der Inobhutnahme, hat das JA das Kind/den Jugendlichen den Personensorge- oder Erziehungsberechtigten zu übergeben, sofern nach seiner Einschätzung eine Gefährdung des Kindeswohls nicht besteht oder die Personensorge- oder Erziehungsberechtigten bereit und in der Lage sind, die Gefährdung abzuwenden (§ 42 Abs. 3 S. 2 Nr. 1).

Übergabe bedeutet, dass dem Personensorge- oder Erziehungsberechtigten Gelegenheit zu geben ist, das Kind/den Jugendlichen an einem genau bezeichneten Ort abzuholen. Das JA hat dafür Sorge zu tragen, dass

---

[129] Vgl. Wiesner, SGB VIII/*Wiesner*, § 42, Rn. 36.

[130] Vgl. Wiesner, SGB VIII/*Wiesner*, § 42, Rn. 37; enger wohl LPK-SGB VIII/*Kepert*, § 42, Rn. 38.

[131] S. die Regierungsbegründung in BT-Drs. 15/2676 S. 37.

sich das Kind zur Übergabe bereithält. Es ist aber nicht berechtigt, das Kind zwangsweise festzuhalten.[132] Eine Verpflichtung, das Kind/den Jugendlichen zu den Eltern zu begleiten, besteht nicht. Im Einzelfall ist das JA aber berechtigt, dies zu tun, insbesondere wenn die Personensorge- oder Erziehungsberechtigten nicht in der Lage sind, das Kind abzuholen.

Anrufung des FamG

Liegen die Voraussetzungen für die Übergabe des Kindes nicht vor, ist das JA verpflichtet, das FamG anzurufen. Ermessen steht dem JA insoweit nicht zu.[133] Es muss die Entscheidung des FamG herbeiführen, wenn der Personensorgeberechtigte nicht bereit oder in der Lage ist, die Gefährdung abzuwenden. Das FamG hat nicht darüber zu entscheiden, ob die Inobhutnahme rechtmäßig war. Es hat vielmehr die notwendigen sorgerechtlichen Entscheidungen zu treffen (zur Anfechtung der Inobhutnahme s. unten). Inhalt der Entscheidungen des FamG können insbesondere Maßnahmen nach § 1666 BGB sein, zB die Verpflichtung der Eltern zur Inanspruchnahme bestimmter Hilfen, der Entzug des elterlichen Sorgerechts und die Übertragung auf einen Pfleger (s. S. 323 ff.).[134]

Die Anrufung des FamG muss unverzüglich erfolgen. Verzögert sich danach die Entscheidung des FamG, kann dies dem JA nicht vorgeworfen werden.

Kann der Personensorgeberechtigte oder der Erziehungsberechtigte nicht erreicht werden, ist ebenfalls das FamG einzuschalten (§ 42 Abs. 3 S. 3).

Bestellung eines Vormunds/Pflegers

Bei der Inobhutnahme eines ausländischen Kindes oder Jugendlichen, das unbegleitet einreist und in der Bundesrepublik Deutschland keinen Personensorge- oder Erziehungsberechtigten hat, ist unverzüglich ein Pfleger oder ein Vormund zu bestellen. Die Bestellung erfolgt durch das FamG. Das Gericht ist innerhalb weniger Tage einzuschalten. Bei verspäteter Einschaltung erlischt der Kostenerstattungsanspruch gegen den überörtlichen Träger nach § 89d.[135]

Rechtsmittel

Die Inobhutnahme Minderjähriger durch das JA ist ein Verwaltungsakt, der nur im verwaltungsgerichtlichen Verfahren angefochten werden kann, dh, zunächst käme hier ein Widerspruch gemäß §§ 68 ff. VwGO beim JA und dann Anfechtungsklage beim Verwaltungsgericht (§ 42 VwGO) in Betracht. Denn der Gesetzgeber ist Anregungen, die Kontrolle dem FamG zu übertragen, bisher nicht gefolgt.

4. Ende der Inobhutnahme

Übergabe des Kindes/Jugendlichen

Die Dauer der Inobhutnahme ist vor allem für die Kostenerstattung von Bedeutung.[136] Die Inobhutnahme endet mit der Übergabe des Kindes oder des Jugendlichen an den Personensorge- oder Erziehungsberechtigten und mit der Entscheidung über die Gewährung von Hilfen (§ 42 Abs. 4). Eine Entscheidung über die Gewährung von Hilfen meint nicht nur die Hilfen nach dem SGB VIII, sondern alle Leistungen nach dem SGB.[137]

---

[132] Vgl. Wiesner, SGB VIII/*Wiesner*, § 42, Rn. 44.
[133] Vgl. *Czerner* ZfJ 2000, 371 (377).
[134] Vgl. Wiesner, SGB VIII/*Wiesner*, § 42, Rn. 47.
[135] Vgl. BVerwG ZfJ 2000, 31.
[136] Vgl. BVerwG ZfJ 2000, 31, BVerwG ZfJ 2005, 23.
[137] Vgl. Möller, SGB VIII/*Möller*, § 42, Rn. 54.

Eine Übergabe an den Personensorge- oder den Erziehungsberechtigten liegt auch dann vor, wenn das Kind bzw. der Jugendliche nicht in den elterlichen Haushalt zurückkehrt, sondern zB in einem Internat, einer Aufnahmeeinrichtung oder einer Sammelunterkunft untergebracht wird.[138] Die Inobhutnahme endet dagegen nicht, wenn das Kind bzw. der Jugendliche in einer stationären Einrichtung untergebracht wird.

Trotz fehlender gesetzlicher Regelung endet die Inobhutnahme ferner, wenn das Kind sich der Inobhutnahme entzieht.[139]

5. Kostenbeteiligung

Zu den Kosten der Inobhutnahme können die Personensorgeberechtigten nach § 91 Abs. 1 Nr. 6 iVm § 93 herangezogen werden.

Inobhutnahme

Inobhutnahme ist gem. § 42 Abs. 1 S. 2 die vorläufige Unterbringung von Minderjährigen

- bei einer geeigneten Person oder
- in einer geeigneten Einrichtung oder
- in einer geeigneten sonstigen Wohnform.

Voraussetzungen jeder Inobhutnahme (§ 42 Abs. 1 S. 1):

- Minderjährige sind entweder ohne oder in unzureichender Obhut,
- PS-Inhaber widersprechen nicht oder bei Widerspruch kann FamG-E nicht rechtzeitig eingeholt werden,
- eine geeignete Unterbringungsmöglichkeit ist vorhanden.

Verbindliche Verpflichtung des JA zur Inobhutnahme:

- Minderjährige bitten das JA darum (§ 42 Abs. 1 S. 1 Nr. 1),
- wegen dringender Kindeswohlgefährdung (§ 42 Abs. 1 S. 1 Nr. 2),
- ausländische Mdje. kommen unbegleitet in die BRD und weder Personensorge- noch Erziehungsberechtigte halten sich hier auf (§ 42 Abs. 1 S. 1 Nr. 3).

Pflichten des JA bei jeder Inobhutnahme:

- den Mdjen. ist unverzüglich die Benachrichtigung einer Person ihres Vertrauens zu ermöglichen (§ 42 Abs. 2 S. 2),
- Personensorge-/Erziehungs-Berechtigte unverzüglich benachrichtigen u. mit ihnen Gefährdungsrisiko abschätzen (§ 42 Abs. 3 S. 1), und bei deren Widerspruch oder Nichterreichbarkeit unverzüglich entweder Übergabe der Mdjen. oder Herbeiführung einer FamG-E über erforderliche Maßnahmen (vgl. § 42 Abs. 3 S. 2 u. 3),
- beraten, unterstützen, Perspektiven entwickeln (§ 42 Abs. 2 S. 1),
- unverzügliche Einleitung eines Hilfeplanverfahrens zur Gewährung einer Hilfe, sofern die Personensorgeberechtigten der Inobhutnahme nicht widersprechen (§ 42 Abs. 3 S. 5),
- notwendigen Unterhalt/notwendige Krankenhilfe sicherstellen (§ 42 Abs. 2 S. 3),

[138] Vgl. Wiesner, SGB VIII/*Wiesner,* § 42, Rn. 52.
[139] Vgl. FK-SGB VIII/*Trenczek*, § 42, Rn. 54.

– Vornahme aller zum Kindeswohl notwendigen Rechtshandlungen unter angemessener Berücksichtigung des mutmaßlichen Willens der Personensorge-/Erziehungsberechtigten (§ 42 Abs. 2 S. 4).

Freiheitsentziehende Maßnahmen gem. § 42 Abs. 5 nur zulässig, wenn

– sie erforderlich sind, um eine dringende Gefahr für Leib oder Leben der Minderjährigen oder für andere Personen abzuwenden und
– das FamG diese spätestens im Laufe des nächsten Tages genehmigt.

II. Pflegekinderschutz

Reduzierte Aufsicht

Das SGB VIII hat die zu Zeiten des JWG bestehende ständige Aufsicht des JA über sämtliche Pflegeverhältnisse erheblich reduziert, insbesondere die Erlaubnispflicht weitgehend eingeschränkt, da das „Wächteramt" des JA hier nur Missbrauchs-Aufsicht beinhaltet (zur Problematik von Pflegekindverhältnissen und zur unterschiedlichen Terminologie s. S. 93 ff.).

Fünf Arten von Pflegeverhältnissen

Hier sind fünf verschiedene Arten von Pflegeverhältnissen zu unterscheiden:

1. Tagespflege ohne JA-Vermittlung (ohne Erziehungsbedarf)
2. Tagespflege gemäß §§ 22 ff. (ohne Erziehungsbedarf)
3. Tagespflege als HzE (mit Erziehungsbedarf) gemäß § 32 S. 2 oder § 33 S. 2
4. Wochen- u. Dauerpflege als HzE (mit Erziehungsbedarf) gemäß § 32 S. 2 oder § 33 S. 2
5. Wochen- u. Dauerpflege mit/ohne JA-Vermittlung (ohne Erziehungsbedarf)

Erlaubnisvorbehalt nur zur Mindeststandardsicherung

Erlaubnispflichtige Tagespflegefälle

Im Hinblick auf die spezifischen Anforderungen der Kindertagespflege wurde deren Erlaubnis getrennt von jener für Vollzeitpflege in § 43 geregelt.[140] Der dort installierte Erlaubnisvorbehalt beinhaltet allerdings nur eine Mindeststandard-Sicherung, da die an eine Erlaubnis zu stellenden Voraussetzungen reduziert werden sollten. Danach benötigen Tagespflegepersonen nur noch dann eine Pflegeerlaubnis, wenn sämtliche nachfolgenden Merkmale erfüllt sind:

– Kinderbetreuung außerhalb der Wohnung des Erziehungsberechtigten
(dh, entweder in angemieteten oder in Räumen der Tagespflegeperson)

– während eines Teils des Tages
(dh, auch in Abend- oder Nachtstunden, da hier nur gegenüber der Vollzeitpflege nach § 44 abgegrenzt werden sollte)

– mehr als fünfzehn Stunden wöchentlich
(dh, die – voraussichtlich – von der Tagespflegeperson – unabhängig von der Kinderzahl – insgesamt aufgewendete Betreuungszeit)

– gegen Entgelt
(dh, nicht notwendig „erwerbsmäßig", sondern lediglich mehr als gegen bloße Erstattung getätigter Aufwendungen, da Betreuungen durch „gefällige" Verwandte, Freunde, Nachbarn etc. erlaubnisfrei bleiben sollten)

---

[140] Näher zur Vollzeitpflege S. 93 ff.

- länger als drei Monate
  (dh, maßgeblich ist hier die voraussichtliche Betreuungsdauer)

Erlaubnisfrei sind damit alle Pflegeverhältnisse, bei denen eines der vorgenannten Kriterien nicht vorliegt bzw. nicht zu prognostizieren ist. **Erlaubnisfreie Tagespflege**

Beispiele: jegliche Betreuung von Kindern in deren Wohnung/Elternhaus unabhängig von deren Dauer und von einer Bezahlung (zB durch Tagesmütter, Kinderfrauen, Babysitter, Au-pair-Mädchen etc.);
außerhalb ihrer Wohnung/Elternhaus unabhängig von deren Dauer jegliche unentgeltliche Betreuung

Örtlich und sachlich zuständig für die Erlaubniserteilung ist der örtliche Träger der öffentlichen Jugendhilfe, in dessen Bereich die Pflegeperson ihren gewöhnlichen Aufenthalt hat (§ 87a Abs. 1). **Zuständigkeit**

Nach § 43 Abs. 2 wird die Erlaubnis nur denjenigen Personen erteilt, die für die Kindertagespflege geeignet sind, dh, die **Eignung ist Voraussetzung für die Erlaubniserteilung**

- sich durch ihre Persönlichkeit, Sachkompetenz und Kooperationsbereitschaft mit Erziehungs-Berechtigten und anderen Tagespflegepersonen auszeichnen, **Kriterien**
- über vertiefte Kenntnisse hinsichtlich der Anforderungen der Kindertagespflege verfügen, die sie in qualifizierten Lehrgängen erworben oder in anderer Weise nachgewiesen haben und
- über kindgerechte Räumlichkeiten verfügen.

Bei vorliegender Eignung haben Tagespflegepersonen einen einklagbaren Rechtsanspruch auf Erteilung einer Pflegeerlaubnis. **Rechtsanspruch auf Erlaubniserteilung**

Diese wird nicht für das jeweils zu betreuende Kind erteilt, sondern berechtigt generell zur Betreuung von bis zu fünf fremden Kindern und ist auf fünf Jahre befristet (vgl. § 43 Abs. 3). **Umfang der Erlaubnis**

Die Betreuung eines Kindes in Tagespflege ohne erforderliche Erlaubnis kann (in jedem Einzelfall) mit Geldbuße bis zu 500,– EUR geahndet werden (vgl. § 104 Abs. 1 Nr. 1 iVm Abs. 2). **Bei fehlender Erlaubnis ist Bußgeld möglich**

Näheres zur Kindertagespflege kann das Landesrecht regeln (§ 43 Abs. 6). Dieses kann insbesondere vorsehen, dass die Zahl der zu betreuenden Kinder weiter eingeschränkt oder die Erlaubnis im Einzelfall für weniger als fünf Kinder erteilt wird (§ 43 Abs. 3 S. 3). **Nähere Ausgestaltung landesrechtlich möglich**

Im Gegensatz zur Erlaubnis bei Vollzeitpflege (§ 44) und bei Einrichtungen (§ 45) sieht § 43 weder negative Versagungsgründe noch Kontroll- oder Überwachungsbefugnisse für das JA vor. Allerdings sind Tagespflegepersonen verpflichtet, das JA über wichtige Ereignisse zu unterrichten, die für die Betreuung der Kinder bedeutsam sind (§ 43 Abs. 3 S. 6). Die Erlaubnisvorschrift sieht auch keine Möglichkeit der Rücknahme oder den Widerruf einer erteilten Erlaubnis vor. Landesrecht kann dies aber vorsehen. Ansonsten ist dies nur unter den Voraussetzungen der §§ 45 ff. SGB X möglich. **Keine Kontroll-/Überwachungsmöglichkeiten des JA**

III. Aufsicht über Einrichtungen

Das SGB VIII hat in den §§ 45–48a bundeseinheitliche Grundsätze der Aufsicht über Einrichtungen aufgestellt, Einzelheiten aber dem Landesrecht überlassen (§ 49). Mit der Aufsicht sollen Gefahren für das Wohl der zu betreuenden Minderjährigen bereits im Rahmen des Erlaubnisver- **§§ 45–48a** **Ziele** fahrens und ansonsten durch regelmäßige Überprüfung der Tages- und Heimeinrichtungen (einschließlich der betreuten Wohnformen) begegnet werden.

Zuständigkeit

Die Zuständigkeit liegt grundsätzlich beim LJA, das auch für die Beratung der Träger von Einrichtungen schon bei der Planung sowie später bei der Betriebsführung zuständig ist (vgl. § 85 Abs. 2 Nr. 6 u. 7). Die Beratungsaufgaben können aber für den örtlichen Bereich zT auch vom JA wahrgenommen werden (§ 85 Abs. 3).

Ohne Betriebserlaubnis Geldbuße

Das Betreiben von Einrichtungen iSd § 45 Abs. 1 S. 1 oder von sonstigen Wohnformen iSd § 48a Abs. 1 ohne erforderliche Erlaubnis kann mit Geldbußen bis zu 15000,– EUR geahndet werden (vgl. § 104).

IV. Mitwirkung in familiengerichtlichen Verfahren

Beispiele

Das FamG hat Entscheidungen zu treffen, die elementare Auswirkungen für die gesamte Entwicklung eines Minderjährigen (zT sogar für sein gesamtes Leben) haben (zB Sorgerechtsregelungen im Scheidungsfall, Entzug des Sorgerechts, Vormundbestellungen, Anordnung des Verbleibs in einer Pflegestelle gegen den Willen der Eltern, Adoptionen). Dabei gerät das Kindeswohl meist in den Rechtsstreit der Erwachsenen und damit allzu leicht in den Hintergrund. Daraus resultiert die Gefahr, dass die Entscheidungen der Erwachsenen sich nicht so vom Kindeswohl leiten lassen, wie das nötig ist. Da das Kind aber weitaus am schwächsten und daher schon deswegen am schützenswertesten von allen involvierten Personen ist, hat das JA (generell wie speziell) die Aufgabe, die Interessen des Kindes zur Geltung zu bringen, und zwar stets offensiv, ja geradezu rigoros.

Wahrung des Kindeswohls durch das JA

Anhörung des JA

Aus den vorgenannten Gründen müssen die FamG vor ihren Entscheidungen, die Minderjährige betreffen, nicht nur gemäß §§ 159, 160 FamFG die Eltern (bzw. sonstige Personensorge-Berechtigte) und die Minderjährigen, sondern gemäß § 162 FamFG auch das JA anhören, dh: rechtzeitig über das Verfahren informieren und ihm die Möglichkeit zur Mitwirkung iSd § 50 Abs. 1 u. 2 (s. dazu unten) geben. Daraus leiten die Gerichte überwiegend eine Verpflichtung des JA zu einer gutachterlichen Stellungnahme für die Gerichte ab, der sie meist durch genaue Terminsetzung (und zT auch durch Themenvorgaben) Nachdruck zu verleihen suchen (leider fast immer mit Erfolg). Diese Vorgehensweise ist nicht nur strikt abzulehnen. Sie ist auch rechtswidrig! Das ergibt sich aus Folgendem:[141]

Gerichtliche Praxis z.T. unzulässig

Begründung: Unabhängigkeit des JA

Das JA ist Teil der öffentlichen Verwaltung, deren Aufgaben sich unmittelbar aus dem Gesetz ergeben. Es kann daher durch Gerichte weder zum Tätigwerden ermächtigt noch verpflichtet werden.

Kein Fall der Amtshilfe

Das JA ist den Gerichten auch nicht zur Amtshilfe verpflichtet, wie teilweise behauptet wird. Denn das verfassungsrechtliche Gebot des Art. 35 Abs. 1 GG gebietet nur Behörden mit gleichen Befugnissen, einander Amtshilfe zu leisten (sozusagen als „verlängerter Arm“ der ersuchenden Stelle). § 3 Abs. 2 Nr. 2 SGB X stellt aber klar, dass es sich nicht um Amtshilfe handelt, wenn die begehrte Hilfeleistung in Handlungen besteht, die der ersuchten Behörde als eigene Aufgaben obliegen. Das ist

---

[141] Ausführlich dazu GK-SGB VIII/*Schleicher*, § 50, Rn. 12ff. (mwN).

hier evident, denn FamG und JA sind völlig verschiedene Behörden mit ganz unterschiedlichen Aufgaben und Befugnissen.[142]

Selbstständigkeit des JA

Eine solche Verpflichtung kann auch nicht etwa aus der Formulierung des § 50 Abs. 1 S. 2 hergeleitet werden (wie das der Bundesrat im Gesetzgebungsverfahren meinte), auf dessen Betreiben die jetzige Formulierung zurückgeht („... hat ... mitzuwirken" statt: „... wirkt mit").[143] Denn daraus ergibt sich eben nur die (unbestrittene) Verpflichtung des JA, an diesen Gerichtsverfahren mitzuwirken. Wie, in welchem Umfang und mit welcher Zielsetzung es dies tut, muss das JA jedoch selbst entscheiden – und zwar nach fachlichen, ausschließlich am Kindeswohl orientierten Gesichtspunkten und nicht nach den Interessen des FamG.

JA kein Hilfsorgan von FamG

Der Gesetzgeber wollte bereits durch die Formulierung der Überschrift zu § 50 („Mitwirkung") zum Ausdruck bringen, dass das JA hier „als Träger eigener Aufgaben" tätig wird, dabei eine „eigenständige Position gegenüber dem Gericht hat", „nicht Hilfsorgan des Gerichts" und somit auch „nicht weisungsgebunden" ist.[144] Dies ist zu begrüßen. Denn die Gerichte vertreten häufig die Meinung, aus dem Anhörungsrecht des JA ergäbe sich zugleich dessen Verpflichtung zu einer Art gutachtlichen Stellungnahme vor Gericht (s. oben S. 120). Noch weniger ist das JA Ermittlungsbehörde der Gerichte[145].

Bezeichnung Gerichtshilfe irreführend

Es ist also lediglich ein weit verbreiteter Irrtum, wenn diese wichtige Aufgabe des JA, die Interessen des Kindes vor Gericht zu wahren, in der Praxis als „Familiengerichts*hilfe*" bezeichnet wird. Es wäre viel eher der Ausdruck „Kinder- (oder: Minderjährigen-) Hilfe" gerechtfertigt. Am besten ist es jedoch, diese wichtige Jugendhilfeaufgabe „Familiengerichts*arbeit*" zu nennen. Damit kann man nämlich einerseits von vornherein jedes Missverständnis, das JA würde für die Gerichte tätig, vermeiden und zugleich auch deutlich darauf hinweisen, dass es sich hier um eine gesetzlich vorgesehene, eigenständige Aufgabe der Jugendhilfe in Form der Zusammenarbeit mit den FamG handelt, bei der häufig sehr viel „Überzeugungsarbeit" geleistet werden muss, um das Kindeswohl hinreichend zur Geltung zu bringen.

Minderjährigenhilfe oder Gerichtsarbeit wäre richtig

Primär JA-Aufgabe, freie Träger aber möglich

Für das JA ist die „Familiengerichtsarbeit" eine Pflichtaufgabe, an der es jedoch die anerkannten Träger der freien Jugendhilfe beteiligen oder ihnen deren Ausführung übertragen kann; die *Letztverantwortung* bleibt jedoch stets beim JA (vgl. §§ 3 Abs. 3 u. 76).

Aufgabenstellung nach dem SGB VIII

Fachliche Aspekte einbringen

Bei allen Maßnahmen, die die Personensorge für Minderjährige betreffen, unterstützt das JA die FamG (§ 50 Abs. 1 S. 1), dh, das JA bringt – je nach Erforderlichkeit des Einzelfalles – die fachlichen Gesichtspunkte vor Gericht zur Geltung, die für die weitere Entwicklung der Minderjährigen wesentlich sind[146].

---

142 Ausführlich dazu GK-SGB VIII/*Schleicher*, § 50, Rn. 7ff. (mwN).
143 S. BT-Drs. 11/5948, S. 138.
144 So ausdrücklich die Gesetzesbegründung, BT-Drs. 11/5948, S. 87.
145 Dazu *Schleicher*, aaO, Rn. 16ff.
146 Zur Divergenz der Funktionen von JA u. FamG (Hilfe- bzw. Entscheidung) *Schleicher*, aaO, § 50, Rn. 7–11.

Die Mitwirkungspflicht des JA gemäß § 50 Abs. 1 S. 2 beinhaltet Folgendes:

Hilfeangebot möglich?

Die gesetzlich festgelegte Anhörung ist für das JA Anlass, eingehend zu prüfen, ob (und ggfs. inwieweit) im Einzelfall ein fachgerechtes Leistungs- und Hilfeangebot erfolgen muss – und zwar im Hinblick auf das Kind möglichst wenig beeinträchtigende Konfliktlösungen zu erzielen. Dabei kommt der Perspektive weiterer Hilfsmöglichkeiten besondere Bedeutung zu.

Grenzen der Mitwirkung

Die konkrete Mitwirkung des JA im jeweiligen Gerichtsverfahren wird bestimmt durch seine gesetzliche Aufgabenstellung sowie den Datenschutz. Das bedeutet:

Kindeswohl vertreten „Anwalt des Kindes“

Das JA hat Jugendhilfe zu leisten und damit allein das Wohl des Kindes zu wahren sowie berechtigte Interessen anderer Familienmitglieder zu beachten, sofern diese hierzu nicht in Widerspruch stehen. Diese Aufgabenstellung ergibt sich aus den §§ 1 und 17 (s. dazu S. 44 f., 68 ff.). Mit der Formulierung, „... in Verfahren ... mitzuwirken“, sollte zudem zum Ausdruck kommen, dass hier nur eine ständige Zusammenarbeit dem Kindeswohl dienen kann, nicht jedoch, dass das JA etwa Ermittlungsbehörde der Gerichte sei (s. dazu auch oben).

Mitteilung an Gerichte nur zum Kindeswohl

Unter diesem Blickwinkel ist auch § 50 Abs. 2 zu sehen, dh: Das JA unterrichtet in Sorgerechtsverfahren die Gerichte nur dann über angebotene und erbrachte Jugendhilfeleistungen, bringt erzieherische und soziale Entwicklungsaspekte ein und weist auf weitere Hilfsmöglichkeiten hin, wenn ihm dies im Interesse des Kindes und seiner Familie gerechtfertigt erscheint.

Datenschutz beachten

Bei alledem muss das JA strikt die Datenschutzbestimmungen des SGB VIII beachten, insbesondere § 64 Abs. 2 und § 65 Abs. 1 Nr. 2 (s. dazu S. 123 ff.)[147].

Verfehlte Sicht

Es ist also nicht nur sozialpädagogisch völlig verfehlt, wenn zT noch gegenüber Klienten erklärt wird: „Sie wissen ja, dass ich einen Bericht an das Gericht geben muss“, sondern dieses Vorgehen verstößt auch zugleich gegen datenschutz- wie strafrechtliche Bestimmungen, die aus Gründen des besonderen Vertrauensschutzes die Übermittlung von Sozialdaten – zu Recht – verbieten, denn es geht um das hohe Rechtsgut der Selbstbestimmung des Menschen (s. dazu S. 123).

Zu den Aufgaben des JA bei einer *Kindeswohlgefährdung* s. S. 53 ff.

V. Beistandschaften, Amtspflegschaften, Amtsvormundschaften

JA als Beistand, Pfleger, Vormund

In den vom BGB vorgesehenen Fällen (s. dazu S. 299 ff.; 382 ff.; 371 ff.) wird das JA (und nicht der Träger der öffentlichen Jugendhilfe) Beistand, Pfleger oder Vormund (§ 55 Abs. 1), dh: das JA besitzt für diesen Fall ausnahmsweise eigene Rechtspersönlichkeit und tritt daher bei Ausführung seiner Aufgaben als Behörde selbst auf.

Aufgabenerfüllung durch JA-Mitarbeiter als gesetzl. Vertreter

Die Ausübung der Aufgaben in Funktionen überträgt das JA einzelnen seiner Beamten oder Angestellten (§ 55 Abs. 2 S. 1), die dann insoweit gesetzliche Vertreter der Minderjährigen sind (§ 55 Abs. 2 S. 3). Die Führung der Beistandschaften, Amtspflegschaften, Amtsvormundschaf-

---

[147] Dazu GK-SGB VIII/*Schleicher*, § 50, Rn. 64.

ten richten sich nach den Bestimmungen des BGB, soweit sich nicht aus dem SGB VIII etwas anderes ergibt (§ 56 Abs. 1). Das ist zB gemäß § 56 Abs. 2–4 der Fall.

Mitteilungspflichten gegenüber dem FamG

Den Eintritt von gesetzlichen Amtsvormundschaften (s. dazu S. 375 f.) hat das JA dem FamG unverzüglich mitzuteilen (§ 57). Bei bestellten Amtsvormundschaften (s. dazu S. 375 f.) sowie bei Pflegschaften ist dies nicht nötig, weil diese ohnehin vom FamG eingerichtet werden. Bei Beistandschaften entfällt ebenfalls eine Mitteilungspflicht, weil hier keinerlei Kontrolle durch das FamG besteht (s. dazu S. 299).

E. Datenschutz

I. Allgemeines

Hintergrund

Die in der Jugendhilfe Tätigen erhalten sehr persönliche Daten von ihren Klienten (zB über Einkommen, Schulden, Beruf, Gesundheit, Partnerbeziehungen, psychologische Probleme, Straftaten). Diese erhalten ohne Offenlegung ihrer Privatheit entweder nicht die richtige oder gar keine Hilfe. Sie müssen sich darauf verlassen können, dass mit den von ihnen preisgegebenen höchstpersönlichen Informationen sehr sorgfältig umgegangen wird, diese insbesondere nicht zugleich für andere Zwecke verwendet werden, also weder anderen Personen noch Stellen zugänglich sind. Müssen die Klienten befürchten, dass die sie betreffenden Sachverhalte an andere Stellen oder Gerichte weitergegeben werden, lässt sich zu ihnen keine vertrauensvolle helfende Beziehung aufbauen. Der Übermittlung von Daten werden durch den Sozialdatenschutz, die Schweigepflicht und das Dienstgeheimnis Grenzen gesetzt. In § 35 Abs. 1 S. 1 wird jedem ein Anspruch darauf eingeräumt, dass Einzelangaben über seine persönlichen und sachlichen Verhältnisse (diese werden „Sozialdaten" genannt) von den einzelnen Leistungsträgern (dh der Renten-, Krankenversicherung, der Sozial-, Jugendhilfe etc.) als Sozialgeheimnis gewahrt und nicht unbefugt übermittelt werden.

Schutz vor Übermittlung

Wahrung des Sozialgeheimnisses

BVerfG: Grundrecht

1983 hat dann das *BVerfG* im sog. *„Volkszählungsurteil"* aus verfassungsrechtlichen Gründen weitere Anforderungen an den Datenschutz gestellt. Es hat nämlich aus Art. 2 Abs. 1 GG (freie Persönlichkeitsentfaltung) iVm Art. 1 GG (Unantastbarkeit der Menschenwürde) ein Grundrecht des einzelnen Menschen auf *informationelle Selbstbestimmung* abgeleitet.[148] Damit hat das *BVerfG* dem Datenschutz nicht nur Verfassungsrang verschafft, sondern zugleich dem Einzelnen einen Garantieanspruch zuerkannt, selbst zu entscheiden, wann und innerhalb welcher Grenzen seine persönlichen Lebenssachverhalte offenbart werden.

Eingriffsvoraussetzungen sind eng begrenzt

Eingriffsmöglichkeiten in dieses „neue" Grundrecht hat das *BVerfG* eng begrenzt. Sie sind nur zulässig, wenn:

– Voraussetzungen und Umfang für den Bürger klar erkennbar sind,
– das Allgemeininteresse unter Wahrung der Verhältnismäßigkeit überwiegt und
– der Verwendungszweck bereichsspezifisch und präzise bestimmt ist.

---

[148] BVerfGE 65, 1.

DSGVO

Seit dem 25.5.2018 wird der Datenschutz in der Europäischen Union in der DSGVO geregelt. Die DSGVO enthält wichtige Definitionen des Datenschutzrechts (Art. 4), setzt wichtige Grundsätze fest (Art. 5), bestimmt, unter welchen Voraussetzungen die Verarbeitung von Sozialdaten rechtmäßig ist (Art. 6) und regelt die Rechte der Betroffenen (Art. 12 ff.). Die DSGVO ist grundsätzlich auch in der Kinder- und Jugendhilfe anzuwenden. Über die Öffnungsklausel in Art. 6 Abs. 3 S. 1 iVm Abs. 1 S. 1 Buchst. e) hat der nationale Gesetzgeber das Recht zu Konkretisierungen.

Datenschutzrecht im SGB X

Wann die Erhebung und die Übermittlung von Sozialdaten zulässig ist, regeln die §§ 67–78 des SGB X, und zwar unabhängig davon, in welchem „Datenträger" sie sich befinden (Dateien, Akten, EDV) oder ob sie überhaupt nicht aufgezeichnet worden sind. Die §§ 78a–80 SGB X regeln zusätzlich die Datenverarbeitung (dh: die Speicherung, Veränderung, Nutzung) und die §§ 81–84a SGB X die Rechte der Betroffenen (dh: Ansprüche auf Auskunft, Schadensersatz, Berichtigung, Sperrung, Löschung).

Datenschutzrecht im SGB VIII

Ein spezifisches für die Kinder- und Jugendhilfe geltendes Datenschutzrecht enthält das SGB VIII in den §§ 61-68. Die in diesen geregelten Änderungen der unmittelbar anzuwendenden DSGVO sind aufgrund der Öffnungsklauseln in der DSGVO und der Öffnungsklauseln im SGB I und SGB X anzuwenden.

Anwendung des SGB I und des SGB X

§ 61 Abs. 1 stellt klar, dass in der Kinder- und Jugendhilfe außer den eigenen bereichsspezifischen Datenschutznormen auch die für sämtliche Sozialleistungsträger geltenden Datenschutzvorschriften zu beachten sind, dh § 35 SGB I (Wahrung des „Sozialgeheimnisses") sowie die §§ 67–85a SGB X. Das bedeutet Folgendes:

Verhältnis der §§ 61–68 gegenüber dem SGB X

Die Datenschutzbestimmungen des SGB VIII kommen zu den bereits bestehenden Vorschriften der DSGVO, des SGB I und X hinzu (vgl. § 61 Abs. 1 S. 1). Da § 35 SGB I in die Veränderungssperre des § 37 S. 2 SGB I einbezogen ist, sind die §§ 61 ff. nicht vorrangig. Dasselbe gilt gegenüber den §§ 67 ff. SGB X, da sie mittelbar in die Veränderungssperre einbezogen sind.[149] Abweichende Regelungen im SGB VIII sind aber zulässig, soweit das SGB X Öffnungsklauseln enthält.[150]

Bindend für alle Stellen der Träger der öffentl. Jugendhilfe

Die §§ 61-68 gelten für alle Stellen der Träger der öffentlichen Jugendhilfe, soweit sie JuHi-Aufgaben wahrnehmen (§ 61 Abs. 1 S. 2), also unabhängig davon, wie deren Dienste oder Einrichtungen heißen, ob sie in deren „Zentralbehörde" JA eingegliedert sind oder eigene Behörden darstellen (wie zB zT der ASD). Sie gelten auch für kreisangehörige Gemeinden und Gemeindeverbände, soweit diese aufgrund Landesrechts Jugendhilfeaufgaben wahrnehmen, ohne örtliche Träger der öffentlichen Jugendhilfe zu sein (§ 61 Abs. 1 S. 3).

Verantwortung der öffentlichen Träger bzgl. Datenschutzwahrung durch freie Träger

Werden Einrichtungen oder Dienste von Trägern der freien Jugendhilfe in Anspruch genommen, so ist vom Träger der öffentlichen Jugendhilfe sicherzustellen, dass ebenfalls der Datenschutz in vollem Umfang gewährleistet ist (§ 61 Abs. 3) – eine schwer zu lösende Aufgabe, da hier einerseits Kontrollen nötig sind, aber andererseits die Eigenständigkeit der freien Träger zu wahren ist (vgl. § 4 Abs. 1 S. 2). Das bedeutet, dass

---

[149] *Kunkel*, ZKJ 2018, 355 (356).

[150] LPK-SGB VIII/*Kunkel* § 61 Rn. 8.

der Träger der öffentlichen Jugendhilfe nur überprüfen kann (und muss!), welche Maßnahmen der freie Träger generell ergreift, um den Schutz von Sozialdaten zu gewährleisten. Es ist jedoch keine konkrete Einzelüberprüfung zulässig. Diese würde ohnehin eine unzulässige Verwendung der betreffenden Sozialdaten darstellen. Im Übrigen gelten für die Träger der freien Jugendhilfe die für sie maßgeblichen datenschutzrechtlichen Regelungen, für nicht-kirchliche Träger also das Bundes- oder das Landesdatenschutzgesetz, für Kirchliche Träger das kirchliche Datenschutzrecht der jeweiligen Konfession.

II. Einwilligung

Freiwilligkeit

Eine Datenverarbeitung ist ua rechtmäßig, wenn die betroffene Person einwilligt. Die Einwilligung muss nach Art. 4 Nr. 11 DSGVO freiwillig erklärt werden. Dies ist sie nach den Erwägungsgründen zur DSGVO dann, wenn die betroffene Person eine echte freie Wahl hat und somit in der Lage ist, die Einwilligung zu verweigern oder zurückzuziehen, ohne Nachteile zu erleiden (EG 42). Dies muss nach EG 43 im Verhältnis Behörde-Bürger besonders sorgfältig geprüft werden.

Information

Weiter verlangt Art. 4 Nr. 11 DSGVO, dass die betroffene Person über den Verantwortlichen und den Zweck der Datenerhebung informiert ist. Außerdem muss sie nach Art. 7 Abs. 3 S. 3 darüber belehrt werden, dass die Einwilligung jederzeit widerrufen werden kann, was allerdings die Rechtmäßigkeit der Verarbeitung nicht rückwirkend beseitigt.

Zweck- und fallbezogene Einwilligung

Die Einwilligung muss für einen bestimmten eindeutig und legitimen Zweck erfolgen (Art. 6 Abs. 1 S. 1 Buchst. a DSGVO. Wird die Einwilligung pauschal erteilt, ist sie unwirksam.[151] Sie muss sich auf einen bestimmten Fall beziehen und unmissverständlich sein (Art. 4 Nr. 11 DSGVO)

Schriftform ist für die Einwilligungserklärung nicht vorgeschrieben. Die verantwortliche Stelle muss die Einwilligung aber nachweisen können (Art. 7 Abs. 1 DSGVO), so dass Schriftform empfehlenswert ist. Wird die Datenschutzerklärung im Rahmen einer Datenschutzerklärung abgegeben, muss die betroffene Person hierauf hingewiesen werden (Art. 7 Abs. 1 DSGVO).

III. Datenerhebung

Begriff Datenerhebung

Der Schutz der Sozialdaten beginnt mit ihrer Erhebung (und zwar egal, wie das geschieht). Der in § 62 und in § 67a SGB X verwendete Begriff Erhebung von Daten wird seit Inkrafttreten der DSGVO weder in dieser noch im SGB X noch im SGB VIII legaldefiniert. Da inhaltlich keine Änderungen eingetreten sind, liegt es nahe auf die Definition in § 67 Abs. 5 SGB X aF zurückzugreifen. Danach ist das Erheben von Daten das Beschaffen von Daten über den Betroffenen. Kennzeichnend für die Erhebung ist, dass die Datengewinnung gezielt betrieben wird. Zufällig erlangte Informationen werden darunter also nicht verstanden (die jedoch ebenfalls geheimhaltungspflichtig sind!).

Voraussetzungen

Nach § 62 Abs. 1 ist die Datenerhebung nur dann zulässig, soweit ihre Kenntnis zur Erfüllung der jeweiligen Aufgabe (damit ist der Einzelfall ge-

---

[151] *Kunkel*, ZKJ 2018, 355 (360).

meint) erforderlich ist. Das bedeutet, dass alle in der Jugendhilfe Tätigen vorher für sich klären müssen, welche Informationen sie für die jeweilige Jugendhilfeaufgabe für die Beurteilung eines Tatbestandes einer Anspruchs- oder Ermächtigungsnorm benötigen. Um dies feststellen zu können, müssen sie zuvor ihre Arbeit sowie ihr Vorgehen genau überdenken und dürfen auf keinen Fall Daten „auf Vorrat" sammeln.[152] Dies ist selbst dann nicht gerechtfertigt, wenn die Betroffenen bereit sind, diese Daten preiszugeben. Die Bestimmung des erforderlichen Datenbedarfs kann im Einzelfall schwierig sein, da im Jugendhilferecht die Leistungsvoraussetzungen fast immer durch unbestimmte Rechtsbegriffe („Kindeswohl, erzieherischer Bedarf, für Entwicklung geeignet und notwendig, Gefährdung der Entwicklung" etc.) umschrieben werden, die stets im Einzelfall ausfüllungsbedürftig sind. Dies hat nach vorheriger rechtlicher und fachlicher Abwägung zu geschehen und ist entsprechend der Entscheidung des *BVerfG* von 1983 zum Volkszählungsgesetz (s. oben S. 123) den Betroffenen transparent zu machen. Die vorstehenden Grundsätze der Erforderlichkeit sowie der Zweck- und Einzelfallorientierung sind jedoch im Hinblick auf die o.a. Entscheidung des *BVerfG* hier ebenfalls zu beachten.[153]

Erhebung „auf Vorrat" unzulässig

Grundsatz: Erhebung nur beim Betroffenen

Zur Garantie des Rechts auf informationelle Selbstbestimmung schreibt § 62 Abs. 2 (§ 67a Abs. 2 SGB X entspricht dem weitgehend) vor, dass Daten (von Ausnahmen gemäß § 62 Abs. 3 abgesehen) nur beim Betroffenen erhoben werden dürfen (und nicht bei anderen Personen). Dabei muss der Klient über die Rechtsgrundlage der Erhebung und über den Verwendungszweck aufgeklärt werden, soweit dieser nicht offenkundig ist (zB: er will Sorgerechtsänderung erreichen). Diese Vorschrift ist zwar sanktionslos gestaltet, Verstöße hiergegen[154] stellen jedoch zweifellos eine Verletzung sozialpädagogischer Prinzipien sowie der Dienstpflichten dar.

Ausnahmen

In bestimmten Fällen dürfen aber auch ohne Mitwirkung der Betroffenen (im zuvor beschriebenen Sinn) Sozialdaten erhoben werden. Dies betrifft zunächst gemäß § 62 Abs. 3 folgende Ausnahmefälle:

1. Wenn ein Gesetz dies erlaubt oder gar vorschreibt, wie das zB in § 87 AufenthG iVm § 71 Abs. 2 Nr. 1d SGB X der Fall ist (s. aber S. 42)

2. a) Wenn die Erhebung beim Betroffenen nicht möglich ist
   (zB bei der Suche nach einer Fremdunterbringungsmöglichkeit; davon darf aber nicht ausgegangen werden, weil er Auskünfte verweigert!)

   oder

   b) die Aufgabe die Erhebung bei einem anderen erfordert
   (zB Vater möchte Besuchsrecht gegen den Willen der Mutter durchsetzen; hier müssen auch bei ihr Daten erhoben werden)

   und

   c) die Kenntnis der Daten erforderlich ist für:
   – die Feststellung der Voraussetzungen oder die Erfüllung einer Leistung nach dem SGB VIII **oder**

---

152 So auch ausdrücklich BVerfG, NJW 2007, 2464.

153 Ebenso: *Maas*, NDV 1990, 216.

154 Zur Löschungspflicht unzulässig erhobener Daten LPK-SGB VIII/*Kunkel*, § 61, Rn. 264.

- die Feststellung der Voraussetzungen für die Erstattung einer Leistung nach § 50 SGB X **oder**
- die Wahrnehmung einer Aufgabe nach den §§ 42–48a, 52 **oder**
- die Erfüllung des Schutzauftrages bei Kindeswohlgefährdungen nach § 8a

Gefährliche Ausnahme

3. Wenn die Erhebung beim Betroffenen einen unverhältnismäßigen Aufwand erfordern würde und keine Anhaltspunkte dafür bestehen, dass schutzwürdige Belange des Betroffenen beeinträchtigt werden.
   Dies ist eine gefährliche Ausnahme, denn es ist zu fragen, warum das Instrumentarium der §§ 61 ff. (insbesondere § 65) nicht ausreichen soll. Daher ist meines Erachtens von dieser Ausnahme des § 62 Abs. 3 Nr. 3 kein Gebrauch zu machen!
4. Wenn die Erhebung beim Betroffenen den Zugang zur Hilfe ernsthaft gefährdet
   (zB bei Anzeichen von Gewalt, insbesondere sexuellem Missbrauch)

Weitere Ausnahme

Einen weiteren Ausnahmefall enthält § 62 Abs. 4 S. 1:
Sind die Betroffenen nicht identisch mit den Leistungsberechtigten der Jugendhilfe

Beispiele: Minderjährige, da nach § 27 Abs. 1 nicht sie, sondern deren Eltern für die HzE leistungsberechtigt sind (s. dazu S.

oder sonst an der Jugendhilfeleistung beteiligt

Beispiele: nicht sorgeberechtigter geschiedener Vater, volljährige Geschwister, Großeltern, Lehrer, Ausbilder, Arbeitgeber,

Kindeswohl entscheidet

so dürfen die Daten über die Betroffenen (= Minderjährigen) auch beim Leistungsberechtigten (= Personensorge-Inhaber) oder den anderen „nicht beteiligten" Personen erhoben werden, wenn die Kenntnis der Daten für die Jugendhilfeleistung notwendig ist. Das ist nach fachlichen, allein am Kindeswohl orientierten Gesichtspunkten zu entscheiden.

IV. Datenspeicherung

Begriff Datenspeicherung

Der Begriff der Speicherung von Daten wird seit dem Inkrafttreten der DSGVO am 25.5.2018 nicht mehr legaldefiniert. Da inhaltlich keine Änderungen eingetreten sind, liegt es nahe, auf die Definition in § 67 Abs. 6 S. 2 Nr. 1 SGB X zurückzugreifen. Danach ist das Speichern von Daten „das Erfassen, Aufnehmen oder Aufbewahren von Sozialdaten auf einem Datenträger zum Zwecke ihrer weiteren Verarbeitung oder Nutzung." Sie ist ein Unterfall der Verarbeitung von Daten.

Voraussetzungen der Speicherung

Die Datenerhebung und die Datenspeicherung hängen eng zusammen. Daher gelten bei der Datenspeicherung dieselben Zulässigkeitsvoraussetzungen wie bei der Datenerhebung. Sie muss erforderlich sein und darf nur zweck- und einzelfallorientiert erfolgen. Nur unter diesen Voraussetzungen ist die Aufnahme von Sozialdaten in Akten oder die Speicherung auf sonstigen Datenträgern zulässig (vgl. § 63 Abs. 1).

Aktentrennung

§ 63 Abs. 2 S. 1 enthält den Grundsatz der Aktentrennung, denn danach ist die *Zusammenführung von Akten nur zulässig, wenn* und solange dies wegen eines unmittelbaren Sachzusammenhanges erforderlich (das ist eng auszulegen) ist (zB bei Geschwistern). Das gilt nach § 63 Abs. 2 S. 2 auch für die Daten, die für Jugendhilfeleistungen erhoben worden sind (zB zur Scheidungsberatung nach § 17 oder zur Gewährung von HzE), und für solche, die zur Erfüllung sog. „anderer Aufgaben" der Jugendhilfe (s. dazu § 2 Abs. 2 sowie S. 45 f.) dienen (zB der Zusammenarbeit mit FamG oder dem Pflegekinderschutz).

V. Datenübermittlung und -nutzung

1. Datennutzung

Definition

Der Begriff „Datennutzung" wird seit Inkrafttreten der DSGVO seit dem 25.5.2018 nicht mehr legaldefiniert. Nutzen ist das Verwenden von Daten, das nicht Speichern, Verändern, Übermitteln, Sperren oder Löschen ist § 67 Abs. 7 SGB X aF).

Nutzen von Daten

Das Nutzen von Daten ist nach § 64 Abs. 1 nur zu dem Zweck zulässig, zu dem sie erhoben wurden.

2. Datenübermittlung

Definition

Der in § 64 verwendete Begriff der Datenübermittlung wird seit dem Inkrafttreten der DSGVO am 25.5.2018 nicht mehr legaldefiniert. Da inhaltlich keine Änderungen eingetreten sind, ist weiterhin davon auszugehen, dass Datenübermittlung die Weitergabe unter Änderung des Verwendungszwecks an andere öffentliche oder nichtöffentliche Stellen zu verstehen ist, auch wenn es sich um solche innerhalb desselben Leistungsträgers (Landkreis, kreisfreie Stadt) oder auch derselben Behörde handelt (zB eine andere Abteilung oder Dienst des JA). Denn dann liegt eine Abweichung vom Erhebungszweck vor. Für die Datenübermittlung ist stets eine besondere *Legitimation* erforderlich (dh entweder eine erneute Einwilligung der Betroffenen *oder* eine spezielle gesetzliche Übermittlungsbefugnis).

Spezielle Legitimation erforderlich

Beschränkung von § 69 SGB X

Diese regelt für die Jugendhilfe das SGB VIII. Der sehr weitgehende § 69 SGB X, der die Übermittlung von der Aufgabe her rechtfertigt (!), ist in der Jugendhilfe nicht uneingeschränkt anwendbar, sondern wird durch §§ 64 Abs. 2 und 65 reduziert wird. Eine Weitergabe oder Übermittlung von personenbezogenen Daten ist nämlich (selbst wenn sie der Erfüllung gesetzlicher sozialer Aufgaben dient) nach § 64 Abs. 2 ausdrücklich nur insoweit zulässig, als dadurch der Erfolg einer zu gewährenden Jugendhilfeleistung nicht infrage gestellt wird. Das muss von der jeweiligen Stelle (JA, ASD oder anderer Jugendhilfedienst) im konkreten Einzelfall (und nicht etwa generell) sorgfältig geprüft werden, damit die gesetzlich vorrangig für schutzwürdig anerkannten Interessen der Klienten auch wirklich gewahrt werden. Zwar nicht gesetzlich vorgeschrieben, aber sozialpädagogisch zu beachten ist, dass diese Entscheidung nicht von der jeweiligen Stelle allein, sondern zumindest nach Besprechung (besser: im Einvernehmen) mit den Betroffenen erfolgt.

Zweckbindung

Nach § 64 Abs. 1 dürfen Daten (was eigentlich in der Jugendhilfearbeit selbstverständlich sein sollte) nur zu dem Zweck verwendet werden, zu dem sie erhoben (dh: rechtmäßig gemäß § 62) worden sind (Zweckbindungsprinzip); anderenfalls ist eine Legitimation (die sog. Übermittlungsbefugnis nach den §§ 64, 65) erforderlich (s. dazu unten). Der Erhebungs- und Verwendungszweck müssen sich also decken.

Jugendhilfeplanung

Dieser Verwendungsgrundsatz wird in § 64 Abs. 3 auf anonymisierte Jugendhilfeplanungen nach § 80 ausgedehnt, sofern dies zur Erfüllung dieser Aufgaben jeweils erforderlich ist.

Ist der Bürger mit der Datenerhebung einverstanden, so deckt dies auch die zweckgebundene Verwendung und die vom *BVerfG* aufgestellten verfassungsrechtlichen Anforderungen (s. S. 123).

Erneute Legitimation bei Zweckänderung erforderlich

Bei einer Zweckänderung ist also eine neue Legitimation erforderlich (dh: entweder erneute „Freigabe" der Daten *oder* eine gesetzliche Befugnis). Das gilt auch, wenn sich dies innerhalb derselben Stelle abspielt (zB im JA oder ASD).

Beispiel: Wurde zunächst eine Scheidungsberatung nach § 17 durchgeführt und wirkt später JA/ASD im Rahmen der Anhörung nach § 162 Abs. 1 FamFG im Scheidungsverfahren gemäß § 50 mit, so bedarf es hier der zusätzlichen Legitimation der Betroffenen. Das gilt auch, wenn ein enger zeitlicher Zusammenhang zwischen beiden Vorgängen besteht.

Bei Weitergabe an externe Fachkräfte ist Verschlüsselung nötig

Bei jeder (zulässigen) Weitergabe von Sozialdaten an Fachkräfte, die der verantwortlichen Stelle nicht angehören, ist vorgeschrieben, dass diese Sozialdaten zuvor anonymisiert oder pseudonymisiert werden, soweit die Aufgabenerfüllung dies zulässt (§ 64 Abs. 2a).

Kriterien für Verwendung

Entscheidend für die Verwendung von Daten ist stets die Zweckbindung ihrer Erhebung. Denn das informationelle Selbstbestimmungsrecht des Bürgers erfordert es, dass er die Entscheidung darüber hat (und behält), zu welchen Zwecken die einmal von ihm erhobenen Daten später verwendet werden. Die *Zweckänderung* ist also das Wesensmerkmal der Weitergabe oder Übermittlung von Daten und nicht so sehr deren Transport von einer Stelle zur anderen, sofern die Aufgabe dieselbe bleibt. Das bedeutet, dass zB mehrere Stellen des JA, die zur Fremdunterbringung eines Minderjährigen benötigt werden, alle zu diesem Zweck erhobenen Daten ohne zusätzliche Genehmigung erhalten können. Andererseits dürfen zu einem anderen Zweck erhobene Daten von derselben Stelle nicht ohne erneute *Legitimation* für andere ihr ebenfalls obliegende Aufgaben verwendet werden.

Problemfälle

Bei der Datenverwendung können für das JA und/oder den ASD (= je nach Organisationsmodell) vor allem Konflikte bei Beratungsfällen auftreten, die später in einem gerichtlichen Verfahren münden, in dem dann die Mitwirkung gemäß §§ 50, 52 von JA oder ASD vorgesehen ist (s. dazu oben). Hier ist die Wirksamkeit der Beratung gesetzlich vorrangig vor der Mitwirkung im gerichtlichen Verfahren, dh, es ist nur dann zulässig, Einzelheiten aus Beratungsgesprächen (einschließlich ihrem positiven oder negativen Ergebnis) zu verlautbaren, wenn die Klienten damit ausdrücklich einverstanden sind. Anderenfalls bleiben nur folgende Lösungen:

- entweder wird den Gerichten mitgeteilt, dass Jugendhilfeleistungen angeboten worden sind, ohne deren Ergebnis zu benennen, oder
- es werden alternative Hilfeempfehlungen abgegeben
  zB: „Sollte das Gericht zur Überzeugung gelangen, dass ... dann ..., sollte es ..., dann ..."[155],

auch wenn das im Einzelfall unbefriedigend erscheinen mag.

---

[155] *Mörsberger,* ZfJ 1990, 371.

Trennung von Beratung und Mitwirkung in gerichtlichen Verfahren

Schon aus datenschutzrechtlichen Gründen muss eine klare Trennung der Beratungen nach § 17 von der Mitwirkung in gerichtlichen Verfahren erfolgen[156]. Das bedeutet, dass die bei der Beratung erhobenen Daten nur unter den oben genannten Voraussetzungen für die Mitwirkung vor den FamG verwendet werden dürfen. Dabei ist es unerheblich, ob diese Aufgaben von verschiedenen oder vom selben Träger wahrgenommen werden, hierfür unterschiedliche Dienste zuständig sind oder diesbezüglich sogar Personalunion besteht.

Personelle Aufgabentrennung

Wegen der auftretenden Zielsetzungskonflikte von JA und FamG[157], die dem Vertrauensschutz sowie der Konsolidierung der familiären Situation abträglich sind, rät der *9. Deutsche Familiengerichtstag*[158] „in Konfliktfällen" zur personellen Aufgabentrennung.[159] Abgesehen davon, dass das zu einer völlig unerwünschten *„Drehtür-Hilfe"* führen würde, kann man m.E. dadurch die bestehende Problematik nicht lösen, da auch die im Rahmen der Aufgabenerfüllung nach § 50 erhobenen Daten dem besonderen Vertrauensschutz nach § 65 Abs. 1 S. 1 unterliegen.[160]

3. Gesteigerter Übermittlungsschutz

Voraussetzungen

Voraussetzung ist, dass es sich um „persönliche und erzieherische Hilfe" handelt. Dieser Begriff knüpft an § 11 S. 2 SGB I an, wo diese Sozialleistungen in Abgrenzung zu Sach- und Geldleistungen den Dienstleistungen zugeordnet werden. Die Vorschrift erfasst also nicht nur die HzE, sondern auch Jugendhilfeleistungen gemäß §§ 11 ff. und §§ 22 ff., sofern es sich dort nicht um Geld- und Sachleistungen handelt und auch „andere Aufgaben" der Jugendhilfe. Dabei können bezüglich der Intensität des Datenschutzes im Einzelfall durchaus Abgrenzungsschwierigkeiten bestehen

„Anvertraute" Daten

Weitere Voraussetzung ist, dass die Daten zum Zweck der vorgenannten Hilfen „anvertraut" wurden. Mangels näherer Definition im Gesetzestext wie einer Gesetzesbegründung ist nicht verwunderlich, dass dieser Begriff in der Praxis unterschiedlich interpretiert wird. Der Schutzzweck des bereichsspezifischen Datenschutzes des SGB VIII sowie die in § 203 StGB vorgenommene gleichrangige Verwendung mit „sonst bekannt geworden" gebieten den Begriff „anvertraut" weit auszulegen.[161] Darunter fallen folglich alle Informationen, bei denen die betroffenen Personen sich auf die Verschwiegenheit der betreffenden JA-Mitarbeiter verlassen. Daher müssen diese Daten auch gar nicht im Einzelnen „mitgeteilt" worden sein. Vielmehr genügt es, dass Einblick in die persönlichen Verhältnisse gewährt wurde (wie zB anlässlich von Hausbesuchen). Denn geschützt werden sollen die Klienten, die zur Erlangung von Jugendhilfe ihren Privatbereich meist sehr weit öffnen müssen. Für eine weite Auslegung

---

156 Ebenso: *Mörsberger* ZfJ 1990, 370 und *Wiesner*, SGB VIII/*Wiesner*, § 50, Rn. 57.

157 Dazu GK-SGB VIII/*Schleicher*, § 17, Rn. 26a, 26b sowie § 50 Rn. 7–11.

158 FamRZ 1992, 144 unter II 2 c.

159 FamRZ 1992, 144, unter II 2 c.

160 Dazu GK-SGB VIII/*Schleicher*, § 50, Rn. 64 u. 67 sowie § 17 Rn. 27.

161 Ebenso: *Maas*, NDV 1990, 215 (219) und sich daran anschließend: *Habermann/Tries* NDV 1990 48 (49) u. *Lakies*, ZfJ 1991, 22 (33); einschränkend jedoch *Mörsberger*, ZfJ 1990, 365 (371); *Münder*, § 65 Rn. 6 ff.; aA: LPK-SGB VIII/*Kunkel* § 65 Rn. 8.

spricht weiter, dass gerade auch bei denjenigen Personen, die nicht dem Personenkreis des § 203 StGB angehören,

Beispiele: Erzieher(innen)/Kindergärtnerinnen, Diplompädagogen, Verwaltungsfachkräfte des JA und seiner Dienste

der Vertrauensschutz für die Klienten erreicht werden sollte. Das zeigt auch, dass der Normadressat in § 65 „der Mitarbeiter" eines öffentlichen Jugendhilfeträgers ist und nicht die Behörde, Stelle oder Dienst oder der Träger selbst.

Übermittlungsfälle

Wenn diese vorgenannten Voraussetzungen erfüllt sind, dürfen personenbezogene Daten nur in folgenden sechs Fällen übermittelt werden, wenn:

1. die Betroffenen hierzu ausdrücklich die Einwilligung erteilen (§ 65 Abs. 1 S. 1 Nr. 1),
2. ohne die Weitergabe der Daten angesichts einer Kindeswohlgefährdung eine dem JA notwendig erscheinende gerichtliche Entscheidung nicht ermöglicht werden könnte (§ 65 Abs. 1 S. 1 Nr. 2),

   Beispiele: Entscheidungen des FamG gemäß § 1666, § 1632 Abs. 4 oder § 1628

3. personeller oder örtlicher Zuständigkeitswechsel sowie Anhaltspunkte für Kindeswohlgefährdungen vorliegen (vgl. § 65 Abs. 1 S. 1 Nr. 3),
4. Fachkräfte zur Abschätzung des Gefährdungsrisikos nach § 8a hinzugezogen werden – dann jedoch anonymisiert oder pseudonymisiert (vgl. § 65 Abs. 1 S. 1 Nr. 3),
5. es um die Verhinderung drohender, aber noch abwendbarer Straftaten iSd § 138 StGB geht (§ 65 Abs. 1 S. 1 Nr. 5),
6. rechtfertigender Notstand iSd § 34 StGB vorliegt; denn in diesen Fällen dürfen die in § 203 Abs. 1 u. 3 StGB genannten Personen ihre gesetzliche Schweigepflicht durchbrechen (§ 65 Abs. 1 S. 1 Nr. 5).

Außerdem ist auch hier § 64 Abs. 2 zu beachten, dh, vor einer Datenweitergabe ist zusätzlich zur Zweckbindungsprüfung (s. S. 129 von der jeweiligen Jugendhilfestelle zu bedenken, ob dadurch nicht der Erfolg der Hilfe in Frage gestellt wird. Denn dieser Zulässigkeitsvorbehalt gilt auch für § 65.[162]

VI. Datenlöschung

Das JA muss Daten löschen, wenn sie rechtswidrig verarbeitet wurden oder nicht mehr zur Erfüllung der Aufgabe benötigt werden (Art. 17 Abs. 1 DSGVO, § 84 Abs. 1 S. 1 SGB X). Für die Aufgabenerfüllung nicht mehr benötigte Daten müssen nicht gelöscht werden, wenn sie zu Archivzwecken benötigt werden (Art. 17 Abs. 3 Buchst. d, § 84 Abs. 6 iVm § 71 Abs. 1 S. 3 SGB X) oder wenn durch Satzung Aufbewahrungsfristen festgelegt wurden (§ 84 Abs. 4 SGB).

[162] *Wiesner*, SGB VIII/*Mörsberger*, § 64, Rn. 18.

VII. Datensperrung

Begriff Die Datensperrung beinhaltet eine Einschränkung der Verarbeitung (Art. 18 DSGVO). Sie hat eine Kennzeichnung der Daten oder den Verschluss der Daten zum Gegenstand.

Voraussetzung Eine Datensperrung erfolgt, wenn die Daten wegen der Archivierung nicht gelöscht werden können (§ 84 Abs. 6 SGB X iVm § 71 Abs. 1 S. 3 SGB X). Weiter werden Daten gesperrt, wenn schutzwürdige Interessen der Betroffenen der Löschung entgegenstehen sowie wenn die Löschung mit unverhältnismäßigem Aufwand verbunden wäre.

Folgen Gesperrte Daten dürfen ohne Einwilligung der Betroffenen nur übermittelt oder genutzt werden, wenn

1. es zu wissenschaftlichen Zwecken, zur Behebung einer bestehenden Beweisnot oder aus sonstigen im überwiegenden Interesse der speichernden Stelle oder eines Dritten liegenden Gründen unerlässlich ist *und*
2. die Daten hierfür übermittelt oder genutzt werden dürften, wenn sie nicht gesperrt wären (§ 84 Abs. 4 SGB X).

VIII. Amts- und Dienstgeheimnisse

Gesetzliche Schweigepflicht Bei der Weitergabe von Daten sind jedoch nicht nur Datenschutzbestimmungen, sondern zusätzlich auch noch die gesetzliche Schweigepflicht zu beachten, die nach dem StGB (sowie nach dem Beamten- und Arbeitsrecht) gilt. Diese besteht ua für alle staatlich anerkannten Sozialarbeiter/Sozialpädagogen sowie für alle Ehe-, Familien-, Erziehungs-, Jugend- oder Suchtberater von amtlich anerkannten entsprechenden Beratungsstellen (vgl. § 203 Abs. 1 Nr. 4 und 5 StGB); dazu zählen auch deren berufsmäßige Gehilfen und Praktikanten (§ 203 Abs. 3 S. 2 StGB). Voraussetzung ist, dass ihnen ein „fremdes Geheimnis", insbesondere wenn es zum persönlichen Lebens-, Betriebs- oder Geschäftsbereich gehört, „anvertraut" oder „sonst bekannt geworden" ist (s. dazu S. 130f.).

Öffentlicher Dienst Wenn diese Personen als Angestellte oder Beamte im öffentlichen Dienst stehen, unterliegen sie auch dann der Schweigepflicht, wenn ihnen persönlich Daten im Rahmen ihrer Tätigkeit nicht selbst offenbart, aber bekannt geworden sind (vgl. §§ 203 Abs. 2, 353b StGB). Das bedeutet, dass diese Personen zur Weitergabe von Daten außer der Einwilligung der von den Daten Betroffenen auch der Genehmigung ihres Dienstvorgesetzten bedürfen. – Insofern sind also auch die nicht in § 203 Abs. 1 StGB genannten Erzieher(innen) sowie Verwaltungsfachkräfte der Jugend-, Sozial- und Gesundheitsämter zur Verschwiegenheit verpflichtet!

Aussagen im Strafprozess Andererseits haben (mit Ausnahme der Berater nach §§ 3 und 8 *Schwangerenkonfliktgesetz* und der Berater für Fragen der Betäubungsmittelabhängigkeit) aber sämtliche vorgenannten Personen im Strafprozess kein Aussageverweigerungsrecht (§ 53 Abs. 1 StPO). Sie dürfen jedoch nur aussagen, sofern ihr Dienstvorgesetzter ihnen zum Beweisthema die Aussagegenehmigung erteilt hat (§ 54 StPO). Nach beamtenrechtlichen Bestimmungen darf diese nur versagt werden, wenn die Aussage für den Bund oder ein Bundesland nachteilig wäre oder hierdurch die Erfüllung öffentlicher Aufgaben ernstlich gefährdet oder erheblich erschwert würde.

Wenn die Aussagegenehmigung erteilt wird, müssen die Betreffenden also aussagen!

Aussageverweigerungsrecht in sonstigen gerichtlichen Verfahren

In Zivil-, Arbeits-, Verwaltungs- und Sozialgerichtsverfahren sind die von § 203 Abs. 1–3 StGB erfassten Personen (s. o.) jedoch berechtigt, die Aussage zu verweigern (vgl. §§ 383 Abs. 1 Nr. 6 ZPO, 30 FamFG, 46 ArbGG, 98 VwGO, 118 SGG). Das gilt aber nicht, wenn die Person, der gegenüber sie geheimhaltungspflichtig sind, sie von der Verschwiegenheit entbindet (§§ 385 Abs. 2 ZPO, 30 FamFG, 46 ArbGG, 98 VwGO, 118 SGG).

Kapitel 4. Jugendstrafrecht

Übersicht

Vorbemerkungen

Zielsetzungen des Jugendstrafrechts

Das Jugendstrafrecht ist ein Sonderstrafrecht für junge Täter. Es hat sich zum Ziel gesetzt, Straftäter, die ihre Tat in dem kritischen Übergangsstadium von Kindheit zum Erwachsensein begangen haben, nicht einfach zu bestrafen, sondern durch individuelle Maßnahmen so zur Verantwortung zu ziehen, dass sie von weiteren Straftaten abgehalten werden. Dem liegt die Erkenntnis zugrunde, dass Jugenddelinquenz häufig eher ein episodenhaftes und vorübergehendes Verhalten ist, das sich später im Erwachsenenalter meist nicht wiederholt oder sich auf wenige Bagatellverstöße reduziert.

Dies war auch das Ergebnis der Untersuchung der Ad-hoc-Kommission „Diversion" vom 5.2.1988, von dem die Konferenzen der Jugend- und Justizminister/senatoren (der alten Bundesländer) im Mai bzw. September 1988 zustimmend Kenntnis genommen haben.[1]

„Täter"- und „Erziehungs"-Strafrecht

Im Vordergrund aller jugendstrafrechtlichen Überlegungen müssen daher die Erforschung der Täterpersönlichkeit – und nicht primär die Tat – sowie die richtige „Behandlung" des Täters stehen. Denn es ist seit langem anerkannt, dass fast alle Straftaten Jugendlicher (14–18 Jahre) und Heranwachsender (18–21 Jahre) ihre Ursache in ihrer Entwicklung/Sozialisation haben, die der Staat bei seinen strafrechtlichen Sanktionen daher beachten muss. Seine Reaktionen dürfen deshalb nicht primär (wie sonst im Strafrecht) von Vergeltung, Sühne, Buße, Sicherung der Allgemeinheit und Abschreckung bestimmt sein, sondern es muss versucht werden, die durch die Straftat aufgedeckten Entwicklungs- und Sozialisationsdefizite durch geeignete Hilfsmaßnahmen auszugleichen und – sofern möglich – zu beheben. Jugendstrafrecht muss daher Täterstrafrecht und Erziehungsstrafrecht sein.

Regelung von: Sanktionen und Verfahren

Aus diesen Erkenntnissen hat 1923 die jugendstrafrechtliche Gesetzgebung mit der Schaffung des Jugendgerichtsgesetzes (JGG) begonnen, das 1943 und 1953 weitgehend umgestaltet wurde und vor allem durch das 1. JGG-ÄndG aus dem Jahr 1990 weitere umfangreiche Änderungen erfahren hat. Das JGG hat – neben verfahrensrechtlichen Besonderheiten – abschließend die Reaktionsmöglichkeiten des Staates auf solche Straftaten festgelegt (vgl. die Übersicht auf den S. 168/169), die von noch nicht 21 Jahre alten Tätern begangen werden (vgl. § 1 Abs. 1 JGG). Allerdings

[1] BMJ, „Diversion" im Deutschen Strafrecht, 1989 S. 11ff.

kommen für volljährige Täter (= Heranwachsende) nicht automatisch die besonderen jugendrichterlichen Maßnahmen zur Anwendung, sondern nur bei Vorliegen bestimmter Voraussetzungen (s. dazu S. 138–141).

Reformdiskussionen

Reformdiskussionen werden immer wieder überlagert von Forderungen nach einer Verschärfung des Jugendstrafrechts, deren Hintergrund meist spektakuläre Kapitalverbrechen minderjähriger oder junger volljähriger Straftäter sind. So z.B. anlässlich der Taten zweier Jugendlicher, die zum Tod von Dominik Brunner am Münchener S-Bahnhof Solln führten oder die Prügelattacken von Schweizer Schülern gegenüber Obdachlosen und Passanten in der Münchener Innenstadt.

Unterschiede JGG – StGB

Das JGG unterscheidet sich von den „allgemeinen Vorschriften" (so die Gesetzessprache z.B. im § 1 Abs. 1 JGG) – zur Verdeutlichung meist als „Erwachsenenstrafrecht" bezeichnet – durch eigene Strafmaßnahmen (§ 5 JGG), ein besonderes (Jugend–) Strafverfahren (§§ 43ff. JGG) und einen gesonderten Jugendstrafvollzug (Jugendstrafvollzugsregelungen der Länder).

Zieldefinition in § 2 JGG

Im Jahr 2007 wurde mit dem § 2 JGG die allgemein anerkannte, bis dahin aber gesetzlich nicht geregelte Zieldefinition des Jugendstrafrechts, der die Orientierung des Jugendstrafrechts am Erziehungsgedanken festschreibt, in das JGG eingefügt. Demnach sind nicht nur die Rechtsfolgen, sondern auch das Jugendstrafverfahren selbst vorrangig an pädagogischen und jugendpsychologischen Erkenntnissen auszurichten.

A. Strafrechtliche Verantwortlichkeit

Schuldfähigkeit ist Voraussetzung

Nach deutschem Strafrecht kann nur derjenige für von ihm begangene Straftaten selbst zur Verantwortung gezogen werden, der im Strafrecht für schuldfähig gehalten wird (siehe dazu §§ 19–21 StGB). Diese strafrechtliche Verantwortlichkeit wird meist als *Strafmündigkeit* bezeichnet, wobei drei Arten zu unterscheiden sind:

Drei Arten

Strafunmündigkeit, bedingte und volle Strafmündigkeit.

I. Strafunmündigkeit

Personenkreis

Kinder (so werden im Jugendrecht alle Minderjährigen genannt, die noch nicht das 14. Lebensjahr vollendet haben (vgl. z.B. § 7 Abs. 1 Nr. 1 SGB VIII) sind selbst bei Begehung schwerer Straftaten[2] nicht strafrechtlich verantwortlich und damit strafunmündig. Für sie können dann allerdings gemäß §§ 1631 Abs. 3, 1666, 1666a BGB Erziehungsmaßnahmen durch das FamG angeordnet werden (vgl. dazu S. 276, 322 und 323). Ansonsten kommen für sie die Angebote der Jugendhilfe in Betracht, die allerdings – vom Vorgehen nach § 42 Abs. 1 SGB VIII abgesehen – vom Einverständnis der Sorgeberechtigten abhängen (siehe dazu S. 104).

Erziehung statt Strafmaßnahmen

Tatzeitpunkt ist maßgeblich

Maßgebend ist (natürlich) der Zeitpunkt der Tat, nicht etwa deren Entdeckung/Aufklärung. Stellt sich im Laufe des Strafverfahrens heraus, dass

[2] In diesen Fällen kommen immer wieder (vereinzelt) von politischer – nicht jedoch von justizieller – Seite Forderungen nach einer Herabsetzung der Strafmündigkeit auf. Umgekehrt wird bisweilen auch ein Heraufsetzen der Altersgrenze auf 16 bzw. 18 Jahre gefordert. Zum Thema vgl. die Nachweise bei *Eisenberg*, § 3 Rn. 3a.

eine Tat vor Vollendung des 14. Lebensjahres begangen wurde, so ist das Verfahren, da es sich um eine Prozessvoraussetzung handelt, (insoweit) einzustellen.

Regelung im StGB und im JGG

Bis zum 31.12.1974 war die Strafunmündigkeit von Kindern im JGG geregelt (§ 1 Abs. 3 JGG aF). Seit 1.1.1975 ist diese Vorschrift nun im § 19 StGB zu finden. Aus der Festlegung der Geltung des JGG für Jugendliche und Heranwachsende, § 1 Abs. 1 JGG, ergibt sich jedoch auch, dass das Jugendstrafrecht für Kinder nicht anwendbar ist.

II. Bedingte Strafmündigkeit

Personenkreis

Verantwortlichkeit

Wer bei Begehung der Tat zwar schon 14, aber noch nicht 18 Jahre alt ist, wird im Jugendrecht als Jugendlicher bezeichnet (vgl. z.B. § 7 Abs. 1 Nr. 2 SGB VIII und § 1 Abs. 2 JGG) und ist gemäß § 3 S. 1 JGG strafrechtlich nur dann verantwortlich, wenn er zur Tatzeit nach seiner sittlichen und geistigen Entwicklung reif genug ist (= ethische und verstandesmäßige Reife), das Unrecht der Tat einzusehen (Einsichtsfähigkeit) und nach dieser Einsicht zu handeln (Handlungs- oder Steuerungsfähigkeit). Für diese Täter kommen dann die Maßnahmen des JGG zur Anwendung. Fehlte diese Verantwortlichkeit jedoch zur Tatzeit, so kommen (wie bei Kindern – s. dazu oben A. I.) nur familiengerichtliche Maßnahmen in Betracht (§ 3 S. 2 JGG). Sie werden im sog. Erziehungsregister eingetragen (§ 60 Abs. 1 Nr. 1 BZRG).

Überprüfung jedes Einzelfalles notwendig

Diese Verantwortlichkeit muss für jede Tat gesondert überprüft, kann also bei mehreren zur Last gelegten Straftaten nicht „pauschal" angenommen oder verneint werden.

Kriterien

Hierzu ist nach Einleitung des Verfahrens eine „Untersuchung" des Beschuldigten durchzuführen (§ 43 JGG), wobei nicht eine rein medizinische gemeint ist. Vielmehr sind neben entwicklungspsychologischen auch schichtspezifische Aspekte zu berücksichtigen. Es empfiehlt sich daher, immer die Jugendgerichtshilfe zu dieser Frage zu hören (vgl. dazu § 38 JGG sowie S. 182ff.) und bei Zweifelsfragen einen Sachverständigen (am besten: Jugendpsychologen/-psychiater) hinzuzuziehen.

Im Zweifelsfall nicht strafmündig

Bleiben Zweifel, ist nach dem Grundsatz „in dubio pro reo" (im Zweifel für den Angeklagten) Strafunmündigkeit anzunehmen.

III. Volle Strafmündigkeit

1. Volljährige

Generell strafmündig

Ausnahmen

Täter, die bei Begehung einer Straftat bereits volljährig sind, sind grundsätzlich uneingeschränkt strafmündig. Ihre strafrechtliche Verantwortlichkeit kann nur im speziellen Fall wegen verminderter Schuldfähigkeit oder völliger Schuldunfähigkeit im Sinne der §§ 20, 21 StGB eingeschränkt oder ausgeschlossen sein. Im ersteren Fall käme dann Strafmilderung gem. § 49 StGB in Betracht, im Letzteren dagegen gar keine Bestrafung, sondern nur eine Unterbringung in einem psychiatrischen Krankenhaus oder in einer Entziehungsanstalt (vgl. §§ 63, 64 und 67ff. StGB).

Jugendstrafrecht evtl. anwendbar

Ist ein Täter zum Tatzeitpunkt jedoch noch nicht 21 Jahre alt, so ist für ihn unter bestimmten Voraussetzungen noch Jugendstrafrecht anwendbar (s. dazu nachstehend III. 3.).

2. Heranwachsende

Volljährige, die zur Zeit der Tat zwar schon 18, aber noch nicht 21 Jahre alt sind, werden als Heranwachsende bezeichnet (§ 1 Abs. 2 JGG).

Historische Entwicklung

Das JGG von 1923 und 1943 galt nur für Jugendliche, sah allerdings den Strafvollzug von noch nicht 20 Jahre alten verurteilten Straftätern in Jugendstrafanstalten vor. Von der Jugendgerichtspraxis wurde jedoch schon bald gefordert, auf die Altersgruppen der Heranwachsenden ebenfalls das Jugendstrafrecht anzuwenden, weil diese Tätergruppe noch nicht als „fertige Erwachsene" (im Sinne einer abgeschlossenen Persönlichkeitsentwicklung) angesehen werden könne und daher für sie noch die differenzierenden Einwirkungsmöglichkeiten des Jugendstrafrechts in Betracht kommen müssten.

Obwohl sich diese – durch zahlreiche wissenschaftliche Untersuchungen belegte – Erkenntnis in der Praxis inzwischen schon lange durchgesetzt hat, konnte sich der Gesetzgeber bis heute nicht entschließen, die Heranwachsenden voll in das Jugendstrafrecht einzubeziehen. Im Gegenteil wird anlässlich spektakulärer Kapitalverbrechen z.T. für HW die generelle Anwendung des „Erwachsenenstrafrechts" gefordert.[3]

3. Besondere Voraussetzungen der Anwendung des Jugendstrafrechts auf Heranwachsende (§ 105 JGG)

Für Heranwachsende stets Jugendgerichte zuständig; diese entscheiden, ob JGG oder StGB

Bei Heranwachsenden muss in jedem Einzelfall individuell geprüft werden, ob auf Grund ihres Entwicklungsstandes noch Jugendstrafrecht angewendet werden kann, oder ob bereits die Regelungen des Erwachsenenstrafrechts für sie gelten (§§ 105, 106 JGG).

Hierbei kommt der Persönlichkeitserforschung (43 JGG) der Heranwachsenden, die vor allem Aufgabe der JGH ist (vgl. dazu §§ 38, 107 JGG sowie S. 182ff.), besondere Bedeutung zu. Auch bei Anwendung des Erwachsenenstrafrechts bleiben aber die Jugendgerichte zuständig.

Voraussetzungen für Anwendung des JGG auf Heranwachsende

Die Kriterien für die Prüfung der besonderen Anwendungsvoraussetzungen gemäß § 105 Abs. 1 JGG sind folgende:

Das Jugendgericht kann auf einen Heranwachsenden nur dann Jugendstrafrecht anwenden, wenn

entweder

Stichwort „Reifeverzögerung"

„die Gesamtwürdigung der Persönlichkeit des Täters bei Berücksichtigung auch der Umweltbedingungen ergibt, dass er zur Zeit der Tat nach seiner sittlichen und geistigen Entwicklung noch einem Jugendlichen gleichstand" (§ 105 Abs. 1 Nr. 1 JGG)

oder

Stichwort „Jugendverfehlung"

„es sich nach der Art, den Umständen oder den Beweggründen der Tat um eine Jugendverfehlung handelt" (§ 105 Abs. 1 Nr. 2 JGG).

In der Praxis überwiegt Anwendung des JGG

Die Anwendung dieser Vorschrift bereitet in der Praxis Schwierigkeiten, weil sie so unbestimmt gefasst ist, dass selbst bei Hinzuziehung von Sachverständigen Unsicherheiten unausbleiblich sind. § 105 JGG bietet gleichwohl den Gerichten die Möglichkeit im Einzelfall den unterschiedlichen Persönlichkeitsentwicklungen Heranwachsender Rechnung zu tragen. Im Jahr 2007 wurden bundesweit rund 63% der angeklagten Heranwachsenden nach Jugendstrafrecht verurteilt.

---

[3] Nachweise z.B. bei *Eisenberg*, § 105, Rn. 6d.

a) Gleichstellung mit Jugendlichen („Reifeverzögerung")

Problematische Bezeichnung

Bedenklich – weil unklar – ist die Formulierung in § 105 Abs. 1 Nr. 1 JGG (Vorschrift bitte lesen!). Es gibt nämlich weder „den" Jugendlichen noch „den" Heranwachsenden als feststehenden Typus, so dass sich schon deshalb kein verlässlicher Vergleichsmaßstab finden lässt.

„Marburger Richtlinien"

Dies hatte die Praxis nach Inkrafttreten des JGG schon 1953 sofort erkannt und daher auf der Arbeitstagung der „Deutschen Vereinigung für Jugendpsychiatrie" im Jahre 1954 in Marburg versucht, Kriterien für die Anwendung des § 105 JGG zu entwickeln. Diese werden „Marburger Richtlinien" genannt. Deren – nicht unproblematische – psychosoziale Bezeichnungen[4] gehen davon aus, dass die Jugendgerichte Heranwachsende dann einem Jugendlichen gleichstellen sollen, wenn sie einerseits bestimmte für Jugendliche typische Züge aufweisen, andererseits die für Erwachsene charakteristischen Merkmale noch vermissen lassen.

Was ist „typisch" für Jugendliche?

Als für Jugendliche typische Züge gelten nach den „Marburger Richtlinien":

ungenügende Ausformung der Persönlichkeit, Hilflosigkeit (die sich nicht selten hinter Trotz und Arroganz versteckt), naiv-vertrauensseliges Verhalten, „den Augenblick leben", starke Anlehnungsbedürftigkeit, spielerische Einstellung zur Arbeit, Neigung zum Tagträumen, Hang zu abenteuerlichem Handeln, Hineinleben in selbstwerterhöhende Rollen, mangelnder Anschluss an Altersgenossen.

Ergänzend wird noch auf folgende Kriterien für Jugendliche hingewiesen:

impulsives, unmittelbar aus der Situation vorschießendes Handeln, Neigung zu kindlich-jugendlichem Stimmungswechsel ohne rechten Anlass, Fehlen einer Integration von Eros und Sexus (wichtig besonders bei Sittlichkeitsdelikten), jugendliche Übersteigerung des Abenteuerdranges, der Geltungssucht und ähnlicher „phasenspezifischer" Tendenzen.

Was ist „typisch" für Erwachsene?

Dagegen gelten als charakteristische Züge Erwachsener nach den „Marburger Richtlinien":

eine gewisse Lebensplanung, Fähigkeit zu selbstständigem Urteilen und Entscheiden, Fähigkeit zu zeitlich überschauendem Denken, Fähigkeit, Gefühlsurteile rational zu unterbauen, ernsthafte Einstellung zur Arbeit, eine gewisse Eigenständigkeit gegenüber anderen Menschen.

Richtige Betrachtungsweise ist: Ist der Täter eher noch Jugendlicher oder eher schon Erwachsener?

Obwohl die „Marburger Richtlinien" letztlich auch nur vage Entwicklungsmerkmale beinhalten, beeinflussen sie in der Praxis immer noch die Entscheidungen darüber, ob ein Heranwachsender zur Tatzeit nach seiner Gesamtentwicklung schon (eher) zur Gruppe der Erwachsenen oder doch noch (eher) zu der der Jugendlichen gehörte. (Nichts anderes kann es nämlich bedeuten zu entscheiden, ob für ihn – noch – Jugendstrafrecht oder – schon – „Erwachsenenstrafrecht" angewendet werden soll.)

„Reifeverzögerung": problematischer Begriff

Der in Schrifttum und Praxis gebräuchliche Ausdruck „Reifeverzögerung" ist jedoch bedenklich, weil er die Vorstellung erwecken kann, es handele sich um „geistig zurückgebliebene" Erwachsene. Das ist jedoch vom Gesetzgeber (natürlich) nicht gemeint.

---

[4] Siehe auch *Eisenberg*, § 105, Rn. 23ff.; Meier: in M/B/H, Jugendstrafrecht, § 5 Rn. 23

b) „Jugendverfehlung"

Begriff

Auch dieser Begriff (§ 105 Abs. 1 Nr. 2) ist mehrdeutig und damit sehr unbestimmt. In der Praxis wird von einer Jugendverfehlung meist dann ausgegangen, wenn die Tat

- nach ihren äußeren Umständen oder der Art ihrer Begehung oder nach den Beweggründen des Täters
- als für Jugendliche charakteristisch erscheint. Dabei spielt die konkrete Entwicklung des Heranwachsenden sowie die Schwere der Tat keine Rolle, sondern allein das „Erscheinungsbild" seiner Tat.

Als sog. **„typische Jugendverfehlungen"** werden z. B. angesehen:

Beispiele: Straftaten aus Geltungsbedürfnis, Abenteuerlust, Rauflust, Zerstörungswut, Heimweh, Neugierde begangene Straftaten, „sinnlose" Straftaten wie: Beschädigung öffentlicher Einrichtungen (Telefonzellen, Wartehäuschen, Straßenlaternen, -schilder etc.) oder privaten Eigentums (Autoantennen und -spiegel abbrechen, Autoreifen zerstechen, Fensterscheiben einwerfen, Gartenhäuschen aufbrechen und verwüsten etc.), sowie eine Reihe „spezifischer" Delikte wie z. B.: Entwendung von Kfz zum vorübergehenden Gebrauch („Spritztour"), Automatenknacken, Ladenhausdiebstähle, „Schwarzfahren" sowie „Affekt"-Handlungen (wie z. B. Beleidigungen und Körperverletzungen).

c) Anwendung des Jugendstrafrechts

Anwendung des JStrafR = Regelfall

Der Gesetzgeber hat zwar 1953 die Anwendung des Jugendstrafrechts auf Heranwachsende als Ausnahmefälle angesehen. In der Praxis wurde aber schon bald die Tendenz deutlich, auf Heranwachsende weit möglichst Jugendstrafrecht anzuwenden. Daran hat auch die Herabsetzung des Volljährigkeitsalters auf 18 Jahre (seit 1.1.1975) nichts geändert, da es ja nicht um die strafrechtliche Verantwortlichkeit des Heranwachsenden geht, die – schon immer – uneingeschränkt besteht, sondern darum, ob die Anwendung der spezifischen jugendstrafrechtlichen Maßnahmen (s. dazu S. 168/169) im Einzelfall (noch) sinnvoller ist als die des „Erwachsenenstrafrechts" (d. h.: Geld- oder Freiheitsstrafe). – Im Jahre 2010 wurden in 66,3 % der Fälle Jugendstrafrecht und nur in 33,7 % der Fälle „Erwachsenenstrafrecht" angewendet.[5]

Kontroverse Änderungsforderungen

In Lehre und Praxis wird zum Teil zwar gefordert, das Jugendstrafrecht uneingeschränkt für Heranwachsende zu öffnen, aber es wird zum Teil auch verlangt, für Heranwachsende generell das „Erwachsenenstrafrecht" anzuwenden[6] (s. dazu auch S. 138).

d) Anwendung des „Erwachsenenstrafrechts"

Jugendgerichte bleiben zuständig

Wird auf einen Heranwachsenden das Erwachsenenstrafrecht angewandt, so verbleibt es bei der Zuständigkeit der Jugendgerichte (siehe S. 138). Es gelten jedoch hinsichtlich der zu erwartenden Sanktionen die folgenden Besonderheiten:

---

[5] Vgl. Statistisches Bundesamt, Rechtspflege, Fachserie 10, Reihe 3, Strafverfolgung, Tabelle 1.1, 1.2.

[6] Nachweise z. B. bei *Eisenberg*, § 105, Rn. 6d.

Besonderheit Sicherungsverwahrung

Gemäß § 106 Abs. 3 darf Sicherungsverwahrung zwar nicht neben der Strafe im Urteil angeordnet, aber unter den dort genannten Voraussetzungen diesbezüglich ein *Vorbehalt* festgehalten werden:

Voraussetzungen eines Vorbehalts

- bei Verurteilungen von mindestens fünf Jahren wegen eines oder mehrerer Verbrechen (d.h.: gem. § 12 Abs. 1 StGB mit mindestens ein Jahr Freiheitsstrafe bedrohte Straftaten) gegen das Leben, die körperliche Unversehrtheit oder die sexuelle Selbstbestimmung oder wegen Raubes mit Todesfolge (§ 251 StGB), auch in Verbindung mit Räuberischem Diebstahl (§ 252 StGB) oder Räuberischer Erpressung (§ 255 StGB), durch welche das Opfer seelisch oder körperlich schwer geschädigt oder einer solchen Gefahr ausgesetzt worden ist, und
- die Gesamtwürdigung ergibt, dass der Täter infolge eines Hanges zu solchen Straftaten für die Allgemeinheit gefährlich ist.

Weitere Voraussetzungen

Darüber hinaus kann gemäß § 106 Abs. 4 ein solcher Vorbehalt ausgesprochen werden

- bei einer Verurteilung wegen sexuellen Missbrauchs von Kindern (§ 176 StGB)
- wenn die übrigen Voraussetzungen des § 66 Abs. 3 StGB erfüllt sind
- und es sich auch bei den maßgeblichen früheren oder künftig zu erwartenden Taten um sexuellen Missbrauch von Kindern oder um die in § 106 Abs. 3 Satz 2 Nr. 1 genannten Taten handelt und das Opfer hierdurch seelisch oder körperlich schwer geschädigt oder einer solchen Gefahr ausgesetzt worden ist oder würde.

Wenn die Anordnung der Sicherungsverwahrung neben der Strafe vorbehalten wurde und ist der Verurteilte noch keine 27 Jahre alt, sind sozialtherapeutische Vorgaben zu beachten (vgl. § 106 Abs. 5).[7]

Statt lebenslänglich 10–15 Jahre Freiheitsstrafe möglich

Bei Kapitalverbrechen kann statt lebenslanger Freiheitsstrafe eine zeitige Strafe von 10 bis 15 Jahren verhängt werden (§ 106 Abs. 1 JGG).

Aberkennung der bürgerlichen Ehrenrechte

Von der Aberkennung der bürgerlichen Ehrenrechte (vgl. dazu § 45 StGB) kann abgesehen werden (§ 106 Abs. 2 JGG).

Zur Wiederholung des Themas „Strafrechtliche Verantwortlichkeit" siehe nachfolgende Übersicht (S. 142).

---

[7] Zur Entwicklung der Regelung der Sicherungsverwahrung siehe auch die Ausführungen auf S. 168/169 unten.

Strafrechtliche Verantwortlichkeit			
Einfluss des Alters zur Tatzeit auf die strafrechtliche Verantwortlichkeit (§ 1 Abs. 2 JGG)			
Kinder (noch nicht 14 Jahre)	Jugendliche (14–18 Jahre)	Heranwachsende (18–21 Jahre)	Erwachsene (ab 21 Jahre)
strafunmündig	bedingt strafmündig	voll strafmündig	voll strafmündig
Die Täter sind noch nicht strafrechtlich verantwortlich (§§ 19, 20 StGB). Für sie kommen daher nur Erziehungsmaßnahmen des BGB in Betracht.	Für sie sind nur bei Einsichts- u. Steuerungsfähigkeit zur Tatzeit Maßnahmen des JGG anwendbar (§ 3 S. 1 JGG). – Sonst: nur Maßnahmen von FamG (§ 3 S. 2 JGG).	Sie sind stets strafrechtlich verantwortlich. Je nach Reife oder Tat (§ 105 JGG) kommen für sie entweder Maßnahmen des JGG oder Sanktionen des StGB (mit Sonderheiten) zur Anwendung.	Sie sind stets strafrechtlich verantwortlich. Für diese Täter kommen unabhängig von Reife/Tat immer nur Maßnahmen des StGB zur Anwendung (Erwachsenenstrafrecht).
zuständig: Jugendrichter oder FamG (§ 3 S. 2 JGG)	zuständig: Jugendgerichte (§§ 33 ff. JGG)	zuständig: Jugendgerichte – auch bei Anwendung des StGB (§§ 33 ff., 107, 108 JGG)	zuständig: allg. Strafgerichte (§§ 24 ff., 74 ff., 120 ff. GVG)
Das Alter zurzeit der Verurteilung ist jeweils unerheblich; maßgeblich ist stets die Zeit der Tat (vgl. Wortlaut des § 1 Abs. 2 JGG).			

B. Die jugendgerichtlichen Maßnahmen[8]

I. Vorläufige Maßnahmen

1. Anstaltsunterbringung zur Untersuchung des Entwicklungsstandes (Unterbringung zur Beobachtung)

Zweck Zur Klärung der strafrechtlichen Verantwortlichkeit eines Jugendlichen (vgl. § 3 JGG) oder des Entwicklungsstandes eines Heranwachsenden (vgl. § 105 JGG) kann der für die Eröffnung des Hauptverfahrens zuständige Jugendrichter die Unterbringung zur Untersuchung des Beschuldigten (Angeklagter heißt er erst nach Prozesseröffnung) bis zu sechs Wochen in einer geeigneten Anstalt (z. B. Jugendpsychiatrische Abteilung einer Nervenklinik) anordnen (§§ 73 Abs. 1, 109 Abs. 1 JGG).

Zulässigkeit Diese einschneidende Maßnahme kommt nur in Betracht, wenn eine ambulante Untersuchung durch einen Sachverständigen (Jugendpsychologe, Psychiater) nach dessen Meinung nicht ausreicht (vgl. § 73 Abs. 1 S. 1 JGG) *und* die Bedeutung der Strafsache dies rechtfertigt. Sonst muss nach dem Grundsatz der Verhältnismäßigkeit die Lücke in der Aufklärung hingenommen werden; Zweifel wirken sich zu Gunsten des Täters aus.

[8] Siehe dazu die Übersicht auf S. 168/169.

Vor dieser richterlichen Anordnung ist der Verteidiger des Beschuldigten anzuhören (§ 73 Abs. 1 S. 1 JGG). Hat er keinen Verteidiger, muss ihm der vorsitzende Richter einen bestellen (§ 68 Nr. 4 JGG). **Verteidigeranhörung-/bestellung**

Dieser Anordnungsbeschluss ist mit der „sofortigen Beschwerde" (= muss binnen einer Woche seit Bekanntmachung erfolgen, § 311 Abs. 2 StPO) anfechtbar, die aufschiebende Wirkung hat (§ 73 Abs. 2 JGG), d. h.: bevor nicht darüber entschieden ist, darf die Unterbringung nicht erfolgen. **Rechtsmittel bewirkt Aufschiebung**

2. Vorläufige Anordnungen über die Erziehung

Gegen hinreichend tatverdächtige Jugendliche kann der Jugendrichter schon vor Prozessbeginn vorläufige erzieherische Anordnungen treffen oder die Gewährung von Leistungen nach dem SGB VIII anregen (§ 71 Abs. 1 JGG). In Betracht kommen vor allem **Voraussetzungen**

Mögliche Anordnungen

- die Hilfen zur Erziehung der §§ 28 ff. SGB VIII (s. dazu S. 146 f.)
- den Weisungen (s. dazu S. 145) entsprechende Anordnungen
- und bei Rückfallgefährdung einstweilige Unterbringung in geeigneten Heimen (§ 71 Abs. 2 JGG).

Die getroffenen Anordnungen sind wieder aufzuheben, wenn sie entbehrlich oder unzweckmäßig geworden sind. Die Aufhebung muss spätestens mit Rechtskraft (Unanfechtbarkeit) des Urteils erfolgen (§ 71 Abs. 1 JGG). **Aufhebung**

Rechtsmittel ist die „einfache" (= fristlose) Beschwerde, die generell keine aufschiebende Wirkung hat (§§ 304 Abs. 1, 307 StPO). **Rechtsmittel generell ohne Aufschiebung**

Für Heranwachsende sind vorläufige Erziehungsanordnungen nicht möglich, weil erzieherische Einwirkungen auf sie wegen ihrer Volljährigkeit rechtlich nicht mehr zulässig sind (vgl. §§ 71 Abs. 1, 109 JGG). **Nicht für Heranwachsende**

3. Einstweilige Heimunterbringung

Wenn Jugendstrafe zu „erwarten" ist (zu den Voraussetzungen siehe S. 151), kann der Jugendrichter auch die Unterbringung in einem geeigneten (und aufnahmebereiten) Heim der Jugendhilfe anordnen, wenn dies im Hinblick auf die zu erwartenden jugendrichterlichen Maßnahmen geboten ist oder um den Jugendlichen vor einer weiteren Gefährdung seiner Entwicklung (insbesondere vor der Begehung neuer Straftaten) zu bewahren (§ 71 Abs. 2 S. 1 JGG). **Voraussetzungen**

Diese Bestimmung will die Nachteile der Untersuchungshaft vermeiden helfen. Sie hat in der Praxis aber deshalb keine große Bedeutung, weil sich die meisten Heime gegen solche Aufnahmen sträuben. **In der Praxis selten**

Bezüglich Aufhebung, Rechtsmittel und *Nichtanwendung auf Heranwachsende* gilt das oben unter 2. Gesagte.

Im Übrigen gelten die Vorschriften der §§ 114–115a, 117–118b, 120, 125, 126 StPO über den Haftbefehl sinngemäß (§ 71 Abs. 2 S. 2 JGG), da diese Unterbringung (einen echten) Freiheitsentzug darstellt, der daher auch auf einen im Urteil verhängten Jugendarrest oder auf Jugendstrafe (teilweise oder ganz) angerechnet werden kann (vgl. §§ 52, 52a JGG). **Haftbefehlvorschriften gelten analog**

4. Untersuchungshaft

Konsequenzen für die Jugendlichen

Die Untersuchungshaft hat für den Jugendlichen besonders nachteilige Folgen. Er erleidet durch sie meist einen schweren Schock, der zu Folgeschäden führen kann. Außerdem kommen die Jugendlichen dadurch in für sie schädliche Kontakte mit meist viel älteren, zum Teil schwerstkriminellen Gefangenen. Denn der Vollzug in eigenen Anstalten ist in der Praxis häufig nicht möglich, obwohl er vom Gesetzgeber („nach Möglichkeit") gefordert wird (vgl. § 89c Abs. 1 JGG).

Für Jugendliche als letztes Mittel gedacht

U-Haft darf daher für Jugendliche nur dann verhängt und vollstreckt werden, wenn ihr Zweck (Flucht, Verdunkelung oder Wiederholung von Straftaten zu vermeiden) nicht durch vorläufige Erziehungsanordnungen (s. o. S. 143) oder durch andere Maßnahmen (z. B. Meldepflicht, Anordnungen über den Aufenthalt, Verpflichtung zur Inanspruchnahme eines Erziehungsbeistandes oder Betreuungshelfers (s. dazu S. 147), Überwachung durch Jugendgerichtshilfe und Bewährungshelfer etc.) oder durch Unterbringung in einem Erziehungsheim (s. o. unter B. 3., S. 143) erreicht werden kann (§ 72 Abs. 1 und 3 JGG).

– In der Praxis wird (leider) dennoch selbst bei weniger gravierenden Delikten (zum Beispiel mehrfacher Ladendiebstahl) häufig U-Haft angeordnet.

Verfahren ist zu beschleunigen

Ist für Jugendliche U-Haft angeordnet, so ist das Gerichtsverfahren beschleunigt durchzuführen (§ 72 Abs. 5 JGG), um wenigstens ihre Dauer möglichst kurz zu halten. Auf Jugendarrest kann sie (auf Jugendstrafe muss sie generell) teilweise oder ganz angerechnet werden (vgl. §§ 52, 52a JGG).

Vollzu der U-Haft

Die U-Haft wird (sofern möglich) in einer gesonderten Anstalt und nicht in einer allgemeinen JVA vollzogen (§ 89c S. 1 JGG) oder, wenn keine Jugendstrafe zu erwarten ist, in einer Jugendarrestanstalt (§ 90 Abs. 2 JGG). Dass dabei die U-Haft erzieherisch gestaltet werden soll, ergibt sich aus § 2 Abs. 1 JGG. Daher besteht – im Gegensatz zu Erwachsenen – für Jugendliche und HW Arbeitspflicht (Nr. 80 Abs. 2 S. 1 UVollzO). Da es fast ausnahmslos an sinnvollen Beschäftigungen mangelt, ist dies pädagogisch fragwürdig und wegen der Unschuldsvermutung (Art. 6 Abs. 2 MRK) auch verfassungsrechtlich äußerst bedenklich.

Keine Sonderheiten für Heranwachsende

Für Heranwachsende gelten die Sonderheiten des § 72 JGG nicht (vgl. § 109 JGG).

II. Endgültige Maßnahmen

1. Erziehungsmaßregeln (§ 9 JGG)

Erziehung statt Sühne

Sie werden vom Jugendrichter „aus Anlass" der Straftat (also nicht: „wegen" derselben) angeordnet (§ 5 Abs. 1 JGG). Damit soll bereits zum Ausdruck kommen, dass hier nicht die Tatvergeltung (durch Buße und/oder Sühne) der Tat, sondern die „Erziehung" des Täters bezweckt wird.

Zwei Arten

Das JGG kennt gemäß § 9 JGG zwei Arten von Erziehungsmaßregeln: Weisungen und Hilfen zur Erziehung.

– *Weisungen* sind in § 10 JGG geregelt (s. dazu S. 145),
– *Hilfe zur Erziehung* (§ 12 JGG) gliedert sich in:
– die Verpflichtung zur Inanspruchnahme eines Erziehungsbeistandes oder Betreuungshelfers gemäß § 30 SGB VIII (s. dazu S. 147),

– die Verpflichtung zur Inanspruchnahme von Heimerziehung oder betreuten Wohnformen iSd § 34 SGB VIII (s. dazu S. 148).

Vorrang vor Zuchtmitteln und Jugendstrafe

Die Erziehungsmaßregeln sind als die dem jugendlichen Straftäter angemessene Reaktion des Staates vorgesehen. Nur wenn sie nicht ausreichen, werden Straftaten Jugendlicher mit Zuchtmitteln oder Jugendstrafe geahndet (§ 5 Abs. 2 JGG), die jeweils bereits Sühnecharakter haben (vgl. § 13 Abs. 1 und § 17 Abs. 2 JGG). Die Vergeltung der Straftat tritt also im Jugendstrafrecht gegenüber dem Ziel, den Täter zu erziehen, zurück *(Subsidiaritätsprinzip)*. Man spricht daher auch vom JGG als einem „Erziehungsstrafrecht" (vgl. § 2 JGG). Allerdings empfinden die betroffenen Jugendlichen auch Erziehungsmaßregeln oft als Strafe (z.B. Weisungen wie: Arbeitsauflagen oder Moped-, Lokal-, Umgangsverbote oder sich um einen Ausgleich mit dem Opfer der Straftat zu bemühen). Andererseits erscheinen dagegen die Zuchtmittel der „Verwarnung" (§ 14 JGG) und die „Auflage", sich zu entschuldigen (§ 15 JGG), weniger einschneidend und damit subjektiv als „geringere Strafe".

Wertigkeit zweifelhaft

Auswahl durch FamG ist zwar möglich, aber selten

Wird keine Jugendstrafe verhängt, können die Auswahl und Anordnung von Weisungen auch dem FamG überlassen werden (§ 53 JGG). Das geschieht – wegen zu befürchtender Verzögerungen – jedoch meist nur selten, obwohl dies zum Abbau der Diskriminierung der Erziehungsmaßregeln wie der Straftäter beitragen könnte.

Verbindungsmöglichkeiten

Erziehungsmaßregeln können einzeln oder nebeneinander oder zusammen mit Zuchtmitteln (ausgenommen Heimerziehung iSd § 34 SGB VIII und Jugendarrest), Weisungen, Auflagen und Erziehungsbeistandschaft können auch zusätzlich zur Jugendstrafe angeordnet werden (vgl. § 8 Abs. 1 u. 2 JGG).

a) Weisungen (§ 10 JGG)

Ge- und Verbote

Hierunter fallen sämtliche Gebote und Verbote, welche die Lebensführung der Straftäter regeln und dadurch ihre Erziehung fördern und sichern sollen (§ 10 Abs. 1 S. 1 JGG). Es dürfen dabei an die Lebensführung der Täter keine unzumutbaren Anforderungen gestellt werden (§ 10 Abs. 1 S. 2 JGG). So wäre es z.B. unzulässig anzuordnen, einen Sparvertrag abzuschließen, einer bestimmten Jugendgruppe oder Verein beizutreten, drei Monate lang sonntags beim Pfarrer die Beichte abzulegen, eine bestimmte Ausbildung zu beginnen oder eine Frau, die vom Täter ein Kind bekommt, zu heiraten.

Unzulässige Weisungen

Gesetzliche Beispiele

In § 10 Abs. 1 werden als Beispiele (vgl. dort die Formulierung „insbesondere") folgende für Jugendliche wie Heranwachsende anwendbare (vgl. § 105 Abs. 1 JGG) Weisungen genannt:

1. bzgl. Aufenthaltsort (bestimmte Lokale, Plätze, Stadtteile oder sonstige Orte zu meiden) – § 10 Abs. 1 S. 3 Nr. 1 JGG
2. bzgl. der Wohnung (in einer bestimmten Familie oder in einem Heim zu wohnen) – § 10 Abs. 1 S. 3 Nr. 2 JGG
3. Annahme einer (frei wählbaren) Ausbildungs- oder Arbeitsstelle) – § 10 Abs. 1 S. 3 Nr. 3 JGG
4. Arbeitsleistungen zu erbringen (z.B. in Sozialeinrichtungen wie Krankenhäusern, Alten- und Pflegeheimen oder Spielplätzen, Parks, Büchereien etc.) – § 10 Abs. 1 S. 3 Nr. 4 JGG
5. sich der Betreuung und Aufsicht einer bestimmten Person (Betreuungshelfer) zu unterstellen (gem. § 11 Abs. 1 S. 2 JGG idR max. ein Jahr) – § 10 Abs. 1 S. 3 Nr. 5 JGG (sog. „Betreuungsweisung")

6. an einem sozialen Trainingskurs teilzunehmen (gem. § 11 Abs. 1 S. 2 JGG idR max. sechs Monate) – § 10 Abs. 1 S. 3 Nr. 6 JGG
7. sich zu bemühen, einen Ausgleich mit dem Verletzten zu erreichen (Täter-Opfer-Ausgleich) – § 10 Abs. 1 S. 3 Nr. 7 JGG
8. Umgang mit bestimmten Personen oder den Besuch von Gast- oder Vergnügungsstätten zu unterlassen – § 10 Abs. 1 S. 3 Nr. 8 JGG
9. an einem Verkehrsunterricht teilzunehmen – § 10 Abs. 1 S. 3 Nr. 9 JGG
10. sich einer heilerzieherischen Behandlung oder Entziehungskur zu unterziehen – § 10 Abs. 2 JGG

(Bei Jugendlichen müssen die Erziehungsberechtigten und gesetzlichen Vertreter und ab 16 Jahren sollen sie auch selbst zustimmen, § 10 Abs. 2 JGG. – Trotz ungleich schlechterer Erfolgsaussichten kann beides insbesondere bei „unansprechbaren" Drogenabhängigen auch gegen den Willen der Minderjährigen angeordnet, die Durchführung aber nicht erzwungen, sondern nur bei schuldhafter Weigerung mit Jugendarrest geahndet werden, vgl. § 11 Abs. 3 JGG. Grundsätzlich ist auch ein Sachverständigengutachten nötig, RL 9 zu § 10 JGG).

Kein abschließender Katalog

Die gesetzlichen Beispiele stellen aber nicht etwa einen abschließenden Katalog der Weisungen dar, sondern lassen für zumutbare (s. o.) Weisungen jeder Art weiteren Spielraum (vgl. § 10 Abs. 1 S. 3 JGG: „insbesondere"). So werden jugendliche Straftäter seit einiger Zeit von den Gerichten „zum Lesen verurteilt" (beispielsweise zur Lektüre pädagogisch wertvoller Jugendromane). In sozialpädagogischen Projekten wird dann mit den Jugendlichen über das Gelesene diskutiert, Fragen beantwortet und Parallelen zum eigenen Leben aufgezeigt.

Arbeitsleistungen werden häufig nur allgemein angeordnet (z. B.: 60 Stunden) und deren Auswahl und Kontrolle dann Organisationen wie z. B. der „Brücke" übertragen.

Dauer

Die Laufzeit der Weisungen wird vom Richter festgelegt. Sie soll grundsätzlich zwei Jahre nicht überschreiten. Wenn dies aus Erziehungsgründen geboten ist, kann der Richter die Laufzeit auch bis auf insgesamt drei Jahre verlängern (§ 11 Abs. 1 u. 2 JGG). – Aus erzieherischen Gründen kann der Richter auch nachträglich noch die Weisungen ändern (z. B. wenn sie sich als schwer durchführbar erwiesen haben) oder ganz von ihnen befreien (§ 11 Abs. 1 u. 2 JGG).

Änderungen möglich

Bei Verstößen Jugendarrest

Die Einhaltung der Weisungen wird vom Jugendrichter in Zusammenarbeit mit der Jugendgerichtshilfe (§ 38 Abs. 2 S. 5 JGG) überwacht. Werden Weisungen nicht erfüllt, so kann ihre Befolgung zwar nicht erzwungen, aber dann Jugendarrest (bis zu vier Wochen) verhängt werden, sofern die Nichtbefolgung schuldhaft sowie eine entsprechende Belehrung erfolgt war (§ 11 Abs.3 S. 1 JGG). Kommt der Betreffende daraufhin doch noch der Weisung nach, so sieht der Richter vom Vollzug des Jugendarrestes ab (§ 11 Abs. 3 S. 3 JGG).

b) Hilfe zur Erziehung (§ 12 JGG)

Seit 1991 keine Anordnungskompetenz mehr

Zu Zeiten des *Jugendwohlfahrtgesetzes (JWG)* konnten Jugendgerichte Jugendhilfemaßnahmen direkt als Erziehungsmaßregeln anordnen – nämlich die Erziehungsbeistandschaft und die Fürsorgeerziehung. Diese Kompetenz besteht seit 1991 nicht mehr. Seitdem kann das Jugendgericht Jugendlichen als strafrechtliche Sanktion nur noch „auferlegen", unter den im SGB VIII genannten Voraussetzungen (d. h.: insbesondere unter Beachtung der §§ 27 u. 36 SGB VIII) HzE in Form der Erziehungsbeistandschaft iSd § 30 SGB VIII oder als Heimerziehung oder in einer sonstigen betreuten Wohnform iSd § 34 SGB VIII „in Anspruch zu nehmen" (§ 12 JGG). Adressat sind seither also ausschließlich die Jugendlichen. Weder JA, noch freie Träger, noch Personensorge-Inhaber können vom Jugendgericht zur Mitwirkung verpflichtet werden[9], denn die Durchführung dieser Anordnungen obliegt nicht den Jugendgerichten, sondern richtet sich nach dem SGB VIII (vgl. auch § 82 Abs. 2 JGG). Somit hängt die Realisierung dieser Erziehungsmaßregeln von der Zustimmung der Personensorge-Inhaber sowie davon ab, ob das Jugendamt die angeordnete HzE überhaupt vorhält und sie mitträgt, d. h. sie für sinnvoll und durchführbar hält.[10] – Wird die HzE nicht eingeleitet, kommt daher nur eine Mitteilung an das FamG und durch jenes evtl. eine Beschränkung der Personensorge gem. §§ 1666, 1666a BGB nebst Pflegerbestellung gem. § 1909 BGB in der Hoffnung in Betracht, dass dieser dann die HzE beantragt. Entsprechendes gilt beim Scheitern der HzE.

Adressat: Jugendliche, nicht: Eltern oder JA

Bei Nichtzustandekommen FamG-Maßnahmen möglich

Seit 1993 ist (aus Sorge um die richterliche Unabhängigkeit) in § 12 JGG das Einvernehmen des Jugendamts durch die Formulierung „nach Anhörung des Jugendamts" ersetzt worden. Inhaltlich hat sich dadurch aber keine Änderung ergeben, denn nach wie vor kann es nur dann zu diesen beiden HzE kommen, wenn das JA entscheidet, dass diese HzE im Einzelfall sinnvoll sind und auch wirksam angeboten werden können. Denn diese Anordnungen verpflichten die betreffenden Minderjährigen – nicht jedoch etwa das JA (s. o.).

Stellung des JA

Insgesamt erscheint es problematisch, Jugendhilfe-Leistungen, die auf vertrauensvoller Zusammenarbeit und daher Freiwilligkeit basieren, mit repressiven Maßnahmen des JGG zu verzahnen. Zudem ist das inkonsequent, da die HzE gem. § 27 Abs. 1 SGB VIII ja nicht für Minderjährige, sondern für deren Personensorge-Inhaber vorgesehen sind (s. dazu S. 83).

Problematik

aa) Erziehungsbeistand/Betreuungshelfer

Im Jugendhilferecht wird nicht zwischen Erziehungsbeistand und Betreuungshelfer unterschieden (vgl. § 30 SGB VIII sowie S. 87) und beide sind auch für „junge Volljährige" (d. h. gemäß § 7 Abs. 1 Nr. 3 SGB VIII: 18–27 J. alt) vorgesehen (§ 41 Abs. 2 SGB VIII). Im JGG sind sie aber (unverständlicherweise) unterschiedlich ausgestaltet:

Unterschiede JGG – SGB VIII

- Als sog. „Betreuungsweisung" (§ 10 Abs. 1 Nr. 5 JGG) ist der Betreuungshelfer auch für Heranwachsende vorgesehen, die Erziehungsbeistandschaft jedoch nicht (vgl. § 105 Abs. 1 JGG).
- Während Erstere nicht länger als ein Jahr dauern soll, ist Letztere zeitlich unbegrenzt (vgl. § 11 Abs. 1 S. 2 u. § 12 JGG).
- Bei Ersterer ist ein „Ungehorsamsarrest" vorgesehen – bei Letzterer nicht (vgl. § 11 Abs. 3 JGG).

---

[9] Ebenso *Häbel* in Fieseler/Schleicher/Busch/Wabnitz, GK-SGB VIII, § 27 Rn. 85.

[10] Zur Problematik siehe oben S. 87.

Jugendrichter können Jugendlichen nach Anhörung des JA (s. dazu oben unter b)) „auferlegen", unter den Voraussetzungen des SGB VIII einen Erziehungsbeistand oder Betreuungshelfer in Anspruch zu nehmen (§ 12 JGG).

Zu Voraussetzungen, Verpflichtung und Gestaltung siehe oben Kapitel 3.

Kostenfrei

Da diese HzE unter den Voraussetzungen des SGB VIII gewährt werden, richtet sich auch die Kostentragung nach dem SGB VIII, d. h.: sie sind kostenfrei (vgl. §§ 90, 91 SGB VIII).

bb) Heimerziehung, betreutes Wohnen

Jugendrichter können Jugendlichen nach Anhörung des JA (s. dazu oben Kapitel 3) „auferlegen", unter den Voraussetzungen des SGB VIII HzE iSd § 34 SGB VIII (= Heimerziehung oder betreute Wohnformen) in Anspruch zu nehmen (§ 12 JGG).

Zu Voraussetzungen, Verpflichtung und Gestaltung siehe oben Kapitel 3.

Kosten

Da diese HzE unter den Voraussetzungen des SGB VIII gewährt werden, richtet sich auch die Kostentragung nach dem SGB VIII (s. dazu S. 90).

2. Zuchtmittel (§§ 13 ff. JGG)

Zielsetzung

Die Zuchtmittel stehen als Folgen einer Jugendstraftat zwischen den reinen Erziehungsmaßnahmen und der echten Kriminalstrafe. Mit ihnen ahndet der Jugendrichter Straftaten, bei denen er Jugendstrafe für noch nicht geboten hält, jedoch meint, dass dem Täter eindringlich zum Bewusstsein gebracht werden muss, dass er für das von ihm begangene Unrecht einzustehen hat (§ 13 Abs. 1 JGG), ohne dass die Zuchtmittel die Rechtswirkungen einer (Kriminal-)Strafe haben (§ 13 Abs. 3 JGG).

Abgrenzung von Erziehungsmaßregeln

Wenn auch die Zuchtmittel schon Sühnecharakter haben, so ist dennoch eine exakte Abgrenzung von den Erziehungsmaßregeln nicht möglich. So sind die Auflagen des § 15 JGG letztlich nichts anderes als besondere – allerdings genau festgelegte – Weisungen. Auch sind schon viele Weisungen (s. o.) und Heimunterbringung sicherlich einschneidender als die Verwarnung oder einzelne Auflagen. Der eigentliche Unterschied zwischen Erziehungsmaßregeln und Zuchtmitteln besteht darin, dass Erstere eine *erzieherische Lang-Einwirkung*, Letztere dagegen eine eher *drastische Kurz-Einwirkung* (vor allem der Jugendarrest) bezwecken.

Das JGG kennt drei verschiedene Zuchtmittel:

- Verwarnung (§ 14)
- Auflagen (§ 15)
- Jugendarrest (§ 16).

Verbindungsmöglichkeiten

Zuchtmittel können einzeln oder nebeneinander oder zusammen mit Erziehungsmaßregeln (ausgenommen Jugendarrest und Heimerziehung iSd § 34 SGB VIII), Auflagen auch neben Jugendstrafe angeordnet werden (vgl. § 8 Abs. 1 u. 2 JGG).

Auch für HW

Alle Zuchtmittel kommen auch für Heranwachsende, für die Jugendstrafrecht angewendet wird, in Betracht (§ 105 Abs. 1 JGG).

a) Verwarnung

Zielsetzung, Problematik

Durch die Verwarnung soll dem Täter das Unrecht der Tat eindringlich vorgehalten werden (§ 14 JGG). Diese Maßnahme als selbstständige Sanktion ist problematisch, weil auch sie natürlich erst nach Rechtskraft des Urteils vollzogen werden kann. Nach so langer Zeit ist eine solche ermahnende Zurechtweisung einerseits sicherlich zu wenig und andererseits neben anderen Erziehungsmaßregeln oder Zuchtmitteln zweifellos entbehrlich, da sie in ihnen bereits enthalten ist.

Absehen von der Strafverfolgung („Diversion")

Sinnvoll kann dagegen die nach § 45 Abs. 3 JGG vorgesehene Einstellung des Verfahrens sein. Das kommt bei geständigen Tätern (vor allem bei Ersttätern) in Betracht, bei denen der Jugendstaatsanwalt eine Ahndung durch ein Urteil für entbehrlich hält und daher beim Jugendrichter beantragt, den Täter nur zu ermahnen oder ihm Auflagen nach § 15 JGG oder Arbeitsauflagen zu machen oder seine Teilnahme am Verkehrsunterricht anzuordnen. Diese Einstellung des Verfahrens unter Auflagen kann und wird der Betreffende als letzte „Warnung" verstehen, nicht dagegen die Verwarnung des § 14 JGG als Ergebnis eines aufwendigen Prozesses. Näheres hierzu s. S. 176.

b) Auflagen

Abschließender Katalog

Als Auflagen kommen nach § 15 Abs. 1 JGG in Betracht:

1. nach Kräften den durch die Tat verursachten Schaden wieder gutzumachen,
2. sich persönlich bei dem Verletzten zu entschuldigen,
3. Arbeitsleistungen zu erbringen oder
4. einen Geldbetrag zugunsten einer gemeinnützigen Einrichtung zu zahlen.

Diese Regelung ist abschließend, d. h.: weitere Auflagen sind nicht möglich.

Zumutbarkeit

Die Auflagen dürfen (ebenso wie die Weisungen gemäß § 10 Abs. 1 S. 2 JGG) an den Jugendlichen keine unzumutbaren Anforderungen stellen (§ 15 Abs. 1 S. 2 JGG).

„Zwangsspende"

Die Zahlung eines Geldbetrages gemäß § 15 Abs. 1 S. 1 Nr. 4 JGG soll der Jugendrichter nur unter den in § 15 Abs. 2 JGG genannten Voraussetzungen anordnen (Vorschrift bitte lesen!).

Problematik

Diese Auflage bedarf deshalb einer sorgfältigen Prüfung, weil sie im Ergebnis nicht zur Umgehung der im Jugendstrafrecht unzulässigen Geldstrafe (vgl. § 5 JGG) führen darf.

Änderung und Befreiung möglich

Werden die Auflagen ohne Verschulden vom Verurteilten nicht erfüllt, so kann der Jugendrichter sie aus Erziehungsgründen später ändern oder von der Erfüllung ganz oder teilweise befreien (§ 15 Abs. 3 S. 1 JGG).

Bei Verstößen: Jugendarrest

Liegt dagegen ein Verschulden des Betreffenden vor, kann der Jugendrichter gegen ihn Jugendarrest verhängen, wenn er hierüber im Urteil belehrt worden war (§ 15 Abs. 3 S. 2 JGG, der auf § 11 Abs. 3 verweist).

Verpflichtung bleibt bestehen

Nach Vollstreckung des Jugendarrestes sind die Auflagen grundsätzlich weiterhin zu erfüllen, jedoch kann der Richter sie dann auch teilweise oder ganz für erledigt erklären (§ 15 Abs. 1 S. 3 JGG).

c) Jugendarrest

Vollzug Der Jugendarrest wird in eigens eingerichteten Jugendarrestanstalten (also nicht in Jugendstrafanstalten) oder in Freizeitarresträumen der Landesjustizverwaltung vollzogen, wobei der dortige Jugendrichter Vollzugsleiter ist (§ 90 Abs. 2 JGG).

Der Vollzug des Jugendarrestes soll das Ehrgefühl des Jugendlichen wecken und ihm eindringlich zum Bewusstsein bringen, dass er für das von ihm begangene Unrecht einzustehen hat. Gleichzeitig soll der Vollzug des Jugendarrestes erzieherisch gestaltet werden und dem Jugendlichen helfen, die Schwierigkeiten zu bewältigen, die zur Begehung der Straftat beigetragen haben (§ 90 Abs. 1 JGG).

Freiheitsentzug Der Jugendarrest ist somit Freiheitsentzug mit *Sühnecharakter*, der daher auch *nicht zur Bewährung* ausgesetzt wird (§ 87 Abs. 1 JGG). Allerdings kann von der Vollstreckung nachträglich teilweise oder ganz abgesehen werden (vgl. § 87 Abs. 3 JGG).

Problematik Die Verhängung von Jugendarrest ist problematisch, weil außer einer Schockwirkung (die angeblich heilsam sein soll) nichts Erzieherisches erzielt werden kann. Das zeigen auch die hohen Rückfallquoten. Dennoch kann auf ihn wohl nicht ganz verzichtet werden, weil sonst in zahlreichen Fällen, in denen weniger ein Bedürfnis nach Erziehung, sondern nach Ahndung besteht, sicherlich gleich Jugendstrafe (s. dazu S. 151 ff.) angeordnet werden würde.

Drei Versionen Das JGG unterscheidet: Freizeit, Kurz- und Dauerarrest (§ 16 Abs. 1 JGG).

aa) Freizeitarrest

Kaum durchführbar Er wird für ein bis zwei wöchentliche Freizeiten verhängt (vgl. § 16 Abs. 2 JGG) und ist damit praktisch nicht zu vollziehen, selbst wenn die Vollstreckung am Wohnort der Verurteilten möglich sein sollte. Anderenfalls käme es zu einem – völlig unsinnigen – Einsperren für kurze tägliche Abschnitte. Daher ist gesetzlich eine „Umrechnung“ von einem Freizeitarrest in zwei Tage Kurzarrest vorgesehen (§ 16 Abs. 3 S. 2 JGG).

bb) Kurzarrest

Statt Freizeitarrest Wochenendarreste Weil der Vollzug von Freizeitarrest praktisch undurchführbar ist, sieht das JGG den Kurzarrest vor, „wenn der zusammenhängende Vollzug aus Gründen der Erziehung zweckmäßig erscheint und weder die Ausbildung noch die Arbeit des Täters beeinträchtigt werden“ (§ 16 Abs. 3 S. 1 JGG). Dabei stehen zwei Tage Kurzarrest einer Freizeit gleich (§ 16 Abs. 3 S. 2 JGG). Daher wird der Freizeitarrest immer in Kurzarrest umgewandelt und dann an Wochenenden vollzogen (sog. Wochenendarrest).

cc) Dauerarrest

1–4 Wochen Er beträgt mindestens eine Woche und höchstens vier Wochen und wird nach vollen Tagen (z. B. 10 Tage) oder Wochen (z. B. drei Wochen) bemessen (§ 16 Abs. 4 JGG).

Problematik Auf den Missbrauch des Dauerarrestes als kurze Ersatzfreiheitsstrafe ist zwar oft – zu Recht – hingewiesen worden. Er erscheint nur unter dem Aspekt gerechtfertigt, dass seine Folgen nicht so einschneidend sind, wie die der Jugendstrafe (siehe: lange Dauer und „Vorbestraftsein"; vgl. dazu S. 170).

3. Jugendstrafe (§ 17 JGG)

Kriminalstrafe

Die einzige Kriminalstrafe des gesamten Jugendstrafrechts ist die Jugendstrafe und stellt die schärfste repressive Sanktion dar, die das JGG bereit hält. Sie ist eine selbstständige, unabhängig vom Erwachsenenstrafrecht ausgestaltete Freiheitsstrafe (RL 1 zu § 17 JGG), die (für Jugendliche immer und bei HW, wenn JStR angewendet wird) in eigenen Jugendstrafanstalten vollzogen wird (vgl. §§ 17 Abs. 1 JGG u. z.B. § 98 JStVollzG Bln). Sie enthält alle Elemente des allgemeinen Strafbegriffs (Vergeltung, Sühne, Abschreckung, Besserung, Schutz der Allgemeinheit, Ehrenrührigkeit). Sie soll den „Täter entsühnen und in die Gesellschaft wieder einordnen".[11]

Erziehungsanspruch

Dennoch wird die Jugendstrafe als „Erziehungsstrafe" angesehen, die so zu bemessen sei, dass die erforderliche erzieherische Einwirkung möglich ist (§ 18 Abs. 2 JGG). – Wegen der völlig unzureichenden Ausstattung der Jugendstrafanstalten mit Erziehern, Sozialpädagogen u.Ä. steht dieser (z.B. in § 3 JStVollzG NRW und §§ 2 und 3 JStVollzG Bln näher angesprochene) Erziehungsanspruch jedoch nur auf dem Papier.

Verbindungsmöglichkeit

Neben der Jugendstrafe kommen auch Weisungen und Erziehungsbeistandschaft (§ 30 SGB VIII) sowie Auflagen in Betracht (vgl. § 8 Abs. 2 JGG).

„Warnschussarrest"

Seit dem 7.3.2013 ist mit der Einfügung des neuen § 16a JGG (Jugendarrest neben Jugendstrafe) neben der Jugendstrafe auch der sog. „Warnschussarrest" möglich. Es kann jetzt neben einer Jugendstrafe, deren Verhängung oder Vollstreckung zur Bewährung ausgesetzt wurde, unter den Voraussetzungen des § 16a Abs. 1 JGG auch ein Jugendarrest verhängt werden. Damit ist der Gesetzgeber von dem bisherigen Kopplungsverbot des § 8 Abs. 2 Satz 1 – neben Jugendstrafe nur Weisungen und Auflagen, aber kein Jugendarrest – abgerückt, siehe jetzt § 8 Abs. 2 Satz 2 JGG. Vorausgegangen war eine jahrelange rechtspolitische Diskussion um den sog. „Warnschussarrest", dessen Befürworter meinten, eine Bewährungsstrafe sei für den Jugendlichen nicht ausreichend „spürbar" und werde als „Freispruch zweiter Klasse" empfunden. Nunmehr werde dem Straftäter bereits am Anfang der Bewährungszeit ein klares Signal gesetzt. Ob dies die erwartete Wirkung erzielt, bleibt abzuwarten. Es stellt sich die Frage, ob nicht auch mit spürbaren Bewährungsauflagen wie längerer gemeinnütziger Arbeit, dem Täter-Opfer-Ausgleich oder der Schadenswiedergutmachung bessere Ergebnisse erzielt werden können.

Gilt auch für HW

Jugendstrafe kommt für Jugendliche wie Heranwachsende in Frage (vgl. §§ 17 und 105 JGG).

a) Voraussetzungen der Jugendstrafe

Jugendstrafe als „ultima ratio"

Jugendstrafe ist das äußerste Mittel (ultima ratio) des gesamten Jugendstrafrechts und darf daher nur angewendet werden, wenn alle anderen

---

[11] So der Bundesgerichthof in einem Urteil aus dem Jahr 1963 zur Frage des Verhältnisses zwischen Jugendstrafe und Jugendarrest (BGHSt 18, 207, 209).

Maßnahmen des JGG nicht ausreichen. Jugendstrafe kommt deshalb nach § 17 Abs. 2 JGG nur dann in Betracht, wenn:

Voraussetzungen

- wegen der in der Tat hervorgetretenen **schädlichen Neigungen** Erziehungsmaßregeln oder Zuchtmittel zur Erziehung nicht ausreichen, oder
- wegen der **Schwere der Schuld** Strafe erforderlich ist.

Gerichtspraxis

In der Praxis wird die Jugendstrafe wegen ihres hohen Mindestmaßes (sechs Monate) und der Unzulänglichkeiten im Vollzug nur selten angewandt. Bei Jugendlichen beträgt der Anteil der Jugendstrafe ca. 10% und bei Heranwachsenden ca. 20% aller Verurteilungen.[12]

aa) Schädliche Neigungen

Begriff

Der Begriff stammt aus dem österreichischen Recht und stellt nichts anderes als eine Verdeutschung des Ausdrucks „kriminelle Neigungen" dar.

Definition „schädliche Neigungen"

Schädliche Neigungen werden meist als erhebliche Anlage- oder Erziehungsmängel definiert, die ohne längere Gesamterziehung des Täters die Gefahr von Störungen der Gemeinschaftsordnung durch weitere Straftaten begründen[13], wobei diese nicht ganz unerheblicher Art sein dürfen (daher keine Jugendstrafe bei Hang zu Bagatelldelikten). Bloße Gelegenheits-, Konflikts- und Notkriminalität deuten auch bei Wiederholungsgefahr noch nicht auf schädliche Neigungen hin.

Diagnose entscheidet

Ob schädliche Neigungen vorliegen, ist eine Frage der Diagnose, d. h., die Tat muss das Ergebnis der kriminellen Neigungen sein. Hierzu ist im JGH-Bericht (s. dazu S. 183) eingehend Stellung zu nehmen, dem in der Praxis eine nicht zu unterschätzende Bedeutung zukommt.

Kriterien problematisch

Überwiegend wird angenommen, dass es unerheblich sei, ob die schädlichen Neigungen auf Verschulden, ererbter Charakteranlage (ohnehin problematisch), neurotischer Fehlentwicklung, falscher Erziehung, Verführung oder sonstigen Umwelteinflüssen beruhen. Das lässt sich jedoch nur dann vertreten, wenn diese kriminellen Neigungen so massiv sind, dass Erziehungsmaßregeln und Zuchtmittel zur Erziehung wirklich nicht ausreichen (vgl. § 17 Abs. 2 JGG). Auch hier kommt es meist entscheidend auf den JGH-Bericht an.

„Hervortreten" in der Straftat

Das JGG verlangt, dass die schädlichen Neigungen in der abzuurteilenden Tat hervorgetreten sein müssen (§ 17 Abs. 2 JGG). Das ist wiederum eine Frage der Bewertung, die mit Hilfe der JGH zu erfolgen hat. Dabei geht es um das Problem, ob die vorliegende Tat symptomatische Bedeutung für die kriminelle Neigung des Täters hat oder nicht.

Jugendstrafe letztes Mittel Persönlichkeitserforschung

§ 17 Abs. 2 JGG lässt Jugendstrafe ausdrücklich nur dann zu, wenn Erziehungsmaßregeln und Zuchtmittel zur Erziehung des Täters nicht ausreichen. Dies kann nur nach eingehender Persönlichkeitserforschung – vor allem durch die JGH (s. S. 182) – erfolgen, wobei zu berücksichtigen ist, dass derzeit der Jugendstrafvollzug seinen erzieherischen Auftrag nicht zu erfüllen vermag (s. S. 151).

---

[12] Statistisches Bundesamt, Rechtspflege, Fachserie 10, Reihe 3, Strafverfolgung.

[13] Ständige Rechtsprechung des BGH, s. dazu *Eisenberg*, § 17 Rn. 18b.

bb) Schuldspruch ohne Strafausspruch (= „bedingte Verurteilung", § 27 JGG)

Bei Zweifeln an schädlichen Neigungen

Kann auch nach Erschöpfung der Ermittlungsmöglichkeiten nicht mit Sicherheit vom Jugendgericht beurteilt werden, ob in der Straftat schädliche Neigungen von einem Umfang hervorgetreten sind, dass eine Jugendstrafe erforderlich ist, so kann sich das Gericht zunächst darauf beschränken, die Schuld des Täters festzustellen (z. B. „hat drei Diebstähle begangen"), die Entscheidung über die Verhängung der Jugendstrafe (= „wird zu ... verurteilt") aber noch für eine (vom Gericht zu bestimmende) Bewährungszeit auszusetzen (§ 27 JGG).

„In dubio pro reo"

Diese jugendrichterliche Maßnahme ist letztlich eine Konsequenz aus dem das gesamte Strafrecht beherrschenden Grundsatz: „in dubio pro reo" (im Zweifel für den Angeklagten).

Aufschub des Strafausspruches

Diese nur im Jugendstrafrecht vorgesehene Maßnahme der „Aussetzung der Verhängung der Jugendstrafe" (so die Gesetzessprache), die auch „bedingte Verurteilung" genannt wird, entspricht der dem angelsächsischen Recht bekannten Trennung von Schuldspruch und Strafausspruch, d. h.: Letzterer wird hier noch bis zum Ablauf der Bewährungszeit „aufgeschoben" (ausgesetzt).

Bewährungshelfer

Für die Bewährungszeit erhält der Täter einen Bewährungshelfer, der eventuelle Weisungen des Gerichts zu überwachen und über die Lebensführung des Probanden in vom Gericht festgelegten Zeitabständen zu berichten hat (§ 29 JGG). – Sollte sich in dieser Bewährungszeit, die minimum ein bis maximal zwei Jahre beträgt (§ 28 JGG), herausstellen, dass die Straftaten doch nicht auf schädliche Neigungen von einem Umfang zurückzuführen waren, die Jugendstrafe erforderlich macht, so wird der gesamte Schuldspruch getilgt (vgl. §§ 30 Abs. 2, 62 Abs. 1 u. 2 JGG). Im negativen Fall erkennt allerdings das Gericht auf die Strafe, die es dem Täter als Jugendstrafe gegeben hätte, wenn die schädlichen Neigungen gleich hätten sicher beurteilt werden können, und entscheidet zugleich, ob sie zur Bewährung ausgesetzt wird oder der Täter dann diese Strafe „absitzen" muss (vgl. § 30 Abs. 1 JGG). – Bevor das Gericht das Scheitern der Bewährung feststellt, kann es allerdings auch die Bewährungszeit bis auf zwei Jahre verlängern (§ 28 Abs. 2 JGG), um den Probanden eine weitere Chance der Bewährung zu geben.

Chance, aber auch Risiko

In diesem Schuldspruch ohne Strafausspruch liegt also eine große Chance und zugleich ein großes Risiko:

Schafft der Betroffene die Bewährung, ist er mit keinem Strafmakel behaftet; anderenfalls muss er erneut eine lange Bewährungszeit auf sich nehmen oder die ihm zugedachte Jugendstrafe verbüßen und sich dann als vorbestraft bezeichnen (vgl. § 53 Abs. 1 iVbm § 32 BZRG).

Gilt auch für HW

Der Schuldspruch ohne Strafausspruch kommt auch für Heranwachsende, für die Jugendstrafrecht angewendet wird, in Betracht (§ 105 Abs. 1 JGG).

cc) Schwere der Schuld

Nach § 17 Abs. 2 JGG muss das Jugendgericht dann Jugendstrafe verhängen, wenn „wegen der Schwere der Schuld Strafe erforderlich ist".

Sühnegedanke

Mit dieser Bestimmung stellt das JGG allein auf das Schuldprinzip ab, das das allgemeine Strafrecht beherrscht, und durchbricht damit bewusst den Grundsatz der „Erziehungsstrafe" zu Gunsten des Sühnegedankens.

Verwerflichkeit der Tatausführung

„Schwere der Schuld" bedeutet, dass die persönliche Vorwerfbarkeit der Tat besonders groß sein muss. Dabei spielen Tatausführung, Beweggründe, Stärke des verbrecherischen Willens sowie Verhalten nach der Tat eine maßgebliche Rolle.

Beispiele: Brutalität gegenüber Wehrlosen; heimtückischer Überfall; Gebrauch von Waffen; Geiselnahme; Rache; Habgier; Anstiftung; Erzwingen der Tat durch Drohung; Bandenbildung für die Tat; Liegenlassen schwer verletzter Opfer; Einschüchterung von Zeugen; Verdacht auf andere lenken.

Letztes Mittel des Jugendstrafrechts

Die Schwere der Schuld muss die Jugendstrafe erforderlich machen (§ 17 Abs. 2 JGG), also keine andere Wahl zulassen. Das wird dann angenommen, wenn ein Absehen von Strafe zu Gunsten von Erziehungsmaßregeln oder Zuchtmitteln in unerträglichem Widerspruch zum „allgemeinen Gerechtigkeitsgefühl" stehen würde – so vor allem bei sog. Kapitalverbrechen (vorsätzlichen Tötungsdelikten).[14]

Problematik: schwere Tatfolgen

In der Praxis gehen die Gerichte leider oftmals auch bei schweren Tatfolgen von der Schwere der Schuld aus und verhängen dann Jugendstrafe (z. B.: schwere Sach- oder Körperschäden, Tod eines Menschen). Das ist nach der eindeutigen Gesetzesformulierung nicht zulässig,[15] wenn die Tat z. B. nur leicht fahrlässig geschah.

Beispiel: Verkehrsunfall mit Schwerverletzten oder gar mit Todesopfern.

b) Rechtsfolgen der Verhängung der Jugendstrafe

Im Normalfall: 6 Mon. bis 5 J.

Bei Heranwachsenden und bei Kapitalverbrechen: bis zu 10 Jahren

StGB-Strafrahmen gilt im JGG nicht

Wird Jugendstrafe verhängt, so beträgt die Mindeststrafe (immer!) sechs Monate, die Höchststrafe bei Jugendlichen („normalerweise") fünf Jahre, bei Heranwachsenden zehn Jahre (§ 18 Abs. 1 S. 1 bzw. § 105 Abs. 3 JGG[16]). Bei Kapitalverbrechen, bei denen das „Erwachsenenstrafrecht" mehr als zehn Jahre Freiheitsstrafe androht (vorsätzliche Tötungsdelikte, insbesondere Mord), ist allerdings bei Jugendlichen ebenfalls Jugendstrafe bis zu zehn Jahren möglich (§ 18 Abs. 1 S. 2 JGG). – Die Strafrahmen des allgemeinen (Erwachsenen-) Strafrechts gelten im Jugendstrafrecht also nicht (§ 18 Abs. 1 S. 3 JGG). So ist z. B. die Mindeststrafandrohung für Geiselnahme (gemäß § 239b StGB: fünf Jahre) für die Jugendgerichte unbeachtlich; sie können also dafür z. B. auch neun Monate verhängen.

Hohe Mindeststrafe

Begründung fragwürdig

Das Höchstmaß der Jugendstrafe gilt jeweils auch dann, wenn wegen mehrerer Straftaten eine Einheitsstrafe (vgl. § 31 JGG sowie S. 158) gebildet wird. Diese gesetzliche Regelung geht davon aus, dass Jugendstrafe „Erziehungsstrafe" ist (zur Problematik vgl. S. 151). Sie hält daher eine kürzere Einwirkung auf den Täter als sechs Monate für sinnlos, desgleichen eine längere als fünf Jahre. – Die Ausnahmen

---

[14] BGHSt 18, 207 (209).

[15] BGHSt 15, 224.

[16] Gemäß § 105 Abs. 3 S. 2 JGG ist das Höchstmaß für Heranwachsende bei Mord 15 Jahre. Beachte auch § 106 Abs. 1 JGG, der – statt lebenslanger Freiheitsstrafe – eine Freiheitsstrafe von 10 bis 15 Jahren bei Heranwachsenden vorsieht, wenn allgemeines Strafrecht anzuwenden ist.

bei Heranwachsenden sowie bei Kapitalverbrechen Jugendlicher werden mit dem dort vorhandenen größeren Gewicht des Sühnegedankens gerechtfertigt.

aa) Jugendstrafe mit Bewährung

Bis zu 1 Jahr

Bei Verurteilungen zu einer bestimmten Jugendstrafe bis zu einem Jahr ist Strafaussetzung zur Bewährung vorgesehen, „wenn zu erwarten ist, dass der Täter sich schon die Verurteilung zur Warnung dienen lassen und auch ohne die Einwirkung des Strafvollzugs unter der erzieherischen Einwirkung in der Bewährungszeit künftig einen ‚rechtschaffenen' (= straffreien) Lebenswandel führen wird" (§ 21 Abs. 1 S. 1 JGG). Dabei sind die Persönlichkeit des Täters, sein Vorleben, die Umstände seiner Tat, sein Verhalten nach der Tat, seine Lebensverhältnisse sowie die Wirkungen zu berücksichtigen, die von der Strafaussetzung für ihn zu erwarten sind (§ 21 Abs. 1 S. 2 JGG). Seit dem 7.3.2013 ist gemäß § 21 Abs. 1 S. 3 JGG auch dann die Vollstreckung zur Bewährung auszusetzen, wenn die in Satz 1 genannte Erwartung erst dadurch begründet wird, dass neben der Jugendstrafe ein Jugendarrest nach § 16a (sog. Warnschussarrest; s. S. 151) verhängt wird. Die Aussetzung kann im Urteil oder nachträglich (aber vor Beginn des Strafvollzugs) durch Beschluss erfolgen (vgl. § 57 Abs. 1 u. 2 JGG). Hierbei kommt dem JGH-Bericht (s. dazu S. 183) jeweils entscheidende Bedeutung zu.

Bei günstiger Prognose

Bis zu zwei Jahren

Beträgt die Jugendstrafe mehr als ein Jahr, aber nicht mehr als zwei Jahre, so setzt das Gericht die Vollstreckung der Jugendstrafe ebenfalls zur Bewährung aus, wenn die oben genannten Voraussetzungen vorliegen und nicht die Vollstreckung der Jugendstrafe im Hinblick auf die Entwicklung des Jugendlichen geboten ist (vgl. § 21 Abs. 2 JGG). Dies ist nur dann der Fall, wenn ambulante Maßnahmen (insbesondere: Betreuungsweisung, sozialer Trainingskurs und Täter-Opfer-Ausgleich) aussichtslos erscheinen (hierzu ist meist die Heranziehung eines Sachverständigen gemäß § 43 Abs. 2 JGG nötig[17]). Seit 1991 ist also auch die Vollstreckung von Jugendstrafen bis zu zwei Jahren nur noch in den oben genannten Ausnahmefällen bei ungünstiger Prognose zulässig.

Keine Generalprävention

Bei der Frage der Strafaussetzung zur Bewährung lässt das JGG – im Gegensatz zu § 56 Abs. 3 StGB – für generalpräventive Gesichtspunkte (insbesondere für die der Abschreckung und der Verteidigung der Rechtsordnung) also generell keinen Raum. Das gilt selbst beim Vorliegen schwerer Schuld.

Teil-Bewährung nicht möglich, aber: Reststrafen-Bewährung

Die Strafaussetzung zur Bewährung kann nicht auf einen Teil der Jugendstrafe beschränkt werden (vgl. § 21 Abs. 3 S. 1 JGG). Jedoch ist nach Vollstreckung eines Teiles die Aussetzung des Strafrestes zur Bewährung möglich (vgl. § 88 JGG).

Gilt auch für HW

Die Bestimmungen der Strafaussetzung zur Bewährung gelten auch für Heranwachsende, für die Jugendstrafrecht angewendet wird (vgl. § 105 Abs. 1 JGG).

(1) Bewährungszeit

Normal-Dauer: 2–3 Jahre

Im Urteil wird die Dauer der Bewährungszeit festgelegt, die aber erst mit der Rechtskraft (Unanfechtbarkeit) des Urteils zu laufen beginnt (§ 22

---

[17] Gesetzesbegründung zum 1. JGG-ÄndG (BT-Drs. 11/5829, S. 20).

Abs. 1 u. 2 JGG)[18]. Sie darf zwei Jahre nicht unter- und drei Jahre nicht überschreiten (§ 22 Abs. 1 S. 2 JGG), kann aber auch nachträglich verkürzt oder verlängert werden (§ 22 Abs. 2 JGG). Sie darf jedoch nie kürzer sein als ein Jahr (bei Strafen von mehr als einem Jahr: zwei Jahre). Das Höchstmaß der Bewährungszeit beträgt vier Jahre. Diese flexible Regelung kann einerseits besonders günstige Entwicklungen honorieren und zugleich dem Scheitern der Bewährung zunächst noch mit einer Verlängerung begegnen (vgl. § 26 Abs. 2 JGG). – Die zur Verbüßung drohende Strafe und die Bewährungszeit können also unterschiedlich lang sein (z. B. die Jugendstrafe beträgt 1 Jahr und die Bewährungszeit 2 1/2 Jahre).

Verkürzung auf 1 J. und Verlängerung auf 4 J. möglich

Bewährungsplan

Der Vorsitzende Richter stellt – sinnvollerweise zusammen mit dem bestellten Bewährungshelfer – einen Bewährungsplan auf, in dem die Weisungen und Auflagen (die Vorschriften über deren Auswahl, Änderung, Befreiung und Erzwingung durch Jugendarrest gelten hier analog, vgl. § 23 Abs. 1 S. 4 JGG) für den Probanden sowie von ihm evtl. gemachte Zusagen und Anerbieten enthalten sind (§§ 23, 60 JGG). Dieser Bewährungsplan wird den Probanden ausgehändigt, wobei ihnen der Richter seine Bedeutung – vor allem in Hinblick auf die Widerrufsmöglichkeit der Aussetzung der Vollstreckung – erklärt. Zugleich gibt ihnen der Richter auf, jeden Aufenthalts-, Ausbildungs- oder Arbeitsplatz-Wechsel anzuzeigen (§ 60 Abs. 1 JGG). Die Probanden sollen versprechen, dass sie die Weisungen und Auflagen erfüllen wollen und den Bewährungsplan ebenso unterschreiben wie ihre Erziehungsberechtigten und ihre gesetzlichen Vertreter (§ 60 Abs. 3 JGG).

Eine nachträgliche Änderung des Bewährungsplanes ist bei entsprechender Belehrung (s. o.) möglich (§ 60 Abs. 1 S. 4 JGG).

Bewährungshelfer

Im Gegensatz zu § 56d Abs. 1 StGB ist im JGG *ausnahmslos* vorgesehen, dass in der Bewährungszeit die Probanden für höchstens zwei Jahre (nachträgliche Änderung ist jedoch gemäß § 24 Abs. 2 JGG möglich) einen hauptamtlichen oder ehrenamtlichen Bewährungshelfer bekommen, der ihnen in allen Bereichen helfend und betreuend zur Seite steht (§ 24 Abs. 1 und 3 JGG). Um diese Aufgaben erfüllen zu können, haben Bewährungshelfer das Recht auf Zutritt zu den Probanden und auf Auskunft von deren Erziehern, Lehrern und Ausbildern über ihre Lebensführung (§ 24 Abs. 3 JGG).

Betreuungsfunktion

Kontrollfunktion

Der Bewährungshelfer überwacht im Einvernehmen mit dem Richter die Einhaltung des Bewährungsplanes (§ 24 Abs. 3 S. 2 JGG). Der Richter kann dem Bewährungshelfer für diese Tätigkeit Anweisungen erteilen, insbesondere die Zeitabstände festlegen, in denen er ihm über die Lebensführung des Probanden zu berichten hat (§ 25 JGG). Dabei muss er dem Richter nicht jeden Verstoß gegen den Bewährungsplan, sondern nur solche Verstöße mitteilen, die als „gröblich" oder als „beharrlich" angesehen werden müssen (§ 25 S. 4 JGG). Die Wertung der Lebensführung des Probanden erfolgt also zunächst durch den Bewährungshelfer, der sich dabei aber an die gesetzlichen Widerrufsgründe des § 26 Abs. 1 JGG (s. unten (3)) zu halten hat. Das bedeutet, dass er nur das dem Richter mitteilen muss, was die Bewährung ernsthaft gefährdet; dies gilt selbst

Beurteilungsspielraum des BWH

[18] Wird ein Rechtsmittel eingelegt, verzögert sich also die gesamte Bewährung um viele Monate, was problematisch erscheint.

bei Straftaten![19] – Mangels Bewährungshelfer übernimmt dies alles die JGH (§ 38 Abs. 2 S. 5 JGG).

(2) Erfolgreiche Bewährung

Straferlass

Wenn kein gesetzlicher Grund bestand, die Strafaussetzung zu widerrufen (vgl. § 26 Abs. 1 JGG), so erlässt der Richter nach Ablauf der Bewährungszeit die Jugendstrafe (§ 26a S. 1 JGG) und erklärt grundsätzlich den Strafmakel als beseitigt (vgl. § 100 JGG). Damit ist das „Damoklesschwert" der drohenden Verbüßung der im Urteil festgesetzten Strafe abgewendet worden. Es darf dann nur noch Strafgerichten und der StA Auskunft über die Verurteilung erteilt werden, und nach weiteren fünf Jahren wird der Eintrag getilgt (vgl. §§ 41 Abs. 3, 46 Abs. 1 Nr. 1 f BZRG). Wurden jedoch Straftaten gegen die sexuelle Selbstbestimmung gemäß §§ 174–180, 182 StGB begangen, so wird der Strafmakel nicht beseitigt (§ 100 S. 2 JGG) und die Auskunft beschränkt sich nicht nur auf Strafgerichte und Staatsanwaltschaften bei laufenden Strafverfahren, sondern ist dann auch allen obersten Bundes- und Landes-, Verfassungsschutz- und Ausländer-Behörden sowie der Kriminalpolizei zugänglich (vgl. § 41 Abs. 3 S. 2 iVm Abs. 1 BZRG).

Beseitigung des Strafmakels

Nicht möglich bei Sexualdelikten

(3) Scheitern der Bewährung (= Widerruf der Strafaussetzung, § 26 JGG)

Widerrufsgründe:

Der Richter widerruft gemäß § 26 JGG die Aussetzung der Jugendstrafe (d. h.: deren Strafvollzug wird angeordnet), wenn der Proband (= der unter Bewährung Stehende) entweder

„Wiederholungstäter" (§ 26 Abs. 1 S. 1 Nr. 1 JGG)

1. in der Bewährungszeit eine Straftat begeht *und* dadurch zeigt, dass die Erwartung, die der Bewährung zugrunde lag, sich nicht erfüllt hat,

Unschuldsvermutung

Es führt also nicht jede Straftat zum Widerruf (z. B. nicht: geringfügige oder völlig anders geartete Straftaten); dieser kommt vielmehr nur in Betracht, wenn die Legal- und Sozial-Prognose, die der laufenden Bewährung zugrunde lag, erschüttert wird, wobei Tat-Motive, Ausführung wie Folgen entscheidend sind. – Aufgrund der *Unschuldsvermutung* (Art. 6 Abs. 2 MRK) liegt eine Straftat aber erst ab entsprechender rechtskräftiger (= unanfechtbarer) Verurteilung vor. Hiervon weicht die hM jedoch bei eindeutigen Fällen ab, was verfassungsrechtlich problematisch ist.[20]

oder

„Rückfallgefahr" (§ 26 Abs. 1 S. 1 Nr. 2 JGG)

2. gegen Weisungen (= iSd § 10 JGG) „gröblich" (d. h.: schwerwiegend) oder „beharrlich" (d. h.: wiederholt und hartnäckig) verstößt oder sich der Aufsicht und Leitung des Bewährungshelfers „beharrlich" (s. o.) entzieht *und* dadurch Anlass zu der Besorgnis gibt, dass er erneut Straftaten begehen wird

Hier hängt der Widerruf also „fast allein" von der Beurteilung des Bewährungshelfers ab.

oder

„Schwere Verstöße gegen Auflagen" (§ 26 Abs. 1 S. 1 Nr. 3 JGG)

3. „gröblich" (s. o.) oder „beharrlich" (s. o.) gegen Auflagen iSd § 15 JGG verstößt.

---

[19] Sehr viel weitergehend die RL JGG zu §§ 24 und 25 Nr. 3 S. 2 und 3; kritisch dazu: *Eisenberg*, § 25 JGG, Rn. 17a.

[20] Zur Problematik *Eisenberg*, §§ 26, 26a, Rn. 5.

Hier droht der Widerruf bereits ohne Besorgnis der Rückfälligkeit, worin wieder die Ahndungsfunktion der „Bewährungsstrafe" deutlich wird.

Abschließende Regelung

Diese Widerrufsgründe sind abschließend in § 26 Abs. 1 JGG festgelegt. Sie führen aber nur dann zum Scheitern der Bewährung, wenn es nicht ausreicht, weitere Weisungen oder Auflagen zu erteilen oder die Bewährungs- oder Unterstellungszeit bis auf vier Jahre zu verlängern oder im Anschluss an die Bewährung erneut einen Bewährungshelfer zu bestellen (§ 26 Abs. 2 JGG), also nur bei ungünstiger Prognose.

Prognose entscheidet

Widerruf bis zum Straferlass möglich

Der Widerruf einer Bewährung wegen einschlägiger Straftaten kann nach hM bis zum Erlass der Jugendstrafe (§ 26a JGG) erfolgen, also auch noch nach Ablauf der Bewährungszeit, wobei nach hM hierfür keine Frist besteht.[21] Das erscheint sehr problematisch.[22]

(4) Das Prinzip der Einbeziehung alter Verurteilungen

Aus erz. Gründen stets einheitliche Reaktionen

Wird in der Bewährungszeit eine andere Straftat begangen, so entsteht das Problem der Einbeziehung der neuen Tat gemäß § 31 JGG. Das Jugendstrafrecht geht nämlich grundsätzlich davon aus, dass jugendrichterliche Maßnahmen immer einheitlich festzusetzen sind (also keine Gesamtstrafenbildung wie in den §§ 54, 55 StGB erfolgt), weil es im Jugendstrafrecht als Täter- und Erziehungsstrafrecht weniger auf die Ahndung der Tat als auf die Gesamtwirkung der Maßnahmen ankommt (sog. *Einheitsprinzip*).

Konsequenzen bei bestehender Bewährung

Das bedeutet für die Verurteilung von Straftaten, die in der Bewährungszeit begangen wurden, Folgendes:

Da die 1. Verurteilung noch nicht erledigt ist (= Bewährungszeit läuft noch), wird sie in die 2. Verurteilung miteinbezogen, ohne dass hierdurch die laufende Bewährung widerrufen werden muss (vgl. § 31 Abs. 2 S. 1 JGG „... wird nur einheitlich auf... oder Jugendstrafe erkannt").

Entscheidungsmöglichkeiten

Dabei sind folgende Konstellationen denkbar:

Bewährung läuft weiter u. Erz. maßregeln/Zuchtmittel kommen hinzu

1. Das Ersturteil lautet (z. B.) acht Monate Jugendstrafe auf Bewährung. – Wenn es sich bei der 2. Straftat um ein ganz anderes Delikt handelt, das nicht auf (erneute) schädliche Neigungen schließen lässt (z. B.: erst Jugendstrafe wegen diverser Einbrüche, jetzt eine Beleidigung oder Körperverletzung), so könnten die acht Monate Jugendstrafe zur Bewährung bestehen bleiben und zusätzlich Erziehungsmaßregeln (z. B. Weisungen) und/oder Zuchtmittel (z. B. Auflagen nach § 15 JGG) angeordnet werden (vgl. § 31 Abs. 1 S. 2 JGG: „... Maßnahmen mit Strafe ...").

Aufstockung der Jugendstrafe auf max. 2 Jahre und erneute Bewährung

2. Aber auch wenn wiederum schädliche Neigungen angenommen werden (z. B.: wie oben, 2. Tat, aber Ladendiebstahl), entsteht kein weiteres Problem, sofern das Gericht nun (zusammen mit der alten Jugendstrafe) auf insgesamt nicht mehr als 12 Monate erkennt. (Die Bewährungszeit wird dann neu festgesetzt und ein neuer Bewährungsplan erstellt.)
   Kommt das Gericht zu einer „Einheits"-Strafe von mehr als 12 Monaten, kann die (noch laufende) Bewährung ebenfalls aufrechterhalten werden, wenn nicht wegen negativer Entwicklung des Probanden die Strafvollstreckung geboten erscheint (zu Bewährungszeit und Bewäh-

[21] Nachweise z. B. bei *Eisenberg*, §§ 26, 26a, Rn. 18 ff.

[22] Ablehnend *Eisenberg*, §§ 26, 26a, Rn. 22, (widerspricht Erziehungsgedanken und Beschleunigungsgebot).

rungsplan siehe oben). Das Gericht muss aber (insgesamt) zwei Jahre Jugendstrafe für ausreichend halten, weil sonst keine Bewährung mehr zulässig ist (vgl. § 21 Abs. 2 u. 3 JGG).

Bewährung bleibt und erneut Jugendstrafe mit oder ohne Bewährung

3. Will das Gericht bei 2. aus erzieherischen Gründen die durch eine Einbeziehung der neuen Straftat drohende Strafvollstreckung vermeiden, so kann es von der Einbeziehung absehen (§ 31 Abs. 3 S. 1 JGG), die Bewährung weiterlaufen lassen und für die 2. Tat Jugendstrafe mit oder ohne Bewährung verhängen.

Bewährungswiderruf

4. Hat das Gericht wegen der erneuten Straftat die laufende Bewährung widerrufen, so wird das 2. Urteil ebenfalls grundsätzlich einbezogen (vgl. § 31 Abs. 2 JGG) und damit idR eine „Gesamt"-Jugendstrafe gebildet. Erscheint die Gesamtdauer zu lang, so kann davon jedoch abgesehen werden (§ 31 Abs. 3 JGG) und für die 2. Tat eine gesonderte Jugendstrafe ausgesprochen werden.

Täter im Strafvollzug

5. Befindet sich ein Straftäter bereits im Strafvollzug, so wird das diesbezügliche Urteil ebenfalls einbezogen und wiederum nur einheitlich auf Maßnahmen oder Jugendstrafe erkannt (§ 31 Abs. 2 S. 1 JGG), sofern es nicht aus erzieherischen Gründen zweckmäßig erscheint, davon abzusehen (§ 31 Abs. 3 S. 1 JGG).

Gilt alles auch für HW

Das Einbeziehungsprinzip gilt auch für Heranwachsende, für die Jugendstrafrecht angewendet wird (§ 105 Abs. 1 JGG).

bb) Jugendstrafe ohne Bewährung

(1) Strafvollstreckung

Da der bisherige Jugendstrafvollzug nicht den Anforderungen an einen effektiven Rechtsschutz für Jugendstrafgefangene entsprach und insofern verfassungsrechtlich zu beanstanden war, hat das BVerfG 2006[23] die Bundesländer verpflichtet, den Jugendstrafvollzug neu zu regeln. Dementsprechend haben zehn Bundesländer[24] reine Jugendstrafvollzugsgesetze erlassen, die sich inhaltlich und vom Aufbau her an einem Musterentwurf orientieren und sich insoweit ähneln. In den Ländern Baden-Württemberg, Bayern, Brandenburg, Niedersachsen, Rheinland-Pfalz und Thüringen gelten „allgemeine" Strafvollzugsgesetze bzw. Justizvollzugsgesetze (für Erwachsene), die jeweils Abschnitte, bzw. (Sonder-) Regelungen zum Vollzug der Jugendstrafe enthalten. Es bietet sich somit innerhalb Deutschlands ein uneinheitliches Bild des Jugendstrafvollzugs.

Eigene Jugendstrafanstalten

Die Vollstreckung der Jugendstrafe erfolgt durch Freiheitsentzug in eigenen Jugendstrafanstalten (z.B. § 104 JStVollzG Bln; § 59 JStVollzG NRW). Vollstreckungsleiter ist der Jugendrichter, der im ersten Rechtszug (= Verfahren) die Verhandlung geleitet hat (§§ 82 Abs. 1, 84 Abs. 1 JGG). Befindet sich der Verurteilte jedoch in einer außerhalb seiner Zuständigkeit liegenden Jugendstrafanstalt, so ist der dortige Jugendrichter zuständig (§ 85 Abs. 2 JGG).

Jugendrichter ist Vollstreckungsleiter

Strafvollzug für Volljährige

Der Strafvollzug für Volljährige, die noch nicht das 24. Lebensjahr vollendet haben, findet ebenfalls in Jugendstrafanstalten statt, es sei denn, sie

---

[23] BVerfGE v. 31.5.2006, NJW 2006, 2093.

[24] Berlin, Bremen, Hamburg, Hessen, Mecklenburg-Vorpommern, Nordrhein-Westfalen, Saarland, Sachsen, Sachsen-Anhalt und Schleswig-Holstein.

eignen sich nicht mehr für erzieherische Einwirkungen; dann erfolgt der Vollzug in allgemeinen Strafvollzugsanstalten (§ 89b Abs. 1 JGG). Diese Entscheidung fällt der Vollstreckungsleiter (§ 89b Abs. 2 JGG).

(2) Vorzeitige Entlassung

Strafrest zur Bewährung

Wenn bereits 1/3 der Strafe verbüßt wurde und verantwortet werden kann zu erproben, ob der Verurteilte außerhalb des Jugendstrafvollzugs einen „rechtschaffenen (straffreien) Lebenswandel“ führen wird, kann der Vollstreckungsleiter nach Anhören des Staatsanwalts den Strafrest einer bestimmten Jugendstrafe zur Bewährung aussetzen; grundsätzlich müssen aber mindestens sechs Monate verbüßt sein (§ 88 Abs. 1–3 JGG). Die Bestimmungen der Strafaussetzung zur Bewährung (§§ 21 bis 26a JGG) gelten dann sinngemäß – Bewährungsplan, Bewährungszeit, Bewährungshelfer, Erlass der Reststrafe, Widerruf der Bewährung etc. – nur dass an die Stelle des erstinstanzlichen Vorsitzenden Richters der Vollstreckungsleiter

Gilt auch für HW

tritt (§ 88 Abs. 6 S. 1 und 2 JGG). – Dies gilt auch für Heranwachsende, für die Jugendstrafrecht angewendet wurde (§ 110 Abs. 1 JGG).

Zur Frage des „Vorbestraftseins“ siehe unten B. III. Eintragungen in das Bundeszentral-/Erziehungsregister („Das Vorbestraftsein“, S. 170).

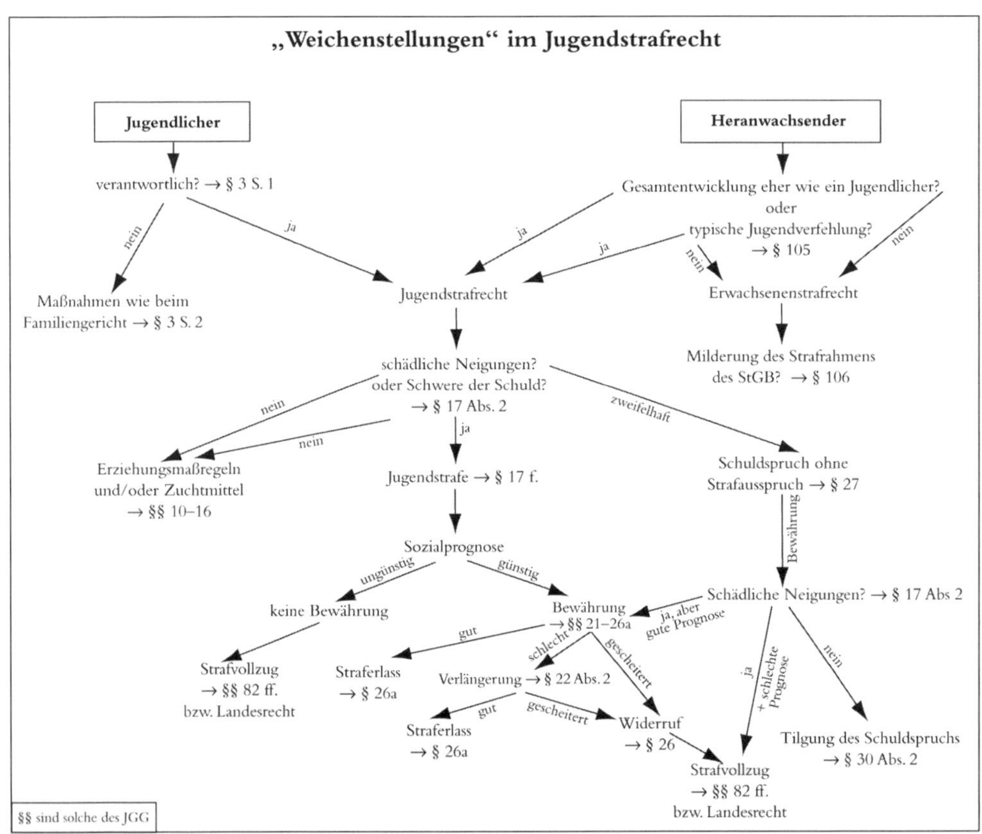

4. Maßregeln der Besserung und Sicherung (§ 7 JGG)

Abschließender Katalog

Maßregeln der Besserung und Sicherung sind in § 61 StGB abschließend geregelt. Diese orientieren sich nicht am Verschulden des Täters, sondern an dessen Gefährlichkeit; sie dienen dem Schutz der Gesellschaft. Die Maßregeln sind abschließend in § 61 StGB aufgezählt:

1. die Unterbringung in einem psychiatrischen Krankenhaus,
2. die Unterbringung in einer Entziehungsanstalt,
3. die Unterbringung in der Sicherungsverwahrung,
4. die Führungsaufsicht,
5. die Entziehung der Fahrerlaubnis,
6. das Berufsverbot.

Präventiv- und Schutzfunktion

Diese – z.T. freiheitsentziehenden (vgl. Ziffern 1.–3.) – Maßregeln der Besserung und Sicherung sind Ausfluss der Schutz- und Präventivfunktion des Strafrechts, wobei seit 1975 die Intention der Besserung (auch durch die Reihenfolge der Wortwahl) stärker in den Vordergrund getreten ist.

Voraussetzungen der Anordnung

Voraussetzung für die Verhängung von Maßregeln ist eine *negative Gefährlichkeits-Prognose*. Dabei muss die vom Straftäter ausgehende Gefährlichkeit so groß sein, dass der Schutz der Allgemeinheit nicht anders als durch eine der gesetzlich vorgesehenen Maßregeln gewährleistet ist und diese muss im Verhältnis zu der vom Täter ausgehenden Gefahr stehen (vgl. § 62 StGB). Dieser (unser gesamtes Rechtssystem beherrschende) *Grundsatz der Verhältnismäßigkeit* gebietet daher auch, dass bei mehreren geeignet erscheinenden Maßregeln diejenige auszuwählen ist, die den Täter am wenigsten beschwert; dabei können auch mehrere Maßregeln nebeneinander angeordnet werden, insbesondere die Maßregeln der Ziffern 4–6 neben den anderen Maßregeln (vgl. dazu § 72 StGB).

Kumulierung möglich

Im JGG nur bestimmte Maßregeln zulässig

Wegen des Erziehungszweckes des JGG sieht das Jugendstrafrecht nur die Maßregeln der Unterbringung in einem psychiatrischen Krankenhaus oder in einer Entziehungsanstalt, die Führungsaufsicht oder die Entziehung der Fahrerlaubnis vor (vgl. § 7 Abs. 1 JGG). Diese sollen im folgenden Text (4. a–d) vorgestellt werden. Sie kommen auch für HW in Betracht (§ 105 Abs. 1 JGG); wird für HW kein Jugendstrafrecht angewendet, sind Berufsverbote und die Sicherungsverwahrung unter den dort genannten engen Voraussetzungen möglich (vgl. § 106 Abs. 3 bis 5 JGG) (s. dazu S. 141).

a) Psychiatrisches Krankenhaus

Zielsetzung und Personenkreis

Die Unterbringung in einem psychiatrischen Krankenhaus dient der Heilung von Straftätern, die wegen krankhafter seelischer Störungen, Bewusstseinsstörungen, Schwachsinns oder anderer schwerer Abartigkeiten für vermindert oder überhaupt nicht schuldfähig erklärt worden sind (vgl. §§ 63, 20, 21 StGB).

Sie kommt dagegen nicht in Betracht bei Straftaten von schuldunfähigen Kindern (vgl. dazu § 19 StGB) oder von iSd § 3 JGG nicht verantwortlichen (vgl. dazu S. 137) Jugendlichen.

Voraussetzungen der Anordnung

Die Voraussetzungen für die Anordnung der Unterbringung in einem psychiatrischen Krankenhaus sind gemäß § 63 StGB folgende:

– Vom Täter muss eine rechtswidrige Tat im Zustand verminderter Schuldfähigkeit oder (totaler) Schuldunfähigkeit begangen worden sein.
– Die Gesamtwürdigung des Täters muss ergeben, dass von ihm infolge seines Zustandes weiterhin erhebliche rechtswidrige Taten zu erwarten sind und er deshalb für die Allgemeinheit gefährlich ist.

Neben oder an Stelle anderer Sanktionen

Anrechnung auf Jugendstrafe

Ist der Jugendliche oder Heranwachsende als vermindert schuldfähig iSd § 21 StGB (siehe dazu oben) angesehen worden, so wird die Unterbringung *neben* (– im Fall völliger Schuldunfähigkeit [§ 20 StGB] dagegen: *an Stelle*) einer jugendrichterlichen Maßnahme angeordnet. Im ersteren Fall wird dann die Behandlung des Täters in der Psychiatrie vorweg vollzogen und die dort verbrachte Zeit auf eine (evtl. ausgesprochene) Jugendstrafe angerechnet, bis 2/3 erledigt sind (vgl. dazu § 67 Abs. 2 u. 4 StGB). Die restliche Jugendstrafe kann nach der Entlassung aus der Psychiatrie bei günstiger Sozialprognose auch dann zur Bewährung ausgesetzt werden, wenn durch die Anrechnung bereits die Hälfte der Strafe erledigt ist (§ 67 Abs. 5 StGB). Die Jugendgerichte können aber auch gänzlich von der Verhängung von Jugendstrafe und Zuchtmitteln absehen, wenn die Unterbringung in der Psychiatrie die Ahndung entbehrlich erscheinen lässt (§ 5 Abs. 3 JGG).

Absehen von anderen Sanktionen

Bewährung möglich: Dann tritt FA ein

Die Unterbringung in der Psychiatrie kann auch zur Bewährung ausgesetzt werden, wenn der erwartete Besserungs- und Sicherungs-Zweck durch familiäre oder anderweitige Betreuung (z. B. freiwillige Therapie) gewährleistet erscheint; in diesen Fällen tritt (automatisch) Führungsaufsicht (s. dazu S. 163 ff.) ein (vgl. § 67b StGB). – Wann die Aussetzung der Unterbringung widerrufen wird, regelt § 67g StGB.

Flexible Zeitdauer

Jährliche Überprüfung

Die Dauer der Unterbringung in der Psychiatrie ist nicht festgelegt – auch keine Höchstdauer (vgl. § 67d Abs. 1 StGB)! Diese (problematische) Regelung wird damit gerechtfertigt, dass sich bei derartigen Erkrankungen die Behandlungsdauer nicht vorhersagen (und damit nicht festlegen) lasse (bei Alkohol- und Drogenabhängigen hält man dies jedoch für möglich, vgl. § 67d Abs. 1 StGB). – Allerdings muss mindestens einmal im Jahr überprüft werden, ob die Unterbringung nicht zur Bewährung ausgesetzt werden kann (§ 67e Abs. 1 und 2 StGB). – Wegfall der Voraussetzungen oder Unverhältnismäßigkeit führt zur Erledigungserklärung und grundsätzlich zum Eintritt der Führungsaufsicht (vgl. § 67d Abs. 6 StGB).

b) Entziehungsanstalt

Vorrangiger Zweck = Heilung

Voraussetzungen

Diese Maßregel bezweckt in erster Linie die Heilung des Täters und erst nachrangig die Sicherung vor dem Täter.

Die Voraussetzungen für eine Einweisung in eine Entziehungsanstalt sind gemäß § 64 StGB folgende:

Alkohol-/Drogenabhängigkeit

– Beim Straftäter muss ein Hang (d. h.: eine ihn treibende Neigung) vorliegen, berauschende Mittel im Übermaß zu sich zu nehmen.

Beispiele: alkoholische Getränke, Rauschgifte (Haschisch, Morphine, Opium, Kokain, Heroin, LSD, Äther etc.), u. U. auch Schmerz- oder Schlaftabletten

Hang- oder Rauschtat

– Der Täter muss eine rechtswidrige Tat entweder im Rauschzustand begangen haben oder diese Tat muss auf seinen Hang zurückgehen.

Beispiele: Aufbrechen eines Kioskes und Entwenden von Alkohol; Einbruch in einer Apotheke; Raub zur Drogenbeschaffung

- Die Schuldunfähigkeit des Täters muss entweder erwiesen oder nicht auszuschließen gewesen sein. **Schuldunfähigkeit**
- Es muss die Gefahr bestehen, dass der Täter infolge seines Hanges weitere erhebliche rechtswidrige Taten begehen wird. **Wiederholungsgefahr**

Allgemeingefährlichkeit muss hier (im Gegensatz zu § 63 StGB) also nicht vorliegen. – Selbstgefährdung des Täters allein reicht andererseits nicht aus.

- Die Entziehungskur darf nicht „von vornherein" aussichtslos sein, denn sonst ist sie unzulässig.[25] Diese Feststellung kann nur durch ein Sachverständigen-Gutachten getroffen werden (vgl. §§ 80a, 246a StPO). **Entzug nicht völlig aussichtslos**

Besonderer Vollzug für Jugendl. und HW

Bei der Anordnung für Jugendliche und Heranwachsende wird diese Maßregel in Einrichtungen vollzogen, in denen die für die Behandlung derartiger junger Straftäter erforderlichen besonderen therapeutischen und sozialen Hilfen zur Verfügung stehen und der Vollzug auch „aufgelockert und weit gehend in freien Formen" durchgeführt werden kann (vgl. §§ 93a, 110 Abs. 1 JGG).

Beispiel: Zu denken wäre vor allem an therapeutische Wohngemeinschaften (die in der Praxis allerdings leider nur selten vorhanden sind).

Aussetzung zur Bewährung möglich

Die Einweisung in eine Entziehungsanstalt kann zur Bewährung ausgesetzt werden, wenn besondere Umstände dies rechtfertigen und der erstrebte Zweck auch so erreicht werden kann; in diesem Fall tritt automatisch Führungsaufsicht (FA) – s. dazu unten c) – ein (vgl. § 67b Abs. 2 StGB).

Beispiel: Der Jugendliche macht die Zusage, sich freiwillig einem Entzug zu unterziehen.

Scheitert der freiwillige Entzug, so wird die Aussetzung der Maßregel widerrufen und der Entzug zwangsweise fortgeführt; dabei dürfen (insgesamt) jedoch zwei Jahre Entziehungszeit nicht überschritten werden (vgl. hierzu sowie zu den anderen Widerrufsgründen § 67g StGB).

Dauer und Überprüfung

Der gerichtlich angeordnete Entzug darf insgesamt zwei Jahre nicht überschreiten (§ 67d Abs. 1 StGB). Er ist jedoch zuvor regelmäßig – mindestens alle sechs Monate – zu überprüfen (§ 67e Abs. 2 StGB). Spätestens dann muss der Untergebrachte entlassen werden; die Maßregel ist damit erledigt (§ 67d Abs. 3 StGB). – Stellt sich jedoch vorher schon heraus, dass der Entzug erfolglos sein wird, so kann das Jugendgericht (noch nachträglich!) den Jugendlichen oder Heranwachsenden in ein psychiatrisches Krankenhaus einweisen (§ 67a Abs. 1 StGB).

c) Führungsaufsicht

Zielsetzung

Diese seit 1975 bestehende Maßregel der Besserung und Sicherung ist „Nachfolgerin" der – praktisch bedeutungslos gebliebenen – ehemaligen Polizeiaufsicht. Sie soll aber nicht allein Sicherungsaufgaben erfüllen, sondern enthält auch Gedanken aus dem Rechtsinstitut der Erziehungsbeistandschaft und stellt somit eine aktive Sozialisierungshilfe dar (beaufsichtigende Kontrolle und helfende Betreuung). In

---

[25] BVerfG, BGBl. 1994 I 3012.

der Praxis gelingt eine sinnvolle Integration dieser „Zweigleisigkeit“ meist schon infolge von Überbelastung durch zu hohe Fall-Zahlen nicht, so dass sich viele Führungsaufsicht-Stellen auf das Sammeln von Daten und Informationen beschränken.[26]

Unterschiede zur Bewährungshilfe

Die Führungsaufsicht (FA) der §§ 68–68g StGB ähnelt als nicht freiheitsentziehende Maßregel der Bewährungshilfe (BWH), unterscheidet sich von dieser aber doch wesentlich:

- FA kann nie alleinige Reaktion auf eine Straftat sein, sondern nur im Zusammenhang mit Freiheitsstrafen oder freiheitsentziehenden Maßregeln der Besserung und Sicherung eintreten.
- FA kommt für einen anderen Täterkreis in Betracht als die BWH, nämlich für Täter mit (überwiegend) ungünstiger Sozialprognose, die überdies als besonders gefährlich angesehen werden.
- Bei der FA wird der Proband wesentlich stärker überwacht als bei der BWH.

Die FA tritt in verschiedenen Formen auf. Sie besteht entweder neben strafrechtlichen Sanktionen oder ist deren Vollzug vorgeschaltet oder folgt diesem nach.

- FA kann gerichtlich angeordnet werden, sie tritt z.T. aber auch kraft Gesetzes (= „automatisch“) ein (vgl. § 68 StGB).

Gerichtlich angeordnete FA bei Wiederholungsgefahr

FA durch *richterliche Anordnung* (§ 68 Abs. 1 StGB):
Hat ein Jugendlicher oder HW wegen einer Straftat, bei der das Gesetz FA besonders vorsieht, eine Jugendstrafe erhalten, so kann daneben FA angeordnet werden, wenn die Gefahr der Begehung weiterer Straftaten besteht.

Beispiele: bei bestimmten Sittlichkeits- und Körperverletzungs- und Eigentumsdelikten (vgl. §§ 181b; 263 Abs. 6 StGB); bei schweren Eingriffen in die persönliche Freiheit wie: Erpressung, Raub, Geiselnahme, erpresserischer Menschenraub (vgl. §§ 249–255 → § 256 StGB; 239a–239b → § 239c StGB), bei Brandstiftungen (vgl. §§ 306–308 → 321 StGB), u. U. aber auch schon bei wiederholten Diebstählen und Einbrüchen (vgl. §§ 242–244a → 245 StGB).

Gesetzl. eintretende FA

FA *kraft Gesetzes* (vgl. §§ 68 Abs. 2, 67b, c, d, 68 f StGB):

Bei Bewährung

- Bei AnO der Aussetzung der Vollstreckung einer freiheitsentziehenden Maßregel zur Bewährung (insbesondere: Unterbringung in der Psychiatrie oder zum Entzug, vgl. § 67b Abs. 2 StGB); desgleichen, wenn die anfangs vollzogene Maßregel erst später zur Bewährung ausgesetzt wird (vgl. § 67d Abs. 2 S. 2 StGB), – nicht jedoch, wenn die Entlassung aus der freiheitsentziehenden Maßregel wegen Ablauf ihrer Höchstfrist erfolgt (vgl. § 67d Abs. 3 StGB) – obwohl dies hier auch sehr sinnvoll sein könnte.

Bei Verzicht auf Vollzug von Maßregeln

- Hat ein Verurteilter ausnahmsweise vor dem Vollzug einer Maßregel nach § 61 StGB seine Strafe antreten müssen (vgl. dazu § 67 Abs. 1 u. 2 StGB), so ist vor Beendigung des Strafvollzugs zu überprüfen, ob nun der Maßregelvollzug (z. B.: die Unterbringung in der Psychiatrie oder einer Entziehungsanstalt) noch erforderlich ist (vgl. § 67c Abs. 1 S. 1

[26] *Eisenberg*, § 7, Rn. 3.

StGB). Ist dies nicht der Fall, so wird die Maßregel zur Bewährung ausgesetzt und es tritt FA ein (§ 67c Abs. 1 S. 2 StGB).

- Ist bei einem Straftäter drei Jahre nach seiner rechtskräftigen Verurteilung immer noch nicht mit dem Vollzug der Unterbringung begonnen worden, so muss das Gericht prüfen, ob diese Maßregel jetzt noch nötig erscheint (nachdem der Täter so lange nicht mehr „aufgefallen" ist!). Wenn das Gericht dann die Maßregel noch nicht „für erledigt" erklären möchte (was es könnte), so kann es die Maßregel zur Bewährung aussetzen, wodurch wieder FA eintreten würde (vgl. dazu § 67c Abs. 2 StGB). **Keine Unterbringung innerhalb von 3 Jahren**
- Wenn ein Täter eine Freiheitsstrafe von mindestens zwei Jahren voll verbüßen musste (also nicht ein Strafrest zur Bewährung ausgesetzt wurde), so tritt grundsätzlich FA ein, wenn es sich um vorsätzliche Straftaten handelte (§ 68 f Abs. 1 S. 1 StGB). FA tritt jedoch in diesen Fällen nicht ein, wenn nach der Entlassung eine freiheitsentziehende Maßregel vollzogen wird (§ 68 f Abs. 1 S. 2 StGB) oder dem Gericht nun eine günstige Sozialprognose vorliegt (vgl. § 68 f Abs. 2 StGB). **„Vollverbüßer"** **Ausnahmen**

Zeitdauer: idR 2–5 Jahre

Gerichtliche wie gesetzliche FA dauern mindestens zwei und höchstens fünf Jahre; dabei werden Zeiten, in denen der Verurteilte flüchtig oder auf behördliche Anordnung hin verwahrt ist,

Beispiele: Unterbringung in psychiatrischen, Entziehungs, Jugendarrest- oder Jugendstrafanstalten

nicht eingerechnet (vgl. § 68c Abs. 1 u. 2 StGB); sie unterbrechen also die Dauer der FA. Die Gerichte können die Höchstdauer (gleich oder später) abkürzen und diese Entscheidung auch revidieren (vgl. §§ 68c Abs. 1 S. 2, 68d StGB); sie heben die FA auf, wenn zu erwarten ist, dass der Verurteilte keine Straftaten mehr begehen wird (§ 68c Abs. 1 StGB).

Aufsichtsstelle und Bewährungshelfer

Während der FA untersteht der Verurteilte einer Aufsichtsstelle und erhält einen Bewährungshelfer (§ 68a Abs. 1 StGB). Beide haben dem Verurteilten „helfend und betreuend zur Seite zu stehen"; hierbei müssen beide Institutionen gegenseitiges Einvernehmen herstellen (§ 68a Abs. 2 StGB); anderenfalls entscheidet das Gericht (§ 68a Abs. 4 StGB). Die Überwachung erfolgt dagegen durch die Aufsichtsstelle im Einvernehmen mit dem Gericht, während der BWH hier nur unterstützend mitwirkt (vgl. § 68a Abs. 3 StGB); dabei kann das Gericht der Aufsichtsstelle wie dem BWH Anweisungen erteilen (§ 68a Abs. 5 StGB).

Gerichtliche Weisungen

Das Gericht kann dem Verurteilten für die Dauer der FA Weisungen erteilen; dabei dürfen an seine Lebensführung keine unzumutbaren Anforderungen gestellt werden (vgl. § 68b StGB).[27] Der Unterschied zu den Weisungen des JGG besteht darin, dass bei Verstößen dort allenfalls Jugendarrest, hier jedoch dem Jugendlichen oder Heranwachsenden Freiheitsstrafe (= Jugendstrafe) droht, wenn die Aufsichtsstelle dies bei Gericht beantragt (vgl. § 145a StGB); dabei ist der BWH nur anzuhören, kann bei Meinungsverschiedenheiten aber nicht das Gericht anrufen (vgl. § 68a Abs. 6 StGB). **Bei Verstößen droht Jugendstrafe**

---

[27] Nach Auffassung des BVerfG (NStZ 1981, 21) verstößt das weder gegen das Verbot der Doppelbestrafung (Art. 103 Abs. 3 GG) noch gegen den Verhältnismäßigkeitsgrundsatz.

Problematische Regelung

Diese Regelung der strafbewehrten Weisungen ist sehr problematisch, denn aus ihr spricht das Vergeltungsstrafrecht, das dem Resozialisierungsbemühen des Jugendstrafrechts zu wenig Rechnung trägt. Zudem bleibt dieser Straftatbestand bei Schuldunfähigen wirkungslos. § 145a StGB erscheint daher allenfalls bei „Vollverbüßern" (siehe dazu oben) gerechtfertigt, weil bei diesen sonst kein Zwang zur Einhaltung von Weisungen mehr besteht.

Zusammentreffen von FA und Bewährung

§ 68g StGB regelt das Zusammentreffen von FA und Strafaussetzung zur Bewährung.

Beispiele: Rückfalltäter iSd § 68 Abs. 1 StGB wird wegen guter Führung vorzeitig entlassen (vgl. dazu § 88 JGG). – Während einer schon länger gut verlaufenen FA begeht der Betreffende eine andere, nicht so schwerwiegende Tat und erhält für diese Jugendstrafe mit Bewährung.

Das Gesetz gibt dabei der FA grundsätzlich den Vorrang (vgl. § 68g Abs. 1 StGB). Bestehen jedoch FA und Bewährung wegen derselben Tat (siehe vorstehendes erstes Beispiel), so kann das Gericht das Ruhen der FA während der Bewährungszeit mit der Folge anordnen, dass im Falle des Scheiterns der Bewährung die Bewährungszeit dann nicht auf die Dauer der FA angerechnet wird (§ 68g Abs. 2 StGB). Verläuft jedoch die Bewährung erfolgreich, so bewirkt dies, dass dann die (für dieselbe Tat angeordnete) FA endet (vgl. § 68g Abs. 3 StGB).

d) Fahrverbot und Entziehung der Fahrerlaubnis

aa) Fahrverbot

„Nebenstrafe"

Das Fahrverbot gehört zwar nicht zu den Maßregeln der Besserung und Sicherung, sondern gilt als sog. „Nebenstrafe" (vgl. §§ 61 und 44 StGB). Diese Sanktion wird jedoch aus Gründen des Sachzusammenhanges hier kurz erläutert.

Zeitraum: 1–3 Monate

Wird jemand wegen einer Straftat (die im Gegensatz zur früheren Rechtslage nicht im Zusammenhang mit dem Führen von Kraftfahrzeugen begangen worden sein muss) zu einer Freiheits- oder Geldstrafe verurteilt, so kann das Jugendgericht ein Fahrverbot von 1–3 Monaten aussprechen (vgl. § 44 Abs. 1 StGB, §§ 8 Abs. 3 S. 2, 76 Satz 1 JGG). Das Fahrverbot wird grundsätzlich mit der Rechtskraft (= Unanfechtbarkeit) des Urteils bzw. mit der amtlichen Verwahrung des Führerscheins wirksam (§ 44 Abs. 2 S. 1 und 2 StGB). Wird der Verurteilte jedoch auf behördliche Anordnung in einer Anstalt „verwahrt", (z. B.: Unterbringung in Psychiatrie-, Entziehungs-, Jugendarrest-, Jugendstrafanstalten), so wird diese Zeit (natürlich) nicht für das Fahrverbot mitgezählt (§ 44 Abs. 3 S. 2 StGB).

Diese Maßnahme kommt vor allem bzgl. führerscheinfreier Fahrzeuge Jugendlicher in Betracht und ansonsten als „Vorstufe" zum Führerscheinentzug.

bb) Entziehung der Fahrerlaubnis

Voraussetzung: ungeeignet für Kfz

Diese Maßregel kommt bei im Zusammenhang mit Kfz begangenen Straftaten in Betracht, wenn „sich aus der Tat ergibt", dass der Täter zum Führen von Kfz ungeeignet ist (§ 69 Abs. 1 S. 1 StGB). Damit gilt der Verhältnismäßigkeitsgrundsatz des § 62 StGB als gewahrt (vgl. § 69 Abs. 1

S. 2 StGB). Nach § 69 Abs. 2 ist von dieser Ungeeignetheit stets auszugehen bei: Trunkenheit im Straßenverkehr, grob verkehrswidriger und rücksichtsloser Gefährdung des Straßenverkehrs, Durchführung oder Teilnahme an verbotenen Kraftfahrzeugrennen, unerlaubtem Entfernen vom Unfallort und Vollrausch. Ansonsten kommt sie vor allem bei schuldunfähigen oder vermindert schuldfähigen Tätern (vgl. § 69 Abs. 1 S. 1 StGB) sowie bei fehlender charakterlicher Zuverlässigkeit in Betracht.

Fahrerlaubnis erlischt

Beim Führerscheinentzug erlischt mit der Rechtskraft des Urteils die Fahrerlaubnis und der Führerschein wird eingezogen (§ 69 Abs. 3 StGB).

„Führerscheinsperre" 6 Monate – 5 Jahre oder auch für immer

Im Urteil wird bestimmt, wie lange dem Verurteilten kein neuer Führerschein erteilt werden darf (= grundsätzlich sechs Monate bis fünf Jahre); in krassen Fällen „lebenslänglich", vgl. § 69a Abs. 1 StGB). Diese „Führerschein-Sperren" können vom Gericht vorzeitig aufgehoben werden (vgl. dazu § 69a Abs. 7 StGB). Der Führerscheinentzug bewirkt, dass der Verurteilte grundsätzlich eine erneute Führerscheinprüfung ablegen muss, bevor er eine neue Fahrerlaubnis ausgestellt bekommt. – Besitzt der Verurteilte gar keinen Führerschein (oder nicht den für das benutzte Kfz), so wird nur die „Führerscheinsperre" ausgesprochen (§ 69a Abs. 1 S. 3 StGB).

Führerscheinprüfung erneut nötig

Zur Wiederholung des Themas „jugendgerichtliche Maßnahmen" siehe nachfolgende Übersicht (S. 168/169).

Übersicht über die jugendgerichtlichen Maßnahmen

vorläufige Maßnahmen	**endgültige Maßnahmen**
Unterbringung Zur Untersuchung des Entwicklungsstandes (§ 73 JGG) Dauer: max. sechs Wochen	**Erziehungsmaßregeln** (§§ 9–12 JGG) ↓
Anregung von Jugendhilfe, vorläufige Erziehungs-anordnungen* (§ 71 Abs. 1 JGG) Dauer: max. bis zur Rechtskraft des Urteils	**Weisungen** (§§ 10, 11 JGG) z. B. Täter-Opfer-Ausgleich, Gebote und Verbote bzgl. der Lebensführung Dauer: max. drei Jahre
Einstweilige Unterbringung in einem Erziehungsheim* (§ 71 Abs. 2 JGG) Dauer: max. bis zur Rechtskraft des Urteils	**Erziehungsbeistandschaft*** (§ 12 Nr. 1 JGG) zeitlich nicht begrenzt, endet jedoch spätestens bei Volljährigkeit
Untersuchungshaft – nur in Ausnahmefällen zulässig* – (§ 72 JGG) Dauer: max. bis zur Rechtskraft des Urteils	**Betreutes Wohnen, Heimerziehung*** (§ 12 Nr. 2 JGG) zeitlich nicht begrenzt, endet jedoch spätestens bei Volljährigkeit

* Für Heranwachsende gemäß § 105 Abs. 1 bzw. § 109 Abs. 1 JGG nicht anwendbar.

- Bei allen Maßnahmen sind die Richtlinien zum Jugendgerichtsgesetz (RL JGG) zu beachten. Erziehungsmaßregeln und Zuchtmittel (auch mehrere) können nebeneinander angeordnet (§ 8 Abs. 1 S. 1 JGG), Hilfe zur Erziehung nach § 12 Nr. 2 JGG darf jedoch nicht mit Jugendarrest verbunden werden (§ 8 Abs. 1 S. 2 JGG).
- Neben der Jugendstrafe sind nur Weisungen, Auflagen sowie Erziehungsbeistandschaft zulässig (§ 8 Abs. 2 JGG). Seit dem 7.3.2013 kann neben der Verhängung einer Jugendstrafe oder der Aussetzung ihrer Verhängung unter den Voraussetzungen des § 16a JGG auch Jugendarrest angeordnet werden – sog. „Warnschussarrest" – (§ 8 Abs. 2 S.2 JGG)
- Der Verlust der bürgerlichen Ehrenrechte darf nicht angeordnet werden (vgl. § 6 JGG).
- Zur Entwicklung des Rechts der Sicherungsverwahrung: Der Europäische Gerichtshof für Menschenrechte hatte mit Urteil vom 17.12.2009 (NStZ 2010, 263) die nachträgliche Sicherungsverwahrung in Deutschland als nicht vereinbar mit der Europäischen Menschenrechtskonvention (EMRK) angesehen, da sie wegen ihres freiheitsentziehenden Charakters gegen Art. 5 (Recht auf Freiheit und Sicherheit) und 7 (Keine Strafe ohne Gesetz) der EMRK verstoße.

Durch das Gesetz zur Neuregelung der Sicherungsverwahrung vom Dezember 2010 wurde diesen Bedenken Rechnung getragen. Die dortigen Vorschriften, insbesondere § 7 Abs. 2 und 3 JGG wurden nur wenige Monate später vom BVerfG

Übersicht über die jugendgerichtlichen Maßnahmen

<table>
<tr><th colspan="4">endgültige Maßnahmen</th></tr>
<tr><td>Zuchtmittel
(§§ 13–16 JGG)
↓</td><td colspan="2">Jugendstrafe
(§§ 17–30 JGG)</td><td>Maßregeln
der Besserung und Sicherung
(§ 7 JGG)
↓</td></tr>
<tr><td>Verwarnung
(§ 14 JGG)</td><td rowspan="2">mit Bewährung
(§§ 21–26a JGG)
möglich bei: Strafen bis zu 2 Jahren (§ 21 Abs. 1, Abs. 2 JGG)
Bewähr.-zeit 2–3 Jahre
(§ 22 JGG)</td><td rowspan="2">ohne Bewährung
(§ 18 JGG)
grundsätzlich 6 Mon. – 5 J.
(bei Kapitalverbrechen: bis 10 Jahre)</td><td>Unterbringung in psychiatrisch. Krankenhaus
(§ 63 StGB)
ohne zeitliche Begrenzung</td></tr>
<tr><td>Auflagen
(§ 15 JGG)
Schadensersatz
Entschuldigung
Arbeitsleistungen
„Zwangsspende"</td><td>Unterbringung in Entziehungsanstalt
(§ 64 StGB)
Dauer: max. 2 Jahre</td></tr>
<tr><td rowspan="2">Jugendarrest
(§ 16 JGG)
Freizeitarrest
(1–2 Wochenenden)
Kurzarrest
(2–4 Tage)
Dauerarrest
(1–4 Wochen)</td><td colspan="2" rowspan="2">Aussetzung der Verhängung der Jugendstrafe
(„Schuldspruch ohne Strafausspruch")
(§§ 27–30 JGG)
Bewährungszeit: 1–2 Jahre
(§ 28 JGG)</td><td>Führungsaufsicht
(§§ 68–68g StGB)
Dauer: 2–5 Jahre</td></tr>
<tr><td>Entziehung der Fahrerlaubnis
(§§ 69–69b StGB)
Dauer: 6 Monate – 5 Jahre
– in Ausnahmefällen: für immer –</td></tr>
</table>

im Urteil vom 4.5.2011 für verfassungswidrig erklärt und dem Gesetzgeber eine Neuregelung, die sich an den verfassungsrechtlichen Vorgaben orientiert, auferlegt.

Durch das seit dem 1.6.2013 geltende Gesetz zur bundesrechtlichen Umsetzung des Abstandsgebots im Recht der Sicherungsverwahrung (BGBl. 2012 I 2425) sind die originäre und die nachträgliche Anordnung der Sicherungsverwahrung gegen Jugendliche (und auch gegen Heranwachsende) nicht mehr wie vorher möglich. Vielmehr kann unter den engen Voraussetzungen des § 7 Abs. 2 und 3 JGG (bei Heranwachsenden § 106 Abs. 3 und 4 JGG) im Urteil die Anordnung der Sicherungsverwahrung vorbehalten werden.

Nachträglich kann die Sicherungsverwahrung gegen Jugendliche oder gegen Heranwachsende nur noch in zwei Fällen angeordnet werden:

- Wenn der Betroffene nach § 63 StGB in einem psychiatrischen Krankenhaus untergebracht war und die Unterbringung nach § 67d Abs. 6 StGB für erledigt erklärt worden ist (siehe § 7 Abs. 4 JGG bzw. § 106 Abs. 7 JGG).
- Wenn die Prognose ergibt, dass vom Jugendlichen einschlägige Straftaten iSv § 7 Abs. 2 Satz 1 Nr. 1 JGG oder vom Heranwachsenden iSv § 106 Abs. 3 Satz 2 Nr. 1 oder Abs. 4 JGG zu erwarten sind (siehe § 7 Abs. 2 Satz 2 JGG bzw. § 106 Abs. 6 JGG).

Zum Vorbehalt der Sicherungsverwahrung für Heranwachsende siehe § 106 Abs. 3–5 JGG und S. 141.

III. Eintragungen in das Bundeszentral-/ Erziehungsregister („Das Vorbestraftsein“)

Begriff

Ist ein Straftäter „vorbestraft“, so versteht man darunter, dass er zu einer Kriminalstrafe verurteilt wurde, die der unbeschränkten Auskunftspflicht unterliegt, d.h., wenn sie im Führungszeugnis erscheint (vgl. dazu §§ 53, 32 sowie 45, 46 BZRG).

Nicht vorbestraft bei: Erziehungsmaßregeln und Zuchtmitteln

Erziehungsmaßregeln führen niemals zum „Vorbestraftsein“, da sie nur „aus Anlass einer Straftat“ angeordnet werden (vgl. § 5 Abs. 1 JGG); desgleichen die Zuchtmittel (§ 13 Abs. 3 JGG). Zwar werden sie ins Bundeszentralregister eingetragen, aber – da es sich hierbei um leichtere Sanktionen handelt – grundsätzlich nur in das (gesondert geführte) „Erziehungsregister“ (§ 60 Abs. 1 Nr. 2 BZRG),

Sie werden in das (allgemeine) Bundeszentralregister nur dann eingetragen, wenn sie *zusammen mit* Entscheidungen gem. § 27 JGG *oder* mit Jugendstrafe *oder* mit Maßregeln der Besserung und Sicherung verbunden sind (§ 5 Abs. 2 BZRG).

aus dem nur beschränkt Auskunft erteilt wird,

Eintrag nur in das Erziehungsregister mit beschränkter Auskunft

Auskünfte erhalten: JA, LJA, Staatsanwaltschaften, Gerichte, Justizvollzugsbehörden, Bundes- u. Landesministerien, Verfassungsschutzämter, Einbürgerungs-, Ausländer-, Gnadenbehörden, Kriminaldienststellen (vgl. §§ 41, 61 BZRG).

und dessen Inhalt nicht zu den Eintragungen gehört, die im Führungszeugnis erscheinen (vgl. § 32 Abs. 1 S. 1 iVbm § 5 Abs. 2 u. § 32 Abs. 2 Nr. 2 BZRG), so dass hier der Makel des „Vorbestraftseins“ entfällt (vgl. § 53 Abs. 1 BZRG).

Eintrag in das Bundeszentralregister

In das Bundeszentralregister werden dagegen die Verurteilungen zu einer Jugendstrafe, zu einer Maßregel der Besserung und Sicherung oder bei Feststellung der Schuld gemäß § 27 JGG (s.o.) eingetragen (vgl. § 4 Nr. 1, 2 und 4 BZRG)

Bei Bewährungsstrafen grundsätzl. „unbestraft“

Aber selbst die Verurteilung zu Jugendstrafe führt nicht immer zum „Vorbestraftsein“, denn es erscheinen die zur Bewährung ausgesetzten Jugendstrafen (einschließlich der vorzeitigen Entlassung zur Bewährung) nicht im Führungszeugnis (vgl. § 32 Abs. 2 Nr. 2, 3 BZRG), so dass sich die betr. Verurteilten schon während ihrer Bewährungszeit als „unbestraft“ bezeichnen dürfen (vgl. § 53 Abs. 1 BZRG). Dasselbe Resultat kann auch bei verbüßten Strafen durch vorzeitige Beseitigung des Strafmakels (siehe §§ 97ff., 111 JGG) erzielt werden (vgl. § 32 Abs. 2 Nr. 4 BZRG).

Strafmakelbeseitigung

Maßregeln der Besserung und Sicherung

Die Verurteilung zu Maßregeln der Besserung und Sicherung, zu Nebenfolgen und Nebenstrafen (vgl. §§ 6, 7 JGG sowie S. 164ff.) allein oder iVm Erziehungsmaßregeln oder Zuchtmitteln erscheint ebenfalls nicht im Führungszeugnis (§ 32 Abs. 2 Nr. 8 BZRG). Das gilt aber nicht bei Straftaten gegen die sexuelle Selbstbestimmung nach den §§ 174–180, 182 StGB (§ 32 Abs. 1 S. 2 JGG).

Ausnahmen

Vergünstigung des Jugendstrafrechts

Diese **Einschränkung des „Vorbestraftseins“** stellt eine wesentliche Vergünstigung gegenüber dem Erwachsenenstrafrecht dar, nach dem selbst bei geringer zweiter Geldstrafe (innerhalb von zwei Jahren) sowie bei erfolgreicher Bewährung dieser Strafmakel noch mindestens drei Jahre besteht (vgl. §§ 32 Abs. 2 Nr. 5, 33 Abs. 1, 34 Abs. 1 Nr. 1a BZRG).

C. Die Jugendgerichte

Immer zuständig für: Jugendl. und Heranw.

Jugendgerichte werden die nach den Bestimmungen des JGG besonders besetzten Strafabteilungen der Amts- und Landgerichte genannt, die über alle „Verfehlungen" (= Straftaten) von Jugendlichen und Heranwachsenden in erster Instanz zu entscheiden haben (vgl. §§ 33 Abs. 1, 107, 108 Abs. 1 JGG).

Auch bei Anwendung von „Erwachsenenstrafrecht"

Die Jugendgerichte sind für Heranwachsende auch dann zuständig, wenn für sie die Anwendung des „Erwachsenenstrafrechts" zu erwarten ist (§ 108 Abs. 2 JGG), und sie bleiben auch zuständig, wenn „Erwachsenenstrafrecht" auf sie angewendet wird (vgl. § 106 Abs. 1 JGG).

Jugendschutzsachen

Jugendkammern (s. dazu S. 174) sind (neben den allgemeinen Strafkammern der LG) auch für sog. „Jugendschutzsachen" (= Straftaten Erwachsener durch die ein Kind oder ein Jugendlicher verletzt oder unmittelbar gefährdet wird, sowie Verstöße Erwachsener gegen Vorschriften, die dem Jugendschutz oder der Jugenderziehung dienen) zuständig (§§ 26, 74b GVG).

Staatsschutzsachen

Für sog. „Staatsschutzsachen"[28] von Jugendlichen oder Heranwachsenden sind jedoch immer die bei den LG bzw. OLG gebildeten besonderen Staatsschutzkammern bzw. Staatsschutzsenate zuständig (§§ 102 JGG, 74a, 120 GVG).

Nur bei Berufungen, nicht bei Revisionen

In zweiter Instanz sind die Jugendgerichte (= Jugendkammern) nur für Berufungen gegen erstinstanzliche Urteile zuständig; für Revisionen sind dagegen die allgemeinen Strafgerichte (OLG bzw. BGH) zuständig (s. dazu S. 174).

I. Die Jugendrichter und Jugendstaatsanwälte

Erzieherische Befähigung

Für die Auswahl der Richter (und Staatsanwälte) an den Jugendgerichten stellt der Gesetzgeber die Forderung auf, dass sie „erzieherisch befähigt und in der Jugenderziehung erfahren sein sollen" (§ 37 JGG).

Keine Spezialausbildung

Diese bloße „Soll-Vorschrift" bietet jedoch nicht etwa die Gewähr dafür, dass die Jugendgerichte mit erstklassigen Fachkräften besetzt werden, denn es gibt keine Spezialausbildung für Jugendrichter. Nach dem unsere ordentliche Gerichtsbarkeit beherrschenden Prinzip muss vielmehr jeder Richter die Befähigung zu jedem Richteramt haben. So wird derjenige Jugendrichter, der sich dafür interessiert, ohne dass er spezielle Kenntnisse auf dem Gebiet der Jugendpsychologie, -psychiatrie oder -kriminologie nachweisen muss.

Aufgabenkreis

Den Jugendrichtern „sollen" für die Jugendlichen die Erziehungsaufgaben des FamG übertragen werden (§ 34 Abs. 2 S. 1 JGG). Dies sind nach § 34 Abs. 3 JGG:

- Unterstützung der Eltern, des Vormunds und Pflegers durch geeignete Maßnahmen (§§ 1631 Abs. 3, 1800, 1915 BGB),
- Maßnahmen zur Abwendung einer Gefährdung des Minderjährigen (§§ 1666, 1666a, 1837 Abs. 4, 1915 BGB).

---

[28] Darunter sind Straftaten zu verstehen, die gegen den Bestand des Staates, seine Funktionsfähigkeit oder die verfassungsmäßige Ordnung gerichtet sind (vgl. §§ 80 ff. StGB).

Problematik

Hiervon kann aus besonderen Gründen abgewichen werden, namentlich wenn Jugendrichter für den Bezirk mehrerer Amtsgerichte bestellt sind (§ 34 Abs. 2 S. 2 JGG). Diese Personalunion soll durch bessere Kenntnis des Straftäters eine einheitlichere erzieherische Einwirkung auf ihn ermöglichen. Sie bringt aber auch Gefahren mit sich. So kann es (auf beiden Seiten) zu Voreingenommenheiten, insbesondere dazu kommen, dass alle richterlichen Maßnahmen (also auch die des Familiengerichts) als Bestrafung und nicht als Erziehung verstanden werden.

II. Die Jugendschöffen

Ebenso wie die Berufsrichter „sollen" die Jugendschöffen erzieherisch befähigt und in der Jugenderziehung erfahren sein (§ 35 Abs. 2 S. 2 JGG).

Ehrenamtliche Laienrichter mit gleichem Stimmrecht

Es handelt sich bei ihnen um ehrenamtliche Laienrichter, die – wie die allgemeinen Schöffen auch – volle Richterfunktion ausüben, und zwar mit gleichem Stimmrecht wie die Berufsrichter. Ihre Auswahl unterscheidet sich allerdings erheblich von der allgemeinen Schöffenwahl, bei der eine mehr zufällige Repräsentanz der Bevölkerung angestrebt wird. Die Jugendschöffen werden vom Jugendhilfeausschuss vorgeschlagen und dann vom nach § 40 GVG gebildeten Ausschuss des Gerichts (bestehend aus einem Jugendrichter, einem Verwaltungsbeamten und zehn Vertrauensleuten des Stadtrates bzw. Kreistages) für fünf Jahre gewählt, wobei es sich um die gleiche Anzahl von Frauen und Männern handeln soll (§ 35 Abs. 1 S. 2 JGG). Meist sind es in der Jugendarbeit tätige Personen. Die vom Jugendhilfeausschuss erstellte Vorschlagsliste ist im örtlich zuständigen Jugendamt nach vorheriger Bekanntmachung eine Woche lang zu jedermanns Einsicht aufzulegen (vgl. § 35 Abs. 3 JGG), damit Einsprüche zum Schöffenwahlausschuss möglich sind.

Auswahl der Jugendschöffen: Jugendhilfeausschuss

Wahlausschuss

Mitwirkung bei jeder Hauptverhandlung

Zu jeder Hauptverhandlung beim Jugendschöffengericht und der Jugendkammer sollen dann immer jeweils eine Frau und ein Mann als Jugendschöffen herangezogen werden (§§ 33a Abs. 1 S. 2, 33b Abs. 1 JGG).

III. Der Jugendrichter als Einzelrichter

Aufgabenbereiche

Sein Aufgabenbereich lässt sich in vier Teile gliedern:

Ermittlungen

1. Ihm obliegen alle Aufgaben, die ein Strafrichter beim Amtsgericht nach StPO und GVG im Strafverfahren hat (§ 34 Abs. 1 JGG). Dazu gehören insbesondere alle richterlichen Ermittlungshandlungen im Vorverfahren.

   Beispiele: Erlass von Haftbefehlen, Haftkontrolle und -prüfung; Anordnung von Untersuchungen, Durchsuchungen, Beschlagnahmen; Einnahme des richterlichen Augenscheins; richterliche Vernehmung der Beschuldigten und Zeugen – auch im Wege der Rechtshilfe für andere Jugendgerichte; Entscheidungen über die Einstellung des Verfahrens oder Eröffnung der Hauptverhandlung.

Begrenzte Strafgewalt

2. Er verhandelt und entscheidet über Straftaten Jugendlicher und Heranwachsender, wenn für diese nur Erziehungsmaßregeln, Zuchtmittel, Fahrverbot, Entzug der Fahrerlaubnis oder Nebenfolgen gemäß § 7 JGG zu erwarten sind (§§ 39 Abs. 1, 108 JGG), also über weniger gravierende Fälle. Für Strafsachen, die gegen Jugendliche und Erwachsene gemäß § 103 JGG verbunden sind, ist der Jugendrichter *nicht zuständig*. Er kann auch Jugendstrafe verhängen, wenn sich das Erfordernis erst in der Hauptverhandlung herausstellen sollte. Allerdings ist er dann in

seiner Strafgewalt begrenzt, d. h., er darf nur Jugendstrafe bis zu einem Jahr aussprechen; die Unterbringung in einem psychiatrischen Krankenhaus darf er nicht anordnen (§ 39 Abs. 2 JGG).

3. Der Jugendrichter ist zugleich Vorsitzender des Jugendschöffengerichts (§ 33a Abs. 1 S. 1 JGG) und trifft als solcher wiederum alle Ermittlungshandlungen im Vorverfahren (s. dazu S. 175 ff.) allein. **Vorsitzender des JugSchöffG**
4. Weiter ist er Vollstreckungsleiter für Jugendarrest und Jugendstrafe und damit u. a. zuständig für eine vorzeitige Entlassung der Verurteilten (vgl. dazu §§ 82, 84, 88 JGG) und für den Jugendarrest sogar Vollzugsleiter, wenn in seinem Bezirk eine Jugendarrestanstalt liegt (vgl. dazu § 90 Abs. 2 S. 2 JGG sowie die Jugendarrestvollzugsordnung – JAVollzO). **Vollstreckungsleiter für Jugendarrest/-strafe** **Für Jugendarrest auch Vollzugsleiter**

IV. Das Jugendschöffengericht

Besetzung

Das Jugendschöffengericht (beim Amtsgericht) ist mit dem Jugendrichter (Vorsitzender) und zwei Jugendschöffen (es sollen jeweils sein: eine Frau und ein Mann) besetzt (§ 33a Abs. 1 JGG).

„Allgemeinzuständigkeit"/„Auffangzuständigkeit"

Die Mehrzahl sämtlicher Jugendstrafverfahren findet vor diesem Gericht statt, da es die sog. „allgemeine Zuständigkeit" (auch „Auffangzuständigkeit" genannt) besitzt. Denn es ist zuständig für alle Straftaten von Jugendlichen und Heranwachsenden, die nicht zur Zuständigkeit des Jugendrichters (= „Bagatellsachen") oder der Jugendkammer (= schwerwiegende Delikte) gehören (§§ 40 Abs. 1, 108 Abs. 1 JGG).

Strafgewalt: bis 5 J. Jugendstrafe bis 4 J. allg. Strafe

Es hat grundsätzlich Strafgewalt bis zu fünf Jahren Jugendstrafe. Wendet es aber gegen Heranwachsende oder in Jugendschutzsachen „Erwachsenenstrafrecht" an, so reicht seine Strafgewalt jedoch nur bis zu vier Jahren (§§ 108 Abs. 3 S. 1 JGG, 24 Abs. 2 GVG). Ist im Einzelfall *höhere Strafe* oder die Unterbringung in einem psychiatrischen Krankenhaus oder in Sicherungsverwahrung (§ 106 Abs. 3-7 JGG) zu erwarten, ist es zur *Abgabe an die Jugendkammer* verpflichtet (§ 108 Abs. 3 S. 2 JGG). **Abgabe an JugKammer**

Wenn das Jugendschöffengericht nach Erhalt der Anklageschrift durch die Staatsanwaltschaft feststellt, dass es sich um eine besonders umfangreiche Strafsache handelt (z. B. Bandensache oder sehr zahlreiche Straftaten), so kann es die Sache der Jugendkammer vorlegen (§ 40 Abs. 2 JGG). Diese entscheidet dann, ob es die Sache übernehmen will oder nicht; dieser Beschluss kann nicht angefochten werden (§ 40 Abs. 4 JGG).

Kein erweitertes Schöffengericht

Diese Abgabemöglichkeit besteht deshalb, weil es im Jugendstrafrecht kein erweitertes Schöffengericht (zwei Berufs- und zwei Laienrichter) gibt wie im „Erwachsenenstrafrecht" und daher sehr umfangreiche Strafsachen die Leistungsfähigkeit des Jugendschöffengerichts (mit nur einem Berufsrichter) übersteigen können.

Die Sitzungen des Jugendschöffengerichts werden von dem Jugendrichter als Vorsitzenden geleitet. Die Jugendschöffen haben jedoch – wie alle Laienrichter – dieselben Funktionen und Befugnisse wie andere Berufsrichter als Beisitzer. Vor allem hat ihre Stimme bei jeder Entscheidung des Gerichts gleiches Gewicht. Sie können also den Vorsitzenden überstimmen (§§ 30 Abs. 1, 194 Abs. 2, 196 Abs. 1 GVG). **Volles Stimmrecht der Schöffen**

V. Die Jugendkammer

Seit 1993 besteht bei jedem Landgericht eine *kleine* Jugendkammer und eine *große* Jugendkammer, wobei Erstere mit einem Berufsrichter und zwei Jugendschöffen, Letztere zusätzlich mit einem weiteren Berufsrichter besetzt ist (vgl. § 33b JGG sowie §§ 60, 74 GVG).

Kleine Jugendkammer Die kleine Jugendkammer fungiert nur als Berufungsgericht gegen Urteile des Jugendeinzelrichters (vgl. § 33b Abs. 1 HS 2 JGG).

Große Jugendkammer Die große Jugendkammer dagegen ist sowohl in 1. als auch in 2. Instanz zuständig. In 1. Instanz ist sie zuständig für:

Zuständigkeit in 1. Instanz

1. alle Kapitalverbrechen (vorsätzliche Straftaten mit Todesfolge), die nach „Erwachsenenstrafrecht" vor das Schwurgericht gehören (§§ 41 Abs. 1 Nr. 1 JGG, 74 Abs. 2 GVG)
2. alle Jugendschutzsachen (siehe dazu S. 171) – neben der allgemeinen Strafkammer – (§§ 26 Abs. 1, 74b GVG)
3. Verfahren gegen Heranwachsende, bei denen Freiheitsstrafe von mehr als vier Jahren zu erwarten ist (§ 108 Abs. 3 S. 2 JGG)
4. Verfahren gegen Jugendl. und HW, wenn nach „Erwachsenenstrafrecht" die große Strafkammer zuständig wäre (§ 41 Abs. 1 Nr. 3 JGG)
5. wegen ihres besonderen Umfangs auf Vorlage des Jugendschöffengerichts übernommene Verfahren (§ 41 Abs. 1 Nr. 2 JGG)
6. Fälle, in denen die StA wegen der besonderen Schutzbedürftigkeit von als Zeugen in Betracht kommenden Opfern von Straftaten dies beantragt hat (§ 41 Abs. 1 Nr. 4 JGG).

Zuständigkeit in 2. Instanz In zweiter Instanz ist die große Jugendkammer Berufungsgericht[29] gegen Urteile des Jugendschöffengerichts (§ 41 Abs. 2 JGG).

VI. Das Oberlandesgericht

Zuständigkeit Über Revisionen (keine „Tatsachen"-, sondern reine „Rechtsfragen"-Instanz[30]) gegen Urteile des Jugendrichters und des Jugendschöffengerichts entscheidet ein Strafsenat des Oberlandesgerichts (drei Berufsrichter) als zweite (und zugleich letzte) Instanz; desgleichen über Beschwerden gegen Entscheidungen der Jugendkammer, die diese in der Voruntersuchung oder im Hauptverfahren getroffen hat (§ 121 Abs. 1 GVG). – Revisionen gegen die Berufungsurteile der Jugendkammer gibt es nicht (§ 55 Abs. 2 S. 2 JGG), da im Jugendstrafrecht immer nur eine Rechtsmittelmöglichkeit besteht (siehe dazu S. 187).

VII. Der Bundesgerichtshof

Revisionen gegen Jugendkammer Gegen erstinstanzliche Urteile der Jugendkammer (vgl. oben Kapitel V.) ist nur die Revision gegeben, für die ein Strafsenat des Bundesgerichtshofes (fünf Berufsrichter) zuständig ist (§ 135 Abs. 1 GVG).

Bei Kapitalverbrechen fehlt also – wie im „Erwachsenenstrafrecht" – eine zweite Tatsacheninstanz, was nicht unproblematisch ist (siehe dazu auf dieser Seite oben Kapitel C. V. Nr. 1.).

---

[29] Zur Berufung siehe S. 187.
[30] Zur Revision siehe S. 187.

D. Das Jugendstrafverfahren[31]

Besonderheiten aus erzieherischen Gründen

Grundsätzlich gelten die allgemeinen verfahrensrechtlichen Bestimmungen der StPO und des GVG. Das JGG enthält jedoch einige Besonderheiten gegenüber dem Strafverfahren für Erwachsene, die den Erziehungsgedanken des Jugendstrafrechts auch im Verfahren Rechnung tragen wollen.

I. Das Vorverfahren

Zur Vorbereitung des Hauptverfahrens

Es dient der Vorbereitung des Hauptverfahrens vor den Jugendgerichten und beginnt mit den staatsanwaltschaftlichen Ermittlungen, die sich hier aber nicht nur auf die Tat, sondern vor allem auf die Persönlichkeitserforschung des Täters richten (§ 43 JGG).

1. Persönlichkeitserforschung

Erforschung des Täterbildes

Entscheidende Voraussetzung für eine richtige und damit erfolgreiche Anwendung der jugendrichterlichen Maßnahmen ist eine sorgfältige Persönlichkeitsermittlung des Täters. Das „Täterbild" muss erstellt werden, denn im Mittelpunkt des Jugendstrafrechts steht der Täter und nicht (wie im „Erwachsenenstrafrecht") die Tat. Es kommt nämlich nicht in erster Linie auf das Geschehene, sondern darauf an, wie der Täter in seiner weiteren Entwicklung am besten positiv beeinflusst werden kann.

Hauptverfahren nötig?

Die Persönlichkeitserforschung des Täters soll bereits im Vorverfahren erfolgen (§ 43 Abs. 1 JGG), denn ihr Ergebnis ist entscheidend für die Frage, ob überhaupt das Hauptverfahren (= die Verhandlung und Entscheidung über die Tat) eröffnet werden soll (vgl. § 45 JGG) und (wenn ja) vor welchem Gericht (d.h.. Jugendrichter oder Jugendschöffengericht[32]).

Anhörung des sozialen Umfelds

Daher sollen (d.h.: es darf nur in begründeten Ausnahmefällen davon abgesehen werden) die Erziehungsberechtigten, gesetzliche Vertreter, Schule, Ausbildende zuvor angehört werden. Die Anhörung der Schule oder des Auszubildenden unterbleibt aber, wenn die Jugendlichen davon unerwünschte Nachteile (wie z.B. den Verlust ihres Ausbildungs- oder Arbeitsplatzes) zu besorgen hätten (§ 43 Abs. 1 S. 3 JGG). – Soweit erforderlich, ist eine Untersuchung der Beschuldigten, namentlich zur Feststellung ihres Entwicklungsstandes oder anderer für das Verfahren wesentlicher Eigenschaften, herbeizuführen; damit sollen (nach Möglichkeit) zur Untersuchung von Jugendlichen befähigte Sachverständige beauftragt werden (§ 43 Abs. 2 JGG).

Untersuchung der Beschuldigten

JGH-Aufgabe

Diese eminent wichtige Persönlichkeitsermittlung ist Aufgabe der Jugendgerichtshilfe (s. dazu S. 182), wenn nicht ein Sachverständigengutachten benötigt wird (vgl. §§ 38 Abs. 2 S. 2, 43 Abs. 1 S. 3 u. Abs. 2 JGG).

Gilt auch für HW

Dies gilt alles auch für Heranwachsende (vgl. §§ 107 Abs. 1, 109 Abs. 1 JGG).

---

[31] Lesenswert zum Thema der Aufsatz von Hanft in: Jura 2008, 368 ff.

[32] Siehe dazu oben C. III. und IV, S. 172, 173.

2. Absehen von der Strafverfolgung („Diversion")

Kriminologischer Hintergrund

Kriminologische Forschungen haben erwiesen, dass Kriminalität im Jugendalter meist nicht Indiz für ein erzieherisches Defizit ist, sondern überwiegend als entwicklungsbedingte Auffälligkeit mit dem Eintritt in das Erwachsenenalter abklingt und sich nicht wiederholt.[33] Kriminalistische Untersuchungen haben weiter ergeben, dass im Bereich der leichten und mittleren Jugend-Delinquenz der Verzicht der Justiz auf formelle Sanktionen zugunsten informeller Erledigungen kriminalpolitisch von Bedeutung ist, da diese nicht allein zu einer humaneren und schnelleren Bewältigung von Jugendkriminalität führen, sondern ihnen auch im Hinblick auf Prävention und Rückfallvermeidung höhere Effizienz zukommt als justiziellen Sanktionen.

Umdenken führte zur „Diversion"

Ergebnis dieser kriminologischen Erkenntnisse war ein Umdenken in der Jugendstrafrechtspflege, die bei uns seit 1980 verstärkt die Möglichkeiten einer informellen Verfahrenserledigung im Vorfeld der förmlichen jugendrichterlichen Verurteilung nutzt. Dieses Konzept des Jugendstrafrechts wird *Diversion* (Ablenkung, Umleitung) genannt und fußt auf Entwicklungen in den USA der 1970er-Jahre. Der Begriff dient dabei der Sammelbezeichnung für sämtliche kriminologischen Tendenzen und Strategien, weitest möglich informelle Verfahrensweisen an die Stelle förmlicher justizieller Strafverfolgung zu setzen, d.h., Kriminalitätsfälle Jugendlicher und Heranwachsender werden „umgelenkt" von förmlichen Strafverfahren hin zu mehr informeller Sozialkontrolle. Diversion intendiert dabei zweierlei: bezüglich der Klientel eine Verminderung der Stigmatisierung und eine Verstärkung von Problemlösungshilfe und hinsichtlich der Justiz den Abbau unnötiger Sozialkontrolle sowie deren Entlastung.

Definition

Zielsetzung

Diversion trägt überdies dem Umstand Rechnung, dass die Konfrontation mit Polizei und StA insbesondere von Jugendlichen und Heranwachsenden bereits als Sanktion empfunden wird und zumeist auch weitere Reaktionen mit Sanktionscharakter in ihrem sozialen Umfeld (Eltern, Lehrer, Ausbilder, Nachbarn, Freunde Bekannte) auslöst. Ausgangspunkt für den Ansatz der Diversion im Jugendstrafrecht ist weiter die durch kriminologische Forschungen belegte Erkenntnis, dass Strafverfolgung oftmals mehr Schaden stiftet als Nutzen bringt. Denn eine strafrechtliche Intervention führt häufig eher zu einer Stabilisierung des abweichenden Verhaltens, als dass sie den Betroffenen bei der Lösung der hinter der Straftat stehenden Probleme hilft und damit von weiteren Delikten abhält. Diversion ist somit die gesellschaftliche Bewältigung der Jugendkriminalität außerhalb justizieller Instanzen. Die §§ 45, 47 JGG eröffnen die Möglichkeit, ein förmliches Verfahren mit Verurteilung zu vermeiden (Diversion), wenn das aus erzieherischen Gründen angezeigt ist (s. dazu nachfolgend sowie unten Kapitel D. II. 2, S. 178). Wegen der Unschuldsvermutung (Art. 6 Abs. 2 MRK) ist das jedoch nur bei eindeutig überführten oder geständigen Tätern unbedenklich.

Diversionsmöglichkeiten

Einstellung durch StA (§ 45 Abs. 1 und 2 JGG)

Der Staatsanwalt kann ohne Zustimmung des Richters von der Strafverfolgung absehen, wenn:

[33] BT-Drs. 11/5829, S. 1.

1. die Schuld des Täters als gering anzusehen ist *und* kein öffentliches Interesse an der Strafverfolgung besteht, sog. „Bagatellfälle" (§ 45 Abs. 1 JGG) *oder*:
2. bereits eine erzieherische Maßnahme (z. B. Ermahnung o. ä. durch Eltern, Vormund, Heim, Schule, Ausbilder, JGH, Bewährungshelfer oder Staatsanwalt selbst) angeordnet wurde, die eine Erhebung der Anklage und Ahndung durch den Jugendrichter entbehrlich macht (§ 45 Abs. 2 JGG).

Einstellung durch Richter (§ 45 Abs. 3 JGG)

Ist der Beschuldigte geständig und hält der Staatsanwalt eine Ahndung durch Urteil für entbehrlich, so kann er bei dem Jugendrichter *anregen*, dem Jugendlichen Weisungen gemäß § 10 Abs. 1 S. 3 Nrn. 4, 7 und 9 JGG zu erteilen („Arbeitsweisung", Täter-Opfer-Ausgleich, Teilnahme an einem Verkehrsunterricht), ihm Auflagen (§ 13 Abs. 2 Nr. 2 iVm § 15 JGG) zu machen, oder eine Ermahnung auszusprechen.

Entspricht der Jugendrichter dieser Anregung, so sieht der Staatsanwalt von der Verfolgung (= Anklage) ab (vgl. § 45 Abs. 3 JGG).

Diversion auch für HW

Diversion kommt auch für Heranwachsende, für die Jugendstrafrecht angewendet wird, in Betracht (vgl. § 109 Abs. 2 S. 1 JGG).

3. Vernehmung der Beschuldigten

Vor Anklageerhebung

Belehrung über Rechte

Wenn Jugendstrafe zu erwarten ist, die Sache also §§ 39 Abs. 1, 40 Abs. 1 JGG vor das Jugendschöffengericht kommt,[34] so soll der Staatsanwalt oder der Vorsitzende des Jugendgerichts die Beschuldigten vor Erhebung der Anklage vernehmen (§ 44 JGG), um sich – ohne die Zwänge der Hauptverhandlung – schon ein persönliches Bild von den Betreffenden machen zu können (was jedoch aus Zeitmangel meist unterbleibt). Wird diese Vernehmung durchgeführt, so müssen die Jugendlichen über den Tatvorwurf sowie über ihr Recht, Entlastungsbeweise beantragen, zum Tatvorwurf schweigen und sich vorher von einem Verteidiger ihrer Wahl beraten lassen zu können, gem. § 136 StPO belehrt werden. Weiter ist § 136a StPO (verbotene Vernehmungsmethoden: z. B. Misshandlung, Täuschung, Hypnose, körperliche Eingriffe) einzuhalten.

Für HW möglich

Für Heranwachsende ist eine Vernehmung vor der Hauptverhandlung gesetzlich zwar nicht vorgesehen (vgl. § 109 JGG), aber möglich (vgl. RL 1 Satz 2 zu § 44 JGG).

4. Inhalt der Anklageschrift

Pädagogische Aspekte beachten

Wenn Anklage erhoben wird, gelten zwar grundsätzlich die allgemeinen Regelungen des § 200 StPO. Jedoch soll im Jugendstrafverfahren das wesentliche Ergebnis der Ermittlungen (also einschließlich der Persönlichkeitserforschung) so dargestellt werden, dass die Kenntnisnahme durch die Beschuldigten möglichst keine Nachteile für ihre Erziehung verursacht (§ 46 JGG). Das bedeutet, dass z. B. Ausführungen über mangelnde elterliche Fürsorge und Erziehung oder über schädliche Einflüsse der Eltern oder des Heimes in der Anklageschrift zu vermeiden sind.

---

[34] Siehe dazu oben C. IV, S. 173.

Verständlichkeit Andererseits soll die Anklageschrift den gegen die Jugendlichen erhobenen Vorwurf klar erkennen lassen. Sie muss deshalb auch sprachlich so abgefasst sein, dass sie den Jugendlichen verständlich ist.

Auch für HW § 46 JGG gilt zwar nicht für HW (vgl. § 109 JGG); dennoch sind dessen Grundgedanken zu beachten (RL 2 zu § 46 JGG).

II. Das Hauptverfahren

1. Eröffnung

Voraussetzungen Die Jugendgerichte eröffnen auf Antrag der Staatsanwaltschaft (= Anklageschrift) das Hauptverfahren, wenn Angeklagte der Tat hinreichend verdächtig und strafrechtlich verantwortlich iSd § 3 JGG (s. dazu S. 136) sind. Anderenfalls wird die Eröffnung des Hauptverfahrens abgelehnt. – Diese Voraussetzungen kann das Gericht aufgrund der ihm vorliegenden Ergebnisse der Ermittlungen des Vorverfahrens prüfen.

2. Einstellung des Verfahrens

Das Jugendgericht kann auch noch nach Erhebung der Anklage (mit Zustimmung des Staatsanwaltes) das Verfahren durch Beschluss gemäß § 47 Abs. 1 u. 2 JGG einstellen, wenn:

1. § 153 StPO erfüllt ist (geringe Schuld *und* fehlendes öffentliches Interesse → „Bagatellstraftaten") oder
2. § 45 Abs. 2 JGG erfüllt ist (vgl. dazu oben S. 176/177),
3. bereits eingeleitete oder durchgeführte erzieherische Maßnahmen nach § 45 Abs. 3 S. 1 JGG ein Urteil entbehrlich machen
4. Angeklagte ihm mangels Reife iSd § 3 JGG strafrechtlich nicht verantwortlich erscheinen.

Einstellung nach erhobener Anklage Die Einstellung kann auch noch in der Hauptverhandlung erfolgen (§ 47 Abs. 2 S. 2 JGG) – sogar noch in der Berufungs- oder Revisionsverhandlung[35], wenn sich z. B. erst dann durch ein Gutachten herausstellt, dass beim Täter die strafrechtliche Verantwortlichkeit gemäß § 3 JGG[36] nicht vorliegt. (Dann wird nämlich die Einstellung einem „Freispruch mangels Verantwortlichkeit" vorgezogen.)

Einstellungsbeschluss ist unanfechtbar Der Einstellungsbeschluss (der begründet werden muss) ist unanfechtbar (§ 47 Abs. 2 S. 3 JGG). Die Gründe werden dem Angeklagten nur mitgeteilt, wenn keine erzieherischen Nachteile (z. B. bei der Annahme der „Geringfügigkeit" iSd § 153 StPO) zu befürchten sind, weil ihn das in seinem Verhalten bestärken könnte (§ 47 Abs. 2 S. 4 JGG).

Vorteil gegenüber StGB Auch hier ist das Jugendstrafverfahren also viel flexibler als das „Erwachsenenstrafrecht" und kann somit besser auf die jeweiligen Täter eingehen.

Gilt auch für HW Diese Möglichkeiten gelten auch für Heranwachsende (§ 109 Abs. 2 JGG).

---

[35] *Eisenberg*, § 47 Rn. 6 m.w.Nachw.

[36] Siehe dazu S. 136.

3. Strafbefehl und beschleunigtes Verfahren

Das Strafbefehlsverfahren (§§ 407 ff. StPO) und das beschleunigte Verfahren (§§ 212 ff. StPO) des allgemeinen Verfahrensrechts sind gegen Jugendliche (bei nach JGG behandelten HW jedoch nur Ersteres) unzulässig (vgl. §§ 79, 109 Abs. 2 JGG), weil sie eine Würdigung der Persönlichkeit des Täters nicht in ausreichendem Maße gestatten (§ 79 JGG). Dem praktischen Bedürfnis nach Vereinfachung und Beschleunigung bei der Aburteilung der Bagatellkriminalität kommt das Jugendstrafrecht durch die (ähnliche) Verfahrensart des vereinfachten Jugendverfahrens entgegen (s. dazu nachfolgend Nr. 4.).

Bei Jugendlichen beides unzulässig

Bei Heranwachs. Ersteres unzulässig

4. Das vereinfachte Jugendverfahren

Zur Vereinfachung, Beschleunigung und jugendgemäßen Gestaltung des Verfahrens kann der Jugendrichter von Verfahrensvorschriften des allgemeinen Strafprozesses abweichen (§ 78 Abs. 3 S. 1 JGG).

Wegen der von vielen Förmlichkeiten befreiten Möglichkeiten spielt das vereinfachte Jugendverfahren in der Praxis bei der Aburteilung einfach gelagerter Fälle eine große Rolle.

Bedeutsam in der Praxis

Für Heranwachsende gilt dies nicht (vgl. § 109 JGG).

Nicht für HW

a) Voraussetzungen

Leichte und eindeutige Fälle

- Es darf keine Jugendstrafe, sondern nur: Weisungen, Erziehungsbeistandschaft, Zuchtmittel, Fahrverbot, Entziehung der Fahrerlaubnis oder Einziehung (vgl. §§ 44, 73, 74 StGB) zu erwarten sein (§ 76 S. 1 JGG).
- Es darf die Wahrheitserforschung nicht beeinträchtigt werden (§ 78 Abs. 3 S. 1 JGG); die Täter müssen also geständig oder eindeutig der Tat überführt worden sein.
- Der Staatsanwalt muss dieses Verfahren mündlich oder schriftlich ausdrücklich beantragen (§ 76 S. 1 JGG).

b) Rechtsfolgen

- Der staatsanwaltschaftliche Antrag ersetzt die Anklageerhebung (§ 76 S. 2 JGG). **Keine Anklageschrift**
- Der Jugendrichter ist nicht an Ladungsfristen (vgl. § 217 StPO) gebunden, kann also z. B. die gemäß § 78 Abs. 1 S. 1 JGG vorgeschriebene mündliche Verhandlung unmittelbar nach Vorführung des auf frischer Tat Ertappten ansetzen. **Keine Ladungsfristen**
- Der Staatsanwalt muss an dieser mündlichen Verhandlung nicht teilnehmen (§ 78 Abs. 2 S. 1 JGG); es kann dann die Einstellung des Verfahrens auch ohne seine Zustimmung beschlossen werden (§ 78 Abs. 2 S. 2 JGG). **Verhandlung ohne StA**
- Für die Erziehungsberechtigten und die gesetzlichen Vertreter des Angeklagten muss allerdings die Möglichkeit der Teilnahme sowie eine Auskunftsmöglichkeit – wie sonst auch (vgl. §§ 67, 67a JGG) – gewährleistet sein (§ 78 Abs. 3 S. 2 JGG). **Teilnahme der Erziehungsberechtigten und gesetzl. Vertreter**
- Ohne Angeklagte darf nur gemäß § 50 JGG verhandelt werden (s. dazu S. 181) und auch nur dann, wenn ihnen dadurch ihr verfassungsmäßig **Verhandlung ohne Angeklagten**

geschützter Anspruch auf rechtliches Gehör (Art. 103 GG) nicht beschnitten wird (§ 78 Abs. 3 S. 2 JGG).

Nur beschränkte Strafen möglich

- Die Entscheidung ergeht durch Urteil, das nicht auf Hilfe zur Erziehung iSd § 12 Nr. 2 JGG (Heimerziehung), Unterbringung in einer Entziehungsanstalt oder Jugendstrafe lauten darf (§ 78 Abs. 1 JGG).

Uneingeschränkte Rechtsmittel

- Das Urteil ist nach den gleichen Prinzipien (vgl. S. 186 ff.) anfechtbar wie ein Urteil im förmlichen Jugendstrafverfahren.

5. Privat- und Nebenklage

Privatklage bei Jugdl. unzulässig

Weil durch die Straftat Verletzte als private Ankläger (z. B. in Fällen des Hausfriedensbruchs, der Beleidigung, der Körperverletzung, der Bedrohung oder Sachbeschädigung, vgl. die Aufzählung in § 374 Abs. 1 StPO) das Verfahren oftmals ohne Rücksicht auf erzieherische Überlegungen allein aus ihrem eigenen Vergeltungsbedürfnis und zur Durchsetzung ihrer subjektiven Rechte betreiben würden, ist die Privatklage gegen Jugendliche unzulässig – nicht jedoch gegen Heranwachsende (vgl. §§ 80 Abs. 1, 109 JGG). Die Nebenklage gemäß § 395 ff. StPO ist dagegen in den in § 80 Abs. 3 genannten Fällen möglich.

Privatklage bei HW möglich

Schadensersatz gegenüber Jugendlichen stets nur im Zivilprozess

Aus den oben genannten Gründen sind auch die Vorschriften über die Entschädigung der Verletzten (§§ 403-406c StPO) im Strafverfahren gegen Jugendliche nicht anwendbar (§ 81); dies gilt nicht für Heranwachsende (§ 109 Abs. 2 S. 1 JGG). Verletzte sind also zur Durchsetzung ihrer Schadensersatzansprüche gegen Jugendliche allein auf den Zivilprozess angewiesen.

6. Hauptverhandlung

Problematik ihrer Gestaltung

Wie wichtig es ist, die Hauptverhandlung gegen Jugendliche und Heranwachsende sinnvoll zu gestalten und aus ihr alles fern zu halten, was sich für die Betreffenden nachteilig auswirken kann, braucht nicht betont zu werden. Es sollte selbstverständlich sein. In der Praxis liegt hier jedoch vieles im Argen, weil die Richter häufig meinen, die Verhandlung müsse einen „nachhaltigen Eindruck" auf die Täter machen, um sie vor weiteren Straftaten abzuhalten. Meist führt das dazu, dass die Betreffenden alles über sich ergehen lassen, ohne Anteil zu nehmen, und hinterher das alles von sich „abschütteln". Das trägt zweifellos nur zu weiterer Abstumpfung und der damit einhergehenden Rückfälligkeit (über 50 % bei Jugendstrafe, ansonsten ca. 33 %) bei.

Auf die sinnvolle Gestaltung einer Hauptverhandlung kann hier jedoch aus Platzgründen nicht eingegangen werden. Es muss sich vielmehr auf eine kurze Darstellung der wesentlichen Sonderheiten gegenüber dem „Erwachsenenstrafrecht" beschränkt werden.

a) Ausschluss der Öffentlichkeit

Stets bei Jugendlichen

Zugelassene Personen

Im Gegensatz zum „Erwachsenenstrafrecht" ist die Hauptverhandlung gegen Jugendliche grundsätzlich *nicht öffentlich* (§ 48 Abs. 1 JGG). Das bedeutet, dass neben den am Verfahren Beteiligten (Erziehungsberechtigte, gesetzliche Vertreter, Verteidiger, JGH) nur Erziehungsbeistand, Betreuungs-, Bewährungshelfer sowie den (durch die Tat) Verletzten die Anwesenheit gestattet ist (§ 48 Abs. 2 S. 1 JGG). Andere kann der Vorsitzende nur aus besonderen Gründen zur Verhandlung zulassen, namentlich zu Ausbildungszwecken (z.B. angehende Sozialarbeiter/Sozialpädagogen, Rechtsreferendare), wobei es sich dann nicht um Pauschal-, sondern um Einzelgenehmigungen handelt (§ 48 Abs. 2 S. 3 JGG). – Auch Rundfunk- und Pressevertreter können zugelassen werden. Dies geschieht jedoch nur, wenn gewährleistet ist, dass weder Name noch Bild und möglichst auch keine Angaben erscheinen, die auf die Person der Jugendlichen hindeuten.

Pädagogische Gründe

Die Öffentlichkeit ist aus erzieherischen Gründen ausgeschlossen, weil die Jugendlichen durch Zuschauer nicht gehemmt, aber auch nicht zur Geltungssucht animiert werden sollen. Zudem können hierdurch meist schulische, berufliche und soziale Schwierigkeiten vermieden werden, die bei der Öffentlichkeit des Verfahrens zu befürchten wären.

Bei HW grundsätzl. öffentlich

Hauptverhandlungen gegen Heranwachsende sind – leider – grundsätzlich öffentlich (vgl. § 109 Abs. 1 S. 1 JGG), obwohl hier die Problemlage kaum anders einzuschätzen ist. Es kann allerdings die Öffentlichkeit ausgeschlossen werden, wenn „dies im Interesse des Heranwachsenden geboten ist" (§ 109 Abs. 1 S. 4 JGG), also aus den gleichen Gründen, die bei Jugendlichen zur generellen Nichtöffentlichkeit führten (s.o.); dies geschieht aber leider nur selten.

Verfahren gegen Jugendl. und HW

Wird in demselben Verfahren gemäß § 103 JGG auch gegen Heranwachsende oder Erwachsene verhandelt, so besteht – leider – grundsätzlich Öffentlichkeit, wenn nicht deren Ausschluss im Interesse der Erziehung jugendlicher Angeklagter geboten ist (§ 48 Abs. 3 JGG) und daher im Einzelfall angeordnet wird.

b) Anwesenheit der Angeklagten

Verhandlung ohne Jugendliche nur in besonderen Fällen

Weil das Gericht wegen der Auswahl geeigneter jugendrichterlicher Maßnahmen unbedingt auch einen persönlichen Eindruck von den Angeklagten gewinnen soll, kann selbst bei geringfügigeren Straftaten oder bei Nichterscheinen der Angeklagten grundsätzlich nicht ohne sie verhandelt werden (was im „Erwachsenenrecht" möglich wäre, vgl. §§ 232, 233 StPO). Im Jugendstrafverfahren müssten neben diesen allgemeinen Voraussetzungen noch „besondere Gründe" für eine Verhandlung ohne die Jugendlichen hinzukommen (z.B. sehr weite Anreise) und der Staatsanwalt müsste zustimmen (§ 50 Abs. 1 JGG).

Gilt nicht für HW

Für Heranwachsende gelten diese Grundsätze nicht (vgl. § 109 JGG).

Zeitw. Ausschluss von Verhandlung

Anders als die StPO sieht das JGG erweiterte Möglichkeiten für einen zeitweiligen Ausschluss jugendlicher Angeklagter in der Hauptverhandlung vor. So soll der Vorsitzende Jugendliche für die Dauer von solchen Erörterungen ausschließen, von denen Nachteile für deren Erziehung entstehen können (§ 51 Abs. 1 S. 1 JGG). Das kommt vor allem dann in Betracht, wenn Erziehungs- und/oder Beziehungsprobleme der Eltern, des Vormundes oder von anderen Erziehern und deren Einfluss auf die Straftat besprochen werden sollen. – Der Vorsitzende muss dem Angeklagten dann allerdings von dem in seiner Abwesenheit Verhandelten insoweit berichten, als dies für seine Verteidigung erforderlich ist (§ 51 Abs. 1 S. 2 JGG).

Informationspflicht

Ausschluss von Angehörigen möglich

Aus denselben Gründen soll umgekehrt der Vorsitzende Angehörige, Erziehungsberechtigte, gesetzliche Vertreter von der Verhandlung (zeitweilig oder ganz) ausschließen, soweit gegen ihre Anwesenheit Bedenken bestehen (§ 51 Abs. 2 JGG).

Gilt nicht für HW

Für Heranwachsende gilt dies nicht (vgl. § 109 JGG).

c) Vereidigung von Zeugen

Die Frage der Vereidigung von Zeugen richtet sich nach Wegfall des § 49 JGG im Jahr 2004 nach § 59 Abs. 1 S. 1 StPO (zur Vereidigung von Sachverständigen siehe § 79 StPO).

7. Jugendgerichtshilfe

a) Aufgaben

Wesen und Aufgaben der JGH

Die erforderliche umfassende Persönlichkeitsermittlung der jugendlichen oder heranwachsenden Täter (s. dazu oben S. 175) sowie ihre besondere Hilfsbedürftigkeit hatten bereits 1923 dazu geführt, dass in das Jugendgerichtsverfahren ein besonderes Organ eingebaut wurde: die Jugendgerichtshilfe (JGH). Seit 1953 ist der Aufgabenbereich der JGH eingehender beschrieben (vgl. § 38 JGG). Danach hat die JGH im Wesentlichen folgende vier Aufgaben:

Täter-Hilfe

– Hilfe für die Beschuldigten (vgl. § 38 Abs. 2 S. 1 u. 9),

Ermittlungen

– Unterstützung der Gerichte und Ermittlungsbehörden insbesondere durch Erforschung der Persönlichkeit, Entwicklung und Umwelt der Beschuldigten (vgl. § 38 Abs. 2 S. 1 u. 2),

Stellungnahmen

– Stellungnahme zu den zu ergreifenden Maßnahmen (vgl. § 38 Abs. 2 S. 2),

Täter-Überwachung

– Überwachung der Beschuldigten (vgl. § 38 Abs. 2 S. 5 u. 6).

Ist der Jugendliche strafmündig?

Anwendung von JGG oder StGB?

Zur Feststellung der Ursachen der Straftat(en) sowie des Reifegrades des Täters zur Beurteilung der strafrechtlichen Verantwortlichkeit Jugendlicher gemäß § 3 JGG oder zur Anwendung des „Erwachsenen-" bzw. des Jugendstrafrechts gemäß § 105 JGG bedarf es besonders sorgfältiger und fachkundiger Ermittlungen. Diese können weder Jugendrichter noch Jugendstaatsanwalt oder gar die Polizei leisten, da sie kaum über jugendpsychologische Fachkenntnisse verfügen und – vor allem die Polizei – vornehmlich in Sachverhaltserforschung geschult sind. Hinzu kommt, dass Täter, deren Eltern, ein Vormund, sonstige Erzieher, Lehrer, andere Ausbilder, Verwandte etc. eher dem Vertreter der JGH als den Strafverfolgungsorganen unvoreingenommen begegnen werden.

Wichtige Funktionen für Jugendl. und HW

Hier kommt also der JGH für jugendliche und heranwachsende (vgl. §§ 38, 107 JGG) Beschuldigte eine wichtige Aufgabe zu.

(Einzelheiten zur Persönlichkeitserforschung gemäß § 38 Abs. 2 S. 2 JGG und ihre Bedeutung im Jugendstrafverfahren vgl. oben S. 175)

Vor und während der Verhandlung

Die JGH tritt nicht erst in der Hauptverhandlung auf. Sie ist vielmehr so früh wie möglich im gesamten Verfahren – also bereits im Vorverfahren – heranzuziehen (§§ 38 Abs. 3 S. 1 u. 2, 43 Abs. 1 S. 1 JGG). Nur so kann gewährleistet werden, dass beschuldigte Jugendliche oder Heranwachsende betreut und bei der Bewältigung der Tat unterstützt werden können. Hierzu gehören nicht nur Beratungsgespräche mit den Beschuldigten und ihrer Familie, sondern auch mit Ausbildern und Arbeitgebern. Ziel dieser Betreuung ist es, Jugendliche oder Heranwachsende vor einem

Betreuung

weiteren Abgleiten in die Kriminalität zu bewahren, zumal Täter in dieser Entwicklungsphase zu emotionalen „Kurzschlusshandlungen" (Abbrechen der schulischen oder sonstigen Ausbildung, Aufgabe des Arbeitsplatzes etc.) neigen. Die JGH muss dabei frühzeitig die Gewährung von Jugendhilfeleistungen prüfen und davon Staatsanwalt oder Richter unterrichten, um evtl. ein Absehen von Verfolgung (§ 45 JGG) oder eine Verfahrenseinstellung (§ 47 JGG) anzuregen (§ 52 Abs. 2 SGB VIII).[37]

HzE prüfen

Verfahren zu beenden?

Voraussetzung für ein Tätigwerden der JGH ist wegen der durch Art. 1 GG geschützten Privatsphäre ein hinreichender Tatverdacht, weil sonst die Hilfefunktion der JGH ins Gegenteil verkehrt werden würde.

Problematik

Die JGH nimmt an der Hauptverhandlung teil und erhält auf Verlangen jederzeit das Wort (§ 50 Abs. 3 JGG). Sie hat dabei die Aufgabe, sich zu den jugendstrafrechtlichen Maßnahmen[38] sowie zu ihren Auswirkungen zu äußern, die sinnvollerweise bei den einzelnen Jugendlichen oder Heranwachsenden zu ergreifen sind (§ 38 Abs. 2 S. 2 und Abs. 3 S. 3 JGG). Wenn die JGH auch nur eine Art Vorschlagsrecht besitzt, so kann sich diese Funktion bei entsprechend fundiertem Bericht und Vortrag vor Gericht doch in der Praxis als maßgebliche Orientierungshilfe für die Jugendgerichte auswirken. Hier kommt den Sozialarbeitern/Sozialpädagogen (als wünschenswerten JGH-Vertretern) eine eminent wichtige Funktion im Jugendstrafverfahren zu.

Rederecht

Vorschlagsrecht zum Strafrahmen

JGH-Bericht hat wichtige Funktion

Die JGH hat die verurteilten Jugendlichen oder Heranwachsenden nach Abschluss ihres Strafprozesses zu betreuen, indem sie mit ihnen während und nach dem Vollzug (von HzE iSd § 12 Nr. 2 JGG[39], Jugendarrest oder Jugendstrafe) „in Verbindung bleiben und sich seiner Wiedereingliederung in die Gemeinschaft annehmen" soll (vgl. § 38 Abs. 2 S. 9 JGG).

Betreuung nach der Verurteilung

Darüber hinaus hat die JGH die Aufgabe, die Einhaltung der erteilten Weisungen und Auflagen zu überwachen, sofern kein Bewährungshelfer bestellt wurde (§ 38 Abs. 2 S. 5 u. 7 JGG). Dabei hat die JGH (nach ihrer Wertung!) nur erhebliche Zuwiderhandlungen dem Richter mitzuteilen (§ 38 Abs. 2 S. 6 JGG). – Hieraus entsteht der für Sozialarbeiter/Sozialpädagogen typische (schwer lösbare) Konflikt, zugleich helfen und kontrollieren zu sollen.

Überwachung der Weisungen und Auflagen

Doppelfunktion: Hilfe und Kontrolle

b) Zuständigkeit

Die für Jugendliche wie Heranwachsende wichtige JGH (siehe S. 180) wird von den Jugendämtern (§ 52 SGB VIII) im Zusammenwirken mit den Trägern der freien Jugendhilfe (insbesondere: Caritas, Diakonisches Werk, AWO, PWV) ausgeübt (§§ 38 Abs. 1, 107 JGG, § 4 Abs. 1 SGB VIII). Das bedeutet, dass die Jugendämter die freien Jugendhilfeträger zur Mitarbeit heranzuziehen und sie dabei nach Maßgabe der §§ 4 Abs. 3, 74 SGB VIII zu unterstützen haben. Die Gesamtverantwortung einschließlich der Planungsverantwortung für die JGH hat jedoch die öffentliche Jugendamtsverwaltung als Pflichtaufgabe durchzuführen (vgl. §§ 2 Abs. 3 Nr. 8, 52, 79 Abs. 1 SGB VIII, § 38 Abs. 1 JGG). Dabei han-

JA und freie Verbände arbeiten zusammen

[37] Siehe dazu S. 176 und 178.

[38] Vgl. dazu die Übersicht auf den S. 168/169.

[39] Siehe dazu S. 146/147.

delt es sich um eine eigenständige Aufgabe der Jugendhilfe und nicht etwa um einen „Hilfsdienst" für die Justiz (s. dazu auch S. 185).

c) Durchführung

Freie Träger

Bei den freien Jugendhilfevereinigungen wird die JGH meist von hauptamtlichen Fachkräften (Sozialarbeitern/Sozialpädagogen) wahrgenommen, die in persönlichen Gesprächen mit den Tätern, ihren Eltern, sonstigen Erziehern oder anderen gesetzlichen Vertretern (Vormund) sowie mit ihren Ausbildern versuchen, ihre Persönlichkeit sowie die Tatumstände zu erforschen, um dann geeignete jugendrichterliche Maßnahmen vorschlagen zu können (vgl. §§ 43 Abs. 1, 38 Abs. 2 JGG).

Besonderheiten bei Jugendämtern

Kritik an fachlicher Auswahl und Qualifikation

Entsprechend wird beim JA verfahren, wobei allerdings die betreffenden Vertreter des JA z.T. keine sozialpädagogische Ausbildung besitzen, sondern als Verwaltungsbeamte/-angestellte sich allein durch ihre bisherige Tätigkeit qualifizieren. Wenn man dann noch bedenkt, wie wenig sinnvoll es ist, dass bisweilen immer noch bei einigen Jugendämtern die Trennung von „Innen"- und „Außendienst" dazu führt, dass noch nicht einmal die Person vor Gericht auftritt, die die Ermittlungen vorgenommen hat, kann es eigentlich nicht verwundern, dass von allen Betroffenen (Tätern und deren Angehörigen, von den Gerichten – und nicht zuletzt von den JGH-Vertretern) zunehmend die mangelnde Effizienz der Arbeit beklagt wird.

Personenidentität vorgeschrieben

Seit 1991 ist zwar in § 38 Abs. 2 S. 4 JGG festgelegt, dass in der Hauptverhandlung der Vertreter der JGH auftreten soll, der die „Nachforschungen angestellt hat", so dass nur in begründeten Ausnahmefällen davon abgewichen werden darf. In der Praxis wird dies dennoch immer noch nicht genügend beachtet.[40] Auch der – zwar nur als Sollvorschrift ausgestaltete – § 52 Abs. 3 SGB VIII spricht insofern eine eindeutige Sprache („während des gesamten Verfahrens").

Arbeitsüberlastung

In der Praxis wird eine effiziente Arbeit der JGH – abgesehen von den Schwierigkeiten, die sich aus der Natur der vielfältigen Aufgaben ergeben – vor allem durch die Arbeitsüberlastung der JGH wie der Jugendgerichte sehr erschwert. Das führt leider nicht selten dazu, dass die zuständigen JGH-Vertreter erst kurz vor dem Gerichtstermin ihre Arbeit beginnen und daher häufig kaum persönlichen Kontakt zu dem Täter herstellen können. Dann gerät die Hilfe für die Beschuldigten wie für das Gericht weitgehend zu einer eiligen Routinehandlung, die der Aufgabenstellung der JGH nicht gerecht werden kann.

Interessenkonflikte

Ein weiteres Problem besteht darin, dass vielfach (nicht zuletzt von der Justiz) die JGH – fälschlicherweise – in erster Linie als Gerichtshilfe betrachtet und daher der Wahrheitsfindung Priorität vor dem Schutz der beschuldigten/angeklagten Jugendlichen/Heranwachsenden eingeräumt wird (insofern ist die Bezeichnung „Jugendgerichtshilfe" ja auch missverständlich). Die JGH ist jedoch unzweifelhaft eine eigenständige Jugendhilfeleistung der Jugendämter (vgl. §§ 2 Abs. 2 Nr. 8, 52 SGB VIII) und hat somit allein die Förderung junger Menschen und deren Familien zur Aufgabe (vgl. §§ 1 Abs. 2, 2 Abs. 1 SGB VIII). Auch wenn diese im Einzelfall den justiziellen Interessen zuwiderlaufen kann, entbindet das die

---

[40] Kritik übt (sehr eingehend) auch *Eisenberg*, § 38, Rn. 32ff.

JGH nicht von ihrer gesetzlichen Verpflichtung.[41] Bei der JGH wird das zwischen JGG und SGB VIII bestehende Spannungsverhältnis besonders deutlich. Der Gesetzgeber des 1. JGG-ÄndG und SGB VIII verzichtete 1990 leider auf die Problemlösung, um ihre Reformvorhaben nicht zu gefährden[42] und bis heute ist diese „Baustelle" nicht wieder in Angriff genommen worden.

d) Verfahrensrechtliche Stellung

Recht und Pflicht zum Tätigwerden

- Die JGH ist im gesamten Verfahren gegen Jugendliche und Heranwachsende so früh wie möglich heranzuziehen (§§ 38 Abs. 3, 107 JGG). Sie hat damit das Recht (und somit natürlich auch die Pflicht!), sich von sich aus einzuschalten, falls ihre Heranziehung bislang unterblieben ist und sie von einem Jugendgerichtsverfahren Kenntnis erhält.

Unterrichtungspflicht

- Im Fall des Erlasses eines Haftbefehls, der Vollstreckung der U-Haft und der vorläufigen Festnahme (§ 128 StPO) ist die Jugendgerichtshilfe unverzüglich zu unterrichten (vgl. § 72a JGG).

Kontaktrecht

- Der JGH ist der schriftliche oder mündliche Kontakt mit verhafteten Beschuldigten in demselben Umfang gestattet wie einem Verteidiger (§ 72b JGG), ohne dass ihr nach hM jedoch Anspruch auf Akteneinsicht zugestanden wird.[43]

Anhörungs- und Rederecht

- Die JGH hat ein Recht (und die Pflicht) auf Anwesenheit in der Hauptverhandlung, deren Ort und Zeit ihr mitzuteilen sind (§ 50 Abs. 3 JGG). In der Hauptverhandlung ist der JGH auf Verlangen das Wort zu erteilen (§ 50 Abs. 3 S. 2 JGG). Der JGH steht jedoch kein Recht zur selbstständigen, unmittelbaren Befragung der Angeklagten oder der Zeugen zu; sie kann auch keine Beweisanträge stellen.[44]
- Will das Jugendgericht Weisungen erteilen, muss es zuvor immer die JGH dazu anhören (§ 38 Abs. 3 S. 3 JGG). Ansonsten kann sie sich (von sich aus) zu den jugendrichterlichen Maßnahmen, die nach ihrer Meinung sinnvollerweise zu ergreifen sind, äußern (§ 38 Abs. 2 S. 2 JGG).

Kein Zeugnisverweigerungsrecht

- Ein Zeugnisverweigerungsrecht steht der JGH (leider) nicht zu.[45]

Verstöße sind Revisionsgrund

- Ein Verstoß gegen diese Mitwirkungsrechte stellt eine Gesetzesverletzung iSd § 337 StPO und zugleich eine Verletzung der allgemeinen Aufklärungspflicht und damit einen Revisionsgrund dar, der zur Urteilsaufhebung führen muss.

Kein Rechtsmittelrecht

- Ein eigenes Rechtsmittelrecht besitzt die JGH nicht, sie kann also nicht Berufung oder Revision einlegen.

Gilt auch für HW

Dies gilt alles auch in Verfahren für Heranwachsende, für die Jugendstrafrecht angewendet wird (§ 109 Abs. 2 S. 1 JGG).

---

41 Siehe dazu S. 182.

42 Vgl. BT-Drs. 11/5829, S. 14/15 sowie BT-Drs. 11/5948, S. 117.

43 Nachweise z. B. bei *Eisenberg*, § 38, Rn. 27.

44 Dazu eingehend *Eisenberg*, § 38, Rn. 28.

45 Dazu eingehend *Eisenberg*, § 38, Rn. 30.

E. Rechtsmittelmöglichkeiten

I. Anfechtungsberechtigte

Personenkreis

Verurteilten, ihren Erziehungsberechtigten sowie deren gesetzlichen Vertretern (meist haben die Eltern ja beide Funktionen inne) wird grundsätzlich[46]das Recht zugestanden, sich – unabhängig voneinander – gegen die Verurteilung durch Einlegen eines Rechtsmittels (Berufung oder Revision) zu wehren. Dies gilt im Jugendstrafverfahren jedoch nur eingeschränkt. (vgl. §§ 55 Abs. 1, 109 Abs. 2 S. 1 JGG). Andere (z.B. Pflegeeltern, Erziehungsbeistand, Betreuungshelfer, Bewährungshelfer, JGH, Jugendamt) haben kein Rechtsmittelrecht.

Selbstständigkeit der Jugendlichen

Jugendlichen wird also selbst das Recht zugestanden, den Prozess vor die nächste Instanz zu bringen, obwohl sie nur beschränkt geschäftsfähig und damit auch noch nicht prozessfähig sind.[47] Im Strafprozess werden Jugendliche dagegen als die eigentlich Betroffenen (zu Recht) als selbstständig betrachtet. Das wird am folgenden Beispiel deutlich:

Beispiel: Ein 17-Jähriger erhält wegen wiederholter Einbruchdiebstähle Jugendstrafe mit Bewährung. Seine Eltern legen spontan gegen dieses Urteil Rechtsmittel ein, weil sie es als viel zu hart ansehen. Nachdem sie nun einen Rechtsanwalt zu Rate ziehen, wird ihnen klar, dass dieses Urteil kaum anzugreifen sein wird und durch den erneuten Prozess der Beginn der Bewährungszeit sich erheblich verzögern wird (vgl. § 22 Abs. 2 S. 1 JGG).[48] Sie wollen daher das Rechtsmittel zurückziehen (was möglich ist). Dabei stellen sie (sicherlich überrascht) fest, dass sie hierzu die Zustimmung ihres Sohnes benötigen (vgl. § 55 Abs. 3 JGG), weil er als der Hauptbetroffene eben entscheiden können soll, ob er das Urteil so hinnehmen will. – Die Eltern können also für ihn kein Urteil „annehmen".

Eltern können aber 2. Instanz erzwingen

Im „umgekehrten Fall" setzen sich allerdings die Eltern durch:

Beispiel: Nach Urteilsverkündung legen der 17-Jährige sowie auch seine Eltern Rechtsmittel ein, das der 17-Jährige später zurückzieht, weil er die Sache „endlich hinter sich bringen will". Beharren die Eltern auf ihrem Standpunkt, das Urteil sei viel zu hart, so kommt es zu einem erneuten Prozess.
(Es erscheint fraglich, ob diese gesetzliche Lösung richtig ist.)

Rechtsmittelrecht der StA

Unabhängig davon steht dem Jugendstaatsanwalt ein Rechtsmittel zu, wenn er das Urteil als „zu mild" oder als „zu hart" (was durchaus vorkommt!) ansieht (§ 296 Abs. 1 u. 2 StPO).

II. Beschränkte Rechtsmittelmöglichkeiten

1. Vorbemerkungen

Für Erwachsene grundsätzlich 3 Instanzen

Im „Erwachsenenstrafrecht" bestehen grundsätzlich (Ausnahme: bei Kapitalverbrechen[49]) stets 2 Rechtsmittelmöglichkeiten, so dass sich drei Instanzen ergeben können. Aus rechtsstaatlichen Gründen wird dabei in Kauf genommen, dass dadurch die Strafvollstreckung oftmals in einem fast

---

[46] Zu den Einschränkungen s. u. II.

[47] Einen Zivilprozess – z.B. Schadensersatzklage – könnten sie nicht selbst betreiben; das müssten ihre gesetzlichen Vertreter für sie tun.

[48] Siehe dazu S. 155f.

[49] Siehe dazu S. 174.

unerträglichen Maße verzögert wird. (Auf die darin liegende Problematik kann jedoch in diesem Rahmen nicht eingegangen werden.)

Aus päd. Gründen Einschränkungen

Im Jugendstrafrecht würde das Ausschöpfen von drei Instanzen regelmäßig bedeuten, dass den Jugendlichen erst als Volljährigen, den Heranwachsenden erst als Erwachsenen die – überwiegend – erzieherischen Rechtsfolgen der Tat treffen würden und sie damit zweifellos wirkungslos blieben. Hinzu kommt, dass ein so langer Abstand zwischen Tat und Vollstreckung es wohl fast ausnahmslos mit sich brächte, dass die jeweilige gerichtliche Maßnahme nicht mehr im Zusammenhang mit der Tat stehen kann. Daher hat das JGG die Rechtsmittelmöglichkeiten gegenüber dem „Erwachsenenstrafrecht" erheblich reduziert. Das gilt auch für Heranwachsende (vgl. § 109 Abs. 2 JGG).

Gilt auch für HW

2. Nur eine Rechtsmittelmöglichkeit

Gilt für alle

Jeder Anfechtungsberechtigte kann nur ein Rechtsmittel einlegen (§ 55 Abs. 2 JGG). Er muss sich dabei entscheiden, ob er das Rechtsmittel der Berufung (zur Jugendkammer[50]) oder das der Revision (zum OLG[51]) einlegen will. Dabei braucht der Anfechtende innerhalb der Rechtsmittelfrist von einer Woche (§ 314 StPO) zunächst nur zu erklären, dass er das Urteil anfechte. Die endgültige Wahl zwischen Berufung und Revision braucht er dann erst innerhalb der einmonatigen Revisionsbegründungsfrist (vgl. dazu § 345 StPO) vorzunehmen. – Hat man sich für die Revision entschieden, kann man daher nicht mehr auf Berufung „umschwenken" und umgekehrt (vgl. § 55 Abs. 2 JGG).

Verbindliche Wahl zwischen Berufung und Revision

Berufung:

Definition Berufung

Die Berufung führt dazu, dass in der zweiten Instanz erneut alle Tatsachen zur Sprache gebracht werden können (vgl. § 327 StPO). Dieses Rechtsmittel wird daher vor allem dann gewählt, wenn man seine Unschuld (oder: geringere Tatbeteiligung o. ä.) geltend machen will.

Revision:

Definition Revision

Beim Rechtsmittel der Revision ist man dagegen auf die Geltendmachung – und damit „Überprüfung" – von Rechtsfragen beschränkt (vgl. § 337 StPO: „dass das Urteil auf der Verletzung des Gesetzes beruhe."). Eine erneute Tatsachenüberprüfung ist nicht möglich. Die Revision wird man daher sinnvollerweise nur dann wählen, wenn man die Tat gar nicht bestreitet, aber das Verfahren oder den Urteilsspruch als solchen (s. aber nachstehend II. 3.) angreift.

Revisionsgründe

Beispiele: Man meint, das Strafmaß sei zu hart oder ein Zeuge sei zu Unrecht nicht gehört worden, der „mildernde Umstände" hätte darlegen können, oder ein Gutachten hätte verminderte Zurechnungsfähigkeit oder bei Jugendlichen mangelnde Reife im Sinne des § 3 JGG bestätigen können oder ein Richter sei befangen gewesen.

So kann die Dauer des Prozesses und der Aufwand (und somit auch ein Teil der Kosten) geringer gehalten werden als bei der Berufung.

Bei Kapitalverbrechen nur Revision möglich

Bei Kapitalverbrechen (s. dazu S. 174), die in erster Instanz gleich vor die große Jugendkammer kommen (vgl. § 41 Abs. 1 Nr. 1 JGG), besteht

---

[50] Siehe dazu S. 174.

[51] Siehe dazu S. 174.

allerdings – wie im „Erwachsenenstrafrecht“ – nur die Möglichkeit der Revision zum BGH (vgl. § 135 Abs. 1 GVG).

Ausnahmen

Verurteilter legt Berufung ein und StA Revision

Aber auch im Jugendstrafverfahren kann es drei Instanzen geben: wenn z. B. von der Angeklagtenseite gegen das Urteil des Jugendschöffengerichts Berufung eingelegt wurde und nun der Jugendstaatsanwalt sich gegen das daraufhin ergehende Urteil der Jugendkammer wenden will, kann er Revision (zum OLG) einlegen.

Umgekehrter Fall

Dasselbe gilt natürlich auch, wenn die Staatsanwaltschaft Berufung gegen das erste Urteil einlegte. Dann kann von der Angeklagtenseite noch Revision (zum OLG) eingelegt werden.

Nur 1 Möglichkeit auf der „Täterseite“

Hat aber zunächst nur der Angeklagte (oder sein Erziehungsberechtigter oder sein gesetzlicher Vertreter) Berufung eingelegt, so kann keiner von ihnen noch Revision einlegen, also auch nicht der, der bisher noch kein Rechtsmittel „verbraucht“ hat (§ 55 Abs. 2 S. 2 JGG). Auf der „Täterseite“ besteht also immer nur eine Rechtsmittelmöglichkeit. – Bei Verletzung des rechtlichen Gehörs können Betroffene seit 2005 aber stets Revision einlegen (vgl. § 55 Abs. 4 JGG iVm § 356a StPO).

3. Keine Rechtsmittelmöglichkeit

Bei Weisungen, EB, Zuchtmitteln

Bei den weniger einschneidenden Erziehungsmaßregeln (Ausnahme s. u.) und Zuchtmitteln kann das Urteil nur wegen der Schuldfrage, nicht aber wegen der Auswahl oder des Umfanges der Maßnahmen angefochten werden (§ 55 Abs. 1 JGG).

Bei diesen Maßnahmen gilt nämlich das oben (vgl. II. 1.) Ausgeführte noch in verstärktem Maße. Hier würde jede erzieherische Intention verhindert, wenn ein weiterer – langwieriger – Rechtsstreit über die Auswahl und den Umfang von Erziehungsmaßregeln und Zuchtmittel geführt werden könnte.

Ausnahme bei HzE iSd § 12 Nr. 2 JGG

Rechtsmittelmöglichkeit besteht jedoch bei der Verpflichtung, HzE iSd § 12 Nr. 2 JGG anzunehmen (vgl. § 55 Abs. 1 S. 2 JGG). Da hier die Zielsetzung (s. o.) identisch ist und bei freiheitsentziehender Unterbringung ohnehin wegen § 1631b BGB die Genehmigung des FamG erforderlich wird, erscheint diese Ausnahme nicht gerechtfertigt.

III. Verschlechterungsverbot

Wichtiger Grundsatz des Strafrechts

Auch im Jugendstrafrecht gilt der Grundsatz der StPO, dass man durch die Einlegung von Berufung oder Revision nicht schlechter gestellt werden darf als vorher. Dieses in den §§ 331 und 358 Abs. 2 StPO (bitte lesen!) festgelegte Prinzip bedeutet, dass das Berufungs- oder Revisionsgericht die angegriffene Entscheidung nicht zu Ungunsten der Angeklagten abändern darf, weil sie sonst vor der Einlegung eines Rechtsmittels zurückschrecken könnten. Damit haben die in erster Instanz

Bestandsschutz

Verurteilten die Sicherheit, dass sie durch die Einlegung eines Rechtsmittels nicht etwa riskieren, eine höhere Strafe zu erhalten. Anders ausgedrückt: Sie können im Strafmaß nur besser oder genauso gestellt werden wie vorher, sich jedoch nicht verschlechtern.

Ausnahme

Dies gilt jedoch nicht, wenn die StA ebenfalls Rechtsmittel eingelegt hat, d. h.: dann ist wieder alles offen.

Das Verschlechterungsverbot bedeutet im Jugendstrafrecht Folgendes:

Bedeutung im Jugendstrafrecht

Haben Angeklagte oder ihre Erziehungsberechtigten oder ihre gesetzlichen Vertreter oder die Staatsanwaltschaft zu ihren Gunsten Rechtsmittel eingelegt, so darf die zweite Instanz die im ersten Urteil ausgesprochenen Maßnahmen nach Art und Höhe nicht zum Nachteil ändern, also keine schwereren Mittel ergreifen.

Problematik

Welche Maßnahmen im Jugendstrafrecht als schwerer oder leichter anzusehen sind, ist jedoch nicht immer eindeutig – vor allem ist das nicht allein anhand der gesetzlichen Reihenfolge der vorgesehenen Maßnahmen zu ersehen (z. B. kommt die Verwarnung erst nach weitreichenden Weisungen). Hinzu kommt, dass die Betroffenen subjektiv die einzelne Entscheidung oft härter empfinden, als sie objektiv vom JGG gedacht worden ist. So wird z. B. die Anordnung eines 4-wöchigen Jugendarrests sicherlich härter empfunden als Jugendstrafe, die zur Bewährung ausgesetzt wurde. Die Jugendstrafe ist jedoch im System der Dreiteilung der jugendrichterlichen Maßnahmen zweifellos als letzte und damit härteste Maßnahme vorgesehen.

Abstufung der einzelnen Maßnahmen

Nach hM wird in Bezug auf die Eingriffsintensität von folgender Abstufung[52] jugendrichterlicher Maßnahmen ausgegangen:

Verwarnung, Erziehungsbeistand, Auflagen, Weisungen (wegen § 11 Abs. 3 JGG), Jugendarrest, Jugendstrafe.

IV. Vorläufige Teilvollstreckung vor Rechtskraft

Teilweise vollstreckbar

Im allgemeinen Strafprozess gilt der Grundsatz, dass ein Urteil erst dann vollstreckt werden kann, wenn es rechtskräftig (d. h.: unanfechtbar geworden) ist (§ 449 StPO). Diesen Grundsatz durchbricht das JGG bei der Teilanfechtung eines Urteils. Sind nämlich Angeklagte wegen mehrerer Taten nach § 31 JGG zu einer Einheitsstrafe verurteilt worden, so kann das Gericht zweiter Instanz vor Beginn der (neuen) Hauptverhandlung das Ersturteil für einen Teil der Strafe für bereits vollstreckbar erklären, wenn die Schuldfeststellungen (im Ersturteil) bei einer oder mehreren Straftaten von keiner Seite beanstandet worden sind (§ 56 Abs. 1 S. 1 JGG). – Der Teil der Strafe, der für vorläufig vollstreckbar erklärt wird, darf – natürlich – nicht über die Strafe hinausgehen, die für die nicht beanstandeten Straftaten verhängt wurde (§ 56 Abs. 1 S. 3 JGG).

Nur zulässig im Täterinteresse

Die vorläufige Teilvollstreckung darf jedoch nur angeordnet werden, wenn sie dem „wohlverstandenen Interesse der Angeklagten entspricht" (§ 56 Abs. 1 S. 2 JGG). Dieses könnte m.E. allenfalls darin zu sehen sein, dass nicht das gesamte Urteil angefochten werden müsste, wenn nur die Verurteilung zu einzelnen Straftaten angegriffen werden soll. Bei der Anwendung dieser Vorschrift ist aus rechtsstaatlichen Gründen also große Zurückhaltung geboten.[53]

---

52 Ausführlich dazu *Eisenberg*, § 55, Rn. 75–94.

53 So auch *Eisenberg*, § 56, Rn. 6.

F. Die Kosten des Jugendstrafverfahrens

Bei Jugendl. und HW Kostenerlass möglich

Während der verurteilte Erwachsene im Urteil stets zum Tragen der Kosten des Verfahrens verpflichtet wird (§ 465 StPO), kann bei Jugendlichen und Heranwachsenden davon abgesehen werden, ihnen Kosten und Auslagen aufzuerlegen (§§ 74, 109 Abs. 2 JGG).

Kostenpflicht als Ausnahme

Die *Kostenpflicht* würde sich für die meisten Jugendlichen wie HW nur wie eine zusätzliche und sie oft noch lang belastende *Geldstrafe* auswirken, die im Jugendstrafrecht unzulässig ist (vgl. § 5 JGG). Daher werden ihnen die Kosten des Verfahrens nur dann auferlegt, wenn sie sie aus eigenen Mitteln bezahlen können und wenn dies aus erzieherischen Gründen angebracht erscheint (damit sie merken, welchen Aufwand sie verursacht haben). Als erzieherisches Mittel erscheint dies jedoch zweifelhaft.

Teil 2. Familienrecht

Kapitel 5. Eheschließung und Ehewirkungen

Übersicht

A. Eheschließung

I. Voraussetzungen

1. Ehemündigkeit

Volljährigkeit erforderlich

Eine Ehe können nur Volljährige – also Personen, die mindestens 18 Jahre alt sind (§ 2) – eingehen (vgl. § 1303 S. 1).

Ehe vor 16 Jahren

Ist ein Ehegatte bei der Eheschließung noch nicht 16 Jahre alt, ist sie unwirksam (§ 1303 S. 2). Folge ist, dass die Ehe keine rechtliche Wirkung hat. Eine Heilung ist nicht vorgesehen, zB durch Bestätigung nach Eintritt der Volljährigkeit.[1] Der BGH hat diese Regelung dem BVerfG zur Überprüfung ihrer Vereinbarkeit mit Art. 3 Abs. 1 und Art. 6 Abs. 1 GG vorgelegt.[2]

Folgen einer Heirat zwischen 16 und 18

Wurde die Ehe nach Vollendung des 16., aber vor Vollendung des 18. Lebensjahres geschlossen, ist sie aufhebbar (§ 1314 Abs. 1 Nr. 1). Den Antrag können jeder Ehegatte und die zuständige Behörde stellen (§ 1316 Abs. 1 Nr. 1). Keinen Antrag darf die Behörde stellen, wenn der minderjährige Ehegatte volljährig wurde und die Eheschließung bestätigt hat (§ 1316 Abs. 3). Nicht aufgehoben werden kann die Ehe außerdem, wenn dies eine schwere Härte für den minderjährigen Ehegatten bedeuten würde (§ 1315 Abs. 1 Nr. 1b), zB bei Suizidgefahr.[3]

Eheverbot für Geschäftsunfähige

Geschäftsunfähige können nicht heiraten (§ 1304). Geschäftsunfähig sind alle Personen, die „sich in einem die freie Willensbestimmung ausschließenden Zustand krankhafter Störung der Geistestätigkeit befinden, sofern nicht der Zustand seiner Natur nach nicht ein vorübergehender ist" (§ 104 Nr. 2) (wie zB bei Rausch-Zuständen). Dabei kommt es darauf an, ob die betreffende Person die Einsichtsfähigkeit für das Wesen der Ehe und die sich hieraus ergebenden Verpflichtungen besitzt und zu einer freien Willensentscheidung in der Lage ist. Der Standesbeamte kann die Eheschließung jedoch nur verweigern, wenn er diesbezüglich erhebliche Bedenken hat, wie das zB bei Bestellung eines Betreuers mit Einwilligungsvorbehalt (vgl. § 1903) oder bei außergewöhnlichem Verhalten der

---

[1] Krit. zur Neuregelung *Schwab*, Rn. 79.
[2] BGH NZFam 2019, 65.
[3] Vgl. BT-Drs. 18/12086, S. 27.

Fall sein kann. Eine Befreiung ist hier nicht vorgesehen. Das wird mit der Bedeutung der Ehe und ihres Vertragscharakters gerechtfertigt.

Aufhebung bei fehlender Ehefähigkeit

Kann nachgewiesen werden, dass ein Ehegatte bei der Eheschließung geschäftsunfähig war, so kann die Ehe auf Antrag des anderen Ehegatten oder auf Antrag der (von der jeweiligen Landesregierung durch Rechtsverordnung zu bestimmenden) Verwaltungsbehörde aufgehoben werden (vgl. §§ 1314 Abs. 1, 1316 Abs. 1 Nr. 1). Aufhebbar ist die Ehe ferner, wenn sie im Zustand vorübergehender Störung der Geistestätigkeit geschlossen wurde (§ 1314 Abs. 2 Nr. 1). Nicht aufgehoben werden kann sie, wenn der betroffene Ehegatte die Geschäftsfähigkeit wiedererlangt und die Ehe bestätigt (§ 1315 Abs. 1 Nr. 3).

Menschen mit Behinderungen, Betreute

Menschen mit geistiger oder seelischer Behinderung können heiraten, sofern sie nicht geschäftsunfähig sind (siehe dazu oben). Das gilt auch dann, wenn bei ihnen rechtliche Betreuung angeordnet ist. Sie bedürfen dabei nicht der Zustimmung ihres Betreuers, selbst wenn ansonsten ein richterlicher Einwilligungsvorbehalt besteht (vgl. § 1903 Abs. 2 Nr. 1).

2. Ehe zwischen zwei Personen

Grundsatz der Einpaarigkeit

Die Ehe wird zwischen zwei Personen geschlossen (§ 1353 Abs. 1 S. 1). In der Literatur wird insoweit vom Grundsatz der Einpaarigkeit gesprochen.[4] Nicht mehr erforderlich ist seit dem 1.10.2017, dass die Eheschließenden unterschiedlichen Geschlechts sind (§ 1353 Abs. 1 S. 1).

3. Nichtvorliegen von Ehehindernissen

Gesetzliche Eheverbote

Das Standesamt muss überprüfen, ob keine Ehehindernisse vorliegen (§ 13 Abs. 1 PStG). Derzeit bestehen folgende Eheverbote:

- Doppelehe/Bigamie (§ 1306),
  wer gegen dieses Verbot verstößt, macht sich nach § 172 StGB strafbar und kann mit Freiheitsstrafe bis zu drei Jahren oder mit Geldstrafe bestraft werden; das Verbot gilt auch dann, wenn einer der Partner in Lebenspartnerschaft lebt,
- Ehe zwischen geradlinigen Verwandten (§ 1307 S. 1),

Beispiele: Vater und Tochter, Mutter und Sohn, Großvater und Enkelin, Urgroßvater und Urenkelin (vgl. § 1589)

Dieses Eheverbot gilt auch dann, wenn das Verwandtschaftsverhältnis infolge Adoption aufgehoben ist; zur Strafbarkeit s. § 173 StGB.

- Ehe zwischen voll- und halbbürtigen Geschwistern – also einschließlich der sog. Stiefgeschwister (§ 1307),
- Ehe zwischen Personen, die durch Adoption gemäß § 1754 zu geradlinigen Verwandten oder Geschwistern geworden sind, und zwar unabhängig vom Fortbestand der Adoption (§ 1308 Abs. 1); das FamG kann die Heirat von Adoptivgeschwistern aber zulassen (§ 1308 Abs. 2).

Zulässige Heirat von Verwandten

Cousin und Cousine, Onkel und Nichte, Tante und Neffe können dagegen einander heiraten.

[4] Vgl. *Schwab*, Rn. 61.

4. Standesamtliche Trauung

Trauung vor dem Standesamt

Eine Ehe wird dadurch geschlossen, dass beide Eheschließenden vor einem Standesbeamten erklären, die Ehe miteinander eingehen zu wollen (§ 1310 Abs. 1 S. 1). Hierüber soll der Standesbeamte sie einzeln befragen und bei beiderseitigem Bejahen aussprechen, dass die Eheschließenden „nunmehr kraft Gesetzes rechtmäßig verbundene Eheleute sind“ (§ 1312 Abs. 1 S. 1). Zu dieser Trauungszeremonie müssen beide Eheschließenden persönlich erscheinen und ihre Erklärungen ohne jede Bedingung oder Zeitbestimmung abgeben (§ 1311). Zur Eheschließung können – nicht mehr müssen – ein oder zwei sog. Trauzeugen hinzugezogen werden (§ 1312 Abs. 1 S. 2).

Anmeldung beim Standesamt

Die Verlobten müssen die Eheschließung beim Standesamt anmelden (§ 12 Abs. 1 PStG) und diesem öffentliche Urkunden vorlegen (§ 12 Abs. 2 PStG). Das Standesamt prüft, ob Ehehindernisse vorliegen. Ist dies der Fall, muss die Mitwirkung an der Eheschließung verweigert werden.

Eintrag ins Eheregister

Im Anschluss an die Trauungszeremonie wird die Eheschließung im Eheregister beurkundet (§ 15 Abs. 1 PStG).

Verweigerung der Trauung

Standesbeamte dürfen eine Trauung nur verweigern, wenn entweder die Eheschließungsvoraussetzungen (siehe dazu S. 191 f.) nicht vorliegen oder offenkundig ist, dass die Ehe nach § 1314 Abs. 2 aufhebbar (siehe dazu S. 204) wäre (§ 1310 Abs. 1 S. 2). Nach h. M. darf der Standesbeamte die Trauung ferner verweigern, wenn die Ehe geschlossen wird, um einer Ausländerin oder einem Ausländer eine günstigere ausländerrechtliche Position zu verschaffen (sog. Scheinehe).

II. Ehefähigkeitszeugnis für Ausländerinnen und Ausländer

Funktion

Um zu verhindern, dass Ausländerinnen oder Ausländer eine Ehe schließen, die ihrem Heimatrecht widerspricht und deshalb von ihrem Heimatstaat nicht anerkannt wird, sollen Ausländer grundsätzlich ein sog. Ehefähigkeitszeugnis ihres Heimatstaates vorlegen.[5] Dieses soll dem Standesbeamten die Prüfung erleichtern, ob das Recht des Heimatstaates der Betroffenen die Eheschließung erlaubt. Wenn sich die Ehefähigkeit einer Ausländerin oder eines Ausländers gemäß Art. 13 EGBGB aber nach deutschem Recht richtet, ist ein Ehefähigkeitszeugnis nicht erforderlich (§ 1309 Abs. 1).

Befreiung durch OLG-Präsident

Vom Ehefähigkeitszeugnis kann der Präsident des zuständigen OLG Befreiung erteilen (§ 1309 Abs. 2 S. 1). Das ist für Angehörige von Staaten, deren Behörden keine Ehefähigkeitszeugnisse ausstellen, sowie für Staatenlose mit gewöhnlichem Aufenthalt im Ausland vorgesehen (§ 1309 Abs. 2 S. 2). In besonderen Fällen darf die Befreiung auch Angehörigen anderer Staaten erteilt werden (§ 1309 Abs. 2 S. 3). Das kommt zB in Betracht, wenn die Beschaffung eines Ehefähigkeitszeugnisses infolge politischer Verhältnisse unmöglich ist. Wird vom OLG-Präsidenten die Befreiung von der Nachweispflicht erteilt, so muss dieser dann selbst prüfen, ob das Heimatrecht der Betroffenen die Eheschließung erlaubt.

---

[5] Entsprechende Nachweise fordern übrigens auch andere Staaten.

Eheschließung

Grundsatz der Einpaarigkeit (§ 1353)

Alterserfordernis (§ 1303):
Das Mindestalter ist 18 Jahre.

Heiratsverbote bestehen für:

- Geisteskranke (§§ 104 Nr. 2, 1304),
- verheiratete Personen (§ 1306),
- Eltern – Kinder, Großeltern – Enkel, Geschwister (inkl. Stiefgeschwister), § 1307, (bei Adoptivgeschwistern ist Befreiung durch FamG möglich, § 1308 Abs. 2),

Ausländerinnen und Ausländer benötigen den Nachweis ihres Heimatlandes, dass keine Ehehindernisse vorliegen (sog. Ehefähigkeitszeugnis); Ausnahmen erteilt OLG-Präsident (§ 1309).

Folgen fehlerhafter Eheschließungen:

- Die Nichtbeachtung von Sollvorschriften (§§ 1303 Abs. 1, 1308, 1309, 1312) berührt die Wirksamkeit einer Ehe nicht.
- Verstöße gegen die §§ 1303, 1304, 1306, 1307, 1311 können zur Aufhebung einer Ehe (siehe dazu Seiten 196f.) führen.
- Wirkte jedoch kein Standesbeamter mit oder wurde keine Ehewillenserklärung abgegeben oder war einer der Ehegatten bei der Eheschließung noch nicht 16, so ist überhaupt keine Ehe entstanden (sog. Nichtehe).

B. Rechtswirkungen der Ehe

I. Familienrechtliche Wirkungen

1. Lebenszeitprinzip

BVerfG: Kein Widerspruch zur Scheidungsmöglichkeit

Die bürgerliche Ehe wird auf Lebenszeit geschlossen (§ 1353 Abs. 1 S. 1). Das *BVerfG* sieht darin aber kein absolutes Dogma, sondern nur einen Grundsatz, der zur Scheidungsmöglichkeit nicht in Widerspruch steht.[6]

Aus dem Lebenszeitprinzip ergibt sich Folgendes:

- Verbot von Probe- oder Zeitehe (§ 1311 S. 2 BGB),
- Bedingungsfeindlichkeit der Eheschließungserklärung (§ 1311 S. 2),
- Unzulässigkeit von Rücktritts- oder Widerrufsvorbehalten,
- Irrelevanz der Vereinbarung keinerlei gegenseitiger Verpflichtungen.

2. Verpflichtung zur ehelichen Lebensgemeinschaft

Rechtswirkungen

§ 1353 Abs. 1 S. 2 Hs. 1 verpflichtet die Ehegatten zur ehelichen Lebensgemeinschaft. Aus dieser Norm ergeben sich u. a. folgende Verpflichtungen:

Treue, Zusammenleben, Gefahrenabwehr, gegenseitige Achtung, Rücksichtnahme und Beistand in sämtlichen persönlichen und gemeinsamen An-

---

[6] BVerfG, FamRZ 1980, 319 (323).

gelegenheiten (wie Kindererziehung und Haushaltsführung), Gewährung der Mitbenutzung von Wohnung und Hausratsgegenständen unabhängig von der Eigentumslage oder der mietvertraglichen Regelungen. Aus dieser Verpflichtung ergibt sich aber keine gegenseitige Haftung, insbesondere nicht für Schulden des anderen Ehegatten (s. dazu S. 202).

Sanktionslos und nicht vollstreckbar

Diese Generalklausel hat für das gesamte Eherecht ähnlich grundlegende Bedeutung wie das Gebot von Treu und Glauben des § 242 für das Schuldrecht. Sie ist sanktionslos und lässt sich (trotz bestehender Klagemöglichkeit gemäß § 266 Abs. 1 Nr. 2 FamFG *„auf Herstellung des ehelichen Lebens")* nicht vollstrecken (§ 120 Abs. 3 FamFG).

Ausnahmen von der Pflicht zur Lebensgemeinschaft

Diese Verpflichtung besteht nicht bei Missbrauch oder gescheiterter Ehe (§ 1353 Abs. 2). Zum *Scheitern der Ehe* siehe die §§ 1565 ff. (siehe dazu S. 209 ff.). *Rechtsmissbrauch* liegt bei mit ehelicher Gesinnung unvereinbarem oder dem anderen Ehegatten unzumutbarem Verlangen vor.

Beispiele: Ehebruch, Aids, Geschlechtskrankheit, Drogen- oder Alkohol-Abusus, Gewalttätigkeiten, andere erhebliche Gefährdungen für den Ehegatten oder die Kinder, Verweigerung des Unterhalts.

3. Namensführung

Verschiedene Termini

Es werden verschiedene Bezeichnungen verwendet:

Geburtsname – Ehename – Familienname – Nachname.

Geburtsname

Geburtsname ist der in die Geburtsurkunde einzutragende Name (§ 1355 Abs. 6).

Ehename

Ehename ist der von Eheleuten bei der Heirat festgelegte gemeinsame Name (§ 1355 Abs. 1 S. 1).

Familienname (Nachname)

Familienname ist der Name, den eine Person als Geburts- oder Ehenamen oder durch Hinzufügung ihres Geburtsnamens zum Ehenamen nach Heirat führt (im Umgangsdeutsch wird dieser Name meist *Nachname* genannt).

Wahlmöglichkeiten

Den Ehegatten ist es überlassen, ob sie nach der Heirat als Ehenamen einen gemeinsamen Familiennamen führen oder jeweils ihren bisherigen Familiennamen (Nachnamen) beibehalten wollen oder nicht (§ 1355 Abs. 1 S. 3). Als Ehename kann entweder der Geburtsname einer der beiden Ehegatten bestimmt werden oder der Name, den einer der beiden Ehegatten bei der Heirat führt. Dies ist durch Erklärung gegenüber dem Standesamt bei der Heirat oder später (zeitlich unbegrenzt) in öffentlich beglaubigter Form möglich (§ 1355 Abs. 2 u. 3).

Doppelnamen bei Namensaufgabe

Für Ehegatten, die bei der Heirat den Geburtsnamen des anderen als Ehenamen akzeptiert haben, aber ihren Geburts- oder „erheirateten" Familiennamen nicht gänzlich aufgeben wollen, sieht § 1355 Abs. 4 folgende (zeitlich unbegrenzte) Möglichkeiten vor:

- Sie können durch öffentlich beglaubigte Erklärung gegenüber dem Standesamt ihren bisherigen Familienamen ihrem neuen Ehenamen voranstellen oder anhängen, es sei denn, der Ehename besteht bereits aus mehreren Namen (dh: gemäß dem *Gesetz über die Änderung von Familien- und Vornamen* durch irgendwann erfolgte Namensänderung).
- Besteht der Geburts- oder Familienname aus mehreren Namen (s. o.), so kann nur einer dieser Namen (frei wählbar) dem Ehenamen vorangestellt oder angehängt werden.

Widerrufsmöglichkeit

Diese persönlichen Namensbildungen können (wiederum zeitlich unbegrenzt) durch öffentlich beglaubigte Erklärung gegenüber dem Standesamt widerrufen, dann aber nicht mehr rückgängig gemacht werden (§ 1355 Abs. 4 S. 4).

Kein Doppelname möglich für: beide Ehegatten sowie für die Kinder

Die immer wieder erhobene Forderung, aus beiden Geburtsnamen der Ehegatten einen Doppelnamen bilden zu können, und diesen auf die Kinder zu erstrecken, hat der Gesetzgeber bis dato aus „Ordnungsgründen" abgelehnt. Das erscheint unverständlich, da nur dann bei allen Beteiligten (Ehegatten und Kindern) Namensgleichheit (und damit gerade dann Klarheit und „Ordnung") bestünde.

4. Haushaltsführung und Erwerbstätigkeit

Einvernehmliche Regelung der Haushaltsführung

Die Ehegatten müssen die Haushaltsführung, also die im Haushalt anfallenden Tätigkeit wie Kochen, Putzen, Waschen etc. einvernehmlich regeln (§ 1356 Abs. 1 S. 1). Die Verteilung dieser Tätigkeiten überlässt der Gesetzgeber den Ehegatten. Wird die Haushaltsführung einem Ehegatten überlassen, führt er diese in eigener Verantwortung aus (§ 1356 Abs. 1 S. 2). Der andere Ehegatte darf ihm keine Weisungen erteilen.[7] Bei dem Einvernehmen handelt es sich nach der hM nicht um ein Rechtsgeschäft.[8]

Recht beider Ehegatten zur Erwerbstätigkeit

Beide Ehegatten sind (selbstverständlich) „berechtigt, erwerbstätig zu sein" (§ 1356 Abs. 2 S. 1). Sie müssen allerdings bei der Wahl und der Ausübung einer Erwerbstätigkeit auf die Belange des anderen und der Familie die gebotene Rücksicht zu nehmen.

5. Gegenseitige Handlungsvollmacht

Prinzip

Zur angemessenen Deckung des Lebensbedarfs der Familie ist jeder Ehegatte gemäß § 1357 Abs. 1 berechtigt, Geschäfte mit Wirkung auch für den anderen Ehegatten zu besorgen mit der Folge, dass beide Ehegatten dann *Gesamtschuldner* (§§ 421, 426) sowie *Gesamtgläubiger* (§ 428) werden. Es handelt sich dabei um eine Art gesetzlicher Handlungsvollmacht, die bezweckt, den haushaltsführenden Ehegatten beim Abschluss von („häuslichen") Rechtsgeschäften unabhängig von der Zustimmung des anderen zu machen.

„Schlüsselgewalt"

Häufig wird von „Schlüsselgewalt gesprochen. Dieser Begriff hatte sich zu Zeiten der bis 30.6.1977 geltenden Gesetzesfassung gebildet. Vom Modell der „Hausfrauenehe" ausgehend sah sie (als eine Form des Vertrags zu Lasten Dritter) vor, dass bei Geschäften, die eine Ehefrau innerhalb ihres „häuslichen Wirkungskreises" tätigte, nur ihr Ehemann Vertragspartner wurde.

Kriterien

Die Eingrenzung der in Betracht kommenden Fälle ist nicht immer einfach. Zwar legt der unterhaltsrechliche Terminus „Lebensbedarf" die Heranziehung der §§ 1360, 1360a nahe. Die Begriffe „angemessen" und „Bedarf" gebieten jedoch eine restriktivere Auslegung als dort, weil hier ein Ehegatte vor vollendete Tatsachen gestellt und damit sein Selbstbestimmungsrecht eingeschränkt wird. Daher ist darauf abzustellen, ob es sich wirklich um Geschäfte handelt, die in vergleichbaren Familien in der Regel von einem Ehegatten selbstständig – und zugleich auch für den

---

[7] Vgl. Wellenhofer § 9 Rn. 14.

[8] Vgl. etwa Schwab, Rz. 128; aA Haas, FamRZ 2002, 205 (208).

anderen – erledigt werden, wobei Einkommen und Lebenszuschnitt der Eheleute maßgeblich sind.[9]

Beispiele: In Betracht kommende Fälle sind:
Käufe/Bestellungen von Lebens- und Genussmitteln, Kosmetika sowie Kleidung für Frau, Mann und unterhaltsberechtigte Kinder, einzelne Einrichtungsgegenstände (nicht jedoch die komplette Küche oder gesamte Wohnungseinrichtung), Beschaffung von Heizmaterial, Reparaturaufträge im Bereich der Wohnung, Arzt- und Krankenhausverträge etc. einschließlich damit verbundener Zahlungen per Scheck oder Kreditkarte, auch wenn dies zum kurzfristigen „Überziehen" gemeinsamer Konten führt.

Nicht erfasste Fälle:
den Lebensstandard der Eheleute übersteigende vorgenannte Käufe/Bestellungen, Kfz-Kauf, Mieten, Vermieten oder Kündigen von Wohnungen – einschließlich Untermiete –, Pachten gewerblicher Räume oder Grundstücke, Bauaufträge, Abzahlungs- und Kreditverträge jeder Art.

Rechtswirkungen

Durch die im Rahmen des § 1357 Abs. 1 S. 1 getätigten Geschäfte werden jeweils beide Ehegatten berechtigt und verpflichtet (§ 1357 Abs. 1 S. 2), dh, sie werden dadurch *Gesamtgläubiger* (§ 428) sowie *Gesamtschuldner* (§§ 421, 426).

Ausnahmen

Die Handlungsvollmacht und Mitverpflichtungsermächtigung besteht nicht, wenn

Getrenntleben

- die Ehegatten iSd § 1567 getrennt leben (§ 1357 Abs. 3),

Güterrechtsregistereintrag

- ein Ehegatte sie dem anderen gegenüber durch (formlose) Erklärung beschränkt oder ausgeschlossen hat und dies im Güterrechtsregister des zuständigen Amtsgerichts (§ 1558) eingetragen oder den Geschäftspartnern (nachweisbar) bekannt war (vgl. § 1357 Abs. 2),

Konkrete Umstände

- sich aus den Umständen des Einzelfalles etwas anderes ergibt (§ 1357 Abs. 1 S. 2), dh, der Ehegatte nur selbst Vertragspartner werden will und das auch bekundet hat oder dies ganz offenkundig ist (wie zB bei Anmeldungen für Verein, Fahrschule, Volkshochschule, andere Kurse, alleinige Urlaubsreise).

6. Unterhaltspflicht

Suche nach der Anspruchsgrundlage

Ein Anspruch auf Unterhalt kann sich aus verschiedenen Anspruchsgrundlagen ergeben. Bei der Suche nach der Anspruchsgrundlage empfiehlt sich zunächst festzustellen, in welcher familienrechtlichen Beziehung die Anspruch stellende zu der in Anspruch genommenen Person steht. Handelt es sich hierbei um eine Ehe oder eine Lebenspartnerschaft ist weiter zu klären, ob die betroffenen Personen noch zusammen leben, sich getrennt haben oder ob die Ehe geschieden/aufgehoben bzw. die Lebenspartnerschaft aufgelöst wurde. Hieraus ergibt sich folgendes Schaubild:

---

[9] BGH, NJW 1985, 1395 (= FamRZ 1985, 576) und FamRZ 1992, 291.

Prüfschema Unterhaltsrecht

Personenkreis	**Ehegatten**	**Ehegatten (getrennt lebend)**	**Ehegatten (geschieden)**	**Lebenspartner**	**Lebenspartner (getrennt lebend)**	**Lebenspartner (aufgehobene Partnerschaft)**	**geradlinig Verwandte (inkl. Adoptierte)**	**Nicht mit dem Vater verheiratete Mutter**
Berechtigungsgrund	§ 1360	§ 1361	§§ 1570–1573, 1575, 1576	§ 5 LPartG	§ 12 LPartG	§ 16 S. 1 LPartG iVm §§ 1570–1573, 1575, 1576	§ 1601 (§ 1574)	§ 1615l
Bedürftigkeit	§ 1360	§ 1361	§ 1577 Abs. 1	§ 5 S. 2 LPartG iVm § 1360	§ 12 LPartG iVm § 1361	§ 16 S. 2 LPartG iVm § 1577 Abs. 1	§ 1602	§ 1615l Abs. 3 S. 1 i.V.m. § 1602
konkreter Bedarf	§ 1360a	§ 1361	§ 1578	§ 5 S. 2 LPartG iVm § 1360a	§ 12 LPartG iVm § 1361	§ 16 S. 2 LPartG iVm § 1578	§ 1610	§ 1615l Abs. 3 S. 1 i.V.m. § 1610 Abs. 1
Leistungsfähigkeit	§ 1360a	§ 1361	§ 1581	§ 5 S. 2 LPartG iVm § 1360a	§ 12 LPartG iVm § 1361	§ 16 S. 2 LPartG iVm § 1581	§ 1603	§ 1615l Abs. 3 S. 1 i.V.m. § 1603
Beschränkung oder Ausschluss	nicht möglich (vgl. § 1360)	§ 1361 iVbm § 1579 Nr. 2–8	§ 1573 Abs. 4, § 1579			§ 16 S. 2 LPartG iVm § 1573 Abs. 4, § 1579	§ 1611	§ 1615l Abs. 3 S. 1 i.V.m. § 1611
Rangfolgen a) Berechtigte b) Verpflichtete	a) §§ 1582, 1609 b) § 1608	a) § 1609 b) § 1608	a) §§ 1582, 1609 b) §§ 1584, 1608			a) § 16 S. 2 LPartG iVm §§ 1582, 1609 b) § 16 S. 2 LPartG iVm §§ 1584, 1608	a) § 1609 b) 1606	§ 1615l Abs. 3 S. 2
Art der Gewährung	§ 1360a Abs. 2	§ 1361 Abs. 4	§ 1585 Abs. 1				§ 1612	

Ehegatten sind (unabhängig vom jeweiligen Güterstand) einander verpflichtet, durch ihre Arbeit und mit ihrem Vermögen (grundsätzlich nur die daraus erzielten Erträge – nicht dessen Verwertung) die Familie angemessen zu unterhalten (§ 1360 S. 1) – und zwar nicht etwa jeder zur Hälfte, sondern jeder entsprechend seiner diesbezüglichen Leistungsfähigkeit. Solange die Ehegatten zusammenleben, besteht diese Pflicht – anders als sonst im Unterhaltsrecht (vgl. §§ 1361 Abs. 2, 1569, 1602) – unabhängig von einer Bedürftigkeit des anderen Ehegatten sowie von dessen Verhalten, also (abweichend von den §§ 1361 Abs. 3, 1579, 1611) auch bei selbst verschuldeter Bedürftigkeit oder sonstigem massivem ehewidrigem Fehlverhalten.

Unabhängig vom Güterstand

Weit gehende Verpflichtung

Der Ehegatte, der den Haushalt führt, erfüllt damit in der Regel seine Pflicht, durch Arbeit zum Familienunterhalt beizutragen (§ 1360 S. 2), dh, er ist nur in Notfällen zu einer ihm zumutbaren Erwerbstätigkeit verpflichtet. Trotz Haushaltsführung bleibt er zum Einsatz seiner Vermögenserträge verpflichtet, aber nicht zur Vermögensverwertung.

Haushaltsführung genügt in der Regel

Wird der eigene angemessene Unterhalt des verpflichteten Ehegatten gefährdet, muss der andere seine geradlinigen (vgl. §§ 1601, 1589) Verwandten (zB Eltern oder Kinder) in Anspruch nehmen, da diese dann vorrangig unterhaltspflichtig sind (vgl. § 1608 Abs. 1 S. 2).

In Mangelfällen Haftung von Verwandten

Der *angemessene Familienunterhalt* umfasst alles, was nach den Verhältnissen der Ehegatten erforderlich ist, um die Haushaltskosten zu bestreiten und ihre persönlichen Bedürfnisse sowie den Lebensbedarf gemeinsamer unterhaltsberechtigter Kinder (vgl. § 1602) zu befriedigen (§ 1360a Satz 1).

Angemessenheit

Für die Art und Weise der Unterhaltsgewährung sind die konkreten Lebensverhältnisse der Familie maßgeblich (§ 1360a Abs. 2 S. 1), die sich nach Lebensstellung und Lebensstil beider Ehegatten bestimmen.

Art und Weise des Unterhalts

Dem haushaltsführenden Ehegatten ist ein angemessener Vorschuss des Haushalts- bzw. Wirtschaftsgeldes zu zahlen (vgl. § 1360a Abs. 2 S. 2); es ist ausreichender Wohnraum zu besorgen sowie bei der Haushaltsführung zu helfen.

Vorschusspflicht

Zusätzlich hat jeder Ehegatte Anspruch auf „Taschengeld" (ca. 5–7% des verfügbaren Netto-Einkommens des Unterhaltspflichtigen[10]).

„Taschengeld"

Trägt ein Ehegatte zum Familienunterhalt mehr bei, als er muss, so stellt § 1360b im Interesse des Familienfriedens die (widerlegbare) Vermutung auf, dass im Zweifel nicht beabsichtigt wurde, hierfür Ersatz zu verlangen. Das ist daher nur möglich, wenn der betreffende Ehegatte sich die Rückforderung (oder Anrechnung auf weitere Verpflichtungen) nachweisbar vorbehalten hatte.

Zuviel-Leistung

Für die Vergangenheit können Unterhaltsleistungen oder Schadensersatz wegen Nichterfüllung nur unter den in § 1613 festgelegten Voraussetzungen gefordert werden (§ 1360a Abs. 3).

Rückstände und Schadensersatz

Aufgrund der auch hier grundsätzlich bestehenden Vertragsfreiheit können die Ehegatten ihre Unterhaltspflichten vertraglich zwar im Einzelnen näher regeln, ohne dass es der notariellen Form des Ehevertrages (§ 1410) bedarf. Insbesondere können sie die einzelnen Anteile für den Familien-

Unterhaltsverträge

---

[10] MüKoBGB/*Weber-Monecke*, § 1360a, Rn. 6, u.a. unter Berufung auf BGH, NJW 1998, 1553 (= FamRZ 1998, 608).

unterhalt genauer festlegen, jedoch wegen der Verweisung des § 1360a Abs. 3 auf § 1614 nicht einen Ehegatten von seinen Pflichten (auch nicht teilweise) befreien, daher auch nicht einen unangemessenen Barbetrag für die Kinder oder für einen Ehegatten festlegen.[11]

Prozesskostenvorschusspflicht (§ 1360a Abs. 4)

Voraussetzungen Bei allen Prozessen in persönlichen Angelegenheiten (inkl. Strafverfahren), bei denen ein Ehegatte nicht in der Lage ist, die Prozesskosten zu tragen, muss ihm der andere Ehegatte diese vorschießen, soweit dies der Billigkeit entspricht (§ 1360a Abs. 4). Unbillig wäre dies nur bei offensichtlicher Mutwilligkeit oder Aussichtslosigkeit[12] oder bei Gefährdung des eigenen angemessenen Unterhalts, nicht jedoch, wenn sich der Prozess gegen den Ehegatten, der den Vorschuss zahlen soll, richtet. Über die endgültige Kostentragung solcher Prozesse besagt die Vorschrift nichts. Nach der Rechtsprechung richtet sich eine Rückzahlungspflicht nach der Billigkeit des Einzelfalles.[13]

Zusammenfassung

> Ehegatten sind verpflichtet, durch Arbeits- und Vermögenseinsatz zu ihrem Unterhalt und dem gemeinsamer Kinder beizutragen. Maßgeblich sind die Eheverhältnisse. Wer den Haushalt führt, erfüllt damit grundsätzlich seine Unterhaltsverpflichtung, muss daher nur in Notfällen erwerbstätig sein.
>
> Zum Unterhalt gehört außer dem Wirtschafts- und „Taschengeld" u. U. auch ein Prozesskostenvorschuss für den anderen Ehegatten.

7. Güterstände

Begriff Das eheliche Güterrecht der §§ 1363–1563 regelt, in welchem Verhältnis das (gegenwärtige und zukünftige) Vermögen von Eheleuten während der Ehe und bei deren Auflösung zueinander stehen soll. Das jeweilige Vermögensverhältnis der Ehegatten wird Güterstand genannt. Dabei gibt das BGB zwar die

Drei gesetzliche Güterstände

- Zugewinngemeinschaft
- Gütergemeinschaft
- Gütertrennung

Modifikationen möglich als Typen von Güterständen vor, lässt aber – uneingeschränkt – abweichende ehevertragliche Vereinbarungen zu (vgl. §§ 1363 Abs. 1, 1408 Abs. 1).

Zugewinngemeinschaft (§§ 1363 ff.)

System und Zielsetzung Die Zugewinngemeinschaft beruht auf der Ehevorstellung einer umfassenden Lebens- und Versorgungsgemeinschaft, in der Erwerbstätigkeit und Haushaltsführung gleich zu bewerten sind und daher bei Eheauflösung ein erzielter Vermögenszuwachs zu teilen ist.

---

[11] Ebenso zB MüKoBGB/*Weber-Monecke*, § 1360, Rn. 21.

[12] Hinreichende Erfolgsaussichten – wie bei der Gewährung von Prozesskostenhilfe gemäß § 114 Abs. 1 ZPO – können aber nicht verlangt werden.

[13] Nachweise bei MüKoBGB/*Weber-Monecke*, § 1360a, Rn. 32.

In diesem Güterstand leben Eheleute, die bei Heirat (oder später) nichts anderes durch Ehevertrag (vgl. dazu §§ 1408ff.) vereinbaren (§ 1363 Abs. 1). Er wird daher *gesetzlicher Güterstand* genannt. **Gesetzlicher Güterstand**

Die Bezeichnung Zugewinn„gemeinschaft" ist *irreführend*, da *weder* das von einem Ehegatten in die Ehe mitgebrachte *noch* das von ihm nach Heirat allein erworbene Vermögen (zB durch Kauf, Lotto-Gewinn oder Erbschaft) gemeinschaftlich werden (§ 1363 Abs. 2 S. 1), *vielmehr* diesbezüglich Gütertrennung herrscht. Das Vermögen wird auch von den Ehegatten jeweils selbst verwaltet (§ 1364). Allerdings kann ein Ehegatte ohne Einwilligung des anderen über ihm allein gehörende Haushaltsgegenstände sowie über sein Vermögen im Ganzen grundsätzlich nur mit Einwilligung des anderen verfügen (§§ 1369, 1365). Nur gemeinsam Erworbenes wird Gemeinschaftseigentum. Zur Verteilung des Hausrats nach der Scheidung siehe § 1568b. **Irreführender Terminus**

Endet die Zugewinngemeinschaft, wird der Zugewinn durch Steigerung des Wertes des bei der Heirat vorhandenen Vermögens und aus während der Ehe dazu gewonnenem Vermögen ausgeglichen (§ 1363 Abs. 2 S. 2). **Ausgleich von Zugewinn**

Als Beendigungsfälle benennt das Gesetz den Tod (§ 1371) sowie das Beenden „auf andere Weise" (§ 1372). In Betracht kommen: Scheidung, Eheaufhebung, erfolgreiche Klage auf vorzeitigen Zugewinnausgleich (vgl. § 1388) sowie Beendigung durch Ehevertrag. Im Todesfall wird der Erbteil des überlebenden Ehegatten um 1/4 erhöht, und zwar (hier) unabhängig von einem erzielten Zugewinn (§ 1371 Abs. 1). In den anderen Fällen erfolgen Berechnung und Ausgleich eines Zugewinns nach den §§ 1373ff. **Fall-Konstellationen**

Gütergemeinschaft (§§ 1415 bis 1563)

Dieser Güterstand, der – vor oder nach der Heirat – nur durch einen notariellen Ehevertrag vereinbart werden kann (vgl. §§ 1408, 1410, 1415), ist im Einzelnen sehr komplex und kompliziert. In der Praxis kommt er deshalb kaum noch vor. Von seiner Darstellung wird daher hier abgesehen. **Wenig praktische Bedeutung**

Gütertrennung (§ 1414)

Durch einen notariellen Ehevertrag (§§ 1408, 1410) können Eheleute auch Gütertrennung mit der Wirkung vereinbaren, dass ihre vor der Heirat vorhandenen und in der Ehe erworbenen Vermögen getrennt bleiben, diese von jedem uneingeschränkt selbstständig verwaltet und verwertet werden können und bei Auflösung der Ehe *kein Zugewinnausgleich* erfolgt (vgl. § 1414). **Ehevertrag nötig** **Rechtswirkungen**

Güterrechtsregister (§§ 1558–1563)

Es dient der Verlautbarung von bestimmten güterrechtlichen Verhältnissen, Vermögenszuordnungen, Verwaltungsbefugnissen und Haftung von Ehegatten. Es hat nur deklaratorische Bedeutung. Gutglaubensschutz besteht nicht; vielmehr besteht nur sog. „negative Publizität" (vgl. § 1412), denn Eintragungen erfolgen nur, wenn und soweit Ehegatten es wollen (zB bei Güterstands-Vereinbarungen) – niemals jedoch von Amts wegen (§ 1560 S. 1). **Funktion**

8. Mithaftung von Ehegatten

Keine allgemeine Verpflichtung

Ehegatten sind nicht verpflichtet, für Verbindlichkeiten, die der andere Ehegatte (privat oder beruflich) allein eingegangen ist, zu haften. Das ergibt sich weder aus der Verpflichtung zur ehelichen Lebensgemeinschaft (§ 1353), noch aus der gegenseitigen Unterhaltspflicht (§§ 1360, 1360a) oder aus dem gesetzlichen ehelichen Güterstand der §§ 1363 ff. oder aus dem Güterstand der Gütergemeinschaft.

Haftung nur bei gemeinsamem Handeln

Vielmehr setzt eine Mit-Haftung grundsätzlich ein gemeinsames rechtsgeschäftliches (meist vertragliches) oder ein gemeinsames tatsächliches Handeln voraus.

Beispiele für rechtsgeschäftliches Handeln: gemeinsame Vertragsabschlüsse sowie Vertrags- oder Schuldbeitritte, Vertrags- oder Schuldübernahmen oder Bürgschaftserklärungen

Beispiele für tatsächliches Handeln: unerlaubte Handlungen iSd §§ 823 ff. (vgl. § 840), wobei stets (also auch bei § 832) zu prüfen ist, ob diese auch wirklich von beiden Ehegatten zu vertreten sind

Fälle der Mithaftung

Eine Mithaftung besteht aber in folgenden Fällen:

bei gegenseitiger Handlungsvollmacht nach § 1357 (siehe dazu S. 196 f.).
bei Unterhaltspflichten in Gütergemeinschaft lebender Ehegatten

Wird ein Ehegatte von nur mit ihm verwandten Personen (gemäß §§ 1601, 1589, also von dessen Kindern, Enkeln, Urenkeln, Eltern, Großeltern) auf Unterhalt in Anspruch genommen, so bestimmt § 1604, dass dann bei der Überprüfung seiner Leistungsfähigkeit das sog. Gesamtgut (§ 1416) der Eheleute allein dem unterhaltspflichtigen Ehegatten zugerechnet wird. Dadurch kommt es in diesen – allerdings extrem seltenen – Fällen von Gütergemeinschaft zu einer sonst gesetzlich nicht vorgesehenen Unterhaltsgewährung von Stief- und Schwiegereltern.

§ 1604 gilt nicht bei Unterhaltspflichten gegenüber geschiedenen Ehegatten.

Zwangsvollstreckungsmaßnahmen in das bewegliche Vermögen

Zugunsten von Gläubigern von Ehegatten wird kraft Gesetzes (widerlegbar) vermutet, dass alle beweglichen Sachen (inkl. Bargeld, Schecks, Schuldscheine, Aktien), die sich gegenwärtig im Besitz eines oder beider Ehegatten befinden, Eigentum des jeweiligen Schuldners sind (vgl. § 1362 Abs. 1). Zur Widerlegung dieser gesetzlichen Vermutung ist der volle Beweis des Gegenteils erforderlich (zB der Nachweis des alleinigen Eigentumserwerbs vor oder während der Ehe).

Die Eigentumsvermutung des § 1362 erleichtert in Verbindung mit der Gewahrsamsvermutung des § 739 ZPO Pfändungen (§ 808 ZPO) bei Ehegatten. Dagegen kann der betroffene Ehegatte nur unter Berufung auf sein Eigentum (oder Miteigentum) Widerspruchsklage gemäß § 771 ZPO erheben.

Diese erleichterte Pfändung ist jedoch nicht möglich

- wenn Ehegatten iSd § 1367 getrennt leben,
- bezüglich ausschließlich zum persönlichen Gebrauch eines Ehegatten bestimmter Sachen (zB Arbeitsgeräte, Kleidung, Schmuckstücke),

weil dann die gesetzliche Eigentums- und Gewahrsamsvermutung widerlegt ist (vgl. § 1362 Abs. 1 S. 2 und Abs. 2 BGB iVm § 739 ZPO).

II. Wirkungen außerhalb des Familienrechts

Voraussetzung: wirksame staatliche Ehe

Außerhalb des Familienrechts hat die Ehe vor allem im Ausländerrecht, im Sozialrecht und im Steuerrecht Bedeutung. Auch diese Wirkungen haben zur Voraussetzung, dass eine wirksame „staatliche" Ehe vorliegt. Eine kirchliche Trauung ist nicht ausreichend.

1. Aufenthaltsrecht und Einbürgerung

Ehegattennachzug

Ehegatten haben unter den Voraussetzungen der §§ 27 ff. AufenthG ein Recht auf Nachzug zu ihrem in der Bundesrepublik Deutschland lebenden Ehegatten.

Deutsche Staatsangehörigkeit bleibt erhalten

Bei gemischt nationalen Eheschließungen behalten die deutschen Ehegatten die deutsche Staatsangehörigkeit, wenn sie keine andere Erklärung abgeben. Ob sie durch Heirat die Staatsangehörigkeit ihrer Ehepartner erhalten, hängt allein vom Recht deren Staates ab.

Ausländer können Deutsche werden

Ausländerinnen und Ausländer erlangen durch Heirat mit Deutschen nicht automatisch die deutsche Staatsbürgerschaft (§ 3 StAG). Sie sollen sie jedoch auf ihren Antrag hin erhalten, wenn die Voraussetzungen der §§ 8, 9 StAG erfüllt sind.

Deutsche Staatsangehörigkeit der Kinder

Besitzt ein Elternteil die deutsche Staatsbürgerschaft, so werden seine Kinder deutsche Staatsangehörige (§ 4 StAG).

2. Sozialrechtliche Wirkungen

Beitragsfreie Familienversicherung

Ehegatten, die weniger als 445 bzw. 450 Euro im Monat verdienen, sind bei ihren gesetzlich krankenversicherten bzw. sozial pflegeversicherten Ehegatten beitragsfrei in der gesetzlichen Krankenversicherung (§ 10 SGB V) und in der sozialen Pflegeversicherung (§ 25 SGB XI) mitversichert.

Leistungsansprüche

Ehegatten haben nach dem Tod ihres Ehegatten ggf. Anspruch auf Leistungen für Hinterbliebene, zB in der gesetzlichen Rentenversicherung auf Witwen-/Witwerrente (§ 46 SGB VI).

Anrechnung von Einkommen und Vermögen

Bei Leistungen, die nur bei Bedürftigkeit gewährt werden, wird das Einkommen und. das Vermögen des Ehegatten angerechnet, zB beim Arbeitslosengeld II und bei der Grundsicherung im Alter und bei Erwerbsminderung.

C. Aufhebung der Ehe

Beendigung der Ehe

Neben dem Tod eines Ehegatten und der Scheidung beendet die Aufhebung die Ehe.

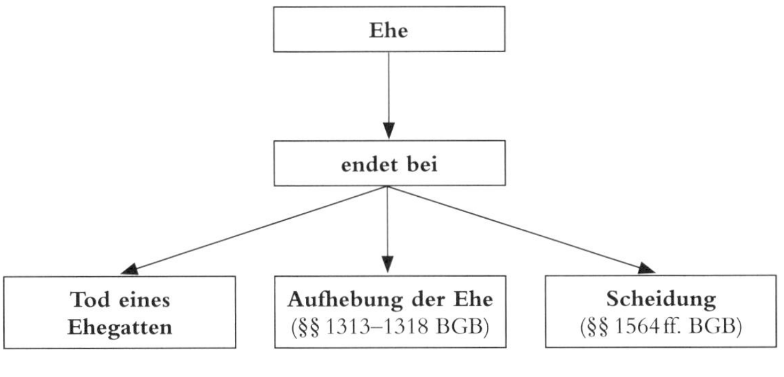

Einheitliche Aufhebungsklage

Anders als früher wird seit dem 1.7.1998 nicht mehr zwischen der Nichtigkeitsklage mit Wirkung von Anfang an und Aufhebungsklage mit Wirkung für die Zukunft unterschieden. Ist die Aufhebungsklage erfolgreich, wird die Ehe mit Wirkung für die Zukunft aufgehoben (vgl. § 1313 und §§ 121, 124, 126, 129 und 132 FamFG). Wenngleich die Folgen der Aufhebung der Ehe mit jenen der Scheidung ähnlich oder z.T. sogar identisch sind, ist sie wegen der abweichenden Voraussetzungen von der Scheidung zu unterscheiden.

I. Aufhebungsgründe

Abschließende Regelung

Die Aufhebungsgründe sind in § 1314 erschöpfend aufgezählt (vgl. § 1313 S. 3). § 1314 Abs. 1 betrifft Verstöße gegen die wichtigsten Eheschließungsvorschriften: Ehemündigkeit, Geschäftsunfähigkeit, Doppelehe, Verwandtschaft, Vorbedingungen (im letzteren Fall ist eine Klage aber max. fünf Jahre lang möglich, § 1315 Abs. 2 Nr. 2). § 1314 Abs. 2 betrifft Willensfehler bei Eheschließungen.

II. Ausschlussgründe

Gesetzliche Regelung

Die Aufhebung der Ehe ist jedoch gemäß § 1315 nicht möglich

1. bei Verstößen gegen die Ehemündigkeit des betreffenden Ehegatten, wenn dieser nach Volljährigkeit Fortsetzungswillen zeigt oder die Aufhebung eine schwere Härte bedeuten würde (vgl. Abs. 1 Nr. 1),
2. bei Heirat Geschäftsunfähiger, wenn dieser Umstand später wegfallen sollte, und entsprechender Bestätigung (vgl. Abs. 1 Nr. 2),
3. wenn eine bei Heirat bestehende Bewusstlosigkeit oder Geistesstörung wegfällt und der betreffende Ehegatte Fortsetzungswillen zeigt (vgl. Abs. 1 Nr. 3),
4. wenn bei Heirat bestehender Irrtum, Täuschung oder Drohung später wegfällt und der betroffene Ehegatte Fortsetzungswillen zeigt (vgl. Abs. 1 Nr. 4),
5. wenn Ehegatten, die bei Heirat keine ehelichen Verpflichtungen eingehen wollten *(Scheinehe)*, dann doch „als Ehegatten" miteinander lebten (vgl. Abs. 1 Nr. 5),
6. wenn bei Verstößen gegen das Bigamie-Verbot die Auflösung der ersten Ehe zwar schon vorlag, allerdings noch nicht rechtskräftig war (vgl. Abs. 2 Nr. 1),
7. wenn eine Heirat zwar unzulässigerweise unter Vorbedingungen erfolgte, aber die Eheleute dann fünf Jahre (bei Tod eines Ehegatten: drei Jahre) „als Ehegatten" miteinander lebten (vgl. Abs. 2 Nr. 2).

In den Fällen Nr. 2–4 ist aber Aufhebungsantrag binnen 1 Jahr möglich (vgl. § 1317).

Bei einer bereits durch Scheidung aufgehobenen Ehe ist die Aufhebung ausgeschlossen (§ 1317 Abs. 3). Ein Scheidungsantrag schließt die Aufhebung dagegen nicht aus, weil der Aufhebungs- gegenüber dem Scheidungsantrag Vorrang hat (§ 1317 Abs. 3).

III. Antragsberechtigte

In den Fällen von Irrtum, Täuschung oder Drohung bei Heirat ist nur der jeweils betroffene Ehegatte anfechtungsberechtigt (§ 1316 Abs. 1 Nr. 2). In den anderen Aufhebungsfällen ist jeder Ehegatte sowie die nach jeweiligem Landesrecht hierfür bestimmte Verwaltungsbehörde (§ 1316 Abs. 3) anfechtungsberechtigt – bei Bigamie auch der erste Ehegatte (§ 1316 Abs. 1 Nr. 1).

IV. Rechtsfolgen einer Eheaufhebung

Abschließende Regelung

Die sich aus einer Eheaufhebung ergebenden Folgen sind in § 1318 Abs. 2–5 abschließend geregelt.

Unterhaltsansprüche

Unterhaltsansprüche wie in Scheidungsfällen stehen zu:

- nur dem Ehegatten, der bei Heirat die Aufhebbarkeit der Ehe nicht kannte oder vom anderen selbst (oder zumindest mit dessen Wissen von einem Dritten) getäuscht oder bedroht worden ist (§ 1318 Abs. 2 S. 1 Nr. 1),
- in Fällen der Bigamie, naher Verwandtschaft oder Vorbedingungen stehen sie beiden Ehegatten zu, wenn beide die Aufhebbarkeit kannten – in Bigamie-Fällen jedoch nicht, soweit dadurch ein Unterhaltsanspruch des ersten Ehegatten beeinträchtigt würde (§ 1318 Abs. 2 S. 1 Nr. 2),

wobei jeweils zu beachten ist, ob eine Versagung des Unterhalts im Hinblick auf die Belange pflege- oder erziehungsbedürftiger Kinder grob unbillig wäre (§ 1318 Abs. 2 S. 2).

Zugewinnausgleich Versorgungsausgleich

Die Vorschriften über Zugewinn- und Versorgungsausgleich finden entsprechende Anwendung, soweit dies nicht im Hinblick auf die Umstände bei der Eheschließung oder bei Verstößen gegen das Bigamie-Verbot im Hinblick auf den 1. Ehegatten grob unbillig wäre (§ 1318 Abs. 3).

Ehewohnung und Hausrat

Die §§ 1568 a, b gelten entsprechend. Bei der Zuteilung der Ehewohnung und der Verteilung des Hausrats sind die Umstände bei der Heirat und bei Verstößen gegen das Bigamie-Verbot die Belange des 1. Ehegatten besonders zu berücksichtigen (§ 1318 Abs. 4).

Erbrecht

Ehegatten, die bei Verstoß gegen die §§ 1304, 1306, 1307, 1311, 1314 Abs. 2 Nr. 1 die Aufhebbarkeit der Ehe gekannt haben, steht *kein* Ehegattenerbrecht nach § 1931 zu (§ 1318 Abs. 5).

Zusammenfassung

> Eine **Eheaufhebung** kommt nur in Betracht bei Heirat unter Nichtbeachtung von Ehemündigkeit, Geschäftsunfähigkeit, Doppelehe, Verwandtschaft, Vorbedingungen oder bei Willensfehlern bei Eheschließungen.
>
> Unter bestimmten Voraussetzungen ergeben sich dann für die ehemaligen Ehegatten Folgen wie bei Scheidungen; dh: bzgl. Unterhalt, Zugewinn- und Versorgungsausgleich sowie Hausrats- und Wohnungszuweisung. Ein Erbrecht steht nur dem Ehegatten zu, der die Aufhebbarkeit der Ehe nicht kannte.

Kapitel 6. Ehescheidung

Übersicht

A. Vorbemerkungen

Gesetzesentwicklung

Die materiellen und verfahrensrechtlichen Voraussetzungen der Ehescheidung haben sich seit Inkrafttreten des BGB am 1.1.1900 immer wieder geändert, wobei jede Veränderung meist heftig umstritten war. Die letzte umfassende gesetzliche Änderung des Scheidungsrechts erfolgte ab dem 1.7.1977 durch das 1. EheRG, das seitdem nur bzgl. einiger Scheidungsfolgen Änderungen erfahren hat. Es hat das zuvor geltende sog „Schuld-Scheidungsrecht" abgelöst durch die neue schuldunabhängige Scheidungsvoraussetzung: das Scheitern der Ehe. Danach hat sich die rechtspolitische Diskussion über wünschenswerte Änderungen zwar weitgehend beruhigt, wenn auch gelegentlich extreme Positionen vertreten werden. Sie reichen von der freien Gestaltung und Lösbarkeit der Ehe durch autonome Vereinbarung der Eheleute und deren bloße Registrierung beim Standesamt bis hin zur Forderung nach Unauflöslichkeit der Ehe.

Zahl der Scheidungen

Die Zahl der Scheidungen hat in den letzten Jahrzehnten erheblich zugenommen. Von ihr sind eine große Anzahl von minderjährigen Kindern betroffen (bei 153 501 Scheidungen im Jahr 2017 waren es 123 563 minderjährige Kinder).[1]

Scheidungsvoraussetzungen

Die Voraussetzungen für eine Ehescheidung ergeben sich abschließend aus den §§ 1565–1568 (§ 1564 S. 3). Dazu sind folgende Bedingungen zu erfüllen:

- *formell*, dass von einem (oder beiden) Ehegatten bei Gericht ein entsprechender Antrag gestellt wird (vgl. § 1564 und § 124 S. 1 FamFG),
- *materiell*, dass
  - die Ehe gescheitert ist (vgl. § 1565 Abs. 1 S. 1),
  - und Scheidungshindernisse (Nichterfüllung des Mindest-Trennungsjahres oder Härtegrund) nicht vorliegen (vgl. § 1565 Abs. 2 und § 1568).

B. Das Scheidungsverfahren

FamG ist zuständig

Zuständig für Scheidungsverfahren ist das FamG, das eine Abteilung des AG ist (§§ 23a Abs. 1 Nr. 1, 23b Abs. 1 GVG).

Anwaltszwang

Es besteht Anwaltszwang (§§ 78 Abs. 2 ZPO, § 114 FamFG).

---

[1] Vgl. https://www.destatis.de/DE/Presse/Pressemitteilungen/2018/07/PD18_251_12631.html, aufgerufen am 31.5.2019.

Da Versäumnisurteile unzulässig sind (§ 130 Abs. 2 FamFG), könnte einer der Ehegatten aber auch ohne Anwalt auskommen. Ihm sind dann allerdings jegliche Prozesshandlungen verwehrt, insbesondere kann er keinerlei Anträge stellen. Ihm kann jedoch vom FamG ein Anwalt beigeordnet werden, wenn dies zum Schutz des betreffenden Ehegatten „unabweisbar" erscheint (§ 138 Abs. 1 S. 1 FamFG).

Anwaltszwang auch bei Folgesachen

Anwaltszwang besteht gemäß § 114 Abs. 1 FamFG auch bei

- den *mit einer Scheidung verbundenen* Folgesachen (zum Begriff vgl. § 137 Abs. 2 und 3 FamFG)
  dh bzgl. Kindes- und Ehegatten-Unterhalt (§ 231 Abs. 1 FamFG), Versorgungsausgleich (§ 217 FamFG) und Ehewohnung/Hausrat (§ 200 FamFG), Sorgerechts- und Umgangs-Regelungen sowie Herausgabe des Kindes an einen Elternteil (vgl. § 137 Abs. 3 FamFG)[2],
- bei separat geltend gemachten güterrechtlichen Ansprüchen iSd § 261 FamFG.

Verfahrensgrundsätze

In Scheidungsverfahren nebst Folgesachen (vgl. zu Letzteren § 137 Abs. 2 und 3 FamFG) gelten grundsätzlich die für Landgerichte vorgesehenen Verfahrensregeln (§ 113 FamFG), jedoch mit folgenden Besonderheiten:

Terminologie

- Das Verfahren wird nicht durch eine Klage, sondern durch einen Antrag eingeleitet; die Parteien werden daher nicht „Kläger(in)" und „Beklagte(r)", sondern „Antragsteller(in)" und „Antragsgegner(in)" genannt.

Untersuchungsgrundsatz Ausnahmen

- Es gilt im Scheidungsverfahren nicht der Verhandlungs-(„Beibringungs"-) Grundsatz (§ 308 Abs. 1 ZPO), sondern der Untersuchungsgrundsatz (§ 127 Abs. 1 FamFG). Das gilt (mit Ausnahme von Unterhalt und Güterrecht) auch für die Scheidungsfolgesachen.

Anwesenheit der Eheleute

- Das FamG soll grundsätzlich das persönliche Erscheinen der Ehegatten anordnen und sie beide anhören (bei Nichterscheinen sind Zwangsgelder möglich); es kann sie auch als Partei vernehmen (vgl. § 128 FamFG).

Aussetzung des Verfahrens

- Das FamG soll das Scheidungsverfahren aussetzen, wenn „nach seiner freien Überzeugung" (!) Aussicht auf Fortsetzung der Ehe besteht, es sei denn, die Eheleute leben schon länger als ein Jahr getrennt und widersprechen beide einer Aussetzung (vgl. § 136 Abs. 1 FamFG). Setzt das FamG das Scheidungsverfahren aus, soll es in der Regel den Ehegatten „nahe legen", eine Eheberatung in Anspruch zu nehmen (§ 136 Abs. 4 FamFG). Eine Aussetzung darf einmal wiederholt werden und insgesamt nicht länger als sechs Monate bis ein Jahr dauern (§ 136 Abs. 3 FamFG).

Einstweilige Anordnungen

- Vor Abschluss des Verfahrens kann das FamG auf Antrag eines Ehegatten die Rechtsbeziehungen der Eheleute sowie die zwischen ihnen und ihren gemeinschaftlichen Kindern durch einstweilige Anordnungen regeln. Es handelt sich gemäß § 49 FamFG dabei um folgende Belange:

Beispiele: das Getrenntleben der Ehegatten inkl. Benutzung von Ehewohnung und Hausrat, die elterliche Sorge, das Umgangsrecht der Eltern, die Herausgabe des Kindes an einen Elternteil, Unterhalt für die Ehegatten und minderjährige Kinder sowie Kostenvorschuss für das Scheidungsverfahren und

---

[2] Führen diese erst nach rechtskräftiger Scheidung zu einem Prozess, besteht kein Anwaltszwang.

Folgesachen (vgl. zu Letzteren § 137 Abs. 2 und 3 FamFG) und Maßnahmen nach dem *Gewaltschutzgesetz*.

Versorgungsausgleich von Amts wegen

- Ist im Scheidungsfall ein öffentlich-rechtlicher Versorgungsausgleich durchzuführen (s. dazu S. 228 f.), so leitet das FamG das diesbezügliche Verfahren von Amts wegen ein und verbindet es mit der Scheidungssache mit der Folge, dass dann hierüber gleichzeitig und zusammen mit der Scheidungssache zu verhandeln und zu entscheiden ist (sog. „Zwangsverbund") (§ 137 Abs. 1 FamFG). – Andere Scheidungsfolgesachen (zB Unterhaltsregelungen) können auch in den Verbund einbezogen werden, wenn ein Ehegatte dies bis zum Schluss der mündlichen Verhandlung vor dem FamG zur Niederschrift oder in der mündlichen Verhandlung beantragt (§ 137 Abs. 3 FamFG).

Verbundsystem

Örtliche Zuständigkeit ist abhängig vom gewöhnlichen Aufenthalt

- Die örtliche Zuständigkeit ergibt sich aus § 122 FamFG. Örtlich zuständig ist danach vorrangig das FamG, in dessen Bezirk einer der Ehegatten mit allen gemeinsamen minderjährigen Kindern seinen gewöhnlichen Aufenthalt hat (§ 122 Nr. 1 FamFG).

Kostentragung

- Bei Scheidungen besteht nicht die grundsätzliche Kostentragungspflicht der unterlegenen Partei (vgl. § 91 Abs. 1 ZPO), sondern die Verfahrenskosten (der Scheidung selbst sowie der verbundenen Folgesachen) werden grundsätzlich gegeneinander aufgehoben (§ 150 Abs. 1 FamFG), dh, die Gerichtskosten werden geteilt und jeder Ehegatte trägt seine sonstigen gesetzlichen Gebühren und Kosten selbst. Das FamG kann jedoch gemäß § 150 Abs. 4 S. 1 FamFG eine *andere Kostenverteilung* nach billigem Ermessen vornehmen. Wird der Scheidungsantrag abgewiesen oder wird er zurückgenommen, trägt der antragstellende Ehegatte grundsätzlich sämtliche Kosten des Verfahrens und des Verbundverfahrens selbst (§ 150 Abs. 2 S. 1 FamFG).

Instanzenzug

Der Instanzenzug ist in Scheidungsverfahren folgender:

AG (FamG, § 23b Abs. 1 GVG) → Beschwerde zum **OLG** (§ 119 Abs. 1 Nr. 1a GVG) (§ 58 FamFG) → Rechtsbeschwerde zum **BGH** (§ 133 GVG), wenn grundsätzliche Bedeutung besteht oder die Entscheidung zur Sicherung einheitlicher Rechtsprechung oder zur Rechtsfortbildung erforderlich ist (vgl. § 70 Abs. 2 FamFG).

Bis zur Rechtskraft Fortbestehen der Ehe

Solange das Scheidungsverfahren nicht rechtskräftig (dh: unanfechtbar) abgeschlossen ist, besteht die Ehe noch (§ 1564 S. 2). Das gilt auch dann, wenn nur noch Streit über eine Scheidungsfolgesache besteht, die in den sog. „Zwangsverbund" geraten ist (s. dazu oben *„Verbundsystem"*).

C. Scheidungsvoraussetzungen

Das FamG muss eine Ehe scheiden, wenn diese gescheitert ist und keine Scheidungshindernisse bestehen.

I. Das Scheitern der Ehe

Alleiniger Scheidungsgrund ist das Scheitern

Einziger materieller Scheidungsgrund ist das Scheitern der Ehe (§ 1565 Abs. 1 S. 1).

Die Gesetzesüberschrift vor den §§ 1564–1568 „Scheidungsgründe" ist daher missverständlich.

Das „kann" in § 1565 Abs. 1 S. 1 ist folgendermaßen zu verstehen:
- eine Ehescheidung ist nur zulässig, wenn die Ehe gescheitert ist,
- andere Scheidungsgründe als das Scheitern der Ehe gibt es nicht,
- ist das Scheitern der Ehe nachgewiesen, so muss sie auf Antrag eines Ehegatten geschieden werden, wenn nicht ein Scheidungshindernis gemäß § 1565 Abs. 2 oder § 1568 entgegensteht (s. dazu unten).

Gesetzliche Definition des Scheiterns der Ehe

Eine Ehe ist gescheitert, wenn die Lebensgemeinschaft der Ehegatten nicht mehr besteht und nicht erwartet werden kann, dass die Ehegatten sie wiederherstellen (§ 1565 Abs. 1 S. 2). Ob dies der Fall ist, muss das FamG von Amts wegen untersuchen (§ 127 Abs. 1 FamFG). Unter „Lebensgemeinschaft der Ehegatten" ist die Gesamtheit der ehelichen Verhältnisse zu verstehen. Es genügt daher nicht, dass Eheleute getrennt leben und auch nicht mehr zusammenleben wollen. Hinzu kommen muss vielmehr, dass auch die geistig-seelische Verbundenheit der Ehegatten (sozusagen die „eheliche Gesinnung") fehlt. Scheitern beinhaltet somit die voraussichtlich unheilbare Zerstörung sämtlicher gemeinsamer Lebensbeziehungen der Eheleute.

Terminus Zerrüttung gebräuchlich, aber falsch

Hierfür wird in Praxis, Rechtsprechung und Wissenschaft allenthalben (fälschlich) die Bezeichnung „Zerrüttung" der Ehe gebraucht, obwohl der Gesetzgeber bei Schaffung des 1. EheRG diesen (zuvor seit Jahrzehnten bestehenden) Terminus ganz bewusst vermieden hatte, weil er ihm zu sehr nach schuldhaftem Fehlverhalten klang, das als Scheidungsvoraussetzung ja nicht mehr gefordert wird.[3]

Gesetzliche Beweiserleichterungen

Zur Versachlichung von Scheidungsverfahren sowie vor allem zur Beweiserleichterung werden in § 1566 *unwiderlegbare Vermutungen* für das Scheitern einer Ehe aufgestellt. Dadurch ist der Nachweis des Scheiterns der Ehe anhand äußerer, leichter feststellbarer Indizien ohne Eindringen in die Intimsphäre der Ehegatten möglich, wovon in der Praxis daher auch überwiegend Gebrauch gemacht wird.

Nachweis des Scheiterns

Der Nachweis des Scheiterns einer Ehe kann auf dreifache Weise erfolgen:

3 Jahre Trennung

Konventional-Scheidung

1. gemäß § 1566 Abs. 1 durch gemeinsamen Scheidungsantrag (oder Zustimmung zum Scheidungsantrag des anderen Ehegatten) und Getrenntleben von mindestens einem Jahr; in diesem Fall muss außerdem Einigkeit über die wesentlichen Scheidungsfolgen nachgewiesen werden (vgl. § 133 Abs. 1 Nr. 2 FamFG)[4], dh es muss Übereinkunft bestehen über die Ausübung der elterlichen Sorge einschließlich des Umgangsrechts, den Kindes- und den Ehegatten-Unterhalt, die Benutzung von Ehewohnung und Hausrat (sog. einverständliche oder Konventional-Scheidung),

3 Jahre Trennung

2. gemäß § 1566 Abs. 2 durch den Nachweis des Getrenntlebens von mindestens drei Jahren (hierbei ist unerheblich, ob die Scheidung einvernehmlich erfolgt oder nicht),

Konkreter Nachweis und ein Jahr Trennung

3. gemäß § 1565 Abs. 1 S. 2 durch konkreten Einzelnachweis des Scheiterns (s. dazu unten) und (wegen § 1565 Abs. 2) Vorliegen des Mindest-Trennungsjahres (s. dazu S. 216 f.)

---

[3] Klarstellend auch MüKoBGB/*Weber*, § 1565, Rn. 9 f.

[4] Denn es sollen voreilige Scheidungen verhindert werden (dazu zahlreiche Rechtsprechungsnachweise bei MüKoBGB/*Weber*, § 1565, Rn. 88).

Voraussetzungen für den Einzelnachweis

In den ersten beiden Fällen unterstellt der Gesetzgeber also *unwiderlegbar* das Scheitern der Ehe (gesetzliche Fiktionen des Scheiterns) und erleichtert somit eine Scheidung. Liegen diese nicht vor, muss das Scheitern konkret nachgewiesen werden (sog. *positiver Nachweis*). Das setzt nach § 1565 Abs. 1 S. 2 zweierlei voraus:

- den Nachweis, dass die eheliche Lebensgemeinschaft nicht mehr besteht (negative Diagnose) sowie
- die Darlegung, dass nicht zu erwarten ist, dass die Ehegatten diese wiederherstellen (negative Prognose).

In diesem Fall ist irrelevant, ob sich der andere Ehegatte auch scheiden lassen will oder sich gegen eine Scheidung wehrt, denn es kommt allein darauf an, ob die eheliche Gemeinschaft endgültig zerstört ist[5] (es sei denn, § 1568 greift).

Beispiele für den erfolgreichen Einzelnachweis:
Die Ehefrau ist gegen die vom Ehemann beantragte Scheidung, der seit 13 Monaten mit einer anderen Frau zusammenlebt und mit ihr ein gemeinsames Kind hat.

Die Ehefrau ist vor einem Jahr zusammen mit den gemeinsamen Kindern zu ihren Eltern gezogen, hat die Kinder dort eingeschult und es bestehen kaum Kontakte zum Ehemann. Der Ehemann wehrt sich gegen die von seiner Frau beantragte Scheidung.

In beiden Fällen kann der Nachweis des Scheiterns gemäß § 1565 Abs. 1 S. 2 erbracht werden und die Ehescheidung ist auch gegen den Willen des anderen Ehegatten möglich, sofern dieser sich nicht erfolgreich auf § 1568 (s. dazu S. 217ff.) berufen kann.

II. Das Getrenntleben

1. Kriterien

Voraussetzungen

Da bei einer Scheidung dem Getrenntleben zentrale Bedeutung zukommt, hat der Gesetzgeber dieses in **§ 1567 Abs. 1 S. 1 definiert**.

Danach setzt das Getrenntleben von Ehegatten dreierlei voraus:

- das objektive Nichtbestehen der häuslichen Gemeinschaft,
- die erkennbare Trennungsabsicht von (mindestens) einem Ehegatten,
- die Ablehnung der Herstellung der ehelichen Lebensgemeinschaft durch (mindestens) einen Ehegatten.

Objektiver Tatbestand und subjektive Elemente

Zur äußeren Situation der objektiven Trennung der Eheleute müssen also als subjektive Elemente hinzutreten:

Trennungsabsicht sowie Ablehnung der ehelichen Lebensgemeinschaft.

Somit liegt noch nicht unbedingt ein Getrenntleben im scheidungsrechtlichen Sinn vor, wenn Ehegatten getrennt sind durch

Zweifelsfälle

Krankheit, Unfall, Pflege,[6] *Naturkatastrophen, Arbeit, Weltreise, Inhaftierung etc.*

Vielmehr müsste in diesen Fällen zumindest bei einem Ehegatten erkennbar sein, dass er die eheliche Lebensgemeinschaft ablehnt.

---

[5] Ebenso *Schwab*, Rn. 367 unter Hinweis auf BGH NJW 1995, 1082 (1083).
[6] BGH FamRZ 2016, 1142.

Getrenntleben in der Ehewohnung

Nach § 1567 Abs. 1 S. 2 kann ein Getrenntleben auch innerhalb der Ehewohnung stattfinden. Damit trägt das Gesetz dem Umstand Rechnung, dass die wirtschaftlichen Verhältnisse vieler Ehepaare es ihnen in der ungeklärten Vorphase der Scheidung nicht erlauben, bereits einen zweiten Haushalt einzurichten. Der Nachweis des Getrenntlebens in derselben Wohnung fällt oft nicht leicht. Denn die Gerichte verlangen dann den Beweis dafür, dass wirklich getrennte Lebensräume innerhalb der Wohnung geschaffen wurden und alles unterbleibt, was auf eine eheliche Lebensgemeinschaft hinweist wie das gemeinsame für einander Sorgen, das Planen und Erledigen von Dingen, die sich aus dem Zusammenwohnen ergeben. Dass jedoch beide Ehegatten weiterhin Küche, Bad und Toilette gemeinsam nutzen, ist dagegen unschädlich.

2. Gerichtliche Durchsetzung des Getrenntlebens

Rechtsgrundlagen der Zuweisung der Ehewohnung/ Maßnahmen bei häuslicher Gewalt

Die gerichtliche Zuweisung der Ehewohnung regelt das BGB in § 1361b und in § 1568a. Nach § 1361b bestimmt sich materiell-rechtlich ausschließlich die Zuweisung der Ehewohnung an einen der Ehepartner während des Getrenntlebens der Eheleute durch einstweilige Anordnung nach § 49 FamFG[7]. § 1568a regelt dagegen nur die Zuteilung der ehelichen Wohnung aus Anlass der Scheidung für die Zeit *nach* der Scheidung der Eheleute, und zwar entweder als Scheidungsfolgesache im Verbundverfahren oder als selbständiges Verfahren in einer anderen Familiensache im Anschluss an die rechtskräftige Scheidung[8].

Gewaltschutzgesetz

Die Zuweisung einer Wohnung wird ferner im GewSchG geregelt. Nach diesem ist die Wohnungszuweisung bei eheähnlichen und lebenspartnerschaftsähnlichen Paaren zu entscheiden. Str. ist, ob § 2 GewSchG durch § 1361b verdrängt wird.

gerichtliche Zuweisung der Wohnung bei unbilliger Härte

Wenn ein Ehegatte das Getrenntleben verhindert oder erheblich erschwert, kann der andere Ehegatte verlangen, dass ihm ein Teil oder die gesamte Ehewohnung zur Benutzung allein überlassen wird, soweit dies notwendig ist, um eine unbillige Härte zu vermeiden (§ 1361b Abs. 1 S. 1). Die Eingriffsschwelle ist wegen der besonderen Bedeutung der Wohnung vom Gesetzgeber hoch angesetzt.

Beispiele

In der Rechtsprechung wird eine unbillige Härte in der Regel daher nur bei körperlichen Misshandlungen und sonstigen schweren Störungen des Familienlebens (zB durch Alkohol- oder Drogen-Missbrauch) angenommen, ferner bei fortdauernden Gewalttätigkeiten oder gesundheitlichen Beeinträchtigungen der Kinder.[9, 10] Die Gewalt kann sich auch in grob unbeherrschtem und unberechenbarem oder grob rücksichtslosem Verhalten[11] sowie Sachbeschädigung äußern,[12] so dass die Fortsetzung der häuslichen Gemeinschaft objektiv nicht mehr zumutbar ist.[13]

---

7 *Maurer*, FamRZ 1991, 886, 887; OLG Karlsruhe, FamRZ 1991, 1440.

8 Palandt/*Brudermüller*, Ein v § 1568a Rn. 2.

9 Vgl. OLG Düsseldorf, FamRZ 1988, 1058; OLG Bamberg, FamRZ 1995, 560; OLG München, FamRZ 1996, 730; OLG Brandenburg, FamRZ 1996, 743.

10 Nach BGH FamRZ 1978, 671; 1979, 469 (470) wenn nur ein „bloßes räumliches Nebeneinander ohne persönliche Beziehung" vorliegt.

11 OLG Naumburg, FamRZ 2006, 1207.

12 OLG Köln FamRZ 2001, 761.

13 OLG Köln FamRZ 2006, 126.

Keinen Härtefall stellt der Wunsch zur Wohnungs-Veräußerung/-Vermietung dar.[14]

Beeinträchtigung der Kinder

Eine unbillige Härte kann auch dann gegeben sein, wenn das Wohl von im Haushalt lebenden Kindern beeinträchtigt ist (§ 1361b Abs. 1 S. 3).

Zuständiges Gericht

Zuständig ist das FamG (§ 23a Abs. 1 GVG, § 200 FamFG), das nach hM nur eine vorläufige Nutzungsregelung trifft.[15] Fraglich erscheint danach, ob eine Alleinzuweisung der Ehewohnung bei fehlender Scheidungsabsicht nach § 1361b möglich ist.[16] Hierfür spricht mE der Wortlaut und die Einordnung der Vorschrift im Ehe- und nicht im Scheidungsrecht.

Besonderheiten bei Eigentum

Steht einem Ehegatten allein (oder gemeinsam mit einem Dritten) Eigentum, Erbbaurecht oder Nießbrauch an dem Grundstück zu, auf dem sich die Ehewohnung befindet, so ist dies besonders zu berücksichtigen; entsprechendes gilt für Wohnungseigentum, Dauerwohnrecht und dingliches Wohnrecht (§ 1361b Abs. 1 S. 4).

Zuweisung der Ehewohnung bei Gewalt

Hat der Ehegatte widerrechtlich *und* vorsätzlich eine Körper-, Gesundheits- oder Freiheits-Verletzung begangen (oder damit gedroht) oder das Leben des anderen Ehegatten bedroht, ist idR die gesamte Wohnung zur alleinigen Benutzung zu überlassen (§ 1361b Abs. 2 S. 1). Dies ist nur dann ausgeschlossen, wenn keine weiteren Verletzungen und widerrechtlichen Drohungen zu besorgen sind und dem verletzten Ehegatten das weitere Zusammenleben mit dem anderen Ehegatten wegen der Schwere der Tat nicht unzumutbar ist (§ 1361b Abs. 2 S. 2).

Maßnahmen nach dem GewSchG

Stalking-Fälle

Wenn ein Ehegatte vorsätzlich Körper, Gesundheit oder Freiheit des anderen verletzt, hat das FamG auf dessen Antrag erforderliche Maßnahmen zu treffen (§ 1 Abs. 1 S. 1 GewSchG, §§ 210ff. FamFG). Entsprechendes gilt, wenn diesbezügliche Bedrohungen vorliegen *oder* ein Ehegatte widerrechtlich (dh, ohne gesetzlichen Rechtfertigungsgrund) in Haus, Wohnung oder Grundstück des anderen Ehegatten eindringt *oder* diesem unzumutbar nachstellt *oder* diesen unter Verwendung von Fernkommunikationsmitteln unzumutbar verfolgt (§ 1 Abs. 2 S. 1 GewSchG). Dabei kann das FamG insbesondere anordnen, dass der gewalttätige Ehegatte es unterlässt,

1. die Wohnung des verletzten (s. o.) Ehegatten zu betreten,
2. sich in einem bestimmten Umkreis derselben aufzuhalten,
3. bestimmte andere Aufenthaltsorte des verletzten Ehegatten (zB Arbeits-/Ausbildungsstätte) aufzusuchen,
4. Verbindung zum anderen Ehegatten (inkl. durch Fernkommunikationsmittel wie zB Telefon, Fax, E-Mail, Briefe etc.) aufzunehmen,
5. ein Zusammentreffen mit dem anderen Ehegatten herbeizuführen.

Vorstehendes gilt auch, wenn die Ehegatten bisher einen gemeinsamen Haushalt führten (§ 2 Abs. 1 und 4 GewSchG).

---

[14] OLG Hamburg, FamRZ 1993, 190; OLG Köln, FamRZ 1997, 943; OLG Hamm, FamRZ 1998, 1172; OLG Karlsruhe, FamRZ 1999, 1087; OLG Jena, FamRZ 2004, 877; OLG Frankfurt, FamRZ 2004, 875.

[15] Palandt/*Brudermüller*, § 1361b, Rn. 2; nach MüKoBGB/*Weber-Monecke*, § 1361b, Rn. 28.

[16] Dafür: Palandt/*Brudermüller*, § 1361b, Rn. 4 unter Berufung auf *OLG Naumburg*, FamRZ 2003, 1748a.

Verstöße gegen gerichtliche Anordnungen

Verstöße gegen diese (grundsätzlich zu befristenden) Anordnungen können mit Geld- oder Freiheitsstrafe (bis zu einem Jahr) bestraft werden (vgl. §§ 1 und 4 GewSchG).

Anwendung auch bei nicht verheirateten Paaren

Die gerade beschriebenen Maßnahmen kommen auch bei nicht verheirateten Paaren zur Anwendung. Darüber hinaus ist bei diesen das GewSchG Rechtsgrundlage der Zuweisung der Wohnung. Ob § 2 GewSchG auch bei Ehegatten anwendbar ist, ist str., aber richtigerweise zu bejahen.[17]

Polizei- und ordnungsrechtliche Maßnahmen bei häuslicher Gewalt

Da gerichtliche Hilfe meist nicht rechtzeitig erreichbar ist, wird bei akuter häuslicher Gewalt oftmals zunächst die Polizei um Hilfe gerufen. Diese ist nach den landesrechtlichen Polizeigesetzen zum Eingreifen verpflichtet, wenn eine Gefahr für die öffentliche Sicherheit und Ordnung besteht, wozu auch gehört, dass eine Person gewaltsamen Angriffen ausgesetzt ist. Die Polizei kann einen Platzverweis erteilen. Die Ordnungsbehörde kann diesen bis zu zwei Wochen verlängern.

Schadenersatz, Bestrafung

Neben den genannten Vorschriften sind die allgemeinen zivil- und strafrechtlichen Vorschriften anwendbar. Wird der Partner verletzt, kommen Schadenersatzansprüche aus § 823 Abs. 1, 2 BGB sowie die Bestrafung wegen Körperverletzung (§ 223 StGB) in Betracht. Weitere denkbare Straftatbestände sind sexuelle Nötigung (§ 177 StGB), sexueller Missbrauch (§ 174 StGB), Nachstellung (§ 238 StGB), Freiheitsberaubung (§ 239 StGB), Nötigung (§ 240 StGB) sowie Bedrohung (§ 241 StGB).

3. Versöhnungsversuch

Gesetzesintention

Damit Eheleute sich nicht scheuen, doch noch einmal einen Versöhnungsversuch zu unternehmen, ist in § 1567 Abs. 2 ausdrücklich festgelegt, dass ein Zusammenleben „über kürzere Zeit", das der Versöhnung der Ehegatten dienen soll, die Fristen des § 1566 nicht unterbricht oder hemmt, auch wenn die Norm sich nicht auf § 1565 Abs. 2 bezieht,

Auswirkungen auf die Trennungszeit

in Lehre und Rspr. besteht Einigkeit, dass hier nur ein Redaktionsversehen des Gesetzgebers vorliegt[18]

bedeutet das, dass die Trennungszeit stets weiter läuft und nicht erneut berechnet werden muss[19], wenn ein Versöhnungsversuch „über kürzere Zeit" fehlschlägt. Dafür ist nicht nur die Zeitdauer des Versöhnungsversuchs (Faustregel: zwei bis vier Wochen sind unschädlich – bei langer Trennung auch drei Monate[20]), sondern auch die bisherige Trennungszeit entscheidend.

Beispiele: Nach sechs Monaten Trennung verbringen die Eheleute einen gemeinsamen vierwöchigen Urlaub, trennen sich danach aber doch wieder, und nach weiteren fünf Monaten wird von einem der beiden die Scheidung beantragt. Ergebnis: Die Trennungszeit wurde nicht unterbrochen, das Mindest-Trennungsjahr ist erfüllt.

Nach zweijähriger Trennung leben Ehegatten für drei Monate zusammen, trennen sich danach und beantragen nach neun Monaten die Scheidung. Ergebnis: Die Trennungszeit wurde nicht unterbrochen, das Mindest-Trennungsjahr ist erfüllt.

---

[17] *Vgl. Schwab,* PdW, S. 70.

[18] *Schwab,* Rn. 390.

[19] MüKoBGB/*Weber,* § 1567, Rn. 65.

[20] Diverse Rechtsprechungs- und Literatur-Nachweise bei MüKoBGB/*Weber,* § 1567, Rn. 59.

Ehegatten ziehen nach einmonatiger Trennung für vier Wochen wieder zusammen, trennen sich danach wieder, und nach weiteren zehn Monaten wird die Scheidung beantragt. Ergebnis: Die Trennungszeit wurde unterbrochen, das Mindest-Trennungsjahr ist nicht erfüllt.

4. Rechtsfolgen des Getrenntlebens

Elterliche Sorge

- Die elterliche Sorge bleibt für beide Eltern bestehen. Es kann aber jeder Elternteil beim FamG beantragen, dass ihm deren Ausübung allein übertragen wird (vgl. § 1671 Abs. 1 sowie dazu S. 223 f.).

Handlungsvollmacht

- Die gegenseitige Handlungsvollmacht (s. dazu S. 196 f.) der Eheleute endet (vgl. § 1357 Abs. 3).

Unterhalt

- Während des Getrenntlebens hat der bedürftige Ehegatte gegen den leistungsfähigen Ehegatten einen Anspruch auf Unterhalt (§ 1361 Abs. 1 S. 1). Der Anspruch setzt neben dem Getrenntleben der Ehegatten (s. dazu S. 211 f.) Bedürftigkeit des Unterhalt Begehrenden voraus, dh der Bedarf kann nicht mit eigenem Einkommen und Vermögen gedeckt werden. Die Höhe des Bedarfs richtet sich nach den ehelichen Lebensverhältnissen und den beiderseitigen Erwerbs- und Vermögensverhältnissen; hierzu gehören auch Aufwendungen infolge eines Körper- oder Gesundheitsschadens gemäß § 1610a (§ 1361 Abs. 1 S. 1) sowie der sog Vorsorgeunterhalt ab Rechtshängigkeit des Scheidungsverfahrens (§ 1361 Abs. 1 S. 2). In der Praxis wird die Höhe des Unterhalts anhand der Düsseldorfer Tabelle ermittelt.

Bedarf

Einzusetzende Mittel

Auf den Bedarf wird Einkommen und Vermögen des Unterhalt begehrenden Ehegatten angerechnet. Auf eine Erwerbstätigkeit kann ein Ehegatte im Hinblick auf seine persönlichen und wirtschaftlichen Verhältnisse – insbesondere wegen früherer Erwerbstätigkeit und kurzer Ehedauer verwiesen werden. Führte ein Ehegatte vor der Trennung vereinbarungsgemäß den Haushalt, muss folglich während des Getrenntlebens keine Erwerbstätigkeit aufnehmen.

Leistungsfähigkeit

Der Ehegatte, der in Anspruch genommen wird, muss leistungsfähig sein. Ihm müssen genügend Mittel für den eigenen Lebensunterhalt verbleiben. Dies folgt in entsprechender Anwendung von § 1581.[21] Dem in Anspruch genommenen Ehegatten muss deshalb der Selbstbehalt verbleiben.[22]

Herabsetzung

Bei Unbilligkeit kann der Unterhalt analog § 1579 Nr. 2–7 herabgesetzt werden (vgl. § 1361 Abs. 1–3).

Beispiel: Die Ehegattin ist mit einem anderen Mann eine verfestigte Partnerschaft eingegangen.

Prozesskostenvorschuss

Der Unterhalt umfasst auch die Zahlung eines Prozesskostenvorschusses in allen persönlichen Angelegenheiten einschließlich des Scheidungsverfahrens (vgl. § 1361 Abs. 4 S. 4 iVm § 1360a Abs. 4).

Vereinbarungen möglich, aber kein Verzicht

Unterhaltsvereinbarungen können zwar getroffen werden – jedoch nicht ein Unterhaltsverzicht (vgl. § 1361 Abs. 4 S. 4 iVm §§ 1360a Abs. 3, 1614).[23]

---

[21] Vgl. BVerfG FamRZ 2002, 1397.
[22] Vgl. BGH FamRZ 2009, 404.
[23] Vgl. BGH FamRZ 2014, 629; BGH FamRZ 2015, 2131.

Ehewohnung

– Zur Überlassung eines Teiles oder der gesamten Ehewohnung s. § 1361b (näher hierzu S. 212f.).

Haushaltsgegenstände

– Jeder Ehegatte kann grundsätzlich die Herausgabe der ihm gehörenden Haushaltsgegenstände verlangen (§ 1361a). Zu Ausnahmen s. § 1361a Abs. 1 S. 2. Beiden gehörende Gegenstände müssen nach Billigkeitsgesichtsgrundsätzen verteilt werden.

III. Mindest-Trennungsjahr

Gesetzeszweck

Voraussetzung für fast jede Scheidung

Auch bei Nachweis des Scheiterns der Ehe ist eine Scheidung grundsätzlich nicht ohne Einhaltung eines Mindest-Trennungsjahres möglich (§ 1565 Abs. 2). Dadurch wollte der Gesetzgeber voreiligen Scheidungswünschen vorbeugen und zugleich Vorwürfe entkräften, das Institut der Ehe würde nicht mehr ernst genommen werden[24]. Daher wird die Einhaltung des Mindest-Trennungsjahres (das FamG überprüft dies gem. § 127 Abs. 1 FamFG vAwg) nicht nur bei konkret nachgewiesenem Scheitern gemäß § 1565 Abs. 1 S. 2, sondern sogar bei der einverständlichen Scheidung (sog Konventionalscheidung) gemäß § 1566 Abs. 1 verlangt.

Ausnahmen bei Unzumutbarkeit

Allerdings sieht § 1565 Abs. 2 vor, dass das Mindest-Trennungsjahr nicht eingehalten werden muss, wenn
– das Abwarten mit dem Scheidungsantrag für den Scheidungswilligen unzumutbar ist und
– die Unzumutbarkeitsgründe ausschließlich in der Person des anderen liegen.

Strenge Anforderungen

Diese gesetzliche Regelung, die eine Scheidung auch vor Ablauf des Mindest-Trennungsjahres ermöglicht, stellt eine Ausnahmebestimmung dar, an die nach hM strenge Anforderungen zu stellen sind.[25] Das bedeutet:

Kriterien

Es muss eine unzumutbare Härte im Fortbestehen des formalen Ehebandes (dh dem Weiter-Miteinander-Verheiratet-Sein) vorliegen und nicht etwa bzgl. des Zusammenlebens[26], denn kein Ehegatte kann (trotz § 1353) zum Zusammenleben gezwungen werden (s. dazu S. 195).

Bei der Beurteilung der unzumutbaren Härte ist nach hM nicht auf das subjektive Unzumutbarkeitsempfinden des „verletzten" Ehegatten abzustellen, sondern darauf, ob ein „besonnener Dritter" bei ruhiger Abwägung aller Umstände auf das Verhalten des anderen Ehegatten mit einem Scheidungsantrag reagieren würde[27]. Dies ist zB der Fall bei ernst zu nehmenden Bedrohungen, Gewalttätigkeiten gegen den anderen Ehegatten (oder gegen die Kinder), ständigem Alkohol- oder Drogen-Missbrauch. Gründe, die zum Scheitern der Ehe führten, reichen dagegen für sich allein genommen generell nicht aus[28].

---

[24] Dazu *Schleicher*, RWP 1978 – 1003 – E II.

[25] Palandt/*Brudermüller*, § 1565, Rn. 9; OLG Rostock, FamRZ 1993, 808; OLG Köln, FamRZ 1992, 319; OLG Brandenburg, FamRZ 1995, 807.

[26] So die hM, vgl. zB: BGH, NJW 1981, 449; OLG Köln, FamRZ 1996, 108; MüKo/*Weber*, § 1565, Rn. 101; Palandt/*Brudermüller*, § 1565, Rn. 9.

[27] OLG Bamberg, FamRZ 1980, 577; OLG Brandenburg, FamRZ 1995, 807.

[28] OLG Köln, FamRZ 1992, 319.

Rechtsprechungsbeispiele für die Nicht-Einhaltung des Mindest-Trennungsjahres:

Anzuerkennende Fälle

- wenn beide Ehegatten sich einem anderen Partner zugewandt haben[29],
- wenn eine Ehefrau nach Auszug aus der Ehewohnung im Haus ihrer Eltern mit dem Bruder ihres Ehemannes in eheähnlicher Gemeinschaft zusammenlebt[30],
- bei Ausübung der Prostitution nach Trennung ohne Einverständnis des Ehemannes[31],
- wenn ein Ehegatte den anderen zum Geschlechtsverkehr zu dritt auffordert[32],
- ernsthafte Bedrohungen[33]; ausreichend ist, dass diese gegenüber Dritten ausgesprochen werden[34].

Rechtsprechungsbeispiele für die Einhaltung des Mindest-Trennungsjahres:

Nicht anerkannte Fälle

- bei von Anfang an gescheiterter Ehe und Nichtaufnahme einer Lebensgemeinschaft, weil sie nur zum Zweck der Aufenthaltserlaubnis geschlossen wurde[35],
- bei Nervenkrankheit eines Ehegatten, insbesondere wenn dies der andere vor der Heirat wusste[36],
- bei homosexuellen Beziehungen, da diese den gleichen Regeln wie heterosexuelle Beziehungen unterliegen und für sich genommen keine unzumutbare Härte darstellen[37],
- Kenntnis vom wahren Grund für Verbüßung mehrjähriger Freiheitsstrafe des Ehegatten nach Heirat[38],
- Aufnahme der neuen Partnerin in die Ehewohnung während krankheitsbedingter Abwesenheit der Ehefrau[39],
- Ehebruch und Zusammenleben mit der neuen Partnerin[40],
- Liebeserklärung gegenüber einer anderen Frau am Tag vor der Hochzeit[41].

IV. Härteklauseln des § 1568

Voraussetzungen

Im Hinblick auf die Scheidungserleichterungen war bei Schaffung des 1. EheRG gefordert worden, in besonderen Härtefällen eine „einseitige“ Ablösung aus einer Ehe nicht zuzulassen. Einzelheiten regelt § 1568. Diese Norm bestimmt, dass eine Ehe trotz nachgewiesenen Scheiterns nicht geschieden werden soll, wenn und solange

- *entweder* die „Aufrechterhaltung der Ehe“ im Interesse gemeinsamer minderjähriger Kinder „aus besonderen Gründen ausnahmsweise“ *notwendig* ist *(Kinderschutzklausel)*

---

29 OLG Stuttgart, FamRZ 1978, 690; OLG Düsseldorf, FamRZ 1992, 319; OLG Rostock, FamRZ 1993, 808.
30 OLG Oldenburg, FamRZ 1992, 682.
31 OLG Bremen, FamRZ 1996, 489.
32 OLG Köln, FamRZ 1996, 108.
33 BGH, FamRZ 1981, 127; OLG Brandenburg, FamRZ 2001, 1458.
34 OLG Dresden BeckRS 2012, 11238.
35 OLG Karlsruhe, FamRZ 1986, 680.
36 OLG Düsseldorf, FamRZ 1993, 809.
37 OLG Köln, FamRZ 1997, 24.
38 OLG Nürnberg, FamRZ 1990, 630.
39 OLG Köln, FamRZ 1992, 319.
40 OLG Düsseldorf, FamRZ 1993, 809.
41 OLG München NJW-RR 2011, 77.

- *oder* die Scheidung für den Ehegatten, der sie ablehnt, eine so schwere Härte darstellen würde, dass die Aufrechterhaltung der Ehe auch unter Berücksichtigung der Belange des Scheidungswilligen ausnahmsweise geboten erscheint *(Ehegattenschutzklausel).*

1. Kinderschutzklausel

Problematik

Fraglich ist, ob die Aufrechterhaltung einer gescheiterten Ehe der Eltern dem Kind wirklich dienlich sein kann, weil damit faktisch nichts geändert wird (und werden kann), sondern die Ehe lediglich „auf dem Papier" bestehen bleibt und das Kind unterhalts- und erbrechtlich durch die Scheidung seiner Eltern keine Schlechterstellung erleidet. Die hM verneint daher, dass das Aufrechterhalten einer gescheiterten Elternehe zum Vorteil des Kindes sei[42]. Dies kann jedoch nicht generell entschieden, sondern muss im Einzelfall überprüft werden. In der Praxis führt die Kinderschutzklausel nur sehr selten zur Versagung einer Scheidung. Dies ist der Fall, wenn „psychische Faktoren in der Person des Kindes [...] das Kindeswohl" gefährden würden.[43]

Anerkannte Fälle

Rechtsprechungsbeispiele für die Anwendung der Kinderschutzklausel:
Die ernsthafte Suizid-Gefahr eines minderjährigen Kindes,[44] jedoch nicht, „wenn dieser Zustand behandlungsfähig ist"[45].

Der Ansicht, nach der sogar starke Bindungen des Kindes an beide Eltern einer Scheidung im Wege stehen können,[46] kann nicht gefolgt werden, da sonst in unzähligen Fällen eine Scheidung nicht möglich wäre und ein formales Fortbestehen der Elternehe Kindern kaum nützen kann (s. o.).

Berücksichtigung von Amts wegen

Die Prüfung, ob eine „Aufrechterhaltung der Ehe" zum Schutz minderjähriger Kinder in Betracht kommt, hat das FamG nicht nur auf Antrag eines Ehegatten, sondern auch von Amts wegen vorzunehmen, also auch bei einverständlichem Scheidungswunsch der Ehegatten. [47]

2. Ehegattenschutzklausel

Berücksichtigung nur auf Antrag

Außergewöhnliche Umstände eines Ehegatten, die einer Scheidung entgegenstehen könnten, sind vom FamG nur zu berücksichtigen, wenn sie von dem die Scheidung ablehnenden Ehegatten vorgebracht werden (§ 127 Abs. 3 FamFG).

Außergewöhnliche Härte

Seelische, gesellschaftliche oder wirtschaftliche Folgen einer Scheidung können grundsätzlich nicht zur Anwendung dieser Härteklausel und damit zur Verzögerung oder gar Verhinderung einer Scheidung führen. Das ist nur dann denkbar, wenn die negativen Auswirkungen für einen Ehegatten auf außergewöhnlichen Umständen beruhen und die Intensität

---

[42] Nachweise bei MüKoBGB/*Weber*, § 1568, Rn. 15, Fn. 32.
[43] OLG Brandenburg NJW-RR 2011, 71.
[44] OLG Hamburg FamRZ 1986, 469.
[45] MüKoBGB/*Weber*, § 1568, Rn. 25, mwN.
[46] OLG Celle, FamRZ 1978, 508.
[47] Ebenso: *Schwab*, Rn. 341; MüKoBGB/*Weber*, § 1568 Rn. 18.

einer schweren, ausnahmsweise nicht zumutbaren Härte erreichen[48]. Dabei können Belastungen, die aus dem Scheitern der Ehe resultieren, nicht berücksichtigt werden, sondern nur solche, die sich zusätzlich aus einer Scheidung ergeben würden[49].

Anerkannte Fälle

Rechtsprechungsbeispiele für die Anwendung der Ehegattenschutzklausel:

- wenn ein schwer kranker Ehegatte durch die Scheidung und die damit verbundenen Auseinandersetzungen zusätzlich schwer belastet würde[50], insbesondere bei Suizid-Gefahr[51],
- wenn eine Frau nach langer Ehe, in der sie sich für ihren Mann besonders aufgeopfert und dessen Betrieb unterstützt hatte, gegen ihren Willen geschieden werden soll[52].

Nicht anerkannte Fälle

Rechtsprechungsbeispiele für die Nichtanwendung der Ehegattenschutzklausel:

- die Androhung eines Suizids des die Scheidung ablehnenden Ehegatten, wenn er nicht in seiner Fähigkeit zu eigenverantwortlichem Tun eingeschränkt ist[53], insbesondere wenn er dieser Gefahr in zumutbarer Weise durch eine Psychotherapie begegnen kann[54],
- wenn die Ausländerbehörde dem ausländischen Ehegatten eines deutschen Staatsangehörigen wegen der Trennung der Eheleute die Aufenthaltserlaubnis nachträglich befristet und die Abschiebung angedroht hat[55],
- wenn die Scheidung einen Ehegatten aufgrund seiner religiösen Überzeugung und wegen seiner Stellung in einer Glaubensgemeinschaft, der er angehört, sehr hart trifft[56],
- Krankheiten, für die die Scheidung nicht mitursächlich ist, können der Scheidung nicht entgegengehalten werden[57].

---

[48] So BGH, FamRZ 1979, 422.
[49] BGH, FamRZ 1981, 1161.
[50] BVerfGE 55, 134.
[51] BVerfG, FamRZ 2001, 896.
[52] BGH, FamRZ 1979, 422.
[53] OLG Celle, FamRZ 1996, 614.
[54] OLG Hamm, FamRZ 1990, 60.
[55] OLG Karlsruhe, FamRZ 1990, 630; OLG Nürnberg, FamRZ 1996, 35.
[56] OLG Stuttgart, FamRZ 1991, 334.
[57] OLG Brandenburg NJW-RR 2011, 71.

Überblick		
Scheidungsvoraussetzungen und Scheidungshindernisse		
Getrenntleben	**Scheidungsmöglichkeit**	**Härteklauseln möglich a) Kinderschutzklausel b) Ehegattenschutzklausel**
weniger als 1 Jahr	nur bei Unzumutbarkeit in der Person des anderen Ehegatten (vgl. § 1565 Abs. 2)	theoretisch a) und b) mögl., d. h. Abwägung von „Härte gegen Härte"
mindestens 1 Jahr	wenn beide scheidungswillig sind und über die wesentlichen Folgesachen Einigkeit besteht (vgl. § 1566 Abs. 1; § 133 Abs. 1 FamFG) – sog. Konventionalscheidung –	a) mögl., da vAwg geprüft b) nicht, da nur auf Antrag (vgl. § 127 Abs. 3 FamFG)
	wenn Scheitern nachweisbar ist gemäß § 1565 Abs. 1 S. 2, auch gegen den Willen des anderen Ehegatten (sog. streitige Scheidung)	a) und b) möglich (s. o.)
mindestens 3 Jahre	einverständl. und streitig mögl., da hier die Ehe stets als unwiderlegbar gescheitert gilt (vgl. § 1566 Abs. 2)	a) und b) möglich (s. o.)

D. Scheidungsfolgen

I. Ehe- und Familienname

Gestaltungsmöglichkeiten

Bei Scheidung bestehen diverse Namensmöglichkeiten:

- Besteht kein gemeinsamer Ehename, so führt natürlich jeder geschiedene Ehegatte seinen bisherigen Namen weiter,[58] dh:
  - entweder seinen Geburtsnamen
  - oder den bei der Heirat geführten Familiennamen (zB aus einer früheren Ehe)
  - oder den aus Ehe- und Geburtsnamen zusammengesetzten Doppelnamen.
- Besteht ein gemeinsamer Ehename, so behalten geschiedene Ehegatten diesen auch nach der Scheidung (vgl. § 1355 Abs. 5 S. 1).
  Der Ehegatte, dessen Name nicht Ehename geworden war, kann nun aber durch (eine öffentlich beglaubigte, zeitlich unbegrenzte) Erklärung gegen über dem Standesbeamten
  - entweder seinen Geburtsnamen wieder annehmen
  - oder den vor der Heirat geführten Familiennamen wieder annehmen
  - oder seinen Geburtsnamen oder den vor der Heirat geführten Familiennamen dem Ehenamen voranstellen oder anfügen (vgl. § 1355 Abs. 5 S. 2 und 3).

[58] Das ist daher alles auch gar nicht ausdrücklich gesetzlich geregelt.

II. Elterliche Sorge

1. Grundsätzlich gemeinsame Ausübung der elterlichen Sorge

Eltern behalten gemeinsame Sorge

Sowohl in Trennungs- als auch in Scheidungsfällen bleibt die gemeinsame elterliche Sorge der Eltern bestehen. Die Argumentation war: *Nur die Partnerschaft wird aufgelöst, nicht jedoch die Elternschaft.* Aus Praktikabilitätsgründen hat jedoch der betreuende Elternteil gemäß § 1687 Abs. 1 in alltäglichen Angelegenheiten sowie in Eilfällen die alleinige Sorgebefugnis (s. dazu unten S. 222f.).

Alleinsorge nur auf Antrag

Die alleinige Ausübung der elterlichen Sorge überträgt das FamG bei nicht nur vorübergehend getrennt lebenden Eltern nur auf Antrag von (mindestens) einem Elternteil ganz oder teilweise auf einen Elternteil (§ 1671). Das gilt somit auch in Scheidungsfällen. Da die Scheidung ein Unterfall des Getrenntlebens ist, wird sie in der Vorschrift gar nicht eigens erwähnt.

oder bei Gefährdung des Kindeswohls

Liegt kein elterlicher Antrag auf Sorgerechtsregelung vor, kann das FamG in Trennungs- und Scheidungsfällen nur noch bei Bekanntwerden von Kindeswohlgefährdungen gemäß §§ 1666, 1666a von Amts wegen tätig werden.

Benachrichtigung des JA durch das FamG

Um sicherzustellen, dass die Betroffenen mit der Entscheidung über die künftige Wahrnehmung der elterlichen Verantwortung nicht *allein gelassen* werden, sondern ihren Anspruch auf Beratung möglichst frühzeitig geltend machen können, muss das FamG das JA von Scheidungsverfahren benachrichtigen, wenn gemeinschaftliche minderjährige Kinder vorhanden sind (§ 17 Abs. 3 SGB VIII). Damit soll gewährleistet werden, dass das JA die Eltern rechtzeitig über das Leistungsangebot der Jugendhilfe zur Entwicklung eines einvernehmlichen Konzeptes zur Wahrnehmung der elterlichen Sorge informieren und seine Hilfe anbieten kann bei der Entwicklung von Bedingungen, die für die Wahrnehmung einer gedeihlichen elterlichen Verantwortung für die Zeit der Trennung oder Scheidung der Eltern erforderlich ist (vgl. auch § 17 Abs. 1 und 2 SGB VIII [59]).

Anhörung der Eltern durch das FamG

Außerdem sieht § 128 Abs. 2 FamFG eine Anhörung beider Ehegatten zur elterlichen Sorge vor, bei der das FamG auch auf bestehende Beratungsmöglichkeiten durch die Beratungsstellen und Dienste der Jugendhilfeträger hinzuweisen hat.

Eigenmächtiger Wegzug eines Elternteils unter Mitnahme des Kindes

„Legal“ Kidnapping

Wenn ein Elternteil gegen den Willen des anderen ihm das gemeinsame Kind vorenthält, wegnimmt oder zusammen mit diesem die gemeinsame Wohnung verlässt und es an einen anderen Ort (eventuell sogar ins Ausland) verbringt, spricht man von *„Legal“ Kidnapping.* Denn dieses Vorgehen ist aufgrund des diesem Elternteil zustehenden Aufenthaltsbestimmungsrechts zwar rechtlich möglich, bei gemeinsamer elterlicher Sorge wegen Verstoßes gegen §§ 1626 und 1627 aber *zweifellos rechtswidrig.* Für diese Fälle sieht das Gesetz keine spezielle Regelung vor. Der betreffende Elternteil müsste beim FamG eine Übertragung des alleinigen Aufenthaltsbestimmungsrechts auf ihn gemäß § 1628 beantragen, da die Regelung dieser Angelegenheit für das Kind von erheblicher Bedeutung ist.

---

[59] Dazu GK-SGB VIII/ *Schleicher,* § 17 Rn. 11–18.

Nur wenn das FamG diesem Antrag entspricht, wäre das Verhalten gerechtfertigt (= *„legal"*). Denselben Antrag könnte natürlich auch der andere Elternteil stellen (oder den auf Übertragung der alleinigen Ausübung der elterlichen Sorge nach § 1671 Abs. 1) und sich darauf berufen, dass infolge des „Herausreißens" des Kindes aus sämtlichen sozialen Bezügen diese Regelung gem. § 1671 Abs. 1 S. 2 Nr. 2 dem Kindeswohl am besten entspricht. Aber auch im Erfolgsfall ist die Vollstreckung in der Praxis meist problematisch bzw. gar nicht möglich, weil derartige Eltern nicht selten unauffindbar sind oder sich ins Ausland abgesetzt haben.

2. Alleinzuständigkeit im Rahmen der Alltagssorge und in Eilfällen

Alleiniges Entscheidungsrecht in alltäglichen Angelegenheiten

Wenn Eltern nicht nur vorübergehend getrennt leben, ist aus Praktikabilitätsgründen gegenseitiges Einvernehmen der Eltern nur noch bei Angelegenheiten erforderlich, deren Regelung für das Kind von erheblicher Bedeutung ist (vgl. § 1687 Abs. 1 S. 1). In Angelegenheiten des täglichen Lebens hat der Elternteil, bei dem sich das Kind rechtmäßig (dh: mit Einwilligung des anderen Elternteils oder aufgrund gerichtlicher Entscheidung) gewöhnlich aufhält, die alleinige sog *Alltagssorge* (§ 1687 Abs. 1 S. 2), also die *alleinige Sorgebefugnis* (vgl. § 1687 Abs. 1 S. 2 und 3) einschließlich der diesbezüglichen *gesetzlichen Vertretung*.[60]

Begriff: Angelegenheiten des täglichen Lebens

Angelegenheiten des täglichen Lebens sind solche, die häufig vorkommen und keine schwer abzuändernden Auswirkungen beim Kind haben (§ 1687 Abs. 1 S. 3).

Beispiele: Organisation des täglichen Lebens des Kindes inkl. Freizeitgestaltung und Hausaufgaben, insbesondere Betreuungs- und Erziehungsfragen einschließlich der alltäglichen Entscheidungen im Bereich der schulischen oder beruflichen Ausbildung (wie Nachhilfeunterricht, Teilnahme an schulischen Veranstaltungen etc.);

Freizeitgestaltung samt Urlaubsfahrten sowie Beitritt in Sport- und andere Vereine;

Kontakte mit Verwandten, Freunden, Nachbarn etc.;

Anschaffung von Spielzeug (inkl. Audio, Video, PC-Zubehör) und Kleidung; Einzahlungen und Abhebungen von Sparbüchern;

medizinische Behandlungen (mit Ausnahme von Operationen, Zahnregulierungen);

Verwaltung eventueller Arbeitsverdienste der Jugendlichen

Bei Verstößen FamG-Entscheidung möglich

Dabei hat der betreffende Elternteil alles zu unterlassen, was das Verhältnis des Kindes zum anderen Elternteil beeinträchtigt oder die Erziehung erschwert (§§ 1687 Abs. 1 S. 5, 1684 Abs. 2 S. 1). Bei Verstößen kann das FamG diese Befugnis auf Antrag oder (bei entsprechender Kenntnis [zB durch das JA]) von Amts wegen einschränken oder ausschließen, wenn dies zum Kindeswohl erforderlich ist (§ 1687 Abs. 2).

Alleinentscheidung in Eil- und Notfällen

Bei Gefahr im Verzug (zB bei Unfällen, Blinddarmdurchbruch o. ä.) ist der betreuende Elternteil ausdrücklich berechtigt, alle Rechtshandlungen allein vorzunehmen, die zum Kindeswohl notwendig sind, wovon allerdings der andere Elternteil unverzüglich unterrichtet werden muss (§§ 1687 Abs. 1 S. 5, 1629 Abs. 1 S. 4).

Geltendmachung von Unterhaltsansprüchen gegen den anderen Elternteil

Während des Getrenntlebens kann jeder Elternteil gegen den anderen Unterhaltsansprüche des Kindes geltend machen – jedoch nicht im Na-

[60] BT-Drs. 13/4899, S. 107.

men des Kindes, sondern nur im eigenen Namen (§ 1629 Abs. 3 S. 1). Diesbezügliche gerichtliche Entscheidungen und zwischen den Eltern geschlossene gerichtliche Vergleiche wirken allerdings auch für und gegen das Kind (§ 1629 Abs. 3 S. 2).

Einigungspflicht bei Fällen von erheblicher Bedeutung

In Angelegenheiten, deren Regelung für das Kind von erheblicher Bedeutung ist, müssen die Eltern sich einigen (§ 1687 Abs. 1 S. 1).

Beispiele: Aufenthaltsbestimmung (insbesondere Unterbringung in Pflegestellen, Heimeinrichtungen, Internaten);
Unterbindung von Kontakten zu nahen Verwandten;
An- und Abmeldung in Vorschuleinrichtungen, Einschulung, Schulwechsel, Beginn und Beendigung einer Berufsausbildung;
Entscheidungen im Rahmen der religiösen Erziehung (wie Taufe, Firmung, Kommunion, Konfirmation oder Bekenntniswechsel);
Operationen, Zahnregulierungen;
Kreditaufnahme.

Bei Uneinigkeit § 1628 anwendbar

In diesen Fällen ist bei Uneinigkeit oder gar Streit (wie bei zusammenlebenden Eltern auch) die Anrufung des FamG möglich, das dann die Alleinentscheidung in der betreffenden Angelegenheit einem Elternteil allein übertragen kann (vgl. § 1628 sowie S. 298).

3. Aufhebung gemeinsamer Sorge grundsätzlich nur auf elterlichen Antrag

Antrag erforderlich

Voraussetzung für eine Sorgerechtsregelung bei nicht nur vorübergehendem Getrenntleben der Eltern (also insbesondere bei Scheidung) ist, dass mindestens ein Elternteil einen diesbezüglichen Antrag beim FamG stellt (vgl. § 1671 Abs. 1).

Kein Antragsrecht des Kindes und des JA

Das JA und das Kind besitzen dagegen kein Antragsrecht, da es allein als Sache der Eltern angesehen wurde, über die Beibehaltung der elterlichen Sorge zu entscheiden.[61] Liegt kein elterlicher Antrag auf Sorgerechtsregelung vor, behalten getrennt lebende Eltern stets die gemeinsame Ausübung der elterlichen Sorge. Das gilt auch bei Scheidung, und zwar selbst dann, wenn JA und/oder FamG diesbezüglich Bedenken haben.

Grundsätzlich keine Entscheidung von Amts wegen

Selbst wenn solche Bedenken bestehen, kann das FamG die Ausübung der elterlichen Sorge dann nicht von Amts wegen einem Elternteil (ganz oder teilweise) allein übertragen. Vielmehr kann seitens des JA wie auch des FamG nur bei den Eltern angeregt werden, einen Antrag auf Sorgerechtsregelung nach § 1671 zu stellen. Bei Getrenntleben oder Scheidung der Eltern ist es somit dem FamG von Amts wegen (dh: ohne elterlichen Antrag) nur noch in Fällen der Gefährdung des Kindeswohls (unter den Voraussetzungen der §§ 1666, 1666a – s. dazu S. 321 ff.) oder bei längerem tatsächlichen Ausfall eines Elternteils (s. dazu § 1674 sowie S. 311 f.) möglich, einem Elternteil die Ausübung der elterlichen Sorge teilweise oder ganz zu beschränken und dem anderen insoweit allein zu übertragen.

Vermittlung durch das FamG

Kommt es bei Getrenntleben (insbesondere bei Scheidung) gemeinsam sorgeberechtigter Eltern auf deren Antrag zu einem Sorgerechtsverfahren, so ist dem FamG in § 156 FamFG explizit die Aufgabe zugewiesen, auf ein Einvernehmen der Beteiligten (und damit auf eine dem Kindeswohl entsprechende Regelung) hinzuwirken. Dies soll so früh wie möglich und

[61] BT-Drs. 13/4899, S. 64.

in jeder Lage des Verfahrens geschehen, wobei die Beteiligten baldmöglichst angehört und auf bestehende Beratungsmöglichkeiten hingewiesen werden sollen. Zu diesem Zweck kann sogar das Sorgerechtsverfahren ausgesetzt werden, sofern Aussicht auf Einvernehmen der Beteiligten oder zumindest deren Bereitschaft zur außergerichtlichen Beratung besteht und dies nicht zu einer für das Kindeswohl nachteiligen Verzögerung der gerichtlichen Entscheidung führt (§ 21 Abs. 1 FamFG).

Einstweilige Anordnungen

Um Letzteres zu vermeiden, kann das FamG unterdessen von Amts wegen schon einstweilige Anordnungen bezüglich der elterlichen Sorge erlassen (§ 156 Abs. 3 FamFG).

4. Entscheidungsmöglichkeiten des FamG

Regelung der Ausübung der elterlichen Sorge

Falsche Terminologie

§ 1671 Abs. 1 S. 1 besagt, dass die Eltern (zusammen oder einzeln) beantragen können, dass das FamG einem von ihnen die elterliche Sorge teilweise oder insgesamt allein *„überträgt“*. Diese Bezeichnung ist (und war auch schon nach früherer Gesetzeslage) aus mehreren Gründen *schlichtweg falsch*.[62] Bei der elterlichen Sorge handelt es sich nämlich nicht nur um eine Pflicht der Eltern, sondern auch um deren verfassungsmäßig garantiertes Grundrecht (vgl. Art. 6 Abs. 2 S. 1 GG). Dieses besitzen sie aufgrund ihrer Elternposition. Es kann ihnen daher gerichtlich weder übertragen noch genommen, sondern nur dessen Ausübung näher geregelt sowie auch beschränkt werden. Letzteres geschieht, wenn aufgrund eines elterlichen Antrags gemäß § 1671 vom FamG eine Sorgerechtsregelung getroffen wird, denn der Sache nach handelt es sich hier um den (teilweisen oder völligen) Entzug der Ausübung elterlicher Sorge.

Elterliche Anträge auf partielle oder gesamte alleinige Ausübung

Hier ist jede Aufteilung denkbar, die ihnen sinnvoll erscheint. Maßgeblich hierfür wird wohl sein, ob bezüglich der Ausübung einzelner Bereiche der elterlichen Sorge zwischen ihnen Differenzen bestehen oder nicht.

So kann zB beantragt werden, dass

Beispiele:

- ein Elternteil die Personensorge allein ausübt,
- ein Elternteil die Personen- und der andere die Vermögenssorge allein ausübt,
- einem Elternteil die Ausübung des Erziehungs- und/oder Aufenthaltsbestimmungsrechts allein zusteht und sie die restlichen Teile weiterhin gemeinsam ausüben.

Bindung des Gerichts an elterliche Anträge

Voraussetzungen

Das FamG muss dem Antrag eines Elternteils auf (teilweise oder völlige) alleinige Ausübung der elterlichen Sorge stattgeben, soweit

Konsens zwischen Eltern und Kind

- *entweder* der andere Elternteil zustimmt und ein bereits 14 Jahre altes Kind nicht widerspricht (vgl. § 1671 Abs. 1 S. 2 Nr. 1)

Kindeswohl erfordert Alleinsorge

- *oder* zu erwarten ist, dass die Aufhebung der gemeinsamen Ausübung der elterlichen Sorge und die alleinige Ausübung durch den antragstellenden Elternteil dem Kindeswohl am besten entsprechen (vgl. § 1671 Abs. 1 S. 2 Nr. 2).

---

[62] So auch die Gesetzesbegründung, in der es jedoch hieß: „diese sprachliche Ungenauigkeit soll hingenommen werden“ (BT-Drs. 13/4899, S. 99).

Ausnahmefälle: § 1674 oder § 1666

Das FamG darf einem elterlichen Antrag allerdings nicht stattgeben, soweit die elterliche Sorge aufgrund anderer Vorschriften abweichend geregelt werden muss (§ 1671 Abs. 4). Das ist zB dann der Fall, wenn ein Elternteil für längere Zeit die elterliche Sorge tatsächlich nicht ausüben kann (vgl. § 1674) oder die Voraussetzungen für den Entzug der Ausübung der elterlichen Sorge nach den §§ 1666, 1666a erfüllt sind.

Elterliches Einvernehmen und Kindeswille (§ 1671 Abs. 1 S. 2 Nr. 1)

Kein Veto-Recht des Kindes

Vom übereinstimmenden Elternwillen kann gerichtlich nur dann abgewichen werden, wenn ein bereits 14 Jahre altes Kind dem widerspricht. Das Kind hat aber *kein Veto-Recht*. Jedoch kann es ab diesem Zeitpunkt verhindern, dass ein gemeinsamer Elternvorschlag vom FamG ohne jegliche Überprüfung übernommen wird. Denn in diesem Fall muss das Gericht dann nach § 1671 Abs. 1 S. 2 Nr. 2 entscheiden (s. dazu unten). Ansonsten kann das FamG allein aus Kindeswohlgründen nicht mehr von gemeinsamen Elternvorschlägen abweichen (wie das nach § 1671 Abs. 3 S. 1 aF möglich gewesen war), sondern nur noch in Fällen des Absatzes 4 (s. dazu oben). Hier wurde also die Elternautonomie gestärkt und die Kindesinteressen nicht mehr eigens für schützenswert erachtet. Das erscheint nicht unproblematisch (s. dazu unten 5.).

Kindeswohl als oberste Maxime (§ 1671 Abs. 1 S. 2 Nr. 2)

Einseitige Elternwünsche oder Elternstreit

Die Vorschrift enthält die Voraussetzungen, unter denen elterlichen Anträgen auch dann stattgegeben werden muss, wenn der andere Elternteil nicht zustimmt oder sogar dagegen ist. Das ist der Fall, wenn zu erwarten ist, dass die Aufhebung der gemeinsamen Ausübung der elterlichen Sorge und die alleinige Ausübung durch den antragstellenden Elternteil dem Kindeswohl am besten entspricht. Dem liegt die Erwartung zu Grunde, dass sowohl die Aufhebung der gemeinsamen Ausübung der elterlichen Sorge als auch die nunmehr alleinige Ausübung der elterlichen Sorge (oder von Teilen derselben) dem Kindeswohl am besten gerecht wird. Im Gegensatz zum früheren Recht (vgl. § 1671 Abs. 2 aF) wird gesetzlich nicht mehr ausdrücklich auf die Berücksichtigung der familiären und sozialen Bindungen des Kindes hingewiesen, weil diese ohnehin nur eines von mehreren entscheidungserheblichen Kriterien seien, da auch hiervon abweichende Wünsche des Kindes sowie Betreuungsmöglichkeiten oder Wohnverhältnisse Einfluss auf die gerichtliche Entscheidung haben.[63] Das ist zweifellos richtig. Dennoch ist der Wegfall des Hinweises auf die Bindungen des Kindes aus dessen Sicht zu bedauern.

Übertragung des Sorgerechts bei allein sorgeberechtigten Müttern

Bei allein sorgeberechtigten Müttern, die mit dem Vater ihres Kindes zusammenleben, kann der Vater des Kindes das alleinige oder partielle Sorgerecht beantragen (§ 1671 Abs. 2 S. 1). In welchen Fällen das Familiengericht dem Antrag stattgeben muss, ergibt sich aus § 1671 Abs. 2 S. 2. Insoweit gelten die obigen Ausführungen entsprechend.

---

63 BT-Drs. 13/4899, S. 99.

5. Problematik der gesetzlichen Regelung

Gesetzl. Intention: Elternautonomie stärken u. Elternschaft erhalten

Zielsetzung des Kindschaftsrechtsreformgesetzes war, durch Abbau staatlicher Reglementierung die Autonomie der Eltern zu stärken sowie dem Umstand besser Rechnung zu tragen, dass trotz Auflösung der elterlichen Partnerschaft ihre Elternverantwortung bestehen bleibt[64]. Denn Untersuchungen hatten angeblich ergeben, dass mehr als die Hälfte aller geschiedenen Väter bereits ein Jahr nach ihrer Scheidung keinerlei Kontakt mehr zu ihrem Kind hatten.[65] Dieser Reformbereich war (und ist noch) zT heftig *umstritten*. Die Kritik richtet sich vor allem dagegen, hierdurch werde die gemeinsame elterliche Sorge von geschiedenen und anderen getrennt lebenden Eltern gegenüber der Alleinsorge unangemessen bevorzugt (Vorwurf: *„Regelfall-Modell"*). Allerdings muss sich das FamG auf Antrag eines Elternteils mit der Angelegenheit befassen und bereits dann eine abweichende gerichtliche Regelung treffen, wenn zu erwarten ist, dass dies dem Kindeswohl am besten entspricht (§ 1671 Abs. 2 Nr. 2 BGB). Fraglich ist, ob sich (gemäß einer in der Praxis weit verbreiteten Meinung) aus § 1671 ein Vorrang gemeinsamer elterlicher Sorge als „Regelfall" ergibt.[66] Der *BGH* hat dazu unter Hinweis auf die *Begründung zum KindRG*[67] festgestellt:

Regelfall-Modell?

„Die Neuregelung des Rechts der elterlichen Sorge durch das KindRG enthält kein Regel-Ausnahme-Verhältnis in dem Sinn, dass eine Priorität zugunsten der gemeinsamen elterlichen Sorge bestehen und die Alleinsorge eines Elternteils nur in Ausnahmefällen als *ultima ratio* in Betracht kommen sollte."[68] Es solle zwar in erster Linie Sache der Eltern sein zu entscheiden, ob sie die gemeinsame Sorge nach ihrer Scheidung beibehalten wollen oder nicht. Daraus sei jedoch nicht der Schluss zu ziehen, dass der gemeinsamen Sorge künftig ein Vorrang vor der Alleinsorge eines Elternteils eingeräumt werden sollte. Ebenso wenig bestehe eine gesetzliche Vermutung dafür, dass die gemeinsame elterliche Sorge im Zweifel die für das Kind beste Form der Wahrnehmung elterlicher Verantwortung sei.[69] Einer solchen Regelung „stände bereits entgegen, dass sich elterliche Gemeinsamkeit in der Realität nicht verordnen lässt."[70]

Das *BVerfG* hat dazu entschieden, es sei in Scheidungsfällen „von Verfassungs wegen nicht geboten, der gemeinsamen Sorge einen Vorrang einzuräumen". Ein solcher finde sich auch nicht in der Regelung des § 1671 wieder. Genauso wenig könne vermutet werden, dass die gemeinsame Sorge nach der Trennung der Eltern im Zweifel die für das Kind beste Form der Wahrnehmung elterlicher Verantwortung sei.[71]

Es ist daher zu betonen, dass in Trennungs- und Scheidungsfällen auch nach der Kindschaftsrechtsreform die Jugendhilfe nach wie vor die Aufgabe hat, nach einer dann noch bestmöglichen Lösung für die betroffe-

---

[64] S. BT-Drs. 13/4899, S. 63.

[65] So BT-Drs. 13/4899, S. 63 – ohne jeden Beleg.

[66] Dagegen wendet sich unter Berufung auf die Entscheidung des BGH FamRZ 1999, 1646–1648) u. a. *Fieseler* in: Bier-Fleiter/Weiß, S. 170f.

[67] S. BT-Drs. 13/4899, S. 63 und 99.

[68] BGH, FamRZ 1999, 1647.

[69] BGH, aaO unter Hinweis auf die Begründung zum KindRG, BT-Drucks. 13/4899, S. 63.

[70] BGH, aaO

[71] BVerfG, Kind-Prax 2004, S. 107.

nen Minderjährigen zu suchen (s. dazu S. 67 ff.). Dabei ist aber nicht etwa Zielsetzung, beinahe „krampfhaft" die gemeinsame Ausübung der elterlichen Sorge anzustreben.[72]

Die gesetzliche Regelung erscheint aus folgenden Gründen nicht unproblematisch:

Eltern oft überfordert oder zerstritten

Die Autonomie der Eltern zu stärken bedeutet, darauf zu setzen, dass bei ihnen generell ausreichendes Verantwortungsbewusstsein vorhanden und keine Hilfe von außen nötig ist. Davon kann jedoch – quer durch alle sozialen Schichten – bei weitem nicht bei allen Eltern ausgegangen werden, sondern viele sind mit der Regelung der Ausübung der elterlichen Sorge nach ihrer Scheidung enorm belastet oder auch überfordert. Erst recht geraten die Belange der Kinder all zu leicht ins Hintertreffen, wenn die Eltern sehr in ihre eigene Auseinandersetzung verstrickt sind. Dies gilt insbesondere dann, wenn ein Elternteil den anderen stark dominiert oder wenn die Eltern heftig zerstritten sind. In all diesen Konstellationen ist deshalb zu befürchten, dass die Eltern gerade dann fachliche Besprechung und Beratung scheuen, daher weder JA noch FamG von diesen bestehenden Problemen Kenntnis erlangen und somit trotz bestehenden Bedarfs keine Hilfe erfolgt. Um den (bereits im Gesetzgebungsverfahren geäußerten) Befürchtungen zu begegnen, dass das Kind mit seinen Bedürfnissen im Scheidungsverfahren überhaupt nicht mehr zur Kenntnis genommen wird, sondern nur noch eine Objekt-Rolle spielt, ist allerdings Folgendes vorgesehen worden:

Problemlösungsversuche zweifelhaft

Info des FamG an JA

- Die FamG, die vom Vorhandensein gemeinschaftlicher minderjähriger Kinder aufgrund des Scheidungsantrags gemäß § 133 Abs. 1 Nr. 1 FamFG Kenntnis haben, müssen gemäß § 17 Abs. 3 SGB VIII das JA hierüber informieren, damit es den Eltern rechtzeitig Beratung und Unterstützung bei der Entwicklung eines einvernehmlichen Konzepts für die Wahrnehmung ihrer elterlichen Sorge anbieten kann (s. dazu S. 67 ff.).
- Außerdem sieht § 128 Abs. 2 FamFG eine Anhörung der Ehegatten zur elterlichen Sorge vor, bei der die FamG auch auf bestehende Beratungsmöglichkeiten durch die Beratungsstellen und Dienste der Jugendhilfeträger hinzuweisen haben.

Elternanhörung durch FamG

Elternwille nur bei § 1674 oder § 1666 unbeachtlich

Aber selbst wenn JA und/oder FamG bei getrennt lebenden oder geschiedenen Eltern bezüglich der weiteren gemeinsamen Ausübung der elterlichen Sorge Bedenken haben und eine andere Lösung für das Kind für besser halten, kann diese dann nicht von Amts wegen dem anderen Elternteil übertragen werden. Vielmehr ist es auch in den Fällen des Getrenntlebens oder der Scheidung der Eltern nur noch bei Ruhen der elterlichen Sorge (§ 1674) oder bei Vorliegen einer Kindeswohlgefährdung unter den Voraussetzungen der §§ 1666, 1666a möglich, einem Elternteil mit den sich aus § 1680 Abs. 3 ergebenden Konsequenzen die elterliche Sorge teilweise oder ganz zu beschränken. In allen anderen Fällen kann seitens des JA wie auch des FamG nur bei den Eltern angeregt werden, einen Antrag auf Sorgerechtsregelung nach § 1671 zu stellen.

---

[72] *Fieseler* in: Bier-Fleiter/Weiß, S. 171, geißelt diese in vielen Jugendämtern verbreitete Tendenz und spricht dabei von „vorauseilendem Gehorsam".

Zusammenfassung

Gesetzliche Regelung in Trennungs- und Scheidungsfällen:

- In beiden Fällen bleibt die gemeinsame elterliche Sorge der Eltern bestehen. In alltäglichen Angelegenheiten sowie in Eilfällen hat jedoch der betreuende Elternteil die alleinige Sorgebefugnis (§ 1687 Abs. 1 S. 2 und 5).
- Eine Sorgeregelung durch das FamG ist nur noch auf Antrag von (mindestens) einem Elternteil vorgesehen (§ 1671 Abs. 1).
- Beantragen Eltern übereinstimmend eine Aufteilung der Sorgebefugnis, kann das FamG nur anders entscheiden, wenn ein bereits 14 Jahre altes Kind widerspricht oder die elterliche Sorge gemäß § 1674 oder §§ 1666, 1666a anders geregelt werden muss (§ 1671 Abs. 2 Nr. 1 und Abs. 3).
- Von Amts wegen kann das FamG nur noch tätig werden bei Ruhen der elterlichen Sorge (§ 1674) und bei Kindeswohlgefährdungen (§§ 1666, 1666a), nicht jedoch, wenn das JA oder das FamG eine andere Regelung zum Kindeswohl für besser halten.

III. Versorgungsausgleich

Das 1. EheRG führte 1977 mit dem Versorgungsausgleich ein weltweit neues Institut ein, mit dem bei einer Scheidung die Partizipation an den während der Ehe erworbenen Versorgungsansprüchen sichergestellt werden sollte. Einzelheiten regelt das Versorgungsausgleichsgesetz (VersAusglG).

Aufgabe des Versorgungsausgleichs

Das Recht des Versorgungsausgleichs geht davon aus, dass die während der Ehe erworbenen Anrechte auf Alters- und Invaliditätsversorgung auf der gemeinsamen Leistung der Ehegatten beruhen. Deshalb sind diese nach der Scheidung zu teilen. Hierdurch wird insbesondere sichergestellt, dass eine „Nur-Hausfrau“ oder ein „Nur-Hausmann“ nach der Scheidung eigenständig gegen die Risiken des Alters und der Invalidität abgesichert und nicht auf Unterhaltszahlungen des früheren Partners angewiesen ist.

Aufzuteilende Anrechte

Im Versorgungsausgleich wird jede während der Ehe erworbene Versorgungsanwartschaft im Inland und Ausland und Ansprüche auf laufende Versorgungen gesondert geteilt (vgl. § 2 VersAusglG).

Vereinbarungen der Ehegatten

Die Ehegatten können Vereinbarungen über den Versorgungsausgleich schließen (§ 6 Abs. 1 S. 1 VersAusglG). Die Vereinbarung ist nur wirksam, wenn sie notariell beurkundet oder gerichtlich protokolliert wurde (§ 7 VersAusglG). Sie muss einer Inhalts- und Ausübungskontrolle standhalten (§ 8 VersAusglG), darf also einen Ehegatten nicht sittenwidrig benachteiligen.

Wertausgleich bei Scheidung

Schließen die Ehegatten keine Vereinbarung, führt das FamFG einen Wertausgleich durch (§§ 9 ff. VersAusglG). Das VersAusglG unterscheidet dabei zwischen interner und externer Teilung.

Interne Teilung

Bei der internen Teilung werden die Ansprüche innerhalb des jeweiligen Versorgungssystems geteilt (§ 10 VersAusglG). Das FamG überträgt die bei einem Versorgungsträger (zB Deutsche Rentenversicherung Bund) bestehenden Anwartschaften zur Hälfte auf den anderen Ehegatten. Das Anrecht des anderen Ehegatten wird entsprechend gekürzt.

Externe Teilung

Bei der externen Teilung begründet das FamG für die ausgleichsberechtigten Ehegatten einen Versorgungsanspruch bei einem anderen Versorgungsträger (§ 14 Abs. 1 VersAusglG). Der Versorgungsträger des ausgleichspflichtigen Ehegatten zahlt an den anderen Versorgungsträger einen

Ausgleichsbetrag. Der Anspruch des ausgleichspflichtigen Ehegatten wird entsprechend gekürzt. Die externe Teilung ist nur zulässig, wenn

- der ausgleichsberechtigte Ehegatte und der Versorgungsträger des ausgleichspflichtigen Ehegatten dies vereinbaren,
- der Versorgungsträger des ausgleichspflichtigen Ehegatten dies verlangt
- eine Beamtenversorgung oder eine ähnliche Versorgung aufgeteilt wird (§§ 14 Abs. 2, 16 VersAusglG).

Ausnahmen vom Versorgungsausgleich

Die §§ 18, 19 VersAusglG zählen Fälle auf, in denen der Versorgungsausgleich ausgeschlossen ist, zB bei einer geringfügigen Differenz oder bei einem geringfügigen Ausgleichswert. Der Versorgungsausgleich ist weiter ausgeschlossen, wenn die Ehegatten dies vereinbarten. Dauerte die Ehe kürzer als drei Jahre, werden die Versorgungsansprüche nur ausgeglichen, wenn ein Ehegatte dies beantragt (§ 3 Abs. 3 VersAusglG).

Ausgleichsansprüche nach der Scheidung

Wurde ein Anrecht nicht durch den Wertausgleich ausgeglichen (Beispiel: das Anrecht war noch nicht ausgleichsreif, § 19 VersAusglG), kann der Ausgleichsberechtigte den Ausgleich nach der Ehe verlangen (§§ 20 ff. VersAusglG). Der Ausgleich erfolgt mittels schuldrechtlicher Ausgleichszahlung (§§ 20 ff. VersAusglG). Abfindung ist möglich.

Abänderung der Entscheidung

Ändert sich der Wert eines Anrechts (zB wegen geänderter Vorschriften), kann beantragt werden, den Versorgungsausgleich des betroffenen Rechts zu ändern (§§ 32 ff. VersAusglG).

Teilhabe an Hinterbliebenenversorgung

Stirbt ein ausgleichsberechtigter Ehegatte und besteht ein noch nicht ausgeglichenes Anrecht, hat der ausgleichsberechtigte Ehegatte gegen den Versorgungsträger Anspruch auf Hinterbliebenenversorgung in dem Umfang, wie wenn die Ehe im Zeitpunkt des Todes noch bestanden hätte. Leistet ein ausländischer, zwischenstaatlicher oder überstaatlicher Versorgungsträger an die Witwe/den Witwer, besteht der Ausgleichsanspruch gegen diese/diesen.

IV. Unterhaltsansprüche geschiedener Ehegatten

1. Allgemeines

Prinzip der Eigenverantwortung

Aus § 1569 folgt, dass jeder Ehegatte nach der Scheidung grundsätzlich selbst für seinen Lebensunterhalt aufkommen muss.

Nachehelicher Unterhalt nur in bestimmten Fällen

Nachehelicher Unterhalt kann nur beansprucht werden, wenn einer der Berechtigungsgründe der §§ 1570–1576 vorliegt. Dies bringt § 1569 dadurch zum Ausdruck, dass ein Anspruch nur „nach den folgenden Vorschriften" besteht.

Ziele des Gesetzes

Mit der Scheidung ist die sich aus § 1353 Abs. 1 S. 2 ergebende gegenseitige Beistandspflicht von Eheleuten an sich beendet. Im Unterhaltsrecht wirkt sie jedoch zT weit über die Scheidung hinaus nach (vgl. §§ 1569 ff.). Hier wird geschiedenen Ehegatten einiges abverlangt. Gerechtfertigt wird dies meist als Nachwirkung der ehelichen Solidarität. So geht zB das *Bundesverfassungsgericht* von einer über die Scheidung hinaus fortwirkenden personalen Verantwortung beider Ehegatten aus.[73] Gerechtfertigt wird diese nacheheliche Solidarität damit, dass ehebedingte Bedürfnislagen vom wirtschaftlich Stärkeren ausgeglichen werden müssten. Dies erscheint

---

[73] BVerfG, FamRZ 1981, 745 (748).

adäquat, soweit und solange ein Elternteil wegen der Betreuung gemeinsamer minderjähriger Kinder nicht für seinen Lebensunterhalt selbst sorgen kann oder um der Familie willen während der Ehe seine berufliche Entfaltung eingeschränkt oder ganz aufgegeben hat. Problematisch erscheint jedoch, dass Unterhaltsverpflichtungen auch dann bestehen, wenn deren Ursachen nicht in der Ehe wurzeln, sondern auf anderen Gründen beruhen (wie zB Arbeitslosigkeit oder Krankheit). Kritisch zu betrachten ist dabei vor allem, dass der Berechtigungsgrund generell weder Einfluss auf Rangfolge, Höhe oder Dauer[74] des Unterhaltsanspruchs hat.

Anspruchsgrundlage

S. zunächst die Übersicht zu den Unterhaltsansprüchen auf S. 198. § 1569 ist keine Anspruchsnorm (auch keine Art Generalklausel). Anspruchsgrundlage des Anspruches auf nachehelichen Unterhalt sind vielmehr die einzelnen Berechtigungsgründe der §§ 1570 ff.

Anspruchsvoraussetzungen

Die einzelnen Anspruchsvoraussetzungen ergeben sich abschließend (§ 1569) aus den §§ 1570–1586b. Im Einzelnen sind folgende Voraussetzungen zu prüfen:

Voraussetzungen des Anspruches auf Geschiedenenunterhalt:

- rechtskräftige Scheidung
- Vorliegen eines Berechtigungsgrundes nach den §§ 1570 ff.
- Bedürftigkeit des Unterhalt begehrenden Ehegatten
  - Umfang des Lebensbedarfes
  - abzüglich einzusetzendes Einkommen, ggf. fiktives Einkommen und Vermögen
- Leistungsfähigkeit des in Anspruch genommen Ehegatten
- Fehlen von Ausschlussgründen.

Unerheblich ist, in welchem Güterstand die geschiedenen Ehegatten lebten und welcher Scheidungsgrund (anders als früher nach dem EheG) vorliegt.

Anspruchsinhalt

Sind diese Voraussetzungen erfüllt, besteht ein Anspruch auf Unterhalt in Höhe des nicht gedeckten notwendigen Lebensunterhalts. Einzelheiten bezüglich Art, Zahlungszeitpunkt, etc. legen wiederum die §§ 1570 ff. fest.

2. Gesetzlich anerkannte Unterhaltsberechtigungsgründe

Abschließende Regelung in den §§ 1570–1576

Die §§ 1570–1573, 1575, 1576 legen abschließend fest, wann in Scheidungsfällen eine Unterhaltsberechtigung besteht. Leitender Gesichtspunkt ist dabei, dass in bestimmten Fallkonstellationen von einem geschiedenen Ehegatten keine Erwerbstätigkeit zu erwarten ist.

Erwerbstätigkeit

Zusätzlich zu der jeweiligen speziellen „Erwartungsformel" der vorgenannten Vorschriften stellt § 1574 Abs. 1 allgemein klar, dass geschiedene Ehegatten nicht jede Arbeit, eine ihnen gemäß § 1574 Abs. 2 „angemessene Erwerbstätigkeit" übernehmen müssen. Diesen unbestimmten Rechtsbegriff konkretisiert § 1574 Abs. 2. Danach ist eine Erwerbstätig-

---

[74] Bei Ansprüchen nach § 1573 besteht allerdings eine Begrenzungsmöglichkeit (s. S. 238 f.).

keit nur dann angemessen, wenn sie der Ausbildung, den Fähigkeiten, einer früheren Erwerbstätigkeit, dem Lebensalter und dem Gesundheitszustand des betreffenden Ehegatten sowie den ehelichen Lebensverhältnissen entspricht. Bei Letzteren ist sowohl Ehe- wie Betreuungs-Dauer gemeinschaftlicher Kinder zu berücksichtigen.

Angemessenheit

Andererseits sind geschiedene Ehegatten aber auch verpflichtet, sich ausbilden, fortbilden oder umschulen zu lassen, soweit dies „zur Aufnahme einer angemessenen Erwerbstätigkeit erforderlich und ein erfolgreicher Abschluss zu erwarten ist" (§ 1574 Abs. 3).

Verpflichtung zur Aus-/Fortbildung/ Umschulung

Die einzelnen Unterhaltsberechtigungsgründe der §§ 1570–1572, 1576 können nebeneinander bestehen (insbesondere § 1570 und § 1572 sowie § 1572 und § 1571). Der Anspruch nach § 1573 Abs. 1 schließt dagegen logischerweise andere Berechtigungsgründe aus, wenn er dies auch nur ausdrücklich für die Ansprüche nach den §§ 1570–1572 besagt.[75] Das Verhältnis von § 1576 zu den anderen Unterhaltsberechtigungsgründen wird unterschiedlich gesehen. Aus seiner Entstehungsgeschichte ist mE zu schließen, dass er nur in Betracht kommt, wenn andere Ansprüche nicht gegeben sind; der *BGH* nimmt Subsidiarität gegenüber § 1570 an und hat dies gegenüber den anderen Berechtigungsgründen offen gelassen.[76] Die einzelnen Unterhaltsberechtigungsgründe können zT nacheinander geltend gemacht werden (zB erst § 1570, danach § 1575, dann § 1572 und schließlich § 1571). Kritiker bezeichnen dies als *„maschendichtes Unterhaltsnetz"*, da uU lebenslang Ansprüche bestehen.

Verhältnis der Ansprüche zueinander

Unterhaltsnetz

Auch wenn im Einzelfall ein konkreter Unterhaltsberechtigungsgrund vorliegt, ist stets § 1577 Abs. 1 zu beachten, dh: ob der betreffende Ehegatte noch angemessen selbst für sich sorgen kann (s. dazu oben).

Pflicht zum Selbsterhalt beachten

Zusammenfassung

Gesetzlich abschließend geregelte Unterhaltsberechtigungsgründe

- Kinderbetreuung, dh Pflege oder Erziehung gemeinschaftlicher Kinder (§ 1570)
- Altersgründe (§ 1571)
- Krankheit, Schwäche, Gebrechen (§ 1572)
- fehlende angemessene Erwerbstätigkeit (§ 1573 Abs. 1 und 3)
- zu geringe eigene Einkünfte (§ 1573 Abs. 2)
- Ausbildung, Fortbildung, Umschulung (§ 1575)
- Billigkeitsgründe (§ 1576)

Die gesetzliche Reihenfolge entspricht nur zum Teil der Häufigkeit in der Praxis.

Bei der Prüfung sämtlicher Unterhaltsberechtigungsgründe sind stets §§ 1569 und 1574 zu beachten!

a) Unterhalt wegen Kinderbetreuung

Ein geschiedener Ehegatte kann vom anderen Unterhalt wegen der Pflege oder Erziehung eines gemeinschaftlichen Kindes für mindestens drei Jahre

Voraussetzungen Kinder unter drei Jahre

[75] Ebenso: MüKoBGB/*Maurer*, § 1573, Rn. 1.
[76] BGH, FamRZ 1984, 361.

nach der Geburt (sog Basisunterhalt) verlangen (§ 1570 Abs. 1 S. 1). Ob er das Kind betreuen will, kann er frei entscheiden.

Kinder über drei Jahre

Betreut ein Ehegatte ein Kind über drei Jahre, erhält er Unterhalt, solange und soweit dies der Billigkeit entspricht (§ 1570 Abs. 1 S. 2). Bei dieser Entscheidung ist neben den Belangen des Kindes zu berücksichtigen, ob Möglichkeiten der Kinderbetreuung bestehen, zB Kindergarten, Schule. Der Übergang von der elterlichen Betreuung zur Vollerwerbstätigkeit kann stufenweise erfolgen (BT-Drs. 16/6980 S. 9). Dass ausreichende Betreuungsangebote nicht zur Verfügung stehen, muss der unterhaltsberechtigte Ehegatte nachweisen. Grundsätzlich muss er Betreuungsangebote nutzen. Etwas anderes gilt nur, wenn hierdurch das Wohl des Kindes gefährdet ist. Dies ist aber bei öffentlichen Betreuungsangeboten in der Regel nicht der Fall.[77] Maßgebend ist, ob im konkreten Einzelfall der Betreuungsbedarf gedeckt ist. Es genügt nicht, auf allgemeine Erfahrungswerte zurückzugreifen.[78] Das nach dem bis Ende 2007 geltenden Recht angewandte Altersphasenmodell ist nicht mehr anwendbar.[79] Bei einem Kind von sieben Jahren geht der BGH allerdings davon aus, dass keine Vollerwerbstätigkeit aufgenommen werden müsse, wenn die Betreuung des Kindes in Schule und Hort nur bis 14.00 Uhr sichergestellt sei, da es in diesem Alter regelmäßiger Kontrolle bedürfe. Ein Anspruch auf Betreuungsunterhalt über das dritte Lebensjahr des Kindes hinaus kann sich weiter aus elternbezogenen Gründen ergeben (§ 1570 Abs. 2). Hierbei sind die Gestaltung der Kinderbetreuung und der Erwerbstätigkeit während der Ehe sowie die Dauer der Ehe zu berücksichtigen. Die Erwerbstätigkeit neben der Erziehung und Betreuung darf nicht zu einer überobligationsmäßigen Belastung führen.[80]

Gemeinschaftliche Kinder

Gemeinschaftliche Kinder sind eheliche und gemeinsam adoptierte Kinder sowie adoptierte Stiefkinder (dh ein Ehegatte adoptiert das Kind des anderen). Für andere in der Ehe aufgenommene Kinder (nichteheliche Kinder, Kinder aus einer anderen Ehe sowie Pflegekinder) kann die Norm nicht angewendet werden (jedoch evtl. § 1576 [s. dazu S. 240ff.]) – ebenso wenig für ein zum Scheidungszeitpunkt oder später betreutes nichteheliches Kind. § 1570 gilt gleichermaßen für beide Ehegatten, auch wenn die Vorschrift in der Praxis ganz überwiegend Frauen betrifft.

Bedeutung der elterlichen Sorge

Für die Anwendung der Norm ist grundsätzlich unerheblich, ob dem allein betreuenden Elternteil die elterliche Sorge zusteht oder nicht.

Bei Wegnahme oder Nichtherausgabe des Kindes durch einen nicht sorgeberechtigten Elternteil kann allerdings eine Beschränkung oder Versagung des Unterhalts nach § 1579 Nr. 8 in Betracht kommen (s. dazu S. 252).

Privilegierter Anspruch

Wer einen Unterhaltsanspruch nach § 1570 hat, wird unterhaltsrechtlich besonders *privilegiert*, denn dieser Anspruch

- ist als einziger unabhängig vom Bestehen eines zeitlichen Zusammenhanges mit der Scheidung (vgl. § 1570),

---

[77] Vgl. BGH NJW 2009, 2592.
[78] Vgl. BGH FamRZ 2011, 1375.
[79] Vgl. BGH NJW 2009, 2592.
[80] Vgl. BGH NJW 2009, 2592.

- besteht grundsätzlich auch dort, wo andere beschränkt oder versagt werden (vgl. §§ 1577 Abs. 4 S. 2, 1578b sowie auch § 1579),
- kann einen bestehenden Gleichrang mit einem zweiten Ehegatten verdrängen (vgl. § 1609 sowie S. 245 f.),
- kann als einziger Berechtigungsgrund nach Auflösung einer weiteren Ehe wieder aufleben (vgl. § 1586a Abs. 1 sowie S. 255).

Ausübung einer nicht zu erwartenden Erwerbstätigkeit

Fraglich ist, ob ein Unterhaltsanspruch aus § 1570 auch dann besteht, wenn ein geschiedener Ehegatte Einkommen erzielt, obwohl von ihm eine Erwerbstätigkeit nicht zu erwarten ist. Nach hM sind derartige Einkünfte nach § 1577 zu behandeln. Das bedeutet Folgendes:
- sie bleiben gemäß § 1577 Abs. 2 S. 1 anrechnungsfrei, solange der volle Unterhaltsbedarf (s. dazu § 1578 sowie S. 242 ff.) nicht überschritten wird,
- gehen sie darüber hinaus, werden sie gemäß § 1577 Abs. 2 S. 2 nach Billigkeitsgrundsätzen angerechnet.[81].

b) Unterhalt wegen Ausbildung, Fortbildung, Umschulung

Ausgleich von ehebedingten Nachteilen

Zielsetzung des 1. EheRG war es ua, die besondere Lage derjenigen Ehegatten auszugleichen, die durch die Ehe Nachteile in ihrem beruflichen Fortkommen erlitten haben.[82] Um diesen Ehegatten (zumeist sind es Frauen) die Eingliederung in das Berufsleben zu erleichtern (oder überhaupt erst zu ermöglichen) und ihnen eine iSd § 1574 angemessene Erwerbstätigkeit zu sichern, gewährt § 1575 ihnen zum Ausgleich ehebedingter Nachteile einen Unterhaltsanspruch für die Zeit einer Aus- oder Fortbildung sowie Umschulung.

aa) Ausbildungsunterhalt

Begriff Ausbildung ist weit auszulegen

Nach hM sind Schul- und Berufsausbildung im weitesten Sinn zu verstehen. Eine Beschränkung auf die im BAföG aufgeführten Ausbildungen oder auf die durch gesetzliche Berufsbilder bestimmten Berufe besteht dabei nicht. Allerdings muss ein Ausbilder vorhanden sein.[83]

Anspruchsvoraussetzungen

Gemäß § 1575 Abs. 1 S. 1 sind für den Anspruch auf Ausbildungsunterhalt **4 Voraussetzungen** zu erfüllen:

Nichtaufnahme oder Abbruch der Ausbildung

1. Der betreffende Ehegatte muss *entweder* in Erwartung der Ehe *oder* während der Ehe eine Schul- oder Berufsausbildung nicht aufgenommen oder eine (bereits begonnene) abgebrochen haben.

Ersteres ist nur schwer, Letzteres anhand der jeweiligen Biographie dagegen leicht beweisbar. Denn die Norm verlangt nicht den Nachweis, dass die Nichtaufnahme einer Ausbildung oder deren Abbruch „wegen der Ehe" erfolgte. Im Hinblick auf die Schwierigkeiten beim Nachweis eines solchen Kausalzusammenhanges wurde bewusst in Kauf genommen, dass hierfür auch andere Gründe maßgeblich gewesen sein können, zumal davon ausgegangen worden war, dass diesbezügliche Entscheidungen in einer Ehe meist einvernehmlich erfolgen und somit beiden Ehegatten zuzurechnen sind.[84]

---

[81] Palandt/*Brudermüller*, § 1577, Rn. 26.
[82] BT-Drs. 7/650, S. 130.
[83] BGH, FamRZ 1987, 795.
[84] BT-Drs. 7/4361, S. 131.

Baldmögliche Aufnahme derselben oder gleichwertigen Ausbildung

2. Der betreffende Ehegatte muss eine geplante, aber nicht begonnene oder die während der Ehe abgebrochene Ausbildung – oder eine entsprechende – „sobald wie möglich aufnehmen“.

Für die Frage, ob die neu aufgenommene Ausbildung der ursprünglich beabsichtigten oder der abgebrochenen Ausbildung entspricht, kommt es nach hM nicht auf fachliche Gesichtspunkte, sondern auf die Gleichwertigkeit in der sozialen Einordnung an. Der Beruf muss den Neigungen des geschiedenen Ehegatten entsprechen, wobei durch eine vor der Ehe einmal eingeschlagene Berufsrichtung keine Vermutungen entstehen. Der geschiedene Ehegatte kann also zwischen der Aufnahme einer neuen Ausbildung und der Fortsetzung einer vorzeitig abgebrochenen Ausbildung wählen. Der Unterhaltsverpflichtete kann ihn dabei nicht auf einen für sich selbst günstigen Weg verweisen.[85]

Fristenproblematik

Für die Aufnahme der Ausbildung „sobald wie möglich“ hat der Gesetzgeber keine Frist gesetzt, um hierbei die jeweiligen persönlichen Umstände wie auch die Ausbildungsmöglichkeiten/-beginne berücksichtigen zu können. Dabei muss nicht nur ein gewisser Überlegungszeitraum, sondern auch eine eventuelle Kinderbetreuung oder Krankheit sowie auch der Versuch, eine Erwerbstätigkeit zu finden, zugestanden werden (das OLG Köln, aaO, hat im letzteren Fall daher bei diesbezüglich fehlgeschlagenem Versuch nach 14 Monaten noch einen Ausbildungsanspruch zugebilligt).

Nachhaltige Unterhaltssicherung

3. Die geplante Ausbildung muss dem Ziel dienen, eine iSd § 1574 angemessene Erwerbstätigkeit (s. dazu S. 244 f.) zu erlangen, die den Unterhalt *nachhaltig sichert.*

Der Begriff der „nachhaltigen Sicherung“ ist dem Entschädigungsrecht entlehnt, so dass die hierzu ergangene Rechtsprechung maßgeblich ist,[86] dh davon ist nur auszugehen, wenn eine „dauernde“ Erwerbstätigkeit angestrebt wird und voraussichtlich auch erreichbar ist. Maßgeblicher Zeitpunkt für die diesbezügliche Prognose ist die Scheidung.[87] Gesetzeszweck ist einerseits, die wirtschaftliche Selbstständigkeit des betreffenden Ehegatten zu ermöglichen und damit die Unterhaltsverpflichtung des anderen in absehbarer Zeit zu beenden. Andererseits sollen auch Missbräuche verhindert werden (also keine Ausbildung „zur bloßen Selbstverwirklichung“).

Erfolgreicher Abschluss ist zu erwarten

4. Der erfolgreiche Abschluss der geplanten Ausbildung muss zu erwarten sein.

Diese Erwartung muss sich aus den gesamten Umständen ergeben, insbesondere aus den Fähigkeiten und dem Alter.[88] Die Erfolgsaussicht muss nicht nur vor, sondern auch während der Ausbildung gegeben sein, anderenfalls besteht der Anspruch nicht (oder nicht mehr). Der Anspruch ist jedoch nicht erfolgsabhängig. Bei Nichtbestehen von Prüfungen ergibt sich daher kein Rückzahlungsanspruch.[89]

Anspruchsdauer

Berücksichtigung ehebedingter Verzögerungen

Ausbildungsunterhalt kann „längstens“ für die Zeit beansprucht werden, in der die betreffende Ausbildung „im Allgemeinen“ abgeschlossen

---

[85] OLG Köln, FamRZ 1996, 867.

[86] BT-Drs. 7/650, S. 127.

[87] BGH, FamRZ 1985, 53, 791 u. 1234.

[88] Eine entsprechende Formulierung war im ursprünglichen Gesetzentwurf vorgesehen gewesen, aber dann wegen „Selbstverständlichkeit“ wieder gestrichen worden (vgl. BT-Drs. 7/4361, S. 30).

[89] Ebenso MüKoBGB/*Maurer*, § 1575, Rn. 44.

wird; dabei sind ehebedingte Verzögerungen (zB Kinderbetreuung oder Lebensalter) zu berücksichtigen (§ 1575 Abs. 1 S. 2). Er besteht also uU nicht nur für die Zeiträume, die jeweils für ein Studium oder eine Berufsausbildung vorgesehen sind.

Umfang des Anspruchs

Gesamter Lebensbedarf und Ausbildungskosten

Wie bei allen Unterhaltsansprüchen Geschiedener umfasst auch der Ausbildungsunterhalt den gesamten Lebensbedarf, der sich an den ehelichen Lebensverhältnissen orientiert und auch die Ausbildungskosten beinhaltet (vgl. § 1578 Abs. 2).

bb) Fortbildungsunterhalt

Definition

Wenn sich ein geschiedener Ehegatte fortbilden lässt, um durch die Ehe eingetretene Nachteile auszugleichen, gilt nach § 1575 Abs. 2 Entsprechendes wie für den Anspruch auf Ausbildungsunterhalt. Unter Fortbildung wird die Teilnahme an Maßnahmen verstanden, die das Ziel haben, berufliche Kenntnisse und Fertigkeiten festzustellen, zu erhalten, zu erweitern oder der technischen Entwicklung anzupassen oder einen beruflichen Aufstieg zu ermöglichen.

Voraussetzungen

Sie setzen eine abgeschlossene Berufsausbildung oder eine angemessene Berufserfahrung voraus. Zusätzlich müssen folgende weiteren Voraussetzungen erfüllt sein:

1. die Fortbildung muss erfolgen, um ehebedingte Nachteile auszugleichen,
2. die Fortbildung muss erforderlich sein, um eine angemessene Erwerbstätigkeit zu erlangen, die den Unterhalt nachhaltig sichert,
3. die Fortbildung muss so bald wie möglich aufgenommen werden,
4. der erfolgreiche Abschluss der Fortbildung muss zu erwarten sein.

Bezüglich der allgemeinen Voraussetzungen sowie der Dauer und des Umfangs dieses Unterhaltsanspruchs gelten die Ausführungen oben zu aa) entsprechend.

cc) Umschulungsunterhalt

Definition

Unter beruflicher Umschulung wird die Teilnahme von Arbeitsuchenden an Maßnahmen verstanden, die das Ziel haben, den Übergang in eine andere geeignete berufliche Tätigkeit zu ermöglichen, insbesondere um die berufliche Beweglichkeit zu sichern und zu verbessern. Sie setzen ebenfalls eine abgeschlossene Berufsausbildung oder eine angemessene Berufserfahrung voraus.

Anspruchsvoraussetzungen

Unter denselben Voraussetzungen wie bei beruflicher Fortbildung gewährt § 1575 Abs. 2 bei Umschulungsmaßnahmen einen Unterhaltsanspruch. Bezüglich Dauer und Umfang desselben gilt das unter aa) Gesagte entsprechend.

dd) Unterhalt nach Beendigung von Ausbildung, Fortbildung, Umschulung

Anspruchsvoraussetzungen

Wenn die Voraussetzungen für eine Unterhaltsgewährung nach § 1575 entfallen sind (weil die o. a. Maßnahmen erfolgreich abgeschlossen oder abgebrochen wurden), so steht dem Ehegatten nach § 1573 Abs. 3 ein

Unterhaltsanspruch zu, wenn er nun keine angemessene Erwerbstätigkeit findet oder die Einkünfte aus einer solchen nicht ausreichen. In Abweichung von § 1574 Abs. 2 bleibt aber dann ein evtl. erreichter höherer Ausbildungsstand bei der Bestimmung der ihm angemessenen Erwerbstätigkeit außer Betracht (§ 1575 Abs. 3). Das bedeutet, dass dieser Ehegatte sich dann auch auf solche Tätigkeiten verweisen lassen muss, die für ihn vor Beginn der Ausbildungs- oder Berufsmaßnahmen angemessen gewesen waren. Denn es erschien nicht gerechtfertigt, den Unterhalt zahlenden Ehegatten dann auch noch mit dem Risiko einer Anstellung durch die Höherqualifizierung zu belasten, wenn sich die ursprüngliche positive Prognose einer nachhaltigen Unterhaltssicherung zerschlagen hat.

Es ist ohnehin nur schwer verständlich, dass dann noch Unterhalt geschuldet werden kann, wenn der ausgebildete, fortgebildete oder umgeschulte Ehegatte nun weder eine seiner neuen Qualifizierung gemäße, noch eine seinen vorherigen Fähigkeiten entsprechende Anstellung findet oder durch diese sein Lebensbedarf nicht gedeckt werden kann, weil das die nacheheliche Solidarität überstrapaziert.

c) Unterhalt wegen Krankheit oder Gebrechen

Anspruchsvoraussetzungen

Geschiedenen Ehegatten steht nach § 1572 ein Unterhaltsanspruch zu, „solange und soweit" von ihnen wegen

Krankheit, anderer Gebrechen, Schwäche der körperlichen oder geistigen Kräfte

eine angemessene Erwerbstätigkeit nicht erwartet werden kann.

Dabei ist unerheblich, ob es sich dabei um einen vorübergehenden oder um einen voraussichtlich lang andauernden Zustand handelt.[90]

Eheanknüpfung erforderlich

Ein solcher Unterhaltsanspruch besteht aber auch hier nur, wenn die Anknüpfung an die Ehe möglich ist, denn nach § 1572 ist Bedingung, dass der oben genannte Zustand *entweder* vorliegt zum Zeitpunkt

1. der Scheidung (dh gemäß § 1564 S. 2: bei Rechtskraft[91]) *oder*
2. der Beendigung von Pflege oder Erziehung eines gemeinschaftlichen Kindes *oder*
3. der Beendigung der Ausbildung, Fortbildung oder Umschulung *oder*
4. des Wegfalls der Voraussetzungen für einen Unterhaltsanspruch nach § 1573.

Kausalitätsnachweis nicht erforderlich

Nur das muss nachgewiesen werden, nicht jedoch, dass die Ursache dieses Zustandes aus der Ehe resultiert. Dieser Unterhaltsanspruch kommt daher auch dann in Betracht, wenn zB die Krankheit nachweislich schon vor der Ehe bestanden hat[92]. Hier kommt aber dann gemäß § 1578b Abs. 2 evtl. eine *Herabsetzung* und *Befristung* in Betracht.

Spätere Erkrankungen

Ein Anspruch besteht jedoch nicht, wenn der betreffende Zustand erst nach den o. a. „Einsatzzeitpunkten" auftritt, es sei denn, es besteht noch ein Zusammenhang mit diesen. Das ist zB dann der Fall, wenn eine

---

[90] MüKoBGB/*Maurer*, § 1572 Rn. 13; OLG Nürnberg, FamRZ 1992, 682.

[91] Ebenso: MüKoBGB/*Maurer*, § 1572 Rn. 24.

[92] BGH, NJW 1982, 40; FamRZ 1994, S. 566; 1995, 1405; 1996, 1272; 2004, 779; MüKoBGB/*Maurer*, § 1572 Rn. 4; Palandt/*Brudermüller*, § 1572 Rn. 3; *Schwab*, Rn. 418.

Krankheit bei Scheidung schon vorhanden war, aber erst später zur Erwerbsunfähigkeit führt. Hier wird aber dann evtl. eine Befristung in Betracht kommen (s. dazu oben).

In der Rechtsprechung sind – soweit ersichtlich – nur wenige Entscheidungen zum zeitlichen Zusammenhang veröffentlicht worden. Im Fall des *OLG Stuttgart*[93] führte ein zum Einsatzzeitpunkt bereits bestehendes Unterschenkelgeschwür etwa sechs Monate später zur Erwerbsunfähigkeit. Im Fall des *BGH*[94] lag bereits bei Ehescheidung eine teilweise Erwerbsunfähigkeit wegen mehrerer Leiden vor, woraus 1 1/2 Jahre später eine völlige Erwerbsunfähigkeit resultierte. In beiden Fällen wurde dies jeweils noch dem Einsatzzeitpunkt zugeordnet und somit ein Anspruch nach § 1572 anerkannt. Dagegen hat das *OLG Karlsruhe*[95] den Zusammenhang bei einer Psychose verneint, deren Symptome schon während der Ehe bestanden, erst vier Jahre nach Scheidung ausbrach.

Später eintretende Bedürftigkeit

Umstritten ist, ob ein Anspruch auch dann besteht, wenn dieser Zustand zu den gesetzlichen Einsatzzeitpunkten (s. o.) zwar schon vorhanden war und deshalb auch Erwerbsunfähigkeit vorlag, aber erst zu einem späteren Zeitpunkt eine Bedürftigkeit eintritt.[96]

Teil-Anspruch möglich

Nach § 1572 kommt auch ein Teilanspruch in Betracht (vgl. „soweit"), nämlich wenn wegen des betreffenden Zustandes nur eine Teilzeittätigkeit zu erwarten ist.

Scheitert ein Unterhaltsanspruch wegen Krankheit nur am Einsatzzeitpunkt, so kann ein Unterhaltsanspruch nach § 1576 (s. dazu S. 240 ff.) in Betracht kommen[97].

d) Unterhalt aus Altersgründen

Eheanknüpfung nötig

Ein geschiedener Ehegatte kann von dem anderen Unterhalt verlangen, soweit von ihm wegen seines Alters eine Erwerbstätigkeit nicht mehr erwartet werden kann (§ 1571). Diese Situation muss vorliegen im Zeitpunkt:

1. der Scheidung (dh gem. § 1564 S. 2: bei Rechtskraft) *oder*
2. der Beendigung der Pflege oder Erziehung eines gemeinschaftlichen Kindes *oder*
3. des Wegfalls der Voraussetzungen für einen Unterhaltsanspruch nach den §§ 1572 und 1573,

dh: nach diesen gesetzlich festgelegten Zeitpunkten kann dieser Unterhaltsanspruch nicht mehr geltend gemacht werden.

Keine feste Altersgrenze

Der Gesetzgeber hat es vermieden, eine feste Altersgrenze festzulegen, weil auch hier wiederum Einzelfallgerechtigkeit geübt werden sollte. Die Regelung will nicht nur Ehegatten, die ein Alter erreicht haben, das Voraussetzung für die Gewährung einer öffentlichen Altersversorgung ist, von der Verpflichtung zu einer Erwerbstätigkeit befreien. Sie will auch denjenigen Geschiedenen einen Unterhaltsanspruch verschaffen, die be-

---

93 OLG Stuttgart, FamRZ 1983, 501.
94 BGH, FamRZ 1987, 684.
95 OLG Karlsruhe, FamRZ 1994, 104.
96 Das OLG München, FamRZ 1993, 564, hat in einem solchen Fall den Anspruch 2 1/2 Jahre nach Scheidung noch für denkbar gehalten.
97 Vgl. BGH, FamRZ 1990, 496 sowie OLG Karlsruhe, FamRZ 1996, 948.

reits vorher – insbesondere nach einer langen Berufsunterbrechung – in keine iSd § 1574 angemessene Erwerbstätigkeit mehr vermittelt werden können.[98] Das ist uU auch berufsabhängig (zB bei Polizei, Bundeswehr, fliegendem Personal, OP-Schwestern). Die Rechtsprechung ist (wie so oft) nicht immer einsichtig:

Beispiele: Einer berufslosen Frau von 60 Jahren, die bislang den Haushalt führte, mutete das OLG Hamm[99] Haushalts- und verwandte Tätigkeiten zu.

Einer 53-jährigen berufslosen Frau gestand das OLG Hamburg[100] nach 20-jähriger Ehe gegen ihren gut verdienenden geschiedenen Ehemann einen Anspruch auf Altersunterhalt zu.

Das OLG Koblenz[101] hat dagegen einer 53-jährigen Frau nach 22-jähriger Ehe und keinerlei Erwerbstätigkeit außerhalb des Haushalts einen Anspruch versagt.

e) Überbrückungs- und Aufstockungs-Unterhalt

aa) Überbrückungs-Unterhalt

Kriterien

§ 1573 Abs. 1 gewährt geschiedenen Ehegatten, die keinen gesetzlich anerkannten Unterhaltsanspruch besitzen, dennoch Unterhalt, solange sie nach der Scheidung keine ihnen gemäß § 1574 angemessene Erwerbstätigkeit finden können. Dabei ist es unerheblich, ob sie vor oder während der Ehe schon einmal erwerbstätig waren oder nicht und ob ehebedingte (zB Kindeserziehung) oder äußere Gründe (schlechte Arbeitsmarktlage) hierfür maßgeblich sind.[102] Da beide Risiken den wirtschaftlich stärkeren geschiedenen Ehegatten treffen, wird dieser Anspruch auch *„Arbeitslosenunterhalt"* genannt.

Kein Unterhalt bei Arbeitsaufgabe

Gibt aber ein Ehegatte aus Anlass der Scheidung eine von ihm zu erwartende und ihm angemessene Erwerbstätigkeit auf, so besteht dieser Anspruch nicht, dann wäre § 1579 Nr. 4 anwendbar (s. dazu S. 251). Das gilt jedoch in beiden Fällen nicht, wenn der Ehegatte zu einer solchen Erwerbstätigkeit gar nicht verpflichtet gewesen wäre oder nun nach der Scheidung nicht verpflichtet ist (s. dazu S. 230f.), dh: dann besteht der Anspruch.

Nachweis

Der betreffende Ehegatte muss konkret nachweisen, dass er trotz ständigem Bemühen keine ihm angemessene Erwerbstätigkeit finden kann. Dabei genügt es nicht, sich bei der *Bundesagentur für Arbeit* arbeitsuchend zu melden,[103] vielmehr ist es zusätzlich nötig, sich auf Stellenanzeigen zu bewerben und auch eigene Anzeigen aufzugeben.

Fallkonstellationen

Folgende Situationen können diesen Unterhaltsanspruch auslösen:

Trotz (nachgewiesener) ernsthafter Bemühungen findet ein geschiedener Ehegatte, der sich gemäß § 1577 nicht selbst unterhalten kann, keine ihm nach § 1574 angemessene Erwerbstätigkeit,

1. dem kein Anspruch nach den §§ 1570, 1571, 1572 zusteht (§ 1573 Abs. 1),

---

[98] Dazu *Schleicher*, RWP 1978, Nr. 1007, S. 533.
[99] OLG Hamm, FamRZ 1995, 1416.
[100] OLG Hamburg, FamRZ 1991, 445.
[101] OLG Koblenz, FamRZ 1992, 950.
[102] BGH, NJW 1980, 394; MüKoBGB/*Maurer*, § 1573 Rn. 21.
[103] BGH, FamRZ 1999, 789.

Beispiele: Der Ehegatte betreut keine Kinder, macht keine Ausbildung, Fortbildung, Umschulung, ist weder krank noch zu alt für eine Erwerbstätigkeit und es liegen auch keine Härtegründe vor

2. dessen Unterhaltsanspruch nach den §§ 1570, 1571[104], 1572, 1575 wegen Wegfall der dort festgelegten Voraussetzungen entfallen ist (§ 1573 Abs. 3),

   Beispiele: Die Kinderbetreuung, Ausbildung, Fortbildung, Umschulung oder Krankheit ist beendet, oder die Härtegründe reichten nur für einen zeitlich begrenzten Unterhaltsanspruch

3. dessen Einkünfte aus einer bisherigen Erwerbstätigkeit wegfallen, weil ihm trotz Bemühen eine nachhaltige Sicherung des Unterhalts nach der Scheidung misslungen ist (§ 1573 Abs. 4 S. 1).

   Beispiele: Ehegatte macht sich selbstständig, gibt diese Tätigkeit mangels Gewinn aber wieder auf; verliert die gefundene Anstellung wieder und sucht nun vergeblich nach einer neuen

4. Hinzu kommt der Fall, dass ein Ehegatte während der Ehe eine von ihm nicht zu erwartende und/oder eine ihm nicht angemessene Erwerbstätigkeit ausgeübt hat und diese jetzt im Hinblick auf § 1574 (s. dazu S. 244 f.) aufgibt.

   Beispiele: Trotz Kinderbetreuung, Krankheit oder Alter war ein Ehegatte erwerbstätig; Sozialpädagogin, Psychologin, Lehrerin o. ä. hatten Schreibarbeiten übernommen; Zusammentreffen der ersteren und letzteren Beispielsfälle.

bb) Aufstockungs-Unterhalt

Zielsetzung

Unterhaltsberechtigte Ehegatten sollen nach der Zielsetzung des 1. EheRG durch die Scheidung keinen sozialen Abstieg erleiden. Daher wurde das Maß für den Unterhaltsbedarf gesetzlich hoch angesetzt: Nach § 1578 richtet sich die Höhe des zu zahlenden Unterhalts nach den ehelichen Lebensverhältnissen (s. dazu S. 242 ff.). Das kann dazu führen, dass ein geschiedener Ehegatte, der einer von ihm zu erwartenden Erwerbstätigkeit nachgeht, Einkünfte erzielt, die den ehelichen Lebensverhältnissen nicht entsprechen. In diesen Fällen kann der betreffende Ehegatte den Differenzbetrag zwischen dem erzielten und dem nach § 1578 zu berechnenden (s. dazu S. 242 ff.) Unterhalt beanspruchen (§ 1573 Abs. 2).

Fallkonstellationen

Folgende Situationen können diesen Unterhaltsanspruch auslösen:

Ein geschiedener Ehegatte

1. geht nach der Scheidung einer ihm angemessenen Erwerbstätigkeit nach, deren Einkünfte entsprechen jedoch nicht den ehelichen Lebensverhältnissen, dh, sie reichen zum vollen Unterhalt (§ 1578) nicht aus (§ 1573 Abs. 2),

   Beispiele: Infolge Kinderbetreuung, Krankheit oder Alter ist nur eine Teilzeittätigkeit auszuüben, deren Einkünfte zum vollen Unterhalt (§ 1578) nicht ausreichen; Einkünfte aus einer Vollzeittätigkeit decken den höheren ehelichen Lebensstandard nicht

---

[104] Es ist aber kaum denkbar, dass aus Altersgründen zunächst keine Erwerbstätigkeit erwartet werden kann und später doch.

2. dessen Unterhaltsanspruch nach den §§ 1570–1572, 1575 wegen Wegfall der dort festgelegten Voraussetzungen entfallen ist, geht einer Erwerbstätigkeit nach, deren Einkünfte zum vollen Unterhalt (§ 1578) nicht ausreichen (§ 1573 Abs. 3),

Beispiele: Die Kinderbetreuung, Ausbildung, Fortbildung, Umschulung oder Krankheit ist beendet oder die Härtegründe reichen nur für einen zeitlich begrenzten Unterhaltsanspruch und die Einkünfte decken den früheren hohen ehelichen Lebensstandard nicht

3. hat zwar eine Erwerbstätigkeit gefunden, die den Unterhalt nachhaltig sichert, aber die hieraus erzielten Einkünfte reichen zum vollen Unterhalt (§ 1578) nicht aus (§ 1573 Abs. 4 S. 2).

Beispiel: Einkünfte aus Vollzeittätigkeit decken den ehelichen Lebensstandard nicht.

Zeitliche Begrenzung

Zur zeitlichen Begrenzung des Aufstockungsunterhalts s. unten S. 248.

f) Unterhalt aus Billigkeitsgründen

Nur subsidiäre Auffangvorschrift

Anspruchsvoraussetzungen

Wenn keiner der in den §§ 1571–1573 und 1575 geregelten Unterhaltsberechtigungsgründe greift,[105] kann einem geschiedenen Ehegatten dennoch ein Unterhaltsanspruch zustehen, „soweit und solange" von ihm „aus sonstigen schwerwiegenden Gründen" eine Erwerbstätigkeit nicht erwartet werden kann. Der Anspruch besteht allerdings nur, wenn die Versagung von Unterhalt („unter Berücksichtigung der Belange beider Ehegatten") grob unbillig wäre (§ 1576 S. 1). Die Norm stellt eine Ausnahmevorschrift dar, die restriktiv anzuwenden ist.[106] Sie kommt daher nur in Betracht, wenn die Versagung von Unterhalt unter Berücksichtigung der Belange beider Ehegatten dem Gerechtigkeitsempfinden in unerträglicher Weise widersprechen würde.[107] Bei der Billigkeitsabwägung sind sämtliche Umstände des Einzelfalles, insbesondere die bisherigen Lebensumstände (zB die langjährige Berufsunterbrechung oder das fortgeschrittene Alter des Unterhalt begehrenden Ehegatten) sowie die wirtschaftlichen Verhältnisse beider Eheleute zu würdigen. Bei der Gesamtwürdigung sind auch persönliche Gesichtspunkte zu berücksichtigen einschließlich der Gründe, die zum Scheitern der Ehe geführt haben; Letztere dürfen jedoch nicht allein ausschlaggebend sein (vgl. § 1576 S. 2).

„Positive" Härteklausel

Die „positive Härteklausel" wollte sicherstellen, dass durch das Enumerations-Prinzip der §§ 1570–1575 keine Ungerechtigkeiten auftreten.[108] Sie hat daher „Auffang-Funktion".[109] Gedacht ist vor allem an Fälle, in denen „eine Ehefrau weit über ihre Rechtspflichten hinaus ihrem Ehemann oder anderen Familienangehörigen besondere Leistungen erbracht

---

105 Ebenso: *Schwab*, Rn. 426.
106 Ebenso: Palandt/*Brudermüller*, § 1576, Rn. 1.
107 Vgl. Gesetzesbegründung, BT-Drs. 7/4361, S. 17, 29, 30.
108 Vgl. Gesetzesbegründung, BT-Drs. 7/4361, S. 17, 29, 30.
109 Palandt/*Brudermüller*, § 1576, Rn. 1; *Schwab*, Rn. 426.

oder Belastungen auf sich genommen hat und dann mit der Scheidung konfrontiert wird."[110, 111]

Beispiele: Ein Ehegatte finanziert dem anderen die Ausbildung oder ein Studium, trägt durch Mitarbeit oder Finanzierung maßgeblich zum Aufbau einer beruflichen Existenz bei, hat Schwiegereltern oder andere Verwandte des Ehegatten langjährig aufgenommen oder gepflegt.

Nach hM kann aber auch die Betreuung eines nicht gemeinschaftlichen Kindes (zB Stief- oder Pflegekind) die Anwendung von § 1576 rechtfertigen und die Verweisung eines geschiedenen Ehegatten auf eine Erwerbstätigkeit als grob unbillig erscheinen lassen. Dabei sei zu berücksichtigen, wie es zu der Aufnahme dieses Kindes gekommen ist, wie lange diese besteht und in welchem Umfang eine Verfestigung der Beziehung zwischen Kind und beiden Ehegatten oder zumindest zum pflegenden Teil eingetreten ist.[112]

Nachrang gegenüber allen anderen Ansprüchen

Auf § 1576 kann wegen seines subsidiären Charakters dieser Regelung (s. dazu oben) nur dann zurückgegriffen werden, wenn und soweit ein Unterhaltsanspruch nach den sonstigen im Gesetz genannten Vorschriften nicht oder nur teilweise besteht,[113] zB wenn nach dem Alter gemeinschaftlicher Kinder schon eine Teil- oder Vollzeittätigkeit zu erwarten ist.

Für die Anwendung der „positiven Härteklausel" sind in § 1576 keine bestimmten Einsatzzeitpunkte vorgesehen, auch ist nicht Voraussetzung, dass die „schwerwiegenden Gründe" ehebedingt sind (vgl. § 1576).[114]

Kontext mit der Ehe nach hM nötig

Die hM verlangt für die Anerkennung eines Unterhaltsanspruchs nach § 1576 jedoch, dass die schwerwiegenden Gründe zumindest in einem sachlichen oder zeitlichen Zusammenhang mit den ehelichen Lebensverhältnissen stehen.[115]

Zur Bedürftigkeit

Fraglich ist, ob ein Anspruch nach § 1576 S. 1 das Vorhandensein einer konkreten Bedürftigkeit voraussetzt oder nicht. Angesichts der §§ 1569 und 1577 wäre zwar grundsätzlich davon auszugehen. Jedoch kann das mE im Hinblick auf die Entstehungsgeschichte und Intention der Vorschrift (s. dazu oben) nicht bedingungslose Voraussetzung sein, wie die „Sonderopfer"-Beispiele (insbesondere die der Finanzierung einer Ausbildung oder Existenzgründung) zeigen. Hier wäre es grob unbillig, würde der so geförderte Ehegatte im Scheidungsfall sagen können: „Du kannst ja selbst für dich sorgen."

Dauer und Höhe

Dauer und Höhe des Anspruchs sind abhängig vom Ergebnis der anzustellenden Billigkeitsabwägungen. Sie können zur Anerkennung eines zeitlich begrenzten oder eines unbegrenzten („lebenslänglichen") Unterhaltsanspruchs führen (vgl. § 1576 S. 1 „solange"). Für die Höhe ist in besonderem Maße die Leistungsfähigkeit des in Anspruch genommenen geschiedenen Ehegatten entscheidend, aber auch zu berücksichtigen, wie groß der eigentliche Bedarf ist (vgl. § 1576 S. 1 „soweit").

---

110 BT-Drs. 7/4361, S. 17, 29, 30.

111 Nach BGH FamRZ 1983, 800, wenn ein Ehegatte besondere Opfer gebracht hat.

112 OLG Hamm FamRZ 1996, 1417.

113 BGH NJW 1984, 1538.

114 So explizit auch BGH FamRZ 1983, 800 (801).

115 So zB BGH FamRZ 1983, 800; 1984, 361 und 769.

Zusammenfassung

Voraussetzungen für einen Unterhaltsanspruch nach § 1576:

- die §§ 1570–1573, 1575 ergeben keinen oder nur einen Teilanspruch,
- schwerwiegende Gründe lassen eine Erwerbstätigkeit nicht erwarten,
- diese Gründe stehen in Verbindung mit der Ehe (einschließlich deren Scheitern),
- die Versagung von Unterhalt wäre unter Berücksichtigung der gesamten Belange beider Ehegatten grob unbillig.

2. Grundsatz der Bedürftigkeit

Unterhalt nur für Ehegatten ohne ausreichende eigene Mittel

Oben wurde bereits gezeigt, dass Geschiedene – wie alle Bürger – zunächst gehalten sind, selbst für ihren Unterhalt zu sorgen (§ 1569 Abs. 1). Diese Eingangsvorschrift des Kapitels „Unterhalt des geschiedenen Ehegatten" normiert daher, dass geschiedenen Ehegatten nur dann Unterhaltsansprüche zustehen, wenn sie nach der Scheidung nicht selbst für ihren Unterhalt sorgen können (§ 1569). Diesen Grundgedanken konkretisiert § 1577 BGB. Anspruch auf nachehelichen Unterhalt hat danach nur ein bedürftiger Ehegatte. Bei der Prüfung der Bedürftigkeit ist zunächst der Bedarf des Ehegatten zu ermitteln, also mit den Worten des BGB das Maß des Unterhalts festzustellen. In einem zweiten Prüfungsschritt ist sodann zu klären, ob die Einkünfte und das Vermögen des Unterhaltsberechtigten ausreichen, um seinen Bedarf zu decken.

a) Maß des Unterhalts

Terminologie

Bei Geschiedenen wird unterschieden zwischen dem Unterhalt, der

- sich an den ehelichen Lebensverhältnissen orientiert (voller Unterhalt),
- den konkret anzuerkennenden Lebensbedarf umfasst (angemessener Unterhalt),
- nur die objektiv bestehenden Mindestbedürfnisse deckt (notwendiger Unterhalt).

Voller Unterhalt

Grundsätzlich richtet sich die Höhe des Ehegattenunterhalts nach den bisherigen ehelichen Lebensverhältnissen (§ 1578 Abs. 1 S. 1), dh nach dem Lebensstandard der Ehegatten, wie er sich aufgrund der Einkommens- und Vermögensverhältnisse sowie des gewohnten Lebensstils während der Ehe dargestellt hat *(voller Unterhalt)*. Gesetzliche Zielsetzung ist, dem unterhaltsbedürftigen Ehegatten möglichst das bisherige Lebensniveau zu erhalten. Nähere gesetzliche Regelungen bestehen diesbezüglich nicht, weil nicht schematisch vorgegangen, sondern Einzelfallgerechtigkeit ausgeübt werden sollte. Im Einzelnen ist daher – nicht nur in der Scheidungspraxis, sondern auch in Rechtsprechung und Literatur – vieles umstritten. Es kann jedoch Folgendes festgehalten werden:

Maßgeblicher Zeitpunkt: Rechtskraft der Scheidung

Für die Bemessung des ehelichen Lebensstandards ist auf den Unterhaltszeitraum abzustellen.[116]

Den ehelichen Lebensverhältnissen werden nur diejenigen Einkommens- und Vermögensverhältnisse zugeordnet, die den ehelichen Lebens-

[116] Vgl. BGH NJW 2006, 1654.

standard nachhaltig geprägt haben.[117] Veränderungen nach der Scheidung werden von der hM nur berücksichtigt, wenn diese zum Scheidungszeitpunkt schon für beide Ehegatten vorhersehbar und mit hoher Wahrscheinlichkeit zu erwarten waren und deshalb bereits prägenden Einfluss auf die Lebensverhältnisse während des Bestehens der Ehe gewonnen hatten.[118] Das ist zB der Fall, wenn Kinder erst nach der Scheidung erhöhte Ausbildungskosten verursachen oder diese durch Beendigung dann wegfallen.

Was ist prägend für den ehelichen Lebensstandard?

Angemessener Unterhalt

Der Unterhalt umfasst den gesamten Lebensbedarf (§ 1578 Abs. 1 S. 4). Dazu zählen nicht nur sämtliche Kosten für angemessene

- Wohnung, Lebensmittel, Kleidung, Hygiene, Gesundheit, Freizeitgestaltung, kulturelle Bedürfnisse etc.,
- sondern gemäß § 1578 Abs. 2 und 3 auch die Kosten für angemessene Kranken-, Alters-, Berufs- und Erwerbsunfähigkeits-Versicherungen (sog Vorsorge-Unterhalt)[119] sowie Kosten für eine angemessene Schul- und Berufsausbildung, Fortbildung oder Umschulung (sofern § 1575 erfüllt ist).

Unterhaltstabellen

Im konkreten Einzelfall bereitet die Festlegung des angemessenen Unterhalts stets Schwierigkeiten. Hinzu kommt, dass bei jeder Unterhaltsfestsetzung ja auch die Leistungsfähigkeit des Unterhaltspflichtigen berücksichtigt werden muss (s. dazu § 1581 sowie unten 5.). Die Gerichte haben daher schon immer versucht, die Problematik durch sog *„Unterhaltstabellen"* zu entschärfen. Diese enthalten nach Einkommen

wobei von einem sog „bereinigten" Netto-Einkommen (dh: nach Abzug von Steuern und angemessenen Versicherungsbeiträgen) ausgegangen wird

Aufbau

gestaffelte Beträge für Unterhaltsberechtigte (wobei für Kinder ausgehend vom Mindestunterhalt[120] drei Altersgruppen vorgesehen sind) wie für Unterhaltsverpflichtete. Dabei wird bei sog „Doppelverdienern" die Differenz des anrechenbaren Erwerbseinkommens und ansonsten das Erwerbseinkommen des erwerbstätigen Ehegatten zu 4/7 auf den erwerbstätigen und zu 3/7 auf den nicht erwerbstätigen Ehegatten verteilt, da erwerbsbedingte Mehraufwendungen und der Anreiz zur Erwerbstätigkeit berücksichtigt werden sollen.

Unverbindlichkeit von Tabellen
Irreführende Bezeichnungen

Diese *„Unterhaltstabellen"* sind für die jeweiligen Richter selbst dann nicht verbindlich, wenn sie zum selben Gericht oder zu diesem Gerichtsbezirk gehören. Die zT verwendete Bezeichnung *„Unterhaltsrichtlinien"* ist daher zumindest missverständlich. Denn FamG kann stets unabhängig von bestehenden „Tabellen" entscheiden. Vielfach orientieren sie sich allerdings an ihnen oder sie übernehmen sie auch (mit oder ohne Modifikationen).

---

117 Vgl. BGH NJW 1982, 1871.

118 Palandt/*Brudermüller*, § 1578, Rn. 20 unter Hinweis auf die ständige Rechtsprechung des BGH (zB FamRZ 1982, 684; NJW 1987, 58 u. 1555; 1988, 2034; FamRZ 2006, 683).

119 Dieser ist zweckbestimmt und daher im Urteil gesondert auszuweisen (BGH NJW 1981, 1558).

120 S. dazu S. 259.

Bedeutung von Tabellen

Die Hauptbedeutung aller Unterhaltstabellen liegt vor allem darin, dass sie eine gewisse Befriedungsfunktion erfüllen. Denn Unterhaltsberechtigte wie Unterhaltsverpflichtete können aus ihnen oftmals ersehen, dass ihre eigenen Vorstellungen nicht so weit auseinander liegen, als dass sich ein Unterhaltsprozess (mit doch stets unsicherem Ausgang) lohnen würde.

Düsseldorfer Tabelle

In der Praxis wird am häufigsten die sog *„Düsseldorfer Tabelle"* angewendet. Diese wird inzwischen in einigen Gesetzessammlungen einschließlich Erläuterungen als Anhang abgedruckt. Im Hinblick auf Platzprobleme wird daher auf ein näheres Eingehen auf sie verzichtet. Es gibt aber weitere 18 Tabellen anderer OLG.

Konkreter Bedarf und ehel. Lebensverhältnisse divergieren oft

Eheliche Lebensverhältnisse und *konkreter Lebensbedarf* sind oftmals nicht deckungsgleich, sondern stehen in einem Spannungsverhältnis – vielfach auch in krassem Widerspruch zueinander. Durch die Scheidung erhöht sich der Lebensbedarf der Ehegatten allein schon durch die Verdoppelung der Wohnkosten sowie häufig durch das Hinzukommen eines neuen Partners und die Geburt weiterer Kinder. Meist sind auch die Steuerlast und die Versicherungsaufwendungen höher als zuvor. Somit ist klar, dass untere und mittlere Einkommen nicht für den nach der Scheidung erhöhten Lebensbedarf der Betroffenen ausreichen.

Zeitliche Begrenzung des vollen Unterhalts

Die Bemessung des Unterhalts nach den ehelichen Lebensverhältnissen kann jedoch zeitlich begrenzt werden, soweit vor allem unter Berücksichtigung der Ehedauer sowie der Gestaltung von Haushaltsführung und Erwerbstätigkeit eine unbegrenzte Orientierung der Unterhaltshöhe an den ehemaligen ehelichen Lebensverhältnissen unbillig wäre (§ 1578b Abs. 2).

Danach gilt der angemessene Unterhalt

Wenn eine zeitliche Begrenzung des *vollen* Unterhalts erfolgt, orientiert sich die Bemessung danach dann am „angemessenen Lebensbedarf" (§ 1578b Abs. 2). Dieser liegt nach hM oberhalb des notwendigen Unterhalts, nicht aber unterhalb des vorehelichen Lebensstandards. Zum Teil wird dann auch von einer fiktiven Lebensstellung (ohne Ehe) ausgegangen.

Kinderbetreuung lässt Unterhaltsbeschränkung idR nicht zu

Eine Begrenzung und Herabsetzung des Unterhalts kommt aber idR nicht in Betracht, wenn der Unterhaltsberechtigte während der Ehe nicht nur vorübergehend ein gemeinschaftliches Kind betreut hat oder betreut (vgl. § 1578b Abs. 1 S. 3).

b) Keine ausreichenden eigenen Mittel

Unterhalt nur bei Bedürftigkeit

Unterhalt kann nur beanspruchen, wer seinen Unterhaltsbedarf nicht mit eigenem Einkommen und Vermögen decken kann.

Einzusetzendes Einkommen

Angerechnet wird zunächst das Einkommen aus einer angemessenen und aus zu erwartender Erwerbstätigkeit (§ 1574 Abs. 2).

Keine Anrechnung „überobligationsmäßigen Einkommens"

Einkünfte aus einer nicht angemessenen Tätigkeit, die lediglich deshalb ausübt wird, weil der andere nicht den geschuldeten „vollen Unterhalt" (§ 1578) zahlt, sind ihm grundsätzlich nicht anzurechnen (§ 1577 Abs. 2 S. 1). Er gilt dann also weiterhin als unterhaltsberechtigt. Sind die Einkünfte aber höher als der ihm zustehende Unterhaltsbetrag, so sind sie insoweit anzurechnen, als dies nach den beiderseitigen wirtschaftlichen Verhältnissen der Billigkeit entspricht (§ 1577 Abs. 2 S. 2). Der Umfang des anzurechnenden Betrages richtet sich nach dem Einzelfall.

Berücksichtigung fiktiven Einkommens

Unterlässt der Unterhalt begehrende Ehegatte eine zu erwartende zumutbare Erwerbstätigkeit (§ 1574 Abs. 2) wird fiktives Einkommen berücksichtigt. Dies ist das Einkommen, das mit der Ausübung der Erwerbstätigkeit erzielt worden wäre.

Anrechnung sonstiger Einkünfte

Weiter sind Einkünfte aus Vermögen (Beispiel: Miete aus Immobilie, Zinsen), freiwillige Leistungen Dritter sowie ggf. Sozialleistungen einzusetzen. Der BGH berücksichtigt weiter bei bei Unterhaltsgläubigern, die in ihrer eigenen Immobilie leben, deren Wohnwert.[121]

Berücksichtigung von Vermögen

Schließlich muss auch der Vermögensstamm eingesetzt werden. Dieser muss nicht verwertet werden, soweit dies unwirtschaftlich oder unter Berücksichtigung der beiderseitigen wirtschaftlichen Verhältnisse unbillig wäre (§ 1577 Abs. 3).

Kein Unterhalt bei späterem Vermögenswegfall

Wenn zum Zeitpunkt der Scheidung zu erwarten war, dass der Unterhalt aus dem Vermögen nachhaltig gesichert sein würde, das Vermögen später dann aber doch wegfällt (gleichgültig, ob verschuldet oder nicht), so besteht kein Unterhaltsanspruch (kein Zusammenhang mit der Ehe und damit auch keine Mitverantwortung!), es sei denn, es kann jetzt wegen Pflege oder Erziehung eines gemeinschaftlichen Kindes eine Erwerbstätigkeit nicht erwartet werden (§ 1577 Abs. 4).

3. Leistungsfähigkeit

Gegenüber Ehegatten

Abwägungen

Einsatz des Vermögens

Die Gewährung des *vollen* Unterhalts iSd § 1578 Abs. 1 S. 1 setzt Leistungsfähigkeit auf Seiten des Unterhaltspflichtigen voraus. Wenn nämlich durch seine Inanspruchnahme zum Unterhalt (zB durch die Kinder und den geschiedenen Ehegatten) sein eigener angemessener Unterhalt gefährdet würde, braucht man seinem geschiedenen Ehegatten nur insoweit Unterhalt zu leisten, als das mit Rücksicht auf die beiderseitigen Bedürfnisse und die Erwerbs- und Vermögensverhältnisse der Billigkeit entspricht (§ 1581 S. 1). Dabei muss der Unterhaltspflichtige allerdings evtl. sogar den Stamm seines Vermögens verwerten (dh: verkaufen), soweit dies nicht unwirtschaftlich oder unter Berücksichtigung der beiderseitigen wirtschaftlichen Verhältnisse unbillig wäre (§ 1581 S. 2).

Auskunftspflicht

Zur Klärung der Leistungsfähigkeit (wie auch der Bedürftigkeit) besteht gegenseitige Auskunftspflicht iSd § 1605 (s. dazu S. 265) der geschiedenen Ehegatten (§ 1580).

Selbstbehalt begrenzt die Leistungsfähigkeit

Der Unterhaltspflichtige ist leistungsfähig, solange ihm ein eigener angemessener Unterhalt (sog Selbstbehalt) verbleibt. Der *ehe-angemessene* (§ 1581) Selbstbehalt beträgt nach der sog Düsseldorfer Tabelle 1200,– EUR des bereinigten Einkommens (sog „Netto-Netto"-Einkommen) der Ehegatten.

4. Rangfolgen

Nur relevant, wenn es nicht für alle reicht

Für Fälle, in denen die Mittel Unterhaltspflichtiger zur Deckung des Unterhaltsbedarfes aller Berechtigten nicht ausreichen (sog Mangelfälle), sieht das Gesetz Rangfolgen auf Seiten der Berechtigten wie der Verpflichteten vor (s. S. 247). Das bedeutet einerseits, dass dann evtl. einige Bedürftige nur einen Teil oder auch gar nichts erhalten. Andererseits führt das dazu, dass sie sich dann an andere Familienangehörige wenden müssen.

---

[121] BGH FamRZ 2007, 1532.

Rangfolgen Unterhaltsberechtigter (d. h.: nachrangige erhalten evtl. nur einen Teil oder gar nichts)
Rangstufe 1 (vgl. § 1609 Nr. 1) – minderjährige unverheiratete Kinder, – noch nicht 21 J. alte im Haushalt eines Elternteils lebende unverheiratete Schulkinder (unabhängig davon, ob aus dieser oder anderer Ehe stammend, nichtehelich geboren sowie adoptiert)
Rangstufe 2 (vgl. § 1609 Nr. 2) Elternteile, die wegen Betreuung eines Kindes unterhaltsberechtigt sind oder im Fall der Scheidung wären sowie Ehegatten und geschiedene Ehegatten bei einer Ehe von langer Dauer
Rangstufe 3 (vgl. § 1609 Nr. 3) Ehegatten und geschiedene Ehegatten
Rangstufe 4 (vgl. § 1609 Nr. 4) Nicht unter Nr. 1 fallende Kinder
Rangstufe 5 (vgl. § 1609 Nr. 5) Enkelkinder und weitere Abkömmlinge
Rangstufe 6 (vgl. § 1609 Nr. 6) Eltern
Rangstufe 7 (vgl. § 1609 Nr. 7) Weitere Verwandte der aufsteigenden Linie; die näheren haben vor den entfernteren Verwandten Vorrang.

Nur relevant, wenn jemand nicht alles zahlen kann

Ebenso gibt es auch eine Rangfolge auf Seiten der Unterhaltspflichtigen. Diese kann dazu führen, dass bei Leistungsunfähigkeit oder nur teilweiser Leistungsfähigkeit der vorrangig Unterhaltspflichtigen sich die Unterhaltsberechtigten dann ganz oder teilweise an die Unterhaltspflichtigen der nächsten Rangstufe wenden müssen.

Rangfolgen Unterhaltsverpflichteter (d. h.: diese sind vorrangig zahlungspflichtig)
Rangstufe 1 Ehegatten (auch geschiedene) und Lebenspartner iSd LPartG haften vor den Verwandten eines Bedürftigen (vgl. §§ 1608 S. 1 u. 4 sowie 1584 S. 1) bei Leistungsunfähigkeit des Ehegatten sowie bei erschwerter Rechtsverfolgung tritt jedoch Ersatzhaftung der Verwandten des Bedürftigen ein (vgl. §§ 1608 S. 2 u. 1584 S. 2)
Rangstufe 2 Abkömmlinge (d. h.: Kinder, Enkel, Urenkel – und zwar in dieser Reihenfolge) (vgl. § 1606 Abs. 1 u. 2)
Rangstufe 3 Verwandte „aufsteigender" Linie (d. h.: Eltern, Großeltern, Urgroßeltern – und zwar in dieser Reihenfolge) (vgl. § 1606 Abs. 1 u. 2)

5. Absenkung und Befristung des Unterhaltsanspruchs bei Unbilligkeit

Voraussetzungen

Beide Ansprüche können gerichtlich herabgesetzt oder zeitlich begrenzt werden, wenn der volle oder zeitlich unbegrenzte Unterhalt unbillig wäre. Bei der Entscheidung sind die Belange eines dem Berechtigten zur Pflege oder Erziehung anvertrauten Kindes zu berücksichtigen (§ 1578b).

Zielsetzungen

Die Vorgängervorschrift wurde vor allem im Hinblick darauf eingeführt, dass Ansprüche wegen Erwerbsausfalles sich konjunktur- und arbeitsmarktbedingt vom Überbrückungs-Unterhalt zum Unterhalt wegen „Arbeitslosigkeit" von unabsehbarer Dauer entwickelt hatten und es zunehmend als unerträglich angesehen worden war, dieses Risiko dem wirtschaftlich stärkeren geschiedenen Ehegatten aufzubürden[122].

Berücksichtigung der gesamten Umstände

Bei der Prüfung, ob ein unbegrenzter Unterhaltsanspruch unbillig erscheint, sind sämtliche Umstände des Einzelfalles zu berücksichtigen und nicht etwa nur die in der Norm genannten Kriterien der Ehedauer und Gestaltung von Haushaltsführung und Erwerbstätigkeit und Dauer der Ehe (vgl. „insbesondere" in § 1578b Abs. 1 S. 3).

Allgemeine Kriterien

So sind bei der vorzunehmenden Billigkeitsabwägung zB auch die Unselbstständigkeit und wirtschaftliche Abhängigkeit des einen Ehegatten von dem anderen sowie Alter und Gesundheitszustand, aber auch die Leistungsfähigkeit des Unterhaltspflichtigen zu beachten. Vor allem ist bedeutsam, warum zB eine Ehefrau eine Erwerbstätigkeit aufgegeben oder gar nicht aufgenommen hat. Tat sie das aus persönlichen Gründen (wie zB Unzufriedenheit mit der Arbeit), so kann das für eine zeitliche Begrenzung des Unterhaltsanspruchs sprechen. Tat sie es dagegen wegen

[122] BT-Drs. 10/2888, S. 18.

der Kinderbetreuung und/oder Haushaltsführung, so spricht das gegen eine Begrenzung. In einer sog „Doppelverdiener-Ehe" mit beiderseitiger Haushaltsführung kann dagegen ein unbegrenzter Unterhaltsanspruch unbillig sein.

Ehedauer Bezüglich der zu berücksichtigenden Ehedauer ergibt sich nach der Rechtsprechung Folgendes:

- Als Ehedauer zählt (ebenso wie in § 1579 Nr. 1) die Zeit bis zur Stellung des Scheidungsantrags, und zwar unabhängig vom tatsächlichen Zusammenleben oder Getrenntleben der Ehegatten. Die Zeit der Kinderbetreuung nach der Scheidung wird dabei mitgezählt (vgl. § 1578b Abs. 1 S. 3).
- Einige Gerichte meinen, dass nach mehr als 10-jähriger Ehedauer grundsätzlich keine Begrenzung des Unterhaltsanspruchs mehr in Betracht kommt. Andererseits wurde aber auch nach 13 und 16 Jahren Ehedauer noch eine Begrenzung für möglich gehalten, wenn der betreffende Ehegatte noch nicht so alt ist[123]. Der BGH lehnt jedoch eine feste Zeitgrenze ab[124] und meint, auch eine 15-jährige Ehe schließe eine Begrenzung nicht generell aus.[125]

Zeitliche Begrenzung von Überbrückungs- und Aufstockungs-Unterhalt	
dafür spricht	dagegen spricht
– kinderlose Ehe, – nur kurzzeitige Kinderbetreuung, – gemeinsame Kinderbetreuung, – kürzere Ehedauer (unter 10 J.),* – Doppelverdiener-Ehe mit gemeinsamer Haushaltsführung, – keine Einschränkung beruflicher Tätigkeit des Unterhaltsberechtigten für die Familie, – Verpflichteter krank oder alt, – relativ geringe Einkünfte des Pflichtigen, – weitere erhebliche Unterhaltspflichten, – „Sitzenlassen" des Unterhaltspflichtigen	– derzeitige Kinderbetreuung, – frühere lange Kinderbetreuung, – schwere Schicksalsschläge, – lange Ehedauer (mehr als 10 Jahre),* – Haushaltsführung erfolgte wesentlich durch Unterhaltsberechtigten – wesentliche Einschränkung beruflicher Tätigkeit des Unterhaltsberechtigten für die Familie, – Berechtigter krank oder alt, – „normaler" Unterhalt ist gedeckt, – Vermögen ist einsetzbar, – „Sitzenlassen" des Berechtigten
* Dabei werden Kinderbetreuungszeiten der Ehedauer hinzugezählt.	

Begrenzungsdauer Die Dauer der zeitlichen Begrenzung des Unterhaltsanspruchs hat unter Abwägung aller Umstände des Einzelfalles zu erfolgen, ist also nicht etwa in das völlig freie Ermessen der Gerichte gestellt. Bei gerichtlicher Begrenzung des Unterhalts erlischt der Anspruch nach Ablauf der festge-

---

[123] OLG Düsseldorf, FamRZ 1987, 945 bzw. OLG Hamm FamRZ 1995, 1204.
[124] Vgl. BGH, FamRZ 1990, 857.
[125] BGH, FamRZ 2006, 1006.

legten Zeitspanne. Die Begrenzung garantiert andererseits jedoch nicht auf jeden Fall den Unterhalt für diesen Zeitraum. Vielmehr ist dieser auch dann abhängig vom Fortbestehen der in den § 1573 Abs. 1–4 normierten Voraussetzungen. Findet zB ein Ehegatte vorher eine Erwerbstätigkeit oder erzielt er inzwischen angemessene Einkünfte, entfällt der Unterhaltsanspruch sofort.

6. Beschränkung oder Ausschluss der Unterhaltspflicht („negative" Härteklauseln)

Gesetzeszweck

Unterhaltspflichten belasten geschiedene Ehegatten oftmals ganz erheblich. Da sie sogar lebenslänglich bestehen können (s. S. 229f.) und das Maß für den zu gewährenden Unterhaltsbedarf vom 1. EheRG hoch angesetzt ist (vgl. § 1578 sowie S. 245), kann das zu unabsehbaren Einschränkungen und Verzichten bei der weiteren eigenen Lebensgestaltung der Unterhaltspflichtigen führen. Dies wird von den Betroffenen in so manchen Fällen als ungerecht empfunden. Das Unterhaltsrecht sah daher schon immer Unterhalts-Beschränkungen oder Ausschlüsse vor, wenn es im speziellen Einzelfall unzumutbar wäre, Unterhalt gewähren zu müssen (sog „negative" Härteklauseln). § 1579 sieht daher bei kurzer Ehedauer sowie bei bestimmten Fehlverhalten eines geschiedenen Ehegatten die Möglichkeit vor, einen an und für sich bestehenden Unterhaltsanspruch

Konsequenzen

herabzusetzen, zeitlich zu begrenzen oder ganz zu versagen,

soweit eine Inanspruchnahme des eigentlich Unterhaltspflichtigen grob unbillig wäre. Dabei sind allerdings die Belange des(r) dem Unterhaltsberechtigten anvertrauten gemeinschaftlichen Kindes(r) zu wahren.

Umstrittene Norm

§ 1579 gehört zu den umstrittensten Regelungen des 1. EheRG. Es herrscht weitgehend Einvernehmen darüber, dass die Vorschrift völlig missglückt ist.[126] Sie erweckt zunächst in den Ziffern 1–7 den Eindruck einer abschließenden Regelung von Anwendungsfällen, die aber von unbestimmten Rechtsbegriffen strotzen und sich zum Teil überschneiden (zB die Nrn. 2, 4 und 6), öffnet dann aber zum Schluss in der Ziffer 8 nicht nur Tür und Tor für freies Ermessen der Gerichte, sondern bietet auch einen willkommenen „Kriegsschauplatz" für unwillige Unterhaltsschuldner.

Anwendungskriterien

Bei Anwendung der negativen Härteklauseln des § 1579 ist Folgendes zu beachten:

- Sämtliche Härteklauseln setzen voraus, dass ein Unterhaltsanspruch („eigentlich") besteht, sind also nicht heranzuziehen bzgl. der Prüfung, ob eine Bedürftigkeit überhaupt vorliegt.

Härtefall sowie grobe Unbilligkeit

- Das Vorliegen eines Härtetatbestandes der Ziffern 1–8 ist allein nicht ausreichend. Hinzukommen muss vielmehr, dass die Inanspruchnahme des Unterhaltsverpflichteten *grob unbillig* ist. Das setzt voraus, dass eine Unterhaltszahlung in einem unerträglichen Widerspruch zum Gerechtigkeitsempfinden stehen würde.[127]

---

[126] Kritisch hierzu *Graba*, FamRZ 2005, 2032ff.
[127] BGH FamRZ 1982, 582 u. FamRZ 1989, 483; OLG Frankfurt FamRZ 1991, 823; OLG Celle FamRZ 1990, 519.

Ausnahmesituation

– *Grobe Unbilligkeit* verlangt einen Ausnahmesachverhalt. Sie ist anhand aller Umstände des Einzelfalles zu beurteilen, wobei es auch darauf ankommt, in welcher Weise die Unterhaltspflicht den Schuldner insbesondere in wirtschaftlicher Hinsicht trifft.[128] Der Unterhaltspflichtige hat die tatsächlichen Voraussetzungen für das Vorliegen eines Härtegrundes und der unbilligen Härte darzulegen und im Streitfall zu beweisen.

Kindesinteressen sind aber stets zu beachten

– Auch bei Vorliegen eines Härtegrundes kann ein Unterhaltspflichtiger nur insoweit von Unterhaltszahlungen freigestellt werden, als die Interessen des Kindes dem nicht entgegenstehen (vgl. § 1579 Hs. 1). Denn bei Kürzung, zeitlicher Begrenzung oder Versagung von Unterhalt für den betreffenden Elternteil besteht die Gefahr mangelnder Kinderbetreuung durch notwendig werdende Erwerbstätigkeit. Das ist bei allen Varianten des § 1579 im Rahmen einer auf den Einzelfall bezogenen Abwägung stets zu beachten.[129] Beschneidungen bestehender Unterhaltsansprüche kommen daher nur in Betracht, wenn die Pflege und Erziehung des Kindes trotzdem gesichert bleibt. Das ist der Fall, soweit der Unterhalt wenigstens das Existenzminimum erreicht.[130] Nach Ansicht des *BGH* können die Belange des Kindes gewahrt sein, wenn seine Pflege und Erziehung in anderer Weise als durch elterliche Betreuung sichergestellt werden kann.[131]

Die gesetzlichen Härtegründe im Einzelnen:

Kurze Ehedauer (§ 1579 Nr. 1)

Rechtsprechungsbeispiele

§ 1579 Nr. 1 BGB besagt nichts darüber, was unter einer kurzen Dauer zu verstehen ist und bis zu welchem Zeitpunkt sie zählt. Die überwiegende Rechtsprechung geht davon aus, dass

– die Ehedauer bis zum Scheidungsantrag zählt[132] und es dabei unerheblich ist, wie lange die Eheleute zusammengelebt haben,
– ab drei Jahren in der Regel keine Kurzehe mehr vorliegt,[133]
– vier Jahre noch eine Kurzehe ist, wenn es an einer wechselseitigen Abhängigkeit fehle,[134]
– der Annahme einer kurzen Ehe nicht entgegensteht, dass sich die Ehegatten bei Heirat bereits im vorgerückten Alter befunden haben.[135]

Kinderbetreuung zählt mit

Bei der Ehedauer werden Zeiten der Kinderbetreuung mit- bzw. hinzugezählt (§ 1579 Nr. 1), so dass bei einer Ehe von einem Jahr, aus der ein gemeinsames Kind stammt, das die Mutter langjährig pflegt und erzieht, eine Berufung auf eine kurze Ehedauer nicht möglich ist.

---

128 BGH, aaO, sowie in FamRZ 1992, 1045.
129 BVerfG FamRZ 1989, 941.
130 BVerfG FamRZ 1981, 745.
131 BGH FamRZ 1989, 1279.
132 Davon geht der BGH NJW 1981, 754 und 1986, 2832 aus.
133 So BGH FamRZ 1986, 886; 1995, 1405; 1999, 710.
134 OLG Hamm FamRZ 1992, 326; OLG Köln FamRZ 1992, 65.
135 BGH FamRZ 1981, 140 u. 1982, 582; OLG Frankfurt FamRZ 1991, 823.

Verfestigte Lebensgemeinschaft (§ 1579 Nr. 2)
Der unterhaltsberechtigte Ehegatte lebt in einer neuen verfestigten Lebensgemeinschaft, wenn er mit dem neuem Partner zwei bis drei Jahre zusammenlebt und der neue Partner Unterhalt leistet.[136]

Schwere Straftaten gegen den Verpflichteten oder dessen nahe Angehörige (§ 1579 Nr. 3)
Die Begriffe entstammen dem Strafrecht (vgl. dazu § 12 StGB). Hintergrund ist, dass es unerträglich erscheint, wenn sozusagen „mit der einen Hand geschlagen und die andere zum Geldempfang aufgehalten" wird. **Intention**

Beispiele: Körperverletzungen, Vergewaltigungen, Nötigungen, Erpressungen; schwere Verleumdungen gegen Unterhaltsverpflichtete, deren Kinder, Eltern, Geschwister oder neue Partner;
Betrug (zB Leugnen von Einkünften im Scheidungsverfahren);
eigener sexueller Missbrauch von gemeinsamen Kindern oder Stiefkindern oder Duldung durch Dritte.

Nicht erforderlich ist, ob volle strafrechtliche Verantwortlichkeit besteht. Es muss auch kein Strafverfahren eingeleitet sein oder gar eine Verurteilung vorliegen.

Mutwilliges Herbeiführen der Bedürftigkeit (§ 1579 Nr. 4)
Diese Ziffer ist nicht anwendbar bei der Prüfung, ob eine Bedürftigkeit überhaupt vorliegt, sondern sie setzt – wie die gesamte Norm – einen bestehenden Unterhaltsanspruch voraus. **Kriterien**

Mutwillig bedeutet nicht unbedingt vorsätzlich, vielmehr genügt unterhaltsbezogene Leichtfertigkeit, dh: sinn-, verantwortungs- und rücksichtsloses Verhalten.[137] **Mutwilligkeit**

Beispiele: grundlose Aufgabe einer Erwerbstätigkeit oder Berufsausbildung; Verschwendung des Vermögens; Alkohol, Drogen- (inkl. Tabletten-) Sucht bei fehlender Bereitschaft zur Behandlung und/oder Therapie.

Verletzung schwerwiegender Vermögensinteressen des Unterhaltspflichtigen (§ 1579 Nr. 5)
Nach dem Willen des Gesetzgebers unterfällt diesem Tatbestand insbesondere das Anschwärzen des Unterhaltspflichtigen bei seinem Arbeitgeber, sofern sich daraus eine Gefährdung des Arbeitsplatzes ergibt.[138]

Beispiele: Schwerwiegende Vermögensinteressen sind auch verletzt, wenn ein Unterhaltsberechtigter in der Absicht, dem Unterhaltspflichtigen zu schaden, diesen bei Geschäftspartnern oder Behörden (Polizei, Gesundheits-, Gewerbeaufsichts-, Finanz-, Zollamt o. ä.) denunziert.

Hier kann es zu Überschneidung mit Nr. 3 der Vorschrift kommen (zB beim Prozessbetrug durch Verschweigen von Einkünften). **Überschneidungen**

Was das subjektive Merkmal „mutwillig" betrifft, gilt das oben zu Nr. 4 Gesagte.

---

[136] *Büttner* FamRZ 2007, 773.
[137] BGH FamRZ 1993, 1055; 1994, 240; 2001, 541.
[138] BT-Drs. 10/2888, S. 20.

Grobe Verletzung der eigenen Unterhaltspflicht vor der Trennung (§ 1579 Nr. 5)

Kriterien

Wenn ein Ehegatte während des ehelichen Zusammenlebens seiner eigenen Verpflichtung, zum Unterhalt der Familie beizutragen (s. dazu §§ 1356 Abs. 1, 1360 S. 2), in eklatanter Weise nicht nachgekommen ist, wäre es ungerecht, an ihn jetzt Unterhaltszahlungen leisten zu müssen. In Betracht kommen außer der Verweigerung des Bar-Unterhalts (s. dazu S. 253) insbesondere völlige Vernachlässigung der gemeinsamen minderjährigen Kinder sowie des Haushalts. Das gilt vor allem dann, wenn deshalb unter großem finanziellen Aufwand Hilfskräfte eingesetzt werden mussten.

Offensichtlich schwerwiegendes Fehlverhalten gegen Unterhaltspflichtige (§ 1579 Nr. 7)

Hintergrund

Diese Klausel kommt zur Anwendung, wenn dem Unterhaltsberechtigten ein offensichtlich schwerwiegendes, eindeutig bei ihm liegendes Fehlverhalten gegen den Unterhaltsverpflichteten zur Last fällt. Obwohl durch das 1. EheRG das Schuldscheidungsrecht abgeschafft werden sollte, wirkt dies hier fort.

Beispiele: grundloses Ablehnen eines gemeinsamen Wohnsitzes während der Ehe;[139] Unterschieben eines fremden Kindes vor oder nach der Scheidung;[140] „grundloses" Verlassen der Ehefrau mit den Kindern und Zusammenziehen mit neuer Partnerin, es sei denn, der andere Ehegatte äußerte bereits ebenfalls Scheidungsabsichten;[141] Begründung einer „nachhaltigen Intimbeziehung";[142] Prostitution gegen den Willen des geschiedenen Ehemannes[143], Vereitelung des Umgangsrechts.[144]

Auffangklausel

Andere, ebenso schwerwiegende Gründe (Auffangklausel) (§ 1579 Nr. 8)

Diese Vorschrift soll die Anwendung des § 1579 in den Fällen sicherstellen, in denen ein anderer Grund vorliegt, der ebenso schwer wiegt wie die in den Nrn. 1–7 aufgeführten Gründe. Es handelt sich somit um einen Auffangtatbestand.[145] Ein Sachverhalt, der für einen der Härtegründe des § 1579 Nr. 1–7 nicht ausreicht, kommt dabei jedoch nicht in Betracht.[146]

Härteklauseln wirken evtl. nur temporär

Die Anwendung der Härteklauseln des § 1579 kann später auch wieder wegfallen und damit erneut Unterhalt in Betracht kommen.[147] Der früher vor allem als Härtefall anerkannte Fall einer verfestigten neuen Partnerschaft ist nunmehr in § 1579 Nr. 2 geregelt.

---

139 BGH FamRZ 1990, 490.
140 BGH FamRZ 1985, 51 u. 267.
141 BGH FamRZ 1980, 40.
142 BGH FamRZ 1981, 439.
143 OLG Schleswig FamRZ 1977, 814.
144 BGH NJW 2007, 1969.
145 BGH FamRZ 1995, 1405.
146 BGH, aaO
147 BGH FamRZ 1987, 1238 sowie: MüKoBGB/*Maurer*, § 1579, Rn. 184–185; Palandt/*Brudermüller*, § 1579, Rn. 39.

7. Art der Unterhaltsgewährung

Geldrente monatlich im Voraus

Der „laufende" Unterhalt ist durch Zahlung einer Geldrente monatlich im Voraus zu gewähren (§ 1585 Abs. 1 S. 1). Der Verpflichtete muss den Unterhalt auf seine Gefahr und Kosten übermitteln (§ 270 Abs. 1).

Sonderbedarf

Neben dem laufenden Unterhalt können evtl. einmalige Zahlungen wegen Sonderbedarfs verlangt werden (§ 1585b Abs. 1). Das ist nach der Legal-Definition des § 1613 Abs. 2 Nr. 1 „unregelmäßiger außergewöhnlich hoher Bedarf".

Beispiele: hohe Krankheits-, Operations-, Zahnersatz-, Pflege-, Umzugskosten

Unterhaltsrückstände

Unterhalt kann grundsätzlich immer nur für die Zukunft verlangt werden, da er nur der Sicherstellung des gegenwärtigen Lebensbedarfs dient und Unterhaltsverpflichtete vor Ansprüchen, mit denen sie nicht rechnen konnten, geschützt werden sollen. Unterhalt für die Vergangenheit oder Schadensersatz wegen Nichtleistung (zB Kosten für Kreditaufnahme) kann jedoch gemäß § 1585b gefordert werden, wenn

- es sich um Sonderbedarf handelt (§ 1585b Abs. 1; s. dazu oben),
- Unterhaltsverpflichtete sich im Zahlungsverzug befinden (§ 1585b Abs. 2 i.V.m. §§ 1613, 286),

Zahlungsverzug tritt nach § 286 BGB ein, wenn der Unterhaltspflichtige fälligen Unterhalt nicht gezahlt hat. Dass der Unterhaltspflichtige dies zu vertreten hat, vermutet § 286 Abs. 4. Die nach § 286 erforderliche Mahnung muss nach Eintritt der Fälligkeit erfolgen. Eine monatliche Mahnung ist nicht erforderlich. In den Fällen des § 286 Abs. 2 muss nicht gemahnt werden, wenn

- der Unterhaltsanspruch bereits rechtshängig (= gerichtlich geltend gemacht) ist (§ 1585 Abs. 2 i.V.m. § 1613) oder
- der Unterhaltspflichtige aufgefordert wurde, Auskunft zu erteilen, damit der Unterhalt berechnet werden kann.

Grundsätzlich können all diese Ansprüche nur bis zu einem Jahr rückwirkend gefordert werden, es sei denn, Unterhaltsverpflichtete haben sich absichtlich den Zahlungen entzogen (vgl. § 1585b Abs. 3).

Sicherheitsleistung

Sofern zu befürchten ist, dass die Unterhaltsleistungen gefährdet sind, können Unterhaltsberechtigte Sicherheit für die Zahlungen verlangen, die meist durch Gehaltsabtretung erfolgt, da die Beschränkungen des § 232 hier nicht gelten (s. dazu § 1585a).

Einmalige Abfindung

Unterhaltsberechtigte können statt laufender Zahlungen auch eine – einmalige – Abfindung verlangen, wenn ein wichtiger Grund hierfür vorliegt

Beispiele: behindertengerechter Umbau der Wohnung nach Unfall, Wohnungskauf, Darlehensrückzahlung, Existenzgründung, Auswanderung

und dies den Unterhaltsverpflichteten nicht unbillig belastet; Unterhaltsverpflichtete können dagegen nicht auf einer Abfindung bestehen (vgl. § 1585 Abs. 2). Abfindungen sind in der Praxis selten, da schwer deren angemessene Höhe festzulegen ist und dies ohnehin meist nur für Begüterte in Betracht kommt.

8. Unterhaltsvereinbarungen

Form Geschiedene Ehegatten können für die Zeit nach der Scheidung notariell beurkundete Unterhaltsvereinbarungen treffen (§ 1585c).

Inhalt Inhaltlich besteht fast uneingeschränkte Ausgestaltungsfreiheit (zB bzgl. Höhe und Dauer, Zahlungsmodalitäten etc.).

Unterhaltsverzicht Im Gegensatz zum Ehegatten- und Verwandtenunterhalt (vgl. §§ 1361 Abs. 4 S. 4, 1360a Abs. 3, 1614 Abs. 1) ist hier auch der – Verzicht (selbst für den Fall der Not) grundsätzlich zulässig, da ihm – im Gegensatz zu anderen Unterhaltsvereinbarungen – Vorbehalte an veränderte Lagen fremd sind.[148] Wegen seiner weit gehenden Bedeutung bedarf ein Unterhaltsverzicht allerdings stets klarer und eindeutiger Vereinbarung, denn es ist ein Erfahrungssatz, dass ein Verzicht nicht zu vermuten und im Zweifel eng auszulegen ist.[149]

Unwirksamer Unterhaltsverzicht Ein Unterhaltsverzicht ist allerdings nichtig, wenn bereits vom Jobcenter oder vom Sozialhilfeträger die Mitteilung nach § 33 SGB II bzw. § 94 SGB XII erfolgt ist, dass der Unterhaltsanspruch schon auf ihn übergegangen ist.

Anfechtbarkeit und Nichtigkeit Unterhaltsvereinbarungen unterliegen – wie alle Verträge – den Vorschriften über die Anfechtung und Nichtigkeit von Willenserklärungen (vgl. §§ 119–121, 123, 124 bzw. §§ 116–118, 134, 138). In Betracht kommen vor allem Drohungen, arglistige Täuschungen und Sittenwidrigkeit. Nach *BVerfG*[150] und *BGH*[151] ist die Wirksamkeit jedes Unterhaltsverzichts insbesondere genau nach § 138 zu prüfen, weil dadurch keine einseitige, durch die ehelichen Lebensverhältnisse nicht gerechtfertigte Lastenverteilung entstehen dürfe.[152]

Rechtsprechungsbeispiele zu nichtigen Verzichten Die Rechtsprechung zur Nichtigkeit von Unterhaltsverzichten erscheint hier *widersprüchlich*:

So wurde einerseits ein Unterhaltsverzicht selbst dann nicht für sittenwidrig (und damit nichtig) gehalten, wenn eine Frau ein Kind erwartet und der Mann die Heirat vom Unterhaltsverzicht abhängig gemacht hat.[153] – Inzwischen hat aber das *BVerfG* derartige Verzichte wegen Verstoßes gegen Art. 2 Abs. 1 iVbm Art. 6 Abs. 4 und gegen Art. 6 Abs. 2 GG für verfassungswidrig und damit nichtig erklärt.[154]

Andererseits wird das Berufen auf einen vorhandenen Unterhaltverzicht für treuwidrig und damit nach § 242 für unzulässig gehalten, solange eine Frau infolge der Betreuung eines gemeinsamen Kindes an einer Erwerbstätigkeit gehindert ist und ohne Leistung von Unterhalt auf Arbeitslosengeld II oder Sozialhilfe angewiesen wäre.[155] Allerdings wird dann dem betreffenden Elternteil nur der notwendige Unterhalt zugebilligt.[156]

Ein Unterhaltsverzicht verstößt nach hM gegen die guten Sitten und ist daher nach § 138 Abs. 1 nichtig, falls die Eheleute dadurch bewusst eine Unterstützungs-

---

148 BGH FamRZ 1980, 172.
149 OLG Schleswig FamRZ 1993, 72.
150 BVerfG FamRZ 2001, 343.
151 BGH FamRZ 2004, 601.
152 BGH aaO
153 OLG Celle FamRZ 1989, S. 65; ebenso der BGH FamRZ 1992, 1403 mit dem Argument, die Frau hätte sich ja beraten lassen können.
154 BVerfG FamRZ 2001, 343.
155 BGH FamRZ 1985, 787, 1991, 306 und 1995, 291; OLG Köln FamRZ 1990, 634; OLG Hamburg FamRZ 1991, 1317; OLG Celle FamRZ 1992, 447.
156 BGH, FamRZ 1992, 1403.

bedürftigkeit zu Lasten der Jobcenter oder der Sozialämter herbeiführen, auch wenn sie deren Schädigung nicht beabsichtigt haben.[157] – Dies kann mE nur bei Nachweis der Schädigungsabsicht gelten.

> **Ein Unterhaltsverzicht ist**
>
> – nach § 134 unwirksam, wenn bereits vom Sozialhilfeträger die Mitteilung nach § 94 SGB XII erfolgt ist, dass der Unterhaltsanspruch auf ihn übergegangen ist,
> – bei nachgewiesener Schädigungsabsicht zu Lasten des Trägers der Sozialhilfe stets sittenwidrig und daher nach § 138 Abs. 1 nichtig,
> – nach st. Rspr. des BGH auch ohne Schädigungsabsicht zu Lasten des Trägers der Sozialhilfe sittenwidrig und somit nach § 138 Abs. 1 nichtig
> – uU nach § 138 auch dann nichtig, wenn ein Ehegatte dabei – insbesondere im Hinblick auf eine Kinderbetreuung – unangemessen benachteiligt wird.

9. Ende der Unterhaltspflicht

Unterhaltsansprüche enden, wenn

In Betracht kommende Fälle

- die Voraussetzungen für die jeweilige Unterhaltsberechtigung entfallen,
- eine Abfindung vereinbart und gezahlt wurde (s. dazu S. 254 f.),
- ein Unterhaltsverzicht vorliegt (s. dazu S. 254 f.),
- Unterhaltsberechtigte sterben (§ 1586 Abs. 1), die Unterhaltsberechtigung ist also nicht vererblich, die Unterhaltspflicht jedoch (vgl. § 1586b)
- Unterhaltsberechtigte eine neue Ehe eingehen (§ 1586 Abs. 1).

Grundsatz: Erlöschen Ausnahme: Wiederaufleben

Grundsätzlich sind die Unterhaltsansprüche damit erloschen. Im ersten und letzten Fall können die Ansprüche jedoch uU wiederaufleben.

Beispiele für ein „Wiederaufleben" der Unterhaltspflicht: Eine geschiedene Frau geht nach überwundener Krankheit wieder einer Erwerbstätigkeit nach, gibt diese dann aber auf, um ein gemeinschaftliches schwer erkranktes oder verunfalltes Kind zu pflegen.

Die kinderlose zweite Ehe einer Frau wird geschieden und sie betreut ein 6-jähriges Kind aus der ersten Ehe.

Hier haftet allerdings gem. § 1586a Abs. 2 der zweite vor dem ersten Ehemann, dh, der zweite Ehemann ist allein unterhaltspflichtig, wenn seine geschiedene Frau ihm gegenüber auch einen Unterhaltsanspruch besitzt – zB wegen Krankheit. Ist das jedoch nicht der Fall, knüpft sie durch § 1570 wieder an ihre erste Ehe an und kann daher nach beendeter Kinderbetreuung sogar vom ersten Ehemann gemäß den §§ 1571–1573 und 1575 uU wieder Unterhalt erhalten.

---

[157] Ständige Rechtsprechung des BGH vgl. FamRZ 1983, 137; 1987, 40; 1990, 634; 1991, 88; 1992, 1403.

Kapitel 7. Verwandtenunterhalt

Übersicht

Gegenseitige Unterhaltspflicht Verwandter in gerader Linie

Nicht nur Ehegatten sind einander zum Unterhalt verpflichtet, sondern auch Verwandte in gerader Linie. Einzelheiten regeln insoweit die §§ 1601 ff.

Anspruchsgrundlage

Anspruchsgrundlage des Unterhaltsanspruchs in gerader Linie ist § 1601. Wegen der Suche nach der richtigen Anspruchsgrundlage wird nach oben verwiesen (S. 197 f.).

Voraussetzungen

Die Voraussetzungen des Unterhaltsanspruchs der Verwandten in gerader Linie ergeben sich aus den §§ 1601 ff. Folgende Voraussetzungen sind zu prüfen:

Voraussetzungen des Anspruches auf Verwandtenunterhalt:

- Verwandtschaft in gerader Linie
- Bedürftigkeit der Unterhalt begehrenden Person
  - Bedarf
  - abzüglich des einzusetzenden Einkommens, ggf. fiktiven Einkommens und Vermögens der Unterhalt begehrenden Person
- Leistungsfähigkeit des in Anspruch Genommenen
- Fehlen von Ausschlussgründen

Merke

Die Unterhaltspflicht der Eltern gegenüber ihren minderjährigen Kindern besteht unabhängig davon, ob ihnen die elterliche Sorge zusteht oder nicht, denn § 1601 stellt hierauf nicht ab. Die Sorge- und Unterhaltspflichten bestehen also unabhängig voneinander, denn es wäre kaum hinnehmbar, wenn zB ein Elternteil nach einem Sorgerechtsentzug von seiner Unterhaltspflicht befreit wäre.

Anspruchsinhalt

Sind diese Voraussetzungen erfüllt, besteht ein – ggf. gerichtlich einklagbarer Anspruch auf Unterhalt. Art und Dauer des Anspruches wird in den §§ 1610 ff. näher bestimmt.

A. Voraussetzungen

I. Verwandtschaft in gerader Linie

Gegenseitige Pflicht

Dass Eltern ihren Kindern gegenüber unterhaltspflichtig sind, ist allgemein bekannt; dass diese Verpflichtung jedoch auch umgekehrt besteht, ist dagegen wohl weniger verbreitet. Beides ergibt sich aus § 1601, der allen geradlinigen Verwandten diese gegenseitige Solidarität *ohne altersmäßige oder sonstige zeitliche Begrenzung* auferlegt (was vielfach nicht bekannt ist). Somit besteht gemäß §§ 1601/1589 eine gegenseitige Unterhaltspflicht für:

Unterhaltspflichtige

Eltern ↔ Kinder – Großeltern ↔ Enkel – Ur-Großeltern ↔ Ur-Enkel.

Nicht Unterhaltspflichtige

Zwischen anderen Familienangehörigen besteht dagegen keine Unterhaltspflicht, also nicht unter Verwandten in der Seitenlinie, dh:

- zwischen unter Geschwistern – zwischen Tanten/Onkeln und Nichten/Neffen – zwischen Cousinen/Cousins
- ebenso wenig zwischen Verschwägerten
- insbesondere nicht zwischen Schwiegereltern und Schwiegertöchtern/-söhnen.

II. Bedürftigkeit

Begriff Bedürftigkeit

Bedürftig ist, wer außerstande ist, sich selbst zu unterhalten (§ 1602 Abs. 1). Um dies festzustellen, ist zunächst der Bedarf der Unterhalt begehrenden Person zu ermitteln. Danach ist zu klären, ob diese diesen Bedarf mit ihrem Einkommen, ggf. fiktiven Einkommen und Vermögen decken kann.

1. Unterhaltsbedarf

Gesamter Lebensbedarf

Der zu gewährende Unterhalt umfasst den gesamten Lebensbedarf (§ 1610 Abs. 2),

Beispiele: Nahrung, Wohnung, Kleidung, Gesundheitssorge, angemessene Versicherung (nicht jedoch Lebensversicherungen u. Altersvorsorge), kulturelle, gesellschaftliche und Freizeit-Bedürfnisse.

Nicht hierzu zählen jedoch sonstige Verpflichtungen, die der Bedürftige seinerseits zu erfüllen hat (sog „Schulden").

Erziehungskosten

Der Unterhalt umfasst auch Erziehungsmaßnahmen (§ 1610 Abs. 2), dh auch die Kosten für die Unterbringung bei Tagesmüttern, in Kindertagesstätten, Pflegestellen, Heimen etc.

Angemessener Unterhalt

Die Lebensbedürfnisse einer Person können in unterschiedlicher Qualität und Quantität befriedigt werden. Der Unterhalt ist in dem Maß zu gewähren, das der Lebensstellung des Bedürftigen entspricht (sog „angemessener Unterhalt", vgl. § 1610 Abs. 1). Dieser richtet sich nach den (bisherigen) Lebens-, Einkommens- und Vermögensverhältnissen des jeweiligen Unterhaltsberechtigten. Es ist aber auch die Leistungsfähigkeit des Unterhaltsverpflichteten zu beachten (s. dazu § 1603).

Ausbildung – Zweit-Ausbildung

Keine Altersbegrenzung

Der Unterhalt umfasst auch die Kosten einer angemessenen Schul- und Berufsausbildung (§ 1610 Abs. 2). Diese Verpflichtung wird nicht durch Erreichen eines bestimmten Alters begrenzt,

(auch nicht mit 27 Jahren, wie immer wieder behauptet wird)

Konkrete Situation maßgeblich

sondern allein durch die Dauer der Ausbildung, wobei Verzögerungen in der Reifeentwicklung, Krankheit und sonstige individuelle Umstände zu berücksichtigen sind.[1] – *Begrenzungen* entstehen jedoch bei be-

---

[1] BGH FamRZ 1984, 777; OLG Hamm FamRZ 1986, 198.

sonders langwierigen und/oder kostspieligen Ausbildungen bei Eltern mit nur geringerem Einkommen. Grenzen der Zumutbarkeit sind vor allem bei einer Zweit-Ausbildung zu beachten. Sie ist zwar weder generell zu versagen noch anzuerkennen. Vielmehr kommt es hierbei jeweils auf die konkrete Fallsituation an.[2]

Zweit-Ausbildungen

Die gerichtliche Praxis orientiert sich bei der Berechnung des Unterhalts an der Düsseldorfer Tabelle und den jeweiligen Leitlinien der Oberlandesgerichte. Die Düsseldorfer Tabelle (s. S. 244) geht von Mindestunterhalt aus und sieht nach dem Einkommen der Eltern und dem Alter des Kindes gestaffelte Beträge vor.

Unterhaltstabellen

Als Einkommen ist das bereinigte Nettoeinkommen zugrunde zu legen. Dieses wird dadurch ermittelt, dass vom Bruttoeinkommen Steuern und gesetzliche Vorsorgeaufwendungen (vor allem Sozialversicherungsbeiträge) abgezogen werden. Von der hierbei ermittelten Zwischensumme werden weiter u. a. berufsbedingte Mehraufwendungen und berücksichtigungsfähige Schulden abgezogen.

Bereinigtes Nettoeinkommen

§ 1612a setzt einen Mindestunterhalt fest, den ein minderjähriges Kind mindestens verlangen kann. Der Mindestunterhalt orientiert sich an dem nicht zu versteuernden sächlichen Existenzminimum eines minderjährigen Kindes (§ 1612a Abs. 1 S. 2). Ab 1.1.2019 beträgt der Mindestunterhalt von 0–5 Jahren 354 EUR, von 6-11 Jahren 406 EUR und von 12–17 Jahren 476 EUR (§ 1 MindestunterhaltVO). Der Mindestunterhalt wird alle zwei Jahre angepasst (§ 1612a Abs. 4).

Mindestunterhalt

Auf die jeweils sich errechnenden Unterhaltsbeträge wird nach § 1612b das für das betreffende Kind gezahlte Kindergeld zur Hälfte angerechnet, weil man davon ausgeht, dass dies zwei Funktionen hat, nämlich einerseits dem Unterhalt zu dienen und andererseits als Art „Aufwandsentschädigung" für den betreuenden Elternteil gedacht ist (sog „Halbteilungsgrundsatz").[3] Daraus ergibt sich für die Unterhaltsberechnung Folgendes:

Anrechnung von Kindergeld

„Halbteilungsgrundsatz"

- erhält der bar-unterhaltspflichtige (s. dazu S. 263) Elternteil kein Kindergeld, weil es an einen anderen Kindergeldberechtigten ausbezahlt wird, so verringert sich der errechnete Unterhaltsbetrag um die Hälfte des Kindergeldes (§ 1612b Abs. 1),
  die Hälfte des Kindergeldes dient ja dem Unterhalt (vgl. oben), also darf er diesen Teil anrechnen, dh vom errechneten Unterhaltsbetrag abziehen
- sind beide Eltern bar-unterhaltspflichtig (dh: weil keiner von ihnen das Kind betreut [s. dazu S. 263]), so erhöht sich der errechnete Unterhaltsanspruch gegen den das Kindergeld beziehenden Elternteil um die Hälfte des auf das Kind entfallenden Kindergeldes (§ 1612b Abs. 2),
  mangels Kindesbetreuung steht ihm die „Aufwandsentschädigung" (vgl. oben) nicht zu; er muss sie herausgeben
- besitzt nur der unterhaltspflichtige Elternteil, der das Kind nicht betreut, den Kindergeldanspruch, wird es aber nicht an ihn ausbezahlt, so ist es in voller Höhe anzurechnen, dh: er kann seine Unterhaltszahlung um den Betrag des Kindergeldes kürzen.

Ausnahmsweise volle Anrechnung

---

[2] S. dazu BGH FamRZ 1989, 853; 1991, 322; 1992, 1407; 2000, 420; 2001, 1601.

[3] Diese Berechnung ist bedauerlich; betreuende Elternteile sollten stets das ungekürzte Kindergeld erhalten.

Begründung

Bei Tod eines Elternteils und Unterhaltspflichtverletzung durch den anderen Elternteil oder bei Fremdunterbringung des Kindes wird das Kindergeld an das Kind selbst oder an die Betreuungsperson ausbezahlt. Da in diesen Fällen der überlebende Elternteil den Gesamtunterhalt zahlt, erschien dem Gesetzgeber die volle Anrechnung des Kindergelds gerechtfertigt,[4] dh: der Unterhaltsverpflichtete kann es voll von seinen Unterhaltszahlungen abziehen.

Auskunftspflicht

Zur Klärung der unterhaltsrechtlichen Lage (einschließlich der Höhe der zu zahlenden Beträge) besteht zwischen geradlinigen Verwandten eine gegenseitige Auskunftspflicht (vgl. § 1605 sowie S. 265).

2. Einzusetzende Mittel

Bedürftig iSv § 1602 BGB ist nur, wer seinen Lebensunterhalt nicht aus eigenen Mitteln bestreiten

dh, wer weder aus zumutbarer Erwerbstätigkeit

Schülern ist ausnahmslos, Studenten grundsätzlich keine Erwerbstätigkeit zumutbar

noch aus sonstigen Einkünften (wie Ausbildungsvergütung, Ferienjobs), noch aus Verwertung seines Vermögens seinen angemessenen Lebensbedarf bestreiten kann; minderjährige unverheiratete Kinder brauchen jedoch ihr Vermögen nicht zu verwerten, sondern müssen sich nur die Einkünfte hieraus (Zinsen, Mieteinnahmen etc.) anrechnen lassen (vgl. § 1602 Abs. 2).

III. Leistungsfähigkeit

Begriff Leistungsfähigkeit

Leistungsfähig ist nur, wer unter Berücksichtigung seiner sonstigen Verpflichtungen andere vorrangige oder gleichrangige (s. dazu S. 245 ff.) Unterhaltsverpflichtungen, Versicherungs-, Darlehens-, Abzahlungsverpflichtungen

diese „familienfeindliche" Berücksichtigung von „Schulden" wird allerdings dadurch gemildert, dass sie bei Pfändungen gemäß § 850d ZPO nur berücksichtigt werden, soweit dies im Interesse der Unterhaltsverpflichteten geboten ist (dh, wenn ihre Existenz auf dem Spiel steht wie zB bei privaten oder gewerblichen Mietverträgen oder bei Abzahlungsverpflichtungen bzgl. Hausrat oder beruflich benötigtem Kfz)

ohne Gefährdung seines eigenen angemessenen Unterhalts (s. dazu den sog „Kontrollbedarf" der Unterhalts-Tabellen) zahlen kann (§ 1603 Abs. 1).

Gesteigerte Verpflichtung

Gegenüber *unverheirateten* Kindern besteht allerdings eine gesteigerte Unterhaltspflicht, solange diese

- minderjährig sind *oder*
- sich noch in allgemeiner Schulausbildung befinden, noch nicht 21 Jahre alt sind und noch zumindest mit einem Elternteil zusammenleben.

Folgen

Das bedeutet, dass Eltern mit diesen Kindern alle verfügbaren Mittel teilen müssen, sofern nicht

---

[4] S. BT-Drs. 13/7338, S. 30.

- ein anderer unterhaltspflichtiger (und leistungsfähiger) Verwandter vorhanden ist
- der Unterhalt dieses Kindes aus seinem Vermögensstamm bestritten werden kann

(wobei auch die Vermögenssubstanz eingesetzt werden muss, sofern das nicht unwirtschaftlich ist) und der Unterhaltspflichtige aus dem verbleibenden Vermögen seinen angemessenen Unterhalt bestreiten kann.[5]

(vgl. § 1603 Abs. 2).

Notwendiger Selbstbehalt

Der *notwendige Selbstbehalt* beträgt nach der Düsseldorfer Tabelle bei Erwerbstätigen 1080 EUR (und bei nicht Erwerbstätigen 880 EUR).

Partieller Unterhalt

Bei partieller Bedürftigkeit oder Leistungsfähigkeit kommt Teilunterhalt in Betracht.

In Mangelfällen Rangfolge beachten

Wenn die Leistungsfähigkeit des(r) Unterhaltspflichtigen nicht ausreicht, so ist zunächst unverheirateten minderjährigen Kindern sowie (gleichermaßen) sich noch in allgemeiner Schulausbildung befindlichen noch nicht 21 Jahre alten Kindern Unterhalt zu gewähren. (vgl. § 1609 sowie „Rangfolgen" auf S. 245 ff.). Andere Unterhaltsberechtigte kommen also erst nach ihnen zum Zuge.

IV. Beschränkung oder Versagung von Unterhalt

Unterhaltspflichtige geradlinige Verwandte (also auch Eltern) brauchen nicht den vollen Unterhalt, sondern nur einen Unterhaltsbeitrag zu leisten, wenn Unterhaltsberechtigte

Beschränkungsgründe

- durch eigenes „sittliches"[6] Verschulden unterhaltsbedürftig geworden sind,

  Beispiele: Arbeitsscheu, Spiel, Wettschulden, Erwerbsverlust durch Alkohol- oder Drogen-Missbrauch (nicht jedoch: einmalige leichtsinnige Aufgabe des Arbeitsplatzes, frühe Mutterschaft)

- sich vorsätzlich einer schweren Verfehlung gegen die Unterhaltspflichtigen oder deren nahe Angehörige (zB Kinder, Eltern, neuer Ehegatte, Partner) schuldig gemacht haben,

  Beispiele: körperliche Misshandlungen, massive Bedrohungen u. Erpressungen, schwerer Betrug, Denunziationen (zB gegenüber Finanzamt, sonstige Behörden, Arbeitgeber) mit dem Ziel, die Unterhaltspflichtigen beruflich oder wirtschaftlich zu schädigen,
  umstritten sind: Beleidigungen, tiefe Verachtung[7] u. jegliche Kontaktverweigerung[8]

- zuvor ihre eigene Unterhaltspflicht gegenüber den jetzt Unterhaltspflichtigen gröblich vernachlässigt hatten,

---

[5] BGH FamRZ 2013, 203.

[6] Nicht nur abzuleiten aus dem (ungeschriebenen) sog „allgemeinen Sittengesetz", sondern aus den sich aus der Verwandtschaft ergebenden Pflichten zur Rücksichtnahme (vgl. auch § 1618a).

[7] Gegenüber todkrankem Vater ist die Norm anwendbar (OLG Bamberg, FamRZ 1992, 717).

[8] Dazu Schwab, Rz. 1033.

dazu zählt auch keinerlei Mithilfe im Haushalt noch zu Hause lebender (vor allem volljähriger) Kinder (vgl. § 1611 Abs. 1 S. 1).

Folgen

Kürzungen

In den vorgenannten Fällen brauchen Unterhaltsverpflichtete nur einen Unterhaltsbeitrag zu leisten, der der Billigkeit entspricht. Von Kürzungen betroffen ist vor allem Sonderbedarf (nicht jedoch Ausbildungskosten).

Die Herabsetzung auf den sog „notdürftigen Unterhalt" (der im Wesentlichen mit dem SGB II-/SGB XII-Satz gleichgesetzt wird) ist zwar 1970 weggefallen, kann aber dennoch relevant sein.

Versagung

Wenn in den vorgenannten Fällen eine Inanspruchnahme der eigentlich Unterhaltspflichtigen grob unbillig wäre, kann die Unterhaltspflicht sogar völlig entfallen (§ 1611 Abs. 1 S. 2). Diese Ausnahmesituation erfordert strenge Anforderungen, dh hier muss nach hM selbst die Leistung eines geringfügigen Beitrags der Gerechtigkeit „in unerträglicher Weise" widersprechen.[9]

Andere Verwandte haften dann nicht

In Fällen der Unterhaltsminderung oder -versagung können die betroffenen Unterhaltsbedürftigen dann auch nicht andere Unterhaltspflichtige in Anspruch nehmen (§ 1611 Abs. 3).

Gilt nicht gegenüber minderj. Kindern

Gegenüber unverheirateten minderjährigen Kindern können Eltern keine Unterhaltsminderung oder -versagung nach § 1611 Abs. 1 geltend machen (vgl. dessen Abs. 2). *Umstritten* ist, ob das auch dann gilt, wenn das Kind inzwischen volljährig ist und nun Unterhalt begehrt.[10] Hier kann jedoch mE in besonders gravierenden Fällen über § 242 ein entsprechendes Ergebnis erzielt werden.

Verzeihung

Hier kann entsprechend den Regelungen der §§ 523, 2337 grundsätzlich auch Verzeihung in Betracht kommen,[11] sofern die Unterhaltsberechtigten nachweisen können, dass die betreffenden Unterhaltspflichtigen somit aus dem Fehlverhalten keinerlei Rechtsfolgen mehr herleiten wollen.[12]

V. Unterhaltsvereinbarungen

Grundsätzlich möglich

Unterhaltsverzicht unzulässig

Unterhaltsansprüche Verwandter können infolge der Vertragsfreiheit grundsätzlich vertraglich näher geregelt werden. Unter geradlinigen Verwandten kann aber – im Gegensatz zum Geschiedenenunterhalt (s. S. 254 f.) – auf den Unterhalt für die Zukunft weder ganz noch teilweise verzichtet werden (§ 1614 Abs. 1). Das gilt für sämtliche unterhaltspflichtigen Verwandten, also zwischen Eltern und Kindern sowie Großeltern und Enkeln (§ 1589 S. 1). Gesetzesintention ist hier nicht nur der Schutz evtl. stark abhängiger Verwandter, sondern auch die Eindämmung staatlicher Verpflichtungen. Denn bei Nichteinhaltung von Unterhaltsverpflichtungen würde ja das soziale Sicherungssystem einspringen müssen (s. dazu unten).

---

[9] Bezüglich § 2333 Nr. 5 BGB aA: *Palandt/Brudermüller,* § 1611, Rn. 7.

[10] Dafür: BGH, FamRZ 1988, 159; OLG Stuttgart, FamRZ 1997, 447; OLG Hamburg, FamRZ 1995, 959 MüKoBGB/*Born,* § 1611, Rn. 42; aA: OLG Düsseldorf, FamRZ 1990, 194; OLG Karlsruhe, FamRZ 1988, 758.

[11] MüKoBGB/*Born,* § 1611, Rn. 46; Palandt/*Brudermüller,* § 1611, Rn. 9.

[12] MüKoBGB/*Born,* aaO (unter Berufung auf BGHZ 91, 272).

B. Rechtsfolgen

I. Art und Weise der Unterhaltsgewährung

Geldrente mtl. im Voraus

Grundsätzlich ist Verwandtenunterhalt durch Entrichtung einer Geldrente monatlich im Voraus zu leisten (vgl. § 1612 Abs. 1 S. 1, Abs. 3 S. 1). Wenn besondere Gründe es rechtfertigen, können unterhaltspflichtige Verwandte (und somit auch Eltern) verlangen, dass ihnen die Unterhaltsgewährung „in anderer Weise" gestattet wird (§ 1612 Abs. 1 S. 2). Wann das der Fall sein kann, und was dies bedeutet, besagt diese Vorschrift nicht. Es handelt sich dabei um Unterhalt durch Sachleistungen, insbesondere durch das Zurverfügungstellen von Kost und Logis, Kleidung etc. (sog. *Natural-Unterhalt*). Da hiermit eine Beschränkung der persönlichen Freiheit und Bevormundung der Unterhaltsberechtigten verbunden ist, kommt Natural-Unterhalt nur in Frage, wenn zB die Geldmittel von Land- oder Gastwirten oder Lebensmittel- oder Textilkaufleuten sehr beschränkt sind. Er kann deshalb den Bar-Unterhalt auch nicht völlig ersetzen, sondern nur ergänzen.

Natural-Unterhalt: grundsätzlich Ausnahme

Bei mdj. Kindern dagegen Regelfall

Minderjährigen unverheirateten Kindern gegenüber ist dagegen die Gewährung von Natural-Unterhalt der Regelfall, sofern diese mit ihren Eltern zusammenleben. Geldzahlungen reduzieren sich hier gewöhnlich auf die Zahlung von *Taschengeld*. Das Gesetz gesteht die Leistung von Natural-Unterhalt nicht nur ausdrücklich den Eltern für ihre unverheirateten minderjährigen Kinder zu, sondern auch für ihre unverheirateten volljährigen Kinder; bei ihrer diesbezüglichen „Bestimmung" müssen sich die Eltern allerdings einig sein und haben hierbei auf Belange ihrer Kinder die gebotene Rücksicht zu nehmen (vgl. § 1612 Abs. 2 S. 1). Damit eröffnet das BGB Eltern die Möglichkeit, auch noch über die Volljährigkeit hinaus auf die Lebensführung ihrer Kinder Einfluss zu nehmen und sie an sich zu binden, solange diese noch von ihnen finanziell abhängig sind.[13] Da dies problematisch sein kann, sieht § 1612 Abs. 2 S. 2 vor, dass das FamG auf Antrag betroffener Kinder derartige Bestimmungen der Eltern „aus besonderen Gründen" ändern kann. Das bedeutet, dass das Anbieten von Naturalunterhalt stets möglich ist und nur in begründeten Ausnahmefällen gerichtlich geändert werden kann (sog Regel-Ausnahme-Bestimmung). Eine solche Änderung von Staats wegen hält die Rspr. nur in eindeutigen – vom Kind zu beweisenden – Missbrauchsfällen für zulässig.[14]

Auch möglich für unverheiratete Volljährige

Aus besonderen Gründen Änderung durch FamG

Rechtsprechungsbeispiele

- große Entfernung zwischen Ausbildungsstätte und Elternhaus,[15]
- nicht zu rechtfertigende Einmischung in die Lebensgestaltung Volljähriger,[16]
- tief greifende Entfremdung,[17] es sei denn, das Kind hat diese zu vertreten,[18]

---

13 Das hat der BGH als legitim bejaht, FamRZ 1981, 250.
14 So zB der BGH FamRZ 1981, 250.
15 OLG Hamburg FamRZ 1987, 1183.
16 OLG Bremen FamRZ 1976, 702; BayObLG FamRZ 1989, 1222.
17 BayObLG FamRZ 1991, 1224.
18 OLG Hamburg FamRZ 1983, 1053; OLG Zweibrücken FamRZ 1988, 205.

- „Zurückholenwollen" volljähriger Kinder nach bereits jahrelangem Getrenntleben,[19]
- schikanöses Verhalten oder Tätlichkeiten gegen das Kind.[20]

Dagegen wird der bloße Wunsch nach Selbstständigkeit volljährig gewordener Kinder nach st. Rspr. nicht anerkannt.

Problematische Regelung

Von verschiedenen Seiten ist wiederholt eine Streichung oder Änderung dieser gesetzlichen Norm gefordert worden. Die Umkehr der Regel-Ausnahme-Bestimmung wäre mE eine angemessene Lösung, dh, dann müssten nicht mehr die Kinder nachweisen, dass ihnen die Gewährung von Naturalunterhalt unzumutbar ist, sondern die Eltern dies bzgl. des Bar-Unterhalts tun.

II. Aufteilung der elterlichen Unterhaltspflicht

Grundsatz: individuelle Haftung

Eltern müssen sich ihre Unterhaltsverpflichtungen gegenüber ihren Kindern nicht teilen (also nicht „halbe-halbe"), sondern sie haften grundsätzlich – wie andere gleich nahe Verwandte auch – jeweils anteilig nach ihren Erwerbs- und Vermögensverhältnissen (§ 1606 Abs. 3 S. 1). Wenn jedoch ein Elternteil ein minderjähriges unverheiratetes Kind pflegt und erzieht, erfüllt er damit „in der Regel" seine Unterhaltspflicht (§ 1606 Abs. 3 S. 2). Das gilt auch dann, wenn an der Betreuung andere Personen beteiligt sind (zB: Lebensgefährten, Großeltern oder andere Verwandte, Tagesmütter), es sei denn, diese Betreuung überwiegt (wie zB bei Unterbringungen in Vollzeitpflege oder Heimen).

Kinderbetreuung erfüllt Unterhaltspflicht

Wertung des BGB

Aus dieser Wertung des BGB ergibt sich, dass
- Kinder zu pflegen und zu erziehen bedeutet, ihnen Unterhalt zu leisten,
- dies nur bzgl. minderjähriger Kinder gilt (vgl. „und" in § 1606 Abs. 3 S. 2),
- Betreuungs-Unterhalt und Bar-Unterhalt gleichwertig sind.

Ausnahmen

Dies gilt jedoch nur „in der Regel". Das bedeutet, dass auch der betreuende Elternteil Unterhaltszahlungen leisten muss, wenn

- der Kindesunterhalt durch den nicht betreuenden Elternteil allein nicht sichergestellt werden kann,
- dies zu einem erheblichen Ungleichgewicht zwischen den Elternteilen führen würde.

(Letzteres nimmt der *BGH*[21] aber nur bei extremen Einkommensunterschieden an.)

Bar-Unterhalt

Elternteile, die keine Kinderbetreuung übernehmen, müssen Unterhalts-*Zahlungen* (sog Bar-Unterhalt) leisten; betrifft dies beide Eltern, so sind sie dazu anteilig nach ihren Erwerbs- und Vermögensverhältnissen (s. dazu S. 260 f.) verpflichtet.

---

[19] BayObLG FamRZ 2000, 976; OLG Hamburg FamRZ 1990, 1269.
[20] OLG Zweibrücken FamRZ 1986, 1034.
[21] BGH FamRZ 1984, 39.

C. Anspruch auf Auskunft

Inhalt und Umfang

Der Klärung der unterhaltsrechtlichen Lage dienen Ansprüche auf Auskunft über die wirtschaftlichen Verhältnisse der an einem Unterhaltsrechtsverhältnis beteiligten Person (§ 1605). Geradlinig Verwandte (insbesondere Eltern und Kinder) sind somit gegenseitig zu Auskünften über ihr Einkommen und ihr Vermögen verpflichtet, soweit dies zur Feststellung von Unterhaltsansprüchen erforderlich ist (§ 1605 Abs. 1 S. 1). Auf Verlangen sind Einkommensbelege (§ 1605 Abs. 1 S. 2), ferner ein Verzeichnis der Einnahmen und Ausgaben (§ 260 Abs. 1) vorzulegen, dessen Vollständigkeit gemäß §§ 260 Abs. 2, 261 nach bestem Wissen an Eides statt zu versichern ist. Das Recht auf Auskunft ist *einklagbar.* Die Klage auf Vorlage des Verzeichnisses oder auf Abgabe der eidesstattlichen Versicherung kann mit der Klage auf den (noch unbezifferten) Unterhalt verbunden werden (§ 254 ZPO). Um einer Ausuferung von Prozessen vorzubeugen, ist der Auskunftsanspruch nach § 1605 Abs. 2 aber grundsätzlich auf einen 2-Jahres-Rhythmus (und überdies nach den allgemeinen Grundsätzen des § 242) eingeschränkt, wenn nicht glaubhaft gemacht werden kann, dass die Auskunftspflichtigen zuvor wesentlich höhere Einkünfte erzielt oder weiteres Vermögen erworben haben.

D. Ende der Unterhaltspflicht

In Todesfällen

Der Unterhaltsanspruch erlischt mit dem Tode des Unterhaltsberechtigten oder des Unterhaltsverpflichteten; Ansprüche auf Erfüllung oder Schadensersatz wegen Nichterfüllung für die Vergangenheit oder auf im Voraus zu bewirkende Leistungen, die zur Zeit des Todes des Berechtigten oder des Verpflichteten schon fällig sind, bleiben jedoch bestehen, dh: sie werden vererbt (§ 1615 Abs. 1).

Im Falle des Todes des Unterhaltsberechtigten hat der Verpflichtete die Kosten der Beerdigung zu tragen, soweit ihre Bezahlung nicht von dessen Erben zu erlangen ist (§ 1615 Abs. 2).

E. Ausfall von Unterhaltszahlungen

Für allein Erziehende Unterhaltsvorschüsse oder Ersatzleistungen

Kinder alleinerziehender Elternteile haben nach dem Unterhaltsvorschussgesetz (UnterhVG) Anspruch auf Unterhaltsvorschüsse oder Unterhaltsausfallleistungen (dh vollen Unterhaltsersatz), wenn

Anspruchsvoraussetzungen

- diese Kinder noch nicht 12 Jahre alt sind (s. aber § 1 Abs. 1a UnterhVG),
- sie in der BRD leben (Ausländer benötigen eine Aufenthalts- oder Niederlassungserlaubnis [§ 1 Abs. 2a UnterhVG),

und zwar bei einem Elternteil, der ledig, verwitwet, geschieden oder von seinem Ehegatten dauernd getrennt lebt

(Letzteres liegt auch bei voraussichtlich mind. 6-monatiger Anstaltsunterbringung wegen Krankheit oder Behinderung des anderen Ehegatten sowie bei gerichtlicher Anordnung des Getrenntlebens [s. dazu S. 212 ff.] vor.)

- sie entweder nicht oder nicht regelmäßig Unterhalt vom anderen Elternteil oder bei Tod desselben Waisenbezüge in Höhe der für ihre Alters-

gruppe maßgeblichen Mindestunterhalts (dh 354 EUR bei Kindern bis fünf und 406 EUR bei Kindern zwischen 6 und 11 Jahren) erhalten,
- der mit dem Kind zusammenlebende Elternteil einen schriftlichen Antrag bei der nach Landesrecht zuständigen Behörde (meist ist es das JA) gestellt hat.

(§ 1 Abs. 1, 2, 2a, § 9 UVG).

Unterhaltsvorschuss für Kinder über 12

Nach Vollendung des 12. Lebensjahres bis zur Vollendung des 18. Lebensjahres haben Kinder Anspruch auf Unterhaltsvorschuss, wenn

- sie kein Sozialgeld und kein Arbeitslosengeld II beziehen und ihre Hilfebedürftigkeit nach dem SGB II nicht durch Unterhaltszahlungen vermieden werden kann und
- der Elternteil, bei dem sie leben, ein monatliches Bruttoeinkommen von 600 EUR hat; Kindergeld wird hierbei nicht eingerechnet.

(§ 1 Abs. 1a UnterhVG).

Anspruchshindernisse

Diese Ansprüche bestehen jedoch *nicht*, wenn der Elternteil, bei dem das Kind lebt,

- mit dem anderen Elternteil zusammenlebt,
- nicht bei der Feststellung der Vaterschaft oder des Aufenthalts des anderen Elternteils mitwirkt,
- seiner zur Durchführung des UnterhVG bestehenden Auskunftspflicht nicht nachkommt

(vgl. § 1 Abs. 3 UVG).

Höhe der UVG-Leistungen

Die Höhe der Leistungen des UnterhVG bestimmt sich nach den für die jeweilige Altersgruppe maßgeblichen Mindestunterhalt (§ 2 Abs. 1 UnterhVG). Sie betragen seit 1.1.2019: 354 bzw. 406 EUR. Von diesen Beträgen werden jedoch gemäß § 2 Abs. 2 u. 3 UVG abgezogen

- das Kindergeld,
- Unterhaltszahlungen des nicht mit dem Kind zusammenlebenden Elternteils,
- Waisenbezüge einschließlich Schadensersatzleistungen.

Anspruchsübergang auf leistende Behörde

In den Fällen, in denen nach dem UnterhVG berechtigte Kinder einen Unterhaltsanspruch gegen den nicht mit ihnen zusammenlebenden Elternteil haben, geht dieser in Höhe der geleisteten Zahlungen zusammen mit dem nach § 1605 bestehenden unterhaltsrechtlichen Auskunftsanspruch (s. dazu S. 265) gemäß § 7 UVG auf das Bundesland über, der die leistende Behörde angehört.

Alg II, Sozialgeld, Sozialhilfe

Wenn Unterhaltspflichtige keinen Unterhalt zahlen, und kein Unterhaltsvorschuss bezogen wird bzw. dieser nicht bedarfsdeckend ist, kommen – ergänzend – Leistungen der *Grundsicherung für Arbeitsuchende* oder *Sozialhilfeleistungen* in Betracht. Diese werden jedoch grundsätzlich *nur subsidiär* gewährt (§§ 5, 7, 11 f. SGB II; §§ 2 Abs. 1, 19, 82 ff. SGB XII). Daher ist sowohl in der Grundsicheurng für Arbeitsuchende und in der Sozialhilfe bei der Gewährung von Leistungen der Forderungsübergang kraft Gesetzes auf den Leistungsträger (dh: kreisfreie Gemeinde oder Landkreis) vorgesehen (§ 33 SGB II, § 94 SGB XII), dh: dieser kann die von ihm erbrachte Leistung in Höhe des Unterhaltsanspruchs von den nach BGB Unterhaltspflichtigen einfordern.

Kapitel 8. Elterliche Sorge

Übersicht

A. Wesen und Bedeutung

Die Wertung des Grundgesetzes

Die Pflege und Erziehung der Kinder sind gemäß Art. 6 Abs. 2 S. 1 GG „das natürliche Recht der Eltern"[1] und ihre Pflicht, für deren Erfüllung sie vor allen anderen Personen verantwortlich sind. Die staatliche Gemeinschaft „wacht"[2] gemäß Art. 6 Abs. 2 S. 2 GG über die Tätigkeit der Eltern. Diese Wertung des Grundgesetzes bedeutet Folgendes:

Erziehungsprimat der Eltern ist deren „natürliches Recht"

- Bei der Erziehung ihrer Kinder besitzen die Eltern grundsätzlich Vorrang gegenüber allen anderen Erziehungsträgern und somit ein *Abwehrrecht* gegenüber Eingriffen in ihre Erziehung (Einschränkungen bestehen allerdings durch das öffentliche Recht – z. B. durch die Schulpflicht und das Jugendschutzgesetz). Dieser verfassungsmäßige Vorrang der Eltern bei der Erziehung ihrer Kinder ist nach der Wertentscheidung des Grundgesetzes so selbstverständlich, dass jede andere Regelung nicht verfassungsgemäß wäre (vgl. Art. 6 Abs. 2 S. 1 GG: *„natürliches Recht")*.

Elternverantwortung

- Die Kindererziehung ist jedoch weniger ein Recht, sondern vor allem die Pflicht der Eltern (vgl. Art. 6 Abs. 2 S. 1 GG). Das *Bundesverfassungsgericht* spricht daher von „Elternverantwortung"[3].

Staatliches Wächteramt

- Die Pflege und Erziehung ihrer Kinder ist den Eltern jedoch nicht nach ihrem Belieben völlig frei überlassen, sondern sie haben sich dabei am Wohl ihrer Kinder zu orientieren (vgl. § 1627 BGB). Um dies zu gewährleisten, sind die staatlichen Organe (insbesondere Jugendamt und Familiengericht) nach Art. 6 Abs. 2 S. 2 GG berechtigt und verpflichtet, über das elterliche Verhalten zu wachen und erforderlichenfalls die Pflege und Erziehung der Kinder sicherzustellen (sog. *Wächteramt des Staates*). Diese Verpflichtung ergibt sich in erster Linie daraus, dass das Kind ein Wesen mit eigener Menschenwürde (Art. 1 Abs. 1 GG) und einem eigenen Recht auf Entfaltung seiner Persönlichkeit (Art. 2 Abs. 1 GG) ist und damit Anspruch auf staatlichen Schutz hat. Die

---

[1] Art. 6 Abs. 2 S. 1 GG.
[2] Art. 6 Abs. 2 S. 2 GG.
[3] Vgl. z. B. BVerfGE 14, 119, NJW 1982, 1379.

Konkretisierung durch SGB VIII und BGB

Konkretisierung des staatlichen Wächteramtes erfolgt vor allem durch die §§ 8a, 42 SGB VIII, § 1 KKG und §§ 1631b, 1666, 1666a, 1667, 1693, 1696, 1697a BGB.

Trennung von den Eltern

– Wenn Eltern ihrer Verantwortung nicht gerecht werden (können), ist der Staat verpflichtet, die Pflege und Erziehung der Kinder sicherzustellen. Allerdings dürfen die Kinder gegen den Willen ihrer Eltern nur dann von ihrer Familie getrennt (also anderweitig untergebracht) werden, wenn ein Gesetz dies ausdrücklich vorsieht und die Eltern entweder bei der Kindererziehung versagen oder die Kinder aus anderen Gründen (also: ohne Versagen der Eltern) zu verwahrlosen drohen (vgl. Art. 6 Abs. 3 GG).

Bislang kein eigenes Grundrecht für Kinder

Während das Elternrecht verfassungsmäßig besonders geschützt wird, sieht das Grundgesetz bislang (Stand November 2019) kein eigenes Grundrecht speziell für Kinder vor. Die Frage, ob ein eigenes Grundrecht für Kinder in die Verfassung aufgenommen werden sollte, wird seit vielen Jahrzehnten kontrovers diskutiert.[4] So wurde bereits bei den Beratungen über die Verfassung vorgeschlagen, in Art. 6 Abs. 1 GG neben der Ehe und Familie auch Kinder besonders zu schützen.[5] Diese Idee wurde jedoch nicht umgesetzt.[6] Im Koalitionsvertrag für die 19. Legislaturperiode des Bundestages vom 12. März 2018 haben sich die Regierungsparteien CDU, CSU und SPD unter der Überschrift „Kinder stärken – Kinderrechte ins Grundgesetz" eindeutig positioniert: „Wir werden Kinderrechte im Grundgesetz ausdrücklich verankern. Kinder sind Grundrechtsträger, ihre Rechte haben für uns Verfassungsrang. Wir werden ein Kindergrundrecht schaffen. Über die genaue Ausgestaltung sollen Bund und Länder in einer neuen gemeinsamen Arbeitsgruppe beraten und bis spätestens Ende 2019 einen Vorschlag vorlegen."[7] Es bleibt nunmehr abzuwarten, ob dieses Vorhaben in dieser Legislaturperiode gelingen wird. Denn obwohl die Aufnahme eines Kindergrundrechtes in die Verfassung viel Zustimmung erfährt, wird die Frage nach der konkreten Umsetzung sehr unterschiedlich beantwortet.[8]

BGB regelt detailliert die elterliche Sorge

Die nähere Ausgestaltung der Verantwortung der Eltern für ihre Kinder wird durch das BGB geregelt, das hierfür *früher* den Begriff *„elterliche Gewalt"* verwandte. Weil deutlich gemacht werden sollte, dass das Grundrecht der Eltern, ihre Kinder zu pflegen und zu erziehen, *kein Herrschaftsrecht*, sondern vor allem eine starke Verantwortung der Eltern beinhaltet, verwendet das BGB seit 1.1.1980 die (treffendere) Bezeichnung „elterliche Sorge". Damit wurde – nicht nur sprachlich – anerkannt, dass Kinder nicht „beherrschbare Objekte", sondern eigene Rechtspersönlichkeiten mit Anspruch auf Verwirklichung der in unserer Verfassung für alle Menschen verbrieften Grundrechte sind, wie es das *Bundesverfassungsge-*

[4] *Kirchhof*, NJW 2018, 2690.

[5] Hauptausschuss, Der Parlamentarische Rat 1948–1949, 14/I, 2009, 602.

[6] *Kirchhof*, NJW 2018, 2690; Hauptausschuss, Der Parlamentarische Rat 1948–1949, 14/I, 2009, 602.

[7] https://www.bundesregierung.de/resource/blob/975226/847984/5b8bc23590d4cb2892b31c987ad672b7/2018-03-14-koalitionsvertrag-data.pdf?download=1 (Abrufdatum: 4.5.2019).

[8] Vgl. hierzu *Kirchhof*, NJW 2018, 2690ff. m. w. N.

richt mehrfach betont hat.[9] Der bei der – am 1.7.1998 erfolgten – Kindschaftsrechtsreform gemachte Vorschlag, den Begriff elterliche Sorge durch „elterliche Verantwortung“ zu ersetzen, wurde damals abgelehnt, weil auch in Fällen der Alleinzuständigkeit eines Elternteils der andere nicht völlig aus seiner Verantwortung entlassen sei (z. B. hinsichtlich seiner Unterhaltspflicht);[10] diese Missdeutung verhindert aber erfahrungsgemäß auch der Terminus elterliche Sorge nicht (siehe dazu S. 270f.).

Elterliche Sorge aus verfassungsrechtlicher Sicht

- Nach Art. 6 Abs. 2 S. 1 GG haben die Eltern Vorrang hinsichtlich der Pflege und Erziehung ihrer Kinder vor anderen – auch staatlichen – Erziehungsträgern (Ausnahme: Schulpflicht, JuSchG, JArbSchG).
- Der Staat –insbesondere durch die Jugendämter und Familiengerichte – wacht darüber, dass Eltern ihre Aufgaben zum Wohl ihrer Kinder wahrnehmen, sog. staatliches Wächteramt (vgl. dazu §§ 8a, 42 SGB VIII, § 1 KKG, §§ 1631b, 1666, 1666a, 1667, 1693, 1696, 1697a BGB).
- Im Vordergrund stehen die Pflichten, nicht die Rechte der Eltern.

B. Inhalt und Umfang

Die – grundsätzlich den Eltern obliegende – Sorgepflicht ist allumfassend: Sie ist auf die Wahrung und die Förderung der körperlichen, geistigen, seelischen, sozialen und wirtschaftlichen Interessen des minderjährigen Kindes ausgelegt. Ziel ist die Unterstützung und Begleitung des Kindes auf seinem Weg in die persönliche und wirtschaftliche Eigenständigkeit. Folglich ist die elterliche Sorge nicht nur auf die Erhaltung der Rechtsgüter des Kindes, sondern zugleich auf die Entfaltung und Entwicklung seiner Stärken und Kompetenzen ausgerichtet. Die elterliche Sorge ist mit Bestimmungsbefugnissen ausgestattet, die auch von dritten Personen zu beachten sind. Zu diesen Befugnissen zählen u. a. die gesetzliche Vertretung sowie die Befugnis, über den Aufenthalt und den Umgang des Kindes zu entscheiden.[11]

Das BGB differenziert in § 1626 Abs. 1 S. 2 BGB zwei große Bereiche der elterlichen Sorge: die Personensorge und die Vermögenssorge. Beide Bereiche umfassen jeweils die tatsächliche Sorge für das Kind und die gesetzliche Vertretung des Kindes gemäß § 1629 BGB.[12] In den Handlungsfeldern der Sozialen Arbeit sind vor allem Fragen im Zusammenhang mit der Personensorge von großer Praxisrelevanz; in der folgenden Darstellung wird daher vertieft auf diese eingegangen.

Pflicht der Eltern

Wie unsere *Verfassung* betont auch das BGB, dass die elterliche Sorge für die Eltern *in erster Linie eine Verpflichtung* und nur sekundär eine Berechtigung darstellt. Zur Betonung des Pflichtcharakters der elterlichen Sorge wird die elterliche Verpflichtung, für ihre minderjährigen Kinder

---

9 Vgl. hierzu BVerfG NJW 2017, 1295ff. m. w. N.
10 Siehe BT-Drs. 13/4899, S. 58.
11 Zum ganzen Abschnitt *Schwab*, S. 294, Rn. 662.
12 MüKoBGB/*Huber* BGB § 1626 Rn. 25.

Fürsorge- und Schutzverhältnis für minderjährige Kinder

zu sorgen, in § 1626 Abs. 1 S. 1 BGB zuerst genannt: „Die Eltern haben die Pflicht und das Recht, für das minderjährige Kind zu sorgen (elterliche Sorge)." Die elterliche Sorge ist somit ein *Fürsorge-* und *Schutzverhältnis* für minderjährige Kinder, für das die (leider) meist verwandte Bezeichnung „Elternrecht" fehl am Platz ist.

Beginn und Ende der elterlichen Sorge

Die elterliche Sorge beginnt mit der Geburt des Kindes und endet bestimmungsgemäß mit seiner Volljährigkeit. Ferner kann die elterliche Sorge aus Gründen, die entweder in der Person des Kindes oder in der Person jedes Elternteils liegen können, bereits zu einem früheren Zeitpunkt entweder für beide Elternteile oder für den jeweiligen Elternteil ihr Ende finden (s. S. 338 f.).

Die Anordnung einer rechtlichen Betreuung für die Eltern oder einen Elternteil wirkt sich auf die elterliche Sorge hingegen nicht aus.[13]

C. Die einzelnen Bereiche der elterlichen Sorge

Elterliche Sorge			
Personensorge		**Vermögenssorge**	
tatsächliche Personensorge ——— gesetzliche Vertretung des Kindes in Personensorgeangelegenheiten	Pflege, Erziehung, Aufenthaltsbestimmung, Beaufsichtigung, Ausbildung, Umgangsregelung, Herausgabeanspruch, sowie die Betreuung aller anderen persönlichen Belange des Kindes	tatsächliche Vermögenssorge ——— gesetzliche Vertretung des Kindes in Vermögenssorgeangelegenheiten	Vermehrung, Erhaltung, Verwertung eines eventuell vorhandenen Vermögens des Kindes

I. Tatsächliches Sorgerecht

Inhaltliche Sorge ohne gesetzliche Vertretung

Die elterliche Sorge äußert sich in tatsächlichem und rechtsgeschäftlichem Handeln. Die Rechtsgeschäfte, die Eltern im Rahmen der gesetzlichen Vertretung für ihre Kinder vornehmen, stehen nicht im Vordergrund: Insbesondere Pflege und Erziehung ereignen sich in der tatsächlichen Fürsorge im Alltag und den vielfältigen Begegnungen zwischen Eltern und ihren Kindern.[14] Die gesetzliche Vertretung hingegen ist lediglich die Konsequenz einer grundsätzlich von Seiten des Rechts vorausgesetzten persönlichen Verbindung zwischen Eltern und ihren Kindern.[15] Da die einzelnen Elemente der elterlichen Sorge nicht immer in einer Hand liegen, ist die Bezeichnung tatsächliche Personensorge

---

13 BeckOK BGB/*Veit* BGB § 1626 Rn. 37.

14 *Schwab*, S. 308, Rn. 696.

15 *Schwab*, S. 308, Rn. 696.

und tatsächliche Vermögenssorge üblich, *wenn* ein Elternteil für diese Bereiche keine gesetzliche Vertretung besitzt. Tatsächliche Personen- bzw. Vermögenssorge zu haben, bedeutet also, dass ein Elternteil zwar die tatsächliche (= inhaltliche) Möglichkeit hat, für die Person seines Kindes zu sorgen, es hierbei jedoch nicht vertreten kann, weil es nicht die Vertretungsmacht besitzt.

Praxisbeispiel: minderjährige Mutter oder minderjähriger Vater

Ein typisches Beispiel hierfür ist die minderjährige Mutter oder der minderjährige Vater: Ihr bzw. ihm steht gemäß § 1673 Abs. 2 S. 1 BGB die Personensorge als sachlich beschränktes Sorgerecht neben der gesetzlichen Vertreterin oder dem gesetzlichen Vertreter des Kindes zu; zur gesetzlichen Vertretung des Kindes jedoch ist die minderjährige Mutter bzw. der minderjährige Vater nicht berechtigt. Sie bzw. er kann somit zwar beispielsweise den Vornamen, die Religion und den Aufenthalt des Kindes neben der gesetzlichen Vertreterin oder dem gesetzlichen Vertreter des Kindes mitbestimmen und es auch sonst miterziehen, die insoweit notwendig werdende Rechtshandlungen (z. B. Vertragsabschlüsse) jedoch nicht vornehmen. Dafür ist der andere Elternteil zuständig, wenn dieser volljährig ist und die Eltern gemeinsam sorgeberechtigt sind. Andernfalls ist für das Kind ein Vormund gemäß §§ 1773 ff. BGB als gesetzliche Vertretung zu bestellen (vgl. § 1673 Abs. 2 BGB sowie S. 309 ff.). In Angelegenheiten der Vermögenssorge besteht kein sachlich beschränktes Sorgerecht: Sowohl die tatsächliche Vermögenssorge als auch die gesetzliche Vertretung des Kindes in Vermögenssorge-Angelegenheiten ruht bei einer minderjährigen Mutter oder einem minderjährigen Vater bis zum 18. Geburtstag.[16]

Begrifflichkeiten

Der Begriff tatsächliche Personensorge wird also nur dann verwendet, wenn ein sorgeberechtigter Elternteil zur gesetzlichen Vertretung des Kindes in Personensorgeangelegenheiten nicht berechtigt ist. Er sollte daher nicht für andere Handlungen im Bereich der Personensorge benutzt werden (rein sprachlich könnte auch die Pflege, die Ernährung, Erziehung etc. des Kindes so bezeichnet werden), weil sonst Verwechslungen und damit Fehlschlüsse unausbleiblich sind.

Zudem darf die *Personensorge* nicht mit der *Unterhaltspflicht* (vgl. §§ 1601 ff. BGB sowie S. 257 ff.) verwechselt werden, denn beide Pflichten *bestehen unabhängig voneinander*. So ist beispielsweise ein Vater, der nicht mit der Mutter seines Kindes verheiratet ist und dem die elterliche Sorge nicht aufgrund Abgabe von Sorgeerklärungen oder aufgrund Übertragung der elterlichen Sorge durch das Familiengericht zusteht, grundsätzlich zur Zahlung von Unterhalt verpflichtet (s. dazu Kapitel 8 E.).

---

16 BeckOK BGB/*Veit* BGB § 1673 Rn. 7.

Zusammenfassung

Von tatsächlicher Personensorge oder tatsächlicher Vermögenssorge wird gesprochen, wenn ein sorgeberechtigter Elternteil *nicht* zur gesetzlichen Vertretung des Kindes in Angelegenheiten der Personensorge bzw. Vermögenssorge berechtigt ist. Beispielsweise steht minderjährigen sorgeberechtigten Eltern bzw. einem minderjährigen sorgeberechtigten Elternteil die tatsächliche Personensorge zu; eine Berechtigung zur gesetzlichen Vertretung des Kindes ist jedoch nicht gegeben (vgl. § 1673 Abs. 2 BGB). Die tatsächliche Personensorge umfasst uneingeschränkt die inhaltlichen Befugnisse, jedoch ohne die rechtsgeschäftliche Vertretungsmacht. Minderjährige Eltern können daher z.B. über die Erziehung, Heilbehandlungen, Aufenthalt etc. mitbestimmen, aber keine diesbezüglichen Verträge abschließen.

II. Gesetzliche Vertretung des Kindes

Handlungen mit Rechtswirkungen für das Kind

Damit sorgeberechtigte Eltern(-teile) für ihr Kind auch rechtsgeschäftlich tätig werden können, wird ihnen gemäß § 1629 Abs. 1 S. 1 BGB die gesetzliche Vertretungsmacht eingeräumt, soweit ihr Sorgerecht reicht.[17] Infolgedessen können die sorgeberechtigten Eltern(-teile) im Namen des Kindes und mit Wirkung für das Kind Willenserklärungen abgeben und empfangen.[18] Dies gilt sowohl für den Bereich der Personensorge als auch für den Bereich der Vermögenssorge.[19] Hierbei ist es unerheblich, ob ein minderjähriges Kind im konkreten Einzelfall die Rechtshandlungen gemäß §§ 106ff. BGB auch selbst hätte wirksam vornehmen können oder nicht.

Rechtswirkungen treffen nur die Minderjährigen

Aus Geschäften, die in Ausübung der Vertretungsmacht getätigt werden, wird allein das Kind berechtigt und verpflichtet; für ein Verschulden seiner gesetzlichen Vertretung haftet das Kind gemäß § 278 BGB wie für eigenes Verschulden.[20] Allerdings ist seit 1.1.1999[21] die Haftung Minderjähriger für Verbindlichkeiten, die auf ein Tätigwerden ihrer gesetzlichen Vertretung beruhen, nach § 1629a Abs. 1 S. 1 BGB auf das bei Eintritt ihrer Volljährigkeit vorhandene Vermögen begrenzt.[22]

Wenn Eltern ihr minderjähriges Kind bei Rechtshandlungen vertreten, kommen zwei Fallgruppen in Betracht: Sie tun dies ohne Mitwirkung ihres Kindes oder sie genehmigen nachträglich eine von ihrem Kind bereits vorgenommene Rechtshandlung, die dieses nicht alleine rechtswirksam bewirken kann (s. dazu §§ 107, 108, 110 BGB).

Beispiele: Abschluss von Telekommunikations-, Ausbildungs-, Arbeits- und Mietverträgen

Wenn Eltern aber nicht ausdrücklich im Namen ihrer Kinder (wenn auch in ihrem Interesse) handeln, treffen die Rechtswirkungen nur sie selbst.

---

[17] *Schwab*, S. 314, Rn. 712.
[18] *Schwab*, S. 314, Rn. 712.
[19] *Schwab*, S. 314, Rn. 712.
[20] *Schwab*, S. 314, Rn. 712.
[21] Vgl. Minderjährigenhaftungsbeschränkungsgesetz (MHbeG) vom 25.8.1998 (BGBl. I 2487).
[22] Auslöser für diese gesetzliche Haftungsbeschränkung waren Bedenken des *Bundesverfassungsgerichts, vgl.* BVerfGE 72, 155.

Beispiele: Kauf von Kinderkleidung, Spielsachen, Sportgeräten etc.

Vertretung nicht nur bei Rechtsgeschäften

Eltern vertreten ihre Kinder aber nicht nur bei allen rechtsgeschäftlichen Handlungen, sondern auch bei sämtlichen sonstigen Rechtshandlungen, die das Kind betreffen.

Beispiele: Einwilligung in operative Eingriffe, Anträge bei Behörden (auf Gewährung von Ausbildungsbeihilfen, Wohngeld, auf Einbürgerung o. ä.), Antrag auf Strafverfolgung gemäß § 77 StGB, die Geltendmachung von Ansprüchen des Kindes sowie seine Vertretung in Rechtsstreitigkeiten jeder Art usw.

Gesetzliche Ausschlüsse

Um Interessenskollisionen zu vermeiden, sind die Eltern jedoch bei bestimmten Rechtshandlungen kraft Gesetzes von der Vertretung ihrer Kinder ausgeschlossen (s. dazu unten Kapitel F. II, S. 315).

III. Die Personensorge

Bereiche, die das BGB ausdrücklich nennt

Die Personensorge beinhaltet gemäß § 1631 Abs. 1 BGB insbesondere „die Pflicht und das Recht, das Kind zu pflegen, zu erziehen, zu beaufsichtigen und seinen Aufenthalt zu bestimmen“[23]. Durch das Wort „insbesondere“ wird klargestellt, dass zwar die – aus der Perspektive der Gesetzgebung – besonders wichtigen Bereiche aufgezählt werden, es sich jedoch nicht um eine abschließende Aufzählung handelt. Im Gesetz selbst werden in § 1632 Abs. 1 und 2 BGB zwei weitere Bereich der Personensorge ausdrücklich genannt: nämlich das Recht, die Herausgabe des Kindes von jeder Person zu verlangen, die das Kind den Eltern oder einem Elternteil widerrechtlich vorenthält, sowie das Recht, den Umgang des Kindes auch mit Wirkung für oder gegen dritte Personen zu bestimmen.

Darüber hinaus gibt es jedoch noch diverse weitere die Person des Kindes betreffende wichtige Angelegenheiten, zu deren Vornahme die Eltern berechtigt und verpflichtet sind. Diese sind nur z. T. ausdrücklich gesetzlich geregelt, ergeben sich ansonsten aus der Generalnorm des § 1626 Abs. 1 BGB. Zur Personensorge gehört außer den gesetzlichen genannten Bereichen u. a.:

Weitere Bereiche der Personensorge

- die Vornamensgebung und – soweit dies zugelassen ist – die Festlegung des Familiennamens (vgl. §§ 1617 ff. BGB),
- die Bestimmung der religiösen Erziehung (§ 1 RelKErzG),
- die Förderung der schulischen und beruflichen Ausbildung (siehe dazu S. 285 f.) sowie der musischen und sportlichen Neigungen,
- die Einwilligung in ärztliche Behandlungen, insbesondere in Operationen (siehe dazu S. 283 ff.),
- die Geltendmachung von Rechtsansprüchen des Kindes jedweder Art (siehe dazu die Beispiele im Kapitel 8 C. II.), insbesondere die Geltendmachung von Unterhaltsansprüchen (dies gehört nicht etwa zur Vermögenssorge, vgl. § 18 Abs. 1 Nr. 1 SGB VIII).

Eine Beschränkung der aus der Personensorge resultierenden Rechte bildet das öffentliche Recht z. B. durch den Schulzwang, durch strafrechtliche und Jugendschutzbestimmungen im weitesten Sinn (siehe dazu S. 1 ff.).

---

[23] § 1631 Abs. 1 BGB.

Ineinandergreifen der Bereiche

Die wichtigsten Teile der Personensorge werden nachfolgend erörtert. Dabei ist darauf hinzuweisen, dass die einzelnen Bereiche sich nicht streng voneinander abgrenzen lassen, was besonders deutlich bei der Erziehung des Kindes wird, da sich unter diesen Begriff auch die anderen Bereiche der Personensorge (fast ausnahmslos) einordnen ließen.

1. Die Pflege und Erziehung des Kindes

a) Begrifflichkeiten

Überblick

Die Pflege beinhaltet die körperliche Seite der Betreuung wie beispielsweise die Sorge für Ernährung, Bekleidung und Hygiene, betrifft jedoch auch das geistige und seelische Wohl des Kindes.[24] Für die Entwicklung des Kindes kommt ihr eine besondere Bedeutung zu.[25]

Zur Erziehung gehört die Sorge für die geistige, seelische und soziale Entwicklung des Kindes;[26] hier kommt es teilweise zu Überschneidung mit der Pflege.[27] „Erziehung ist der Inbegriff aller pädagogischen Maßnahmen, durch die das Kind zur Mündigkeit gelangen soll, so dass es als Erwachsener zu selbstverantwortungsbewusstem Handeln in der Lage ist und in der Gesellschaft bestehen kann."[28] Deshalb ist es wichtig, das Kind rechtzeitig und stufenweise auf seine Selbstständigkeit und Selbstverantwortlichkeit vorzubereiten (siehe dazu S. 278 f.).

Weitere Erziehungspersonen

Die *Eltern* wirken allerdings nicht alleine auf die Erziehung ihrer Kinder ein. Diese wird vielmehr auch von Anderen beeinflusst. Dies sind vor allem Kindertageseinrichtung, Schule, Freundes- und Bekanntenkreis, Verwandte, Nachbarinnen und Nachbarn, Jugend- und Sportgruppen, Freizeiteinrichtungen und – nicht zuletzt – die Medien (einschließlich der Werbung).

Erziehungsprimat der Eltern

Vor allen anderen Erziehungspersonen besitzen die Eltern den verfassungsmäßig geschützten Vorrang (vgl. Art. 6 Abs. 2 GG sowie Kapitel 8 A.). Sie haben also – von der Schulpflicht abgesehen – zunächst die alleinige Entscheidungsbefugnis, wie ihre Kinder erzogen werden sollen.

Gesetzliche Leitlinien

Vor 1980 wurden der Erziehungsbegriff sowie die Erzielungsziele im BGB nicht definiert. Im Rahmen der Sorgerechtsreform wurden dann – nicht ganz unumstritten – einige Leitlinien zur Erziehung formuliert, die seit 1980 gelten.

b) Grenzen der elterlichen Erziehung

Die Eltern sind in ihrer Erziehung nicht völlig frei; die elterliche Sorge ist gemäß § 1627 S. 1 BGB zum Wohle des Kindes[29] auszuüben. Bei der Ausübung der elterlichen Sorge stehen somit grundsätzlich die Interessen

---

24 *Palandt/Götz* BGB § 1631 Rn. 2.

25 *Palandt/Götz* BGB § 1631 Rn. 2.

26 *Schwab*, S. 307 f., Rn. 695.

27 *Palandt/Götz* BGB § 1631 Rn. 2.

28 *Palandt/Götz* BGB § 1631 Rn. 2.

29 Zum Kindeswohl als Rechtsbegriff vgl. *Coester*, Das Kindeswohl als Rechtsbegriff: Die richterliche Entscheidung über die elterliche Sorge beim Zerfall der Familiengemeinschaft, 1983, S. 1 ff.

des Kindes, nicht die Eigeninteressen der Eltern im Vordergrund.[30] Die Eltern haben ihr Verhalten so auszurichten, dass es der Integrität und der Entfaltung ihres Kindes voraussichtlich am Besten dienen kann.[31]

Bei dem Begriff des Kindeswohls handelt es sich um einen unbestimmten Rechtsbegriff, dessen Auslegung im Einzelfall Schwierigkeiten bereiten kann. Konkretere (und auch gesetzlich fixierte) Grenzen elterlicher Entscheidungsfreiheit ergeben sich besonders deutlich durch das öffentliche Recht.

Grenzen durch öffentliches Recht

Beispiele: Schulrecht, Jugendschutzbestimmungen, Strafrecht.

Grenzen des BGB

Auch das BGB setzt dem elterlichen Erziehungsrecht Grenzen, und zwar durch

- das Gebot der Berücksichtigung des wachsenden Bedürfnisses und Fähigkeit des Kindes zu selbstständigem verantwortungsbewusstem Handeln (vgl. § 1626 Abs. 2 BGB sowie S. 278 f.),
- das Verbot jeglicher körperlicher Bestrafungen, seelischer Verletzungen und anderer entwürdigender Erziehungsmaßnahmen (vgl. § 1631 Abs. 2 BGB sowie S. 279 ff.),
- die Berücksichtigung von Eignung und Neigung des Kindes bei der Ausbildungs- und Berufswahl (vgl. § 1631a BGB sowie S. 285 f.),
- das Genehmigungserfordernis von mit Freiheitsentzug verbundenen Unterbringungen (vgl. § 1631b BGB sowie S. 288 ff.),
- das Ergreifen von kinderschutzrechtlichen Maßnahmen des Familiengerichtes bei Gefährdungen oder Schädigungen des Kindeswohls (vgl. dazu §§ 1666, 1666a BGB sowie Kapitel 8 G. I. 2.),
- die Berücksichtigung des Kindeswillens bei familiengerichtlichen Sorgerechtsregelungen, wenn sich die Eltern trennen (vgl. § 1671 BGB sowie Kapitel 6, D. II.),
- die Anerkennung einer Reihe von sog. „Teilmündigkeiten" (siehe dazu Kapitel 8 F. II. 3.).

c) Förderung der Erziehung, Beratung und Unterstützung als Leistungen der Kinder- und Jugendhilfe[32]

Allgemeine Förderung

Müttern, Vätern, anderen Erziehungsberechtigten und jungen Menschen sollen gemäß § 16 Abs. 1 S. 1 SGB VIII Leistungen zur Förderung der Erziehung in der Familie angeboten werden, die zu einer besseren Wahrnehmung der Erziehungsverantwortung beitragen sollen.[33] Zu diesen Leistungen gehören gemäß § 16 Abs. 2 SGB VIII insbesondere Angebote der Familienbildung, Angebote der Beratung in allgemeinen Erziehungs- und Entwicklungsfragen sowie Angebote der Familienfreizeit und Familienerholung.

Alleinerziehende Mütter und Väter

Darüberhinaus haben Mütter und Väter, die allein für ein Kind oder eine/n Jugendliche/n zu sorgen haben oder tatsächlich sorgen, gemäß § 18 Abs. 1 SGB VIII Anspruch auf Beratung und Unterstützung bei der Aus-

---

30 *Schwab*, S. 311 f., Rn. 704.
31 *Schwab*, S. 311 f., Rn. 704.
32 Zu Beratungs- und Unterstützungsleistungen der Kinder- und Jugendhilfe siehe S. 66 ff.
33 MüKoBGB/*Tillmanns* SGB VIII § 16 Rn. 1.

übung der Personensorge und bei der Geltendmachung ihrer Unterhaltsansprüche nach § 1615l BGB. Gegenstand der Beratung sind insbesondere Hilfestellungen in Erziehungsfragen, sie kann jedoch auch Rechtsberatung im Zusammenhang mit der Ausübung des Personensorgerechts beinhalten oder auf Beratung in praktischen Fragen wie beispielsweise der Haushaltsführung ausgerichtet sein.[34]

Hilfe zur Erziehung

Des Weiteren steht Personensorgeberechtigten bei der Erziehung eines Kindes oder einer bzw. eines Jugendlichen gemäß §§ 27 ff. SGB VIII Anspruch auf Hilfe zur Erziehung zu, wenn eine dem Wohl des Kindes oder Jugendlichen entsprechende Erziehung nicht gewährleistet ist und die Hilfe für die Entwicklung des Kindes oder der bzw. des Jugendlichen geeignet und notwendig ist.

d) Unterstützung durch das Familiengericht

Das Familiengericht hat gemäß § 1631 Abs. 3 BGB die Eltern auf Antrag bei der Ausübung der Personensorge in geeigneten Fällen zu unterstützen.

Dabei ist Folgendes zu beachten:

Antragserfordernis

- das Familiengericht wird nur auf Antrag tätig,
- bei gemeinsamer elterlicher Sorge müssen sich die Eltern einig sein (andernfalls ist zunächst ein Verfahren nach § 1628 BGB durchzuführen),[35]

Elternwille maßgeblich

- das Familiengericht kann die Eltern nur in ihrem Wollen unterstützen, ihnen also keine Vorschriften machen,

Nur in geeigneten Fällen

- es muss sich um geeignete Fälle (d. h. dem Kindeswohl dienliche) handeln; das Familiengericht muss daher zuvor Eltern, Kind und Mitarbeitende des Jugendamtes anhören (§§ 160, 159, 162 Abs. 1 FamFG) und ein Tätigwerden ablehnen, wenn es dieses im Interesse des Kindes für nicht hilfreich oder nicht geboten hält.

Im letzteren Fall muss das Familiengericht dann aber wegen § 26 FamFG von Amts wegen prüfen, ob es evtl. nach §§ 1666, 1666a BGB kinderschutzrechtliche Maßnahmen zu ergreifen hat (siehe dazu Kapitel 8 G. I. 1.–3.).

Zulässige Unterstützungsmaßnahmen des Familiengerichtes sind beispielsweise:

Maßnahmen des Familiengerichtes

Vorladung der oder des Minderjährigen zu einer Besprechung, Ermahnungen oder Verwarnungen, Anordnung und evtl. auch Vollstreckung der Rückkehr in das Elternhaus oder der Unterbringung in einer Pflegefamilie, einem Heim oder einer sonstigen betreuten Wohnform.

Kindeswohl beachten

Das Familiengericht kann seine Anordnungen gegenüber den Minderjährigen mit Zwangsgeld oder notfalls auch mit Zwang (z. B. wenn sie sich heftig wehren, nach Hause zurückzukehren oder in ein Heim zu gehen) durch eine/n Gerichtsvollzieher*in durchsetzen (vgl. §§ 87, 90 FamFG), wobei das Jugendamt in geeigneten Fällen Unterstützung leistet (§ 88 Abs. 2 FamFG). Maßstab muss aber auch hier stets das Kindeswohl sein – nicht die Elterninteressen!

---

34 *Wiesner/Struck* SGB VIII § 18 Rn. 7.

35 *Kaiser/Schnitzler/Friederici/Schilling-Rakete-Dombek*, BGB, § 1631, Rn. 16.

e) Das Recht des Kindes auf Erziehung

Hier findet man folgende Rechtslage vor:

Das Grundgesetz

Art. 1 Abs. 1 GG erkennt die Menschenwürde als unantastbar an und verpflichtet alle staatliche Gewalt zu ihrem Schutz.

Art. 2 Abs. 1 GG garantiert jedem Menschen die freie Entfaltung seiner Persönlichkeit.

Nach Art. 6 Abs. 2 GG ist die Pflege und Erziehung von Kindern das natürliche Recht und die oberste Pflicht der Eltern, deren Ausübung die staatliche Gemeinschaft überwacht (siehe dazu S. 267f.).

Nach Art. 1 Abs. 3 GG binden diese vorgenannten Grundrechte alle Staatsgewalten (d.h.: Gesetzgebung, Verwaltung und Rechtsprechung) als unmittelbar geltendes Recht.

Das SGB VIII

In § 1 Abs. 1 SGB VIII wurde zwar normiert:

> „Jeder junge Mensch hat ein Recht auf Förderung seiner Entwicklung und auf Erziehung zu einer eigenverantwortlichen und gemeinschaftsfähigen Persönlichkeit."

Der Erziehungsanspruch des Kindes richtet sich jedoch wegen Art. 6 Abs. 2 GG zunächst nur an die Eltern und gemäß Art. 7 GG an die Schulen, nicht jedoch an die öffentlichen Träger der Kinder- und Jugendhilfe; infolgedessen wird Kindern kein eigener Rechtsanspruch auf Erziehung gegenüber der öffentlichen Kinder- und Jugendhilfe eingeräumt.[36] So bestimmt das SGB VIII daher in § 27 Abs. 1 nicht die oder den Minderjährigen, sondern deren Personensorgeberechtigte zu den Anspruchsberechtigten der Hilfe zur Erziehung (vgl. hierzu S. 83ff.).

Das BGB

Dennoch: Recht des Kindes auf Erziehung

Da das BGB für Kinder ebenfalls kein ausdrückliches Erziehungsrecht vorsieht, sondern in § 1631 Abs. 1 lediglich feststellt, dass die elterliche Personensorge „insbesondere" das Recht und die Pflicht umfasst, das Kind zu erziehen, erhebt sich die Frage, ob das Kind wirklich ein eigenes Erziehungsrecht besitzt oder nur als bloßes „Erziehungsobjekt" seiner Eltern zu sehen ist – im Rahmen der Beratungen des Kinder- und Jugendhilfegesetzes (KJHG) wurde diese Formulierung bedauerlicherweise verwendet.[37] Auch wenn dies der Ansicht der KJHG-Gesetzgebung widerspricht, ist m.E. – entgegen der herrschenden Meinung – aus folgenden Gründen von einem Recht des Kindes auf Erziehung auszugehen:[38]

BVerfG

Das *BVerfG* hat bereits 1967 ausdrücklich darauf hingewiesen, dass das Kind im Sinne unserer Verfassung „ein Wesen mit eigener Menschenwürde und eigenem Recht auf Entfaltung seiner Persönlichkeit" ist und dass die von Art. 6 GG anerkannte primäre Elternverantwortung und die damit verbundenen Rechte ihre Rechtfertigung allein im Schutz- und Hilfebedürfnis des Kindes findet. Denn nach dem Wertesystem unserer Verfassung könne niemandem Rechte an der Person eines anderen einge-

---

[36] Dazu ausführlich: *Fieseler* in *Fieseler/Schleicher/Busch/Wabnitz*, GK-SGB VIII, § 1, Rn. 5ff.

[37] BT-Drs. 11/5948, 68 und BT-Drs. 11/6002, S. 5, s. dazu S. 83.

[38] Siehe dazu ausführlich *Fieseler* in *Fieseler/Schleicher/Busch/Wabnitz*, GK-SGB VIII, § 1, Rn. 5ff.

räumt werden.[39] Die grundgesetzlich abgesicherte vorrangige Elternverantwortung ist folglich nicht für sie als Rechtsposition geschaffen, sondern um den Interessen des Kindes zu dienen – vor allem seiner Persönlichkeitsentfaltung.

Gesetzgebung verkennt das Grundgesetz

Wenn in der amtlichen Begründung der Bundesregierung zum KJHG stets vom grundgesetzlich geschützten Eltern„*recht*" die Rede ist, werden zugleich die Verfassungslage (s. dazu S. 267 ff.) und der Gesetzesauftrag verkannt. Denn die staatliche Gemeinschaft hat die Persönlichkeitsentfaltung von Kindern durch Unterstützung ihrer Eltern zu fördern, diese gegebenenfalls zu ergänzen und notfalls (d. h. bei Ausfall der Eltern) zu ersetzen. Dies ergibt sich aus § 1 Abs. 3 SGB VIII, in dem es heißt: „Jugendhilfe soll zur Verwirklichung des Rechts nach Absatz 1 …".

Schwierigkeiten bei Durchsetzung des Rechts auf Erziehung

Aber selbst wenn man ein Erziehungsrecht des Kindes anerkennt, bereitet dessen Durchsetzung (rechtlich wie tatsächlich) Schwierigkeiten: Grundrechte sind als Abwehrrechte der Bürger*innen gegen die drei Staatsgewalten konstruiert, binden zunächst also nur diese (vgl. Art. 1 Abs. 3 GG). Inwieweit sie auch zwischen Privatpersonen (hier: Kindern und Eltern) gelten, ist jedoch von der Anerkennung einer sog. *„Drittwirkung"* von Grundrechten abhängig. Dies ist aber bisher umstritten.

Kein Antragsrecht des Kindes

In der Praxis lässt sich das Erziehungsrecht des Kindes aber nur schwer durchsetzen, weil dessen Verwirklichung zunächst allein von dessen Eltern abhängig ist und ihm weder beim Jugendamt noch beim Familiengericht ein Antragsrecht eingeräumt worden ist. Allerdings haben Kinder und Jugendliche gemäß § 8 Abs. 2 SGB VIII das Recht, sich in allen Angelegenheiten der Erziehung und Entwicklung an das Jugendamt zu wenden (s. dazu S. 52). – Sollten sich Minderjährige an das Familiengericht wenden, so hätte es (nach pflichtgemäßem Ermessen) dieser Sache nachzugehen und eigene Ermittlungen anzustellen (vgl. § 26 FamFG). Zuvor sollte es das Jugendamt informieren und mit diesem kooperieren.

f) Berücksichtigung der wachsenden Selbstständigkeit des Kindes

Gesetzliches Leitbild des § 1626 Abs. 2 BGB

Vor 1980 war die Selbstständigkeit Minderjähriger nur bei einigen sog. „höchstpersönlichen" Rechtshandlungen anerkannt. Bei diesen hängt die Wirksamkeit der Entscheidung von ihrer Mitwirkung bzw. Einwilligung ab (vgl. dazu Kapitel 8 F. II. 3.). Die Anerkennung dieser sog. *„Teilmündigkeiten"* erschien jedoch als *nicht mehr ausreichend.* Bei der Sorgerechtsreform von 1980 (von der „elterlichen *Gewalt*" zur „elterlichen *Sorge*") war es daher für wichtig erachtet worden, für die elterliche Erziehung als gesetzliches Leitbild festzuhalten, dass die zunehmende Einsichtsfähigkeit und die wachsende Selbstständigkeit Minderjähriger – *unabhängig von festen Altersgrenzen* – möglichst früh zu beachten und daher bei allen sie betreffenden Entscheidungen zu berücksichtigen seien[40]. Daher wurde § 1626 Abs. 2 BGB wie folgt formuliert:

> „Bei der Pflege und Erziehung berücksichtigen die Eltern die wachsende Fähigkeit und das wachsende Bedürfnis des Kindes zu selbstständigem verantwortungsbewusstem Handeln. Sie besprechen mit dem Kind, soweit es nach dessen Entwicklungsstand angezeigt ist, Fragen der elterlichen Sorge und streben Einvernehmen an."

---

[39] BVerfGE 24, S. 119 (144).
[40] BT-Drs. 8/2788, 34 und 45 ff.

Kinder einbeziehen in Entscheidungen

Es ist wichtig, Kinder so frühzeitig wie möglich in ihre Person betreffende Entscheidungen einzubeziehen, damit sie lernen können, eigene Entscheidungen sachgemäß verantwortlich zu treffen, d. h., sie dann auch selbst (mit) zu tragen. Dies kann man von ihnen nämlich nicht erwarten, wenn sie nur daran gewöhnt sind, dass Entscheidungen über ihren Kopf hinweg getroffen werden. Das heißt:

Demokratischer Erziehungsstil

Wer Minderjährige zu selbstverantwortlichen Persönlichkeiten erziehen will, muss ihnen auch rechtzeitig und ausreichend Gelegenheit geben, sich selbstverantwortlich handelnd zu bewähren. Dazu gehört es, sie demokratisch zu erziehen, d. h. sie argumentieren, entscheiden und etwas verantworten zu lehren.

Die Regelung in § 1626 Abs. 2 BGB *bedeutet allerding nicht*, dass

- den Eltern hiermit ein verbindlicher Erziehungsstil vorgeschrieben würde, sondern sie will programmatisch (als sog. Leitlinie) nur das wiedergeben, was verantwortungsvolle Eltern ohnehin praktizieren;
- die Eltern sich jederzeit dem Kindeswillen unterzuordnen hätten (ebenso wenig, dass sie sich mit dem Kind einigen müssen; vielmehr bleibt die letzte Entscheidung immer bei den Eltern);
- die Eltern bei Außerachtlassen dieser Vorschrift mit staatlichem Eingreifen rechnen müssen; dies ist nur in Ausnahmefällen (wie z. B. bei einem ständigen Übergehen des Willens eines einsichtsfähigen Minderjährigen bei bedeutsamen Entscheidungen) unter den Voraussetzungen der §§ 1666, 1666a BGB (dazu S. 322 ff.) möglich;
- Minderjährige bei Konflikten jeglicher Art das Familiengericht anrufen könnten und dieses dann an Stelle der Eltern entscheiden würde; vielmehr ist Minderjährigen gesetzlich kein eigenes Antragsrecht eingeräumt worden.

Kein Antragsrecht für Minderjährige

Verbindlichkeit

Die Vorschrift des § 1626 Abs. 2 BGB beinhaltet keine Rechtsfolgen und keine Sanktionen. Das Leitbild des § 1626 Abs. 2 BGB ist jedoch immer dann zugrunde zu legen, wenn das Familiengericht im Rahmen einer von ihm zu treffenden Entscheidung auf das Wohl des Kindes abzustellen hat (vgl. insoweit auch § 1697a BGB). Außerdem kommt ein Eingreifen des Familiengerichtes nach § 1666 BGB in Betracht, wenn ein schwerwiegender und dauerhafter Verstoß der Eltern gegen das Leitbild des § 1626 Abs. 2 BGB vorliegt.[41]

g) Gesetzliches Verbot von Gewaltanwendung bei der Erziehung

Verankerung im BGB

Durch das Gesetz zur Ächtung der Gewalt in der Erziehung vom 2.11.2000[42] wurde § 1631 Abs. 2 BGB mit Wirkung zum 8.11.2000 wie folgt gefasst:

> „Kinder haben ein Recht auf gewaltfreie Erziehung. Körperliche Bestrafungen, seelische Verletzungen und andere entwürdigende Maßnahmen sind unzulässig."

Damit wurde auch in Deutschland ein gesetzliches Gewaltverbot in der Erziehung geschaffen und somit endlich der Forderung in Art. 19 Abs. 1 S. 1 der UN-Kinderrechtskonvention Rechnung getragen, wonach die

---

41 Zum ganzen Absatz MüKoBGB/*Huber* BGB § 1626 Rn. 63.
42 BGBl. 2000 I 1479.

Vertragsstaaten verpflichtet sind, *u. a. alle geeigneten Gesetzgebungsmaßnahmen zu treffen, um das Kind vor jeder Form körperlicher oder geistiger Gewaltanwendung zu schützen.* In Schweden, Dänemark, Norwegen und Österreich sind bereits seit längerer Zeit Gewaltverbote in der Erziehung gesetzlich normiert.[43]

Hintergründe zur Anwendung von Gewalt in der Erziehung

Immer noch relevant: Gewalt in der Erziehung

– Gewalt an Minderjährigen durch Erwachsene ist in Deutschland nach wie vor ein relevantes Thema. In einer Studie der Universität Bielefeld aus dem Jahr 2013 gaben 22,3 % der knapp 900 befragten jungen Menschen im Alter von sechs bis sechszehn Jahren an, dass sie von Erwachsenen zumindest manchmal geschlagen würden: 28% davon Kinder ab sechs Jahre, 16,6% Kinder ab zwölf Jahren.[44]

Einstellungen in der Bevölkerung

– Einstellungen zum Einsatz von Körperstrafen in der Erziehung von Kindern und Jugendlichen wurden in einer Studie des Berufsverbandes der Kinder- und Jugendärzte (BVKJ) im Jahr 2016 untersucht. Der Verband befragte gemeinsam mit Forscher*innen des Universitätsklinikums Ulm und des Zentrums für Traumaforschung Ulm rund 2.500 Menschen zwischen 14 und 94 Jahren in Deutschland. Das Ergebnis: 44,7% der Befragten gaben an, dass sie einen „leichten Klaps auf den Hintern" für ein geeignetes Mittel der Erziehung halten würden. Eine „leichte Ohrfeige" hielten 17 % der befragten Personen für ein geeignetes erzieherisches Mittel.[45]

Auswirkungen erfahrener Gewalt und Missachtung

– Die Auswirkungen erfahrener Gewalt und Missachtung sind erheblich: Insgesamt lässt sich ein eindeutiger Zusammenhang zwischen den erfahrenen Gewalt- und Missachtungserfahrungen der Kinder und Jugendlichen durch Erwachsene und der eigenen Gewalttätigkeit belegen. So berichten Kinder und Jugendliche mit einschlägigen Erfahrungen selbst „deutlich häufiger von eigenen Gewalttätigkeiten und legitimieren diese auch in einem erheblich stärkeren Maße." Es spricht daher viel für die Annahme, dass Kinder die in ihrem Familienumfeld gelernten Muster auch im Umgang mit anderen Kindern zeigen.[46] Dieser *Kreislauf der Gewalt* soll durch das gesetzliche Verbot von Gewaltanwendung bei der Erziehung verhindert werden.

---

[43] BT-Drs. 14/1247, 4f.

[44] Ziegler, Gewaltstudie 2013: Gewalt- und Missachtungserfahrungen von Kindern und Jugendlichen in Deutschland, abrufbar unter https://kinderförderung.bepanthen.de/static/documents/Abstract_Gewaltstudie_Prof.Ziegler-1.pdf, letztes Abrufdatum: 14.7.2019, S. 2.

[45] Zum ganzen Absatz: *Plener/Rodens/Fegert*: „Ein Klaps auf den Hintern hat noch niemandem geschadet": Einstellungen zu Körperstrafen und Erziehung in der deutschen Allgemeinbevölkerung**"**, abrufbar unter https://www.stiftung-kind-und-jugend.de/fileadmin/pdf/BVKJ_Kinderschutz_0616_Beitrag_Umfrage_2.pdf, S. 22.

[46] Zum ganzen Absatz Ziegler, Gewaltstudie 2013: Gewalt- und Missachtungserfahrungen von Kindern und Jugendlichen in Deutschland, abrufbar unter https://kinderförderung.bepanthen.de/static/documents/Abstract_Gewaltstudie_Prof.Ziegler-1.pdf, letztes Abrufdatum: 14.7.2019, S. 4.

Vorgaben des § 1631 Abs. 2 BGB
„Kinder haben ein Recht auf gewaltfreie Erziehung." (§ 1631 Abs. 2 S. 1 BGB)

Mehr als ein „Leitbild"

- Die Norm stellt kein bloßes unverbindliches „Leitbild" dar. Vielmehr haben alle Erziehenden dieses Recht des Kindes zu beachten. Es gilt also nicht nur für Eltern, sondern gemäß §§ 1800, 1915 BGB auch für Vormünder und Pfleger sowie für alle Personen, die von jenen eine Erziehungsberechtigung ableiten (wie z. B. Stiefeltern, Lebensgefährten, Lebenspartner*innen, Verwandte, Freund*innen, Bekannte, Pflegeeltern, Erzieher*innen in Kindergärten, Horten, Heimen etc.).
- Ein bestimmter Erziehungsstil ist Eltern (und anderen Erziehungsberechtigten) jedoch nicht vorgeschrieben.

Keine Festlegung des Erziehungsstils

Der Wortlaut des § 1631 Abs. 2 S. 2 BGB zeigt klare Grenzen auf:

„Körperliche Bestrafungen, seelische Verletzungen und andere entwürdigende Maßnahmen sind unzulässig"

Körperliche Bestrafungen sind ausnahmslos unzulässig

Folglich lassen sich **körperliche Bestrafungen** in keiner Weise rechtfertigen, denn sie stellen – unabhängig von ihrer Intensität – für Kinder stets eine Demütigung dar.[47]

Beispiele: jegliches Schlagen – auch „eine Ohrfeige" oder „ein Klaps auf den Hintern", das Treten, aber auch heftiges Schütteln oder festes Drücken, Schubsen, Stoßen eines Kindes.

Nicht erfasste Fälle:

Ausnahme: Maßnahmen zur Gefahrenabwehr

Die Formulierung körperliche „Bestrafungen" macht deutlich, dass nicht jede körperliche Einwirkung auf ein Kind verboten ist. Die häufig diskutierten Beispielsfälle des (gewaltsamen) Festhaltens oder Zurückreißens eines Kindes (z. B. an einer roten Ampel, Rolltreppe oder Bahnsteigkante, vor einer Brüstung oder einem anderem Abgrund, an fließenden Gewässern o. ä.) werden deshalb von dem Verbot nicht erfasst, *sofern* es sich hierbei um objektiv erforderliche Maßnahmen zur Gefahrenabwehr handelt und keine körperliche Bestrafung hinzukommt.

Auch kränkenden und herabsetzende Verhaltensweisen sind unzulässig

Seelische Verletzungen sind ebenfalls unzulässig (vgl. § 1631 Abs. 2 S. 2). Von dem Begriff der seelischen Verletzungen werden vor allem „kränkende und herabsetzende Verhaltensweisen von Eltern, etwa das Bloßstellen vor den Freunden oder in der Schulklasse erfasst"[48]; auch für sie ist kein Raum in einer am Persönlichkeitsrecht des Kindes orientierten Erziehung.[49] Insoweit maßgebend ist stets der Verletzungserfolg, nicht der Zweck der Handlung wie in der ersten Tatbestandsvariante.[50]

Der Begriff „seelische Misshandlung" wurde deshalb nicht verwendet, weil befürchtet wurde, dass „er in weiten Teilen der Bevölkerung äußerst eng interpretiert" werde.[51]

Auffangtatbestand

Andere entwürdigende Maßnahmen sind ebenso unzulässig (vgl. § 1631 Abs. 2 S. 2 BGB). Als Beispiele werden u. a. „Einsperren im Dun-

---

[47] BT-Drs. 14/1247, 8.
[48] BT-Drs. 14/1247, 8.
[49] BT-Drs. 14/1247, 8.
[50] BeckOK BGB/*Veit* BGB § 1631 Rn. 22.
[51] BT-Drs. 14/1247, 8.

keln, Nacktausziehen und langandauerndes Nichtansprechen des Kindes als Form des Liebesentzuges" genannt.[52]
Nach Ansicht der Gesetzgebung ist die eigenständige Aufzählung der anderen entwürdigenden Maßnahmen in jedem Fall deshalb erforderlich, „weil mit dem Abstellen auf den Verletzungserfolg bei der seelischen Verletzung solche Maßnahmen zulässig wären, wenn das Kind besonders unsensibel ist oder etwa von hinter seinem Rücken erfolgten verächtlichen Äußerungen nichts erfährt."[53] Diese Lücke wird mithilfe der dritten Fallgruppe geschlossen: Solche Maßnahmen sind als „andere entwürdigende Maßnahmen" zu qualifizieren und somit unzulässig gemäß § 1631 Abs. 2 S. 2 Alt. 3 BGB.[54]

Erziehungsmittel

Zulässige Erziehungsmittel
Zulässige Erziehungsmittel sind hingegen vor allem Lob, Vorbild, Erklärung und Verständnis, aber auch die Kürzung von Taschengeld oder das zeitweilige Verbot gegenüber dem Kind, eine ihm sonst gestattete Fernsehsendung anzusehen.[55] Des Weiteren sind auch das zeitweilige Verbot von Lieblingsspielen, Ermahnungen, Ausgeh- und Umgangsverbote[56] sowie Computer- oder Handynutzungsverbote zulässig.[57]

Die Bedeutung der sanktionslosen gesetzlichen Regelung

Gesetzesintention: Hilfe statt Strafe

Die Vorschrift des § 1631 Abs. 2 BGB sieht *keine unmittelbaren Sanktionsmöglichkeiten* vor (sog. lex imperfecta), denn Intention der Norm ist Hilfe und nicht Strafe[58]. Durch die in § 1631 Abs. 2 BGB erfolgte Ächtung der Gewalt in der Erziehung soll in erster Linie – ohne Kriminalisierung der Familie – ein Bewusstseinswandel der Eltern erreicht werden.[59] Folglich dürfen nicht vermehrte Kontrolle, Entzug der elterlichen Sorge oder Strafverfolgung im Vordergrund stehen, sondern Hilfen für die betroffenen Kinder, Jugendlichen und Eltern. Diesem Ziel dient vor allem auch die Regelung in § 16 Abs. 1 S. 3 SGB VIII, wonach Maßnahmen der allgemeinen Förderung der Erziehung in der Familie auch Wege aufzeigen sollen, auf welche Weise Konfliktsituationen in der Familie gewaltfrei gelöst werden können.[60]

Bedeutung im Einzelnen

Obwohl die Vorschrift keine *unmittelbaren Sanktionsmöglichkeiten* enthält, stellt sie eine Verbesserung des Rechtsschutzes von Minderjährigen dar. Im Einzelnen kommt ihr *folgende Bedeutung* zu:

– Die in § 1631 Abs. 2 BGB festgelegten Wertungen sind nicht nur im Rahmen der Überprüfung von Kindeswohlgefährdungen im Sinne des

---

[52] Kaiser/Schnitzler/Friederici/Schilling – Rakete-Dombeck, BGB, § 1631 Rn. 14.
[53] BT-Drs. 14/1247, 8.
[54] MüKoBGB/*Huber* BGB § 1631 Rn. 23.
[55] BT-Drs. 14/1247, 7.
[56] BeckOK BGB/*Veit* BGB § 1631 Rn. 26.
[57] MüKoBGB/*Huber* BGB § 1631 Rn. 26.
[58] BT-Drs. 14/1247, 5f. Das Kind hat keinen Unterlassungsanspruch; ihm steht allerdings ein Schadensersatzanspruch gemäß § 823 Abs. 1 und Abs. 2 in Verbindung mit § 1631 Abs. 2 oder § 223 StGB zu (BeckOK BGB/*Veit* BGB § 1631 Rn. 24).
[59] BT-Drs. 14/1247, 5ff.; BeckOK BGB/*Veit* BGB § 1631 Rn. 25.
[60] BeckOK BGB/*Veit* BGB § 1631 Rn. 25.

§ 1666 Abs. 1 BGB zu berücksichtigen, sondern bei sämtlichen Entscheidungen der Familiengerichte – wie z.B. bei Uneinigkeit gemäß § 1628 BGB (s. dazu S. 298), bei Sorgerechtsregelungen getrennt lebender Eltern gemäß § 1671 BGB (s. dazu S. 223ff.) oder Umgangsregelungen gemäß § 1684 BGB (s. dazu S. 330ff.).

Vereinzelte Vorfälle

- *Nur vereinzelt vorkommende* körperliche Bestrafungen, seelische Verletzungen oder andere entwürdigende Maßnahmen werden (auch wenn sie dem Jugendamt oder Familiengericht bekannt werden) – wie früher auch – grundsätzlich staatlicherseits ohne Reaktionen bleiben.

Wiederholte Vorfälle

- *Bei wiederholtem Auftreten* derartigen elterlichen Fehlverhaltens kommen Eingriffe des Familiengerichtes in die elterliche Sorge gemäß §§ 1666, 1666a BGB bis hin zu Beschränkungen *oder* Entzug der Ausübung derselben *oder* Herausnahme der betroffenen Kinder aus ihrer Familie in Betracht (evtl. auch durch das Jugendamt gem. § 42 Abs. 1 S. 2 HS 2 SGB VIII – s. dazu S. 108f.).

Gravierende Fälle

- *Bei besonders gravierenden Fällen* kommen *zusätzlich* strafrechtliche Sanktionen wegen Körperverletzung und Nötigung in Betracht.

h) Einwilligung in ärztliche Behandlungen

Rechtfertigende Einwilligung

Zur Personensorge gehören auch die Veranlassung einer ärztlichen Behandlung des Kindes und die Einwilligung in ärztliche Eingriffe.[61] Neben Besonderheiten im Zusammenhang mit dem Abschluss von Behandlungsverträgen[62] stellt sich in diesem Zusammenhang die wichtige Frage, ob die Einwilligung in die Behandlung durch die Inhaberin bzw. den Inhaber der Personensorge und/oder das minderjährige Kind zu erfolgen hat und wie Meinungsverschiedenheiten zwischen Kindern und Eltern (oder anderen Inhaber*innen der Personensorge) geklärt werden können. Bei einem ärztliche Eingriff handelt es sich nämlich auch dann, wenn dieser nach den Regeln der ärztlichen Kunst („*lege artis*") vorgenommen wird, um einen Eingriff in die körperliche Unversehrtheit und somit nach ständiger Rechtsprechung der Zivil- und Strafgerichte um eine tatbestandsmäßige Körperverletzung.[63] Mit einer wirksamen Einwilligung der Patientin bzw. des Patienten oder ihrer bzw. seiner Vertretung wird diesem Eingriff die Rechtswidrigkeit genommen.[64] Voraussetzung ist, dass die oder der Behandelnde die Patientin bzw. den Patienten gemäß § 630e Abs. 1 S. 1 BGB im Vorfeld über sämtliche für die Einwilligung wesentlichen Umstände aufgeklärt hat. Ist die Patientin bzw. der Patient einwilligungsunfähig, ist gemäß § 630a Abs. 1 S. 2 BGB die Einwilligung einer bzw. eines hierzu Berechtigten einzuholen.

Einwilligungsfähigkeit

Die Einwilligungsfähigkeit der oder des Minderjährigen bemisst sich danach, ob sie oder er nach ihrer bzw. seiner „geistigen und sittlichen Reife die Bedeutung und Tragweite des Eingriffs und seiner Gestattung zu ermessen vermag".[65] Sie ist folglich von der persönlichen Entwicklung der oder des Minderjährigen abhängig, somit lassen sich keine festen

---

61 BeckOK BGB/*Veit* BGB § 1626 Rn. 44; *Palandt/Götz* BGB § 1626 Rn. 10.
62 Vgl. zu weiteren Einzelheiten BeckOK BGB/*Veit* BGB § 1626 Rn. 45–46.1.
63 Grundlegend RGSt. 25, 375 (377ff.).
64 BeckOK BGB/*Veit* BGB § 1626 Rn. 47.
65 BGH NJW 1959, 811.

Altersgrenzen festlegen, ab denen von dieser Fähigkeit ausgegangen werden kann.[66]

Einwilligungsunfähige Minderjährige

Ist die oder der Minderjährige einwilligungsunfähig, hat ihre bzw. seine gesetzliche Vertretung gemäß § 630d Abs. 1 S. 2 BGB die Einwilligungserklärung abzugeben. Für die Entscheidung über die Einwilligung in eine ärztliche Behandlung ist vor allem das Kindeswohl maßgeblich; außerdem ist auf die Wünsche und Interessen des Kindes Rücksicht zu nehmen. Die Grenze der Autonomie der gesetzlichen Vertretung ist dann überschritten, wenn die Einwilligung oder Verweigerung einer ärztlichen Behandlung das Wohl des Kindes gefährden würde. Die Eltern haben sich mit einem zustimmenden wie auch mit einem entgegenstehenden Willen der oder des Minderjährigen auseinanderzusetzen. In diesem Zusammenhang ist allerdings umstritten, ob dem Kind – entsprechend den im Betreuungsrecht geltenden Grundsätzen – ein Vetorecht gegen die Fremdbestimmung durch seine gesetzliche Vertretung zustehen soll.[67]

Einwilligungsfähige Minderjährige

Ist die oder der Minderjährige hingegen einwilligungsfähig, so kann sie oder er nach überwiegender Ansicht selbst in die ärztliche Behandlung einwilligen. In diesem Zusammenhang ist jedoch umstritten, ob die oder der einwilligungsfähige Minderjährige allein mit rechtfertigender Wirkung in eine Behandlung einwilligen kann oder ob darüber hinaus ihre bzw. seine gesetzliche Vertretung zwingend in den Entscheidungsprozess mit der oder dem Behandelnden einzubinden ist.[68]

Abbruch einer Schwangerschaft

Umstritten ist außerdem die Frage, ob eine Minderjährige selbstständig wirksam über einen legalen Schwangerschaftsabbruch entscheiden kann oder hierbei von der Einwilligung ihrer Eltern abhängig ist. Zum Teil wird hier auf das Alter der Schwangeren oder auf die Motive für den Schwangerschaftsabbruch abgestellt.[69] Nach herrschender Meinung stellt allerdings der elterliche Zwang zum Schwangerschaftsabbruch (unabhängig von den Motiven der Eltern wie der Schwangeren) stets eine Kindeswohlgefährdung im Sinne des § 1666 Abs. 1 BGB dar, so dass dieser Eingriff bei rechtzeitiger Kenntnis durch das Familiengericht verhindert werden kann[70]. Da ein legaler Schwangerschaftsabbruch eine so höchstpersönliche, außerordentlich stark vom Gewissen abhängige Entscheidung darstellt, ist der Wille der Schwangeren meiner Einschätzung nach stets zu berücksichtigen, sofern nicht vehemente Zweifel an ihrer Einsichtsfähigkeit bestehen.[71] Dies hat zur Folge, dass die elterliche Verweigerung eines

---

[66] BeckOK BGB/*Veit* BGB § 1626 Rn. 49; *Kreße* MedR 2015, 91 (96); *Kaeding/Schwenke*, MedR 2016, 935 (936).

[67] Zum ganzen Absatz BeckOK BGB/*Veit* BGB § 1626 Rn. 50 f.

[68] Zum ganzen Absatz BeckOK BGB/*Veit* BGB § 1626 Rn. 54–55.

[69] BT-Drs. 13/8511, S. 65.

[70] Siehe dazu *Scherer*, FamRZ 1997, 589 ff.

[71] So auch: *Deutscher Juristinnenbund*, Familienrechtskommission zur Reform des Sorgerechts (1980, S. 82); LG Berlin (FamRZ 1980, 285); LG München I (NJW 1980, 646); Letzteres lässt jedoch bei Verweigerung der elterlichen Zustimmung zum Abschluss des Arztvertrages keine gerichtliche Ersetzung zu und hebelt damit die „selbstständige" Einwilligung der Minderjährigen aus (ebenso OLG Hamm, NJW 1998, 3424).

legalen Schwangerschaftsabbruchs gemäß § 1666 Abs. 3 BGB gerichtlich ersetzt werden kann.[72]

Notfälle

Kann eine Einwilligung für eine unaufschiebbare medizinische Maßnahme nicht rechtzeitig eingeholt werden (z. B. Notoperation nach Suizidversuch), darf diese gemäß § 630d Abs. 1 S. 4 BGB ohne Einwilligung durchgeführt werden, wenn sie dem mutmaßlichen Willen der Patientin bzw. des Patienten entspricht.

Sonderregelung für Beschneidungen männlicher Kinder

Durch das Gesetz über den Umfang der Personensorge bei einer Beschneidung des männlichen Kindes vom 20.12.2012[73] wurde mit Wirkung zum 28.12.2012 § 1631d BGB neu eingefügt. Im Abs. 1 dieser Vorschrift ist ausdrücklich geregelt, dass die Personensorge auch das Recht umfasst, in eine medizinisch nicht erforderliche Beschneidung des nicht einsichts- und urteilsfähigen männlichen Kindes einzuwilligen, wenn diese nach den Regeln der ärztlichen Kunst durchgeführt werden soll. Gemäß § 1631d Abs. 2 BGB kann eine medizinisch nicht indizierte Beschneidung in den ersten sechs Monaten nach Geburt des Kindes auch von Personen durchgeführt werden, die von einer Religionsgemeinschaft dafür vorgesehen sind, wenn sie dafür besonders ausgebildet und, ohne Ärztin bzw. Arzt zu sein, für die Durchführung einer Beschneidung vergleichbar befähigt sind sowie die Beschneidung nach den Regeln der ärztlichen Kunst durchführen.

Sterilisation

Sterilisationen Minderjähriger sind seit 1992 *ausnahmslos untersagt*; weder die Minderjährigen selbst, noch ihre Eltern oder gar die Pflegerin bzw. der Pfleger oder der Vormund sind hierzu einwilligungsbefugt (§§ 1631c, 1800 BGB).

Freiheitsentzug und freiheitsentziehende Maßnahmen

Seit 1980 ist für eine Unterbringung eines Kindes, die mit Freiheitsentzug verbunden ist, die Genehmigung des Familiengerichtes erforderlich (siehe dazu unten C. III. 5. b). Außerdem besteht seit dem 1. Oktober 2017 ein gesetzlich geregeltes Genehmigungserfordernis für freiheitsentziehende Maßnahmen in Einrichtungen (siehe dazu unten C. III. 5. c).

2. Ausbildungs- und Berufswahl

Rücksicht auf Eignung und Neigung

In Angelegenheiten der Ausbildung und des Berufs nehmen die Eltern gemäß § 1631a S. 1 BGB insbesondere auf Eignung und Neigung des Kindes Rücksicht. *Gerade bei derartigen wichtigen Entscheidungen* ist von einem wachsenden Bedürfnis der Minderjährigen zu selbstständigem verantwortungsbewusstem Handeln auszugehen. Daher gilt hier besonders der in § 1626 Abs. 2 BGB festgelegte Grundsatz. Dies bedeutet, dass mit den Minderjährigen alle sich im Zusammenhang mit einer Ausbildung, einem Studium und dem angestrebten Beruf ergebenen Fragen ausgiebig zu beraten sind und bei zu treffenden Entscheidungen Einvernehmen anzustreben ist. Denn heranwachsende Minderjährige werden sich kaum für eine Ausbildung oder einen Beruf engagieren und dort möglicherweise auftretende Schwierigkeiten überwinden, wenn sie bei der Festlegung der Ausbildung oder des Berufes nicht beteiligt wurden oder diese gar gegen ihren Willen erfolgte.

Gemeinsame Beratung

---

72 *Moritz*, ZfJ 1999, 99; *Palandt/Götz* BGB § 1626 Rn. 11.

73 BGBl. 2012 I 2749.

Bei Zweifeln Beratungspflicht mit Dritten

Wenn bezüglich der Eignung und Neigung der Minderjährigen Zweifel bestehen, so sollen die Eltern gemäß § 1631a S. 2 BGB den Rat einer Lehrerin bzw. eines Lehrers oder einer anderen geeigneten Person (vor allem: Berufs- und Bildungsberater*innen) einholen. Diese Verpflichtung besteht nicht nur dann, wenn Eltern und Kind hierüber kontroverser Ansicht sind, sondern auch, wenn wegen der heutzutage schwer zu durchschauenden vielfältigen Ausbildungs- und Berufsmöglichkeiten in der gemeinsamen Einschätzung Unsicherheiten verbleiben.

Gerichtliche Maßnahmen gemäß § 1666 BGB

Verstoßen Eltern gegen das in § 1631a S. 1 BGB normierte Gebot der Rücksichtnahme, kann dies einen Sorgerechtsmissbrauch darstellen, der zu einer familiengerichtlichen Maßnahme wegen Gefährdung des Kindeswohls nach § 1666 BGB führt.[74] Die Außerachtlassung des Rates einer Lehrerin bzw. eines Lehrers oder einer Berufsberaterin bzw. eines Berufsberaters kann ein Indiz für die Korrekturbedürftigkeit der Elternentscheidung im Sinne des § 1666 BGB sein.[75]

Unterhaltsrechtliche Konsequenzen

Unterhaltsrechtlich hat eine Verletzung des Rücksichtsnahmegebots zur Folge, dass die Eltern ihre Verpflichtung zur Finanzierung einer angemessenen Ausbildung aus § 1610 Abs. 2 BGB noch nicht in rechter Weise erfüllt haben und daher noch eine weitere Ausbildung zu finanzieren haben.[76]

3. Regelung des Umganges der oder des Minderjährigen

Personensorgeinhaber entscheiden

Zur Personensorge gehört gemäß § 1632 Abs. 2 BGB auch das Recht, den Umgang minderjähriger Kinder – auch mit Wirkung für und gegen Dritte – zu bestimmen. Zu diesem Zweck können die Eltern mit Ge- und Verboten sowohl gegen die Minderjährigen als auch gegen Dritte vorgehen. Hierbei ist der Begriff des Umgangs weit auszulegen. Er betrifft nicht nur das physische Zusammensein mit anderen Personen, sondern auch Kontakte per Telefon, Chat, E-Mail oder Brief.

Selbstständigkeit berücksichtigen

Insbesondere bei Umgangsverboten ist die wachsende Fähigkeit und das wachsende Bedürfnis der Minderjährigen zu selbstständigem und verantwortungsbewusstem Handeln zu berücksichtigen (vgl. § 1626 Abs. 2 BGB sowie S. 278 f.), da sich die *Schranken* dieses Teiles der Personensorge nicht erst aus § 1666 BGB, sondern auch aus dem Alter, der Reife und Entwicklung der Minderjährigen sowie aus allgemein gültigen Anschauungen ergeben.

Streit mit Dritten

Für Streitigkeiten zwischen Eltern und Dritten über den Umgang ihrer minderjährigen Kinder ist nach § 1632 Abs. 3 BGB das Familiengericht zuständig, das auf Antrag eines Elternteils entscheidet.

Herausgabe von Dritten

Befinden sich Minderjährige bei einem Dritten, so ist im Falle einer Streitigkeit ebenfalls das Familiengericht gemäß § 1632 Abs. 3 BGB zuständig.

Gerichtliche Verfahren

Bei Streitigkeiten über Umgangsregelungen (sowie bei Herausgabeansprüchen der Eltern gegenüber Dritten) entscheidet das Familiengericht

---

74 BeckOK BGB/*Veit* BGB § 1631a Rn. 5.

75 MüKoBGB/*Huber* BGB § 1631a Rn. 15; BeckOK BGB/*Veit* BGB § 1631a Rn. 5.

76 BGH NJW-RR 2000, 593. Für weitere Einzelheiten vgl. MüKoBGB/*Born* BGB § 1610 Rn. 274.

gemäß § 1632 Abs. 3 BGB grundsätzlich nur auf Antrag von mindestens einem Elternteil.

Vor seiner Entscheidung hat das Familiengericht stets die Eltern und die Minderjährigen persönlich anzuhören (vgl. §§ 160, 159 FamFG) sowie dem Jugendamt Gelegenheit zur Stellungnahme zu geben (§ 162 Abs. 1 S. 1 FamFG); unter Umständen kommt im Rahmen der Amtsermittlung gemäß § 26 FamFG auch eine Anhörung betroffener Dritter in Betracht.[77]

Die Vollstreckung der Herausgabeentscheidung erfolgt durch das Familiengericht nach §§ 88 ff. FamFG. Das Familiengericht kann gemäß § 89 Abs. 1 FamFG zur künftigen Befolgung seiner Anordnungen Ordnungsgeld und ggf. Ordnungshaft anordnen. Auf diese Folgen einer Zuwiderhandlung gegen den Vollstreckungstitel ist in dem Beschluss, der die Herausgabe des Kindes anordnet, gemäß § 89 Abs. 2 FamFG ausdrücklich hinzuweisen. Das Familiengericht kann gemäß § 90 Abs. 1 FamFG auch unmittelbaren Zwang anordnen, wenn die Festsetzung von Ordnungsmitteln entweder erfolglos ist oder keinen Erfolg verspricht oder eine alsbaldige Vollstreckung der Entscheidung geboten ist. Hierbei hat das Familiengericht den Verhältnismäßigkeitsgrundsatz strikt zu beachten.[78]

4. Beaufsichtigung

Teil der Personensorge

Zur Sorge für die Person des Kindes gehört gemäß § 1631 Abs. 1 BGB u. a. auch das *Recht und* die *Pflicht*, das Kind zu beaufsichtigen. Das beinhaltet eine doppelte Verpflichtung der Eltern:

Doppelte Verpflichtung

- Sie *müssen* das minderjährige Kind davor *schützen*, dass ihm durch andere Personen – oder durch sich selbst – Schäden (körperliche, gesundheitliche, sittliche, seelische, geistige oder materielle) entstehen.
- Sie haben zu verhindern, dass andere Personen („Dritte“) durch das Kind zu Schaden kommen.

Gesetzliche Regelung

Das BGB spricht nur Letzteres ausdrücklich an (vgl. § 832 Abs. 1 BGB), während erstere Verpflichtung aus der allgemeinen Schadensersatzvorschrift des § 823 BGB „herausgelesen“ werden muss (siehe dazu S. 12).

Zu Inhalt, Umfang und Erfüllung der Aufsichtspflicht sowie zu den Rechtsfolgen bei Verletzung dieser Pflicht (insbesondere zur Schadensersatzpflicht) vergleiche im Einzelnen Kapitel 2 (S. 7 ff.).

5. Aufenthaltsbestimmung

a) Allgemeines

Teil der Personensorge

Zu den ausdrücklich in § 1631 Abs. 1 BGB genannten Bereichen der Personensorge gehören das Recht und die Pflicht, den Aufenthalt des Kindes zu bestimmen. Diese Festlegung beinhaltet die Wahl von Wohnort und Wohnung.[79] Die Bestimmung des Aufenthaltsortes des Kindes er-

---

[77] BT-Drs. 8/2788, 73.
[78] Zum ganzen Absatz BeckOK BGB/*Veit* BGB § 1632 Rn. 22–23.
[79] MüKoBGB/*Huber* BGB § 1631 Rn. 11; BeckOK BGB/*Veit* BGB § 1631 Rn. 10.

folgt regelmäßig stillschweigend durch die Versorgung in der Familie.[80] Die Personensorgeinhaber*innen können sich jedoch auch dafür entscheiden, ihr Kind anderweitig – beispielsweise in einem Internat oder bei Verwandten – unterzubringen.

Bei Freiheitsentzug Genehmigung des Familiengerichtes

Ist jedoch die Unterbringung für das Kind mit Freiheitsentzug verbunden, so benötigen die Eltern gemäß § 1631b Abs. 1 BGB die Genehmigung des Familiengerichtes.

Überschneidungen zu anderen Bereichen

Auch bei diesem Teil der Personensorge wird deutlich, dass ein einzelner Bereich kaum von den anderen Bereichen abgrenzbar ist; vielmehr greifen diese ineinander. Denn eine Aufenthaltsbestimmung ist ohne Erziehung, Aufsichtspflicht sowie Umgangsbestimmung mit anderen Personen kaum denkbar und steht meist auch im Zusammenhang mit einem Herausgabeverlangen der Eltern (zu Letzterem vgl. S. 292 ff.).

b) Mit Freiheitsentzug verbundene Unterbringung

Genehmigung des Familiengerichtes erforderlich

Das Recht zur Aufenthaltsbestimmung besteht nicht uneingeschränkt. Vielmehr sind Unterbringungen von minderjährigen Kindern, die mit Freiheitsentzug verbunden sind, gemäß § 1631b Abs. 1 S. 1 BGB nur mit vorheriger Genehmigung des Familiengerichtes zulässig. Die Genehmigung bezieht sich auf eine Entscheidung der sorgeberechtigten Eltern bzw. des sorgeberechtigten Elternteils, das Kind freiheitsentziehend unterzubringen.[81] Entscheidet ein Vormund (§ 1800 BGB) bzw. eine Pflegerin bzw. ein Pfleger über eine mit Freiheitsentzug verbundene Unterbringung, ist aufgrund der Verweisungsvorschriften in § 1800 BGB bzw. in § 1915 BGB i.V.m. § 1800 BGB ebenfalls eine Genehmigung des Familiengerichtes erforderlich.

Definition des Freiheitsentzuges

Eine mit Freiheitsentzug verbundene Unterbringung liegt dann vor, wenn „das Kind in seiner gesamten Lebensführung auf einen gewissen räumlichen Bereich begrenzt und sein Aufenthalt mittels Überwachung und physischer Vorkehrungen kontrolliert wird." Dies ist regelmäßig bei einer Unterbringung in einem geschlossenen psychiatrischen Krankenhaus oder in einer geschlossenen Abteilung eines Heims oder eines Krankenhauses zu bejahen.[82]

Daher bedarf es grundsätzlich auch der Genehmigung des Familiengerichtes, wenn Heimerziehung nach § 34 SGB VIII[83] oder eine Inobhutnahme des Jugendamtes gemäß § 42 SGB VIII für die oder den Minderjährigen mit Freiheitsentzug verbunden ist (vgl. § 42 Abs. 5 SGB VIII). Wird ein Kind unter den Voraussetzungen des § 42 Abs. 1 S. 1 SGB VIII durch das Jugendamt in Obhut genommen, so kann im Rahmen dieser Maßnahme gemäß § 42 Abs. 5 S. 1 SGB VIII ausnahmsweise auch eine freiheitsentziehende Unterbringung des Kindes oder Jugendlichen erfolgen, wenn und soweit diese notwendig ist, um eine Gefahr für Leib oder Leben des Kindes oder eine Gefahr für Leib oder Leben Dritter abzuwenden. Dies wird jedoch nur in unausweichlichen Ausnahmefällen gegeben

---

[80] BeckOK BGB/*Veit* BGB § 1631 Rn. 10.
[81] BeckOK BGB/*Veit* BGB § 1631b Rn. 10.
[82] Zum ganzen Absatz MüKoBGB/*Huber* BGB § 1631b Rn. 4.
[83] So die hM, vgl. z.B. MüKo/*Huber* BGB § 1631b Rn. 3 mwN.

sein;[84] zudem wäre gemäß § 42 Abs. 5 S. 2 SGB VIII die mit Freiheitsentzug verbundene Unterbringung ohne gerichtliche Entscheidung spätestens mit Ablauf des Tages nach ihrem Beginn zu beenden. Dies gilt gleichermaßen, wenn es um die vorläufige Inobhutnahme von unbegleitet eingereisten ausländischen Kindern und Jugendlichen nach § 42a SGB VIII geht.[85]

Genehmigungspflichtige Unterbringungen

Genehmigungspflichtig sind somit die mit Freiheitsentzug verbundenen Fremdplatzierungen von Kindern, „also die Zuweisung eines bestimmten umgrenzten Aufenthaltsortes außerhalb des Elternhauses".[86]

Genehmigungsfreie Unterbringungen

Keine Freiheitsentziehung ist hingegen gegeben, wenn eine Unterbringung nur mit Freiheitsbeschränkungen verbunden ist, die angesichts des Alters der oder des Minderjährigen üblich sind oder sich aus der Erfüllung der Aufsichtspflicht ergeben.

Beispiel: in der Hausordnung eines Internats enthaltene Ausgehverbote für bestimmte Zeiten[87]

Abgrenzung ist problematisch

Allerdings kann die Abgrenzung zwischen (genehmigungs*freien*) Freiheitsbeschränkungen und (genehmigungs*bedürftigen*) Freiheitsentziehungen Schwierigkeiten bereiten, denn was für ein kleineres Kind noch Freiheitsbeschränkung ist, kann für einen Jugendlichen schon Freiheitsentzug bedeuten.[88]

Kindeswohl

Für die Erteilung oder Versagung der Genehmigung durch das Familiengericht ist *allein* das Wohl der oder des Minderjährigen entscheidend. Eine freiheitsentziehende Unterbringung ist daher gemäß § 1631b Abs. 1 S. 2 BGB nur zulässig, solange sie zum Wohl des Kindes, insbesondere zur Abwendung einer erheblichen Selbst- oder Fremdgefährdung notwendig ist und der Gefahr nicht auf andere Weise, auch nicht durch andere öffentliche Hilfen, begegnet werden kann. Die Unterbringung muss also im wohlverstandenen Interesse des Kindes liegen und der Freiheitsentzug dazu unumgänglich sein, weil weniger einschneidende Maßnahmen (z. B. Unterbringung in einer offenen Einrichtung) entweder nicht möglich oder nicht ausreichend sind. Nur dann kommt eine Genehmigung des Familiengerichtes als letztes Mittel und für die kürzeste angemessene Zeit in Betracht (vgl. auch Art. 37 Buchst. b) UN-KRK).[89]

Eilmaßnahmen:

Bei Gefahr im Verzug ist Genehmigung nachträglich möglich

Ohne Genehmigung ist eine mit Freiheitsentzug verbundene Unterbringung des Kindes durch seine Eltern gemäß § 1631b Abs. 1 S. 3 BGB nur dann zulässig, solange mit dem Aufschub Gefahr verbunden ist; in diesen Fällen ist die Genehmigung des Familiengerichtes unverzüglich, d. h. ohne schuldhaftes Zögern, nachzuholen.

Beispiele: akute Suizidgefahr, wiederholtes Begehen besonders gravierender Straftaten, von Dritten ausgehende konkrete Gefahr für Leib und Leben des Kindes

---

84 BT-Drs. 11/5948, 80.

85 Zum ganzen Abschnitt BeckOK BGB/*Veit* BGB § 1631b Rn. 67–68.1.

86 BeckOK BGB/*Veit* BGB § 1631b Rn. 11.

87 MüKoBGB/*Huber* BGB § 1631b Rn. 5.

88 *Gernhuber/Coester-Waltjen*, § 62 III 3.; MüKo/*Huber* BGB § 1631b Rn. 5.

89 BGH NJW-RR 2013, 65 (67); BeckOK BGB/*Veit* BGB § 1631b Rn. 37.

Genehmigungspflicht betrifft nur Personensorgeinhaber*innen

Der Genehmigungspflicht gem. § 1631b BGB unterliegen nur die Eltern und andere Personensorgeberechtigte (d.h.: Vormund, Pfleger*in), nicht jedoch die Vertreter*innen geschlossener Einrichtungen. Für sie ergibt sich im Hinblick auf § 239 StGB jedoch die Notwendigkeit, entweder auf einer alsbaldigen Einleitung des Genehmigungsverfahrens seitens der Eltern zu bestehen oder dem zuständigen Familiengericht Kenntnis von der Unterbringung zu geben, da dies dann von Amts wegen zu ermitteln hat (§ 26 FamFG). – Im Hinblick auf Art. 104 Abs. 2 GG wäre hier eine ausdrückliche gesetzliche Verpflichtung zur Einschaltung des Familiengerichtes wünschenswert.

c) Freiheitsentziehende Maßnahmen

Seit 1.10.2017: Genehmigungsvorbehalt auch bei anderen freiheitsentziehenden Maßnahmen

Durch das Gesetz zur Einführung eines familiengerichtlichen Genehmigungsvorbehalts für freiheitsentziehende Maßnahmen bei Kindern vom 17.7.2017[90] wurde mit Wirkung zum 1.10.2017 § 1631b Abs. 2 BGB neu eingefügt. In dieser Vorschrift ist geregelt, dass die Genehmigung des Familiengerichtes auch dann erforderlich ist, „wenn dem Kind, das sich in einem Krankenhaus, einem Heim oder einer sonstigen Einrichtung aufhält, durch mechanische Vorrichtungen, Medikamente oder auf andere Weise über einen längeren Zeitraum oder regelmäßig in nicht altersgerechter Weise die Freiheit entzogen werden soll." Diese Ergänzung ist sehr zu begrüßen, da sich für Kinder freiheitsentziehende Maßnahmen mindestens so schwerwiegend und belastend auswirken können wie eine freiheitsentziehende Unterbringung selbst.[91] Das Genehmigungserfordernis gilt für freiheitsentziehende Maßnahmen bei Kindern in kinder- und jugendpsychiatrischen Kliniken, Einrichtungen der Kinder- und Jugendhilfe sowie der Behindertenhilfe und in weiteren stationären und ambulanten Einrichtungen, wie beispielsweise Kindergärten und Kindertagesstätten, nicht jedoch für Kinder im elterlichen Haushalt.[92] Freiheitsentziehende Maßnahmen „in altersgerechter Weise" wie beispielsweise das Angurten eines Kleinkindes in einem Kinderwagen oder in einem Autositz werden als adäquate und übliche Schutz- bzw. Erziehungsmaßnahmen vom Anwendungsbereich der Vorschrift nicht erfasst.[93]

d) Familiengerichtliches Verfahren

Gemäß § 167 Abs. 1 FamFG sind in den Fällen des § 151 Nr. 6 FamFG (Genehmigung von freiheitsentziehender Unterbringung und freiheitsentziehenden Maßnahmen nach § 1631b BGB, auch in Verbindung mit § 1800 BGB und § 1915 BGB) die für Unterbringungssachen nach § 312 Nr. 1 und Nr. 2 FamFG geltenden Vorschriften anzuwenden. In den Fällen des § 151 Nr. 7 FamFG (Anordnung der freiheitsentziehenden Unterbringung eines Minderjährigen nach den Landesgesetzen über die Unterbringung psychisch Kranker) ist die Anwendung der für Unterbringungssachen nach § 312 Nr. 4 FamFG geltenden Vorschriften vorgesehen.

---

90 BGBl. 2017 I 2424.
91 *Götz* FamRZ 2017, 1289 (1290).
92 *Götz* FamRZ 2017, 1289 (1290).
93 *Götz* FamRZ 2017, 1289 (1291).

Verfahrensbeistand

Das Familiengericht hat in diesen Verfahren gemäß § 167 Abs. 1 S. 3 FamFG einen Verfahrensbeistand zu bestellen. Durch das Gesetz zur Einführung eines familiengerichtlichen Genehmigungsvorbehalts für freiheitsentziehende Maßnahmen bei Kindern vom 17.7.2017[94] wurde mit Wirkung zum 1.10.2017 gesetzlich geregelt, dass die Bestellung eines Verfahrensbeistand stets erforderlich sei. Da es sich bei freiheitsentziehender Unterbringung und freiheitsentziehenden Maßnahmen um einen besonders schweren Eingriff in das Recht des Kindes auf persönliche Freiheit (Art. 2 Abs. S. 2 GG) handelt, ist die zwingende Bestellung eines Verfahrensbeistandes zur Interessenswahrung des Kindes uneingeschränkt zu begrüßen. Als Interessenvertretung des Kindes trägt der Verfahrensbeistand dazu bei, dass das Familiengericht ein möglichst umfassendes Bild von der Lebenslage des Kindes erhält und eine Entscheidung trifft, in der auch die Freiheits- und Selbstbestimmungsrechte des Kindes bestmöglich Berücksichtigung findet.[95]

Persönliche Anhörung der Minderjährigen und der Eltern sowie des Jugendamtes

Das Familiengericht hat gemäß § 319 Abs. 1 S. 1 FamFG das betroffene Kind vor Erlass seiner Entscheidung persönlich anzuhören und sich einen unmittelbaren Eindruck von ihm zu verschaffen; dieses ist Voraussetzung für eine Genehmigung. Außerdem hat gemäß § 167 Abs. 4 FamFG eine persönliche Anhörung der Eltern, denen die Personensorge zusteht, ansonsten des Vormundes oder der Ergänzungspflegerin bzw. des Ergänzungspflegers als gesetzliche Vertretung sowie der Pflegeeltern zu erfolgen. Des Weiteren sind sonstige Beteiligte, insbesondere das Jugendamt, gemäß § 320 S. 2 FamFG anzuhören.[96]

Sachverständigengutachten/ärztliches Zeugnis

Bevor das Familiengericht eine freiheitsentziehende Unterbringung genehmigt, hat es gemäß § 321 Abs. 1 FamFG ein Sachverständigengutachten über die Notwendigkeit der Maßnahme einzuholen. Die oder der Sachverständige soll gemäß § 167 Abs. 6 S. 1 FamFG eine Ärztin bzw. eine Arzt für Kinder- und Jugendpsychiatrie und -psychotherapie sein; gemäß § 167 Abs. 6 S. 2 kann das Gutachten auch durch eine/n in Fragen der Heimerziehung ausgewiesene/ Psychotherapeutin bzw. Psychotherapeuten, Psychologin bzw. Psychologen, Pädagogin bzw. Pädagogen oder Sozialpädagogin bzw. Sozialpädagogen erstattet werden. Das Kind kann zur Vorbereitung des Sachverständigengutachtens auf gerichtlichen Beschluss hin zur Untersuchung vorgeführt sowie zur Beobachtung auch untergebracht werden (§§ 167 Abs. 1, 322, 283, 284 FamFG).[97]

In Verfahren über die Genehmigung von freiheitsentziehenden Maßnahmen hingegen ist gemäß § 167 Abs. 6 S. 3 FamFG ein ärztliches Zeugnis ausreichend. Die Ärztin bzw. der Arzt hat zunächst die oder den Minderjährigen entsprechend den ärztlichen Standards persönlich zu untersuchen, ein ausschließlich nach Aktenlage erstelltes ärztliches Zeugnis soll nicht genügen.[98] Die durch die Gesetzgebung vorgenommene Differenzierung danach, ob es sich um eine freiheitsentziehende Unterbringung oder um eine freiheitsentziehende Maßnahme handelt, vermag angesichts des Umstands, dass letztere mindestens ebenso schwerwiegend

---

[94] BGBl. 2017 I 2424.
[95] Zum ganzen Abschnitt *Götz*, FamRZ 2017, 1289 (1292).
[96] Zum ganzen Abschnitt BeckOK BGB/*Veit* BGB § 1631b Rn. 59.
[97] BeckOK BGB/*Veit* BGB § 1631b Rn. 61.1.
[98] BT-Drs. 18/11278, 19; BeckOK BGB/*Veit* BGB § 1631b Rn. 61.

und belastend sein kann, nicht zu überzeugen. Vielmehr hätte bei der Entscheidung über die Genehmigung einer freiheitsentziehenden Maßnahme die Hinzuziehung einer oder eines Sachverständigen näher gelegen.[99]

Genehmigungsdauer

Die freiheitsentziehende Unterbringung bzw. die freiheitsentziehende Maßnahme endet gemäß § 167 Abs. 7 FamFG spätestens mit Ablauf von sechs Monaten, bei offensichtlich langer Sicherungsbedürftigkeit spätestens mit Ablauf von einem Jahr, wenn sie nicht vorher verlängert wird.

Einstweilige Anordnungen

Das Familiengericht kann unter bestimmten Voraussetzungen die vorläufige Unterbringung durch einstweilige Anordnung für maximal sechs Wochen genehmigen (vgl. dazu §§ 331, 333 FamFG)[100].

Ab 14 Jahren verfahrensfähig

Minderjährige sind ab dem vollendeten 14. Lebensjahr unabhängig von ihrer Geschäftsfähigkeit *verfahrensfähig* (§ 316 FamFG), d. h., sie können unabhängig von ihrer gesetzlichen Vertretung (d. h.: auch gegen deren Willen) sich anwaltlich vertreten lassen, Anträge stellen (auch auf Prozesskostenhilfe), ergangene Entscheidungen selbstständig anfechten etc.

6. Herausgabeanspruch gegenüber Dritten

Teil der Personensorge

Die Personensorge umfasst gemäß § 1631 Abs. 1 BGB auch das Recht, Kinder oder Jugendliche von jedem heraus zu verlangen, der sie den Eltern (oder einem Elternteil) *widerrechtlich vorenthält.* Erfasst wird jede und jeder Dritter; der Anspruch kann sich auch gegen den anderen Elternteil richten.[101] Sind sich die Eltern hinsichtlich des Herausgabeverlangens gegenüber einer dritten Person nicht einig, so kommt nur ein Vorgehen nach § 1628 BGB in Betracht.

Vorenthalten

„Vorenthalten“ ist jede tatsächliche Zurückhaltung des Kindes, die auch im Verschweigen des Aufenthaltes oder der Hinderung der Eltern am Zutritt zu ihrem Kind liegen kann. Dieses „Vorenthalten“ des Kindes ist generell widerrechtlich, *sofern hierfür nicht ein gesetzlicher Rechtfertigungsgrund*

Rechtfertigungsgründe

Beispiele: Schulpflicht, Anordnung von Jugendarrest, Untersuchungs- oder Strafhaft

vorliegt.

Der Herausgabeanspruch der Eltern findet jedoch seine Grenzen im Kindeswohl. Missbräuchen kann allerdings nur unter den Voraussetzungen des § 1666 Abs. 1 BGB begegnet werden (siehe dazu S. 322 ff.).

Besonderheit bei Pflegekindern

Bleibeanordnung durch das Familiengericht

Zum Schutz von Pflegekindern hat das SorgeRG 1980 eine Schutznorm für die Fälle geschaffen, in denen eine (insbesondere abrupte) Herausnahme des Kindes aus seinem Bezugsfeld seiner Entwicklung schaden würde. § 1632 Abs. 4 BGB gibt daher in solchen Fällen dem Familiengericht die Möglichkeit, den weiteren Verbleib des Kindes in der Pflegefamilie gegen den Willen seiner Eltern anzuordnen. Wegen des Eingriffs in das verfassungsmäßig geschützte Elternrecht müssen für eine Entscheidung gemäß § 1632 Abs. 4 BGB folgende Voraussetzungen erfüllt sein:

Voraussetuungen

Dauerpflege

Das Kind muss sich bereits „seit längerer Zeit“ in der betreffenden Pflegefamilie (das können auch Verwandte wie Onkel und Tante, Groß-

---

[99] BeckOK BGB/*Veit* BGB § 1631b Rn. 61.1; *Götz*, FamRZ 2017, 1289 (1292).

[100] *Palandt/Diederichsen* BGB § 1631b Rn. 5.

[101] BeckOK BGB/*Veit* BGB § 1632 Rn. 5.

eltern, ältere Geschwister sein) oder in einer Pflegestelle befinden, so dass ein Herausnahme aus den dort aufgebauten Beziehungen (zumindest: zurzeit) für das Kind schädlich wäre. Davon darf jedoch nur dann ausgegangen werden, wenn das Kind durch die Trennung seinen leiblichen Eltern entfremdet ist und in der Pflegefamilie seine neue Bezugswelt gefunden hat.

Dabei ist der Zeitbegriff bewusst nicht festgelegt worden, um dem Einzelfall besser Rechnung tragen zu können. So ist z. B. bei einer sechsmonatigen Trennung eines *Kleinkindes* von seinen Eltern wohl dieser Zeitbegriff erfüllt, bei 13-jährigen Minderjährigen dagegen nicht unbedingt.

Gefährdung

Die Herausnahme des Kindes muss das Kindeswohl (insbesondere das seelische) gefährden, weil sie *zur Unzeit* erfolgen soll.

Beispiele: Abrupte Herausnahme aus einer fest verwurzelten Bezugswelt, Ortswechsel während einer Krisenphase des Kindes, Herausgabeverlangen nach langer Zeit ohne vorherige Kontaktaufnahme, Rückführung in ungünstige Familienverhältnisse, Schulwechsel während eines besonders wichtigen Schuljahres.

Bindungen beachten

Bei einem Herausgabeverlangen ist stets zu beachten, wie sich die Bindungen und Kontakte des Kindes zu seinen Eltern und zur Pflegefamilie sowie zu sonstigen Bezugspersonen entwickelt haben und wo das Kind nun alternativ untergebracht werden soll.

So ist z. B. zu beachten, ob die Eltern das Kind jetzt zu sich nehmen wollen oder es zu nahen Verwandten oder nur in eine andere Pflegefamilie kommen soll oder ob sie es in einem Heim oder einer sonstigen betreuten Wohnform unterbringen wollen.

Auf Antrag oder von Amts wegen

Verfahren: Es muss entweder ein entsprechender Antrag der Pflegeeltern beim Familiengericht vorliegen oder dieses muss vom Jugendamt oder von anderer Seite über den Fall informiert worden sein (denn dann kann es „von Amts wegen" entscheiden, d. h.: auch ohne Antrag der Pflegeeltern). – Dem Kind ist für das gesamte gerichtliche Verfahren ein *Verfahrensbeistand* zu bestellen (§ 158 Abs. 2 Nr. 4 FamFG).

Verfahrensbeistand

Vorher Anhörung von Jugendamt, Eltern, Kind und Pflegeeltern

Das Familiengericht muss das Jugendamt am gesamten Verfahren beteiligen (vgl. §§ 50 Abs. 1 S. 2 SGB VIII, 162 FamFG) sowie Eltern, Pflegeeltern und Kind stets persönlich anhören, es sei denn, es handelt sich um ein Kleinkind oder die Eltern wollen durch Nichterscheinen die Entscheidung verhindern (vgl. dazu §§ 160, 161, 159 FamFG).

Konflikt von sozialer und biologischer Elternschaft

Das Verbleiben bei der Pflegeperson darf nach § 1632 Abs. 4 BGB nur so lange angeordnet werden, wie das Kindeswohl durch die Wegnahme von der Pflegeperson gefährdet würde. Mit dieser flexiblen Regelung soll der Konflikt zwischen Eltern, Pflegepersonen und Kind möglichst entschärft und somit der Weg zur Wiederaufnahme des Kontaktes der leiblichen Eltern zu ihrem Kind mit dem Ziel seiner Rückführung zu ihnen (nach entsprechender Vorbereitung) offen gehalten werden. Es ist aber zu beachten, dass es hier nicht etwa nur um das von Art. 6 GG geschützte Elternrecht geht, sondern vor allem um das Wohl des Kindes. Daher lehnen Gerichte zunehmend Herausnahmeverlangen der Eltern ab, wenn das Pflegeverhältnis schon mehr als zwei Jahre besteht[102] – vor allem wenn sie

[102] *Lakies* bzgl. einer von ihm durchgeführten Untersuchung (ZfJ 1990, 552).

das Kind gar nicht zu sich nehmen, sondern nur woanders unterbringen wollen (vor allem bei Streit mit den Pflegeeltern oder aus Kostenersparnisgründen).

Vollstreckung

Das Familiengericht kann eine dritte Person zur Befolgung seiner Anordnungen zur Herausgabe Minderjähriger durch Androhung von **Ordnungsgeld** bis zu 25.000 EUR anhalten, sofern es in seinem Beschluss darauf hingewiesen hatte (vgl. § 89 FamFG). Wenn dies keinen Erfolg verspricht oder bereits erfolglos geblieben ist, kann das Familiengericht auch **Ordnungshaft** bis zu sechs Monaten anordnen, die ebenfalls grundsätzlich vorher anzudrohen ist und durch die Gerichtsvollzieherin oder den Gerichtsvollzieher vollzogen wird (vgl. §§ 87 Abs. 3, 89 Abs. 1 u. 3 FamFG, §§ 909 Abs. 1 S. 1, 913 ZPO). Das Familiengericht kann in diesen Fällen aber auch **unmittelbaren Zwang** gegenüber den Eltern anordnen (vgl. § 90 FamFG), der vom einer Gerichtsvollzieherin bzw. einem Gerichtsvollzieher vollstreckt wird.

Zusammenfassung

Voraussetzungen für den Herausgabeanspruch des § 1632 Abs. 1 BGB sind:

- der betreffende Elternteil ist Personensorgeberechtigter,
- sein Kind wird von einer anderen Person oder Institution „vorenthalten",
- das „Vorenthalten" ist rechtswidrig, d. h., gesetzlich nicht zu rechtfertigen.

Voraussetzungen für eine Verbleibensanordnung in einer Pflegefamilie gemäß § 1632 Abs. 4 BGB:

- Das Kind lebt bereits „seit längerer Zeit" bei einer Pflegeperson,
- Die Trennung von der Pflegeperson würde (zumindest derzeit) das Kindeswohl stark beeinträchtigen oder gefährden,
- Es liegt ein Antrag der Pflegeeltern oder Kenntnis des Familiengerichts (durch Pflegeperson, Jugendamt oder anderweitig) vor; im letzteren Fall entscheidet das Familiengericht von Amts wegen.

IV. Die Vermögenssorge

Inhalt

Dieser Bereich der elterlichen Sorge umfasst alle tatsächlichen und rechtlichen Handlungen, die die Erhaltung, Vermehrung und Verwertung des Kindesvermögens (Grundbesitz, Wertpapiere, Geschäftsanteile, namhafte Geldbeträge) betreffen. Er wird daher auch als „Vermögensverwaltung" bezeichnet. Damit wird deutlich, dass im sozialpädagogischen Bereich dieser Teil der elterlichen Sorge idR keine großen Probleme aufwerfen wird.

Beschränkungen

Es sollen daher nur kurz die gesetzlichen Beschränkungen in der Vermögenssorge aufgezeigt werden:

Genehmigungspflichtige Rechtsgeschäfte

Einige vom der Gesetzgebung als besonders wichtig erachtete Rechtsgeschäfte – z. B. Grundstücksverträge – bedürfen gemäß § 1643 Abs. 1 BGB der Genehmigung des Familiengerichtes.

Ausschlagung von Erbschaften

Das Gleiche gilt gemäß § 1643 Abs. 2 BGB bei der *Ausschlagung einer Erbschaft* oder eines Vermächtnisses sowie für den *Verzicht auf einen Pflichtteilsanspruch*.

Verwaltung von Schenkungen, Erbschaften

Bei der *Verwaltung von Schenkungen und Erbschaften* haben sich die Eltern gemäß § 1639 BGB grundsätzlich an (eventuelle) Anordnungen der Schenker bzw. Erblasser zu halten. Bei Vermögen, das ein Kind von Todes wegen, sonst anlässlich eines Sterbefalls, als unentgeltliche Zuwendung oder als Unterhaltsabfindung erwirbt, haben die Eltern gemäß § 1640 Abs. 1 BGB ein Vermögensverzeichnis anzulegen (sog. Inventarisierungspflicht).[103] Auf diese Weise soll den Eltern vor Auge geführt werden, welche Gegenstände zu ihrem Vermögen und welche zum Vermögen ihres Kindes gehören; außerdem soll für das Kind ein gewichtiges, wenn auch widerlegbares Beweismittel geschaffen werden.[104] Die Inventarisierungspflicht gilt nach § 1640 Abs. 2 BGB nur in den Fällen nicht, in denen der Wert des Vermögenserwerbs 15.000,– Euro nicht übersteigt oder soweit der Erblasser durch letztwillige Verfügung oder der Zuwendende bei der Zuwendung eine abweichende Anordnung getroffen hat.

Schenker und Erblasser können die Eltern aber auch nach § 1638 BGB von der Vermögensverwaltung ausschließen; in diesem Fall ist hierfür eine Pflegerin oder ein Pfleger gemäß § 1909 Abs. 1 S. 2 BGB zu bestellen.

Schenkungsverbot

Eltern können gemäß § 1641 S. 1 BGB in Vertretung ihres Kindes keine Schenkungen machen; hiervon ausgenommen sind nach § 1641 S. 2 BGB solche Schenkungen, „durch die einer sittlichen Pflicht oder einer auf den Anstand zu nehmenden Rücksicht entsprochen wird“.

Verwaltung nach wirtschaftl. Grundsätzen

Geld, das der Vermögensverwaltung der Eltern unterliegt, haben diese gemäß § 1642 BGB nach den Grundsätzen einer wirtschaftlichen Vermögensverwaltung anzulegen, soweit es nicht zur Bestreitung von Ausgaben bereit zu halten ist.

Maßnahmen des Familiengerichtes

Kommt es zu einer Gefährdung des Kindesvermögens durch das Verhalten der Eltern, kann das Familiengericht gemäß § 1666 Abs. 1, 3 Nr. 6 BGB die Vermögenssorge ganz oder zum Teil entziehen oder Maßnahmen nach § 1667 BGB ergreifen. In § 1667 Abs. 1–3 BGB werden besonders wichtige und wirkungsvolle Anordnungen zum Vermögensschutz konkretisiert, deren Aufzählung jedoch nicht abschließend ist, so dass folglich auch andere Maßnahmen des Familiengerichtes in Betracht kommen.[105] Das Familiengericht kann Maßnahmen zum Vermögensschutz nach § 1667 BGB nur dann anordnen, wenn das Vermögen des Kindes gemäß § 1666 Abs. 1 und 2 BGB gefährdet ist.[106]

D. Ausübung der elterlichen Sorge

I. Eigenverantwortlichkeit der Eltern

Selbstständigkeit der Eltern

Die elterliche Sorge wird von den Eltern gemäß § 1627 S. 1 BGB in eigener Verantwortung ausgeübt. Diese Verpflichtung beinhaltet die selbstständige Prüfung aller Maßnahmen und Entscheidungen elterlicher Sorge auf ihre Vereinbarkeit mit dem Kindeswohl. Erfasst wird sowohl das Auftreten der Eltern Dritten gegenüber wie auch das der Eltern untereinander.[107]

---

103 BeckOK BGB/Veit BGB § 1640 Rn. 1.
104 BeckOK BGB/Veit BGB § 1640 Rn. 2.
105 Zum ganzen Absatz MüKoBGB/*Olzen* BGB § 1667 Rn. 1.
106 BeckOK BGB/*Veit* BGB § 1667 Rn. 1.
107 BeckOK BGB/*Veit* BGB § 1627 Rn. 2.

Haftung der Eltern

Zum anderen kommt in dieser Regelung die *Verantwortung* der Eltern für alle Maßnahmen zum Ausdruck, die sie im Rahmen der elterlichen Sorge treffen. Allerdings *haften* Eltern ihren Kindern für Schäden, die sie ihnen in Ausübung der elterlichen Sorge zufügen, nur begrenzt. Denn sie haben gemäß § 1664 Abs. 1 BGB lediglich für die Sorgfalt einzustehen, die sie in eigenen Angelegenheiten anzuwenden pflegen.[108] Soweit die Eltern die Ausübung der elterlichen Sorge Dritten überlassen (z. B. einer Kindertageseinrichtung oder einem Internat), haften sie für diese gemäß § 278 BGB; insoweit kommt ihnen die Haftungserleichterung des § 1664 Abs. 1 BGB zugute.[109] Ziehen die Eltern bestimmte Personen – beispielsweise eine Rechtsanwältin oder einen Zahnarzt – wegen besonderer Sachkunde heran, haften sie lediglich für die „eigensorgfältige Auswahl und Überwachung".[110] Der Haftungsmaßstab des § 1664 Abs. 1 BGB gilt auch für konkurrierende deliktische Ansprüche, sofern ein innerer Zusammenhang gegeben ist.[111]

II. Gemeinsame Ausübung

Einvernehmen ist vorgeschrieben

Die Eltern haben gemäß § 1627 S. 1 BGB die elterliche Sorge „in gegenseitigem Einvernehmen zum Wohle des Kindes auszuüben". Bei Meinungsverschiedenheiten müssen die Eltern gemäß § 1627 S. 2 BGB versuchen, sich auf eine gemeinsame Linie zu verständigen.

Beratung und Entscheidung

Das gegenseitige Einvernehmen erfordert ein elterliches Zusammenwirken in gemeinsamer Beratung und gemeinsamer Entscheidung. Kommen die Eltern zu einem gemeinsamen Entschluss, ist im Außenverhältnis das Tätigwerden eines Elternteils ausreichend.[112]

Ausdruck partnerschaftlicher Gleichberechtigung

Der Grundsatz der *gemeinsamen Ausübung* der elterlichen Sorge entspricht dem heutigen Verständnis der partnerschaftlichen Gleichberechtigung. Es zeigt sich aber gerade im Familienrecht, dass ohne gesellschaftspolitisch relevante Hilfen des Staates die *Eltern häufig überfordert* sind[113], dem Kind gemäße Entscheidungen zu treffen. Somit wirkt sich die staatliche Zurückhaltung vor Eingriffen in den familiären Bereich für viele Kinder nachteilig aus, obwohl dieses Prinzip nach allen historischen Erfahrungen sicher zu begrüßen ist.

Gemeinsamkeit nicht immer erforderlich

Die gesetzliche Regelung bedeutet allerdings nicht, dass jede Handlung im Bereich der elterlichen Sorge von den Eltern gemeinsam beschlossen und gemeinsam ausgeführt werden müsse. Das wäre in der täglichen Praxis gar nicht immer möglich und auch nicht nötig. Erforderlich ist jedoch, dass die Eltern sich über die Ausübung der elterlichen Sorge *einig* sind, wobei es in der Regel zu einer natürlichen, den jeweiligen tatsächlichen Gegebenheiten der einzelnen Familie entsprechenden *Aufgabenteilung* kommen wird. Hierzu bedarf es keiner ausdrücklichen Vereinbarung (was jedoch nach den oben ausgeführten Intentionen wünschenswert wäre). Vielmehr genügt die stillschweigende Handhabung (= Billigung).

---

[108] Nach herrschender Meinung legt § 1664 BGB nicht nur den Haftungsmaßstab fest, sondern bildet auch zugleich die Anspruchsgrundlage für einen selbständigen Schadensersatzanspruch des Kindes gegenüber seinen Eltern (*Palandt/Götz* BGB § 1664 Rn. 1; MüKoBGB/*Huber* BGB § 1664 Rn. 1).

[109] *Palandt/Götz* BGB § 1664 Rn. 3.

[110] *Palandt/Götz* BGB § 1664 Rn. 3.

[111] *Palandt/Götz* BGB § 1664 Rn. 3.

[112] Zum ganzen Absatz BeckOK BGB/*Veit* BGB § 1627 Rn. 2.

[113] *Schleicher*, GK-SGB VIII, Vor § 16, Rn. 3.

Das heißt, dass es ausreicht, wenn der eine Elternteil bei der Vornahme von Maßnahmen dem bekannten oder mutmaßlichen Willen des anderen entspricht oder dieser sie stillschweigend hinnimmt und damit billigt.

Vertretung des Kindes

Handelt es sich aber nicht allein um ein Tätigwerden im tatsächlichen Sorgebereich (siehe dazu S. 270f.), sondern um eine Vertretung des Kindes (insbesondere bei weitreichenden Handlungen), so ist § 1627 BGB stets zu beachten.

Beispiele: An- und Abmeldungen im Kindergarten oder Schule, Einwilligung in Operationen; Änderung der Religion; Abschluss und Kündigung von Ausbildungsverträgen.

Einigkeit nötig

In diesen Fällen ist entweder eine vorherige Absprache oder eine nachträgliche Zustimmung des nicht handelnden Elternteils unumgänglich. Fehlt es hieran, so stellt dieses Verhalten einen Verstoß der sich aus der elterlichen Sorge ergebenden Verpflichtungen dar. Bei Rechtshandlungen bewirkt ein solches Vorgehen überdies, dass die beabsichtigte Rechtswirkung nicht ohne das Mitwirken des anderen eintreten kann, denn hier sind die Grundsätze der Zustimmung bei Rechtsgeschäften entsprechend anwendbar (d.h. §§ 177, 182, 184, 185 BGB).

Probleme der Gesamtvertretung

Man spricht daher auch von der *Gesamtvertretung* der Eltern. Diese kann natürlich im Einzelfall unter Umständen zu Unzuträglichkeiten nicht nur für den „betroffenen" Elternteil, sondern eventuell auch für das Kind führen, weil sich Entscheidungen verzögern können. Der Vertragspartner wird nämlich häufig wegen der für ihn nicht überschaubaren „Vertretungslage" darauf bestehen, dass ihm die Einigung der Eltern nachgewiesen wird. Das erschwert zweifellos den Rechtsverkehr, ohne dass dies im Einzelfall gerechtfertigt zu sein braucht.

Es wird daher z.T. angenommen, die Grundsätze der Anscheinsvollmacht könnten beim alleinigen Auftreten eines Elternteils angewendet werden.[114]

Ausnahmen

Ausnahmen vom Grundprinzip der Gesamtvertretung sind für den Fall vorgesehen, dass

- ein Elternteil die elterliche Sorge allein ausübt (§ 1629 Abs. 1 S. 3 BGB) oder
- ihm die Entscheidung nach § 1628 BGB übertragen ist (§ 1629 Abs. 1 S. 3 BGB), oder
- ein Eil- und Notfall (*Gefahr in Verzug*) vorliegt (1629 Abs. 1 S. 4 BGB).

Außerdem sind in § 1629 Abs. 2 S. 2 BGB sowie in § 1629 Abs. 3 S. 1 BGB Ausnahmen vom Grundprinzip der Gesamtvertretung im Falle der Geltendmachung von Unterhaltsansprüchen gegen den anderen Elternteil vorgesehen.

Notvertretungsrecht

Bei Gefahr in Verzug ist jeder Elternteil gemäß § 1629 Abs. 1 S. 4 BGB berechtigt, alle Rechtshandlungen vorzunehmen, die zum Wohle des Kindes notwendig sind (sog. *Notvertretungsrecht*); der andere Elternteil ist dann hiervon unverzüglich zu unterrichten. Voraussetzung für dieses alleinige Handeln eines Elternteils ist, dass nur durch unverzügliches Handeln die Gefährdung wichtiger Rechtsgüter oder Rechte des Kindes verhindert

114 So BGH, NJW 1988, 2946.

werden und daher die Rücksprache mit dem anderen Elternteil nicht abgewartet werden kann.

Beispiele: Unfälle, Vergiftungen.

Alltagssorge

Leben Eltern nicht nur vorübergehend voneinander getrennt, ist gemäß § 1687 Abs. 1 S. 1 BGB das gegenseitige Einvernehmen der Eltern lediglich bei den Angelegenheiten notwendig, deren Regelung für das Kind von erheblicher Bedeutung ist. In Angelegenheiten des täglichen Lebens hingegen hat der Elternteil, bei dem sich das Kind rechtmäßig gewöhnlich aufhält, die alleinige sog. *Alltagssorge* (§ 1687 Abs. 1 S. 2 BGB. Ihm kommt somit insoweit die alleinige Sorgebefugnis einschließlich der gesetzlichen Vertretung zu.[115]

III. Uneinigkeit der Eltern

Gesetzlicher Einigungszwang

Wie zuvor unter II. ausgeführt, steht die Ausübung der elterlichen Sorge den Eltern nach § 1627 S. 1 BGB gemeinsam zu. Sind die Eltern verschiedener Auffassung, was zum Wohl des Kindes zu veranlassen ist, so müssen sie gemäß § 1627 S. 2 BGB versuchen, sich zu einigen.

Bei Uneinigkeit Entscheidung des Familiengerichtes möglich

Bei nicht zu behebendem Meinungsstreit über Sorgerechtsangelegenheiten kann gemäß § 1628 BGB das Familiengericht angerufen werden, wenn die im Streit befindliche Regelung für das Kind von erheblicher Bedeutung ist; andernfalls muss das Familiengericht die Entscheidung ablehnen.

Praxisrelevante Fälle

Beispiele: Vornamensgebung, Religionsbestimmung, Wahl eines Kindergartens, einer Pflegestelle oder betreuten Wohnform, Unterbringung bei Verwandten oder Bekannten, Einwilligung in Heilbehandlungen, Schul- und Berufswahl.

Zunächst: Einigungsversuch des Familiengericht

Wird das Familiengericht angerufen, so hat es zunächst darauf hinzuwirken, dass sich die Eltern auf eine dem Kindeswohl dienliche Regelung einigen (§ 36 Abs. 1 S. 2 FamFG). Dabei hat das Gericht stets mit beiden Eltern persönlich die Angelegenheit zu besprechen (§ 160 Abs. 1 S. 1 FamFG). Wenn die Neigungen, Bindungen oder der Wille des Kindes für die Entscheidung von Bedeutung sein können (wovon fast immer auszugehen ist), ist – abgesehen von Kleinkindern – auch das Kind persönlich anzuhören (vgl. § 159 FamFG). – Eine *Anhörung des Jugendamtes* ist seit 1.9.2009 ebenfalls gesetzlich vorgeschrieben (vgl. § 162 Abs. 1 S. 1 FamFG).

Entscheidungsmöglichkeiten des Familiengerichtes

Kommt keine Einigung der Eltern zustande, so kann das Familiengericht *keine eigene Entscheidung* treffen, sondern hat diese nach § 1628 S. 1 BGB auf einen Elternteil zu übertragen (evtl. mit Auflagen oder Einschränkungen), sofern dies dem Wohl des Kindes entspricht (gemäß § 1629 Abs. 1 S. 3 BGB vertritt dieser Elternteil dann das Kind allein). Andernfalls hat es u. U. gemäß § 1666 BGB (siehe dazu S. 322 ff.) einzugreifen und die Erklärungen der Eltern zu ersetzen (§ 1666 Abs. 3 BGB) oder die Ausübung des Sorgerechts insoweit zu entziehen (siehe dazu S. 327) und dafür eine Pflegerin oder einen Pfleger zu bestellen (§ 1909 Abs. 1 S. 1 BGB).

---

[115] BT-Drs. 13/4899, 107. Vgl. zu weiteren Einzelheiten im Hinblick auf die Alleinsorge S. 222.

Zusammenfassung

Bei Meinungsverschiedenheiten sorgeberechtigter Eltern kann unter folgenden Voraussetzungen das Familiengericht entscheiden:

- entsprechender Antrag von mindestens einem Elternteil,
- Angelegenheit, deren Regelung für das Kind von erheblicher Bedeutung ist,
- Einigungsversuch des Familiengerichts gem. § 36 Abs. 1 S. 2 FamFG war erfolglos.

Das Familiengericht kann in der Sache nicht selbst entscheiden, sondern nur die Entscheidung über die betreffende Angelegenheit auf einen Elternteil übertragen (wodurch dieser gem. § 1629 Abs. 1 S. 3 BGB insoweit alleinige gesetzliche Vertretung würde), sofern dies dem Kindeswohl entspricht. Anderen falls kommt evtl. ein Vorgehen nach § 1666 BGB in Betracht.

IV. Beistandschaften

Aufgaben

Auf schriftlichen Antrag eines Elternteils übernimmt das Jugendamt gemäß § 1712 Abs. 1 BGB die Beistandschaft des Kindes für folgende Aufgaben:

1. *die Feststellung der Vaterschaft,*
2. *die Geltendmachung von Unterhaltsansprüchen sowie die Verfügung über diese Ansprüche.*

Antragsberechtigung

Antragsberechtigt ist gemäß § 1713 Abs. 1 S. 1 BGB der Elternteil, dem für den Aufgabenkreis der beantragten Beistandschaft die alleinige Sorge zusteht oder zustünde, wenn das Kind bereits geboren wäre. Steht die elterliche Sorge beiden Eltern gemeinsam zu und leben diese getrennt, kann der Antrag gemäß § 1713 Abs. 1 S. 2 BGB von dem Elternteil gestellt werden, in dessen Obhut sich das Kind befindet. Außerdem kann der Antrag gemäß § 1713 Abs. 1 S. 3 BGB auch von einem nach § 1776 BGB berufenen Vormund gestellt werden. Als Beistand kommen nach § 1712 Abs. 1 BGB das Jugendamt oder gemäß § 54 Abs. 1 SGB VIII rechtsfähige Vereine, soweit das Landesrecht dies vorsieht, in Betracht. Seit dem 1.7.1998 können Beistandschaften von Privatpersonen nicht mehr übernommen werden.

Verwechslungsgefahren

Der Beistand nach den §§ 1712 ff. BGB ist nicht zu verwechseln mit

- einem Erziehungsbeistand nach § 30 SGB VIII,
- dem Beistand nach § 13 Abs. 4 SGB X (Begleitung im Verwaltungsverfahren),
- einem Verfahrensbeistand nach § 158 FamFG (Interessenvertreter*innen Minderjähriger im familiengerichtlichen Verfahren).

1. Eintritt der Beistandschaft

BGB ist maßgeblich

Gemäß § 55 Abs. 1 SGB VIII wird das Jugendamt „in den durch das BGB vorgesehenen Fällen" Beistand. Eintritt, Merkmale, Aufgabenkreis und Ende der Beistandschaft richten sich somit ausschließlich nach den §§ 1712 bis 1717 BGB. Dies bedeutet Folgendes:

Voraussetzung: gewöhnlicher Aufenthalt in Deutschland

Die Beistandschaft ist gemäß § 1717 S. 1 BGB für alle Kinder vorgesehen, die ihren gewöhnlichen Aufenthalt im Sinne des § 30 Abs. 2 S. 3

SGB I in Deutschland haben. Sie kommt unter bestimmten Voraussetzungen auch pränatal in Betracht (vgl. § 1713 Abs. 1 S. 1 BGB sowie § 1713 Abs. 2 BGB).

Schriftlicher Antrag

Der Antrag kann nur von einem Elternteil gestellt werden, der in seiner Geschäftsfähigkeit nicht beschränkt ist. Da der Antrag höchstpersönlicher Natur ist, kann dieser nur durch den sorgeberechtigten Elternteil selbst gestellt werden. Die Einrichtung einer gesetzlichen Betreuung im Aufgabenbereich der elterlichen Sorge und folglich auch hinsichtlich der Beantragung der Beistandschaft ist nicht möglich.[116]

Gemäß § 1712 Abs. 1 BGB bedarf der Antrag der *Schriftform*, eine Begründung des Antrags ist nicht erforderlich.[117]

Zugang beim Jugendamt

Das Jugendamt wird Beistand, sobald ihm ein entsprechender schriftlicher Antrag zugegangen ist. Eine Bedürfnis- oder Zweckmäßigkeitsprüfung findet nicht statt. Die *örtliche Zuständigkeit* richtet sich nach § 87c Abs. 5 SGB VIII.

Beschränkung auf bestimmte Aufgaben

Der Antrag auf Bestellung einer Beistandschaft kann nach § 1712 Abs. 2 BGB auf einzelne der in § 1712 Abs. 1 BGB bezeichneten Aufgaben beschränkt werden.

2. Merkmale der Beistandschaft

Freiwilligkeit

Die Beistandschaft basiert auf Freiwilligkeit, d. h., sie

- kommt nur auf schriftlichen Antrag zustande (v§§ 1712, 1713, 1714) BGB,
- wird durch entsprechenden Antrag sofort wieder beendet (§ 1715 Abs. 1 BGB),
- führt zu *keinerlei Einschränkungen der elterlichen Sorge* (§ 1716 S. 1 BGB) und damit zu „Doppelzuständigkeiten" von Elternteil und Beistand (siehe dazu S. 302). – (Ebenso ist dies in *Österreich* und hat dort angeblich zu keinen Schwierigkeiten geführt[118]; das deutsche Recht kennt dies auch bei der rechtlichen Betreuung gemäß §§ 1896ff. BGB für Geschäftsfähige (siehe dazu S. 384f.).

Amts- und Vereinsbeistandschaften

Als Beistand ist nach dem BGB zwar nur das Jugendamt vorgesehen (§ 1712 Abs. 1 BGB), das die Ausübung der Aufgaben des Beistands gemäß § 55 Abs. 2 SGB VIII einzelnen seiner Beamt*innen oder Angestellten überträgt. Grundsätzlich handelt es sich also um eine *Amtsbeistandschaft.* Eine Beistandschaft kann allerdings – mit Zustimmung des Elternteils – vom Jugendamt *auch auf einen rechtsfähigen Verein* übertragen werden (sog. *Vereinbeistandschaft*), wenn das Landesrecht von der in Art. 144 EGBGB vorgesehenen Ermächtigung Gebrauch gemacht hat und der freie Träger die entsprechende Erlaubnis besitzt.

---

116 Zum ganzen Absatz BeckOK BGB/*Pöcker* BGB § 1713 Rn. 7.

117 MüKoBGB/*v. Sachsen Gessaphe* BGB § 1712 Rn. 4.

118 So BT-Drs. 13/892, 28.

Beistandschaft für das Kind (nicht für die Eltern)
Im Gegensatz zu der bis zum 30.6.1998 geltenden Rechtslage handelt es sich nunmehr um eine Beistandschaft *für das Kind* und *nicht für die Eltern* (vgl. § 1712 Abs. 1 BGB: „wird… Beistand des Kindes"). Damit ist ein Perspektivenwechsel gegenüber der früheren Beistandschaft verbunden. Das bedeutet: Der Beistand unterstützt das Kind und tritt für dessen Interessen ein (worin zwar zugleich eine Unterstützung des allein sorgenden Elternteils liegen kann, aber nicht muss). Der Beistand ist für die beantragten Aufgaben insgesamt zuständig und damit auch verantwortlich, d. h., der öffentliche Träger haftet gemäß §§ 1716 S. 2, 1915 Abs. 1, 1833 BGB und nach Art. 34 GG, § 839 BGB und ein freier Träger gemäß §§ 30, 31, 278 BGB.

Perspektivenwechsel

Konsequenzen

Kostenfreiheit
Die Beistandschaft wird kostenfrei gewährt, denn eine Kostenbeteiligung ist nach § 90 SGB VIII nicht vorgesehen. Etwas anderes gilt für Auslagen, die sich in Zusammenhang mit der Tätigkeit anderer Personen ergeben, wie beispielsweise Übersetzungskosten. Diese werden im Namen des Kinds veranlasst und sind daher von ihm zu übernehmen.[119]

Informationspflicht des Jugendamtes gegenüber Müttern nichtehelicher Kinder
Mütter nichtehelicher Kinder sind vom Jugendamt gemäß § 52a Abs. 1 S. 2 Nr. 4 SGB VIII unverzüglich nach der Geburt u. a. auf die *Möglichkeit*, eine Beistandschaft zu beantragen sowie auf die *Rechtsfolgen* einer Beistandschaft, hinzuweisen. In diesem Zusammenhang hat das Jugendamt der Mutter gemäß § 52a Abs. 1 S. 3 und 4 SGB VIII ein persönliches Gespräch anzubieten, das in der Regel in der persönlichen Umgebung der Mutter stattfinden soll, wenn diese es wünscht. Das Standesamt hat die Geburt eines Kindes, dessen Eltern nicht miteinander verheiratet sind, gemäß § 52a Abs. 4 SGB VIII unverzüglich dem Jugendamt anzuzeigen.

3. Aufgaben des Beistands

Amts- oder Vereinsbeistand sind gesetzlich *ausschließlich* folgende Aufgaben zugewiesen:

Begrenzung auf:

- Vaterschaftsfeststellung (§ 1712 Abs. 1 Nr. 1 BGB)
- Geltendmachung von Unterhaltsansprüchen des Kindes und Verfügung hierüber einschließlich der Bezahlung von Pflegeeltern aus den Unterhaltsleistungen (§ 1712 Abs. 1 Nr. 2 BGB)

Vaterschaftsfeststellung
Unterhaltssicherung

Der Aufgabenkreis des Beistands bezieht sich jedoch nur auf einen der beiden Aufgabenbereiche, wenn der betreffende Elternteil dies ausdrücklich beantragt. Dies ist von Anfang an oder jederzeit nachträglich möglich (vgl. §§ 1712 Abs. 2, 1715 Abs. 1 S. 2 BGB).

Die Aufgaben des Beistands umfassen jeweils die Beratung und Unterstützung sowie die rechtsgeschäftliche Vertretung des Kindes, wenn auch nur Letzteres ausdrücklich gesetzlich geregelt ist (vgl. §§ 1716 S. 2, 1915 Abs. 1, 1793 S. 1 BGB).

Beratung, Unterstützung, Vertretung

---

[119] Zum ganzen Absatz BeckOK BGB/*Pöcker* BGB § 1712 Rn. 17.

Keine Einschränkung der elterlichen Sorge

Doppelzuständigkeit

Durch die Beistandschaft wird (im Gegensatz zur früheren Amtspflegschaft für nichteheliche Kinder) *die elterliche Sorge nicht eingeschränkt* (§ 1716 S. 1 BGB). Es kann hier daher zu Überschneidungen der Handlungen des Beistands und des Elternteils kommen (sog. *Doppelzuständigkeit*). So können beide dieselben Handlungen vornehmen

Beispiele: einen Unterhaltsschuldner mahnen oder etwas vom Konto abheben

Bei Divergenzen besteht keine spezielle Regelung

und einer kann evtl. auch Aktionen des Anderen wieder revidieren (sofern das tatsächlich noch möglich ist). Für hieraus entstehenden Streit ist keine spezielle gesetzliche Lösung vorgesehen. Der Elternteil kann jedoch durch schriftlichen Antrag die sofortige Beendigung der Beistandschaft (partiell oder insgesamt) herbeiführen (vgl. § 1715 Abs. 1 BGB) und das Jugendamt ist u.U. gemäß § 8a Abs. 2 S. 1 SGB VIII zur Benachrichtigung des Familiengerichtes verpflichtet, wenn es dessen Tätigwerden wegen Gefährdung des Kindeswohls für erforderlich hält.

Alleinzuständigkeit in gerichtlichen Verfahren

Von dieser Doppelzuständigkeit besteht allerdings *in gerichtlichen Verfahren* eine Ausnahme: Dort verdrängt der Beistand (z.B. in einem Unterhaltsprozess) aus Gründen der Rechtssicherheit den Elternteil (vgl. §§ 173 und 234 FamFG).

4. Ende der Beistandschaft

Sie endet automatisch (partiell oder insgesamt)

- mit Zugang eines entsprechenden schriftlichen Verlangens des antragsberechtigten Elternteils (§§ 1715 Abs. 1, 1713 BGB sowie S. 300),
- mit Wegfall der in § 1713 BGB festgelegten Voraussetzungen (§ 1715 Abs. 2 BGB), z.B. *Eintritt gemeinsamer elterlicher Sorge, Sorgerechtsentzug, Adoption, Volljährigkeit,*
- sobald das Kind seinen gewöhnlichen Aufenthalt (iSd § 30 Abs. 3 S. 2 SGB I) nicht mehr im Inland hat (§ 1717 S. 1 BGB),
- wenn bei pränataler Beistandschaft die Mutter ihren gewöhnlichen Aufenthalt ins Ausland verlegt (§ 1717 S. 2 BGB).

Beistandschaft

Beistandschaft ist nur für Kinder allein sorgender Elternteile und für gemäß § 1776 BGB berufene Vormünder vorgesehen.

Aufgabenkreis:	Vaterschaftsfeststellung und Unterhaltssicherung für das Kind (jederzeit auf einen der beiden Bereiche begrenzbar).
Voraussetzungen:	– schriftlicher Antrag an das zuständige Jugendamt (pränatal möglich), – Antragsberechtigung, – Alleinsorge oder Obhut eines Elternteils, – werdende Mütter, – gewöhnlicher Aufenthalt des Kindes in der BRD.
Eintritt:	mit Zugang des Antrags beim Jugendamt wird dieses automatisch Beistand, wenn o.a. Voraussetzungen erfüllt sind. (Weitere Überprüfungen sind nicht zulässig.)

Delegation:	durch das Jugendamt auf vom Landesjugendamt autorisierte rechtsfähige Vereine nach Landesrecht möglich.
Ausführung:	Mitarbeiter(innen) des Jugendamtes bzw. des freien Trägers.
Aufgaben:	Beratung/Unterstützung und gesetzl. Vertretung bzgl. o. a. Aufgabenkreis.
Ende:	– automatisch mit Wegfall der o. a. Voraussetzungen. – auf schriftliches Verlangen der Antragsberechtigten.

E. Elterliche Sorge für nichteheliche[120] Kinder

Rechtslage seit 19.5.2013

Die Vorschrift des § 1626a Abs. 1 BGB in der seit dem 19. Mai 2013 geltenden Fassung sieht für Eltern, die im Zeitpunkt der Geburt nicht miteinander verheiratet sind, drei Möglichkeiten vor, zusammen die elterliche Sorge für ihr gemeinsames Kind zu erlangen:

1. durch Abgabe von Sorgeerklärungen,
2. durch Eheschließung oder
3. durch gerichtliche Entscheidung.

Während die ersten beiden Möglichkeiten seit 1998 gesetzlich normiert sind,[121] wurde die dritte Alternative erst durch das Gesetz zur Reform der elterlichen Sorge nicht miteinander verheirateter Eltern (SorgeRG) vom 16.4.2013[122] mit Wirkung zum 9.5.2013 eingeführt.

I. Alleinige elterliche Sorge der Mutter

Alleinsorge der Mutter

Die Regelung in § 1626a Abs. 3 BGB ist trotz der Formulierung „im Übrigen" eine bedeutsame Grundnorm für die Zuweisung der elterlichen Sorge im Rahmen des § 1626a BGB. Sind die Eltern bei der Geburt ihres Kindes nicht miteinander verheiratet, so hat die Mutter grundsätzlich die elterliche Sorge allein, es sei denn, einer der zuvor beschriebenen Fälle des § 1626a Abs. 1 BGB liegt vor.[123]

Steht der Mutter die elterliche Sorge alleine zu, ist der Vater von der Ausübung der elterlichen Sorge vollständig ausgeschlossen. Ihm stehen lediglich ein Umgangsrecht gemäß § 1684 BGB und ein Auskunftsrecht gemäß § 1686 BGB zu.[124]

---

[120] Obwohl dieser Begriff am 1.7.1998 abgeschafft wurde, wird er weiterhin verwendet (vgl. auch BVerfG v. 28.2.2007, NJW 2007, 1735), weil die Bezeichnung *„Eltern, die bei Geburt ihres Kindes nicht miteinander verheiratet sind"* (vgl. § 1626a), einfach nicht praktikabel ist.

[121] Zur Rechtslage vor 1998 vgl. *Schleicher*, 13. Auflage, S. 292.

[122] BGBl. 2013 I 795.

[123] Zum ganzen Absatz MüKoBGB/*Huber* BGB § 1626a Rn. 85.

[124] Zum ganzen Absatz MüKoBGB/*Huber* BGB § 1626a Rn. 90.

II. Gemeinsame elterliche Sorge durch Sorgeerklärung der Eltern

Gemeinsame Sorge der Eltern

Wenn beide Eltern eines nichtehelichen Kindes erklären, dass sie die elterliche Sorge gemeinsam übernehmen wollen (sog. *Sorgeerklärung*), so steht ihnen gemäß § 1626a Abs. 1 Nr. 1 BGB die elterliche Sorge für ihr Kind gemeinsam zu und kann nur durch eine Entscheidung des Familiengerichtes wieder abgeändert werden (siehe dazu S. 307).

1. Anforderungen an die Sorgeerklärung

Wirksamkeitsvoraussetzungen

Zur Wirksamkeit einer Sorgeerklärung sind bestimmte inhaltliche wie auch formale Voraussetzungen zu erfüllen:

Inhalt

Sie darf nur die Erklärung enthalten, dass beide Eltern die elterliche Sorge gemeinsam ausüben wollen. Nähere Abmachungen, die die Aufteilung oder die Ausübung, den Beginn oder das Ende der elterlichen Sorge oder die Wirksamkeit der Sorgeerklärung betreffen, würden diese insgesamt unwirksam machen. Sie darf gemäß § 1626b Abs. 1 BGB weder unter einer Bedingung noch unter einer Zeitbestimmung erklärt werden

Beurkundung erforderlich

Es genügt nicht, dass die Eltern einander eine dem § 1626a Abs. 1 Nr. 1 BGB entsprechende Erklärung abgeben. Für eine Sorgeerklärung ist vielmehr gemäß § 1626d Abs. 1 BGB die *öffentliche Beurkundung* erforderlich, d. h. entweder *(kostenpflichtig)* bei einer Notarin oder einem Notar (§ 20 BNotO) oder (kostenfrei) bei jedem Jugendamt (vgl. §§ 59 Abs. 1 Nr. 8, 87e, 90 SGB VIII).

Jederzeit möglich, auch pränatal

Die Sorgeerklärung kann nach § 1626b Abs. 2 BGB auch schon vor der Geburt des Kindes abgegeben werden.

Persönliche Erklärung

Gemäß § 1626c Abs. 1 BGB können die Eltern die Sorgeerklärung nur selbst abgeben – und zwar entweder gemeinsam oder separat (z. B. jeder an seinem Wohnort). Beschränkt geschäftsfähige Elternteile bedürfen hierzu gemäß § 1626c Abs. 2 BGB der Zustimmung ihrer gesetzlichen Vertretung, die ebenfalls höchstpersönlich abzugeben und zu beurkunden ist.

Keine weiteren Anforderungen

Zur Erlangung der gemeinsamen elterlichen Sorge sind nur die vorgenannten Formvorschriften zu beachten. Weitere (insbesondere inhaltliche) Voraussetzungen müssen nicht erfüllt werden:

- Es bedarf keines Zusammenlebens der Eltern oder des Kindes mit den Eltern (das Kind kann also auch nur bei einem Elternteil oder bei Pflegeeltern oder in einer betreuten Wohnform leben).
- Die Eltern brauchen nicht ledig zu sein, sondern können auch mit einer anderen Person verheiratet sein.
- Ist ein Elternteil (oder beide) anderweitig verheiratet, muss der jeweilige Ehepartner der *Sorgeerklärung* nicht zustimmen.
- Weder Jugendamt noch Familiengericht sind berechtigt oder verpflichtet zu überprüfen, ob die gemeinsame elterliche Sorge überhaupt realisierbar ist oder dem Kindeswohl entspricht.

2. Aufklärungspflicht der beurkundenden Stelle

Bedingungsfeindlichkeit

Jugendamt bzw. Notar*in müssen beide Eltern zuvor auf die Bedeutung einer *Sorgeerklärung* und auf das Verbot von Detailvereinbarungen (insbesondere von Einschränkungen oder zeitlichen Begrenzungen) bezüglich der Ausübung der elterlichen Sorge hinweisen. Außerdem sind die Eltern

Unwiderruflichkeit

darüber zu informieren, dass sie die „Sorgeerklärung" nicht rückgängig machen können, sondern die elterliche Sorge dann – wie bei verheirateten Eltern – so lange bestehen bleibt, bis das Familiengericht eine andere Entscheidung trifft (siehe dazu unten 5.). Das ist gesetzlich nicht eigens festgelegt worden, ergibt sich jedoch aus dem Wesen und Bedeutung dieser elterlichen Verpflichtung, die man zwar delegieren, aber nicht einfach „ablegen" kann.

3. Nachweismöglichkeiten

Für Mütter

Im Gegensatz zu früher, als die Mutter eines nichtehelichen Kindes (von den Funktionen des Jugendamtes als Amtspfleger abgesehen) stets die Alleinsorge besaß, hat sie nunmehr evtl. Bedarf, sich diesbezüglich auszuweisen. Sie kann daher vom Jugendamt des Geburtsortes ihres Kindes, das ein sog. „Sorgeregister" zu führen hat, die schriftliche Bestätigung darüber verlangen, dass keine *Sorgeerklärung* vorliegt (vgl. §§ 58a, 87c Abs. 6 S. 3, 88 Abs. 1 S. 2 SGB VIII). Denn dieses Jugendamt würde hiervon Kenntnis haben, da jede beurkundende Stelle gemäß § 1626d Abs. 2 BGB dem Jugendamt des Geburtsortes des Kindes zum Zweck der Auskunftserteilung nach § 58a SGB VIII unverzüglich entsprechende Mitteilungen machen muss (liegt der Geburtsort des Kindes im Ausland oder ist er nicht zu ermitteln, so erhält gemäß § 87c Abs. 6 S. 2 SGB VIII das Jugendamt des Landes Berlin diese Mitteilung).

Alleinsorgenachweis durch „Negativtest" aus „Sorgeregister"

Da nicht davon ausgegangen werden kann, dass allgemein bekannt ist, was dieser „Negativattest" bedeutet, muss diese Bestätigung m. E. auch den Hinweis enthalten, dass somit die Mutter die Alleinsorge hat (dies geschieht z. B. in München).

Für Väter

Für Väter ist ausdrücklich keine Nachweismöglichkeit für ihre Sorgeberechtigung vorgesehen. Sie können diese aber durch Vorlage der beurkundeten *Sorgeerklärung* (oder einer Ausfertigung derselben) nachweisen.

4. Stärkere Rechtsposition der Mutter

Ohne Einverständnis der Mutter kommt keine *Sorgeerklärung* zustande; lehnt sie diese ab, hat sie zunächst gemäß § 1626a Abs. 3 BGB die alleinige elterliche Sorge. Der Vater eines nichtehelichen Kindes hat somit bis heute die schwächere Rechtsposition:

- Ihm steht nach wie vor keine originäre elterliche Sorge zu. Er kann sie vielmehr nur über die Abgabe von *Sorgeerklärungen* (s. dazu S. 304) erlangen.
- Verweigert die Mutter eine *Sorgeerklärung*, besitzt sie kraft Gesetzes die alleinige elterliche Sorge (§ 1626a Abs. 3 BGB).
- Nur in Fällen der gemeinsamen elterlichen Sorge wird bei Ruhen, Sorgerechtsentzug oder Tod der Mutter der Vater kraft Gesetzes Inhaber der elterlichen Sorge (vgl. §§ 1678 Abs. 1, 1680 Abs. 1 BGB). War in diesen Fällen die Mutter jedoch Alleininhaberin der elterlichen Sorge, so kann der Vater erst nach Überprüfung des Familiengerichtes, ob die Übertragung auf ihn dem Kindeswohl nicht widerspricht, die elterliche Sorge erhalten (vgl. §§ 1678 Abs. 2, 1680 Abs. 3 BGB).

5. Aufhebung gemeinsamer elterlicher Sorge nur durch das Familiengericht

In Betracht kommende Fälle

Liegt eine *Sorgeerklärung* vor, so kann sie durch die Eltern weder einseitig noch übereinstimmend rückgängig gemacht werden. Das ist zwar gesetzlich nicht eigens festgelegt worden, ergibt sich jedoch aus dem Wesen und Bedeutung dieser elterlichen Verpflichtung, die man zwar delegieren, aber nicht einfach „ablegen" kann. Vielmehr bleibt die gemeinsame elterliche Sorge – *wie bei verheirateten Eltern* – so lange bestehen, bis das Familiengericht eine abweichende Entscheidung trifft. Dies kommt jedoch nur in Betracht, wenn

Trennung der Eltern

– bei nicht nur vorübergehender Trennung der Eltern mindestens ein Elternteil beantragt, dass das Familiengericht der Mutter oder dem Vater die Ausübung der elterlichen Sorge (insgesamt oder zum Teil) allein überträgt (§ 1671 Abs. 1 BGB),

Sorgerechtsentzug

– bei einem Elternteil ein Sorgerechtsentzug gemäß § 1666 BGB erforderlich wird.

Es empfiehlt sich daher, dass Eltern erst dann eine *„Sorgeerklärung"* abgeben, nachdem sie die gemeinsame Ausübung der elterlichen Sorge zuvor praktiziert haben und sich dies bewährt hat.

III. Gemeinsame elterliche Sorge durch Heirat der Eltern

Wenn die Eltern eines nichtehelichen Kindes einander (irgendwann) heiraten, steht ihnen kraft Gesetzes die elterliche Sorge für ihr Kind gemeinsam zu, ohne dass irgendwelche Erklärungen abgegeben werden müssen (vgl. § 1626a Abs. 1 Nr. 2 BGB). Voraussetzung ist nur, dass beide Ehegatten gemäß §§ 1591, 1592 BGB als Eltern feststehen.

IV. Möglichkeit der Erzwingung der gemeinsamen elterlichen Sorge

EGMR: EMRK-Verstoß

BVerfG: GG-Verstoß

Der Europäische Gerichtshof für Menschenrechte (EGMR) hatte mit Urteil vom 3.12.2009 festgestellt, dass die Sorgerechtsregelung gemäß § 1626a Abs. 2 BGB aF gegen das Diskriminierungsverbot und das Recht auf Achtung des Familienlebens nach Art. 14 iVm Art. 8 der EMRK verstößt[125] und das BVerfG hatte am 21.7.2010 § 1626a Abs. 1 Nr. 1 BGB aF und § 1672 Abs. 1 BGB aF für unvereinbar mit Art. 6 Abs. 2 GG erklärt.[126]

Seit 19.5.2013 Neuregelung

Auf Antrag eines Elternteils

Daraufhin ist seit dem 19.5.2013 durch das Gesetz zur Reform der elterlichen Sorge nicht miteinander verheirateter Eltern vom 16.4.2013[127] vorgesehen, dass auf Antrag eines Elternteils das *Familiengericht* die elterliche Sorge insgesamt oder Teile derselben beiden Eltern gemeinsam überträgt, wenn dies dem Kindeswohl nicht widerspricht (§ 1626a Abs. 2 Satz 1 BGB). *Antragsberechtigt* ist diesbezüglich also nicht nur der nach wie vor

[125] EGMR FamRZ 2010, 103 Rn. 64– Zaunegger/Deutschland.
[126] BVerfG FamRZ 2010, 1403 Rn. 34.
[127] BGBl. 2013 I. 795.

zunächst nicht sorgeberechtigte *Vater*, sondern *auch* die gemäß § 1626a Abs. 3 BGB (bis dahin) allein sorgeberechtigte *Mutter*. Denn auch sie sollte die Möglichkeit erhalten, den Vater (ohne oder auch gegen seinen Wunsch) nicht nur unterhaltsmäßig, sondern auch bezüglich der elterlichen Sorge in die elterliche Verantwortlichkeit im Sinne der §§ 1626 ff. BGB einzubinden.[128] – *Schweigt der andere Elternteil* zu einem solchen Antrag *oder* werden von ihm in diesem gemäß § 155a Abs. 1 in Verbindung mit § 155 Abs. 2 Satz 1 FamFG vorrangig und beschleunigt durchzuführenden schriftlichen Verfahren innerhalb einer ihm vom Familiengericht nach § 155a Abs. 2 FamFG zu setzenden Frist zur Stellungnahme (die für Mütter frühestens 6 Wochen nach der Geburt endet) keine der gemeinsamen Übertragung der elterlichen Sorge entgegenstehende Gründe vorgetragen, und sind solche „auch sonst nicht ersichtlich", so wird seit dem 19.5.2013 *gesetzlich vermutet*, dass die (partielle oder gesamte) gemeinsame elterliche Sorge dem Kindeswohl nicht widerspricht (§ 1626a Abs. 2 Satz 2 BGB). Das hat zur *Folge*, dass das Familiengericht dann (in beiden Fällen) gemäß § 155a Abs. 3 Satz 1 und 2 FamFG in einem abgekürzten Verfahren (d. h.: schriftlich, ohne persönliche Anhörung der Eltern und ohne jede Beteiligung des Jugendamts) einem Antrag auf (partielle oder gesamte) Übertragung der gemeinsamen elterlichen Sorge in vollem Umfang ohne jede Abänderungsmöglichkeit *stattgeben muss* und das Jugendamt erst dann hiervon gemäß § 155a Abs. 3 Satz 3 FamFG zu unterrichten hat. Es wird dann also gar nicht geprüft, ob der Vater bereit und in der Lage ist, die elterliche Sorge zum Wohle des Kindes auszuüben.[129] Wenn allerdings dem Familiengericht (auf welche Art und Weise auch immer) Gründe bekannt werden sollten, die der gemeinsamen elterlichen Sorge entgegenstehen können, erfolgt dann in einem „normalen" Verfahren lediglich eine *negative Kindeswohlprüfung*. Es wird also nur geprüft, ob die Übertragung gemeinsamer elterlicher Sorge dem Kindeswohl nicht widerspricht[130]. Welche Gründe dabei in Betracht zu ziehen sind, muss die Praxis zeigen. Es können jedenfalls nur Kind bezogene Gründe berücksichtigt werden (und nicht rein partnerbezogene, wie z. B., dass die Mutter den Vater ablehnt). – Nach dem Bekanntwerden diesbezüglicher Gründe muss das Familiengericht grundsätzlich spätestens nach einem Monat einen *Erörterungstermin* mit beiden Eltern und dem Jugendamt ansetzen, bei dem das persönliche Erscheinen der Eltern angeordnet werden und vom Familiengericht auf ein Einvernehmen derselben hingewirkt werden soll (vgl. § 155a Abs. 4 i. V. m. § 155 Abs. 2 und 3, § 156 Abs. 1 FamFG).

Verfahren

Abgekürztes Verfahren

Verfahren bei entgegenstehenden Gründen

[128] BT-Drs. 17/11048, 16.

[129] Zur Kritik an diesem „vereinfachten" familiengerichtlichen Verfahren, das den Amtsermittlungsgrundsatz erheblich einschränkt, *Schleicher* in GK-SGB VIII, § 52a Rn. 17c.

[130] Obwohl das BVerfG 2010 (s. o. S. 306) – richtigerweise – davon ausgegangen war, dass eine familiengerichtliche Übertragung der elterlichen Sorge nur erfolgen soll, wenn zu erwarten ist, dass diese dem Kindeswohl am besten entspricht.

Elterliche Sorge für nichteheliche Kinder

- Wenn eine sog. Sorgeerklärung beider Eltern vorliegt, steht ihnen die elterliche Sorge für ihr Kind gemeinsam zu (§ 1626a Abs. 1 Nr. 1 BGB); diese kann nur durch das Familiengericht wieder abgeändert werden.
- Eine Sorgeerklärung ist höchstpersönlich abzugeben, sie ist bedingungsfeindlich (auch zeitlich unbeschränkt) und bedarf der Beurkundung durch Notar*in oder Jugendamt; weitere Voraussetzungen sind nicht zu erfüllen (vgl. §§ 1626b– 1626d BGB).
- Auch bei einer späteren Heirat steht den Eltern die elterliche Sorge gemeinsam zu (§ 1626a Abs. 1 Nr. 2 BGB).
- Seit dem 19.5.2013 muss das Familiengericht gemäß § 1626a Abs. 2 BGB die gesamte elterliche Sorge oder einen Teil derselben den Eltern gemeinsam übertragen, wenn ein Elternteil dies beantragt und dies dem Kindeswohl nicht widerspricht, was nur in einem vereinfachten Verfahren überprüft wird (vgl. § 1626a Abs. 2 BGB i.V.m. § 155a FamFG).
- Im Übrigen hat die Mutter gemäß § 1626a Abs. 3 BGB die elterliche Sorge.

F. Gesetzliche Beschränkungen der elterlichen Sorge

Im Interesse des Kindes

Eintritt und Ende erfolgen automatisch

Abgesehen von der Möglichkeit (und evtl. Notwendigkeit) des Eingriffes in die elterliche Sorge durch das Familiengericht bei Gefährdungen des Kindeswohls (vgl. dazu S. 322ff.) sieht das BGB im Interesse des Kindes eine Reihe von Beschränkungen vor, die einzelne Teile oder die gesamte elterliche Sorge betreffen können. Sie bestehen kraft Gesetzes, d.h., ohne dass es einer besonderen Anordnung oder eines Hinweises bedarf und entfallen daher genauso „automatisch" wieder, wenn der Grund der Beschränkung nicht mehr besteht (siehe dazu unten I. 1.).

I. Das Ruhen der elterlichen Sorge

1. Begriff

Wenn ein Elternteil aus rechtlichen oder aus tatsächlichen Gründen die elterliche Sorge nicht ausüben kann, so wird das als Ruhen der elterlichen Sorge bezeichnet. In diesen Fällen besitzt der betreffende Elternteil zwar noch die elterliche Sorge, ist jedoch nicht berechtigt, diese auszuüben (§ 1675 BGB).

Gesetzliches oder gerichtliches Ruhen

Zum Teil ordnet das BGB ein Ruhen ausdrücklich an (vgl. § 1673 BGB), zum Teil muss das Ruhen erst gerichtlich festgestellt werden (vgl. § 1674 BGB sowie S. 313).

Ausschluss und Wiederaufleben des Sorgerechts

Ist das Ruhen der elterlichen Sorge *gesetzlich* vorgesehen, so ist der hiervon betroffene Elternteil von der Ausübung der elterlichen Sorge ausgeschlossen. Fällt der gesetzliche Grund für das Ruhen später weg, so lebt sie dadurch auch „automatisch" (d.h., ohne weitere Anordnung) wieder auf. Dies ist nicht ausdrücklich gesetzlich normiert worden, ergibt sich jedoch eindeutig aus dem Zweck der Regelung sowie aus § 1675 BGB, der besagt, dass ein Elternteil zur Ausübung der elterlichen Sorge nicht berechtigt ist, „solange sie ruht", d.h.: solange der gesetzliche Hinderungsgrund besteht.

Verhinderungen

Das BGB unterscheidet zwischen dem Ruhen aus rechtlichen oder aus tatsächlichen Gründen. Das heißt, dass die Eltern entweder infolge gesetzlicher Vorschriften oder tatsächlicher Gegebenheiten an der Ausübung der elterlichen Sorge gehindert sind.

Vertrauliche Geburt

Außerdem ruht gemäß § 1674a S. 1 BGB die elterliche Sorge der Mutter für ein nach § 25 Abs. 2 des Schwangerschaftskonfliktgesetzes vertraulich geborenes Kind. Auf diese Weise soll ein Nebeneinander von elterlicher Sorge und Vormundschaft für ein unter einem Pseudonym geborenes Kind zuverlässig ausgeschlossen werden.[131] Die elterliche Sorge der Mutter lebt gemäß § 1674a S. 2 BGB wieder auf, wenn das Familiengericht feststellt, dass sie ihm gegenüber die für den Geburtseintrag ihres Kindes erforderlichen Angaben gemacht hat.

2. Rechtliche Verhinderungen

a) Geschäftsunfähige Elternteile

Ausschluss

Gemäß § 1673 Abs. 1 BGB ruht die elterliche Sorge eines Elternteils, wenn dieser – etwa infolge einer psychischen Erkrankung – geschäftsunfähig ist. Die geschäftsunfähige Mutter bzw. der geschäftsunfähige Vater ist während des Ruhens der elterlichen Sorge gemäß § 1675 BGB nicht berechtigt, die elterliche Sorge auszuüben.

Anderer Elternteil dann alleiniger Sorgeinhaber

Bei bestehender gemeinsamer Sorge übt dann der andere Elternteil gemäß § 1678 Abs. 1, Hs. 1BGB die elterliche Sorge allein aus, ohne dass es hierzu einer besonderen Anordnung oder Feststellung bedarf.

Beide Eltern sind geschäftsunfähig

Sind beide Eltern gemäß § 104 Nr. 2 BGB geschäftsunfähig, steht das Kind nicht mehr unter elterlicher Sorge, weil bei beiden Elternteilen gemäß § 1673 Abs. 1 BGB die elterliche Sorge ruht. Das Kind erhält dann einen Vormund, den das Familiengericht von Amts wegen gemaß §§ 1773, 1774 BGB bestellt, sobald es davon Kenntnis erhält.

Besonderheiten bei Alleinsorge

Familiengerichtliche Entscheidung

Bei Alleinsorge der Mutter gemäß § 1626a Abs. 3 BGB oder eines Elternteils nach § 1671 BGB bedarf es gemäß § 1673 Abs. 2 BGB einer Entscheidung des Familiengerichtes, wenn keine Aussicht besteht, dass der Grund des Ruhens wegfallen werde (z. B. wegen einer unheilbaren psychischen Erkrankung des alleinsorgeberechtigten Elternteils[132]). Das Familiengericht hat gemäß § 1678 Abs. 2 BGB die elterlichen Sorge dem anderen Elternteil zu übertragen, wenn dieses dem Kindeswohl nicht widerspricht. Um dies klären zu können, sind der betreffende Elternteil gemäß § 160 FamFG sowie das Kind gemäß § 159 FamFG persönlich vom Familiengericht anzuhören. Außerdem ist nach § 162 Abs. 1 S. 1 FamFG das Jugendamt anzuhören. Kommt das Familiengericht zu dem Ergebnis, dass die Übertragung der elterlichen Sorge auf den anderen Elternteil dem Kindeswohl widerspricht, so ist gemäß §§ 1773, 1774 BGB ein Vormund zu bestellen.

---

[131] *Palandt/Götz* BGB § 1678 Rn. 7.
[132] *Palandt/Götz* BGB § 1678 Rn. 7.

b) Beschränkt geschäftsfähige Elternteile

Tatsächliche Personensorge bleibt erhalten

Die elterliche Sorge eines minderjährigen Elternteils ruht bis zum Erreichen seiner Volljährigkeit in den Bereichen Vermögenssorge und Vertretung des Kindes; ihm steht allerdings gemäß § 1673 Abs. 2 S. 2 BGB die tatsächliche Personensorge zu (siehe S. 270f.).[133]

Rechtsfolgen bei zwei Sorgeinhabern

Dies bedeutet Folgendes:

Bei Kindern, deren Eltern gemeinsam die elterliche Sorge besitzen, bleibt es bei der gemeinsamen Ausübung der tatsächlichen Personensorge. Die notwendig werdende gesetzliche Vertretung sowie die gesamte Vermögenssorge werden jedoch – da der minderjährige Elternteil insoweit zur Ausübung nicht berechtigt ist – gemäß § 1678 Abs. 1 HS. 1 BGB von dem anderen Elternteil allein ausgeübt. Kommt es bei der Ausübung der Personensorge zu einer Meinungsverschiedenheit, so geht die Meinung des anderen (=nicht „rechtlich verhinderten") Elternteils nach § 1673 Abs. 2 S. 3 BGB dennoch nicht vor, obwohl dieser die alleinige gesetzliche Vertretung hat. In diesem Fall gilt vielmehr der allgemeine Grundsatz, dass die Eltern versuchen müssen, sich zu einigen (vgl. §§ 1673 Abs. 2 S. 3, HS 2, 1627 S. 2 BGB). Ist dies nicht möglich, kommt die Anrufung des Familiengerichtes gemäß § 1628 BGB in Betracht (siehe dazu S. 298).

Einigungszwang

Beide Eltern sind verhindert

Ist die alleinige gesetzliche Vertretung und Ausübung der Vermögenssorge durch den anderen Elternteil nicht möglich, weil dieser aus rechtlichen oder tatsächlichen Gründen ebenfalls verhindert ist, so muss gemäß §§ 1773 Abs. 1, 1774 BGB ein Vormund bestellt werden.

Beispiele: Ein Elternteil ist minderjährig und der andere Elternteil ist tatsächlich an der Ausübung der elterlichen Sorge gehindert[134] oder ihm wurde die elterliche Sorge entzogen.

Vorrang mdj. Eltern gegenüber Vormund

Bei eventuellen Meinungsverschiedenheiten zwischen dem minderjährigen Elternteil und dem Vormund über die „richtige" Ausübung der Personensorge besteht kein Einigungszwang nach § 1627 BGB mit Anrufungsmöglichkeit des Familiengerichtes, sondern dann geht gemäß § 1673 Abs. 2 S. 3 BGB die Meinung des betreffenden Elternteils der des Vormundes vor.

Rechtsfolgen bei Alleinsorgeinhabern

Bei einem Elternteil, dem die elterliche Sorge nach § 1626a Abs. 3 BGB oder § 1671 BGB allein zusteht, ist die oder der andere nicht automatisch gesetzliche Vertretung (§ 1678 Abs. 1 HS. 2 BGB), sondern dies müsste das Familiengericht extra so bestimmen. Anderenfalls ist die Bestellung eines Vormunds nötig (§§ 1773 Abs. 1, 1774 BGB).

Besonderheiten bei ledigen Müttern nichtehelicher Kinder

Bei minderjährigen Müttern nichtehelicher Kinder wird, wenn keine pränatale gemeinsame Sorgeerklärung vorliegt, mit Geburt des Kindes kraft Gesetzes das Jugendamt gemäß § 1791c Abs. 1 S. 1 BGB Vormund. Die minderjährige Mutter hat dann mit dem Jugendamt gemeinsam die tatsächliche Personensorge und kann sich bei Meinungsverschiedenheiten auch diesem gegenüber durchsetzen (vgl. § 1673 Abs. 2 S. 3 HS. 1 BGB).

---

[133] *Palandt/Götz* BGB § 1673 Rn. 3.

[134] Siehe dazu die Beispiele auf S. 312.

Beispiel: Die minderjährige Mutter möchte das Kind nicht in eine vom Jugendamt angebotene Pflegestelle geben, sondern es während ihrer ausbildungsbedingten Abwesenheit von Freunden und Bekannten betreuen lassen.

Bei Gefährdung Meldepflicht des Jugendamtes

Die Mutter könnte also zunächst ihren Willen durchsetzen. Das Jugendamt wäre aber in so einem Fall (wie jeder andere Vormund auch) verpflichtet, eine Entscheidung des Familiengerichtes herbeizuführen, wenn die Absicht der Mutter das Wohl des Kindes gefährden sollte. Für das Jugendamt ergibt sich diese Verpflichtung ausdrücklich aus § 8a Abs. 2 S. 1 SGB VIII, für einen anderen Vormund aus der allgemeinen Fürsorgepflicht des § 1793 BGB und der Haftungsnorm des § 1833 BGB.

Zusammenfassung

Die Teile der elterlichen Sorge, die bei einem Elternteil wegen Geschäftsunfähigkeit oder Minderjährigkeit ruhen (vgl. § 1673 Abs. 1. und 2 BGB), stehen in dieser Zeit grundsätzlich dem anderen Elternteil automatisch allein zu (vgl. § 1678 Abs. 1 HS 1 BGB), d. h.,

- im ersten Fall übt der andere Elternteil die gesamte elterliche Sorge allein aus,
- im letzteren nur die Vermögenssorge und die gesetzliche Vertretung.
- Entsprechendes gilt, wenn ein Elternteil (teilweise oder ganz) tatsächlich an der Ausübung der elterlichen Sorge verhindert ist (Bsp.: er liegt nach Unfall im Koma).
- Wenn jedoch der ausfallende Elternteil bislang gem. §§ 1626a Abs. 3, 1671 BGB die elterliche Sorge allein besaß, muss das Familiengericht eine Regelung treffen, d. h.:
  - entweder überträgt es dem anderen Elternteil diese Teile der elterlichen Sorge
  - oder es ergreift gemäß § 1693 BGB selbst Maßnahmen
  - oder es ordnet (je nach Umfang) Pfleger- oder Vormundbestellung an.
- Beim Ruhen der e.S. lediger Mütter wird das Jugendamt Vormund des Kindes (§ 1791c Abs. 1 S. 1 BGB), sofern keine Sorgeerklärung oder eine Entscheidung des Familiengerichtes gemäß § 1626a Abs. 2 BGB vorliegt.

3. Tatsächliche Verhinderungen

Anderer Elternteil ist dann allein sorgeberechtigt

Ist ein Elternteil zwar nicht rechtlich, aber tatsächlich an der Ausübung der elterlichen Sorge verhindert, so ruht seine elterliche Sorge nach § 1674 BGB ebenfalls. Der andere Elternteil übt dann gemäß § 1678 Abs. 1 BGB die elterliche Sorge allein aus und hat damit inhaltlich sowie bei der gesetzlichen Vertretung also das *Alleinentscheidungsrecht.*

Dabei ist es nicht notwendig, dass der betreffende andere Elternteil die gesamte elterliche Sorge tatsächlich nicht ausüben kann. Es genügt vielmehr, dass einzelne, nicht aufschiebbare Handlungen im Bereich der Personen- oder Vermögenssorge von ihm aus tatsächlichen Gründen nicht wahrgenommen werden können.

Beurteilungsgrundsätze

Das gilt auch, wenn es sich nur um eine kurze vorübergehende Verhinderung handelt. Allerdings sind wegen des die elterliche Sorge beherrschenden Grundsatzes der gemeinsamen Ausübung *strenge Anforderungen* an das Vorliegen einer tatsächlichen Verhinderung zu stellen. Es genügt z. B. nicht, dass ein Elternteil zum Zeitpunkt der das Kind betreffenden Rechtshandlung nicht anwesend sein kann, weil er sich an seinem

Arbeitsplatz oder im Krankenhaus, auf einer Reise oder in einer Strafvollzugsanstalt befindet. Denn hier könnte er ja mitwirken, wenn der andere Elternteil ihm dazu Gelegenheit geben würde. Unterlässt er dieses, so stellt das eine Umgehung der gesetzlichen Regelung zu Grunde liegenden Intention dar, dass nämlich vor Entscheidungen über die Personen- oder Vermögenssorge des Kindes eine gemeinsame Beratung und eventuell auch Auseinandersetzung darüber stattfinden soll, was dem Wohl des Kindes am besten entspricht (vgl. S. 296 f.).

Anzuerkennende Verhinderungsfälle

Man kann daher *nur in den folgenden Fällen* von einer tatsächlichen Verhinderung im Sinne der §§ 1674, 1678 Abs. 1 BGB ausgehen:

Unbekannter Aufenthalt

a) wenn der Aufenthalt eines Elternteils nicht nur vorübergehend unbekannt oder zwar bekannt ist, er aber dort nicht erreicht werden kann (z. B. Entwicklungshelfer in Krisengebieten, Inhaftierung in einem totalitären Staat, Geiselnahme);

Elterl. Mitwirkung ist nicht möglich

b) wenn z. B. infolge schweren Unfalls, Operation, Geburt eine elterliche Mitwirkung an nötigen Entscheidungen (z. B. Zustimmung zur Bluttransfusion, Operation etc. des Kindes) derzeit tatsächlich ausgeschlossen ist;

Echte Eil- u. Notfälle

c) bei allen echten Eil- oder Notfällen (z. B. Kind verunglückt, sein Mutter kann zu Hause erreicht werden, sein Vater jedoch nicht).

Problematische Fälle

Zur Problematik der tatsächlichen Verhinderung kann man häufig lesen, dass diese bei „schwerer Krankheit, langer Haft, Auslandsreise" vorliegen würde. Diese bloße Benennung denkbarer Situationen hilft nicht viel weiter, weil man in den genannten Fällen keineswegs immer von einer wirklichen Verhinderung ausgehen kann. Nur bei echten Eil- und Notfällen liegt dann eine tatsächliche Verhinderung vor, nicht jedoch bei „normalen" Entscheidungen im Rahmen der elterlichen Sorge.

Keine generelle Verhinderung bei Strafhaft

Besonders bedauerlich ist, wenn in diesem Zusammenhang die Verbüßung einer Freiheitsstrafe als generelle Verhinderung genannt wird. Richtig ist daran nur, dass inhaftierte Eltern an der Ausübung der *tatsächlichen* Personensorge (zwangsläufig) verhindert sind. An rechtserheblichen Entscheidungen im Bereich der Personen- oder Vermögenssorge können (und müssen!) sie aber beteiligt werden.

Beispiele: Einwilligungen bei Heimunterbringungen, Ausbildungs- oder Berufswahlentscheidungen, Operationen, Verkauf von Wertpapieren, Auflösung des Sparkontos.

Nur bei echten Eil- oder Notfällen ist der inhaftierte Elternteil an der Mitwirkung von Sorgerechtsentscheidungen als *verhindert* anzusehen.

Beispiele: fristwahrende Antragsstellungen oder Bewusstlosigkeit infolge eines Verkehrsunfalls.

Wer dagegen bei einer inhaftierten Mutter oder einem inhaftierten Vater eine generelle Verhinderung annimmt, diskriminiert den ohnehin schon von der Familie isolierten (und damit von familiären Entscheidungen weitgehend ausgeschlossenen) Elternteil zusätzlich. Dies ist jedoch in keiner Weise gerechtfertigt und widerspricht auch dem Gedanken der Resozialisierung. Denn für das „Resozialisierungsziel, auf das der Strafvollzug von Verfassungs wegen auszurichten ist, haben die familiären Beziehungen des Gefangenen wesentliche Bedeutung. Art. 6 Abs. 1 GG schützt die tatsächliche Lebens- und Erziehungsgemeinschaft von Eltern und Kindern."[135]

Beschluss des Familiengerichtes schafft Klarheit

Probleme können dadurch entstehen, dass Dritte oftmals nicht erkennen können, ob im konkreten Fall der eine Elternteil tatsächlich verhindert ist oder nicht. Liegt eine tatsächliche Verhinderung vor, so kann der andere Elternteil gemäß § 1678 Abs. 1 BGB allein rechtswirksam handeln. Anderenfalls ist dessen Vorgehen zunächst „schwebend unwirksam". Es kann folglich noch keine Rechtswirkung entfalten, solange nicht von einer zumindest „stillschweigenden" Zustimmung der oder des anderen Sorgeberechtigten ausgegangen werden kann. Dem Bedürfnis nach Rechtsklarheit in derartigen Fallkonstellationen trägt die Vorschrift des § 1674 BGB Rechnung, indem sie ein Ruhen des Sorgerechts aufgrund familiengerichtlicher Feststellung in den Fällen länger dauernder Verhinderung ermöglicht. Hierdurch können im Rechtsverkehr im Hinblick auf die Anwendung des § 1678 BGB Unsicherheiten vermieden werden, die mit dem Tatbestandsmerkmal „tatsächlich verhindert" einhergehen.[136]

Verfahren

Das Familiengericht trifft diese Feststellung entweder auf Antrag des nicht verhinderten Elternteils oder auf Anregung des Jugendamtes. Es genügt aber auch die Kenntnis des Familiengerichtes von der tatsächlichen Verhinderung, wenn es eine klarstellende Regelung für das Kind für notwendig erachtet, d.h., es kann auch von Amts wegen entscheiden.

Die Ermittlung eines längerfristigen Ausübungshindernisses hat gemäß § 26 FamFG von Amts wegen zu erfolgen. Das Familiengericht hat in der Regel das Kind nach § 159 Abs. 1, 2 FamFG, die Eltern gemäß § 160 Abs. 1 FamFG sowie das Jugendamt nach § 160 Abs. 1 FamFG anzuhören. Nur bei Vorliegen schwerwiegender Gründe darf das Familiengericht gemäß §§ 159 Abs. 3 S. 1, 160 Abs. 3 FamFG von einer Anhörung des Kindes und der Eltern absehen.[137]

Wegfall der Verhinderung

Wenn der Grund der tatsächlichen Verhinderung wegfällt, lebt die Ausübung der elterlichen Sorge grundsätzlich automatisch wieder auf. Hat jedoch das Familiengericht gemäß § 1674 Abs. 1 BGB das Ruhen der elterlichen Sorge festgestellt, so bedarf es gemäß § 1674 Abs. 2 BGB einer förmlichen Feststellung des Familiengerichtes, dass der Grund des Ruhens nicht mehr besteht. Diese Entscheidung kann auf Antrag oder muss (bei entsprechender Kenntnis) von Amts wegen getroffen werden.

Verhinderung beider Eltern

Sind beide Elternteile oder ein alleiniger Inhaber der elterlichen Sorge an der Ausübung der elterlichen Sorge oder ihrer Bestandteile tatsächlich gehindert, so hat das Familiengericht gemäß § 1693 BGB die im Interesse des Kindes erforderlichen Maßregeln zu treffen. Dabei ist es meist unumgänglich, eine Pflegerin oder einen Pfleger nach § 1909 BGB oder bei voraussichtlich längerem Ruhen[138] einen Vormund gemäß §§ 1773, 1774 BGB zu bestellen und das Kind in einer geeigneten Pflegefamilie oder einem Heim unterzubringen.

---

135 BVerfG Beschl. v. 20.6.2017 – 2 BvR 345/17, BeckRS 2017, 116696, Rn. 35.

136 Zum ganzen Absatz BeckOK BGB/*Veit* BGB § 1674 Rn. 1.

137 Zum ganzen Absatz BeckOK BGB/*Veit* BGB § 1674 Rn. 10.

138 Siehe dazu S. 308 ff.

4. Eltern mit geistiger Beeinträchtigung oder psychischer Erkrankung

Keine spezielle gesetzl. Regelung

Eine spezielle Regelung der elterlichen Sorge für Eltern mit geistiger Beeinträchtigung oder psychischer Erkrankung besteht bis heute nicht. Sie wurde bei der Reform des Kindschaftsrechtes zurückgestellt, weil ein *vom Bundesjustizministerium eingeholtes Gutachten* zu dem Ergebnis gekommen war, dass „Sorgeprobleme psychisch kranker und geistig behinderter Eltern bei den allgemeinen sozialen Diensten der Jugendämter, Beratungsstellen und ambulanten medizinischen Diensten sowie bei den Vormundschaftsgerichten quantitativ nur eine sehr geringe Rolle spielen (rund 1 % aller Fälle)."[139] Jugendämter und andere soziale Dienste seien vordringlich darum bemüht, die freiwillige Zustimmung der betroffenen Eltern zu Beschränkungen ihrer Sorge zu erhalten, was überwiegend gelingen würde.[140]

Anwendbare Vorschriften

Mangels spezieller Regelung sind in diesen Situationen folgende Vorschriften relevant:

Wenn ein Elternteil sich nicht nur vorübergehend in einem seine freie Willensbestimmung ausschließenden Zustand krankhafter Störung der Geistestätigkeit befindet und er folglich geschäftsunfähig ist, ruht seine elterliche Sorge gemäß § 1673 Abs. 1 BGB. Dieses Ruhen tritt „automatisch" (d. h. kraft Gesetzes) ein und würde genauso wieder beendet, wenn dieser Zustand entfallen sollte, also ohne dass dies in einem eigenen Verfahren geprüft wird. Dies geschieht vielmehr inzidenter meist nur dann, wenn die Wirksamkeit einer vorgenommenen Sorgerechtshandlung angezweifelt wird oder ohnehin eine gerichtliche Sorgerechtsregelung getroffen werden soll.

Wenn das Familiengericht auf entsprechende Information von dritter Seite (meist wohl durch das Jugendamt) feststellt, dass ein Elternteil wegen geistiger Behinderung, psychischer Erkrankung oder Drogenabhängigkeit die elterliche Sorge für längere Zeit nicht ausüben kann, ruht diese gemäß § 1674 Abs. 1 BGB (s. dazu oben 3.). Zu den Folgen bei Ruhen gemäß § 1673 Abs. 1 BGB vgl. S. 309.

Klare Abgrenzungskriterien fehlen

Die Abgrenzung von § 1674 BGB zu § 1673 BGB ist in der Praxis oft schwierig. Eine geistige Störung oder Erkrankung kann ebenso wie eine körperliche Einschränkung dazu führen, dass ein Elternteil an der Ausübung der elterlichen Sorge gehindert ist, ohne dass sein Zustand schon ein Maß erreicht zu haben braucht, der das Ruhen des Elternrechts nach § 1673 BGB notwendigerweise zur Folge hätte. Sind bei Ausfällen dieser Art das Vorliegen sowohl der Voraussetzungen des § 1673 BGB als auch der des § 1674 BGB für sich zweifelhaft, kommen Maßnahmen nach § 1666 BGB in Betracht, wenn die dort genannten Voraussetzungen vorliegen.[141]

---

139 BT-Drs. 13/4899, 67.

140 BT-Drs. 13/4899, 67.

141 Zum ganzen Absatz MüKo/*Finger* BGB § 1674 Rn. 6 unter Berufung auf BayObLG FamRZ 1981, 595 (597) und KG FamRZ 1962, 200 (201).

II. Beschränkungen der gesetzlichen Vertretung

Zielsetzung: Vermeidung von Interessenkollisionen

Das BGB sieht für einige Bereiche eine Einschränkung der gesetzlichen Vertretung der Eltern minderjähriger Kinder vor, um möglichen Interessenkollisionen vorzubeugen. Dabei ist unerheblich, ob diese im konkreten Fall wirklich vorliegen oder nicht.

Die Beschränkungen in der gesetzlichen Vertretung führen zum Teil dazu, dass die Eltern bestimmte Rechtshandlungen nur mit Genehmigung des Familiengerichtes rechtswirksam vornehmen können. Es gibt aber auch rechtsgeschäftliche Handlungen, bei denen sie ihr Kind überhaupt nicht vertreten können.

1. Genehmigungsbedürftige Rechtshandlungen

Hier können die einzelnen in Betracht kommenden Rechtshandlungen nur aufgezählt werden, zumal sie z.T. an entsprechender Stelle im Einzelnen erörtert werden.

Der Genehmigung des Familiengerichtes bedürfen:

Genehmigungsfälle

- mit Freiheitsentzug verbundene Unterbringungen und freiheitsentziehende Maßnahmen (§ 1631b BGB),
- Aufhebung eines Erbvertrages (§§ 2290, 2291 BGB),
- Verzicht auf das Erbe zu Lebzeiten (§ 2347 BGB),
- Ausschlagung von Erbschaften oder Vermächtnissen (§ 1643 Abs. 2 BGB),
- Betrieb eines eigenen Erwerbsgeschäftes (§§ 112, 1645 BGB),
- Antrag auf Entlassung aus der Staatsangehörigkeit gem. § 18 StAG,
- sowie die auf S. 294f. genannten Beschränkungen in der Vermögenssorge (vgl. §§ 1643, 1821, 1822, 1642 BGB).

2. Ausschluss und Entziehung des gesetzlichen Vertretungsrechts

Wegen befürchteter Interessenskollisionen können Eltern ihre minderjährigen Kindern in bestimmten Fällen aufgrund entsprechender Regelungen in § 1629 Abs. 2 und 3 BGB entweder kraft Gesetzes oder aufgrund entsprechender gerichtlichen Anordnung nicht vertreten.

Der Vater und die Mutter können gemäß § 1629 Abs. 2 S. 1 BGB ihr Kind insoweit nicht vertreten, als nach § 1795 BGB ein Vormund von der Vertretung des Kindes ausgeschlossen ist.

Der Ausschluss der Vertretung gilt

§ 1795 Abs. 1 BGB

1. bei Rechtsgeschäften zwischen seinem Ehegatten, seiner Lebenspartnerin oder seinem Lebenspartner oder einem seiner Verwandten in gerader Linie einerseits und dem Kind andererseits (Ausnahme: das Rechtsgeschäft besteht ausschließlich in der Erfüllung einer Verbindlichkeit),
2. bei einem Rechtsgeschäft, das die Übertragung oder Belastung einer durch Pfandrecht, Hypothek, Schiffshypothek oder Bürgschaft gesicherten Forderung des Kindes gegen den Elternteil oder die Aufhebung oder Minderung dieser Sicherheit zum Gegenstand hat oder die Verpflichtung des Kindes zu einer Übertragung, Belastung, Aufhebung oder Minderung begründet,

3. bei einem Rechtsstreit zwischen den in Nummer 1 bezeichneten Personen sowie bei einem Rechtsstreit über eine Angelegenheit der in Nummer 2 bezeichneten Art.

Die Verweisung in § 1629 Abs. 2 S. 1 BGB bezieht sich außerdem auf § 1795 Abs. 2 BGB, der klarstellt, dass Eltern keine Insichgeschäfte gemäß § 181 BGB vornehmen dürfen.[142] Das in § 181 BGB normierte Selbstkontrahierungsverbot greift in den Situationen, in denen Eltern auf beiden Seiten des Rechtsgeschäfts stehen.[143] Dies ist beispielsweise bei Verträgen zwischen dem vertretenen Kind und dem Elternteil selbst der Fall. Gemäß § 10 Abs. 3 des Berufsbildungsgesetzes (BBiG) gilt dies jedoch ausnahmsweise nicht für den Fall, dass gesetzlichen Vertreter*innen mit ihrem Kind einen Berufsausbildungsvertrag abschließen.

Ist ein Elternteil gemäß § 1629 Abs. 2 S. 1 BGB verhindert, sein Kind zu vertreten, wirkt sich dies auch auf den anderen Elternteil aus, selbst wenn in seiner Person die Voraussetzungen von § 1795 BGB nicht vorliegen. Deshalb besteht in diesem Fall kein Alleinvertretungsrecht des anderen Elternteils, so dass eine Ergänzungspflegschaft erforderlich ist.[144]

Geltendmachung von Unterhaltsansprüchen

Die Vorschrift des § 1629 Abs. 2 S. 2 BGB eröffnet einem Elternteil die Möglichkeit, trotz gemeinsamer elterlicher Sorge[145] den Unterhaltsanspruch des in seiner Obhut befindlichen Kindes gegen den anderen Elternteil geltend machen. Das Kind, das den Antrag in seinem eigenen Namen stellt, wird von diesem Elternteil allein vertreten.[146] Sind die Eltern des Kindes allerdings miteinander verheiratet oder besteht zwischen ihnen eine Lebenspartnerschaft, so kann gemäß § 1629 Abs. 3 BGB ein Elternteil Unterhaltsansprüche des Kindes gegen den anderen Elternteil nur im eigenen Namen geltend machen, solange die Eltern getrennt leben oder eine Ehesache oder eine Lebenspartnerschaftssache im Sinne von § 269 Absatz 1 Nummer 1 oder 2 des Gesetzes über das Verfahren in Familiensachen und in den Angelegenheiten der freiwilligen Gerichtsbarkeit zwischen ihnen anhängig ist.

Auf diese Weise soll vermieden werden, dass das Kind in die Konflikte seiner Eltern (bei sonstigen Ehe- oder Lebenspartnerschaftssachen oder bei Getrenntleben) oder in das Scheidungsverbundverfahren förmlich als Partei hineingezogen wird.[147]

Gerichtliches Verfahren nach § 1598a BGB

Des Weiteren können der Vater und die Mutter ihr Kind gemäß § 1629 Abs. 2a BGB in einem gerichtlichen Verfahren nach § 1598a Abs. 2 BGB, in dem es um den Anspruch auf Einwilligung in eine genetische Untersuchung zur Klärung der leiblichen Abstammung geht, nicht vertreten.

Unabhängig von konkreten Konflikten

Bei den zuvor genannten Bereichen kommt es also nicht darauf an, ob ein konkreter Interessensgegensatz vorliegt und damit überhaupt eine Gefährdung oder nicht ausreichende Vertretung der Interessen des Kindes zu befürchten ist. Denn die gesetzliche Konstruktion will möglichen Interessenkollisionen ohne Einzelprüfung generell vorbeugen.

---

142 *Palandt/Götz* BGB § 1629 Rn. 14.
143 BeckOK BGB/*Veit* BGB § 1629 Rn. 30.
144 Zum ganzen Absatz *Palandt/Götz* BGB § 1629 Rn. 14.
145 *Palandt/Götz* BGB § 1629 Rn. 23.
146 *Palandt/Götz* BGB § 1629 Rn. 23.
147 BeckOK BGB/*Veit* BGB § 1629 Rn. 81.

Entziehung durch das Familiengericht bei konkretem Interessensgegensatz

Darüberhinaus kann das Familiengericht dem Vater und der Mutter nach § 1629 Abs. 2 S. 3 Hs. 1 BGB die Vertretung für einzelne Angelegenheiten oder für einen Kreis bestimmter Angelegenheiten wegen Vorliegen eines konkreten Interessensgegensatzes entziehen; dies gilt gemäß § 1629 Abs. 2 S. 3 Hs. 2 BGB jedoch nicht für die Feststellung der Vaterschaft. Die Entziehung der Vertretung soll nur dann erfolgen, wenn das Interesse des Kindes zu dem Interesse des Elternteils oder eines von diesem vertretenen Dritten oder einer der in § 1795 Nr. 1 BGB bezeichneten Personen in erheblichem Gegensatz steht (vgl. § 1796 Abs. 2 BGB). Im Gegensatz zu den gesetzlichen Ausschlüssen der Vertretung, die in § 1629 Abs. 2 und 3 BGB normiert sind, muss hier ein konkreter Interessensgegensatz gegeben sein.[148] Das Familiengericht hat somit im konkreten Einzelfall zu prüfen, ob Anhaltspunkte dafür ersichtlich sind, dass die sorgeberechtigten Eltern aufgrund des erheblichen Interessengegensatzes nicht in der Lage sind, trotzdem im Interesse des Kindes zu handeln.[149]

Mitteilungspflicht gegenüber Familiengericht

Wenn gesetzliche Vertretungen gemäß §§ 1629, 1795 BGB von der Vertretung *ausgeschlossen* sind, so haben sie dies unverzüglich dem Familiengericht anzuzeigen, weil in diesen Fällen ein sog. *Ergänzungspfleger* benötigt wird (§ 1909 Abs. 1 S. 1, Abs. 2 BGB), der vom Gericht von Amts wegen bestellt werden muss (§§ 1693, 1915, 1774 BGB). Das gilt auch, wenn das Familiengericht anderweitig Kenntnis vom Ausschluss der Vertretungsmacht der Eltern bekommt.

Rechtsfolge bei Nichtbeachtung: schwebend unwirksam

Werden Rechtsgeschäfte von einem Elternteil (oder beiden) vorgenommen, obwohl die Vertretung gesetzlich ausgeschlossen war, so sind diese nicht nichtig, sondern *schwebend unwirksam*. Damit bezeichnet man die Möglichkeit, dass die ohne Vertretungsmacht vorgenommene Rechtshandlung durch Genehmigung des gerichtlich zu bestellenden Pflegers bzw. Pflegerin noch wirksam werden kann (siehe dazu § 177 BGB).

3. Höchstpersönliche Rechtshandlungen des Kindes

Begriff

Es gibt Bereiche, in denen das Kind ungeachtet seiner Minderjährigkeit die dort erforderlich werdenden Rechtshandlungen von einem bestimmten Alter an nur selbst vornehmen kann. Man spricht dann von „höchstpersönlichen" Rechtshandlungen (oder Rechtsgeschäften) oder von *„Teilmündigkeit"*. Damit soll zum Ausdruck gebracht werden, dass diese rechtserheblichen Handlungen (ungeachtet der eventuellen notwendigen Zustimmung der Eltern) nur wirksam werden, wenn sie von dem minderjährigen Kind *persönlich* vorgenommen worden sind.

Jugendliche/r muss einwilligen oder selbst handeln

Beispiele:
- Einwilligung zur Adoption *ab vollendetem 14. Lebensjahr (§ 1746 BGB),*
- Änderungen des Vor- und Familiennamens *von adoptierten Kindern sowie des Familiennamens von anderen Kindern ab 14 Jahren (§§ 1757, 1617c Abs. 1 S. 2, 1618 S. 6 BGB).*
- *Antrag auf* Aufhebung der Adoption *wegen fehlender Einwilligung ab 14 Jahren (§ 1762 Abs. 1 BGB),*

[148] BeckOK BGB/*Veit* BGB § 1629 Rn. 58.
[149] BeckOK BGB/*Veit* BGB § 1629 Rn. 58.

„Teilmündigkeiten“

Darüber hinaus gibt es höchstpersönliche Rechtshandlungen, die Minderjährige auch ohne Zustimmung ihrer Eltern *allein* vornehmen können, also auch gegen ihren Willen (sog. „Teilmündigkeiten“).

Jugendliche*r kann allein handeln

Beispiele:
- *freie Bestimmung der* Religion *ab 14 Jahren (§ 5 RelKErzG),*
- *eigenes* Antragsrecht *zur Ablösung seines Amts- oder Vereinsvormundes durch eine geeignete Einzelperson ab 14 Jahren (§§ 1887 Abs. 2 BGB),*
- *eigenes, selbstständiges* Rechtsmittelrecht *vor den Familiengericht in allen persönlichen Angelegenheiten ab 14 Jahren (vgl. § 60 FamFG),*
- *volle Verfahrensfähigkeit bei mit Freiheitsentzug verbundenen Unterbringungen (§ 167 Abs. 3, 316 FamFG), d. h.: selbstständiges Antrags-/Rechtsmittelrecht, Anwaltsbeauftragung etc. ohne Mitwirkung (und auch gegen den Willen) ihrer gesetzlichen Vertretung,*
- *eigenes Rechtsmittelrecht* im Jugendstrafverfahren, *also ab 14 Jahren (§ 55 Abs. 2 S. 2 JGG),*
- *eigenes Recht, Sozialleistungen zu beantragen und entgegenzunehmen,* ab 15 Jahren (das aber durch seine gesetzlichen Vertreter beschränkt werden kann, vgl. § 36 SGB I),
- *Prozessfähigkeit in Sozialversicherungsangelegenheiten* ab 16 Jahren (§ 71 SGG),
- *Errichtung eines sog. öffentlichen* Testaments *ab 16 Jahren (§§ 2229 Abs. 1 und 2, 2233 Abs. 1, 2232 BGB).*

III. Verheiratetes minderjähriges Kind

Rechtslage bis 21. Juli 2017

War ein minderjähriges Kind verheiratet, beschränkte sich nach der bis zum 21. Juli 2017 geltenden Regelung in § 1633 BGB aF die Personensorge für dieses Kind auf die Vertretung in seinen persönlichen Angelegenheiten.[150] Dies galt aufgrund der Verweisungsvorschrift in § 1800 S. 2 BGB aF gleichermaßen auch für einen Vormund. Den sorgeberechtigten Eltern bzw. dem Vormund eines verheirateten minderjährigen Kindes oblagen somit nicht mehr die Fürsorge und Erziehung des Kindes.[151]

Gesetz zur Bekämpfung von Kinderehen

Durch das Gesetz zur Bekämpfung von Kinderehen vom 17. Juli 2017,[152] das am 22. Juli 2017 in Kraft getreten ist, wurde § 1633 BGB aufgehoben. Dies hat zur Folge, dass neben der Vermögenssorge nunmehr auch die Personensorge für verheiratete Minderjährige vollumfänglich von den Inhaber*innen der elterlichen Sorge wahrzunehmen ist und somit keiner Einschränkung mehr unterliegt.[153]

Aufgrund der mit dem Gesetz zur Bekämpfung von Kinderehen erfolgten Neufassung des § 1303 BGB ist in Deutschland die Eingehung einer Ehe seit dem 22. Juli 2017 ausnahmslos erst mit Erreichen des 18. Geburtstages möglich. [154] Zuvor konnte ein 16 oder 17 Jahre altes Kind eine volljährige Person aufgrund der Regelungen in § 1303 Abs. 2 BGB aF ausnahmsweise dann heiraten, wenn das Familiengericht auf Antrag Befreiung von dem Erfordernis der Volljährigkeit erteilte. Sofern die gesetzlichen Vertreter*innen oder sonstige Inhaber*innen der Personensorge dem Antrag widersprachen, durfte das Familiengericht nach § 1303 Abs. 3 BGB aF die Befreiung nur dann erteilen, wenn dieser Widerspruch nicht auf triftigen Gründen fußte. Wurde die Befreiung durch das Familiengericht erteilte,

---

[150] Vgl. zur bis dahin geltenden Rechtslage Schleicher, 14. Auflage, S. 319–320.
[151] Schwab, S. 311, Rn. 703.
[152] BGBl. 2017 I 2429.
[153] Lohse/Meysen, JAmt 2017, 345 (346).
[154] Vgl. zu weiteren Einzelheiten Kap. 5 A I 1 (S. 191) in diesem Buch.

bedurfte das minderjährige Kind gemäß § 1303 Abs. 4 BGB aF zur Eingehung der Ehe nicht mehr der Einwilligung des gesetzlichen Vertretung oder einer sonstigen Inhaberin bzw. eines sonstigen Inhabers der Personensorge.

Ehen Minderjähriger mit Auslandsbezug

Die durch das Gesetz zur Bekämpfung von Kinderehen erfolgten Neuregelungen im deutschen Internationalen Privatrecht sehen für Ehen Minderjähriger mit Auslandsbezug folgende Behandlung vor: Richtet sich die Ehemündigkeit einer oder eines Verlobten nach ausländischem Recht, ist die Ehe gemäß Art. 13 Abs. 3 des Einführungsgesetzes zum Bürgerlichen Gesetzbuch (EGBGB) nach deutschem Recht entweder unwirksam (wenn einer der beiden Personen unter 16 Jahre alt ist) oder aufhebbar (wenn einer der beiden Personen zwar das 16., jedoch noch nicht das 18. Lebensjahr vollendet hat).

Ist Art. 13 Abs. 3 EGBGB verfassungswidrig?

Die Frage, ob die Regelungen in Art. 13 Abs. 3 EGBGB verfassungsgemäß sind, beschäftigt derzeit (Stand: November 2019) die Gerichte. Der für das Familienrecht zuständige XII. Zivilsenat des Bundesgerichtshofs hat ein Verfahren ausgesetzt und dem Bundesverfassungsgericht zur Entscheidung vorgelegt, da er Art. 13 Abs. 3 EGBGB für unvereinbar mit Art. 1, 2 Abs. 2, 3 Abs. 1 und 6 Abs. 1 GG hält.[155] Nach Ansicht des Senats ist es verfassungswidrig, dass eine unter Beteiligung einer nach ausländischem Recht ehemündigen Minderjährigen geschlossene Ehe nach deutschem Recht ohne Prüfung des Einzelfalls als unwirksam angesehen wird, wenn die Minderjährige im Zeitpunkt der Eheschließung das 16. Lebensjahr nicht vollendet hatte. In dem konkret verhandelten Fall geht es um die Wirksamkeit einer am 10. Februar 2015 vor dem Scharia-Gericht in Sarakeb/Syrien geschlossenen Ehe eines am 1.1.1994 geborenen Mannes und einer am 1.1.2001 geborenen Frau, die beide syrische Staatsangehörige sind und aufgrund der Kriegsereignisse über die sogenannte Balkanroute von Syrien nach Deutschland geflüchtet waren, wo sie im August 2015 ankamen. Die junge Frau wurde im September 2015 durch das Jugendamt in Obhut genommen, von ihrem Ehemann getrennt und in eine Jugendhilfeeinrichtung unterbracht. Das Amtsgericht stellte das Ruhen der elterlichen Sorge fest, ordnete Vormundschaft an und bestellte das Jugendamt Aschaffenburg zum Vormund. Gestritten wird im konkreten Fall um die Frage, ob der Vormund das Recht habe, den Umgang der Syrerin mit ihrem Ehemann auf lediglich einmal wöchentlich für die Dauer von drei Stunden in Begleitung eines Dritten zu beschränken. Zwar stünde dem Vormund nach §§ 1800, 1631, 1632 BGB die gesamte elterliche Sorge für den minderjährigen Ehegatten zu. Wäre die Ehe jedoch wirksam, wäre die Vorenthaltung der häuslichen Gemeinschaft der Ehegatten ohne sachlichen Grund nach Ansicht des Senats mit dem Wesen der Ehe unvereinbar. [156] Es bleibt nunmehr abzuwarten, wie sich das Bundesverfassungsgericht[157] zur Verfassungsgemäßheit des Art. 13 Abs. 3 EGBGB positionieren wird.[158]

---

155 BGH NZFam 2019, 65 (m. Anm. *Löhnig*).

156 Zum ganzen Absatz BGH NZFam 2019, 65 (m. Anm. *Löhnig*).

157 Das Aktenzeichen dieses Verfahrens lautet 1 BvL 7/18.

158 Informationen über den Stand des Verfahrens sind über https://www.bundesverfassungsgericht.de abrufbar.

Zusammenfassung: Wichtige Beschränkungen der elterlichen Sorge

Die wichtigen gesetzlichen Beschränkungen der elterlichen Sorge lassen sich wie folgt zusammenfassen:

Wichtige gesetzliche Beschränkungen der elterlichen Sorge	
Geschäftsunfähige Elternteile (§ 104 BGB)	Ihre elterliche Sorge (eS) ruht völlig, d. h. sie können sie (rechtlich) überhaupt nicht ausüben (§§ 1673 Abs. 1, 1675 BGB). Der andere Elternteil übt daher die gesamte eS allein aus (§ 1678 Abs. 1 BGB). – In den Fällen der §§ 1626a Abs. 3, 1671 BGB bedarf es dann einer Regelung durch das Familiengericht (siehe dazu S. 309).
Minderjährige Eltern (§ 106)	Die Vermögenssorge sowie die gesamte gesetzliche Vertretung ruhen, d. h. sie können sie nicht rechtswirksam ausüben (§§ 1673 Abs. 2 S. 1, 1675 BGB). Diese Bereiche übt der andere Elternteil allein aus (§ 1678 Abs. 1 BGB). – In den Fällen der §§ 1626a Abs. 3, 1671 BGB bedarf es dann einer Regelung durch das Familiengericht (siehe dazu S. 310).
Tatsächlich verhinderte Eltern (§§ 1678 Abs. 1, 1674)	Bei echten Eil- oder Notfällen sowie bei anzuerkennenden Verhinderungsfällen ruht die eS. Der andere Elternteil übt sie allein aus (§ 1678 Abs. 1 BGB). – In den Fällen der §§ 1626a Abs. 3, 1671 BGB bedarf es dann einer Regelung durch das Familiengericht (siehe dazu S. 311 ff.).
Rechtlich verhinderte Eltern (§§ 1629 Abs. 2 S. 1, 1795 BGB)	Rechtshandlungen und Rechtsgeschäfte für das Kind mit nahen Angehörigen können die Eltern nicht wirksam vornehmen; hierfür müsste vom Gericht eine Pflegerin bzw. ein Pfleger bestellt werden (siehe dazu S. 315 ff.).
Nicht mit der Mutter ihres Kindes verheiratete Väter	Sie besitzen nur dann die elterliche Sorge, wenn eine gemeinsame Sorgeerklärung vorliegt oder das Familiengericht sie ihnen auf Antrag hin eingeräumt hat (s. dazu S. 304 ff.).
höchstpersönliche Rechtshandlungen	Hier müssen die Minderjährigen selbst mitwirken, z.T. können sie die Rechtshandlungen auch alleine vornehmen (vgl. S. 317 f.).
Genehmigungsbedürftige Rechtshandlungen	Sie sind nur wirksam, wenn das Familiengericht sie genehmigt hat (siehe dazu S. 315).

G. Gerichtliche Beschränkungen der elterlichen Sorge

In Ausübung des staatlichen Wächteramtes hat das Familiengericht in bestimmten Fallkonstellationen die Ausübung der elterlichen Sorge näher zu regeln. Dabei tangieren die Gerichte (mehr oder weniger) die elterliche Sorge der Eltern. Die wichtigsten gerichtlich vorgesehenen Beschränkungen werden nachfolgend dargestellt.

I. Gefährdung des Kindeswohls

1. Kinderschutz und Elternrecht

Staatliches Wächteramt

Sind Wohlergehen und/oder Entwicklung eines Kindes gefährdet (oder liegen bereits Schädigungen vor), so bedarf es der Hilfe. Hier sind zunächst die Eltern gefordert als die nach Art. 6 Abs. 2 GG und § 1626 BGB primären Erziehungsträger. Die gesetzgeberischen Begriffe „elterliche Sorge", „Personensorge" und „Vermögenssorge" betonen diese Verantwortung noch. Können oder wollen Eltern Gefährdungen oder Schädigungen ihres Kindes nicht abwenden, so bedarf das Kind der Hilfe von außen. Diese Hilfe und somit den Schutz des Kindes entsprechend der verfassungsmäßigen Garantie zu gewährleisten, ist Aufgabe von Familiengericht und Jugendamt (§§ 1666, 1666a BGB, 162 FamFG, 8a, 42 SGB VIII, die hier das sog. Wächteramt des Staates konkretisieren). Dies führt jedoch nicht zu einer regelmäßigen Kontrolle der Eltern. Das *BVerfG* hat daher wiederholt betont, dass nicht jedes Versagen oder jede Nachlässigkeit der Eltern den Staat berechtige einzugreifen.[159] Vielmehr dürfen Jugendamt und Familiengericht nur dann in die elterliche Sorge eingreifen, wenn sie von Umständen Kenntnis erlangen, die *Maßnahmen zum Schutz des Kindes unbedingt erforderlich* machen. Wenn diese nicht von den Eltern veranlasst und getragen werden, wird in die verfassungsmäßig geschützte elterliche Verantwortung eingedrungen. Daher sind derartige *Hilfs- und Schutzmaßnahmen dem Familiengericht vorbehalten* und nur unter ganz bestimmten, eng eingegrenzten Voraussetzungen zulässig, weil es hierbei darum geht, die Interessen des Kindes unter Beachtung der grundgesetzlich geschützten Elternposition zu wahren – ein wirklich nur schwer zu lösendes Problem, das einer Gratwanderung gleicht:

Keine ständige Kontrolle

Hält man jedes staatliche Eingreifen in das Erziehungsvorrecht der Eltern nur im Ausnahmefall für zulässig, so erfolgen Hilfs- und Schutzmaßnahmen erst in eklatanten Fällen der Gefährdung des Kindes (meist wohl erst, wenn bereits „einiges passiert" ist). Hier führt das zum Schutz des Kindes gedachte staatliche Wächteramt zu rein reaktivem Verhalten von Jugendamt und Familiengericht. Favorisiert man dagegen ein präventives Vorgehen, um Schädigungen des Kindes nicht erst eintreten lassen zu müssen, so kann dies allzu leicht zu einer Kontrolle elterlichen Handelns und auch zu einer Übertragung hoher Maßstäbe auf wohl zumeist dadurch nochmals überforderte Eltern kommen. Vor diesem Hintergrund ist es problematisch, dass der gesetzgeberisch an vielen Stellen verwen-

[159] Vgl. BVerfGE 24, S. 119 (144f.) u. 60, S. 79 (91) sowie BVerfG, 1 BvR 374/09 v. 29.1.2010, Absatz-Nr. 34 (NJW 2010, 2333).

dete unbestimmte Rechtsbegriff des Kindeswohls als Maßstab jeglichen Handelns im Eltern-Kind-Bereich sehr unterschiedlich ausgelegt werden kann. Allerdings würde die Ersetzung dieses Begriffs durch einen anderen Begriff – wie z.B. „Kindesinteressen" oder „Förderung des Kindes" – nur neue Definitionsversuche ohne bessere Klärung zur Folge haben. Denn ein anderer Begriff ließe ebenfalls für subjektive Interpretationen genügend Raum und würde somit keinen allgemein akzeptablen Maßstab für kindgerechtes Handeln bieten können. Aufgrund der vielfältigen Lebenslagen von Kindern wird der Versuch einer Aufzählung von Einzelbelangen des Kindes stets unvollständig bleiben. Das Ringen um das Finden und Durchsetzen richtigen, kindgemäßen Erziehungshandelns stellt vor diesem Hintergrund eine große Herausforderung in der Praxis dar.

2. Voraussetzungen für ein Eingreifen des Familiengerichtes gemäß § 1666 BGB

Für ein Tätigwerden des Familiengerichtes bei Kindeswohlgefährdungen sind gemäß § 1666 BGB folgende Voraussetzungen zu erfüllen:

Gefährdung des Kindeswohls

– Das Wohl des Kindes muss gemäß § 1666 Abs. 1 BGB gefährdet sein. „Eine Kindeswohlgefährdung setzt eine gegenwärtige, in solchem Maß vorhandene Gefahr voraus, dass sich bei der weiteren Entwicklung der Dinge eine erhebliche Schädigung des geistigen, seelischen oder körperlichen Wohls des Kindes mit ziemlicher Sicherheit voraussehen lässt."[160] An den Grad der Wahrscheinlichkeit einer derartigen Gefährdung sind umso geringere Anforderungen zu stellen, je größer und gewichtiger der drohende Schaden ist.[161] Allerding reicht eine lediglich abstrakte Gefährdung nicht aus.[162] Die Aufzählung „körperliches, geistiges und seelisches" Wohl in § 1666 Abs. 1 BGB dient nur dem Zweck, alle Belange der Persönlichkeit und Entwicklung eines Kindes zu umfassen. Klare Abgrenzungen sind dabei daher nicht nötig – und auch gar nicht immer möglich.

Seit 4.7.2008 ist der Nachweis entfallen, dass die Gefährdung des Kindes entweder durch pflichtwidriges Verhalten seiner Eltern (wie Missbrauch, Vernachlässigung oder unverschuldetes Versagen) oder durch das Verhalten anderer *(„Dritter")* hervorgerufen worden und ursächlich für die Gefährdung des Kindes sein muss, um rasche Hilfe durch Ursachenerforschung und Kausalitätsproblematik nicht zu erschweren und die weitere Zusammenarbeit mit den Eltern nicht zu belasten.[163]

Fehlende Fähigkeit oder fehlender Wille

– Voraussetzung für die Anordnung einer gerichtlichen Maßnahme ist gemäß § 1666 Abs. 1 BGB außerdem, dass die Eltern entweder nicht gewillt oder nicht in der Lage sind, die Gefahr abzuwenden. In diesem Tatbestandserfordernis kommt die Subsidiarität des staatlichen Handelns deutlich zum Ausdruck (sog. Subsidiaritätsklausel). Eine Unfähigkeit der Eltern ist dann zu bejahen, wenn sie zwar willig, aber etwa wegen

---

160 BVerfG NZFam 2018, 599 (600 Rn. 16); BVerfG FamRZ 2012, 1127.

161 MüKoBGB/*Olzen* BGB § 1666 Rn. 50.

162 BVerfG FamRZ 2012, 1127.

163 Vgl. Gesetzesbegründung zum FamRMaßnErlG vom 4.7.2008 (BT-Drs. 16/6815, 9, 11, 14).

einer körperlichen, geistigen oder psychischen Krankheit nicht in der Lage sind, die Gefahr abzuwenden. Der fehlende Wille auf Seiten der Eltern zur Abwendung der Gefahr steht der Unfähigkeit gleich. Sind die Eltern dagegen willig und fähig zur Gefahrenabwehr, sind familiengerichtliche Maßnahmen unzulässig und außerdem nicht notwendig.[164]

Kein Verschulden erforderlich

Auf ein Verschulden der Eltern kommt es nicht an. Allein die Gefährdung des Kindeswohls stellt den entscheidenden Anknüpfungspunkt für gerichtliche Maßnahmen gemäß § 1666 BGB dar. Durch den Verzicht auf die oftmals schwierige Feststellung eines konkreten elterlichen Fehlverhaltens sowie eines Kausalzusammenhangs zwischen diesem und der Kindeswohlgefährdung sind eine frühzeitige Anrufung und ein zeitnahes Handeln des Familiengerichtes möglich.[165]

Gefährdungen durch Dritte

Eingriffsmöglichkeiten des Familiengerichtes bestehen auch bei Gefährdungen des Kindeswohls durch das Verhalten Dritter. In Angelegenheiten der Personensorge kann das Familiengericht gemäß § 1666 Abs. 4 BGB auch Maßnahmen mit Wirkung gegen Dritte – z. B. gegen Freunde des Minderjährigen – treffen und seine Anordnungen auch vollstrecken, nämlich durch Zwangsgeld oder durch unmittelbaren Zwang – gegebenenfalls durch Zuhilfenahme der Polizei (§§ 35, 89, 90 FamFG).

Maßnahmen gegen Dritte

Voraussetzungen für Maßnahmen nach §§ 1666, 1666a BGB:

1. bereits eingetretene oder sich konkret abzeichnende Gefährdung des Kindeswohls durch die Eltern selbst oder durch andere Personen,
2. die Eltern sind
   a) entweder nicht gewillt
   b) oder nicht in der Lage,

   die dem Kindeswohl drohende Gefährdung abzuwenden.

3. Kinderschutzrechtliche Maßnahmen des Familiengerichtes

Erforderlichkeit

Wenn eine Gefährdung des Kindeswohls vorliegt (siehe dazu S. 321 ff.), hat das Familiengericht gemäß § 1666 Abs. 1 BGB die zur Abwendung der für das Kind bestehenden Gefahr erforderlichen Maßnahmen treffen.

Geeignet und notwendig

Das Familiengericht kann jede Maßnahme ergreifen, die *geeignet und zugleich notwendig* ist, um die Gefährdung des Kindes zu beheben. Da es sich hierbei um Eingriffe in die Rechtssphäre anderer (hier: der Eltern des Kindes) handelt, hat das Familiengericht dabei jene Schranken zu beachten, die aller staatlicher Macht gesetzt sind. Das Bundesverfassungsgericht hat daher wiederholt betont,[166] dass nicht jedes Versagen oder jede Nachlässigkeit der Eltern den Staat berechtige, „auf der Grundlage seines

---

[164] Zum ganzen Absatz BeckOK BGB/*Veit* BGB § 1666 Rn. 68.

[165] Zum ganzen Absatz MüKoBGB/*Olzen* BGB § 1666 Rn. 37.

[166] Vgl. BVerfGE 24, 119 (144 f.) und 60, S. 79 (91) sowie BVerfG NJW 2010, 2333.

ihm nach Art. 6 Abs. 2 Satz 2 GG zukommenden Wächteramts die Eltern von der Pflege und Erziehung ihres Kindes auszuschalten oder gar selbst diese Aufgabe zu übernehmen".[167] Vielmehr müsse der Staat nach Möglichkeit zunächst versuchen, „durch helfende, unterstützende, auf Herstellung oder Wiederherstellung eines verantwortungsgerechten Verhaltens der leiblichen Eltern gerichtete Maßnahmen sein Ziel zu erreichen."[168] Ist das nicht möglich, darf das Familiengericht immer nur so weit in die elterliche Sorge eingreifen, wie es zur Erreichung des angestrebten Zieles unbedingt notwendig ist. Dabei ist darauf zu achten, dass der Eingriff verhältnismäßig ist. Bei der Prüfung der Verhältnismäßigkeit sind sowohl die Rechte der Kinder als auch die der Eltern in den Blick zu nehmen[169] In der abschließenden Gesamtbetrachtung muss sich im Licht des Kindeswohls ergeben, dass die Maßnahme eine Verbesserung der Situation des gefährdeten Kindes zur Folge hat.[170]

Verhältnismäßigkeit wahren

Abstufung der Maßnahmen

Obwohl das Spektrum der in Betracht kommenden Maßnahmen des Familiengerichtes infolge der offenen Formulierung in § 1666 Abs. 1 BGB vielfältig ist, wurde am 4.7.2008 in Abs. 3 ein – beispielhafter (s. „insbesondere") – Maßnahmenkatalog eingeführt, um klarzustellen, dass es bei Maßnahmen nach § 1666 BGB nicht nur um Beschränkungen des Sorgerechts geht.[171] Vielmehr wird das Ziel verfolgt, Gefährdungen des Kindeswohls wirksam entgegenzutreten.

Im Hinblick auf die in Betracht kommenden Maßnahmen sollen unter Berücksichtigung des gesetzlichen Maßnahmenkatalogs nachfolgend *typische Überlegungen* aufgezeigt werden, die bei familiengerichtlich festgestellten Kindeswohlgefährdungen anzustellen sind:

Besprechungen

- Besprechen der Situation mit den Eltern, Vormündern oder Pflegern (mit oder ohne Hinzuziehung des Jugendamtes),

Beratung

- Rat, eine Erziehungsberatungsstelle aufzusuchen,

Ermahnungen, Verwarnungen, Gebote oder Verbote

- Aussprechen von Ermahnungen und Verwarnungen, aber auch von konkreten Geboten oder Verboten für die Minderjährigen bzgl. ihrer Lebensführung oder gegenüber Dritten (z.B. Umgangsverbote). Den Eltern können diesbezügliche Vorschriften zwar nicht gemacht werden, jedoch sind sie u.U. darauf hinzuweisen, dass bei Fortsetzung bestimmter Handlungsweisen ihnen die Ausübung der elterlichen Sorge (teilweise oder ganz) entzogen und auch das Kind von ihnen getrennt werden kann (oder sogar muss).

Einhaltung der Schulpflicht

- Gebote zur Einhaltung der Schulpflicht gemäß § 1666 Abs. 3 Nr. 2 BGB, z.B. konkretes Kontrollieren, evtl. auch Hinbringen und Abholen, Kontaktaufnahme zu den Lehrerinnen und Lehrern. *Adressat*innen* sind nicht nur die Eltern und Kinder, sondern evtl. auch Personen, bei denen sich das Kind vor oder nach dem Schulunterricht aufhält (wie z.B. Verwandte, Freunde, Bekannte).

---

[167] BVerfG NJW 2010, 2333.

[168] BVerfG NJW 2010, 2333.

[169] MüKoBGB/*Olzen* BGB § 1666 Rn. 154.

[170] BVerfG NZFam 2018, 599 (599 Rn. 18); BeckOK BGB/*Veit* BGB § 1666 Rn. 91.

[171] Siehe FamRMaßnErlG (BGBl. I, 1188) mit Gesetzesbegründung (BT-Drs. 16/6815, 9, 11) .

- Nutzungs- und Aufenthaltsverbote gemäß § 1666 Abs. 3 Nr. 3 BGB. *Adressat*innen* sind nicht nur die Eltern, sondern auch Stiefeltern, Lebenspartner*innen, Freundinnen und Freunde, Bekannte oder sonstige Personen. Es kommen dabei sämtliche Schutzanordnungen in Betracht, die das *Gewaltschutzgesetz*[172] vorsieht, insbesondere Verbote, sich vorübergehend oder für unbestimmte Zeit in (oder in einem bestimmten Umkreis) der Familienwohnung oder an Orten, die das Kind regelmäßig aufsucht, aufzuhalten (sog. „Go-order"). **„Go-order"**
- Das Familiengericht kann gegenüber Eltern oder Dritten auch Verbote, Verbindung zum Kind aufzunehmen (persönlich oder durch E-Mail, SMS, Chats, Briefe, Telefon, Fax, etc.) oder ein Zusammentreffen mit ihm herbeizuführen, anordnen (§ 1666 Abs. 3 Nr. 4 BGB). **Kontaktverbote**
- Ersetzung von Rechtshandlungen, die für das Kindeswohl erforderlich sind (vgl. § 1666 Abs. 3 Nr. 5 BGB), d. h. Vornahme durch das Familiengericht. **Handeln an Stelle der Eltern**

Beispiele: Anmeldung an einer Ausbildungsstätte oder Lösung eines Ausbildungsverhältnisses; Einwilligung in Heilbehandlungen und Abschluss der betreffenden ärztlichen Behandlungsverträge einschließlich Operationen und Schwangerschaftsabbrüchen (zu Letzteren siehe S. 283 ff.).

Inanspruchnahme öffentlicher Hilfen

Da zunächst alle Maßnahmen in Erwägung zu ziehen sind, bei denen eine Beschränkung der elterlichen Sorge und eine Trennung von der Familie vermieden werden kann, legt der 2008 neu gefasste § 1666 Abs. 3 Nr. 1 BGB fest, dass zu den Maßnahmen des Familiengerichtes insbesondere auch **Gebote** gehören, öffentliche Hilfen wie z. B. Leistungen der Jugendhilfe und der Gesundheitsfürsorge in Anspruch zu nehmen.

Beispiele: Inanspruchnahme von Erziehungsberatung, sozialer Gruppenarbeit, Sozialpädagogischer Familienhilfe (SPFH), Vollzeitpflege, Betreuung in einer Kindertageseinrichtung, Vorsorge- und Früherkennungsuntersuchungen

Die Eignung solcher Gebote ist insbesondere dann genauer zu prüfen, wenn dem familiengerichtlichen Verfahren bereits vielfältige vergebliche Unterstützungs- und Hilfsangebote seitens des Jugendamtes vorausgegangen sind und sich die Eltern auch im Verfahren noch nicht freiwillig zur Zusammenarbeit mit dem Jugendamt bereit erklären, um die Kindeswohlgefährdung abzuwenden. Dies gilt auch in den Fällen, in denen das Vorliegen der notwendigen Einsicht in die Problemlage, der erforderlichen Kooperationsbereitschaft und letztlich eines ausreichenden Verantwortungsbewusstseins des bzw. der Sorgeberechtigten fraglich ist.[173]

Problematik

Entsprechende **Gebote** des Familiengerichtes lassen sich nämlich nicht vollstrecken, da sie dem Angebotscharakter sämtlicher Jugendhilfeleistungen, der auch für Hilfe zur Erziehung (HzE) gilt (s. dazu S. 104), widersprechen. Noch viel weniger kann das Familiengericht Jugendhilfeleistungen anfordern oder gar anordnen.[174]

---

[172] BGBl. 2001 I 3513.
[173] Zum ganzen Absatz BeckOK BGB/*Veit* BGB § 1666 Rn. 95.
[174] Ebenso: *Häbel* in GK-SGB VIII, § 27 Rn. 82; *Happe*, Jugendwohl 1994, 94; *Mrozynski*, § 27, Anm. 22; MüKo/*Olzen*, § 1666, Rn. 175 f.; *Wiesner*, vor § 27, Rn. 29 ff.; aA *Kunkel* LPK-SGB VIII, § 36, Rn. 22.

Begründung

Denn dies würde dem verfassungsmäßigen Gebot der Gewaltenteilung widersprechen. Hieraus folgt, dass das Familiengericht einen öffentlichen Jugendhilfeträger weder zu einem konkreten Handeln, insbesondere nicht zu einer bestimmten Leistung verpflichten, noch deren Ausführung kontrollieren kann. Dies steht vielmehr nur den Verwaltungsgerichten gemäß § 113 Abs. 4 VwGO und den Jugendgerichten gemäß § 12 JGG zu. Eine entsprechende Rechtsgrundlage für die Familiengerichte fehlt dagegen; diese kann auch nicht aus § 1666a Abs. 1 BGB abgeleitet werden.[175] Vielmehr ergibt sich aus der Formulierung in § 1666 Abs. 3 Nr. 1 BGB („Gebote ... Leistungen der Jugendhilfe ... in Anspruch zu nehmen"), dass das Familiengericht Jugendhilfeleistungen selbst *nicht* anordnen kann.

Außerdem würde dies dem wesentlichen Strukturelement der Freiwilligkeit sämtlicher Jugendhilfeleistungen (siehe dazu S. 46 und 104) widersprechen und den für Hilfen zur Erziehung in § 36 SGB VIII festgelegten Beratungs- und Entscheidungsprozess hinsichtlich der Gewährung der richtigen Hilfeart aushöhlen. Hinzu kommt, dass dem Familiengericht regelmäßig die Sachkompetenz zur Auswahl geeigneter Jugendhilfeleistungen fehlt.[176]

Prüfung von Alternativen

Trennung von den Eltern

– Erst wenn sich herausstellt, dass der Gefährdung gemäß § 1666a Abs. 1 BGB nicht auf andere Weise, auch nicht durch öffentliche Hilfen begegnet werden kann und das Kind bei einem Verbleiben in der Familie in seinem körperlichen, geistigen oder seelischen Wohl nachhaltig gefährdet wäre,[177] ist eine Fremdunterbringung – z. B. in einer Pflegestelle, einer betreuten Wohnform oder einem Heim – zulässig. Denn hierbei handelt es sich um stärksten vorstellbaren Eingriff in das Elternrecht, der gemäß § 1666a BGB nur unter strikter Wahrung der Verhältnismäßigkeit zulässig ist.[178]

Partielle Beschränkung der Ausübung der Personensorge

Dabei ist es dann auch möglich, dass das Familiengericht Teile der Ausübung der Personensorge beschränkt (§ 1666 Abs. 3 Nr. 6 BGB), z. B. das Aufenthaltsbestimmungsrecht (§ 1631 Abs. 1 BGB) und das Herausgaberecht (§ 1632 Abs. 1 BGB). Wird einem Elternteil die elterliche Sorge ganz oder teilweise entzogen, übt der andere Elternteil die elterliche Sorge gemäß § 1680 Abs. 3 BGB insoweit allein aus. Wenn es jedoch das Kindeswohl erfordert (z. B. weil der andere Elternteil die Gefährdung vom Kind nicht abwenden kann oder will), trifft das Familiengericht von Amts wegen eine andere Entscheidung, d. h. es muss dann dem anderen Elternteil auch Sorgerechtsbefugnisse entziehen und gemäß § 1909 BGB für die entzogenen Teile eine Pflegerin oder einen Pfleger bestellen.

weitergehende Beschränkungen

– Weitergehende Beschränkungen der Personensorge (z. B. des Erziehungsrechts) sind erst dann zulässig, wenn diese später durch das Verhalten der Eltern erforderlich werden sollte.

Beispiele: Die Eltern sträuben sich, erforderliche Einwilligungen oder Entscheidungen im Erziehungs- oder Ausbildungsbereich vorzunehmen.

---

[175] So auch MüKo BGB/*Olzen* § 1666, Rn. 175; aA: *Kunkel* LPK-SGB VIII, § 36, Rn. 19–22.

[176] AA: *Coester*, FamRZ 1991, S. 260.

[177] Siehe S. 322.

[178] *Palandt/Götz* BGB § 1666a Rn. 2.

- Die gesamte Personensorge darf jedoch gemäß § 1666a Abs. 2 BGB nur dann entzogen werden, wenn alles andere vergeblich war oder wenn anzunehmen ist, dass andere Maßnahmen zur Gefahrenabwehr nicht ausreichen.

Entzug der gesamten Personensorgeausübung

- Bei Gefährdung des Kindesvermögens kommt unter Beachtung des Verhältnismäßigkeitsgrundsatzes der Entzug der Vermögenssorge in Betracht, wenn Maßnahmen gemäß § 1667 BGB als nicht ausreichend angesehen werden.[179]

Entzug der Ausübung der Vermögenssorge

- Gemäß § 1666 Abs. 3 Nr. 6 BGB kommt auch der vollständige Entzug der elterlichen Sorge in Betracht. Es ist allerdings selten, dass es wirklich zur Gefahrenabwehr erforderlich ist, die Ausübung sämtlicher Elemente der elterlichen Sorge (siehe dazu S. 270) entziehen zu müssen.

Entzug der gesamten Ausübung der elterlichen Sorge

- Gegenüber Dritten, die Minderjährige gefährden, sind ebenfalls Maßnahmen des Familiengerichtes möglich, soweit dies Angelegenheiten der Personensorge betrifft (§ 1666 Abs. 4 BGB). In Betracht kommen vor allem Kontaktverbote, Herausgabeanordnungen und *„Go-Order"* (s. dazu S. 325).

Maßnahmen gegenüber Dritten

Der Unterschied zu einem Vorgehen nach § 1632 Abs. 1 bis 3 BGB besteht darin, dass jenes nur auf Antrag eines Elternteils vorgesehen ist (und keine Kindeswohlgefährdung vorliegen muss), während hier das Familiengericht auch von Amts wegen entscheiden kann, also selbst bei Nichtbeachtung, Duldung oder gar Billigung der Gefährdung durch die Eltern.

Abgrenzung zu § 1632 BGB

Verfahren

Um den Kinderschutz zu gewährleisten, leitet das Familiengericht das Verfahren, ohne dass es eines Antrages bedarf, *von Amts wegen* ein, sobald es Kenntnis von einer Kindeswohlgefährdung hat. Diese Kenntnis erhält das Familiengericht regelmäßig durch das Jugendamt, das gemäß § 8a Abs. 2 S. 1 SGB VIII eine diesbezügliche Mitteilungspflicht hat (s. dazu auch S. 55).

Einleitung von Amts wegen

Mitteilungspflicht des Jugendamtes

Ferner erhält das Familiengericht Kenntnis von Kindeswohlgefährdungen durch Verwandte, Freundinnen und Freunde, Bekannte, Ärztinnen und Ärzte, Vertreter*innen der Schule des Kindes, durch einen Elternteil, das Kind selbst[180] oder die Polizei – in seltenen Fällen evtl. auch durch die Medien. In allen Fällen liegt es *im pflichtgemäßen Ermessen* des Familiengerichtes, ob es den Informationen nachgeht und dazu formlose Ermittlungen gem. § 26 FamFG anstellt oder ein förmliches Beweisverfahren nach den §§ 29, 30 FamFG durchführt.

Ermittlungen des Familiengerichtes

Verfahren wegen Kindeswohlgefährdung sind gemäß § 155 Abs. 1 FamFG vorrangig und beschleunigt durchzuführen. Das Familiengericht hat nach § 155 Abs. 2 S. 1 FamFG die gesamte Situation unter Anhörung des Jugendamtes mit allen Beteiligten in *einem* Termin zu erörtern. Dieser frühe erste Termin *soll* gemäß § 155 Abs. 2 S. 2 FamFG *spätestens* einen Monat nach Verfahrenseinleitung anberaumt werden.

Vorrang- und Beschleunigungsgebot

Früher erster Termin

---

[179] BeckOK BGB/*Veit* BGB § 1666 Rn. 114; *Palandt/Götz* BGB § 1667 Rn. 2.

[180] Diesbezügliche „Anträge" stellen jedoch keine Sachanträge im formellen Sinn dar. Zum fehlenden Antragsrecht Minderjähriger s. auch S. 278.

Mediation Um eine Mediation oder ein anderes Verfahren zur außergerichtlichen Konfliktbeilegung zu ermöglichen, kann das Familiengericht jedoch das Verfahren bis zu drei Monaten aussetzen (vgl. § 155 Abs. 4 FamFG).

Einstweilige Anordnungen

– Das Familiengericht muss bei allen Verfahren nach den §§ 1666, 1666a BGB unverzüglich prüfen, ob der Erlass einer einstweiligen Anordnung in Betracht kommt (§ 157 Abs. 3 FamFG). Voraussetzung für eine solche Eilmaßnahme ist, dass ein dringendes Bedürfnis für ein unverzügliches Einschreiten des Familiengerichtes besteht, weil sofortige Maßnahmen zur Abwendung einer konkreten Kindeswohlgefährdung erforderlich sind.

Anhörungen Anzuhören hat das Familiengericht im Verfahren nach §§ 1666, 1666a BGB

Eltern
- die Eltern (unabhängig davon, ob sie personensorgeberechtigt sind oder nicht) – und zwar stets persönlich (§ 160 Abs. 1 FamFG),

Kinder
- die Kinder ebenfalls stets persönlich, da es zur Feststellung des Sachverhalts immer angezeigt ist, dass sich das Familiengericht vom betroffenen Kind einen unmittelbaren Eindruck verschafft (§ 159 Abs. 1 S. 1, Abs. 2 FamFG),

Pflegeeltern
- ggf. die Pflegepersonen, bei denen das Kind sich seit längerer Zeit befindet (§ 161 Abs. 2 FamFG),

Stiefeltern, Umgangsberechtigte
- Stiefeltern und Umgangsberechtigte, wenn das Kind aufgrund einer Entscheidung nach § 1682 BGB bei ihnen lebt (§ 161 Abs. 1 S. 2, Abs. 2 FamFG),

Jugendamt
- das Jugendamt (§ 162 Abs. 1 S. 1 FamFG).

Das Jugendamt ist seinerseits zur Mitwirkung im Verfahren sowie – gegebenenfalls – zu Informationen (nicht jedoch zu Ermittlungen) verpflichtet, die die Gefährdung des Kindes betreffen (s. dazu § 50 SGB VIII und § 8a SGB VIII).

Vollstreckung Die Vollstreckung der Anordnungen des Familiengerichtes erfolgt, da es sich hier um Angelegenheiten der freiwilligen Gerichtsbarkeit handelt, nach den §§ 86, 87 und 95 Abs. 1 Nr. 3–5 FamFG. Daneben kann das Familiengericht die Eltern sowie Dritte zur Befolgung seiner Anordnungen durch Androhung von Zwangsgeld bis zu 25.000 EUR anhalten (vgl. § 35 Abs. 1 S. 1, Abs. 3 S. 1 FamFG). – Da Gebote des Familiengerichtes nach § 1666 Abs. 3 Nr. 1 BGB dem Angebotscharakter sämtlicher Jugendhilfeleistungen widersprechen, der auch für HzE gilt (s. dazu S. 104), können diese jedoch nicht vollstreckt werden.

Seit 1.7.1998 neue Rechtsfolgen bei Sorgerechtsbeschränkungen

Problematik Der Entzug der elterlichen Sorge eines Elternteils bei Vorliegen gemeinsamer elterlicher Sorge ist in vielen Fällen vor dem Hintergrund problematisch, dass sich die Frage aufdrängt, ob und weswegen der andere Elternteil die Gefährdung des Kindes nicht verhindern wollte bzw. konnte.

„Doppelter" Sorgerechtsentzug Seit 1.7.1998 ist eine familiengerichtliche Entscheidung jedoch nur noch möglich, wenn auch hinsichtlich des anderen Elternteils die Voraussetzungen für einen Entzug der elterlichen Sorge erfüllt sind. Andernfalls hat bei bisheriger gemeinsamer elterlicher Sorge der andere Elternteil gemäß § 1680 Abs. 3 in Verbindung mit § 1680 Abs. 1 BGB die Alleinsorge im Hinblick auf die dem anderen Elternteil entzogenen Bereiche, die übrigen Teile üben sie weiterhin gemeinsam aus.

Getrennt lebende, geschiedene Eltern

Im Gegensatz zur früheren Rechtslage (vgl. § 1680 Abs. 2 BGB aF) gilt diese „Automatik" auch beim Sorgerechtsentzug von getrennt lebenden oder geschiedenen Elternteilen, sofern diesen bislang die gemeinsame elterliche Sorge zustand.

Bei Alleinsorge hat das Familiengericht gemäß § 1680 Abs. 3 BGB in Verbindung mit § 1680 Abs. 2 BGB dem anderen Elternteil die elterliche Sorge zu übertragen, wenn dies dem Kindeswohl nicht widerspricht.

Nichteheliche Kinder

Gemeinsam sorgende Eltern

In den Fällen, in denen Eltern durch gemeinsame Sorgeerklärung gemäß § 1626a Abs. 1 Nr. 1 BGB oder durch eine Entscheidung des Familiengerichtes gem. § 1626a Abs. 2 BGB bisher die elterliche Sorge gemeinsam besaßen, besteht gemäß § 1680 Abs. 3 BGB dieselbe „automatische" Regelung wie bei ehelichen Kindern.

Alleinsorgende Mütter

Wenn Mütter jedoch gem. § 1626a Abs. 3 BGB die Alleinsorge besitzen, hat das Familiengericht gemäß § 1680 Abs. 3 BGB in Verbindung mit § 1680 Abs. 2 BGB den Vätern die entzogenen Bereiche der elterlichen Sorge zu übertragen, wenn dies dem Kindeswohl nicht widerspricht.

Schlussbetrachtung

Bei Sorgerechtsentzug Kindeswohl beachten

Das Familiengericht muss bei Eingriffen in die elterliche Sorge äußerst behutsam vorgehen. Das gebietet nicht nur die verfassungsmäßig geschützte Elternposition, sondern auch das Kindeswohl. Denn eine Trennung von der Familie ist für die Entwicklung eines Kindes oftmals problematisch. Selbst wenn die Ursachen der Gefährdung im elterlichen Verhalten liegen, ist genauestens zu überlegen, ob eine Trennung sich wirklich zu seinen Gunsten auswirken kann. Denn sie bewirkt – fast ausnahmslos – auch einen Wechsel sämtlicher Bezugspersonen und damit eine große Verunsicherung des Kindes. Erscheint dennoch eine Trennung von der Familie erforderlich, so dürfen die Eltern von ihrem Sorgerecht (und ihrer Sorgepflicht!) nicht weiter ausgeschlossen werden als unumgänglich ist, weil sonst die Gefahr besteht, dass sie nicht mehr bereit sind, sich noch weiter um das Kind zu kümmern.

Überprüfung/Abänderung gerichtlicher Anordnungen

Längerdauernde Maßnahmen nach den §§ 1666 bis 1667 BGB hat das Familiengericht in angemessenen Zeitabständen zu überprüfen, denn diese sind aufzuheben, wenn eine Gefahr für das Kindeswohl nicht mehr besteht oder die Erforderlichkeit der Maßnahme entfallen ist (§ 1696 Abs. 2 BGB); dies ist gemäß § 26 FamFG von Amts wegen zu ermitteln.

II. Elterliche Sorge nach Scheidung der Eltern

Regelung durch Familiengerichtes nur auf Antrag

Seit 1.7.1998 ist der zuvor bestehende sog. *„Zwangsverbund"* von Scheidung und Sorgerechtsregelung entfallen. Folglich wird seitdem im Scheidungsverfahren vom Familiengericht nur noch dann eine Regelung im Hinblick auf die Ausübung der elterlichen Sorge getroffen, wenn ein Ehegatte dies beantragt (§ 1671 Abs. 1 BGB).[181] Geschieht dies nicht (oder wird ein solcher Antrag abgelehnt), behalten geschiedene Eltern seitdem also weiterhin die gemeinsame elterliche Sorge.

---

181 Siehe dazu im Einzelnen S. 224 ff.

H. Umgangs- und Auskunftsrecht

I. Begriff und Inhalt

Gesetzgeberisch werden Kontakte des Kindes zu anderen Personen (einschließlich seiner Eltern) sowie deren Kontakte zum Kind als „Umgang" bezeichnet. Zu den umgangsberechtigen Personen gehören

Personenkreis

- *die leiblichen*[182] *Eltern*, §§ 1626 Abs. 3 S. 1, 1684 Abs. 1, 1686a BGB,
- *Großeltern und Geschwister*, § 1685 Abs. 1 BGB sowie
- *enge Bezugspersonen des Kindes, wenn diese für das Kind tatsächlich Verantwortung tragen oder getragen haben (sozial-familiäre Beziehung),* § 1685 Abs. 2 BGB.

Inhalt

Unter Umgang des Kindes werden seine sämtlichen Kontakte zu anderen Personen verstanden.

Beispiele: Briefe, E-Mails, Telefonate, SMS, MMS, soziale Medien, gemeinsame Unternehmungen (Spazierengehen, Wandern, Rad-, Skifahren, Kino-, Theater-, Restaurantbesuche, Sportveranstaltungen) sowie zeitlich begrenzte Besuche (halb- oder ganztags, an Wochenenden, in den Ferien etc.).

II. Kontakte zwischen Eltern und Kindern

Recht des Kindes, Pflicht und Recht der Eltern

Gemäß § 1626 Abs. 3 S. 1 BGB dient der Umgang mit beiden Eltern in der Regel (d. h.: von – bedauerlichen – Ausnahmefällen abgesehen) dem Kindeswohl. Kinder haben nach § 1684 Abs. 1 S. 1 Hs. 1 BGB ein Recht auf Umgang mit jedem Elternteil; Eltern sind gemäß § 1684 Abs. 1 S. 1 Hs. 2 BGB zum Umgang mit ihrem Kind berechtigt und verpflichtet. Das Recht des Kindes besteht ohne Altersbegrenzung und *ohne jede Einschränkungsmöglichkeit.* Allerdings wurde im Vertrauen auf die Beratungs- und Unterstützungspflicht des Trägers der öffentlichen Jugendhilfe nach § 18 Abs. 3 SGB VIII von einer Regelung der Durchsetzung dieses Rechts des Kindes abgesehen. Der Vorschlag des *Bundesrates*, dem Kind ab vollendetem 14. Lebensjahr ein diesbezügliches Antragsrecht und damit die Geltendmachung seines Rechts selbst zu überlassen, ist mit dem – mehr als fragwürdigen – Argument abgelehnt worden, dass „erzwungene Kontakte dem Kindeswohl nicht zuträglich wären"[183]. Denn die Eltern können ihr Umgangsrecht gerichtlich einfordern (siehe dazu S.334 ff.).

Zielsetzungen des KindRG von 1998

Zielsetzung der vom KindRG geschaffenen Regelung war, dadurch einen Bewusstseinswandel herbeizuführen, weil Untersuchungen ergeben hatten, dass mehr als die Hälfte aller geschiedenen Väter bereits ein Jahr nach der Scheidung keinerlei Kontakt mehr zu ihren Kindern hatten.[184] Durch diese gesetzliche Normierung sollte verdeutlicht werden, dass Eltern nicht nur ein Recht auf Kontakte zu ihren Kindern haben, sondern im Interesse ihrer Kinder vor allem die Pflicht, diese Kontakte zu ermöglichen. Das gilt sowohl für den Elternteil, bei dem das Kind lebt und der die Kontakte mit dem anderen Elternteil vereitelt, als auch für den Elternteil, der sich nicht mehr um sein Kind kümmert.[185]

---

[182] Ab Freigabeerklärung zur Adoption stehen leiblichen Eltern aber keine Kontakte mehr zu (§ 1751 Abs. 1 S. 1 HS 2 BGB).
[183] BT-Drs. 13/4899, 153 und 168.
[184] BT-Drs. 13/4899, 62.
[185] BT-Drs. 13/8511, 68.

Relevanz des Umgangsrechts bei Getrenntlebenden

Solange beide Eltern mit dem Kind zusammenleben, wird das Umgangsrecht nur dann relevant, wenn entweder ein Elternteil oder das Kind Kontakte verweigert. Bedeutsam wird die gesetzliche Regelung, wenn Elternteile nicht mit dem Kind zusammenleben. Wenn beide Eltern sorgeberechtigt sind, entscheidet jeder Elternteil über seine Kontakte zum Kind sowie über deren Art und Umfang. Wenn jedoch ein Elternteil alleiniger Personensorgeberechtigter ist, kann dieser zunächst über Kontaktmöglichkeiten zum anderen Elternteil befinden (§ 1632 Abs. 2 BGB), denn in diesem Kontext ist auch der nicht personensorgeberechtigte Elternteil „Dritter“. – Wird einem Elternteil Kontakt zum Kind verweigert, kann er sich an das Jugendamt oder Familiengericht wenden (siehe dazu S. 332ff.).

1. Umgangsvereinbarungen

Wohlverhaltensvorschrift

Die Eltern können miteinander Vereinbarungen treffen, wie die jeweiligen Kontakte zu ihren Kindern ausgeübt werden sollen. Bei der Ausübung der Kontakte haben beide Elternteile gemäß § 1684 Abs. 2 S. 1 BGB alles zu unterlassen, was das Verhältnis des Kindes zum jeweils anderen Elternteil beeinträchtigt oder die Erziehung erschwert. Diese Vorschrift will der Gefahr vorbeugen helfen, dass Konflikte der Eltern mittels und auf Kosten der Kinder ausgetragen werden. Obwohl die Norm selbst *sanktionslos* ist, kann das Familiengericht durch Anordnungen gegen den betreffenden Elternteil diesen zur Erfüllung seiner Pflichten anhalten (§ 1684 Abs. 3 S. 2 BGB).[186] Wenn das Kindeswohl das erforderlich macht, kann das Familiengericht aber auch gemäß § 1684 Abs. 4 BGB die Kontakte einschränken oder ausschließen (s. dazu S. 334f.).

2. Kontroverse Fälle

Rechtsanspruch auf Beratung durch das Jugendamt

Können die Eltern sich über eine Regelung der Kontakte nicht einigen oder erweist sich eine diesbezügliche vorherige Vereinbarung als nicht mehr tragfähig oder wehrt sich das Kind gegen elterliche Abmachungen, so können die Eltern wie auch das Kind sich zwecks Beratung und Unterstützung an das Jugendamt wenden (§ 18 Abs. 3 SGB VIII in Verbindung mit §§ 3 Abs. 2 S. 2, 69 Abs. 3 SGB VIII). Kommt keine Einigung zustande, kann das Familiengericht – nach vorheriger Anhörung von Eltern, Kind und Jugendamt (§§ 160, 159, 162 FamFG) – sowohl über den Umfang der Kontakte entscheiden als auch deren Durchführung näher regeln (siehe dazu unten 4.). Außerdem kann es die Eltern gemäß § 1684 Abs. 3 S. 2 BGB durch Anordnungen zur Einhaltung der Wohlverhaltensvorschrift anhalten. Wird die Wohlverhaltensvorschrift dauerhaft oder wiederholt erheblich verletzt, kann das Familiengericht nach § 1684 Abs. 3 S. 3 BGB eine Umgangspflegschaft ordnen.

Entscheidung des Familiengerichtes

Problematische Fälle

Aus der Sicht des Kindes sind die Fälle besonders problematisch, in denen Kontakte bzw. Besuche
- vom Kind oder Jugendlichen abgelehnt werden,
- von den Eltern (oder einem Elternteil) verweigert werden,
- zwar stattfinden, diese aber zu hocheskalierten Konflikten führen,

---

[186] Das Familiengericht kann seine diesbezüglichen Entscheidungen notfalls auch mit Zwangsmitteln nach § 90 FamFG durchsetzen.

z. B. weil die Eltern sich über Art und Umfang nicht einig sind, insbesondere wenn ein Elternteil diese be- oder verhindert oder wenn durch sie die Erziehung oder das Kindeswohl beeinträchtigt oder gar gefährdet erscheint.

§ 1686a BGB

Mit Wirkung zum 13.7.2013 wurde § 1686a BGB neu in das BGB eingefügt,[187] damit dem leiblichen, jedoch nicht rechtlichen Vater Umgangs- und Auskunftsrechte zugestanden werden, wenn dieser den fehlenden Aufbau einer sozial-familiären Beziehung mit seinem Kind nicht zu vertreten hat.[188] Solange die Vaterschaft eines anderen Mannes besteht, hat der leibliche Vater, der ernsthaftes Interesse an dem Kind gezeigt hat, gemäß § 1686a Abs. 1 BGB

1. ein Recht auf Umgang mit dem Kind, wenn der Umgang dem Kindeswohl dient, und
2. ein Recht auf Auskunft von jedem Elternteil über die persönlichen Verhältnisse des Kindes, soweit er ein berechtigtes Interesse hat und dies dem Wohl des Kindes nicht widerspricht.

3. Beratung und Unterstützung durch die Jugendhilfe

Die Gesetzgebung ist davon ausgegangen, dass bei der Durchsetzung des Besuchsrechts des Kindes gegenüber seinen Eltern sowie bei dem Kindeswohl förderlichen Kontakten von Eltern *in der Praxis großer Hilfebedarf* besteht. Denn von den Erwachsenen (Eltern und Richterinnen bzw. Richtern) werden die Belange des Kindes nicht immer genügend beachtet, sondern oftmals durch kindfremde Interessen und Sichtweisen beeinträchtigt, so dass das Kindeswohl „nicht selten auf der Strecke bleibt“[189]. Besonderer Hilfebedarf liegt vor allem dann vor, wenn für das Kind wünschenswert erachtete Kontakte zu seinen Eltern nicht bestehen oder wenn diese von Eltern oder Kind verweigert oder gar von einem Elternteil torpediert oder gar verhindert werden. Die Gesetzgebung hat daher der Kinder- und Jugendhilfe eine wichtige Aufgabe zugewiesen:

Aufgaben der Kinder- und Jugendhilfe

Minderjährige haben gemäß § 18 Abs. 3 S. 1 SGB VIII Anspruch auf Beratung bei der Ausübung des Umgangsrechts mit ihren Eltern.

Hilfe für Minderjährige

Außerdem sollen sie nach § 18 Abs. 3 S. 2 SGB VIII darin unterstützt werden, dass Personen, die nach Maßgabe der §§ 1684, 1685 und 1686a BGB zum Umgang mit ihnen berechtigt sind, von ihrem Umgangsrecht zum Wohl der Minderjährigen Gebrauch machen.

Hilfe für Eltern und betreuende Personen

Eltern sowie Personen, in deren Obhut sich die Minderjährigen befinden, haben nach § 18 Abs. 3 S. 3 SGB VIII ebenfalls Anspruch auf Beratung und Unterstützung bei der Ausübung von Kontakten und Besuchen mit den Minderjährigen.

Vermittlung und Hilfestellung

Bei der konkreten Herstellung von Umgangskontakten soll der öffentliche Träger der Kinder- und Jugendhilfe nach § 18 Abs. 3 S. 4 SGB VIII vermitteln und in geeigneten Fällen Hilfestellung leisten.

Bereits bestehende gerichtliche Regelungen

Dies ist insbesondere dann von großer Bedeutung, wenn hinsichtlich der Kontakte zwischen Eltern und Kindern bereits Regelungen vom Familiengericht getroffen wurden und es nunmehr zu Konflikten gekommen ist (s. dazu unter 4.).

---

187 BGBl. 2013 I 2176.

188 BT-Drs. 17/12163, 9.

189 Gesetzesbegründung zum KindRG, BT-Drs. 11/5948, 59.

Kindeswohl ist oberste Maxime

Grundsätzlich muss die Kinder- und Jugendhilfe zwar anstreben, Kindern gute Beziehungen zu dem Elternteil zu ermöglichen, mit dem sie nicht zusammenleben. Dabei ist aber darauf zu achten, dass diese Kontakte auch wirklich dem Kindeswohl förderlich sind und dieses nicht beeinträchtigen. Daher bedarf es einer sehr sorgfältigen *Beratung, die bei beiden Elternteilen ansetzt und dann die Kinder behutsam mit einbezieht.* Die Kinder- und Jugendhilfe muss dabei versuchen, die Minderjährigen möglichst wenig mit eventuell bestehenden Konflikten ihrer Eltern zu belasten und daher einvernehmliche Lösungen anstreben, weil in der Praxis letztlich nur diese sich als tragfähig erweisen. Ist das nicht (oder nicht mehr) durchführbar, so müssen die Eltern vom *Vorrang der Interessen des Kindes* gegenüber ihren eigenen Anliegen[190] überzeugt werden. Anderenfalls sind Beeinträchtigungen des Kindeswohls unvermeidbar, aus denen oftmals langfristige Schäden resultieren, die zu Bindungs- und Trennungsängsten führen und damit die eigenen Partnerbeziehungen der Kinder bis ins Erwachsenenalter hinein nachhaltig belasten und gefährden können.

Problematische Gerichtspraxis

Bei allen Wünschen nach persönlichem Kontakt zwischen Eltern und Kindern ist insbesondere zu bedenken, wie vor allem ein Zusammentreffen des Kindes mit einem Elternteil, mit dem es ja in aller Regel seit längerer Zeit nicht zusammenlebt, sich voraussichtlich auf sein Wohl auswirken wird. In der Gerichtspraxis wird die Situation meist zu stark unter dem Aspekt des Elternrechts und zu wenig aus der Perspektive des Kindes betrachtet. So wird z. B. immer wieder von den Gerichten zu wenig beachtet, was es für ein Kind bedeutet kann, wenn es nach Jahren ohne jeglichen Kontakt mit einem Elternteil mit diesem „von oben verordnet" plötzlich Stunden oder gar Tage verbringen soll. Noch viel mehr kann ein Erstkontakt das Kind in einen Strudel der Gefühle reißen, in dem es ohne behutsame fachliche Hilfe evtl. Schäden für seine Entwicklung erleidet. Das gilt vor allem dann, wenn danach wieder die Verbindung für lange Zeit abrupt abreißt. Daher ist insbesondere bei erstmaligen Besuchswünschen von Eltern (oder nach vorheriger langer Unterbrechung) die Prognose bezüglich der Kontinuität weiterer Kontakte zu beachten.

Kompromisse fragwürdig

In allen Konfliktfällen ist von der Kinder- und Jugendhilfe darauf hinzuwirken, dass dem *Kindeswohl Priorität vor* – noch so verständlichen – *Kontaktwünschen der Eltern* eingeräumt wird. So sind zeitweilige Beschränkungen auf Briefe/E-Mails und/oder Telefonate/SMS oder auch ein – zumindest zeitweises – Ruhen dieser Kontakte in derartigen Fällen evtl. besser, als nach – für das Kind fragwürdigen – Kompromissen zu suchen. Dabei ist es letztlich auch unerheblich, wem bestehende Querelen anzulasten sind, da das Kind in jedem Fall in die elterlichen Auseinandersetzungen um das Besuchsrecht hineingezogen und damit sein Wohl unweigerlich beeinträchtigt wird. Denn das bleibt schon dadurch nicht aus, da es in diesen Fällen fast ausnahmslos eine Art Entscheidung für oder gegen einen Elternteil treffen muss – eine Situation, die für ein Kind stets prekär ist und nicht ohne negative Folgen bleiben kann. Andererseits wäre es aber auch problematisch, Kontakt- oder Besuchsregelungen

---

[190] Das BVerfG geht in seiner Entscheidung v. 6.11.2009 nur von einer Abwägung der beiderseitigen Grundrechtpositionen der Eltern *unter Berücksichtigung des Kindeswohls und dessen Individualität als Grundrechtsträger* aus (FamRZ 2010, 109).

Kindeswille

ohne – oder gar gegen – den Willen des Kindes zu treffen (von Kleinstkindern mal vielleicht abgesehen). Das Kind muss daher in gerichtlichen Verfahren die Möglichkeit erhalten, seine persönlichen Beziehungen zu den Eltern erkennbar werden zu lassen. Dabei müssen die Gerichte ihre Verfahren so gestalten, dass sie möglichst zuverlässig die Grundlage einer am Kindeswohl orientierten Entscheidung erkennen können.[191]

4. Gerichtliche Regelungen

Kontakte zwischen Kindern und Eltern können durch das Familiengericht geregelt werden. Dies ist vor allem bei Scheidungen üblich. Ansonsten kommt dies dann in Betracht, wenn weder familienintern noch unter Mitwirkung der Jugendhilfe eine einvernehmliche Lösung bezüglich der Kontakte möglich ist. Das Familiengericht kann dann sowohl den Umfang der Kontakte festlegen als auch seine konkrete Durchführung näher regeln (§ 1684 Abs. 3 S. 1 BGB). Das geschieht meist bis ins Detail in der Hoffnung, dass sich dann keine Auseinandersetzungen mehr ergeben. Das bedeutet Folgendes:

Beispiele: Im Hinblick auf die (zu Recht) für wünschenswert erachtete Kontinuität der Kontakte und die Beeinträchtigung der Freizügigkeit aller Beteiligten halten die Gerichte regelmäßige Zusammentreffen von kürzerer Dauer für die beste Lösung. So werden überwiegend ein bis zwei Zusammentreffen im Monat festgelegt – und zwar bei kleineren Kindern nur für einige Stunden und bei anderen für einen halben oder ganzen Tag oder für ein Wochenende (letzteres vor allem bei weiter Anreise). Es werden aber insbesondere bei älteren Kindern oder Jugendlichen auch Ferienbesuche von mehreren Wochen vorgesehen.

Konsequenzen

Bei allen Kontakten – auch bei Wochenend- und Ferienbesuchen – gilt der Grundsatz, dass der zum Kontakt berechtigte Elternteil an dem vom Gericht festgelegten Tag *(z. B. ein bestimmter Sonntag im Monat)* entweder das Kind abholt oder dieses zu ihm kommt. Dies richtet sich u. a. danach, wie alt das Kind ist, welche räumliche Entfernungen zurückzulegen sind und welche Verkehrsmittel dem Kind zur Verfügung stehen. Während der festgelegten Zeit kann der Elternteil natürlich auch Ausflüge mit seinem Kind unternehmen, mit ihm ins Museum oder ins Kino gehen. Er hat dann Sorge zu tragen, dass das Kind rechtzeitig und sicher wieder nach Hause kommt, denn er ist insoweit *aufsichtspflichtig*. Dies resultiert aus der gesetzlich diesbezüglich festgelegten „Befugnis" zur alleinigen Entscheidung in Angelegenheiten der tatsächlichen Betreuung (§ 1687a i.V.m. § 1687 Abs. 1 S. 4 BGB).

Vermittlung des Jugendamtes

Kommt es auch nach einer Regelung durch das Familiengericht zu Auseinandersetzungen zwischen den Eltern oder mit dem Kind, so kann jeder von ihnen sich zwecks Beratung und Unterstützung gemäß § 18 Abs. 3 SGB VIII an den Träger der öffentlichen Jugendhilfe wenden.

Vermittlung durch das Familiengericht

Wenden sich die Eltern dagegen an das Familiengericht, soll dies, sofern dies dem Kindeswohl nicht widerspricht, auf ein Einvernehmen der Beteiligten hinwirken und auf die Möglichkeiten der Beratung durch spezielle Beratungsstellen/-dienste der Träger der Kinder- und Jugendhilfe

---

[191] BVerfG vom 13.12.2012 (ZKJ 2013, 163) unter Berufung auf BVerfGE 55, 171 (182) und BVerfGE 64, 180 (191).

sowie der Mediation hinweisen (§ 156 Abs. 1 S. 1, 2 FamFG). Das Familiengericht kann auch anordnen, dass die Eltern eine Beratungsstelle aufsuchen (§ 156 Abs. 1 S. 4, 5 FamFG). Beantragt ein Elternteil, der geltend macht, dass der andere die Durchführung einer gerichtlichen Umgangsregelung erschwert oder gar vereitelt, eine gerichtliche Vermittlung, lädt das Familiengericht unverzüglich beide Eltern sowie das Jugendamt zu einem Vermittlungstermin. Hierbei ordnet es deren persönliches Erscheinen an und weist auf die Folgen des Nichterscheinens oder einer erfolglosen Vermittlung hin (§ 165 Abs. 1–3 FamFG). In diesen Fällen stellt das Familiengericht durch nicht anfechtbaren Beschluss die Erfolglosigkeit der Vermittlung fest (§ 165 Abs. 5 S. 1 FamFG) und prüft gemäß § 165 Abs. 5 S. 2 FamFG von Amts wegen, ob

Scheitern der Vermittlung

- Ordnungsmittel (d. h. Ordnungsgeld in Höhe von 5,– EUR bis maximal 25.000,– EUR[192] und im Nichtbeitreibungsfall Ordnungshaft) angeordnet werden (s. dazu § 89 FamFG),[193]
- Änderungen seiner bisher festgelegten Umgangsregelungen vorgenommen werden,
- Maßnahmen in Bezug auf die elterliche Sorge (d. h. Beschränkungen) ergriffen werden sollen
- oder gemäß § 90 FamFG unmittelbarer Zwang gegen die Eltern (nicht jedoch gegen das Kind) nötig erscheint.

evtl. Ordnungsgeld

Neue Regelungen

Sorgerechtseingriffe

Da das Umgangsrecht eines Elternteils ebenso wie die elterliche Sorge unter dem Schutz von Art. 6 Abs. 2 S. 1 GG steht,[194] müssen beide Rechtspositionen von den Eltern im Verhältnis zueinander respektiert werden.[195] Elterliche Kontakte zum Kind können vom Familiengericht daher nur dann eingeschränkt oder ausgeschlossen werden, soweit dies zum Wohl des Kindes erforderlich ist – für längere Zeit oder auf Dauer[196] allerdings nur, wenn andernfalls das Kindeswohl gefährdet wäre (§ 1684 Abs. 4 S. 1 und 2 BGB).

Einschränkungen von Kontakten

5. Begleitete Kontakte

Bestehen begründete Bedenken, das Kind dem umgangsberechtigten Elternteil zu überlassen, weil von ihm eine schädliche Beeinflussung oder konkrete Gefährdung des Kindes[197] oder sogar die Entführung des Kindes

Bei Besorgnis von Kindeswohlgefährdungen

---

[192] Über die konkrete Höhe entscheidet das Familiengericht unter Berücksichtigung der Umstände des Einzelfalls, ausschlaggebend sind beispielsweise die Intensität der Zuwiderhandlung, der Grad des Verschuldens sowie die wirtschaftlichen Verhältnisse der verpflichteten Person. In der Praxis liegt die Höhe des Ordnungsgeldes anfangs oftmals nicht über 500 EUR (BeckOK FamFG/Sieghörtner FamFG § 89 Rn. 19; MüKoFamFG/Zimmermann FamFG § 89 Rn. 21).

[193] Der Vollzug erfolgt durch den Gerichtsvollzieher, der dabei um Unterstützung der polizeilichen Vollzugsorgane nachsuchen kann (vgl. § 87 Abs. 3 FamFG).

[194] BVerfG vom 13.12.2012, ZKJ 2013, 163.

[195] BVerfG, aaO.

[196] Eine konkrete Befristung ist hierbei (mangels sicherer Prognose) nicht möglich (aA: OLG Köln, ZKJ 2013, 303 [Ausschluss für 6 Jahre]).

[197] Die bloße abstrakte Möglichkeit genügt für eine Einschränkung nicht (BVerfG, 1 BvR 1410/08 vom 6.11.2009, Absatz-Nr. 20 [FamRZ 2010, 109]).

(insbesondere ins Ausland)[198] zu befürchten ist, werden z.T. Treffen an einem neutralen Ort (z.B. im Kindergarten, Jugendamt, sozialen Dienst oder auf einem Spielplatz) oder in Gegenwart Dritter durchgeführt, um emotional für wünschenswert erachtete Kontakte nicht völlig versagen zu müssen. Diese schon lange bestehende gerichtliche Praxis (sog. *begleitete Umgänge*) hat das *KindRG* seit 1.7.1998 explizit unter der Bedingung gesetzlich verankert, dass mitwirkungsbereite Dritte vorhanden sind (§ 1684 Abs. 4 S. 3 BGB).

Weiterhin Reformbedarf

Auch bei der Neuregelung des Umgangsrechts durch das KindRG wurden m.E. die Belange des Kindes noch nicht genügend gewahrt. Das ergibt sich aus Folgendem:

Eltern, die ihr Umgangsrecht gerichtlich einfordern, müssen weder nachweisen, dass bereits kontinuierliche, gute Kontakte bestehen, noch dass die gewünschten Kontakte dem Kindeswohl dienen.

Verstöße der Eltern gegen ihre Pflicht zu Kontakten haben für sie keine negativen Auswirkungen. Vielmehr können sie später ihr Umgangsrecht dennoch gerichtlich beanspruchen.

Elterliche Kontakte zum Kind können nur dann eingeschränkt oder ausgeschlossen werden, soweit dies zum Kindeswohl erforderlich ist; für längere Zeit ist dies nur möglich, wenn anderenfalls das Kindeswohl gefährdet wäre (§§ 1684 Abs. 4 S. 1 und 2 BGB) – also jeweils nur bei nicht leicht zu führendem Nachweis. Aber selbst dann kommen ja nach der *Gesetzesbegründung* evtl. noch sog. „begleitete Besuche" in Betracht (vgl. § 1684 Abs. 4 S. 3 und 4 BGB).

Forderungen an die Gesetzgebung

Im Interesse des Kindes ist daher nach wie vor eine Regelung zu fordern, die Folgendes beachtet:

Ein gerichtlich durchsetzbares Recht der Eltern erscheint nur dann vertretbar, wenn dies dem Kindeswohl dient und dabei insbesondere berücksichtigt wird, ob bereits vorher kontinuierliche Kontakte bestanden haben – vor allem, ob diese Kontakte auch künftig zu erwarten sind.

Ab einem bestimmten Alter (spätestens ab 14 Jahren) ist für Kinder ein Antragsrecht auf wünschenswerte Kontakte zu ihren Eltern und anderen nahen Bezugspersonen vorzusehen (denn ohne jegliche Durchsetzungsmöglichkeit erweist sich ihr „Recht" auf Kontakte als Farce) – außerdem ist dem Kind spätestens ab 14 Jahren (besser ab 12 Jahren) ein Vetorecht gegen unerwünschte Kontakte einzuräumen.

III. Kontakte des Kindes mit Verwandten und engen Bezugspersonen

Personenkreis

Das KindRG hat am 1.7.1998 erstmalig bestimmten Verwandten sowie nahen Bezugspersonen des Kindes ein Umgangsrecht eingeräumt, wenn dies dem Kindeswohl dient (§ 1685 BGB). Hierzu gehören

- *Geschwister* (einschließlich sog. Stiefgeschwister),
- *Großeltern*,
- *Stiefeltern*, die für das Kind tatsächliche Verantwortung haben (oder hatten) – was in der Regel bei längerem Zusammenleben angenommen wird (sog. *sozial-familiäre Beziehung*),
- *andere Partner*innen* eines Elternteils unter denselben Bedingungen,
- *Pflegeeltern* bei Erfüllung derselben Voraussetzungen.

---

[198] Zur Rückführung ins Ausland entführter Kinder *Cirullies*, ZKJ 2010, 178f.

Kein Recht des Kindes

Das Kind besitzt gegenüber diesen nahen Bezugspersonen jedoch kein Recht auf Kontakte oder Besuche (vgl. § 1685 Abs. 3 BGB, der nicht auf § 1684 Abs. 1 BGB verweist). Das ist bedauerlich und auch nicht nachvollziehbar,[199] da § 1626 Abs. 3 S. 2 BGB davon ausgeht, dass Kontakte mit Personen, zu denen das Kind Bindungen besitzt, in der Regel zum Kindeswohl gehören, wenn ihre Aufrechterhaltung für seine Entwicklung förderlich ist.

Zunächst bestimmen nach der Gesetzeslage die Personensorgeberechtigten völlig frei über das „Ob“ und „Wie“ von Kontakten zu den oben genannten Personen (§ 1632 Abs. 2 BGB).

Konfliktfälle

In Konfliktfällen bestehen dieselben Regelungen wie bei Kontaktproblemen mit den Eltern, denn nach § 1685 Abs. 3 S. 1 BGB finden die Regelungen in § 1684 Abs. 2 bis 4 BGB entsprechende Anwendung, d. h.:

- auch hier besteht Beratungs-, Unterstützungs-, und Vermittlungspflicht der Kinder- und Jugendhilfe (siehe oben unter II. 3.),
- das Familiengericht kann die Kontakte näher regeln (siehe dazu oben unter II. 4.),
- eine Einschränkung oder der Ausschluss durch das Familiengericht ist hier grundsätzlich unter denselben Voraussetzungen vorgesehen wie bei den Eltern. Allerdings kann gemäß § 1685 Abs. 3 S. 2 BGB eine Umgangspflegschaft nach § 1684 Abs. 3 S. 3–5 BGB nur dann angeordnet werden, wenn die Voraussetzungen des § 1666 Abs. 1 BGB erfüllt sind.

IV. Sorgerechtsbefugnisse während des Besuchs des Kindes

Tatsächliche Betreuung

Aufsichtspflicht

Solange sich das Kind mit Einwilligung des Sorgeinhabers beim besuchsberechtigten Elternteil aufhält, hat dieser die Befugnis zur alleinigen Entscheidung in Angelegenheiten der tatsächlichen Betreuung und damit auch die sich hieraus ergebenden Verpflichtungen wie z. B. die Aufsichtspflicht (§§ 1687a, 1687 Abs. 1 S. 4 BGB).

Wohlverhalten

Der besuchsberechtigte Elternteil ist aber dann ganz besonders verpflichtet, alles zu unterlassen, was das Verhältnis des Kindes zum anderen Elternteil beeinträchtigt oder die Erziehung erschwert (§§ 1687a, 1687 Abs. 1 S. 5, 1684 Abs. 2 S. 1 BGB).

Gerichtliche Beschränkungen

Eil- und Notfälle

Das Familiengericht kann diese Befugnisse einschränken oder ausschließen, wenn dies zum Kindeswohl erforderlich ist (§ 1687a, 1687 Abs. 2 BGB). – In echten Eil- und Notfällen ist dieser Elternteil in allen Belangen des Kindes entscheidungsbefugt (§§ 1687a, 1687 Abs. 1 S. 5, 1629 Abs. 1 S. 4 BGB).

V. Auskunftsrecht

Voraussetzungen

Jeder Elternteil kann gemäß § 1686 S. 1 BGB bei berechtigtem Interesse vom anderen Elternteil Auskunft über die persönlichen Verhältnisse des Kindes verlangen, soweit dies dem Kindeswohl nicht widerspricht.

Berechtigtes Interesse

Ein berechtigtes Interesse besteht nur dann, wenn für einen Elternteil keine Kontakte zum Kind vorhanden sind, so dass er sich nicht über die

---

[199] So auch ausdrücklich *Willutzki*, Kind-Prax 1988, S. 11.

Entwicklung und das Wohlergehen seines Kindes informieren kann. Dieser Anspruch ist somit grundsätzlich nur anzuerkennen bei akuten Anlässen

Beispiele: Schulwechsel/-abschluss, schwere Erkrankung, Unfall

oder wenn ein Elternteil keinen persönlichen Kontakt zum Kind aufnehmen kann, weil ihm das aus tatsächlichen Gründen

Beispiele: weite Entfernung, Auslandsaufenthalt, Inhaftierung, schwere oder ansteckende Krankheit oder Alter

oder aus rechtlichen Gründen

Beispiele: Einschränkung oder Ausschluss des Umgangs durch das Familiengericht

nicht möglich ist.

Inhalt der Auskunft

Der Anspruch richtet sich auf Auskünfte über die persönlichen Verhältnisse des Kindes.

Beispiele: Auskunft über das persönliche (auch gesundheitliche) Befinden, über schulische Leistungen, Ausbildungs- und Berufspläne.

Kindeswohlgefährdung

Eine Unvereinbarkeit mit dem Kindeswohl ist bei Auskunftsverlangen z. B. dann denkbar, wenn die schützenswerte Intimsphäre des Kindes oder Jugendlichen beeinträchtigt ist oder wenn zu befürchten ist, dass die Auskünfte dem Kindeswohl abträgliche persönliche Kontakte ermöglichen sollen. Das Auskunftsrecht kann aber gerichtlich nicht völlig ausgeschlossen werden (vgl. § 1686 BGB).

Bei Streit: Familiengericht

Bei Streit über das Auskunftsrecht ist das Familiengericht zuständig (§ 1686 S. 2 BGB). Antragsberechtigt ist jeder Elternteil.

Wenn über das elterliche Auskunftsrecht gestritten wird, besteht besonderer Beratungs- und Unterstützungsbedarf. Denn hier geht es nicht nur um berechtigte (oder unberechtigte) Informationsbedürfnisse der Eltern, sondern auch um Wahrung der Belange des Kindes und eventuell auch um die des von Auskunftsverlangen betroffenen anderen Elternteils. Da auch hier zum Teil erbittert „gefochten" wird, kommt der in § 18 Abs. 3 S. 4 SGB VIII festgelegten Hilfe und Vermittlungsrolle des Trägers der öffentlichen Jugendhilfe große Bedeutung zu.[200]

I. Ende der elterlichen Sorge

Beendigungsgründe

Die elterliche Sorge beginnt mit der Geburt des Kindes und endet bestimmungsgemäß mit der Volljährigkeit des Kindes, die gemäß § 2 BGB mit der Vollendung seines 18. Lebensjahres eintritt. Außerdem kann die elterliche Sorge aus Gründen, die entweder in der Person des Kindes oder in der Person jedes Elternteils liegen können, bereits zu einem früheren Zeitpunkt entweder für beide Elternteile oder für den jeweiligen Elternteil ihr Ende finden. Dies ist der Fall, wenn

- das Kind stirbt (vgl. § 1698b BGB),
- ein Elternteil stirbt (§ 1680 BGB),

[200] *Heuerding/Schleicher* in GK-SGB VIII, § 18, Rn. 67.

- ein Elternteil für tot erklärt wird oder seine Todeszeit nach den Vorschriften des Verschollenengesetzes gemäß § 1677 BGB festgestellt wird mit dem Zeitpunkt, der als Zeitpunkt seines Todes gilt,
- einem Elternteil die elterliche Sorge durch gerichtliche Entscheidung gemäß § 1666 Abs. 3 Nr. 6 BGB oder gemäß § 1696 BGB entzogen wird;
- die Alleinsorge auf den anderen Elternteil aus Anlass des Getrenntlebens der Eltern durch gerichtliche Entscheidung gemäß § 1671 BGB übertragen wird oder
- das Kind gemäß §§ 1754, 1755 BGB durch eine oder einen Dritten adoptiert wird (s. Kapitel 9).

Kapitel 9. Adoptionsrecht

Übersicht

A. Vorbemerkungen

BGB-Terminologie „Annahme als Kind“

Bei der Adoption, für die das BGB die Bezeichnung „Annahme als Kind“ verwendet,[1] entsteht die Elternschaft aufgrund einer familiengerichtlichen Entscheidung.[2] Die soziale Bedeutung der Adoption ergibt sich aus der Übernahme der elterlichen Verantwortung durch andere Personen für Kinder, deren Eltern hierzu nicht in der Lage oder nicht bereit sind.[3] Auf diese Weise wird Kindern die Möglichkeit eröffnet in einer Familie aufzuwachsen, die grundsätzlich die besten Rahmenbedingungen für eine kindgerechte und gedeihliche Entwicklung bietet.[4]

Adoption von minderjährigen und volljährigen Personen

Unterschieden wird bei der Adoption zwischen der Annahme minderjähriger Personen gemäß §§ 1741–1766 BGB und der Annahme volljähriger Personen gemäß §§ 1767–1772 BGB. Für minderjährige Kindern sieht das deutsche Recht ausschließlich die Möglichkeit einer sog. Volladoption vor,[5] „die grundsätzlich zur völligen Trennung des adoptierten Kindes von seiner bisherigen rechtlichen Familie und zu seiner vollen Integration in die aufnehmende Familie führt“.[6] Die Adoption ist daher im Vergleich zu anderen familiengerichtlichen Entscheidungen „mithin die stärkste mögliche Änderung einer Familienkonstellation für ein Kind“.[7] Die Adoption volljähriger Personen hat hingegen grundsätzlich nur beschränkte Wirkung, da sie sich gemäß § 1770 Abs. 1 BGB nicht auf die Verwandten der oder des Annehmenden erstreckt.[8] Unter bestimmten Voraussetzungen kann sie nach § 1772 BGB ebenfalls mit den Wirkungen der Volladoption erfolgen.[9]

---

1 Zum Begriff s. BT-Drs. 7/3061, 27.
2 *Schmidt*, Familienrecht und Einführung in das Zivilrecht, S. 94 Rn. 439.
3 *Palandt/Götz* BGB Einf. v. § 1741 Rn. 1.
4 *Palandt/Götz* BGB Einf. v. § 1741 Rn. 1.
5 *Behrentin/Braun*, Handbuch Adoptionsrecht, B Rn. 3.
6 BVerfG BeckRS 2019, 7418 Rn. 3.
7 *Behrentin/Braun*, Handbuch Adoptionsrecht, B Rn. 3.
8 *Schwab*, Familienrecht, S. 391 Rn. 883.
9 *Schwab*, Familienrecht, S. 391 Rn. 883.

B. Adoption minderjähriger Personen

I. Rechtliche Voraussetzungen

1. Das minderjährige Kind

a) Wohl des Kindes

Primäre Ausrichtung

Jede Adoption hat primär dem Kindeswohl zu dienen und nicht den Interessen der Adoptionsbewerber*innen. Die Vorschrift des § 1741 Abs. 1 S. 1 BGB bestimmt, dass eine Adoption nur dann zulässig ist, wenn sie dem Wohl des Kindes dient und zu erwarten ist, dass zwischen dem Annehmenden und dem Kind ein echtes Eltern-Kind-Verhältnis entsteht *(soziale Elternschaft)*. Diese – vom Familiengericht unter Berücksichtigung aller wesentlichen Umstände des Einzelfalls zu prüfenden – Voraussetzungen müssen nebeneinander vorliegen.[10] Zu den zwingenden Voraussetzungen gehört auch, dass die oder der Anzunehmende im Zeitpunkt des Adoptionsbeschlusses minderjährig ist.[11] Eine Adoption dient dann dem Wohl des Kindes, wenn sie eine nachhaltige Verbesserung der persönlichen Verhältnisse oder der Rechtsstellung des Kindes bewirkt.[12] Im Verhältnis zu den gegenwärtigen Lebensbedingungen des Kindes muss eine deutlich bessere Entwicklung der kindlichen Persönlichkeit zu prognostizieren sein.[13]

Bessere Entwicklung

Interessenabwägung

Die – grundsätzlich natürlich zu respektierenden – Interessen der leiblichen Eltern sowie die der Adoptiveltern haben hinter den Interessen des Kindes zurückzutreten. Vorrangig und damit entscheidend ist, ob sich durch eine Adoption die Entwicklungschancen des Kindes voraussichtlich verbessern. Daher darf gemäß § 1745 BGB eine Adoption dann nicht erfolgen, wenn zu befürchten ist, dass durch evtl. vorhandene (leibliche oder Adoptiv-) Kinder der Adoptiveltern die Interessen des Adoptivkindes gefährdet werden.

b) Einwilligung des Kindes

Bis Vollendung des 14. Lebensjahres bzw. bei Geschäftsunfähigkeit

Zur Adoption ist nach § 1746 Abs. 1 S. 1 BGB die Einwilligung des Kindes erforderlich. Solange das Kind noch nicht 14 Jahre alt oder geschäftsunfähig im Sinne des § 104 Nr. 2 BGB ist, kann gemäß § 1746 Abs. 1 S. 2 BGB nur die gesetzliche Vertretung des Kindes die Einwilligung erteilen. Bei unterschiedlicher Staatsangehörigkeit der oder des Annehmenden und des Kindes muss das Familiengericht die Einwilligung gemäß § 1746 Abs. 1 S. 4 BGB genehmigen, wenn die Annahme nicht dem deutschen Recht unterliegt. Ab Vollendung des 14. Lebensjahres kann das Kind gemäß § 1746 Abs. 1 S. 3 Hs. 1 BGB selbst einwilligen, nach § 1746 Abs. 1 S. 3 Hs. 2 BGB muss seine gesetzlichen Vertretung dieser Entscheidung zustimmen. Die Selbstbestimmung von minderjährigen Kindern zwischen 14 und 17 Jahren wird bei dieser weitreichenden Änderung ihrer familienrechtlichen Verhältnisse somit vollumfänglich respektiert. Gegen ihren

Ab Vollendung des 14. Lebensjahres

---

[10] *Palandt/Götz* BGB § 1741 Rn. 2.
[11] BeckOK BGB/*Pöcker* BGB § 1741 Rn. 12.
[12] *Palandt/Götz* BGB § 1741 Rn. 3.
[13] BayObLG FamRZ 1997, 839.

Willen kann eine Adoption nicht erfolgen, da ihre Einwilligung vom Familiengericht nicht ersetzt werden kann.

Einer Erklärung der Eltern nach § 1746 Abs. 1 BGB bedarf es gemäß § 1746 Abs. 3 Hs. 2 BGB nicht, soweit diese nach §§ 1747, 1750 BGB bereits unwiderruflich in die Adoption eingewilligt haben oder das Familiengericht ihre Einwilligung nach § 1748 BGB ersetzt hat.

Ersetzung bei Vormund/Pfleger*in

Wird die Einwilligung oder Zustimmung zur Adoption von einem Vormund oder einer Pflegerin bzw. einem Pfleger ohne triftigen Grund verweigert, so kann das Familiengericht diese gemäß § 1746 Abs. 3 Hs. 1 BGB ersetzen.

2. Die Adoptiveltern

a) Ehepaare

Ehepaare dürfen – unabhängig davon, ob sie verschiedenen oder gleichen Geschlechts sind – ein Kind gemäß § 1741 Abs. 2 S. 2 BGB grundsätzlich nur gemeinschaftlich annehmen. Dies gilt auch dann, wenn sie bereits seit vielen Jahren getrennt leben.[14]

Mindestalter für Adoptionsbewerber*innen

Wenn ein Ehepaar ein Kind adoptieren will, muss nach § 1743 S. 2 BGB einer der beiden Ehegatten mindestens das 25. und der andere das 21. Lebensjahr vollendet haben.

In folgenden Fällen ist die Adoption durch lediglich einen Ehegatten allein ausnahmsweise möglich:

- bei der sog. Stiefkindadoption (§ 1741 Abs. 2 S. 3 BGB), hier beträgt das Mindestalter gemäß § 1743 S. 1 Hs. 2 BGB 21 Jahre,
- wenn der andere Ehegatte das Mindestalter von 21 Jahren nicht erfüllt (§ 1741 Abs. 2 S. 4 BGB),
- wenn der andere Ehegatte geschäftsunfähig ist (§ 1741 Abs. 2 S. 4 BGB).

In diesen Fällen ist grundsätzlich die Einwilligung des anderen Ehegatten gemäß § 1749 Abs. 1 S. 1 BGB erforderlich. Das Familiengericht kann auf Antrag der oder des Annehmenden die Einwilligung gemäß § 1749 Abs. 1 S. 2 und 3 BGB ersetzen, wenn berechtigte Interessen des anderen Ehegatten und der Familie der Annahme nicht entgegenstehen.

Die Einwilligung des Ehegatten ist ausnahmsweise nach § 1749 Abs. 2 BGB nicht notwendig, wenn dieser zur Abgabe der Erklärung dauernd außerstande oder sein Aufenthalt dauernd unbekannt ist.

b) Lebenspartnerschaft im Sinne des Lebenspartnerschaftsgesetzes

Eine Lebenspartnerin bzw. ein Lebenspartner einer eingetragenen Lebenspartnerschaft im Sinne des Lebenspartnerschaftsgesetzes (LPartG) kann ein Kind gemäß § 9 Abs. 6 S. 1 Hs. 1 LPartG allein annehmen; hierfür ist gemäß § 9 Abs. 6 S. 1 Hs. 2 LPartG die Einwilligung der Lebenspartnerin bzw. des Lebenspartners erforderlich. Außerdem kann sie bzw. er nach § 9 Abs. 7 S. 1 LPartG das – leibliche oder von ihr bzw. ihm zuvor adoptierte[15] – Kind der Lebenspartnerin bzw. des Lebenspartners allein an-

---

[14] *Palandt/Götz* BGB § 1741 Rn. 9.
[15] MüKoBGB/*Wacke* LPartG § 9 Rn. 10.

nehmen. Die Regelungen in § 9 Abs. 6 und 7 LPartG sind für diejenigen noch relevant,[16] die von ihrem in § 20a LPartG normierten Recht, ihre Lebenspartnerschaft in eine Ehe umzuwandeln, keinen Gebrauch machen möchten. Es gibt derzeit jedoch erfreuliche Bestrebungen, die Möglichkeit der gemeinschaftlichen Adoption auch Lebenspartner*innen einer eingetragenen Lebenspartnerschaft uneingeschränkt zu eröffnen. Nach Art. 2 eines „Diskussionsteilentwurfs" des Bundesministeriums der Justiz und für Verbraucherschutz[17] soll § 9 Abs. 6 LPartG dahingehend neu gefasst werden, dass für die Annahme als Kind durch Lebenspartner*innen sowie für die Annahme einer Lebenspartnerin bzw. eines Lebenspartners als Kind die §§ 1741 bis 1772 BGB entsprechend gelten und § 9 Abs. 7 LPartG entfällt.

c) Andere Lebensgemeinschaften

Gemeinsame Adoption nicht möglich

Eheähnliche Lebensgemeinschaften können ein Kind gemeinschaftlich nicht annehmen; vielmehr kann nur eine/r der beiden gemäß § 1741 Abs. 2 S. 1 BGB ein Kind allein adoptieren. Allerdings hat das Bundesverfassungsgericht mit Beschluss vom 26. März 2019 – Aktenzeichen 1 BvR 673/17 – entschieden, dass zumindest der vollständige Ausschluss der Stiefkindadoption allein in nichtehelichen Familien gegen das in Art. 3 Abs. 3 GG verankerte allgemeine Gleichbehandlungsgebot verstößt. Nach derzeitiger Rechtslage ist eine zur gemeinsamen Elternschaft führende Stiefkindadoption nämlich lediglich dann möglich, wenn der Stiefelternteil mit dem rechtlichen Elternteil verheiratet ist oder eine Lebenspartnerschaft begründet hat, während der Stiefelternteil in nichtehelichen Stiefkindfamilien das Kind des rechtlichen Elternteils nicht adoptieren kann, ohne dass gemäß §§ 1754 Abs. 1, 2, 1755 Abs. 1, 2 BGB die Verwandtschaft des Kindes zu diesem Elternteil erlischt. Infolgedessen hat das Kind nur noch den Stiefelternteil als rechtlichen Elternteil; diese Auswirkung liegt regelmäßig nicht im Interesse der beteiligten Personen. Somit ist die Stiefkindadoption in nichtehelichen Familien nach geltendem Recht faktisch ausgeschlossen. Vor diesem Hintergrund hat das Bundesverfassungsgericht entschieden, dass § 1754 Abs. 1 und Abs. 2 BGB sowie § 1755 Abs. 1 S. 1 und Abs. 2 BGB mit Art. 3 Abs. 1 GG insoweit unvereinbar seien, als danach ein Kind von seinem mit einem rechtlichen Elternteil in nichtehelicher Lebensgemeinschaft lebenden Stiefelternteil unter keinen Umständen adoptiert werden könne, ohne dass die verwandtschaftliche Beziehung zum rechtlichen Elternteil erlöschen würde. Das Bundesverfassungsgericht hat die Gesetzgebung verpflichtet, bis zum 31. März 2020 eine Neuregelung zu treffen. Das geltende Recht ist bis zur gesetzlichen Neuregelung auf nichteheliche Stiefkindfamilien nicht anwendbar; Verfahren sind insoweit bis zu dieser Neuregelung auszusetzen.[18]

BVerfG: Faktischer Ausschluss der Stiefkindadoption verstößt gegen Art. 3 Abs. 1 GG

---

[16] Seit dem 1. Oktober 2017 können auch Personen gleichen Geschlechts eine Ehe schließen (vgl. § 1353 BGB); eine Lebenspartnerschaft nach dem LPartG kann seitdem nicht mehr neu begründet werden.

[17] https://www.bmjv.de/SharedDocs/Gesetzgebungsverfahren/Dokumente/DiskE_Reform_Abstammungsrecht.pdf?__blob=publicationFile&v=1, zuletzt abgerufen am 18.7.2019, S. 15.

[18] Zum ganzen Absatz BVerfG NJW 2019, 1793.

d) Einzelpersonen

In der Praxis Ausnahmefälle

Eine Einzelperson, die das 25. Lebensjahr vollendet hat, kann nach §§ 1741 Abs. 2 S. 1, 1731 S. 1 Hs. 1 BGB ebenfalls ein Kind adoptieren. Ist die Adoptionsbewerberin bzw. der Adoptionsbewerber alleinstehend und bedarf das anzunehmende Kind besonderer Fürsorge und Zuwendung, kann dies gegen die Adoption sprechen.[19] Allerdings wäre es nicht zulässig, die Adoption allein mit dem Hinweis auf die Situation einer Alleinerziehung abzulehnen, vielmehr ist auch hier eine – ergebnisoffene – einzelfallbezogene Kindeswohlprüfung vorzunehmen.[20]

Mehrere Einzelpersonen – z.B. ein Geschwisterpaar – können ein Kind nicht gemeinsam adoptieren.

e) Verwandtenadoptionen

Bedeutung

Für Adoptionen verwandter Personen bestehen gemäß § 1756 Abs. 1 BGB keine Einschränkungen. Anlass sind meist Scheidung oder Tod der Eltern.

Solange das Kindeswohl dabei im Vordergrund steht und gewährleistet ist, dass zwischen den beteiligten Personen ein echtes Eltern-Kind-Verhältnis entsteht, erfüllt die Adoption von Verwandten (z.B. durch Onkel und Tante) ebenfalls eine wichtige soziale Funktion, wenn sie dem Adoptivkind eine bessere Entwicklung ermöglicht. Das gilt vor allem für Fälle, bei denen durch die Adoption eine Heimunterbringung vermieden werden kann.

Adoptionen durch Geschwister und Großeltern bedenklich

Die uneingeschränkte Möglichkeit, Verwandte zu adoptieren, erscheint aber nicht unbedenklich. Ist es wirklich möglich, zwischen Geschwistern oder zwischen Großeltern und Enkelkindern ein „Eltern-Kind-Verhältnis" oder „solche Beziehungen herzustellen, wie sie zwischen Eltern und Kindern üblicherweise bestehen"?[21] Derartige Adoptionen werden nach allgemeiner Anschauung – aber auch nach der der Beteiligten – vielmehr als künstlich angesehen. Das aber soll und darf durch eine Adoption gerade nicht geschehen. Die an sich wünschenswerte Betreuung des Waisenkindes (der wohl häufigste Anlass einer derartigen Adoption) durch nahe Verwandte könnte auch durch Einrichtung einer Vormundschaft gewährleistet werden. Allerdings bietet eine Adoption unterhalts- und erbrechtlich eine bessere Absicherung.

3. Die leiblichen Eltern

a) Einwilligung der Eltern

Freigabeerklärung beider Eltern nötig

Für eine Adoption ist gemäß § 1747 Abs. 1 S. BGB stets die Einwilligung der beiden leiblichen Eltern erforderlich. Diese Einwilligung muss sich immer auf die Annahme durch vorher ausgesuchte und bestimmt bezeichnete Adoptionsbewerber*innen beziehen; eine namentliche Nennung ist nicht erforderlich.[22] Es reicht aus, dass informierte Dritte im Zeitpunkt der Erklärung in der Lage sind zu bestimmen, von wem das Kind adop-

---

[19] BayObLGZ 1989, 70 (74).
[20] BeckOK BGB/*Pöcker* BGB § 1741 Rn. 18.
[21] Davon geht jedoch der RegE des AdoptG (BT-Drs. 7/3061, S. 29) aus.
[22] MüKoBGB/*Maurer* BGB § 1747 Rn. 59, 61.

tiert wird, etwa mithilfe von Listen oder eines Aktenzeichens des Jugendamtes bzw. der Adoptionsvermittlungsstelle.[23] Die Einwilligung ist gemäß § 1747 Abs. 2 S. 2 BGB auch dann wirksam, wenn ein Elternteil die schon feststehenden Adoptionsbewerber*innen nicht kennt (sog. Inkognitoadoption). Die Einwilligung in eine beliebige Adoption (sog. Blankoeinwilligung) ist hingegen unzulässig.[24]

Überlegungsfrist

Die elterliche Einwilligung zur Adoption kann gemäß § 1747 Abs. 2 S. 1 BGB erst dann wirksam erteilt werden, wenn das anzunehmende Kind acht Wochen alt ist. Diese Überlegungsfrist soll insbesondere dem Schutz der nicht mit dem Vater des Kindes verheirateten Mutter dienen, „die sich nicht selten in seelischer oder wirtschaftlicher Bedrängnis befindet".[25]

Die bis Ende 1976 geltende „Sperrfrist" von drei Monaten hatte sich in der Praxis der Adoptionsvermittlung als zu lang erwiesen, da die Adoptionsbewerber*innen fast ausnahmslos die Kinder unmittelbar nach der Geburt zu sich nehmen wollen, um zu ihnen möglichst früh natürliche Bindungen aufbauen zu können. – Der RegE zum AdoptG hatte daher eine Frist von sechs Wochen vorgesehen.[26] In der Diskussion der Adoptionsreform wurde zum Teil sogar die Forderung erhoben, überhaupt von einer „Sperrfrist" abzusehen und die „Freigabe" zur Adoption bereits vor der Geburt des Kindes zuzulassen.

Interessen

Die Gesetzgebung hat versucht, sowohl dem berechtigten Interesse an einer möglichst frühzeitigen Adoption als auch dem Schutz vor übereilter Entscheidung in einer – evtl. nur momentan – ausweglos erscheinenden Situation ausreichend Rechnung zu tragen. Deshalb ist die Einhaltung der Überlegungsfrist von acht Wochen für leibliche Eltern in § 1747 Abs. 2 S. 1 BGB eine zwingende Wirksamkeitsvoraussetzung. Allerdings sieht § 7 Abs. 1 S. 3 des Adoptionsvermittlungsgesetzes (AdVermiG) vor, dass bei den Adoptionsbewerber*innen schon vor der Geburt des Kindes mit Ermittlungen begonnen werden soll, wenn zu erwarten ist, dass die Einwilligung zur Annahme als Kind erteilt wird.

Besonderheiten bei nicht miteinander verheirateten Eltern

Die Vorschrift des § 1747 Abs. 3 BGB modifiziert die in § § 1747 Abs. 1 BGB normierten Regelungen für den Fall, dass die Mutter und der gemäß § 1592 Nr. 2 oder 3 BGB feststehende Vater des Kindes nicht miteinander verheiratet sind und keine Sorgeerklärungen nach § 1626a Abs. 1 Nr. 1 BGB abgegeben haben. Steht nicht miteinander verheirateten Eltern die elterliche Sorge nicht gemeinsam zu, so kann der Vater gemäß § 1747 Abs. 3 Nr. 1 BGB bereits vor Geburt in die Adoption einwilligen. Er kann außerdem nach § 1747 Abs. 3 Nr. 2 BGB durch öffentlich beurkundete Erklärung darauf verzichten, die Übertragung der Sorge nach § 1626a Abs. 2 BGB und § 1671 Abs. 2 BGG zu beantragen; § 1750 BGB gilt sinngemäß mit Ausnahme von Abs. 1 S. 2 und Abs. 4 Satz 1 BGB. Hat der Vater die Übertragung der elterlichen Sorge nach § 1626a Abs. 2 BGB oder § 1671 Abs. 2 BGB beantragt, darf gemäß § 1747 Abs. 3 Nr. 3 BGB eine Annahme erst ausgesprochen werden, nachdem über den Antrag des Vaters entschieden worden ist.

---

[23] BeckOK BGB/*Pöcker* BGB § 1747 Rn. 10.
[24] MüKoBGB/*Maurer* BGB § 1747 Rn. 60.
[25] MüKoBGB/*Maurer* BGB § 1747 Rn. 54.
[26] BT-Drs. 7/3061 S. 4.

Einwilligung nicht nötig

Damit eine mögliche Adoption nicht für unbestimmte Zeit verzögert wird oder sogar ganz scheitert, bedarf es gemäß § 1747 Abs. 4 S. 1 BGB keiner Einwilligung, wenn der betreffende Elternteil zur Abgabe einer Erklärung dauernd außerstande oder sein Aufenthalt dauernd unbekannt (wie z. B. bei Nichtfeststellung der Vaterschaft eines Kindes). Der Aufenthalt der Mutter eines gemäß § 25 Absatz 1 des Schwangerschaftskonfliktgesetzes vertraulich geborenen Kindes gilt nach § 1747 Abs. 4 S. 2 BGB als dauernd unbekannt, bis sie gegenüber dem Familiengericht die für den Geburtseintrag ihres Kindes erforderlichen Angaben macht.

Einwilligung ist unbedingt und unwiderruflich

Die gemäß § 1750 Abs. 2 BGB unbedingte und unwiderrufliche Einwilligungserklärung kann nach § 1750 Abs. 1 und 3 BGB nur persönlich gegenüber dem Familiengericht abgegeben werden. Sie bedarf nach § 1750 Abs. 1 S. 2 BGB der notariellen Beurkundung. Bei minderjährigen und damit beschränkt geschäftsfähigen leiblichen Eltern (§ 106 BGB) ist die Zustimmung ihrer gesetzlichen Vertretung nach § 1750 Abs. 3 S. 2 BGB nicht erforderlich.

Begrenzte Wirksamkeit

Eine Einwilligung verliert gemäß § 1750 Abs. 4 S. 1 BGB ihre Kraft, wenn der Adoptionsantrag zurückgenommen oder vom Familiengericht abgelehnt wird. Die Einwilligung eines Elternteils verliert ferner gemäß § 1750 Abs. 4 S. 2 BGB ihre Kraft, wenn das Adoptionsverfahren innerhalb von drei Jahren nicht zum Ausspruch der Adoption durch das Familiengericht geführt hat. In diesen Fällen hat also eine erneute Einwilligung zu erfolgen.

Einwilligung unabhängig vom Sorgerecht nötig

Das Erfordernis der Einwilligung der Eltern besteht unabhängig davon, ob ihnen die elterliche Sorge für das Kind zusteht oder nicht. Dies bedeutet, dass beide Elternteile des Kindes auch dann einwilligen müssen, wenn sie nicht (mehr) Inhaber*in der elterlichen Sorge sind.

b) Ersetzung der elterlichen Einwilligung

Voraussetzungen

Grobe Pflichtverletzungen oder Gleichgültigkeit

Verweigert ein Elternteil die erforderliche Einwilligung, so hat das Familiengericht diese gemäß § 1748 Abs. 1 S. 1 BGB auf Antrag des Kindes ersetzen, wenn der Elternteil seine Pflichten gegenüber dem Kind anhaltend gröblich verletzt hat oder durch sein Verhalten gezeigt hat, dass ihm das Kind gleichgültig ist. Weitere Voraussetzung für die Ersetzung ist nach § 1748 Abs. 1 S. 1 BGB, dass das Kind einen unverhältnismäßigen Nachteil erleiden würde, wenn die Adoption unterbliebe. Die Einwilligung kann gemäß § 1748 Abs. 1 S. 2 BGB auch ersetzt werden, wenn die Pflichtverletzung zwar nicht anhaltend, jedoch besonders schwer ist und das Kind voraussichtlich dauernd nicht mehr der Obhut des Elternteils anvertraut werden kann. Eine besonders schwere Pflichtverletzung liegt vor allem dann vor, wenn Straftaten gegen ein Kind verübt wurden, wobei es nicht auf die persönliche Schuld und Bestrafung des Elternteils ankommt, wohl aber auf dessen Beweggründe sowie auf die Folgen der Straftat.[27]

Dauerndes Unvermögen

Die Einwilligung eines Elternteils kann ferner nach § 1748 Abs. 3 BGB ersetzt werden, wenn dieser wegen einer besonders schweren psychischen Krankheit oder einer besonders schweren geistigen oder seelischen Behinderung zur Pflege und Erziehung des Kindes auf Dauer nicht in der Lage ist und wenn das Kind bei Unterbleiben der Adoption nicht in einer

[27] BeckOK BGB/*Pöcker* BGB § 1748 Rn. 22.

Familie aufwachsen könnte und dadurch in seiner Entwicklung schwer gefährdet wäre.

Zur Verfassungsmäßigkeit

Die Ersetzung der elterlichen Einwilligung wurde erstmals durch das Familienrechtsänderungsgesetz vom 11.8.1961 eingeführt. Diese Vorschrift hat das Bundesverfassungsgericht als mit dem Grundgesetz vereinbar erklärt.[28] Durch das „Gesetz vom 14.8.1973 zur Änderung von Vorschriften des Adoptionsrechts" sowie durch das AdoptG wurde diese Möglichkeit erweitert.

Problematik

Die Notwendigkeit einer Ersetzungsmöglichkeit liegt auf der Hand. Gerade in den Fällen, in denen überlegt wird, ob eine Adoption gegen den Willen der leiblichen Eltern erfolgen soll, wird die Herauslösung des Kindes aus seiner bisherigen Familie wohl besonders dringlich sein. Da durch die Ersetzung in den natürlichen Familienverband und das Elternrecht (die beide gemäß Art. 6 GG verfassungsmäßigen Schutz genießen) eingegriffen wird, ist dies nur zulässig, wenn die Grundrechte des Kindes auf Achtung seiner Menschenwürde und Entfaltung seiner Persönlichkeit (Art. 1 und 2 GG) sowie schwere Verletzungen der dem Elternrecht innewohnende Pflichtbindung dies rechtfertigen. Die Vorschrift des § 1748 BGB berücksichtigt dieses, indem sie unter Abgrenzung der beiderseitig geschützten Grundrechtspositionen unter bestimmten, fest umrissenen Voraussetzungen das Kindesinteresse gegen das Elterninteresse durchsetzt.

c) Besonderheiten bei nichtehelichen Vätern

Einwilligung stets nötig

Seit 1.7.1998 müssen nach § 1747 Abs. 1 S. 1 BGB stets beide Eltern, also auch Väter nichtehelicher Kinder, mit einer Adoption einverstanden sein. Ihre Einwilligung ist nicht nur dann erforderlich, wenn die Vaterschaft aufgrund Anerkennung oder gerichtlicher Entscheidung feststeht,

Vaterschaftsfeststellung nicht unbedingt erforderlich

sondern auch dann, wenn kein Mann als Vater im Sinne des § 1592 BGB anzusehen ist, aber ein Mann im Adoptionsverfahren behauptet, Vater des Kindes zu sein. Dazu wäre erforderlich, dass er gegenüber dem Familiengericht gem. § 31 Abs. 1 FamFG glaubhaft macht – z. B. durch Versicherung an Eides statt –, dass er der Mutter während der Empfängniszeit (§ 1600d Abs. 3 BGB) beigewohnt hat (§§ 1747 Abs. 1 S. 2, 1600d Abs. 2 S. 1 BGB).

Diese Regelung zugunsten „denkbarer" Väter war im Gesetzgebungsverfahren zum KindRG umstritten, weil „unwürdige und unhaltbare Zustände und Ergebnisse" sowie eine verstärkte Tendenz von Müttern, den Namen des Vaters zu verschweigen, befürchtet wurden.[29] Es ist jedoch nicht zu leugnen, dass eine frühkindliche Adoption nichtehelicher Kinder weithin illusorisch wäre, wollte man die rechtsverbindliche Klärung der Abstammung zur Voraussetzung der Freigabeerklärung durch ihre Väter machen. Denn dann würde viel Zeit verloren gehen, die eine Adoptionsvermittlung sehr erschwert oder gar unmöglich macht, da Adoptionsbewerber*innen sich ohnehin meist nur um Säuglinge bemühen und auch nur um solche, bei denen die Erteilung der Einwilligung unproblematisch ist.

§ 1747 Abs. 2 BGB bestimmt zwar, dass in eine Adoption erst eingewilligt werden kann, wenn das Kind bereits acht Wochen alt ist, weil man wegen der Unwiderruflichkeit der Entscheidung (vgl. § 1750 Abs. 2 S. 2 BGB) vor allem alleinstehende Mütter vor übereilten Entschlüssen schützen will (siehe dazu S. 346).

---

[28] BVerfG FamRZ 1968, 578.

[29] BT-Drs. 13/4899, S. 156.

Väter nichtehelicher Kinder werden dagegen nicht für besonders schutzwürdig angesehen. § 1747 Abs. 3 Nr. 1 BGB sieht daher vor, dass sie ihre Freigabeerklärung bereits vor der Geburt des Kindes abgeben können, sofern keine – pränatal mögliche – Sorgeerklärung vorliegt (vgl. dazu §§ 1626a, 1626b Abs. 2 BGB sowie S. 304 f.).

Einwilligung pränatal möglich

Verweigert der Vater eines nichtehelichen Kindes, der nicht Sorgeberechtigter ist, die Einwilligung in die Adoption, kann das Familiengericht diese unter erleichterten Voraussetzungen gemäß § 1748 Abs. 4 BGB ersetzen. Einzige Voraussetzung ist, dass das Unterbleiben der Adoption dem Kind zu unverhältnismäßigem Nachteil gereichen würde. Es werden also nur die Kindesinteressen berücksichtigt und es muss kein Fehlverhalten oder Betreuungsunfähigkeit des Vaters vorliegen.

Erleichterte Ersetzung durch das Familiengericht

Nicht sorgeberechtigte nichteheliche Väter können nach § 1747 Abs. 3 Nr. 3 BGB in öffentlich beurkundeter Form – unwiderruflich – darauf verzichten, die Übertragung der elterliche Sorge nach § 1626a Abs. 2 und § 1671 Abs. 2 BGB zu beantragen. Darin liegt zwar kein Verzicht auf eine Einwilligung zur Adoption. Jedoch sind hiermit die Voraussetzungen für die erleichterte Ersetzung nach § 1748 Abs. 4 BGB geradezu vorprogrammiert, worauf die Jugendämter bei ihrer nach § 51 Abs. 3 SGB VIII vorgeschriebenen Beratung hinzuweisen haben.[30]

Verzicht auf Übertragung elterlicher Sorge

Durch einen Antrag nach § 1626a Abs. 2 BGB oder § 1671 Abs. 2 BGB hat der Vater eines nichtehelichen Kindes gute Aussichten, die Adoption seines Kindes verhindern zu können. Eine Adoption darf gemäß § 1747 Abs. 3 Nr. 3 BGB erst dann ausgesprochen werden, wenn über den Antrag entschieden worden ist. Regelmäßig wird die Einwilligung der Mutter bereits vorliegen und damit ihre elterliche Sorge gemäß § 1751 Abs. 1 S. 1 BGB ruhen. Somit hat der Vater, der das Kind zu sich nehmen will, durch seinen Antrag gute Chancen, die elterliche Sorge übertragen zu bekommen und durch sein Veto die Adoption verhindern zu können. Eine Ersetzung der Einwilligung des Vaters durch das Familiengericht wäre lediglich bei Vorliegen der Voraussetzungen des § 1748 Abs. 1–3 BGB möglich.

Abwehrmöglichkeit von Adoptionen

d) Rechtsfolgen der elterlichen Einwilligung

Nach der wirksam erklärten (oder rechtskräftig ersetzten) elterlichen Einwilligung tritt das Adoptionsvorhaben in seine entscheidende Phase. Erst jetzt können schon bekannte Adoptionsbewerber*innen an das Kind herangeführt werden, und man kann es ihnen vielleicht auch schon – nach vorheriger entsprechender Vorbereitung – in Pflege geben. Denn die eigentliche Adoptionsvorbereitung ist erst dann möglich, wenn zumindest zu erwarten ist, dass die leiblichen Eltern einer Adoption zustimmen.

Entscheidende Phase der Adoption

In dieser ungeklärten Phase zwischen „Freigabe" des Kindes zur Adoption und deren endgültigen Ausspruch durch das Familiengericht ist das Kind besonders schutzbedürftig und bedarf daher einer gesicherten Rechtsposition. Daher ergeben sich durch die Einwilligung der Eltern folgende Rechtswirkungen:

Rechtsfolgen der elterl. Einwilligung

---

[30] Ebenso *Frank*, FamRZ 1998, 396.

Ruhen der elterlichen Sorge

– Die elterliche Sorge des einwilligenden Elternteils ruht und er verliert zugleich die Befugnis zum persönlichen Umgang mit dem Kind (§ 1751 Abs. 1 S. 1 BGB).

Besonderheiten bei Stiefkindadoptionen

Bei der Stiefkindadoption gilt das natürlich nicht für den Elternteil, dessen Ehegatte das Kind adoptieren will (§ 1751 Abs. 2 BGB), denn hier erhält das Kind die Rechtsstellung eines gemeinschaftlichen Kindes beider Eheleute (§ 1754 Abs. 1 BGB).

Amtsvormund

– Das Jugendamt wird nach § 1751 Abs. 1 S. 2 BGB kraft Gesetzes Vormund; einer förmlichen Bestellung gemäß § 1791 BGB durch das Familiengericht bedarf es folglich nicht. Das Jugendamt erhält lediglich unverzüglich vom Familiengericht eine Bescheinigung über den Eintritt der Vormundschaft (§ 190 FamFG).

Ausnahmen

Wenn jedoch bereits früher ein Vormund oder eine Pflegerin bzw. ein Pfleger für das Kind bestellt worden war (denkbare Anlässe wären u. a.: Tod beider Eltern, Entzug oder Ruhen der elterlichen Sorge), wird das Jugendamt nicht Vormund; dasselbe gilt, wenn zunächst nur ein Elternteil die Einwilligung erklärt hat und der andere (noch) die elterliche Sorge allein ausübt (§ 1751 Abs. 1 S. 2 und 3 BGB).

Bei Adoptionspflege: Alltagssorge und Unterhaltspflicht

– Sobald das Kind von einer Adoptionsbewerber*in oder einem Adoptionsbewerber mit dem Ziel der Adoption „in Obhut" genommen wird (sog. *Adoptionspflege*, siehe dazu S. 357 f.), hat diese/r gemäß § 1751 Abs. 1 S. 4 BGB die sog. *Alltagssorge* im Sinne des § 1688 Abs. 1 und 3 BGB und ist vor den Verwandten des Kindes (also vor dessen leiblichen Eltern) unterhaltspflichtig (§ 1751 Abs. 4 S. 1 BGB).

Zielsetzung

Mit diesen Regelungen soll erreicht werden, dass Adoptionsbewerber*innen bereits in der Adoptionspflegezeit vorrangig für das Kind zu sorgen haben. Damit unterstreicht das Gesetz, dass die Adoptionspflege in die Adoption übergehen und somit dort auch die gleiche Verantwortlichkeit bestehen soll.

Unterhaltspflicht bei Stiefkindadoption

Bei Stiefkindadoption gilt die Besonderheit, dass schon vom Zeitpunkt der Adoptionspflege an beide Ehegatten vor den anderen leiblichen Verwandten des Kindes unterhaltsverpflichtet sind (vgl. § 1751 Abs. 4 S. 2 BGB).

Unwirksamkeit der Einwilligung

– Die elterlichen Einwilligungen verlieren ihre Wirksamkeit, wenn der Adoptionsantrag von den betreffenden Bewerber*innen zurückgenommen oder die Adoption vom Familiengericht versagt wird (§ 1750 Abs. 4 S. 1 BGB). Dasselbe gilt, wenn das Kind innerhalb von drei Jahren (seit Zugang der Einwilligungserklärung beim Familiengericht) nicht adoptiert worden ist (§ 1750 Abs. 4 S. 2 in Verbindung mit Abs. 1 S. 3 BGB).

Rückübertragung der elterl. Sorge oder Pfleger*in/Vormund

In diesen Fällen hat das Familiengericht nach vorheriger Anhörung des zuständigen Jugendamtes die elterliche Sorge dem/den Elternteil(en) zurück zu übertragen, soweit dies dem Kindeswohl nicht widerspricht (vgl. § 1751 Abs. 3 BGB, § 194 Abs. 1 S. 1 FamFG). Während die Unterhaltsverpflichtung der Eltern nun wieder vollumfänglich eintritt, fällt die elterliche Sorge also nicht automatisch den Elternteilen wieder zu, denen sie bis zur Einwilligungserklärung zustand. Es soll vielmehr erst vom Jugendamt und Familiengericht geprüft werden, ob die betreffenden Eltern nach alledem noch bereit sind und geeignet erscheinen, die elterliche Sorge zum Wohl des Kindes auszuüben. Anderenfalls muss das Familiengericht eine Pflegerin bzw. einen Pfleger oder Vormund bestellen. Ist die Adoption drei Jahre nach Erteilung der elterlichen Einwilligung noch nicht gerichtlich ausgesprochen worden, können die Eltern also erneut prüfen, ob sie der Adoption durch die vorgesehenen Adoptionsbewerber*innen weiterhin zustimmen wollen.

Zusammenfassung

Voraussetzungen für eine Adoption:

- sie muss dem Kindeswohl dienen (§ 1741 Abs. 1 S. 1 BGB),
- es muss zu erwarten sein, dass ein echtes Eltern-Kind-Verhältnis entsteht (§ 1741 Abs. 1 S. 1 BGB),
- Erfüllung des Mindestalters (25 bzw. 21 Jahre) der Adoptiveltern (§ 1743 BGB),
- Einwilligung der leiblichen Eltern bzw. ihre Ersetzung durch das Familiengericht (§§ 1747, 1748, 1750 BGB),
- Zustimmung des Kindes bzw. dessen gesetzlicher Vertretung (§§ 1746, 1750 BGB),
- Berücksichtigung der Interessen bereits vorhandener Kinder (§ 1745 BGB),
- positiv verlaufene angemessene Adoptions-Pflegezeit (§ 1744 BGB),
- Antrag der Adoptiveltern beim Familiengericht (§ 1752 BGB),
- positives Adoptionsgutachten einer Adoptionsvermittlungsstelle bzw. bei privater Vermittlung positive fachliche Äußerung des Jugendamtes (§ 189 FamFG),
- Anhörung des Jugendamtes, falls nicht schon dessen fachliche Äußerung erfolgte (§ 194 Abs. 1 FamFG).

II. Das Adoptionsverfahren

1. Die Adoptionsvermittlung

a) Grundsätze

Vorbereitung der Adoption

Dem eigentlichen Adoptionsverfahren, das gemäß § 1752 BGB durch einen notariell beurkundeten – bedingungslosen – Antrag der Adoptionsbewerber*innen beim Familiengericht eingeleitet wird, geht in der Regel eine eingehende Beratung der Adoptionsbewerber*innen und der Eltern des für die Adoption vorgesehenen Kindes einschließlich der Klärung sämtlicher tatsächlichen und rechtlichen Gesichtspunkte einer Adoption voraus (*Adoptionsvermittlung*). Sie wird von den Jugend- und Landesjugendämtern sowie von den hierzu zugelassenen *freien Wohlfahrtsverbänden* (z. B. Diakonisches Werk, Deutscher Caritasverband, Arbeiterwohlfahrt) geleistet.

Zugelassene Stellen

Zielsetzung

Zielsetzung jeder Adoptionsvermittlung ist die Zusammenführung von „Kindern ohne Eltern“ mit zu ihnen passenden „Eltern ohne Kinder“[31] so vorzubereiten, dass gute Eltern-Kind-Beziehungen entstehen können. Diese sorgfältige, behutsame und umfassende Vorbereitung jeder einzelnen Adoption, die eine besonders anspruchsvolle und schwierige Tätigkeit darstellt, erfordert eine entsprechende organisatorische und personelle Ausstattung der Adoptionsvermittlungsstellen. Denn nur so kann gewährleistet werden, dass möglichst frühzeitig geprüft werden kann, ob Kinder zur Verbesserung ihrer Entwicklungschancen zur Adoption vermittelt werden können.

Das Adoptionsvermittlungsgesetz (AdVermiG) will erreichen, dass Kinder, für die eine Adoption in Betracht kommen könnte, möglichst früh

[31] Hierbei darf aber nicht übersehen werden, dass die Vermittlung von Eltern, die bereits eigene (leibliche oder adoptierte) Kinder haben, nicht nur möglich ist, sondern sogar wünschenswert sein kann.

ermittelt werden, um für sie rechtzeitig Adoptiveltern finden zu können. Denn nur für Kleinkinder bestehen wirklich gute Chancen, geeignete Adoptiveltern zu finden und in deren Familie problemlos integriert zu werden. Denn viele Bewerber*innen fürchten, dass es bei älteren Kindern zu erheblichen Schwierigkeiten beim Aufbau einer Eltern-Kind-Beziehung kommen könnte.

b) Die Adoptionsvermittlungsstellen

Der Bedeutung und Tragweite ihrer verantwortungsvollen Arbeit entsprechend, ist die Adoptionsvermittlung gemäß § 2 Abs. 1 und 2 AdVermiG nur zulässig durch

Jugendämter & Landesjugendämter

- Jugendämter, die dafür eigens Adoptionsvermittlungsstellen eingerichtet haben,[32]das Landesjugendamt hat eine zentrale Adoptionsstelle einzurichten;
- die örtlichen und zentralen Stellen des *Diakonischen Werks, des Deutschen Caritasverbandes, der Arbeiterwohlfahrt* und der diesen angeschlossenen Fachverbände sowie sonstiger Organisationen mit Sitz im Inland, wenn diese Stellen von der zentralen Adoptionsstelle des jeweiligen Landesjugendamtes ausdrücklich als Adoptionsvermittlungsstelle anerkannt worden sind.

anerkannte Organisationen

Besonderheiten bei der internationalen Adoptionsvermittlung

Zur internationalen Adoptionsvermittlung sind gemäß § 2a Abs. 3 AdVermiG befugt:

- die zentrale Adoptionsstelle des Landesjugendamtes;
- die Adoptionsvermittlungsstelle des Jugendamtes, soweit die zentrale Adoptionsstelle des Landesjugendamtes ihr diese Tätigkeit im Verhältnis zu einem oder mehreren bestimmten Staaten allgemein oder im Einzelfall gestattet hat;
- eine anerkannte Auslandsvermittlungsstelle (§ 4 Abs. 2 AdVermG) im Rahmen der ihr erteilten Zulassung;
- ausländische zugelassene Organisation im Sinne des Adoptionsübereinkommens, soweit die Bundeszentralstelle nach § 2a Abs. 4 AdVermiG ihr diese Tätigkeit im Einzelfall gestattet hat.

Personelle Besetzung

Mit der Adoptionsvermittlung dürfen gemäß § 3 Abs. 1 S. AdVermiG nur Mitarbeitende betraut werden, die dazu aufgrund ihrer Persönlichkeit, ihrer Ausbildung und ihrer beruflichen Erfahrung geeignet sind. Die gleichen fachlichen Anforderungen gelten nach § 3 Abs. 1 S. 2 AdVermiG für die Personen, die diesen Fachkräften fachliche Weisungen erteilen können. Welche Ausbildung zur eine solchen Eignung führt, lässt § 3 Abs. 1 S. 1 AdVermiG offen. Die Materialien[33] machen jedoch deutlich, dass in erster Linie *Sozialarbeiter*innen und Sozialpädagog*innen* ein Studium absol-

---

[32] Wenn das Kind oder die Adoptionsbewerber*innen ihren gewöhnlichen Aufenthalt im Ausland haben oder das Kind in den letzten zwei Jahren vor Beginn der Adoptionsvermittlung in die BRD gebracht worden ist, sind nur anerkannte Auslandsvermittlungsstellen zu diesen (internationalen) Adoptionsvermittlungen befugt (vgl. §§ 2a und 4 AdVermiG).

[33] Art. 19 des Europäischen Adoptionsübereinkommens sowie BT-Drs. 7/3421 S. 17.

viert haben, das sie befähigt erscheinen lässt, mit der Adoptionsvermittlung betraut zu werden.[34]

Gemäß § 3 Abs. 2 AdVermiG beträgt die Mindestbesetzung zwei Vollzeit-Fachkräfte (oder eine entsprechende Zahl von Teilzeit-Fachkräften); diese dürfen nicht überwiegend mit vermittlungsfremden Aufgaben befasst sein (die zentrale Adoptionsstelle des Landesjugendamtes kann aber hier Ausnahmen zulassen).

Beratungsverbot für andere Stellen/ Personen Ausnahmen

Anderen Stellen oder Personen ist die Adoptionsvermittlung nach §§ 5 Abs. 1 AdVermiG untersagt. Das Adoptionsvermittlungsverbot gilt jedoch nicht für Verwandte und Verschwägerte bis zum 3. Grad (d. h.: Eltern, Geschwister, Großeltern, Tante/Onkel) *sowie* für den *unentgeltlichen Nachweis in einem Einzelfall*, wenn hiervon unverzüglich eine Adoptionsvermittlungsstelle oder ein Jugendamt benachrichtigt wurde (§ 5 Abs. 2 AdVermiG).

Weitere Verbote

Weiter ist es nach § 5 Abs. 3 AdVermiG untersagt, Schwangere gewerbs- oder geschäftsmäßig durch Gewähren oder Verschaffen von Gelegenheit zur *Entbindung außerhalb von Deutschland* zu bestimmen, dort ihr Kind zur Adoption zu geben oder ihnen zu einer solchen Weggabe Hilfe zu leisten.

Die Vermittlung von *Scheinvaterschafts*-Anerkennungen zur Umgehung eines Adoptionsverfahrens sowie von sog. Leih- oder Ersatzmüttern ist ebenfalls untersagt (§§ 5 Abs. 4, 6 Abs. 3; 13a-d AdVermiG).

Außerdem ist es gemäß § 6 Abs. 1 S. 1 AdVermiG untersagt, Kinder zur Annahme als Kind oder Adoptionsbewerber*innen durch öffentliche Erklärungen, insbesondere durch Zeitungsanzeigen und Zeitungsberichte zu suchen oder anzubieten (zu den Ausnahmen vgl. § 6 Abs. 1 S. 2 AdVermiG).

Bei Verstößen: Geldbuße oder Strafen

Verstöße gegen diese Verbote können nach § 14 Abs. 3 AdVermiG mit *Geldbuße* geahndet weden. *Leih-/Ersatzmutter*-Vermittlung sowie *Kinderhandel* sind grundsätzlich strafbar (vgl. § 14b AdVermiG, § 1 ESchG, § 236 StGB); Ersatzmütter und „Bestell-Eltern" bleiben jedoch stets straffrei, beim Kinderhandel leibliche und „Bestell-Eltern" aber nur bei geringer Schuld (vgl. § 14b Abs. 3 AdVermiG bzw. § 236 Abs. 5 StGB).

c) Die zentralen Adoptionsstellen

Intention: Früherfassung von Adoptionsfällen

Die Landesjugendämter haben zentrale Adoptionsstellen einzurichten, deren Aufgaben in den Ländern Berlin, Hamburg und Saarland der Adoptionsvermittlungsstelle des Jugendamtes übertragen werden können (vgl. § 2 Abs. 1 AdVermiG). Die Aufgaben der zentralen Adoptionsstellen sind gemäß § 11 Abs. 1 AdVermiG die Unterstützung der einzelnen Adoptionsvermittlungsstellen bei ihrer Arbeit, insbesondere durch fachliche Beratung, wenn

1. ein Kind schwer zu vermitteln ist,
2. ein Kind oder ein Adoptionsbewerber eine ausländische Staatsangehörigkeit besitzt oder *staatenlos* ist,
3. ein Kind oder ein Adoptionsbewerber seinen Wohnsitz oder gewöhnlichen Aufenthalt im Ausland hat,
4. in sonstigen schwierigen Einzelfällen.

---

[34] *Wiesner/Elmauer* AdVermiG § 3 Rn. 2.

In den Fällen Nr. 2 und 3 ist die zentrale Adoptionsstelle des Landesjugendamtes vom Beginn der Ermittlungen an durch die Adoptionsvermittlungsstellen ihres Bereiches zu beteiligen (§ 11 Abs. 2 S. 1 AdVermiG).

Das Anliegen, die Adoptionsvermittlungsstellen möglichst frühzeitig mit solchen Kindern zu befassen, die nur durch eine Adoption die Chance für eine familiale Sozialisation haben, sollen die zentralen Adoptionsstellen unterstützen. Diese interdisziplinär zu besetzenden (vgl. § 13 AdVermiG) *zentralen Adoptionsstellen* müssen daher von den jeweiligen Adoptionsvermittlungsstellen unterrichtet werden, wenn

- ein Kind nicht innerhalb von drei Monaten nach Abschluss der bei ihm durchgeführten Ermittlungen in Adoptionspflege gegeben werden kann (§ 10 Abs. 1 S. 1 AdVermiG)
- Adoptionsbewerber, bei denen positive Ermittlungen bereits durchgeführt wurden, bereit und geeignet sind, ein ansonsten schwer vermittelbares Kind aufzunehmen und der Unterrichtung der zentralen Adoptionsstelle zustimmen (§ 10 Abs. 2 AdVermiG).

Konkrete Vermittlung durch Jugendamt und freie Verbände

Die eigentliche Adoptionshilfe und -vermittlung – d. h. vor allem die umfassende vorherige Beratung aller Beteiligten, auf die ein Rechtsanspruch gegenüber dem Jugendamt besteht (vgl. §§ 9 Abs. 1, 9a AdVermiG) sowie die konkrete Vorbereitung der Adoption liegt aber nach wie vor bei den Adoptionsvermittlungsstellen der Jugendämtern und den hierfür zugelassenen freien Wohlfahrtsverbänden (siehe dazu S. 352).

Aufgabenstellung

Sobald Adoptionsvermittlungsstellen bekannt wird, dass für ein Kind eine Adoption in Betracht kommt, sind sie verpflichtet, die zur Vorbereitung einer Vermittlung sachdienlichen Ermittlungen unverzüglich bei den Adoptionsbewerber*innen, bei dem Kind und bei seiner Familie durchzuführen (§ 7 Abs. 1 S. 1 AdVermiG). Sie haben dabei vor allem zu prüfen, ob die Adoptionsbewerber*innen unter Berücksichtigung der Persönlichkeit des Kindes und seiner besonderen Bedürfnisse für die Adoption geeignet sind (§ 7 Abs. 1 S. 2 AdVermiG).

Pränatale Beratung

Im Hinblick auf die für „elternlose Kinder" erstrebenswerte Frühadoption und auf die Wünsche der Adoptionsbewerber*innen nach Vermittlung eines Neugeborenen soll nach § 7 Abs. 1 S. 3 AdVermiG mit den Ermittlungen bei den Adoptionsbewerber*innen schon vor der Geburt des Kindes begonnen werden, wenn zu erwarten ist, dass die Einwilligung zur Adoption erteilt wird. Eine Ermittlung bei den Eltern des Kindes soll vor der Geburt jedoch noch nicht beginnen, um sie nicht einseitig zur Einwilligung in die Adoption des Kindes zu drängen.

2. Das gerichtliche Verfahren

a) Das Dekretsystem

Das Familiengericht spricht die Adoption aus

Das AdoptG hat 1977 das *Vertragssystem* des alten Rechts aufgegeben und durch das *Dekretsystem* ersetzt, d. h. den Ausspruch der Adoption sowie alle weiteren die Adoption betreffenden Entscheidungen dem Familiengericht zugewiesen. Damit ist einerseits der Bedeutung der Adoption besser Rechnung getragen und zugleich das Adoptionsverfahren zusammengefasst und insofern vereinfacht worden.

b) Zuständigkeit des Familiengerichts

Seit dem 1.9.2009 ist für Adoptionssachen das Familiengericht zuständig (vgl. §§ 1752 Abs. 1 BGB; 23b Abs. 1 GVG; 111 Nr. 4, 186 ff. FamFG). Das gerichtliche Adoptionsverfahren wird durch den persönlichen Antrag der Adoptionsbewerber*innen an das Familiengericht eingeleitet. Dieser muss gemäß § 1752 Abs. 1 und 2 BGB notariell beurkundet[35] und frei von Bedingungen oder Zeitbestimmungen sein. Der Antrag kann nach § 1750 Abs. 4 S. 1 BGB zurückgenommen werden.

c) Örtliche Zuständigkeit

Grundsatz

Der gA der Adoptionsbewerber ist maßgeblich

Wenn ein/e Adoptionsbewerber*in oder das Kind die deutsche Staatsangehörigkeit besitzt oder seinen gewöhnlichen Aufenthalt im Sinne des § 30 Abs. 3 S. 2 SGB I im Inland hat, sind für sämtliche Adoptionsangelegenheiten die deutschen Gerichte (ausschließlich!) zuständig (vgl. § 187 Abs. 1 und 2 FamFG). Örtlich zuständig ist grundsätzlich das Familiengericht des gewöhnlichen Aufenthalts der Adoptionsbewerber*innen (§ 187 Abs. 1 FamFG). Fehlt ein solcher im Inland, ist das Familiengericht des gewöhnlichen Aufenthaltes des Kindes zuständig (§ 187 Abs. 2 FamFG). Maßgebend ist dabei jeweils der Zeitpunkt der Antragstellung der Adoptionsbewerber*innen.[36]

Deutsche Adoptionsbewerber*innen im Ausland

AG Berlin-Schöneberg grundsätzlich zuständig

Ist ein/e Adoptionsbewerber*in Deutsche/r, die bzw. der im Inland keinen gewöhnlichen Aufenthalt hat, so ist das Amtsgericht Berlin-Schöneberg zuständig, das die Sache jedoch aus wichtigen Gründen an ein anderes Familiengericht mit bindender Wirkung abgeben kann (§ 187 Abs. 4 FamFG).

Beispiele:

a) Eine Deutsche, die in Brüssel lebt, möchte ein Kind adoptieren. Das Amtsgericht Berlin-Schöneberg ist zuständig.

b) Wenn hingegen der deutsche Adoptionsbewerber im Ausland und das zur Adoption vorgesehene Kind in München lebt, kann das Adoptionsverfahren sicherlich besser beim Amtsgericht München durchgeführt werden als beim Amtsgericht Berlin-Schöneberg.

Ausländische Adoptionsbewerber*innen

Gewöhnlicher Aufenthalt des Kindes maßgeblich

Bei Adoptionen von Kindern durch Ausländer, die im Inland keinen gewöhnlichen Aufenthalt haben, ist das Familiengericht des gewöhnlichen Aufenthaltes des Kindes zuständig (§ 187 Abs. 2 FamFG).

Beispiel: Ein Ausländer ohne gewöhnlichen Aufenthalt in Deutschland möchte ein Kind aus Köln adoptieren: Das Amtsgericht Köln ist zuständig.

Ausländische Adoptivkinder

Gewöhnlicher Aufenthalt der Bewerber*innen maßgeblich

Bei Adoptionen ausländischer Kinder durch Deutsche im Inland ist das Familiengericht des gewöhnlichen Aufenthalts der Adoptionsbewerber*-

---

[35] Eine kostenlose Beurkundung durch das Jugendamt ist leider nicht möglich (vgl. § 59 SGB VIII).

[36] Das ergab sich früher ausdrücklich aus dem am 1.9.2009 außer Kraft getretenen § 43b Abs. 2 FGG – seitdem nur allgemein aus § 2 Abs. 1 FamFG.

innen zum Zeitpunkt der Antragstellung zuständig (vgl. § 187 Abs. 1 u. 2 FamFG). Haben die deutschen Adoptionsbewerber im Inland keinen gewöhnlichen Aufenthalt, so ist das Amtsgericht Berlin-Schöneberg zuständig, das die Sache aus wichtigen Gründen mit bindender Wirkung an ein anderes Familiengericht abgeben kann (vgl. § 187 Abs. 4 FamFG).

Beispiel: Deutsche mit gewöhnlichem Aufenthalt in München möchten ein ausländisches Kind adoptieren: Das Amtsgericht München ist zuständig. Hätten sie hingegen ihren gewöhnlichen Aufenthalt in Brüssel, wäre das Amtsgericht Berlin-Schöneberg zuständig.

d) Das Adoptionsgutachten

Grundlage für Adoption

Bevor das Familiengericht die Adoption ausspricht *(Dekret)*, muss es eine fachliche Äußerung der Adoptionsvermittlungsstelle, die die Adoption vorbereitet hat, darüber einholen, ob das Kind und die Adoptionsbewerber für die Adoption geeignet sind (§ 189 S. 1 FamFG). Hierbei ist – unter anderem – auch dazu Stellung zu nehmen, ob die Interessen bereits vorhandener Kinder (= leibliche oder adoptierte) der Adoptionsbewerber*innen einer Adoption entgegenstehen oder umgekehrt die Interessen des zur Adoption in Aussicht genommenen Kindes gefährden könnten. Dabei sollen vermögensrechtliche Interessen nicht ausschlaggebend sein (§ 1745 Satz 2 BGB).

Ist keine Adoptionsvermittlungsstelle tätig geworden (z. B. bei Verwandten-Adoptionen), so muss das Familiengericht eine fachliche Äußerung des Jugendamtes oder einer Adoptionsvermittlungsstelle einholen (§ 189 Satz 2 FamFG), die kostenlos zu erstellen ist (§ 189 Satz 3 FamFG).

Stellungnahme des Jugendamtes sowie evtl. des Landesjugendamtes

Bevor das Familiengericht die Adoption ausspricht, hat es auch das – nach § 87b Abs. 1 S. 1 i.V.m. § 86 Abs. 1–3 SGB VIII örtlich zuständige – Jugendamt anzuhören, es sei denn, dass dieses selbst die Adoption vermittelt und daher schon ein „Gutachten" gemäß § 189 FamFG abgegeben hat (§ 194 Abs. 1 FamFG). Bei Fällen mit „Auslandsberührung" (vgl. § 11 Abs. 1 Nr. 2 und 3 AdVermiG) ist auch die zentrale Adoptionsstelle des Landesjugendamtes anzuhören (vgl. § 195 Abs. 1 FamFG).

Diese Vorschriften tragen der sozialen Funktion sowie der Intention des Gesetzes Rechnung, dass jede Adoption primär dem Wohl des Kindes zu dienen hat und sie entsprechen damit zugleich der Forderung von Artikel 9 des *Europäischen Adoptionsübereinkommens* nach sachdienlichen Ermittlungen.

Weitere Ermittlungspflicht des Familiengerichts

Es erscheint richtig und wichtig, dem Familiengericht die besondere Erfahrung der Adoptionsvermittlungsstellen nutzbar zu machen, bevor es über den weiteren Lebensweg eines Kindes (in so gravierender Weise) entscheidet. – Das Familiengericht ist durch dieses Gutachten aber nicht etwa der Pflicht enthoben, weitere Ermittlungen (z. B. persönliche Anhörung der Eltern oder Verwandten des Kindes sowie der Adoptionsbewerber) nach pflichtgemäßem Ermessen vorzunehmen (vgl. §§ 26, 29 FamFG).

Kindesanhörung

Das Familiengericht muss vielmehr auch die zu adoptierenden Kinder (ohne Altersbegrenzung) persönlich anhören, bevor es die Adoption ausspricht, es sei denn, es wären Nachteile für ihre Entwicklung, Erziehung oder Gesundheit zu befürchten oder altersbedingt keine Aufklärung davon zu erwarten (vgl. § 192 Abs. 1 u. 3 FamFG). – Schon 14 Jahre alte Kinder wirken am Adoptionsverfahren bereits durch das ihnen gemäß

§ 1746 Abs. 1 S. 3 BGB zustehende Einwilligungsrecht mit (s. S. 342f.). Allerdings kommt die Adoption von Jugendlichen meist nur im Verwandtenbereich vor.

3. Die Adoptionspflege

Regelfall

Eine Adoption soll grundsätzlich erst dann vom Familiengericht ausgesprochen werden, wenn die Adoptionsbewerber*innen das Kind eine „angemessene Zeit" in Pflege gehabt haben (§ 1744 BGB). Das soll den Adoptionsvermittlungsstellen ermöglichen, die zwischen dem Kind und den Adoptionsbewerber*innen entstehenden Beziehungen für eine Adoption richtig einschätzen zu können.

Ausnahmen

Bei vielen Adoptionen ist eine solche Adoptionspflege gar nicht nötig, weil Adoptionsbewerber*innen und Kind bereits länger zusammenleben (z.B. Stief- oder Pflegeeltern, Verwandte) oder gar nicht möglich (z.B.: Bewerber*innen aus dem Ausland bemühen sich um Adoption eines deutschen Kindes). Dann kann hiervon evtl. abgesehen werden.

Diese flexible Regelung entspricht Artikel 17 Europäisches Adoptionsübereinkomen. Ausländische Rechtsordnungen schreiben z.T. auch solche Anpassungszeiten vor, die zwischen drei Monaten und drei Jahren betragen; andere treffen diesbezüglich gar keine Regelungen.

Für und Wider der Adoptionspflege

In der Reformdiskussion war umstritten, ob eine solche Anpassungszeit und ihre Dauer gesetzlich festgelegt werden sollte oder nicht. Vielfach wurde eine *„Probezeit"* von einem Jahr gefordert. Andererseits wurde vorgebracht, dass insoweit das alte Recht, das vor 1977 keine Anpassungszeit vorschrieb, zu keinen Unzuträglichkeiten geführt habe und die meisten Adoptionsvermittlungsstellen ohnehin vor Abschluss des damaligen Adoptionsvertrages das Kind dem Adoptionsbewerber*innen eine längere Zeit (in der Regel bis zu einem Jahr) in sog. Adoptionspflege gegeben hatten. Andere fürchteten, eine starre Frist könnte Adoptionen erschweren.

Problematik

Bei der gesamten Diskussion wird leider meist die Gefahr des Scheiterns der *„Probezeit"* im Hinblick auf das Kind nicht ausreichend berücksichtigt, d.h. welche Auswirkungen es für ein Kind hat, in dieser eminent wichtigen Entwicklungsphase *verstoßen* zu werden und damit in aller Regel wieder in ein Heim zu kommen. Seine Chancen, erneut zur Adoption vermittelt zu werden, sind dann nur noch gering. Denn die meisten Bewerber*innen interessieren sich nur für (möglichst erst wenige Wochen oder höchstens einige Monate alte) Kleinkinder und verhalten sich darüber hinaus „zurückgegebenen" Kindern gegenüber misstrauisch oder sogar ablehnend.

Begrifflichkeit

Deshalb ist eine besonders sorgfältige Vorbereitung der Adoptionspflege durch die jeweilige Adoptionsvermittlungsstelle nötig, denn sie ist entscheidend für die weitere Entwicklung des zur Adoption vorgesehenen Kindes. *Die Adoptionspflege darf deshalb gerade nicht zur „Probezeit" werden.* (Man sollte daher den – leider auch als amtliche Überschrift bei § 1744 BGB verwendeten – Ausdruck „Probezeit" möglichst nicht verwenden). Die Erprobung, d.h. die Überprüfung, ob die Adoptionsbewerber*innen für die Adoption – und damit für die Aufnahme des ausgewählten Kindes in ihre Familie – geeignet sind, muss abgeschlossen sein und bereits zu einem eindeutig positiven Ergebnis geführt haben. Anderenfalls darf das Kind den Adoptionsbewerber*innen nicht anvertraut werden (vgl. § 8 AdVermiG). – Die „Rückgabefälle" sind dank sorgfältiger Vorbereitung der Adoptionsvermittlungsstellen zum Glück gering.[37]

Unterhaltspflicht

Während der Adoptionspflegezeit sind die Adoptionsbewerber vor den leiblichen Verwandten des Kindes (also vorrangig) unterhaltspflichtig (§ 1751 Abs. 4 S. 1 BGB).

Elterliche Sorge

Die elterliche Sorge der leiblichen Eltern ruht dann und wird vom Jugendamt als gesetzlichem Vormund (s. S. 350) ausgeübt (vgl. § 1751 Abs. 1 S. 1 und 2 BGB).

Befugnisse der Adoptionsbewerber

Während der Adoptionspflegezeit sind die Adoptionsbewerber*innen berechtigt, in Angelegenheiten des täglichen Lebens zu entscheiden sowie die Inhaber*innen der elterlichen Sorge in solchen Angelegenheiten zu vertreten – einschließlich der Geltendmachung und Verwaltung von Unterhalts-, Versicherungs-, Versorgungs- und sonstigen Sozialleistungen (vgl. § 1751 Abs. 1 S. 4 i.V.m. § 1688 BGB).

4. Der Adoptionsbeschluss

Das Adoptionsdekret

Wenn das Familiengericht sämtliche materiellen und formellen Voraussetzungen der Adoption geprüft und festgestellt hat, dass sie dem Kindeswohl dient, spricht es die Adoption durch Beschluss (sog. *Dekret*) aus (§ 1752 Abs. 1 BGB, § 197 Abs. 1 S. 1 FamFG).

Angabe der Rechtsgrundlagen

In seinem Adoptionsbeschluss muss das Familiengericht gemäß § 197 Abs. 1 S. 1 FamFG angeben, auf welche Gesetzesvorschriften sich die Adoption gründet. Dies ist deshalb wichtig, weil es verschiedene Arten der Adoption gibt, die auch unterschiedliche Rechtswirkungen hervorrufen. Denn es ergeben sich aus der Volladoption einer minderjährigen oder einer volljährigen Person bzw. aus der Verwandten- oder Stiefkindadoption unterschiedliche Rechtswirkungen.

Wirksamwerden

Das Dekret des Familiengerichts wird gemäß § 197 Abs. 2 FamFG mit seiner Zustellung an die Adoptionsbewerber*innen, nach dem Tod des Annehmenden mit der Zustellung an das Kind wirksam. Der Beschluss ist nach § 197 Abs. 3 FamFG *nicht anfechtbar, eine Abänderung oder Wiederaufnahme ist ausgeschlossen.*

Da sich der *Status* des Kindes durch die Volladoption wesentlich verändert und diese Änderung aus Gründen der Sicherheit des Kindes sowie des allgemeinen Rechtsverkehrs nicht in der Schwebe bleiben darf, hat das AdoptG das Adoptionsdekret mit dieser Endgültigkeit und Unumstößlichkeit ausgestattet.

Wegen ihrer Unanfechtbarkeit darf eine Adoption, bei der erforderliche Einwilligungen gerichtlich ersetzt werden mussten, grundsätzlich erst dann ausgesprochen werden, wenn der Ersetzungsbeschluss nach § 198 Abs. 1 S. 1 FamFG rechtskräftig geworden ist. Bei Gefahr im Verzuge kann das Familiengericht jedoch gemäß § 198 Abs. 1 S. 2 FamFG dessen sofortige Wirksamkeit anordnen.

Abgelehnte Adoption

Wird ein Adoptionsantrag vom Familiengericht abgelehnt, so kann dieser Beschluss von den Adoptionsbewerber*innen mit der Beschwerde

---

[37] Sie lagen laut Statistischem Bundesamt vom 26.7.2013, S. 11, im Jahr 2012 bei 4,2 %.

binnen Monatsfrist angefochten werden (vgl. §§ 58 Abs. 1, 63 Abs. 1 FamFG).

III. Rechtswirkungen der Adoption

1. Die Volladoption

a) Grundsatz

Rechtsstellung wie ein leibliches Kind

Durch die Adoption Minderjähriger werden diese seit 1977 vollständig in den Familienverband des/der Annehmenden eingegliedert und zugleich aus ihrer leiblichen Familie ganz herausgelöst (*Volladoption*). Dies wird dadurch erreicht, dass das Adoptivkind durch die Adoption wie ein leibliches Kind seiner Adoptiveltern behandelt wird:

- Wird ein Kind von einem Ehepaar adoptiert, so erlangt es die rechtliche Stellung eines gemeinschaftlichen Kindes seiner Adoptiveltern (§ 1754 Abs. 1 BGB).
- Erfolgt eine Adoption durch eine Einzelperson, so erhält das Adoptivkind die Rechtsstellung eines leiblichen Kindes dieses Adoptivelternteils (vgl. § 1754 Abs. 2 BGB: *„in den anderen Fällen")*.

Rechtliche Zäsur zur leiblichen Familie

In beiden Fällen erlischt das Verwandtschaftsverhältnis des Adoptivkindes zu sämtlichen leiblichen Verwandten mit den sich hieraus ergebenden Rechten und Pflichten (§ 1755 Abs. 1 S. 1 BGB). Im Fall der Adoption durch eine Einzelperson bedeutet dies, dass das Adoptivkind dann nur noch einer Familie zugeordnet ist (d. h.: entweder der seiner Adoptivmutter oder der seines Adoptivvaters).

Volle Integration in Adoptionsfamilie

Durch diese gesetzliche Regelung der Volladoption mit Abbruch sämtlicher Rechtsbeziehungen zur Ursprungsfamilie soll auch rechtlich gewährleistet werden, dass das Adoptivkind uneingeschränkt in den neuen Familienverband integriert werden kann.

b) Ausnahmen

Von den vorgenannten Rechtswirkungen bestehen jedoch folgende Ausnahmen:

Eheverbote bleiben

Das *Eheverbot* wegen *Verwandtschaft* lässt § 1307 S. 1 BGB zur leiblichen Familie als Muss-Vorschrift und zur Adoptionsfamilie als Soll-Vorschrift (§ 1308 BGB) fortbestehen. Im Hinblick auf die Inkognitoadoption müssen die Eheschließenden seit dem 1.1.2009 daher durch öffentliche Urkunden ihren Personenstand nachweisen (§ 12 Abs. 2 Nr. 1 PStG), was durch beglaubigte Abschrift aus dem Geburtenregister möglich ist, aus dem sich eine Adoption ergeben würde (vgl. dazu §§ 21 Abs. 1 Nr. 1, 27 Abs. 3 Nr. 1 PStG).[38]

Strafbarkeit von sexuellen Handlungen

Der *Beischlaf* zwischen dem Kind und seinen leiblichen Verwandten aufsteigender Linie bleibt nach § 173 StGB *strafbar*, der mit den „Adoptivverwandten" ist jedoch *nicht generell strafbar*, da das Gesetz bei dieser Straftat allein auf die leibliche Abstammung abstellt. Unabhängig hiervon

---

[38] Zuvor war dieser Nachweis durch Vorlage der Abstammungsurkunde zu führen.

sind jegliche sexuellen Handlungen mit minderjährigen Adoptivkindern gemäß § 174 Abs. 1 Nr. 3 StGB strafbar.

Renten, Waisengeld- und Schadensersatzansprüche bestehen weiterhin

Ansprüche des Kindes – insbesondere auf Renten, Waisengeld und andere entsprechende wiederkehrende Leistungen (z. B. Schadensersatzansprüche), die *vor* der Adoption *entstanden* sind, *bestehen* gemäß § 1755 Abs. 1 S. 2 Hs. 1 BGB auch nach der Adoption *fort*. Dies gilt jedoch gemäß § 1755 Abs. 1 S. 2 Hs. 2 BGB nicht für Unterhaltsansprüche.[39]

Zielsetzung

Diese Bestimmung soll Adoptionsbewerber*innen z. B. die Adoption von Kindern mit Beeinträchtigungen erleichtern helfen, weil dann wenigstens keine großen finanziellen Belastungen auf solche Adoptiveltern zukommen. – Diese Regelung ist zu begrüßen, da sie Kindern, die unfallbedingt oder aus sonstigen Gründen beeinträchtigt sind, evtl. doch noch zu einer Adoption verhelfen kann. Denn diese Kinder haben in der Praxis ohnehin leider nur geringe Chancen, überhaupt Adoptiveltern zu finden.

Besonderheiten bei Verwandten-Adoptionen

Zu den *Besonderheiten* bei der Adoption durch *Verwandte* und *Verschwägerte* vgl. § 1755 Abs. 2 und § 1756 BGB sowie S. 362 f.

c) Die Rechtswirkungen im Einzelnen

Dadurch, dass das Adoptivkind die uneingeschränkte Stellung eines gemeinschaftlichen Kindes der Adoptiveltern erlangt, ergeben sich im Einzelnen folgende Rechtswirkungen:

aa) Familienname

Adoption durch Ehepaare

Das Kind erhält gemäß § 1757 Abs. 1 S. 1 BGB als Geburtsnamen den Familiennamen des oder der Annehmenden, bei der Adoption durch ein Ehepaar also den Namen, den dieses als gemeinsamen Ehenamen gemäß § 1355 Abs. 1 S. 1 BGB führt. Als Familienname gilt gemäß § 1757 Abs. 1 S. 2 BGB nicht der dem Ehenamen oder dem Lebenspartnerschaftsnamen gemäß § 1355 Abs. 4 BGB bzw. § 3 Abs. 2 LPartG hinzugefügte Name. Haben die Adoptiveltern keinen gemeinsamen Ehenamen gewählt, sondern beide ihren zuvor geführten Familiennamen beibehalten (vgl. § 1355 Abs. 1 S. 3 BGB), so bestimmen sie gemäß § 1757 Abs. 2 S. 1 BGB den Geburtsnamen des Kindes vor dem Ausspruch der Annahme durch Erklärung gegenüber dem Familiengericht.

Familienname des Adoptivkindes

Adoption durch Einzelpersonen

Bei Adoptionen durch eine Einzelperson erhält das Adoptivkind gemäß § 1757 Abs. 1 S. 1 BGB als Geburtsnamen den Familiennahmen des Annehmenden.

Hinzufügen des alten Namens möglich

Das Familiengericht kann auf Antrag der Adoptiveltern mit Einwilligung des Kindes nach § 1757 Abs. 3 S. 1 Nr. 2 BGB gestatten, dass dem neuen Familiennamen des Adoptivkindes sein bisheriger hinzugefügt oder vorangestellt wird, wenn dies aus schwerwiegenden Gründen zum Wohl des Kindes erforderlich ist. In der Regel wird dies dann der Fall sein, wenn das Kind durch Verwandte oder Freundinnen bzw. Freunde der verstorbenen Eltern adoptiert wird und mit der Beibehaltung seines bisherigen Namens die Verbindung der oder des Angenommenen und der Annehmenden zur Herkunftsfamilie Ausdruck verliehen werden soll.[40]

---

[39] Rückstände können aber eingefordert werden (BGH NJW 1981, 2298).
[40] BeckOK BGB/*Pöcker* BGB § 1757 Rn. 10.1.

bb) Vorname

Änderung oder Ergänzung

Das Adoptivkind behält grundsätzlich seine/n bisherigen Vornamen. Das Familiengericht kann jedoch gemäß § 1757 Abs. 3 S. 1 Nr. 1 BGB auf Antrag der Adoptiveltern mit Einwilligung des Kindes den Vornamen des Adoptivkindes ändern oder ihm einen oder mehrere neue Vornamen geben, wenn dies dem Wohl des Kindes entspricht.

Beispiel: Der bisherige Vorname ist in Deutschland völlig ungebräuchlich oder lässt nicht auf das Geschlecht schließen (z. B. bei der Adoption ausländischer Kinder[41]).

cc) Staatsangehörigkeit

Erwerb und Verlust möglich

Das minderjährige Adoptivkind erwirbt durch die Adoption durch eine/n Deutsche*n samt seinen späteren Abkömmlingen die *deutsche Staatsangehörigkeit* (§§ 3 Abs. 1 Nr. 3, 6 StAG). Umgekehrt verliert ein deutsches Kind seine Staatsangehörigkeit, wenn es von einem Ausländer adoptiert wird und dadurch die Staatsangehörigkeit des Ausländers erwirbt (§ 27 S. 1 StAG). – Der Verlust der deutschen Staatsangehörigkeit tritt jedoch nicht ein, wenn das Adoptivkind mit einem deutschen Elternteil verwandt bleibt (§ 27 S. 3 StAG), wenn z. B. der ausländische Stiefvater das Kind adoptiert.

dd) Elterliche Sorge

Adoptiveltern erlangen gemäß § 1754 Abs. 3 BGB die elterliche Sorge für ihr Adoptivkind; die der leiblichen Eltern endet. Die seit der Einwilligung gemäß § 1751 Abs. 1 S. 2 BGB bestehende Amtsvormundschaft (s. dazu S. 350) endet ebenfalls (§ 1882 BGB) – Das folgt alles automatisch aus § 1755 Abs. 1 S. 1 BGB und wird daher nicht in den Adoptionsbeschluss aufgenommen.

ee) Unterhalt

Genauso wie beim leiblichen Kind

Das BGB sieht *keine eigene* Unterhaltsvorschrift für Adoptivkinder vor. Die Unterhaltsregelung nach der Adoption lässt sich jedoch eindeutig aus dem BGB ableiten:

Das Adoptivkind hat jetzt die uneingeschränkte Rechtsstellung eines leiblichen Kindes (vgl. § 1754 Abs. 1 und 2 BGB). Es gilt daher nicht nur mit seinen Adoptiveltern, sondern auch mit den „Adoptivgroßeltern" als geradlinig verwandt (vgl. § 1589 S. 1 BGB). Aus dieser Verwandtschaftsart erwächst die Verpflichtung, einander nach § 1601 BGB Unterhalt zu gewähren. Damit ergibt sich, dass zwischen dem Adoptivkind und seinen Adoptiveltern, aber auch zwischen ihm und seinen „Adoptivgroßeltern", *gegenseitige Unterhaltsverpflichtungen* bestehen.

Zäsur zur Herkunftsfamilie

Da *zur Herkunftsfamilie* durch die Adoption § 1755 Abs. 1 BGB alle aus der Verwandtschaft resultierenden Rechte und Pflichten erloschen sind, bestehen im Verhältnis zur bisherigen Familien auch keine Unterhaltspflichten mehr.

---

[41] So sind z. B. „Andrea" „Nicola" und „Simone" in manchen Ländern (z. B. in Italien) nicht weibliche, sondern ausschließlich männliche Vornamen.

ff) Erbenstellung

Volles Erbrecht

Seit 1977 besteht als richtige Konsequenz der Volladoption (s. dazu S. 359) zwischen dem Adoptivkind und seinen „neuen" Verwandten ein gegenseitiges uneingeschränktes *Erbrecht.* Das BGB regelt dies nicht ausdrücklich, denn das Adoptivkind gilt aufgrund seiner Rechtsstellung als leibliches Kind der Adoptierenden (vgl. §§ 1754, 1589 BGB) im Erbrecht als Abkömmling und reiht sich damit in das Schema der verschiedenen Erbordnungen ein (vgl. §§ 1924ff. BGB). Das Erbrecht zu seinen leiblichen Verwandten ist gemäß § 1755 Abs. 1 S. 1 BGB erloschen.

2. Besonderheiten

a) Verwandtenadoptionen

Rechtsbeziehungen erlöschen nur zu den Eltern

Sind die Adoptiveltern mit dem Kind im zweiten oder im dritten Grad verwandt oder verschwägert, so erlischt nach § 1756 Abs. 1 BGB durch diese Adoption nur das Verwandtschaftsverhältnis des Kindes – und das seiner eventuellen Abkömmlinge – zu seinen leiblichen Eltern mit allen sich daraus ergebenden Rechten und Pflichten. Die verwandtschaftlichen Bande zu den übrigen leiblichen Verwandten bleiben dagegen mit allen daraus resultierenden wechselseitigen Rechtswirkungen bestehen. Die Eingliederung in die Familie der/des Adoptierenden erfolgt jedoch uneingeschränkt (vgl. § 1754 BGB).

Rechtsbeziehungen zu anderen Verwandten bleiben erhalten

Das Gesetz geht bei der Verwandtenadoption davon aus, dass es zur vollen Integration des Kindes in die neue Familie ausreicht, wenn das rechtliche Band zu seinen leiblichen Eltern aufgelöst wird. Denn es sei „rechtlich nicht geboten, noch tatsächlich möglich, das Kind aus seiner alten Familienbindung ganz zu lösen, wenn der Annehmende[42] oder sein Ehegatte selbst zu dieser Familie gehört."[43] Das bedeutet, dass z.B. das von seiner älteren Schwester oder das von Tante und Onkel adoptierte Kind mit seinen leiblichen Geschwistern und seinen beiden Großelternpaaren verwandt bleibt. Im letzteren Fall erhält es ein drittes Großelternpaar durch die Adoption hinzu, nämlich die Eltern des „angeheirateten" Onkels oder der Tante.

Dieser Konsequenz hat die Gesetzgebung bewusst den Vorzug gegeben gegenüber einer Lösung, die das rechtliche Band zu den leiblichen Großeltern zerschnitten oder keine Rechtsbeziehungen zu den Eltern des nicht aus der Familie des Kindes stammenden Adoptivelternteils (hier im Beispiel: Onkel oder Tante) hergestellt hätte.

b) Stiefkindadoptionen

Rechtsbeziehungen erlöschen zum „ersetzten" Elternteil

Adoptiert ein Ehegatte ein Kind seines Ehegatten, so erlangt das Adoptivkind die rechtliche Stellung eines gemeinschaftlichen Kindes der Ehegatten und es erlischt das Verwandtschaftsverhältnis zum anderen Elternteil und dessen Verwandten (§ 1755 Abs. 2 BGB), also zu dem Elternteil, der nun ersetzt wird. Nimmt z.B. ein Ehemann das Kind seiner Frau an, wird es ein gemeinschaftliches Kind dieser beiden Ehegatten (§ 1754

Rechtsstellung wie gemeinsames Kind

[42] d.h.: die bzw. der Adoptionsbewerber*in.

[43] RegE AdoptG, BT-Drs. 7/3061, S. 22.

Abs. 1 BGB) mit der konsequenten Folge, dass sämtliche Rechtsbeziehungen zum leiblichen Vater und dessen Verwandten erlöschen. Das Kind bekommt dadurch jeweils neue Verwandte, nämlich die seines Adoptivelternteils.

Besonderheiten bei Tod eines Elternteils

Adoptiert ein Ehegatte das eheliche Kind seines Ehegatten, dessen frühere Ehe durch Tod aufgelöst worden ist, so erlöschen nach § 1756 Abs. 2 BGB die verwandtschaftsrechtlichen Beziehungen des Adoptivkindes zu den leiblichen Verwandten seines verstorbenen Elternteils nicht, wenn dieser die elterliche Sorge besaß. „Es wäre auch kaum verständlich, wenn die Großeltern, deren Tochter oder Sohn gerade gestorben ist, die Rechtsbeziehungen zu ihrem Enkelkind durch die Adoption verlieren könnten."[44] Genau diese Rechtswirkung tritt jedoch dann ein, wenn der verstorbenen Tochter oder dem verstorbenen Sohn die elterliche Sorge weder allein noch gemeinsam mit dem anderen Elternteil zustand. Deshalb wäre es sachgerecht, lediglich an die Elternschaft anzuknüpfen und auf diese Weise immer – unabhängig vom Bestehen oder Nichtbestehen der elterlichen Sorge – zum Fortbestand der leiblichen Verwandtschaft zu kommen.[45]

3. Wahrung des Adoptionsgeheimnisses

Schutzgedanke

Für eine gedeihliche Entwicklung des Adoptivkindes in seiner neuen Familie ist es unerlässlich, dass es sich uneingeschränkt als Kind dieser neuen Familie fühlen kann. Dazu ist u.a. erforderlich, dass Kontaktaufnahmen und die damit verbundenen Einflüsse und vor allem Störungen aus der alten Familie unterbleiben und die Tatsache der Adoption nicht ohne Einverständnis der Adoptiveltern grundlos von dritter Seite (Privatpersonen, Behörden, Gerichten) aufgedeckt wird. Es soll vielmehr den Adoptiveltern überlassen bleiben zu entscheiden, *ob, wann* und *wie* das Kind über seine Adoption *informiert* wird.

Rechtzeitige Information des Kindes ratsam

Es ist allerdings allen Adoptiveltern dringend zu empfehlen, die Kinder rechtzeitig (spätestens zum Schulbeginn) über die Adoption in kindgemäßer Form zu unterrichten. Dadurch wird vor allem verhindert, dass das Kind von dritter Seite – evtl. in ungeschickter oder liebloser Weise – von seiner Adoption erfährt.

Inkognitoadoption

Zum Schutz der Adoptivfamilie vor unerwünschten Einwirkungen der leiblichen Eltern und deren Verwandten sowie von Dritten erfolgen schon seit langem die Mehrzahl der Adoptionen *inkognito*. Das bedeutet, dass das Kind von Personen adoptiert wird, die unter einer bestimmten Nummer in einer sog. Adoptionsliste eingetragen sind, so dass die leiblichen Eltern weder Namen noch Adresse der Adoptiveltern erfahren. Diese wiederum erfahren nur allgemein etwas über die Herkunft des Kindes, nicht jedoch den Namen und die Adresse der leiblichen Eltern.

Europäisches Adoptionsübereinkommen

Dies entspricht Art. 20 Abs. 1 des *Europäischen Adoptionsübereinkommens,* nach dem „jeder Mitgliedstaat Anordnungen treffen soll, damit ein Kind angenommen werden kann ohne dass seiner (leiblichen) Familie aufgedeckt wird, wer die Annehmenden sind".

---

[44] So der RegE AdoptG, aaO, S. 22.

[45] MüKoBGB/*Maurer* BGB § 1756 Rn. 32.

Ausforschungsverbot

Dem trägt § 1758 BGB Rechnung. Nach Absatz 1 dieser Vorschrift dürfen „Tatsachen, die geeignet sind, die Adoption und ihre Umstände aufzudecken, ohne Zustimmung der Adoptiveltern und des Adoptivkindes nicht offenbart oder ausgeforscht werden, es sei denn, dass besondere Gründe des öffentlichen Interesses dies erfordern."[46] Dieser Schutz beginnt nach § 1758 Abs. 2 S. 1 BGB sinngemäß bereits dann, wenn die nach § 1747 BGB erforderliche Einwilligung der leiblichen Eltern zur Adoption erteilt ist. Das Familiengericht kann gemäß § 1758 Abs. 2 S. 2 BGB anordnen, dass diese Wirkung auch dann eintritt, wenn bei ihm ein Antrag auf Ersetzung der elterlichen Einwilligung gestellt worden ist, damit dieser Elternteil das Adoptionsverfahren nicht stören kann.

Die Wahrung des Adoptionsgeheimnisses soll also *von Anbeginn an gewährleistet* sein. Daher bestimmt § 9d Abs. 1 AdVermiG, dass für die Erhebung, Verarbeitung und Nutzung personenbezogener Daten die Datenschutzvorschriften des SGB X mit der Maßgabe gelten, dass Daten, die für Zwecke dieses Gesetzes erhoben worden sind, nur für Zwecke verarbeitet oder genutzt werden dürfen, die die Adoptionsvermittlung/-begleitung, die Anerkennung, Zulassung oder Beaufsichtigung von Adoptionsvermittlungsstellen, die Überwachung von Vermittlungsverboten, die Verfolgung von Verbrechen oder anderen Straftaten von erheblicher Bedeutung oder die internationale Zusammenarbeit auf diesen Gebieten betreffen.

Ausnahme Heirat

Um das natürlich auch nach der Adoption zur leiblichen Familie gemäß § 1307 BGB fortbestehende Eheverbot (s. dazu S. 192) zu überprüfen, muss das Standesamt Einsicht in das Geburtenregister der Heiratswilligen nehmen, da die Vorlage von Abstammungsurkunden 2009 entfallen ist (s. dazu S. 359).

§ 1758 BGB gilt nicht innerhalb der Familie

Der Schutz des § 1758 BGB betrifft nur die „Außenwelt", gilt jedoch nicht zwischen Adoptivkind und Adoptiveltern. Diesen gegenüber hat das Kind einen Anspruch auf Klärung seiner genetischen Herkunft, den das *Bundesverfassungsgericht* aus Art. 1 Abs 1 i.V.m. 2 Abs. 1 GG ableitet.[47] Dem trägt § 63 Abs. 1 S. 1 PStG Rechnung. Danach kann das Adoptivkind ab 16 Jahren selbst eine Personenstandsurkunde beim Standesamt beantragen, aus der sich dann seine genetische Herkunft ergibt (§ 21 Abs. 1 Nr. 1 PStG).

---

[46] Näheres ist dem RegE zum AdoptG nicht zu entnehmen. Ein denkbarer Anwendungsfall wäre die Mitteilung an die leiblichen Eltern, um ihnen ein Aufhebungsverfahren nach § 1760 wegen nicht erteilter Einwilligung zur Adoption zu ermöglichen (s. dazu S. 365 f.).

[47] BVerfG NJW 1997, 1769.

Rechtsfolgen der Adoption für das Adoptivkind
- deutsche Staatsangehörigkeit kann erworben bzw. verloren gehen (§§ 3 Abs. 1 Nr. 3, 6, 27 S. 1 StAG),
- in der Adoptivfamilie gilt es als rechtliches Kind (§ 1754 Abs. 1, 2 BGB), d. h.:
  - Geburtsname wird der Familienname der Adoptiveltern (§ 1757 Abs. 1 BGB),
  - evtl. ist Änderung des Vor- bzw. Familiennamens durch das Familiengericht möglich (§ 1757 S. 1 Abs. 3 Nr. 1 und 2 BGB),
  - Inhaber*innen der elterlichen Sorge werden die Adoptiveltern (§ 1754 Abs. 3 BGB),
  - es besteht volles gegenseitiges Erbrecht (§§ 1754, 1924 ff. BGB),
  - es bestehen gegenseitige Unterhaltsansprüche zwischen ihm und seinen neuen Verwandten (§§ 1754, 1601 ff. BGB),
- die Rechtsbeziehungen zur gesamten leiblichen Familie erlöschen (§ 1757 Abs. 1 S. 1 BGB),
  Ausnahmen:
  - Vor der Adoption entstandene Renten, Waisengeld, Schadensersatz-Ansprüche bleiben bestehen (§ 1755 Abs. 1 S. 2 BGB),
  - Eheverbote bestehen fort (§ 1307 S. 1 BGB),
  - das Verbot des Beischlafs gemäß § 173 StGB bleibt bestehen,
  - bei bestimmten Verwandtschaftsadoptionen erlischt nur das Verwandtschaftsverhältnis zu seinen leiblichen Eltern (§ 1756 Abs. 1 BGB).

IV. Aufhebung der Adoption

1. Voraussetzungen

Das *AdoptG* von 1977 geht davon aus, dass die Adoption grundsätzlich ein unauflösliches Eltern-Kind-Verhältnis schafft, das von besonderem Ernst und Verantwortungsgefühl bestimmt sein soll. Alle Beteiligten sollen dabei das Bewusstsein haben, dass das neue Familienverhältnis auf Dauer gegründet ist. In der amtlichen Begründung zum AdoptG heißt es hierzu:[48]

> „Jeder Überlegung, das angenommene Kind sei nicht das eigene Kind, soll der Boden entzogen werden. Diese Meinung hat die *Bundesregierung* schon für die nur mit beschränkten Wirkungen ausgestattete ‚Annahme an Kindes Statt' des (damals) geltenden Rechts vertreten. Sie ist für ein Annahmeverhältnis, in dem das Kind dem leiblichen ehelichen Kind gleichgestellt wird, noch mehr begründet."

Grundsatz der Unauflösbarkeit

Eine Aufhebung der Adoption ist daher *grundsätzlich nicht möglich.* Denn die Vollwertigkeit des durch die Adoption begründeten Familienbandes wäre beeinträchtigt, wenn dieses Band leicht zu lösen wäre. Damit befindet sich das AdoptG in Übereinstimmung mit Art. 13 *Europäisches Adoptionsübereinkommen* und trägt dem – zu begrüßenden – Umstand Rechnung, dass durch eine Adoption das rechtliche Band zur leiblichen Familie des Kindes völlig zerschnitten wird. Dadurch werden aber zugleich die Folgen einer eventuellen Aufhebung der Adoption sehr schwerwiegend für das Kind. Seine Lage wäre schlechter als vor der Adoption. Denn abgesehen von den seelischen Belastungen und Schäden, die ein derart „ver-

[48] RegE AdoptG, BT-Drs. 7/3061, S. 27.

stoßenes" Kind erleidet, sind seine Chancen, erneut eine Familie zu finden, fast aussichtslos. Es besteht dann die Gefahr, dass es ohne jegliche Familienbindung dasteht und somit ein *„Niemandskind"* wird. Deshalb führen selbst gravierende Vernachlässigung oder andere schwere Verfehlungen der Adoptiveltern nur dann zur Aufhebung einer Adoption, wenn die Aufnahme des Kindes in seine „alte" Familie oder in eine „neue" Adoptivfamilie gesichert ist (§ 1763 Abs. 3 BGB).

Kindesschutz vorrangig

Grundsatz: Verbot der Mehrfachadoptionen

Aus diesen Gründen sowie zur Vermeidung des „Weiterreichens" eines Kindes verbietet § 1742 BGB grundsätzlich Mehrfachadoptionen.[49] Dies gilt jedoch u. a. dann nicht, wenn die Adoption aufgehoben wurde oder es sich um eine weitere Adoption durch den Ehegatten oder Lebenspartner*in des Adoptivelternteils handelt.[50]

Aufhebungsgründe

Die Aufhebung der Adoption kommt in drei besonderen Ausnahmefällen in Betracht:

Schwere rechtliche Mängel

- die Aufhebung *auf Antrag* wegen fehlender Erklärungen gemäß § 1760 BGB;

Zum Kindeswohl

- die Aufhebung *von Amts wegen*, wenn dies nach § 1763 BGB aus schwerwiegenden Gründen zum Wohl des Kindes erforderlich ist;

Verbotswidrige Heirat

- die Aufhebung *kraft Gesetzes*, wenn eine Adoptierte bzw. ein Adoptierter mit einem Adoptivelternteil ohne Erlaubnis des Familiengerichts den eherechtlichen Vorschriften zuwider (vgl. § 1308 BGB) die Ehe geschlossen hat (§ 1766 BGB).

Während im letzteren Fall die Adoption gem. § 1766 BGB automatisch endet, müsste in den beiden anderen Fällen ihre Aufhebung durch das Familiengericht ausgesprochen werden.

Aufhebung im Kindesinteresse

Da es in der Praxis kaum vorkommen wird, dass eine Adoption grob fehlerhaft ist oder vom Standesamt übersehen werden kann, dass die Ehewilligen durch Adoption in einem Eltern-Kind-Verhältnis stehen,[51] soll hier *nur* auf die *Aufhebung* näher eingegangen werden, die aus schwerwiegenden Gründen (z. B. Straftaten) zum Wohl des Kindes erforderlich werden kann. Das Annahmeverhältnis darf nach § 1763 Abs. 3 BGB nur dann aufgehoben werden, wenn bei der Teilaufhebung gemäß § 1763 Abs. 2 BGB der andere Ehegatte oder ein leiblicher Elternteil des Kindes bereit ist, die Pflege und Erziehung des Kinds zu übernehmen und diese Betreuung nicht dem Kindeswohl widerspricht oder wenn die Aufhebung der Adoption eine erneute Annahme des Kindes ermöglichen soll.

Adoptionsaufhebungen sind sehr selten

Adoptionsaufhebungen sind schon immer sehr selten gewesen. Das ist sicherlich nicht zuletzt ein Verdienst der guten Arbeit der Adoptionsvermittlungsstellen. Es zeugt aber zugleich auch von dem Verantwortungsgefühl der Adoptiveltern.

---

[49] *Palandt/Götz* BGB, § 1742 Rn. 1; MüKoBGB/*Maurer* BGB § 1742 Rn. 7.

[50] Zu weiteren Ausnahmen vgl. MüKoBGB/*Maurer* BGB § 1742 Rn. 10–22.

[51] Siehe dazu S. 359 f.

2. Rechtswirkungen

a) Grundsatz

Keine Rückwirkung

Die Aufhebung einer Adoption wirkt gemäß § 1764 Abs. 1 S. 1 BGB nur für die Zukunft. Mit der Aufhebung der Annahme als Kind erlöschen nach § 1764 Abs. 2 BGB das durch Annahme begründete Verwandtschaftsverhältnis des Kindes und seiner Abkömmlinge zu den bisherigen Verwandten und die sich aus ihm ergebenden Rechte und Pflichten. Zugleich bewirkt es nach § 1764 Abs. 3 *ein Wiederaufleben* der Rechtsbeziehungen zu sämtlichen leiblichen Verwandten und die sich aus ihnen ergebenden Rechte und Pflichten, mit Ausnahme der elterlichen Sorge.

Adoptionsaufhebung zu einem Elternteil

Wurde das Kind von einem Ehepaar adoptiert und die Adoption nur zu einem Adoptivteil aufgehoben, so erlöschen nach § 1764 Abs. 5 BGB die verwandtschaftsrechtlichen Beziehungen nur zu diesem Teil und dessen Verwandten. Zu den leiblichen Verwandten des Kindes leben dann keine Rechtsbeziehungen wieder auf (§ 1764 Abs. 5 BGB). – Solche Fälle, in denen die Adoption nur zu einem Adoptivelternteil aufgehoben, zum anderen jedoch belassen wird, sind sicher selten. Sie setzen voraus, dass der andere Teil das Kind weiterhin genügend versorgen will und kann. Anlass könnte eine gegen das Kind begangene Straftat des einen Adoptivelternteils mit der Folge sein, dass das Ehepaar sich getrennt hat.

b) Elterliche Sorge

Rückübertragung auf leibliche Eltern

Eine Ausnahme bildet jedoch die *elterliche Sorge*. Sie lebt nicht automatisch wieder auf (§ 1764 Abs. 3 BGB), kann aber vom Familiengericht den leiblichen Eltern zurück übertragen werden, wenn und soweit dies dem Wohl des Kindes nicht widerspricht; anderenfalls bestellt das Familiengericht eine Pflegerin bzw. einen Pfleger oder Vormund (§ 1764 Abs. 4 BGB). Vor seiner Entscheidung hat das Familiengericht die leiblichen Eltern, das Jugendamt und auch das Kind selbst anzuhören (vgl. §§ 160 Abs. 1 S. 1, 192 Abs. 1, 194 Abs. 1 S. 1 FamFG).

Dieser individuellen Regelung der elterlichen Sorge bedarf es deshalb, weil genau überprüft werden muss, ob ein Kind nach so langer Zeit in seine alte Familie überhaupt noch integrierbar ist. Das wird wesentlich von der Einstellung der leiblichen Eltern und Geschwister – aber auch des Kindes selbst – abhängen, aber auch davon, ob in seiner leiblichen Familie überhaupt zumutbare Entwicklungsbedingungen für das Kind vorhanden sind. Dabei darf auch nicht außer Acht gelassen werden, welche Gründe einst zur Adoption geführt haben. Haben sich jedoch die Verhältnisse positiv verändert, so ist immer anzustreben, das Kind in seiner leiblichen Familie aufwachsen zu lassen.

c) Namensführung

Familienname

Im Hinblick auf die *Änderung des Familiennamens* nach der Aufhebung der Adoption enthält § 1765 BGB besondere Bestimmungen. Danach verliert das Kind und seine Abkömmlinge grundsätzlich das Recht zur Führung des Familiennamens der ehemaligen Adoptiveltern (§ 1765 Abs. 1 S. 1 und 2 BGB) und erhält somit wieder den vor der Adoption geführten Familiennamen (vgl. §§ 1616, 1617 BGB).

Von dieser Regelung gibt es jedoch zwei *Ausnahmen*:

- wenn die Adoption nur zu einem Adoptivelternteil aufgehoben wurde, behält es den Familiennamen, den es durch die Adoption erhalten hatte (§ 1765 Abs. 1 S. 2 BGB),
- wenn ein berechtigtes Interesse des Kindes an der Weiterführung des erworbenen Namens besteht, weil es damit eine starke Identität verbindet, kann das Familiengericht auf Antrag des Kindes anordnen, dass es seinen Familiennamen weiterführen kann (§ 1765 Abs. 2 S. 1 BGB).

Vorname

Da die Namensänderung des § 1765 BGB nur den Familiennamen betrifft (siehe dazu vorstehend), ändert sich durch die Aufhebung der Adoption der Vorname des Kindes nicht. Das gilt auch für den Fall, dass die Adoptiveltern gemäß § 1757 Abs. 3 S. 1 Nr. 1 BGB den ursprünglichen Vornamen des Kindes vom Familiengericht hatten ändern lassen (siehe dazu S. 361).

C. Adoption volljähriger Personen

Voraussetzung: „sittlich gerechtfertigt"

Die Adoption volljähriger Personen ist gemäß § 1767 Abs. 1 BGB nur zulässig, wenn dies sittlich gerechtfertigt ist, was vor allem dann anzunehmen ist, wenn zwischen den Beteiligten bereits ein Eltern-Kind-Verhältnis besteht.

Grundsätzlich keine Volladoption

Für die Adoption volljähriger Personen gelten nach § 1767 Abs. 2 BGB grundsätzlich die Bestimmungen über die Annahme minderjähriger Personen sinngemäß, soweit sich nicht aus den §§ 1767–1792 BGB etwas Anderes ergibt. Die Rechtswirkungen der Adoptionen erstrecken sich insbesondere gemäß § 1770 Abs. 1 S. 1 BGB nicht auf die Verwandten der Adoptiveltern. Die in dieser Vorschrift getroffene Regelung soll dem Umstand Rechnung tragen, dass die Annahme einer volljährigen Person auf der persönlichen Beziehung erwachsener Personen gründet, dass die persönlichen Bindungen daher regelmäßig schwächer als bei der Adoption minderjähriger Personen sein werden und dass zwischen der adoptierten Person und ihren leiblichen Eltern bereits langjährige Beziehungen bestehen.[52]

Bei der Adoption volljähriger Personen erlöschen gemäß § 1770 Abs. 2 BGB auch nicht die Rechtsbeziehungen zur Herkunftsfamilie. Außerdem kann das Annahmeverhältnis unter den Voraussetzungen des § 1771 BGB – und somit sehr viel leichter als bei der Adoption minderjähriger Personen – aufgehoben werden.

Ausnahmen

Unter bestimmten Voraussetzungen kann das Familiengericht aber auch eine Volladoption aussprechen. Dies ist gemäß § 1772 Abs. 1 BGB in folgenden Fällen möglich:

- wenn die Adoptivbewerber*innen minderjährige Geschwister der zu adoptierenden volljährigen Person entweder bereits früher schon adoptiert haben oder gleichzeitig adoptieren wollen,

---

[52] BeckOK BGB/*Pöcker* BGB § 1770 Rn. 1; MüKoBGB/*Maurer* BGB § 1770 Rn. 1.

- die zu adoptierende volljährige Person bereits als Minderjähriger/r in die Familie der Adoptionsbewerber*innen aufgenommen worden war,
- bei Adoption volljähriger Kinder des Ehegatten oder der Lebenspartnerin bzw. des Lebenspartners,[53]
- wenn das Adoptivkind bei Eingang des Adoptionsantrags beim Familiengericht noch minderjährig war, aber inzwischen volljährig geworden ist.

Gegen die Volladoption dürfen jedoch nach § 1772 Abs. 1 S. 2 BGB nicht *überwiegende Interessen der Eltern der oder des Anzunehmenden* sprechen.

In den oben genannten Fällen kann das Annahmeverhältnis nach § 1772 Abs. 2 S. 1 BGB nur in sinngemäßer Anwendung der Vorschrift des § 1760 Abs. 1 bis 5 BGB aufgehoben werden. An die Stelle der Einwilligung des Kindes tritt gemäß § 1772 Abs. 2 S. 2 BGB der Antrag der oder des Anzunehmenden.

---

[53] Gemäß § 9 Abs. 7 S. 2 LPartG gilt für Lebenspartner*innen § 1772 Abs. 1 S. 1 lit. c BGB entsprechend.

Kapitel 10. Vormundschaft – Pflegschaft – Rechtliche Betreuung

Übersicht

A. Vorbemerkungen

Der letzte Abschnitt des Familienrechts des BGB befasst sich mit:

Vormundschaft (§§ 1773–1895) – Rechtliche Betreuung (§§ 1896–1908i) – Pflegschaft (§§ 1909–1921).

Zielgruppen Das erste Rechtsinstitut ist nur für Minderjährige (vgl. § 1773) und das zweite ausschließlich für Volljährige (vgl. § 1896) vorgesehen; Letzteres kommt für beide Personengruppen sowie für Ungeborene und auch für ein Vermögen in Betracht (vgl. §§ 1909, 1911, 1913; 1912; 1914).

Aufgaben Vormundschaften für Minderjährige sowie Pflegschaften für Abwesende und unbekannte Beteiligte beinhalten die rechtliche Fürsorge sämtlicher Angelegenheiten (vgl. § 1793 bzw. §§ 1911 u. 1913). Die anderen Pflegschaften erfassen dagegen (generell) und Betreuungen (grundsätzlich) nur die Wahrnehmung bestimmter Angelegenheiten (vgl. §§ 1909 u. 1896).

Seit 1.9.2009 ist FamG zuständig Seit Abschaffung des VormG am 1.9.2009 ist das FamG für Vormundschaften und Pflegschaften zuständig (§§ 23a Abs. 1 S. 1 Nr. 1, 23b Abs. 1 GVG; 1, 111 Nr. 2, 151 Nr. 4, 5 FamFG).

Mündel Minderjährige, die einen Vormund haben, werden als *Mündel* bezeichnet.

Pfleglinge Personen, für die eine Pflegschaft besteht, bekommen einen Pfleger und werden *Pflegling* genannt.

Betreute Volljährige, für die eine rechtliche Betreuung angeordnet wurde, erhalten vom Betreuungsgericht einen Betreuer und werden *Betreute* genannt.

B. Vormundschaft

I. Gegenstand und Grundsätze

Seit 1992 nur noch für Minderjährige Zunächst war das Rechtsinstitut der Vormundschaft für Minderjährige und Erwachsene vorgesehen, seit 1992 mit Wegfall der Entmündigung (s. dazu S. 384) jedoch nur noch für Minderjährige. Seitdem ist die Vormundschaft ausschließlich die rechtliche Fürsorge für Minderjährige, deren Eltern die gesamte elterliche Sorge – oder zumindest die gesetzliche Vertretung – aus rechtlichen oder tatsächlichen Gründen nicht wahrnehmen können (§ 1773 Abs. 1). **Ersatz für elterl. Sorge** Die Vormundschaft stellt also einen Ersatz für die elterliche Sorge dar. Daher sind die Aufgaben eines Vormunds dieselben wie die der Eltern (vgl. §§ 1793, 1800). Ein Vormund unterliegt aber einer stärkeren gerichtlichen Kontrolle (s. S. 379/380f.).

AnO und Bestellung durch das FamG

Eine Vormundschaft tritt grundsätzlich nicht *kraft Gesetzes* ein, sondern es bedarf hierzu einer ausdrücklichen *Anordnung* (§§ 1774, 1789) und dann noch einer konkreten *Bestellung* (§§ 1775, 1789) durch das FamG, das eine Abteilung des Amtsgerichts ist (§ 23b Abs. 1 GVG). Das Prinzip der Anordnung durch das FamG wird jedoch beim nichtehelichen Kind durchbrochen. Dort wird mit dessen Geburt kraft Gesetzes (= automatisch) das JA Vormund, wenn das Kind eines Vormundes bedarf (vgl. § 1791c iVbm § 1773).

Ausnahme ne. Kind

Beispiele: Die Mutter ist minderjährig, unbekannten Aufenthalts, geisteskrank oder verstorben und es liegt jeweils keine pränatale Sorge-Erklärung iSd § 1626a Abs. 1 Nr. 1 vor (s. dazu S. 304f.), so dass der Vater keine elterliche Sorge besitzt.

Ernennung zum Vormund heißt Bestellung

Die Ernennung eines Vormundes durch das FamG wird als *„Bestellung"* bezeichnet (vgl. §§ 1775, 1789). Sie erfolgt „durch Verpflichtung zu treuer und gewissenhafter Führung" der Vormundschaft und zwar grundsätzlich „mittels Handschlags an Eides statt" (vgl. § 1789). Dabei erhält der Vormund eine Bestallungsurkunde, aus der Mündel, Vormund sowie Umfang und eventuelle Beschränkungen der Vormundschaft ersichtlich sein müssen (§ 1791). – Diese Bestimmungen gelten für die Vereins- und Amtsvormundschaft nicht (vgl. §§ 1791a Abs. 2, 1791b Abs. 2, 1791c; s. dazu auch S. 375).

Ergänzungen durch das SGB VIII

Das Vormundschaftsrecht des BGB wird durch das SGB VIII ergänzt, das insbesondere die Mitwirkung des JA bei der Auswahl von Vormündern, deren Beratung und Unterstützung sowie die Organisation und somit die verwaltungsmäßige Abwicklung der Vormundschaften durch das Jugendamt und seine Stellung und Aufgaben im Vormundschaftswesen regelt (vgl. die §§ 2 Abs. 3 Nr. 9–11, 53–58 SGB VIII).

Aufgaben des JA

II. In Betracht kommende Fälle

Minderjährige Kinder erhalten einen Vormund, wenn:

Fehlende elterl. Sorge

1. sie überhaupt nicht „unter elterlicher Sorge stehen" (§ 1773 Abs. 1)

Beispiele: Vollwaisen; Halbwaisen, wenn der andere Elternteil geisteskrank oder ihm die Ausübung der gesamten elterlichen Sorge entzogen ist; beide Eltern sind geisteskrank; beiden Eltern ist die gesamte Ausübung der elterlichen Sorge entzogen worden – oder nur einem, aber dem anderen kann die Ausübung nicht überlassen werden.

Fehlende gesetzliche Vertretung

2. die Eltern von der gesetzlichen Vertretung ausgeschlossen sind (§ 1773 Abs. 1).

Beispiele: Minderjährige ledige Mutter (wenn keine Sorgeerklärung iSd § 1626a Abs. 1 Nr. 1 [s. dazu S. 304f.] vorliegt); ein Elternteil ist minderjährig und der andere unbekannten Aufenthaltes

Findelkind

3. der Familienstand eines Kindes nicht ermittelt werden kann (= Findelkind, vgl. § 1773 Abs. 2).

Adoptionen

4. bei Adoptionen die elterliche Einwilligung hierzu erteilt wird (vgl. § 1751 Abs. 1) oder bei Aufhebung der Adoption im Falle des § 1764 Abs. 4 HS 2.

Anzeigepflicht

Damit gewährleistet ist, dass das FamG von der Notwendigkeit der Anordnung einer Vormundschaft Kenntnis erhält, sind die Standes- und Jugendämter sowie sämtliche Gerichte verpflichtet, einen der oben genannten Anordnungsgründe dem FamG mitzuteilen (vgl. §§ 8a Abs. 2 S. 1 SGB VIII, 22a Abs. 1, 168a Abs. 1 FamFG).

III. Auswahl des Vormundes

1. Einzelvormundschaft

Einzelperson oder Ehepaar

Das BGB geht von der Einzelvormundschaft als der besten Vormundschaft aus (vgl. §§ 1775 S. 2, 1779 Abs. 2, 1887; 56 Abs. 4 SGB VIII).[1] Da die Vormundschaft bei Minderjährigen einen Ersatz für die fehlende elterliche Fürsorge und Betreuung bieten soll, ist seit 1999 ausdrücklich vorgesehen, dass ein Ehepaar gemeinsam zu Vormündern bestellt werden kann (§ 1775 S. 1). Ansonsten soll das FamG für einen Mündel grundsätzlich nur eine Person zum Vormund bestellen; das gilt auch, wenn mehrere Geschwister einen Vormund benötigen; nur bei Vorliegen besonderer Gründe können mehrere Personen zum Vormund für einen Mündel bestellt werden (§ 1775 S. 2) – z. B. der eine für die Personensorge und der andere für die Vermögenssorge (jeweils mit gesetzlicher Vertretung). Die Auswahl einer geeigneten Persönlichkeit obliegt dem FamG nach Anhörung und entsprechendem Vorschlag des JA (vgl. §§ 1779 Abs. 1, 53 Abs. 1 SGB VIII).[2] Dabei hat das FamG wegen des stets zu beachtenden Mündelinteresses nachfolgende Personen (in dieser Reihenfolge!) zu „berücksichtigen", d. h.: in erster Linie sie zu überprüfen, ob sie als Vormund geeignet sind (vgl. § 1779 Abs. 2):

Ehepartner

a) Ehegatten als Vormund für ihre(n) minderjährige(n) Ehepartner(in) (§ 1778 Abs. 3).
   Hier ist allerdings besonders zu prüfen, ob dies wirklich dem Mündelinteresse entspricht.

Testamentarisch Berufene

b) Personen, die durch die sorgeberechtigten Eltern des Mündels testamentarisch benannt (= „berufen") wurden (vgl. §§ 1776, 1777, 1779 Abs. 1).
   Sie dürfen nur unter den in § 1778 genannten Voraussetzungen übergangen werden.

Gesamtumstände

c) Ist niemand vorrangig zu berücksichtigen, soll das FamG zum Vormund die Person auswählen, die nach ihren persönlichen Verhältnissen, ihrer Vermögenslage sowie den sonstigen Umständen geeignet ist (§ 1779 Abs. 2 S. 1). Kommen im Einzelfall mehrere geeignete Personen als Vormund in Betracht, so sind bei der Auswahl der mutmaßliche Wille der Eltern, die Bindungen des Mündels, die Verwandtschaft oder Schwägerschaft mit dem Mündel sowie das religiöse Bekenntnis des Mündels zu berücksichtigen (§ 1779 Abs. 2 S. 2).

---

[1] Da Einzelvormünder jedoch schwierig zu finden sind, spielt diese Form der Vormundschaft schon lange nur noch eine geringe Rolle. Den Regelfall (d. h. 75 % aller Vormundschaften) stellt vielmehr die bestellte Amtsvormundschaft dar (14. Kinder- und Jugendbericht vom 30.1.2013, BT-Drs. 17/12200, S. 263; s. dazu auch S. 375).

[2] Siehe dazu *Schleicher* in GK-SGB VIII, § 53 Rn. 3 ff.

Vertrauen und Eignung

Diese Regelungen des BGB wollen erreichen, dass nach Möglichkeit nur Personen zum Vormund bestellt werden, die entweder das besondere Vertrauen der Eltern des Mündels genießen oder aufgrund verwandtschaftlicher Beziehungen geeignet erscheinen, ein solches Amt zu übernehmen. Gleichzeitig wird jedoch eindeutig klargestellt, dass oberster Gesichtspunkt bei der Auswahl eines Vormundes seine Eignung sein muss. Denn nur so kann gewährleistet werden, dass das Kindeswohl voraussichtlich gewahrt werden wird.

Übernahmepflicht

Eine zum Einzelvormund vorgesehene Person kann nur unter ganz bestimmten Voraussetzungen dieses „Amt" ablehnen (vgl. § 1786), da *„jeder Deutsche"* zur Übernahme einer Vormundschaft verpflichtet ist (vgl. § 1785) – sog. *bürgerliches Ehrenamt*. Bei unbegründeter Ablehnung droht *Schadensersatz und Zwangsgeld* bis zu 1000,– EUR (vgl. §§ 1787, 1788 BGB, Art. 6 EG StGB). Jedoch werden diese Bestimmungen (sinnvollerweise) kaum angewendet, weil es nicht zum Wohl der zu betreuenden Mündel sein kann, wenn jemandem dieses Amt aufgezwungen wird.

Ehrenamtliche Vormundschaft

Die Führung der Vormundschaft erfolgt grundsätzlich unentgeltlich (§ 1836 Abs. 1 S. 1). Aufwendungen, die ein Vormund zum Zwecke der Vormundschaft macht, kann er jedoch vom Mündel – und bei dessen Mittellosigkeit von der Staatskasse – ersetzt verlangen (§ 1835 Abs. 1 u. 3).

Aufwendungsersatz

Beispiele: bare Auslagen, Porto, Fahrt-, Rechtsanwalts-, Gerichtskosten etc.

Stattdessen Pauschale

Anstelle des Aufwendungsersatzes kann ein Vormund aber auch eine pauschale Aufwandsentschädigung (von jährlich maximal 399,– EUR) vom Mündel – und bei dessen Mittellosigkeit von der Staatskasse – verlangen (vgl. § 1835a Abs. 1 S. 1 iVbm § 22 JVEG).

Berufs-Vormund

Wenn ein Vormund die Vormundschaft berufsmäßig führt

wovon bei Führung von mehr als 10 Vormundschaften oder bei einem erforderlichen Zeitaufwand von mindestens 20 Wochen-Stunden kraft Gesetzes grundsätzlich ausgegangen wird (vgl. § 1836 Abs. 1 S. 2 u. 3 iVbm § 1 Abs. 1 VBVG)

Vergütung möglich

Stundensätze

oder dies in absehbarer Zeit zu erwarten ist, muss das FamG einem Vormund eine angemessene Vergütung bewilligen, die sich nach den für die Führung der Vormundschaft nutzbaren Fachkenntnissen des Vormundes sowie nach dem Umfang und der Schwierigkeit der vormundschaftlichen Geschäfte zu richten hat, d. h., der Stundensatz liegt zwischen 23,00 EUR (ohne besondere Fachkenntnisse), 29,50 EUR (durch abgeschlossene Lehre oder vergleichbare abgeschlossene Ausbildung erworbene Fachkenntnisse) und 39,00 EUR (durch Hochschulabschluss oder vergleichbare Ausbildung erworbene Fachkenntnisse) – jeweils zuzüglich der sog. „Mehrwertsteuer" (vgl. § 3 Abs. 1 VBVG). – Soweit die besondere Schwierigkeit der vormundschaftlichen Geschäfte dies ausnahmsweise rechtfertigt, kann das FamG auch höhere als die oben aufgeführten Stundensätze bewilligen (§ 3 Abs. 3 S. 1 VBVG).[3]

Erhöhung bei besonderer Schwierigkeit

Mittellose Mündel

Bei gemäß § 1836d *mittellosen* Mündeln können Berufsvormünder ihre Vergütungsansprüche an die Staatskasse richten (§ 1 Abs. 2 S. 2 VBVG). – Höhere Stundensätze können dann jedoch nicht bewilligt werden (vgl.

[3] Die Stundensätze des VBVG wurden zuletzt geändert mit Wirkung zum 27.7.2019 durch das Gesetz zur Anpassung der Betreuer- und Vormündervergütung vom 22.6.2019 (BGBl. 2019 I 866 f.).

§ 3 Abs. 3 S. 2 VBVG). – In diesen Fällen gehen die Ansprüche der Vormünder auf die Staatskasse über, d. h., sie können dann 10 Jahre lang von ihr gegenüber den Mündeln – und in begrenztem Umfang auch gegenüber deren Erben – geltend gemacht werden (vgl. § 1836e).

Erlöschen von Vergütungsansprüchen

Vergütungsansprüche erlöschen, wenn sie nicht binnen 15 Monaten nach ihrer Entstehung geltend gemacht werden; Verlängerung durch das FamG ist jedoch auf Antrag möglich (vgl. § 2 VBVG iVbm § 1835 Abs. 1a).

2. Vereins- und Amtsvormundschaft

Subsidiaritätsprinzip

Außer der *Einzel*vormundschaft kennt das BGB noch die *Vereins*- und die *Amts*vormundschaft, und zwar in dieser Reihenfolge, d. h., diese kommen jeweils dann in Betracht, wenn die jeweils vorher genannte Art nicht zur Verfügung steht (vgl. §§ 1791a und 1791b).[4]

Vereinsvormundschaft

Bestellung durch FamG

Von Vereinsvormundschaft spricht man, wenn ein vom LJA (vgl. §§ 70–72 SGB VIII) hierzu für geeignet erklärter (vgl. dazu § 54 SGB VIII) rechtsfähiger Verein (vgl. §§ 21 und 55 BGB) vom FamG zum Vormund bestellt wird (vgl. §§ 1791a, 1915). In Betracht kommen rechtsfähige Vereine, die sich der Jugendwohlfahrt annehmen, also vor allem die sog. *freien Wohlfahrtsverbände* wie Caritas, Diakonisches Werk (Innere Mission), Arbeiterwohlfahrt, Paritätischer Wohlfahrtsverband u. a. (vgl. dazu § 54 SGB VIII sowie die Ausführungsgesetze der Länder). – Die Vereinsvormundschaft kommt nur in Betracht, wenn eine als ehrenamtlicher Einzelvormund geeignete Person nicht zur Verfügung steht *oder* eine diesbezügliche Berufung gemäß § 1776 vorliegt *und* der Verein (jeweils) zustimmt (§ 1791a Abs. 1 S. 2).

Gesetzliche und bestellte Amtsvormundschaft

*Amts*vormundschaft nennt man die vom JA ausgeübte Vormundschaft. Sie kann von Gesetzes wegen eintreten (siehe § 1791c und § 1751 Abs. 1 S. 2) oder vom FamG angeordnet werden, wenn weder eine als ehrenamtlicher Einzelvormund geeignete Einzelperson noch ein Verein (siehe dazu oben) als Vormund zur Verfügung steht (vgl. § 1791b Abs. 1). Man spricht daher von der *gesetzlichen* oder der *bestellten* Amtsvormundschaft.

BGB gilt mit Sonderheiten

Für die Vereins- sowie für die Amtsvormundschaft gelten grundsätzlich die Bestimmungen des BGB (§ 56 Abs. 1 SGB VIII), allerdings mit einigen *Sonderheiten*:

Bestellung

– So erfolgt die Bestellung (s. dazu S. 372) nicht gemäß §§ 1789, 1791 BGB, sondern durch schriftliche Verfügung des FamG (vgl. §§ 1791a Abs. 2, 1791b Abs. 2); bei der gesetzlichen Amtsvormundschaft entfällt eine persönliche Bestellung ohnehin (vgl. § 1791c).

Ablehnung

– Das JA kann eine Vormundschaft nicht ablehnen (vgl. § 1791b), jedoch ein gemeinnütziger Verein (vgl. § 1791a Abs. 1 S. 2).

Gegenvormund

– Neben dem JA kann kein Gegenvormund bestellt werden (vgl. § 1792 Abs. 1 S. 2), jedoch neben dem Verein (vgl. § 1791a Abs. 4).

---

[4] Bezüglich der Amtsvormundschaft ergibt sich das zwar nicht ausdrücklich aus §§ 1791b, 1887, jedoch aus der Gesetzesbegründung (BT-Drs. 11/5948, S. 91) zu § 56 Abs. 4 SGB VIII, nach dem das JA jährlich zu prüfen hat, ob seine Entlassung als Amtspfleger/-vormund und die Bestellung einer Einzelperson oder eines Vereins angezeigt ist, und dies dem FamG mitzuteilen hat.

Befreiungen

– Darüber hinaus gelten für die Vereins- sowie die Amtsvormundschaft die Befreiungen des § 1857a sowie für das JA die gemäß § 56 Abs. 2 SGB VIII.

Durchführung der Vereinsvormundschaft

– Die freien Wohlfahrtsverbände bedienen sich bei der Führung der Vormundschaften ihrer einzelnen „Mitglieder“ oder Mitarbeiter (§ 1791a Abs. 3 S. 1), d. h., idR ihrer Angestellten, die allerdings die Mündel nicht bereits in einem Heim des Verbandes betreuen dürfen (vgl. § 1791a Abs. 3 S. 1), weil die Mündel durch eine außenstehende Person betreut (und überwacht) werden sollen.

Kein Aufwandsersatz u. keine Vergütung

– Dem JA und dem Verein können weder Aufwandsersatz noch Vergütungen bewilligt werden (vgl. §§ 1835a Abs. 5, 1836 Abs. 3).

Umwandlung der Amts- in Vereins- oder in Einzelvormundschaft

Aus dem Prinzip der Einzelvormundschaft ergibt sich, dass eine Vereins- oder Amtsvormundschaft vom FamG in eine Einzelvormundschaft umzuwandeln ist, wenn nunmehr eine geeignete Einzelperson für den Mündel zur Verfügung steht (vgl. §§ 1887 Abs. 1 BGB, 56 Abs. 4 SGB VIII sowie S. 373). Diese „Ablösungen“ haben also jeweils durch das zuständige FamG zu erfolgen. Das JA hat dazu entsprechende Überprüfungen (in der Regel jährlich) vorzunehmen (vgl. § 56 Abs. 4 SGB VIII). – Das JA oder der freie Verband können die Umwandlung einer Amtsvormundschaft in eine Vereins- oder Einzelvormundschaft oder einer Vereins- in eine Einzelvormundschaft aber nur anregen (was die Regel ist), dies jedoch nicht etwa „selbst vornehmen“.

Da ehrenamtliche Einzelvormünder schwierig zu finden sind, spielt diese Form der Vormundschaft schon lange nur noch eine geringe Rolle. In der Praxis stellt vielmehr die Amtsvormundschaft den Regelfall dar. Sie macht drei Viertel aller Vormundschaften aus.[5]

Fallzahl-Problematik

Hohe Fallzahlen be- (bzw. ver-) hindern dort aber eine angemessene Aufgabenerfüllung, insbesondere eine persönliche Betreuung der Mündel, wie vor Jahren die erschütternden Fälle von extremen Kindesvernachlässigungen, sexuellem Kindesmissbrauch, Kindesmisshandlungen und Kindestötungen erschreckend gezeigt haben.

Fallzahl-Begrenzung auf 50 seit 5.7.2013

Der Gesetzgeber hat aufgrund dessen am 5.7.2012 in § 55 Abs. 2 Satz 4 SGB VIII eine Begrenzung (allerdings lediglich als „Soll-Verpflichtung“) auf maximal 50 Vormundschaften/-pflegschaften festgelegt. Daraus ergibt sich aber keine wirkliche Verbesserung, denn damit kann der gesetzliche Auftrag zum (in der Regel allmonatlichen) persönlichen Kontakt in der gewohnten Umgebung des Kindes (das wären ca. 600 Besuche pro Jahr!) und zur individuellen Förderung und Gewährleistung der Pflege und Erziehung der Mündel (§§ 1793 Abs. 1a, 1800 Satz 2) in keiner Weise erfüllt werden. Anzustreben ist vielmehr eine Fallzahl von 20–25. Es ist jedoch zu befürchten, dass die gesetzliche Fallzahl-Obergrenze zur Regel-Fallzahl wird.[6]

---

[5] Siehe 14. Kinder- und Jugendbericht 2012, BT-Drs. 17/12200, S. 356.

[6] Kritische Würdigung der Fallzahlobergrenze (m.w.N.) bei *Schleicher* in GK-SGB VIII § 55 Rn. 24ff.

IV. Wirkungskreis des Vormundes

Rechte und Pflichten

Ein Vormund hat grundsätzlich dieselben Rechte und Pflichten, die die Eltern aufgrund ihrer elterlichen Sorge haben (vgl. §§ 1793, 1800, 1631), es sei denn, das FamG hat zugleich einen Pfleger oder einen Gegenvormund bestellt (vgl. §§ 1792, 1794). Da Vormund und Mündel in der Regel nicht zusammenleben, ist seit dem 5.7.2012 gesetzlich *ausdrücklich* festgelegt, dass ein Vormund seine Mündel in der Regel allmonatlich in deren gewohnter Umgebung zu besuchen hat (§ 1793 Abs. 1a) und zur persönlichen Förderung und Gewährleistung der Pflege und Erziehung seiner Mündel verpflichtet ist (§ 1800 Satz 2).

Beschränkungen

Bei der Ausübung der ihm zustehenden Befugnisse ist der Vormund nicht so frei wie die Eltern im Rahmen ihrer elterlichen Sorge, denn er wird stärker vom FamG überwacht. (Es kann hier – aus Platzgründen – nur auf die wesentlichen Beschränkungen hingewiesen werden.)

Genehmigungspflichtige Rechtshandlungen

Der Vormund bedarf bei folgenden Rechtshandlungen der Genehmigung des FamG:

- Ausbildungs- und Arbeitsverträgen über ein Jahr (§ 1822 Nr. 6 und 7),
- allen Ratenzahlungs- und Kredit-Verträgen (§ 1822 Nr. 8),
- Vergleichen oder Schiedsverträgen von mehr als 3000,– EUR (§ 1822 Nr. 12),
- Rechtsgeschäften, die einen Anspruch des Mündels mindern, aufheben oder begründen (§ 1822 Nr. 13).

Natürlich bedarf auch der Vormund in den Fällen der Genehmigung des FamG, in denen die Eltern diese benötigen (vgl. dazu §§ 1643, 1821, 1822 Nr. 1, 3, 5, 8–11; 1800 iVbm 1631b). Er ist auch bei denselben Rechtshandlungen von der Vertretung ausgeschlossen wie die Eltern (vgl. § 1795 u. § 1629 sowie S. 315 f.).

Darüber hinaus ergeben sich für ihn bei der Vermögensverwaltung weitere Beschränkungen (vgl. die §§ 1802 bis 1820).

Selbstständigkeit

Im Übrigen übt der Vormund das ihm übertragene Amt selbstständig und frei aus, d. h.: nach pflichtmäßigem eigenen Ermessen.

V. Beratung und Überwachung des Vormundes

Ehrenamtliche Vormünder

Die ursprüngliche Annahme des BGB-Gesetzgebers, dass Vormundschaften aufgrund der allgemeinen Lebenserfahrung ohne besondere Vorkenntnisse problemlos ehrenamtlich ausgeübt werden können, hat sich schon lange als unzutreffend erwiesen. Denn hierfür ist neben einem nicht geringen Maß an erzieherischen Fähigkeiten auch eine gewisse Geschäftsgewandtheit und Gesetzeskenntnis erforderlich. Diese Voraussetzungen sind bei Privatpersonen, die zur Übernahme von Vormundschaften ja gesetzlich verpflichtet sind (vgl. § 1785), jedoch vielfach nicht vorhanden. Diesem Umstand trägt das SGB VIII besser Rechnung (als vormals das JWG), indem es Beratung und Unterstützung von Vormündern durch das JA in den Vordergrund stellt und deren Tätigwerden in Ausübung des staatlichen Wächteramtes (s. dazu S. 267) auch vom JA kontrollieren lässt.

1. Beratung und Unterstützung des Vormundes durch das Jugendamt

Rechtsanspruch für Einzel- und Vereinsvormünder

Dem gewandelten Verständnis von Jugendhilfe entsprechend (= mehr Hilfe als Kontrolle oder gar Eingriff) haben Vormünder und Pfleger seit 1991 einen Rechtsanspruch auf regelmäßige und dem jeweiligen erzieherischen Bedarf der Mündel entsprechende Beratung und Unterstützung durch das JA (§ 53 Abs. 2 SGB VIII), in dessen Bereich sich die Pfleger oder Vormünder tatsächlich aufhalten (§ 87d Abs. 1 SGB VIII). Dies gilt gemäß § 53 Abs. 4 S. 2 SGB VIII auch für Vereinsvormundschaften (da nach dieser Vorschrift nur § 53 Abs. 3 SGB VIII nicht anwendbar ist). Darauf hat das FamG aufgrund seiner gesetzlichen Fürsorgepflicht (vgl. Gesetzesüberschrift vor §§ 1837 ff.) alle Vormünder bei ihrer Bestellung unbedingt hinzuweisen.

Aufgaben des JA

Die gesetzliche Betreuungspflicht des JA beinhaltet in erster Linie die individuelle Beratung und Unterstützung der einzelnen Vormünder in allen Erziehungsangelegenheiten (§ 53 Abs. 2 SGB VIII). Hierzu gehört aber auch, ihnen bei Rechtsangelegenheiten zu helfen, und zwar angefangen von der Erteilung von Rechtsauskünften (z. B. vor und nach Abschluss von Verträgen) bis hin zum Abfassen von Anträgen und Gesuchen oder der Abwehr von geltend gemachten Ansprüchen Dritter. Des Weiteren ergibt sich aus dieser Betreuungspflicht des JA, für Vormünder Info- und Merkblätter (über ihre gesetzlichen Rechte und Pflichten ebenso wie über Grundsätze pädagogisch sinnvollen Handelns) sowie Schulungs- und Fortbildungsveranstaltungen anzubieten. Diesbezügliche Pflichtverletzung des JA kann evtl. Haftung des Trägers der öffentlichen Jugendhilfe nach § 839 BGB, Art. 34 GG auslösen.

Entsprechende Ausstattung nötig

Ob – und wie – die JÄ diese wichtigen Aufgaben erfüllen können, hängt ganz wesentlich von ihrer personellen (genügend Fachkräfte) wie materiellen (entsprechende Mittel) Ausstattung ab. Anderenfalls besteht die Gefahr, dass diese wichtige Jugendamtsaufgabe nur standardisiert (und vor allem nur am Rande) und damit wenig effektiv bewältigt werden kann.

2. Einflussnahmemöglichkeiten des Jugendamtes[7]

Wächteramt nur über Einzelvormünder

Das JA hat darauf zu achten, dass Einzelvormünder für die Person der Mündel, insbesondere ihre Erziehung und Pflege, Sorge tragen (§ 53 Abs. 3 S. 1 SGB VIII). Wenn das JA feststellt, dass bei (oder: trotz) der Betreuung im Personensorgebereich Probleme oder gar Mängel auftreten, so ist das JA berechtigt und zugleich verpflichtet, im Einvernehmen mit dem Vormund auf deren Behebung hinzuwirken (§ 53 Abs. 3 S. 2 SGB VIII). Das bedeutet, dass nach eingehender Besprechung der konkreten Situation mit allen Beteiligten (Minderjährigen, Eltern, Vormund, Dritten) zusammen zu überlegen ist, wie am besten Abhilfe geschaffen werden kann. Dabei sind u. U. auch andere Fachdienste (z. B. ASD, Ehe-, Familien-, Drogen-Beratungsstellen), die Schule, sonstige Ausbildungsstätte, der Arbeitgeber etc. einzubeziehen sowie evtl. konkrete Jugendhilfeleistungen anzubieten.

Grundsätzlich ohne Befugnisse

Dabei kann aber *alles nur Angebotscharakter* haben, ist vor allem nur mit Einverständnis des Vormunds sowie der sonstigen Personensorge-Berechtigten

---

[7] Bei Vereinsvormundschaften entfällt diese (§ 53 Abs. 4 S. 2 SGB VIII).

möglich. Auch besitzt das JA hierdurch kein Zutrittsrecht zu den betreffenden Minderjährigen, noch weniger eigene Entscheidungs-, Weisungs- oder gar Eingriffsbefugnisse, es sei denn, es sind die Voraussetzungen der § 42 Abs. 1 S. 1 oder Abs. 1 S. 2 HS 2 SGB VIII erfüllt und dadurch eine Handlungsnotwendigkeit gegeben. – Zur Benachrichtigung des FamG bei nicht erfolgter Mängelbehebung s. unter 4.

3. Berichtspflicht des Jugendamtes[8]

Umfasst gesamte Personensorge

Das SGB VIII hat für das JA eine allgemeine Berichtspflicht eingeführt, die sich auf die gesamte Situation im Personensorgebereich der betreffenden Minderjährigen zu erstrecken hat (vgl. § 53 Abs. 3 S. 4 SGB VIII). Über den konkreten Inhalt sowie die Häufigkeit der Berichte entscheidet das JA in eigener Verantwortung, sofern nicht die Voraussetzungen des § 53 Abs. 3 S. 3 oder 5 SGB VIII erfüllt sind. Es wird dabei wohl eine regelmäßige (d.h., mindestens alljährliche) eingehende Information über die gesamten Lebensumstände der Minderjährigen erforderlich sein.

JA entscheidet eigenverantwortlich

4. Mitteilungen des Jugendamtes an das Familiengericht[9]

Bei Scheitern von Problemlösungen

Wenn der Versuch einer konkreten Problemlösung nach § 53 Abs. 3 S. 2 SGB VIII seitens des JA scheitert (aus welchen Gründen auch immer), ist das JA verpflichtet, dies dem FamG mitzuteilen (§ 53 Abs. 3 S. 3 SGB VIII), damit dieses überlegen kann, ob z.B. Maßregeln gemäß § 1846 oder eine Ablösung des Vormunds erforderlich ist. Hierzu sollte das JA als kompetente Fachbehörde bereits Stellung beziehen und gegebenenfalls entsprechende Vorschläge unterbreiten.

Bei Gefährdung des Kindeswohls

Bei konkreten Kindeswohlgefährdungen (s. dazu S. 322ff.) ergibt sich diese Mitteilungspflicht des JA aus § 8a Abs. 3 S. 1 SGB VIII.

Im Vermögenssorgebereich besteht für das JA gegenüber Vormündern keine ausdrückliche Beratungspflicht oder Einflussmöglichkeit. Das JA hat hier lediglich gemäß § 53 Abs. 3 S. 4 SGB VIII eine Mitteilungspflicht gegenüber dem FamG, falls es (irgendwie) Kenntnis von einer Vermögensgefährdung eines Mündels erfährt, weil dann ein Tätigwerden des FamG gemäß § 1666 Abs. 1 S. 1 iVbm § 1667 in Betracht kommen kann (siehe dazu S. 294).

Vermögensgefährdung

5. Fürsorge und Aufsicht des Familiengerichts

Beratung und Unterstützung

Das FamG hat gegenüber Vormündern ebenfalls eine allgemeine Beratungs- und Unterstützungspflicht (vgl. § 1837 Abs. 1). Diese ergibt sich auch aus der Fürsorgepflicht des FamG gegenüber den Vormündern (vgl. Gesetzesüberschrift vor den §§ 1837ff.) sowie aus der für Vormünder gemäß § 1800 vorgesehenen entsprechenden Anwendung von § 1631 Abs. 3 (vgl. dazu S. 275f.).

Aufsicht, Gebote, Verbote

Darüber hinaus hat das FamG über die gesamte Tätigkeit des Vormundes (insbesondere bezgl. der Einhaltung der persönlichen Kontakte zum Mündel) Aufsicht zu führen und gegen Pflichtwidrigkeiten durch geeignete Gebote und Verbote einzuschreiten (vgl. § 1837 Abs. 2). Dabei

---

[8] Siehe Fn. 6.

[9] Siehe Fn. 6.

Zwangsgeld
Entlassung
Überwachungspflicht des FamG

kann es seine Anordnungen (nach vorheriger Androhung) notfalls durch Zwangsgeld bis zu 25000,– EUR (je Einzelfall) durchsetzen (vgl. § 1837 Abs. 3 BGB, § 35 FamFG) oder den Vormund entlassen (§ 1886).

Die Überwachungspflicht des FamG ist also viel weit gehender als bei den Eltern und führt ohne die Voraussetzungen der §§ 1666 bis 1667 zu einer Beschränkung der Ausübung der Befugnisse des Vormunds. Das erklärt sich zum einen daraus, dass das Elternrecht ja als Grundrecht in der Verfassung verankert wurde (Art. 6 GG), zum anderen folgt dies auch aus der Haftung der Familienrichter (vgl. Art. 34 GG, § 839). Sie müssen somit die erleichterte Möglichkeit der Überprüfung einzelner Handlungen des Vormundes (sowie seiner Befugnisse insgesamt) haben.

Haftung des FamG

Auskunfts-/Berichtspflicht der Vormünder

Damit das FamG seine Überwachungspflicht überhaupt erfüllen kann, ist der Vormund (ebenfalls im Gegensatz zu den Eltern) auf dessen Verlangen jederzeit zur Auskunft über die persönlichen Verhältnisse des Mündels sowie über die Führung der Vormundschaft verpflichtet (§ 1839). Außerdem haben Vormünder mindestens einmal jährlich über die persönlichen Verhältnisse ihrer Mündel und über die persönlichen Kontakte zu ihnen zu berichten sowie über ihre Vermögensverwaltung Rechnung zu legen (§ 1840).

Bei Verweigerungen: Zwangsgeld, Pfleger oder Entlassung

Bei Verweigerung dieser Pflichten kann das FamG in jedem Einzelfall bis zu 25 000,– EUR Zwangsgeld auferlegen (§ 1837 iVbm § 35 Abs. 3 FamFG). Dabei ist zu überprüfen, ob dann nicht zusätzlich eine Beschränkung der Personen- und/oder der Vermögenssorge (und hierfür Pflegerbestellung, vgl. §§ 1837 Abs. 3, 1909) oder gar die Entlassung des Vormundes (vgl. dazu § 1886) erfolgen muss. Von Letzterem wäre allerdings abzusehen, wenn zwischen Vormund und Mündel besonders gute persönliche Beziehungen bestehen (z. B. bei Aufnahme in dessen Familie).

Vormünder haften intensiver als Eltern

Bei entstehenden Schäden haften Vormund und Gegenvormund dem Mündel gem. § 1833 für jede Art des Verschuldens (vgl. hierzu § 276). Sie haben also nicht nur für die Sorgfalt „wie in eigenen Angelegenheiten“ (vgl. dazu § 277) einzustehen, wie das bei Eltern gegenüber ihren Kindern nur der Fall ist (vgl. § 1664 sowie S. 296).

VI. Befreite Vormundschaft

Bei Einzelvormündern

Da bei besonderer Vertrauenswürdigkeit eines Vormundes die strengen Vorschriften, die an die Ausübung seines Amtes gebunden sind, und die zu nicht unerheblichen Beschränkungen seines Amts führen, unnötig sein können, sieht das Gesetz gewisse „Lockerungen“ vor. Sie treten aber beim Einzelvormund niemals automatisch ein, müssen vielmehr testamentarisch von den Eltern eingeräumt worden sein (vgl. §§ 1852, 1855, 1856, 1777).

Bei testamentarisch Berufenen

Voraussetzung ist, dass den Eltern zurzeit ihres Todes die elterliche Sorge zustand (§§ 1856 S. 1, 1777 Abs. 1) und sie eine bestimmte Person in ihrem Testament zum Vormund benannt haben (§§ 1852 Abs. 1, 1853, 1855).

Zulässige Befreiungen

Zulässig sind folgende testamentarische Befreiungen:

- Ausschluss der Bestellung eines Gegenvormundes (§ 1852 Abs. 1);
- Befreiung von der Pflicht der regelmäßigen Rechnungslegung (§ 1840) – mit Ausnahme der Schlussrechnung (§ 1854);

– Verpflichtung eines Teiles der sog. mündelsicheren Anlegung von Geld (vgl. §§ 1810, 1809, 1812) kann erlassen werden (§ 1852 Abs. 2);
– die Hinterlegung von Inhaber- und Orderpapieren (§ 1853).

Aufhebung durch das FamG

Diese von den Eltern angeordneten Befreiungen können jedoch vom FamG aufgehoben werden, wenn sie die Interessen des Mündels gefährden würden (§ 1857) und das FamG davon Kenntnis hat (z. B. vom JA).

Bei Vereins- und Amtsvormundschaft stets Befreiungen

Die Amts- und Vereinsvormundschaft sind stets befreite Vormundschaften im Sinne der §§ 1852 bis 1854 (vgl. § 1857a). Bei der Vereinsvormundschaft kann jedoch ein Gegenvormund bestellt werden (meist das JA), bei der Amtsvormundschaft dagegen nicht (vgl. § 1792 Abs. 1 S. 2). – Für das JA bestehen weitere Befreiungen, die durch das jeweilige Landesrecht noch erweitert werden können (vgl. § 56 Abs. 2 SGB VIII).

VII. Ende der Vormundschaft

Endet grundsätzlich ohne Aufhebung

Die Vormundschaft endet mit dem Wegfall der zu ihrer Begründung führenden Voraussetzungen, ohne dass (grundsätzlich) ein gesonderter Aufhebungsakt erforderlich ist (§ 1882).

In Betracht kommen folgende Fälle:
– Volljährigkeit des Mündels,
– Tod, Todeserklärung oder Feststellung der Todeszeit (§ 1884 Abs. 2) des Mündels,
– Eintritt oder Wiedereintritt der elterlichen Sorge.

Beispiele: Die minderjährige Mutter wird volljährig; die Feststellung des Ruhens ihrer elterlichen Sorge wird aufgehoben; ein Mündel wird adoptiert; sein Familienstand wird ermittelt.

Ausnahmen

Bei Verschollenheit des Mündels endigt die Vormundschaft aber erst, wenn das FamG deren Aufhebung anordnet (vgl. § 1884).

Amtsende erst durch Entlassung

Von der Beendigung der Vormundschaft ist zu trennen die Beendigung des Amtes des einzelnen Vormunds, das entsprechend dem Bestellungsprinzip (s. dazu S. 372) grundsätzlich der Entlassung durch das FamG bedarf. Eine Entlassung des Vormundes kommt in Betracht:

Entlassungsgründe

– wegen pflichtwidrigen Verhaltens (§ 1886),
– wenn ein Untauglichkeitsgrund gemäß § 1781 eintritt (§ 1886),
– bei Vereins- und Amtsvormundschaften, wenn eine geeignete Einzelperson die Vormundschaft fortführen könnte (§ 1887),
– wenn eine dienstliche Hinderung eines zum Vormund bestellten Beamten oder „Religionsdieners" eintritt (vgl. § 1888),
– auf Antrag des Vormundes, wenn er einen wichtigen Grund hierfür hat; das gilt auch für den Verein, nicht aber für das JA, es sei denn, ein geeigneter Einzelvormund könnte die Vormundschaft fortführen (vgl. § 1889).

Pflichten bei Amtsende

Nach Beendigung seines Amtes hat der Vormund das verwaltete Vermögen herauszugeben und über die Verwaltung Rechnung zu legen (§ 1890), was vom FamG zu überprüfen ist (§ 1892).

Zusammenfassung

- Vormundschaften bestehen seit 1992 nur noch für Minderjährige; sie haben die gesamte elterliche Sorge zum Inhalt (§§ 1793, 1800, 1631).
- Sie kommen in Betracht bei Findelkindern und bei Minderjährigen, die nicht unter elterlicher Sorge stehen oder keinen gesetzlichen Vertreter haben (§ 1773) sowie bei Adoptionen gemäß §§ 1751 Abs. 1, 1764 Abs. 4 HS 2.
- Sie bedürfen grundsätzlich der AnO und Bestellung (Ausnahme: nichteheliche Kinder) durch das FamG (§§ 1774, 1775 bzw. 1791c).
- Reihenfolge der Vormunds-Auswahl durch das FamG: Ehepaar, Einzelperson, Verein (= Wohlfahrtsverband), JA (vgl. §§ 1779, 1887, 1791a, 1791b).
- FamG beaufsichtigt die Vormünder (vgl. §§ 1821, 1822, 1837 ff.); Befreiungen bestehen für Verein und JA (§ 1857a).
- Vormundschaften enden automatisch mit Wegfall ihres Anlasses (§ 1882) – das Amt eines Vormunds aber erst mit seiner Entlassung durch das FamG.

C. Pflegschaft

I. Gegenstand und Zielsetzung

Die Pflegschaft ist eine Unterart der Vormundschaft. Sie hat – wie die Vormundschaft – eine unter staatlicher Aufsicht ausgeübte Fürsorgetätigkeit zum Inhalt. Während die Vormundschaft alle Angelegenheiten einer Person umfasst, betrifft eine Pflegschaft nur einzelne (oder einen Kreis von bestimmten) Angelegenheiten. Die Pflegschaft dient im Wesentlichen der Ergänzung und Erweiterung des elterlichen oder vormundschaftlichen Schutzes.

Begrenzte Vormundschaft

Die Pflegschaft ist eine Vormundschaft mit begrenztem Umfang, d.h. für diejenigen Angelegenheiten, die entweder die Eltern oder der Vormund oder die Person selbst aus rechtlichen oder tatsächlichen Gründen nicht vornehmen können oder sollen. Dabei ist der Umfang der Pflegschaft – im Gegensatz zur Vormundschaft (vgl. §§ 1793, 1800, 1897, 1901) – nicht gesetzlich festgelegt, sondern jeweils bei der Bestellung des Pflegers durch das FamG zu bestimmen.

FamG muss jeweils Umfang festlegen

Anwendung des Vormundschaftsrechts

Wegen der Ähnlichkeit mit der Vormundschaft finden auf die Pflegschaft weitgehend die Vormundschaftsvorschriften entsprechende Anwendung (§ 1915 Abs. 1). Es bestehen jedoch vor allem folgende Sonderheiten:

Sonderheiten

- Bei Ergänzungspflegschaften (vgl. § 1909 sowie unten III.) ist keine Berufung durch die Eltern (§§ 1776–1778) möglich (§ 1916), weil hier der Pfleger meist gerade Interessen gegen die Eltern zu vertreten hat.
- Die Bestellung eines Gegenvormundes ist nicht erforderlich (§ 1915 Abs. 2), aber möglich.
- Bezüglich der Beendigung einer Pflegschaft gelten ebenfalls Sonderheiten (vgl. §§ 1918, 1919).
- Seit 1.9.2009 ist für Pflegschaften für Minderjährige oder für eine Leibesfrucht das FamG, für alle anderen Pflegschaften jedoch das seitdem geschaffene (vgl. § 23c GVG) *Betreuungsgericht* zuständig (§ 1915 Abs. 1 S. 3).

II. Praxisrelevante Pflegschaftsarten

In der Praxis der SA/SP spielen vor allem Pflegschaften für Minderjährige eine Rolle. Daher sollen nur sie hier besprochen werden (s. unten III.).

Weitere Pflegschaften sind möglich für:

eine Leibesfrucht (§ 1912), Abwesende (§ 1911), unbekannte Beteiligte (§ 1913), Nachlässe (§ 1960 ff.), Sammelvermögen (§ 1914), als besondere Verfahrensvertreter in Unterbringungsverfahren gemäß (§ 317 FamFG).

Seit 1998 für ne. Ki. Beistandschaft statt Amtspflegschaft des JA

Die früher für nichteheliche Kinder bestehenden gesetzlichen Amtspflegschaften des JA sind seit 1.7.1998 weggefallen. Sie wurden durch freiwillige Beistandschaften ersetzt (vgl. §§ 1712–1717 sowie S. 299 ff.).

III. Pflegschaft für Minderjährige

Voraussetzungen: Tatsächl. Verhinderung

Sie kommt bei Minderjährigen in Betracht, wenn Eltern oder ein Vormund aus tatsächlichen oder rechtlichen Gründen an der Besorgung bestimmter Angelegenheiten der elterlichen Sorge verhindert sind (§ 1909 Abs. 1 S. 1) und werden daher auch *Ergänzungspflegschaften* genannt.

Beispiele: Unfälle, schwere Erkrankungen, Abwesenheit
(Bei lang andauernden Fällen ist jedoch gemäß § 1674 vorzugehen und dann ein Vorgehen gemäß § 1693 oder Vormundbestellung nötig.)

Rechtl. Verhinderung

Weitere Beispiele: Sorgerechtsbeschränkungen gem. §§ 1666, 1666a, 1667, 1796, 1801 Abs. 1, gesetzliche Vertretungsverbote gem. §§ 1629 Abs. 2, 1795; 317 FamFG; 52 Abs. 2 S. 2 StPO.

Erforderlichkeit

Anzeigepflicht

FamG ermittelt von Amts wegen

Die Bestellung eines *Ergänzungspflegers* setzt ein konkretes Bedürfnis zur Besorgung einer oder bestimmter Angelegenheiten voraus, an deren Erledigung Eltern oder Vormund verhindert sind (arg.. „erforderlich" in § 1909 Abs. 2). Sie haben dies dem FamG unverzüglich „mitzuteilen" (§ 1909 Abs. 2). Anzeigepflicht haben auch: JA (§ 8a Abs. 3 S. 1 SGB VIII) sowie jedes Gericht (§ 22a Abs. 1 FamFG). Das FamG hat dann vAwg zu ermitteln (§ 26 FamFG). Das gilt nach pflichtgemäßem Ermessen auch dann, wenn andere Personen oder Institutionen (Verwandte, Nachbarn, Pflegefamilie, Arzt, Krankenhaus, Schule, JA etc.) das FamG von einer (tatsächlichen oder rechtlichen) Verhinderung der Eltern oder eines Vormunds in Kenntnis setzen.

Wirkungskreis des Pflegers

Der Wirkungskreis eines Pflegers ergibt sich aus seiner Bestallungsurkunde (vgl. zu dieser: §§ 1915, 1791), erstreckt sich also nur auf die darin bezeichneten Angelegenheiten. Insoweit ist dann das Sorgerecht der Eltern oder des Vormundes eingeschränkt (vgl. §§ 1630 Abs. 1, 1794).

Beendigung

Ergänzungspflegschaften (nach § 1909) enden kraft Gesetzes (= automatisch) mit der Erledigung der betreffenden Angelegenheiten (§ 1918 Abs. 3), spätestens mit Beendigung der elterlichen Sorge oder Vormundschaft (§ 1918 Abs. 1). Bei Wegfall des Anordnungsgrundes bedarf es dagegen der Aufhebung durch das FamG (§ 1919), wie das z.B. bei *Ergänzungspflegschaften* im Rahmen der §§ 1629 Abs. 2, 1795 (s. dazu S. 315 ff.) oder bei Verfahrenspflegschaften gemäß § 317 FamFG der Fall ist.

Sonderfall Ersatzpflegschaft

Einen Sonderfall stellt die sog. Ersatzpflegschaft nach § 1909 Abs. 3 dar, die dann (vAwg) anzuordnen ist, wenn die Vormundschaftsvoraussetzungen (= § 1773) zwar vorliegen, der Vormundbestellung aber noch Hindernisse entgegenstehen (z.B. Überprüfung berufener Personen schwierig; Weigerung, Amt zu übernehmen o. ä.) und schon ein Bedürfnis nach rechtlicher Fürsorge besteht. Diese (vorübergehende) Pflegschaft kann sehr umfassend sein und vom Umfang her einer Vormundschaft entsprechen.

- Pflegschaften sind begrenzte Vormundschaften.
- Für Minderjährige sind sie vorgesehen, wenn Sorge-Inhaber partiell aus tatsächlichen oder rechtlichen Gründen ausfallen (§ 1909), oder wenn Kindesinteressen dies erfordern.
- Der Wirkungskreis eines Pflegers ergibt sich aus seiner Bestallungs-Urkunde. Er beschränkt insoweit die Eltern oder den Vormund (§§ 1630 Abs. 1, 1794),
- Auf Pflegschaften findet generell Vormundschafts-Recht Anwendung (§ 1915).
- Die gesetzlich automatisch eintretende Zwangs-Pflegschaft des JA für sämtliche nichteheliche Kinder (vgl. § 1709 aF) wurde am 1.7.1998 durch die freiwillige Beistandschaft ersetzt (vgl. §§ 1712 ff. n.F. sowie S. 299 ff.).

D. Rechtliche Betreuung

Seit 1992

Die Rechtsstellung psychisch Kranker sowie (geistig, körperlich oder seelisch) Behinderter, insbesondere die alter, gebrechlicher Menschen, war reformbedürftig. Das seit dem 1.1.1992 geltende Betreuungsgesetz (BtG) hatte daher die (fast nur) vermögensorientierten Rechtsinstitute der Erwachsenen-Vormundschaft und der Gebrechlichkeitspflegschaft durch das weitaus stärker personenbezogene Rechtsinstitut der „Betreuung“[10] ersetzt (vgl. §§ 1896–1908i), für das seit Abschaffung des VormG am 1.9.2009 das seitdem installierte *Betreuungsgericht* zuständig ist (§ 23c GVG).

Die wichtigsten Grundsätze

Da die Darstellung des Jugendrechts im Mittelpunkt dieses Buches steht, sollen nachfolgend nur die zentralen Regelungen des Betreuungsrechts kurz skizziert werden:

Keine Entmündigung mehr vorgesehen

1. Die Entmündigung ist 1992 weggefallen, da die damit zwangsweise verbundene Entrechtung zunehmend als unnötig stigmatisierend und auch als diskriminierend empfunden worden war.

Rechtliche Betreuung statt Vormundschaft und Pflegschaft

2. Vormundschaft und Gebrechlichkeitspflegschaft für Volljährige sind *seitdem* entfallen und stattdessen sind *rechtliche Betreuungen* vorgesehen (vgl. §§ 1896 ff.). Sie kommen in Betracht, wenn *Volljährige* wegen psychischer Krankheit oder körperlicher, geistiger oder seelischer Behinderung ihre Angelegenheiten ganz oder z.T. (nicht allein oder überhaupt nicht) besorgen können – und zwar generell nur auf deren Antrag und nie gegen ihren *freien* Willen (§ 1896 Abs. 1 u. 1a).

Geschäftsfähigkeit bleibt bestehen

3. Die Bestellung von Betreuern schränkt die Betreuten grundsätzlich nicht bei der Teilnahme am Rechtsverkehr ein (oder schließt sie gar aus). Das gilt auch bezüglich der Ehe- und Testierfähigkeit. Es kann hier daher zu Überschneidungen der Handlungen von Betreuern und Betreuten

---

[10] Seit 1999 heißt dieses Rechtsinstitut (weniger missverständlich) „Rechtliche Betreuung“.

Doppelzuständigkeit

kommen (sog. *Doppelzuständigkeit*). So können beide dieselben Handlungen vornehmen (z. B. etwas vom Konto abheben, Kaufverträge tätigen, Mietverträge abschließen oder kündigen) und einer kann evtl. auch Aktionen des anderen wieder revidieren, sofern das tatsächlich und rechtlich noch möglich ist. – Abzulehnen ist die Ansicht, dass bei sich widersprechenden Rechtshandlungen von Betreuer und Betreuten die zeitlich frühere gilt[11]; ebenso, dass sich dies durch einen Einwilligungsvorbehalt des Betreuers vermeiden lasse[12], denn dieser kann nur zur Abwendung erheblicher Gefahr für Person oder Vermögen des Betreuten gerichtlich angeordnet und Betreute insoweit rechtsgeschäftlich eingeschränkt werden (vgl. § 1903 Abs. 1). – Wenn sich allerdings Betreute in einem ihre freie Willensbestimmung ausschließenden Zustand der Störung der Geistestätigkeit befinden (sog. „natürliche" Geschäftsunfähigkeit nach § 104 Nr. 2), sind ihre Willenserklärungen gemäß § 105 nichtig, sofern es sich nicht nur um geringwertige Geschäfte des täglichen Lebens (z. B. kleine Einkäufe von Lebensmitteln und Getränken) handelt (vgl. § 105a S. 1).

Einheitliches Verfahrensrecht

4. Für alle mit einer Betreuung zusammenhängenden Verfahren ist seit 1.9.2009 das durch das *FGG-Reformgesetz* beim Amtsgericht installierte *Betreuungsgericht* (vgl. § 23c GVG) zuständig (2. Instanz: LG, 3. Instanz: OLG mit Divergenzmöglichkeit zum BGH). Es bestehen einheitliche Verfahrensvorschriften (vgl. §§ 271–311 FamFG), die die Rechtsposition der Betroffenen gegenüber dem früheren Recht verbessert haben, insbesondere stets deren Verfahrensfähigkeit anerkennen (§ 275 FamFG).

Betreuerkreis

5. Betreuer sollen (ohne Rangfolge) eine oder mehrere Einzelpersonen werden (vgl. §§ 1897–1899), d. h. *ehrenamtliche* oder *berufliche* (= freiberuflich oder als Mitarbeiter anerkannter Betreuungsvereine oder einer Betreuungsbehörde). Dabei sind vom Betreuten als Betreuer vorgeschlagene Personen zu bestellen, wenn es dem Wohl des Betreuten nicht zuwiderläuft; auf Vorschläge des Betreuten, bestimmte Personen nicht zum Betreuer zu bestellen, soll Rücksicht genommen werden (siehe dazu § 1897 Abs. 4). Diese Vorschläge können aktuell oder irgendwann zuvor in sog. *Betreuungsverfügungen* erfolgen. – Die in § 1897 Abs. 3 genannten Personen sind jedoch (ausnahmslos) von der Bestellung zum Betreuer ausgeschlossen.

Erscheint durch Einzelpersonen keine hinreichende Betreuung gesichert, so bestellt das Betreuungsgericht einen anerkannten Betreuungsverein oder (nachrangig) die *Betreuungsbehörde* zum Betreuer (vgl. § 1900 Abs. 1 u. 4 sowie §§ 1–9 Betreuungsbehördengesetz).

Persönliche Betreuung

Betreuer müssen zur Besorgung der vom Betreuungsgericht festgelegten Angelegenheiten sowie zur persönlichen Betreuung der Betroffenen im erforderlichen Umfang geeignet sein, wozu bei der erstmaligen Bestellung die Betreuungsbehörde angehört werden soll (vgl. § 1897 Abs. 1 u. 7). Betreuer müssen dazu beitragen, dass Möglichkeiten genutzt werden, die Krankheit oder Behinderung des Betreuten zu beseitigen, zu bessern, ihre Verschlimmerung zu verhüten oder ihre Folgen zu mildern (§ 1901 Abs. 4 S. 1). Halten Betreuer nicht den erforderlichen persönlichen Kontakt zu den Betreuten, so ist das nach § 1908b Abs. 1 S. 2 ein

[11] So *Schwab*, 21. Aufl., Rn. 958.

[12] So *Palandt/Götz*, 78. Aufl., Einführung vor § 1896 Rn. 13.

(vAwg zu berücksichtigender) wichtiger Entlassungsgrund durch das Betreuungsgericht.

Eigene Lebensgestaltung

6. Bei Bestellung, Aufgabenzuweisung und Genehmigungshandlungen der Betreuer sind grundsätzlich Wille und Wünsche der Betreuten sowie stets die konkrete Erforderlichkeit zu beachten (vgl. §§ 1896 Abs. 2, 1897 Abs. 4, 1901 Abs. 2, 3), damit die Betreuten im Rahmen ihrer Fähigkeiten ihr Leben nach eigenen Vorstellungen gestalten können (vgl. § 1901 Abs. 2 S. 2).

Ärztliche Behandlungen

7. Untersuchungen, Heilbehandlungen, ärztliche Eingriffe dürfen nur mit Zustimmung der Betreuten vorgenommen werden, wobei nach ständiger Rechtsprechung deren sog. „natürliche" Einsichtsfähigkeit genügt. Ist diese nicht gegeben und liegt auch keine wirksame Patientenverfügung vor (s. dazu nachstehend), so ist die Einwilligung des Betreuers erforderlich.

Sehr risikoreiche ärztliche Maßnahmen

Wenn jedoch die begründete Gefahr besteht, dass der Betreute auf Grund der Maßnahme einen schweren und länger andauernden gesundheitlichen Schaden erleidet (oder gar stirbt), ist – wenn nicht Gefahr im Verzug besteht – zusätzlich die Genehmigung des Betreuungsgerichts erforderlich (vgl. § 1904 Abs. 1). Diese ist zu erteilen, wenn sie dem Willen des Betreuten entspricht (zu ärztlichen Zwangsbehandlungen s. S. 387).

Berücksichtigung von Patientenverfügungen

Wenn ein einwilligungsfähiger Volljähriger für den Fall seiner späteren Einwilligungsunfähigkeit schriftlich festgelegt hat, ob er in künftige bestimmte ärztliche Untersuchungen, Heilbehandlungen oder Eingriffe einwilligen oder sie untersagen will (sog. *Patientenverfügung*), muss der Betreuer prüfen, ob diese Festlegungen auf die aktuelle Lebens- und Behandlungssituation zutreffen (§ 1901a Abs. 1 S. 1). Ist dies der Fall, muss der Betreuer dem Willen des Betreuten Ausdruck und Geltung verschaffen (§ 1901a Abs. 1 S. 2). Liegt keine oder eine unvollständige oder eine mangels Schriftform ungültige Patientenverfügung vor oder treffen die Festlegungen einer solchen nicht auf die aktuelle Lebens- und Behandlungssituation zu, so muss der Betreuer die Behandlungswünsche oder den mutmaßlichen Behandlungswillen des Betreuten feststellen und dann auf dieser Grundlage entscheiden, ob er in eine ärztliche Maßnahme nach § 1901a Abs. 1 einwilligt oder sie untersagt (§ 1901a Abs. 2 S. 1). Das gilt auch dann, wenn dadurch der Tod des Betreuten herbeigeführt wird, da der frei verantwortlich gefasste Wille eines Menschen in allen Lebenslagen beachtet werden muss und eine *Weiterbehandlung gegen seinen Willen* somit *rechtswidrig* ist.[13] Dabei ist unabhängig von Art und Stadium einer Erkrankung des Betreuten stets dessen mutmaßlicher Behandlungswille aufgrund konkreter Anhaltspunkte zu ermitteln, wobei frühere mündliche oder schriftliche Äußerungen, ethische oder religiöse Überzeugungen und sonstige persönliche Wertvorstellungen des Betreuten zu berücksichtigen sind (vgl. § 1901a Abs. 2 S. 2 u. 3, Abs. 3). – Wenn zwischen Betreuer und behandelndem Arzt Einvernehmen darüber besteht, dass die Erteilung, die Nichterteilung oder der Widerruf der Einwilligung in ärztliche Maßnahmen dem nach § 1901a festgestellten Willen des Betreuten ent-

---

[13] Daher ist dann auch ein aktives Handeln (hier Durchtrennen der Ernährungsschläuche) straffrei (BGH v. 25.6.2010, Az: 2 StR 454/09 unter Hinweis auf § 1901a).

spricht, ist auch bei sehr risikoreichen ärztlichen Maßnahmen keine Genehmigung des Betreuungsgerichts erforderlich (§ 1904 Abs. 4).

Sterilisation

8. Die Sterilisation Volljähriger[14] ist nur noch zur Abwendung von Notlagen für die Schwangere zulässig, wenn

- die Betreuten einwilligungsunfähig sind und auf Dauer bleiben werden,
- die Sterilisation dem Willen der Betreuten nicht widerspricht,
- anzunehmen ist, dass es ohne die Sterilisation zu einer Schwangerschaft kommen würde,
- infolge dieser Schwangerschaft eine Gefahr für das Leben oder die Gefahr einer schwerwiegenden Beeinträchtigung des körperlichen oder seelischen Gesundheitszustands der Schwangeren zu erwarten wäre, die nicht auf zumutbare Weise abgewendet werden könnte, und
- die Schwangerschaft nicht durch andere zumutbare Mittel verhindert werden kann

(vgl. § 1905 Abs. 1). Nur wenn sämtliche vorstehenden Voraussetzungen erfüllt sind, kommt eine Einwilligung des Betreuers sowie die Genehmigung des Betreuungsgerichts in Betracht und eine Sterilisation darf erfolgen. Anderenfalls muss sie unterbleiben[15]. Da oberstes Prinzip ist, Zwangs-Sterilisationen zu verhindern[16], ist sowohl die Einwilligungsfähigkeit wie der Wille der betreffenden Betreuten ärztlicherseits zu beurteilen[17].

Die – umstrittene – Sterilisation „im Interesse" des „ungezeugten" Kindes ist nicht zugelassen; auch dürfen keine anderen – noch so verständlich erscheinenden – Interessen (der Allgemeinheit oder von Verwandten) berücksichtigt werden (vgl. § 1905). – Bei der Sterilisation ist stets der Methode der Vorzug zu geben, die eine Refertilisierung zulässt (§ 1905 Abs. 2 S. 3).

Mietverträge

9. Der Bedeutung der Wohnung als Lebensmittelpunkt entsprechend bedürfen Betreuer beim Abschluss von Mietverträgen von mehr als vier Jahren sowie – stets – zur Beendigung von Mietverhältnissen der Genehmigung des FamG; das gleiche gilt, wenn der Betreuer Wohnräume der Betreuten anderweitig vermieten will (§ 1907).

Freiheitsentzug und ähnliche Maßnahmen

10. Mit Freiheitsentzug verbundene Unterbringungen Betreuter durch ihre Betreuer sind gemäß § 1906 Abs. 1 nur zulässig, solange sie zum Wohl der Betreuten erforderlich sind, weil **entweder**

1. aufgrund einer psychischen Krankheit oder geistigen oder seelischen Behinderung der Betreuten die Gefahr besteht, dass sie sich selbst einen erheblichen gesundheitlichen Schaden zufügen oder Suizid begehen **oder**
2. zur Abwendung eines drohenden erheblichen gesundheitlichen Schadens eine Untersuchung des Gesundheitszustands, eine Heilbehandlung oder ein ärztlicher Eingriff notwendig ist, die ohne die Unterbringung der Betreuten nicht durchgeführt werden können und die Betreuten aufgrund einer psychischen Krankheit oder geistigen oder seelischen Behinderung die Notwendigkeit der Unterbringung nicht erkennen oder nicht nach dieser Einsicht handeln können.

---

[14] Zum Verbot der Sterilisation Minderjähriger siehe S. 286.
[15] *Palandt/Götz*, 78. Aufl., § 1905 Rn. 3.
[16] MüKo/*Schwab*, § 1905 Rn. 6 und 17 f.; *Palandt/Götz*, aaO, Rn. 5.
[17] MüKo/*Schwab*, aaO, Rn. 12.

Betreuungsgerichtl. Genehmigung erforderl. Mit Freiheitsentzug verbundene Unterbringungen sind nur mit vorheriger Genehmigung des Betreuungsgerichts zulässig, es sei denn, es besteht Gefahr im Verzug; die gerichtliche Genehmigung ist dann jedoch unverzüglich (iSd § 121 S. 1) nachzuholen (§ 1906 Abs. 2 S. 2).

Die oben genannten Voraussetzungen für eine Unterbringung und das Erfordernis einer betreuungsgerichtlichen Genehmigung gelten auch, wenn dem Betreuten, der sich in einer Anstalt, einem Heim oder einer sonstigen Einrichtung aufhält, ohne untergebracht zu sein, durch mechanische Vorrichtungen, Medikamente oder auf andere Weise über einen längeren Zeitraum oder regelmäßig die Freiheit entzogen werden soll.

Beispiele: Anbringung von Bettgittern oder Bauchgurten im Rollstuhl in Seniorenheimen oder Tagespflegeeinrichtungen

Beendigungspflicht Wenn die o. g. Voraussetzungen für eine mit Freiheitsentzug verbundene Unterbringung wegfallen, müssen Betreuer sie beenden und dies dem Betreuungsgericht anzeigen (§ 1906 Abs. 2 S. 3 u. 4).

Unterbringungen durch Bevollmächtigte Mit Freiheitsentzug verbundene Unterbringungen durch Bevollmächtigte setzen voraus, dass die Vollmacht schriftlich erteilt worden ist und die in den § 1906 Abs. 1 genannten Maßnahmen ausdrücklich umfasst (Generalvollmachten genügen daher nicht); im Übrigen gilt § 1906 Abs. 1–4 entsprechend – also insbesondere die betreuungsgerichtliche Genehmigungspflicht (vgl. § 1906 Abs. 5).

Ärztliche Zwangsmaßnahmen Das Gesetz zur Änderung der materiellen Zulässigkeitsvoraussetzungen von ärztlichen Zwangsmaßnahmen und zur Stärkung des Selbstbestimmungsrechts von Betreuten vom 17.7.2017 (BGBl. I 2426) ist am 22.7.2017 in Kraft getreten. Durch das Gesetz wurde im neu eingefügten § 1906a eine eigenständige Regelung für die Zwangsbehandlung geschaffen und damit das Recht der Zwangsbehandlung von der freiheitsentziehenden Unterbringung abgekoppelt. Eine Zwangsbehandlung kommt nach der Neuregelung jetzt auch für Patienten in Betracht, die nicht freiheitsentziehend untergebracht werden dürfen, weil sie sich der Unterbringung nicht entziehen können oder wollen.

Einwilligung des Betreuers Sollen ärztliche Maßnahmen gegen den natürlichen Willen Betreuter vorgenommen werden, so bedürfen diese ärztlichen Zwangsmaßnahmen der Einwilligung der jeweiligen Betreuer. Betreuer können jedoch in sie nur einwilligen, wenn die ärztliche Zwangsmaßnahme zum Wohl des Betreuten notwendig ist, um einen drohenden erheblichen gesundheitlichen Schaden abzuwenden und wenn folgende **Voraussetzungen** erfüllt sind:

1. der Betreute auf Grund einer psychischen Krankheit oder einer geistigen oder seelischen Behinderung die Notwendigkeit der ärztlichen Maßnahme nicht erkennen oder nicht nach dieser Einsicht handeln kann,
2. die ärztliche Zwangsmaßnahme dem nach § 1901a zu beachtenden Willen des Betreuten entspricht,
3. zuvor ernsthaft, mit dem nötigen Zeitaufwand und ohne Ausübung unzulässigen Drucks versucht wurde, den Betreuten von der Notwendigkeit der ärztlichen Maßnahme zu überzeugen,
4. der drohende erhebliche gesundheitliche Schaden durch keine andere den Betreuten weniger belastende Maßnahme abgewendet werden kann,

5. der zu erwartende Nutzen der ärztlichen Zwangsmaßnahme die zu erwartenden Beeinträchtigungen deutlich überwiegt und
6. die ärztliche Zwangsmaßnahme im Rahmen eines stationären Aufenthalts in einem Krankenhaus, in dem die gebotene medizinische Versorgung des Betreuten einschließlich einer erforderlichen Nachbehandlung sichergestellt ist, durchgeführt wird.

Der Betreuer hat die Einwilligung in die ärztliche Zwangsmaßnahme zu widerrufen, wenn ihre Voraussetzungen (eine davon genügt) wegfallen und dies dem Betreuungsgericht anzuzeigen (§ 1906a Abs. 3a S. 1 u. 2).

Genehmigungspflicht

Die Einwilligung des Betreuers in ärztliche Zwangsmaßnahmen bedarf der Genehmigung des Betreuungsgerichts (§ 1906a Abs. 2).

Einwilligung durch Bevollmächtigte

Einwilligung eines Bevollmächtigten in ärztliche Zwangsmaßnahmen setzen voraus, dass die Vollmacht schriftlich erteilt ist und diese Maßnahmen ausdrücklich umfasst; im Übrigen gilt § 1906a Abs. 1 bis 3 entsprechend (vgl. § 1906a Abs. 5).

Einheitliches Verfahrensrecht

Für mit Freiheitsentzug verbundene Unterbringungen (s. dazu S. 290 ff.) ist ein einheitliches Verfahrensrecht geschaffen worden (vgl. §§ 312–339 FamFG), das auch für öffentlich-rechtliche Unterbringungen nach Landesrecht sowie für sonstige freiheitsbeschränkende Maßnahmen in Heimen, Anstalten o. ä. Einrichtungen gilt (vgl. § 312 FamFG).

Uneingeschränkte Verfahrensfähigkeit

In Unterbringungssachen sind die Betreuten unabhängig von ihrer Geschäftsfähigkeit verfahrensfähig (§ 316 FamFG) – also auch bei Geisteskrankheit, so dass alle von ihnen im Verfahren artikulierten Willenserklärungen verfahrensmäßig zu interpretieren/werten sind und dann selbständig (und somit auch gegen den Willen ihrer Betreuer) zu beachten sind (z. B. als Antrag oder Rechtsmitteleinlegung).

Vorsorgevollmachten

11. Um eine Betreuung zu vermeiden (insbesondere die mit dem Verfahren zwangsläufig verbundene Zeitverzögerung bei evtl. wichtigen Entscheidungen), kann eine sog. *Vorsorgevollmacht* erteilt werden, in der eine Person (oder mehrere)[18] für bestimmte Handlungen und/oder Bereiche (aber auch für sämtliche denkbaren Angelegenheiten[19]) als verbindlich handlungsberechtigt vorgesehen wird, wenn jemand – aus welchen Gründen auch immer[20] – nicht mehr in der Lage ist, sich um seine *rechtlichen* Angelegenheiten zu kümmern. Denn dann sind weder Ehepartner (oder Lebenspartner iSd LPartG) noch Kinder, Eltern, Geschwister oder sonstige nahe Angehörige hier vertretungs- und damit entscheidungsbefugt. Vielmehr müsste erst das *Betreuungsgericht* eingeschaltet werden und einen Betreuer bestellen. – Wenn eine *Vorsorgevollmacht* vorliegt, für die keine bestimmte Form vorgeschrieben (vgl. § 1897 Abs. 4), aber Schriftform empfehlenswert ist, wäre dann insoweit grundsätzlich keine Betreuerbestellung erforderlich (vgl. hierzu § 1896 Abs. 2 S. 2). – Bezüglich ärztlicher Behandlungen wären allerdings evtl. vorhandene Patientenverfügungen (s. dazu oben unter 7.) zu beachten.

---

[18] Die Bevollmächtigung von in § 1897 Abs. 3 genannten Personen wäre jedoch gem. § 1897 Abs. 2 S. 2 unwirksam.

[19] Sog. Generalvollmacht.

[20] Beispiele: Koma-/Schlaganfall-/Herzinfarkt-Patienten, schwere Unfälle, Demenz.

Stichwortverzeichnis

Die Ziffern verweisen auf die Seitenzahlen.
In Klammern gesetzte Ziffern geben die jeweilige Altersstufe in Kapitel 1 an.

Stichwortverzeichnis

Stichwortverzeichnis

Stichwortverzeichnis

Stichwortverzeichnis